DA DISCIPLINA DO CONTRATO DE TRANSPORTE INTERNACIONAL DE MERCADORIAS POR MAR

*Apontamento sobre as regras internacionais uniformes
da responsabilidade do transportador marítimo
e sobre o seu âmbito de aplicabilidade*

NUNO MANUEL CASTELLO-BRANCO BASTOS

Assistente da Faculdade de Direito de Coimbra

DA DISCIPLINA DO CONTRATO DE TRANSPORTE INTERNACIONAL DE MERCADORIAS POR MAR

Apontamento sobre as regras internacionais uniformes da responsabilidade do transportador marítimo e sobre o seu âmbito de aplicabilidade

Dissertação para o curso de mestrado em Ciências Jurídico-Empresariais da Faculdade de Direito da Universidade de Coimbra.

ALMEDINA

TÍTULO:	DA DISCIPLINA DO CONTRATO DE TRANSPORTE INTERNACIONAL DE MERCADORIAS POR MAR
AUTOR:	NUNO MANUEL CASTELLO-BRANCO BASTOS
EDITOR:	LIVRARIA ALMEDINA – COIMBRA www.almedina.net
LIVRARIAS:	LIVRARIA ALMEDINA ARCO DE ALMEDINA, 15 TELEF. 239 851 900 FAX 239 851 901 3004-509 COIMBRA – PORTUGAL livraria@almedina.net LIVRARIA ALMEDINA ARRÁBIDA SHOPPING, LOJA 158 PRACETA HENRIQUE MOREIRA AFURADA 4400-475 V. N. GAIA – PORTUGAL arrabida@almedina.net LIVRARIA ALMEDINA – PORTO R. DE CEUTA, 79 TELEF. 222 059 773 FAX 222 039 497 4050-191 PORTO – PORTUGAL porto@almedina.net LIVRARIA ALMEDINA ATRIUM SALDANHA LOJAS 71 A 74 PRAÇA DUQUE DE SALDANHA, 1 TELEF. 213 570 428 FAX 213 151 945 atrium@almedina.net LIVRARIA ALMEDINA – BRAGA CAMPUS DE GUALTAR, UNIVERSIDADE DO MINHO, 4700-320 BRAGA TELEF. 253678822 braga@almedina.net
EXECUÇÃO GRÁFICA:	G.C. – GRÁFICA DE COIMBRA, LDA. PALHEIRA – ASSAFARGE 3001-453 COIMBRA producao@graficadecoimbra.pt SETEMBRO, 2004
DEPÓSITO LEGAL:	217148/04

Toda a reprodução desta obra, por fotocópia ou outro qualquer processo, sem prévia autorização escrita do Editor, é ilícita e passível de procedimento judicial contra o infractor.

Deo gratias.
A meus Pais.

NOTA PRÉVIA

Correspondem estas linhas à dissertação apresentada para o curso de mestrado em Ciências Jurídico-Empresariais, defendida a 14 de Junho de 1999. Dá-se agora à estampa por ser uso fazê-lo, sem que isso valha qualquer apreciação do Autor sobre a mesma; a apreciação não me cabia então, como não me cabe hoje.

Devo fazer notar que o texto não foi entretanto objecto de qualquer actualização, não reflectindo algumas, ainda que parcas, alterações normativas que sobrevieram.

Mas algumas palavras são-me impostas pela honra e pela justiça, mesmo que se refiram a dívidas de gratidão, cujo objecto não estou e, porventura, não venha sequer a estar em condições de satisfazer.

Em primeiro lugar, agradeço penhorado ao Ex.mo Senhor Professor Doutor Rui Moura Ramos, que mui gentilmente se dignou orientar-me durante este trabalho, e aos demais Membros do Júri, a Ex.ma Senhora Professora Doutora D.Maria Helena Brito e o Ex.mo Senhor Professor Doutor João Calvão da Silva, que foi o seu Presidente, pelo empenho e cuidado que me dedicaram e dedicam a outros tantos neófitos.

Com igual penhor, agradeço aos meus Professores do Curso de Mestrado, os Ex.mos Senhores Professores Doutor Pinto Monteiro, Doutor Coutinho de Abreu, e, em especial, Doutor Lucas Pires, cuja memória evoco reverente e com a saudade que me deixaram várias e "variadas" tertúlias, nas quais teria decerto ouvido e visto mais, não fôra a falta de um silêncio ainda mais atento da minha parte, o qual só o correr dos anos vai esmerando.

Agradeço ainda muito reconhecidamente ao Instituto de Direito da Navegação da *Facoltà di Giurisprudenza dell'Università degli Studi di Roma, "La Sapienza"*, por me ter acolhido enquanto aluno e já depois de formado, a fim de também aí preparar este trabalho. Em particular, agradeço ao então Director do Instituto, o Ex.mo Senhor Professor Gustavo

Romanelli, a quem rendo a homenagem de um aluno reconhecido pela lição e pela ajuda estimabilíssimas; e ainda a ajuda, os conselhos e o encorajamento da Ex.ma Senhora Professora D.Rita Tranquilli-Leali e dos Ex.mos Senhores Professores Stefano Zunarelli, Leopoldo Tullio e Zanelli.

Ao Ex.mo Senhor Professor Doutor Pedro Pais de Vasconcelos mostro aqui, ainda que insuficientemente, a minha rendida gratidão, pelo apoio seguro, pelas imerecidas palavras de encorajamento, pelos conselhos como que "providenciais", em momentos mais que oportunos, e porque me fez discernir o que (ai de mim!) já tinha a obrigação de ver claramente.

Agradeço ainda penhorado ao Ex.mo Senhor Professor Doutor Mário Júlio Almeida Costa, pela sua disponibilidade e atenção.

Deixo também aqui a minha gratidão reverente para com o Ex.mo Senhor Professor Doutor Henrique Mesquita, pelo apoio, pelos conselhos, e pelas palavras sempre atentas e úteis.

Uma palavra reconhecida devo ainda deixar ao Ex.mo Senhor Professor Doutor Pinto Bronze, tembém pelo apoio que me deu, sempre no momento certo.

Finalmente, não quero esquecer os Ex.mos Senhores Professores Doutor António Castanheira Neves e António Avelãs Nunes, que então desempenhavam as ilustres funções de Presidente do Conselho Científico e de Presidente do Conselho Directivo e que homenageio agora, lembrando grato e reconhecido a sua atenção e o seu cuidado, que muito me tocaram.

O meu reconhecimento vai ainda sem peias para os serviços da Biblioteca, e, nomeadamente, para a sua Directora, a Ex.ma Senhora Dra. D. Ana Maria Osória, pela sua atenção e sempre pronta contribuição, mas também para a Ex.ma Senhora Dra. D. Maria do Carmo Branquinho, pela sua incansável e mui gentil assistência, e assim também para todos os funcionários da Biblioteca, entre os quais posso nomear as Ex.mas Senhoras D. Maria do Céu, D. Beleza, D. Gabriela, D. Margarida, D. Rosário, e os Ex.mos Senhores Beltrão, Leitão, João, (dos diversos departamentos da Biblioteca). Devo aqui agradecer e lembrar o seu papel e o seu auxílio no trabalho de investigação da Faculdade de Direito, e tanto mais, porque não posso esquecer a sua prontidão e a sua diligência. Estou ainda reconhecido pelo trabalho e pelas sempre atempadas informações da Ex.ma Senhora D. Maria do Rosário, que então dava assistência à secretaria do Conselho Científico da Faculdade. Bem hajam.

Lembro também, curvando-me reverentemente perante a sua memória, todos os Professores da Faculdade que já nos deixaram e cujo exemplo e trabalho, *malgré moi*, me lucraram alento e preciosas lições. *Ad perpetuam memoriam*. Permito-me evocar em particular os que foram meus Mestres. Não esqueço, em especial, a resistência fiel do Ex.mo Senhor Professor Doutor Vasco Lobo Xavier, de quem ouvi as primeiras lições sobre o objecto do Direito Comercial, precisamente no último ano em que as pôde oferecer, com aquele esforço exemplar de serviço generoso que de muitos foi suavemente conhecido.

Aos meu caríssimos amigos, o Ex.mo Senhor Professor Michele Comenale Pinto e o Ex.mo Senhor Dr. Miguel Gorjão-Henriques, deixo a minha viva gratidão pela sua pronta, gentilíssima e mui preciosa ajuda.

As palavras não chegam! Bem hajam.
Laus Deo.

Pátio das Escolas, 18 de Maio de 2004.

ABREVIATURAS

AIDI	—	Annuaire de l'Institut de droit international
AJCL	—	American journal of comparative law
APD	—	Archives de philosophie du droit
BMJ	—	Boletim do Ministério da Justiça
Clunet	—	Journal du droit international
CJ	—	Colectânea de Jurisprudência
CJ/STJ	—	Colectânea de Jurisprudência – Acórdãos do Supremo Tribunal de Justiça
DCI	—	Diritto del commercio internazionale
DDC	—	Documentação e direito comparado
DI	—	Diritto internazionale
DM	—	Diritto marittimo
DT	—	Diritto dei trasporti
Enc. dir.	—	Enciclopedia del diritto
Enc.giur.	—	Enciclopedia giuridica
IECL	—	International Encyclopedia of comparative law
JALC	—	Journal of air law and commerce
Nss.Dig.It.	—	Novissimo Digesto italiano
Rabels	—	Rabels Zeitschrift für ausländisches und internationales Privatsrecht
RCDIP	—	Révue critique de droit international privé
RDC	—	Rivista del diritto commerciale
RDE	—	Revista de direito e economia
RDI	—	Rivista di diritto internazionale

RDILC	— Révue de droit international et de législation comparée
RDIPP	— Rivista di diritto internazionale privato e processuale
RDN	— Rivista del diritto della navigazione
RDU	— Révue de droit uniforme/Uniform law review
Recueil des Cours	— Recueil des Cours de l'Académie de Droit International de la Haye
RIDC	— Révue internationale de droit comparé
RLJ	— Revista de Legislação e de Jurisprudência
ROA	— Revista da Ordem dos Advogados
RT	— Revista dos Tribunais
RTDPC	— Rivista trimestrale di diritto e procedura civile
TLR	— Tulane law review

PREÂMBULO

«"Mandas-me, ó Rei, que conte declarando
De minha gente a grão genealogia;
Não me mandas contar estranha história,
Mas mandas-me louvar dos meus a glória[...]
Entre a Zona que o Cancro senhoreia,
Meta Setentrional do Sol luzente,
E aquela que por fria se arreceia
Tanto, como a do meio por ardente,
Jaz a soberba Europa, a quem rodeia,
Pela parte do Arcturo e do Ocidente,
Com suas salsas ondas o Oceano,
E, pela Austral, o Mar Mediterrano[...]
Com nações diferentes se engrandece[...]
Todas de tal nobreza e tal valor,
Que qualquer delas cuida que é milhor[...]
Eis aqui, quase cume da cabeça
De Europa toda, o Reino Lusitano,
Onde a terra se acaba e o mar começa
E onde Febo repousa no Oceano.
Este quis o Céu justo que floreça[...]
Esta é a ditosa pátria minha amada[...]»

Luís Vaz de Camões, *Os Lusíadas*, III, 3, 6, 20, 21, *in Os Lusíadas de Luís de Camões*, Porto, 1975, Porto Editora.

«Numquid dubium est quin certius robur sit quod non vincitur quam quod non lacessitur, cum dubiae sint vires inexpertae, at merito certissima firmitas habeatur quae omnes incursus respuit.».

Séneca, *De constantia sapientis*, III-4

1. Já em 1926 se dava conta, no Boletim da Faculdade de Direito, da complexidade dos problemas que, uma vez vencidos os umbrais da disciplina jurídica das relações contratuais, se faziam anunciar adstritos às consabidas categorias e aos institutos jurídicos que povoam os domínios dos transportes, com a sua missão normativo-estruturante[1]. A despeito de sermos conscientes das nossas muitas limitações, ainda assim ousaremos, esperando que sem ofensa para a virtude da prudência, sulcar estes territórios, que não sendo *res derelicta,* não vêm suscitando a atenção de outros "crescentes férteis".

Quiçá nos não mova a paixão que cunhou algumas das linhas arrebatadas e épicas[2] que sobre o direito marítmo se derramaram, sem embargo do que não deixaremos de reconhecer o profundo significado que as relações entrelaçadas ao redor do transporte, nomeadamente daquele marítimo, arrastam no plano da vida económico-comercial e jurídica, como no plano da institucionalização. É, outrossim, notória e materialmente evidente a especialidade do direito marítimo[3] em diversos domínios do ordenamento jurídico. Por este motivo também, dedicar-nos-emos, conquanto nos assistam parcas forças, a urdir um breve apontamento sobre a disciplina do contrato internacional de mercadorias por mar, e, mais particularmente, sobre o tecido normativo que envolve a responsabilidade civil do transportador e as vicissitudes, prescritivamente definidas, por que há-de passar a prova dos factos correspondentes e a determinação do *quantum respondeatur.*

Este nosso trabalho, ainda mais singelamente, limitar-se-á à apresentação de um diploma internacional, a Convenção de Bruxelas de 1924 sobre regras relativas ao conhecimento de carga, e de alguns dos seus

---

[1] Vide, J. G. PINTO COELHO,*"A responsabilidade civil do transportador nos transportes aéreos e a validade das cláusulas de irresponsabilidade por acidentes ocorridos às pessoas"*, BFDUC, X, 1926-28, p. 554 ss., e XI, 1929, p. 1 ss., *maxime,* 3 e ss..

[2] Assim, J. BONNECASE: «*[d]édaigneux de toute parenté trop étroite avec les autres branches du Droit, le Droit commercial maritime trouverait en lui-même, et en lui seul, le secret de son développement; doté d'une force organique toujours égale à elle-même*» — *Le particularisme du Droit commercial maritime,* Paris, 1921. E R. SCHADÉE: «*il nous faut citer ... le philosophe Thalès: "L'eau est à la base de tout"*»; «*[c]omme la mer a donné naissance à la vie terrestre, le droit maritime est générateur du droit en général*» — *La mer comme mère du droit, in* Études offertes à René Rodière, Paris, 1981, p. 513.

[3] E como sentenciava Paul Chauveau «*[l]es risques et périls de la mer, ainsi que l'éloignement ont largement contribué à la formation du Droit Maritime Privé*» — *Le droit maritime en révolution, in* Estudios Juridicos en Homenaje a Joaquin Garrigues, II, Madrid, 1971, p. 175.

antecedentes históricos, num brevíssimo "minueto" em torno da unificação normativa. Talvez esta apresentação seja redundante, sobretudo considerando que, mesmo entre nós, esta Covenção já foi alvo de variadas e muito mais autorizadas análises. Não obstante estarmos cientes deste facto, pareceu-nos oportuno recordar este diploma, passo significativo no *iter* que tem conduzido as regras internacionais, no âmbito dos transportes marítimos de mercadorias, para a unificação, à semelhança do que vem igualmente sucedendo no que respeita à regulamentação do transporte por outras vias e meios. Mau grado havermos mencionado a existência de uma tal semelhança, *et pour cause*, poderemos também falar de analogia, dentro dos confins da qual se poderá detectar uma aproximação da orientação normativa seguida e constituída para cada uma das modalidades e/ou meios de transporte, no plano internacional — como, de resto, nos planos nacionais. Mas tal aproximação pode também gorar-se, não só pelo carácter deliberadamente sincopado da disciplina prescrita por tantos instrumentos de unificação jurídica internacional, como pelo surgimento diferido no tempo de tais regras unificadoras para cada um dos meios ou tipos de transporte, quer, ainda, pelas diferentes necessidades que cada uma das espécies de transporte reclama ver satisfeitas[4].

---

[4] *Vide*, sobre a relevância e significado da unificação normativa e alguns dos seus aspectos e métodos, em geral e no domínio marítimo, cfr. *infra* e, entre outros, A. PEREIRA DE MATOS, A unificação do direito comercial marítimo — constituição do Comité Portuguez, Porto, 1910, p. 7 ss., para uma descrição de alguns passos históricos do processo unificador desde o Congresso de Anvers de 1885; A. FERRER CORREIA, *Direito Internacional Privado-Alguns problemas*, Coimbra, 1989, p. 74 e ss., *maxime*, p. 85-88; J. BAPTISTA MACHADO, *Llições de Direito Internacional Privado*, Coimbra, 1990, pág.14 e ss.. E também J. LIMPENS, *Les constantes de l'nification du droit privé*, RIDC, 1958, n.° 1, p. 277 ss., *Rélations entre l'unification au niveau régional et l'unification au niveau universel*, RIDC, 1964, n.° 1, p. 13 ss.; A. MALINTOPPI, *Il ravvicinamento delle legislazioni come problema di diritto internazionale*, RDI, 1959, p. 239 ss.; E. VITTA, *International Conventions e National Conflict Systems*, Recueil des Cours, v.126 (1969-I), p. 187 e ss., *Cours général de droit international privé*, Recueil des Cours, v.162 (1979-I), p. 132 e ss.,.; G. KEGEL, *The crisis of conflict of laws*, Recueil des Cours, v.112 (1964-II), p. 237 e ss.; H. BATTIFOL, *Pluralisme des méthodes en droit international privé*, Recueil des Cours, v. 139 (1973-II), p. 113 e ss.; O. N. SADIKOV, *Conflicts of laws in international transport law*, Recueil des Cours, v.190 (1985-I), p. 201 e ss.; R. DAVID, *The methods of unification*, AJCL, 1968-1969, p. 13 e ss.; K. H. NADELMANN, *Uniform legislation versus international conventions revisited*, AJCL, 1968-1969, p. 28 ss.; p. GLENN, *Harmonization of law, foreign law and private international law*, European Review of private law,

Estas primeiras letras, por ora, não mais são do que um preâmbulo em jeito prologal, relatando certos ecos, passados e presentes, que acompanham os problemas aludidos e a demanda da sua solução.

A especialidade do direito dos transportes[5] prende-se, indubiamente, à peculiaridade técnica e/ou física da via utilizada, por um lado, e do meio

---

1993, p. 47 ss., sobre um confronto entre unificação e harmonização, no qual, relatando a comparação de John BOODMAN, lembra, a propósito da «integração vertical de tons», que «[h]*armony in music presupposes diversity, but assumes a broader form of ordering which meets æsthetic criteria*», e também acerca de novas "incarnações" do problema da *collisio legum*, dos problemas de revisão e interpretação dos corpos normativos uniformes. Ainda, G. RIPERT, *Droit Maritime, in* Edmond Thaller, Traité général théorique et pratique de Droit Commercial, Droit Maritime, v. I, p. 54 e ss., *Les procédés de l'unification internationale du droit maritime, in* Scritti giuridici in onore di A. Scialoja, Bolonha, 1952, v. I, p. 223 e ss.; R. RODIÈRE, *Introduction to transport law and Combined Transports, in* International Encyclopedia of Comparative Law, v. XII, cap. XII, p. 3 e ss., e *Droit Maritime, d'après le Précis du Doyen G. Ripert*, 3ª edição, Paris, 1967, Dalloz, p. 16 e ss, e *Les tendances contemporaines du droitprivé maritime international*,Recueil des Cours, v.135 (1972-I), *passim*, e *Les domaines comparés des conventions d'unification du droit en matière de transport de marchandises, in* Miscellanea W. J. Ganshof van der Meersch, II, Bruxelas, 1972, Bruylant, p. 899 e ss.; p. IVALDI, *Diritto uniforme dei trasporti e diritto internazionale privato*, Milão, 1990, *passim*. Também, F. A. QUERCI, *Diritto della Navigazione*, Pádua, 1989, *passim* A. LEFEBVRE D'OVIDIO, G. PESCATORE, L. TULLIO, *Manuale di Diritto della Navigazione*, Milão, 1996, *passim, maxime*, p. 22 e ss.; R. RODIÈRE, E. DU PONTAVICE, *Droit maritime*, 12ª edição, Paris, 1997, Dalloz, p. 23 e ss.; G. ROMANELLI, G. SILINGARDI, *Trasporto nella navigazione marittima e aerea*, Enciclopedia Giuridica, Trasporto, II, p. 3 e s.; S. ZUNARELLI, *Trasporto marittimo*, Enciclopedia del Diritto, v. XLIV, p. 1027 e ss; C. M. SCHMITTHOFF, *The unification of the Law of International Trade, in* Clive M. Scmittoff ' s Select Essays on International Trade Law, a cargo de Chia-Jui Cheng, Dordrecht/Boston/London, 1988, p. 170 e ss..

[5] Sobre a especialidade deste domínio jurídico, *vide* G. RIPERT, *Droit Maritime*,Vol.I, Paris, 1913, pág.37 e ss., A. SCIALOJA, *Corso di diritto della navigazione*, Roma, 1943, pág.17 e s., 28 a 30, G. PESCATORE, *Oggetto e limiti del diritto della navigazione*, Scritti giuridici in onore di A. Scialoja, Vol.I, Bolonha, 1952, pág. 191 e ss., R. RODIÈRE, *Droit maritime, d'après le Précis du Doyen G. Ripert, cit.*, Dalloz, pág.4 a 6, F. A. QUERCI, *Diritto della Navigazione*, Pádua, 1989, CEDAM, pág.6 a 9, E. DU PONTAVICE, p. CORDIER, *Transport et affrètement maritimes*, Paris, 1990, pág. 15 e s., p. IVALDI, *Diritto uniforme dei trasporti e diritto internazionale privato*, Milão, 1990, pág.1 e ss., G. ROMANELLI, G. SILINGARDI, *Trasporto nella navigazione marittima e aerea*, Enciclopedia Giuridica, p. 1, A. L. D'OVIDIO, G. PESCATORE, L. TULLIO, *Manuale di diritto della navigazione*, Milão, 1996, pág.3 a 11, W. D'ALESSIO, *Oltre la «specialità» nel diritto della navigazione*, Studi in onore di A. LEFEBVRE D'OVIDIO in occasione dei cinquant'anni del diritto della navigazione, Milão, 1996, pág. 377 a 379, R. RODIÈRE, E.

empregue no transporte, por outro. A distância física a ser ultrapassada suscita diversos problemas normativos que, a seu modo, se revelam singulares, reclamando por isso um regime normativo que acolha uma tal singularidade, daí ser habitual conferir o atributo de especial ao direito marítimo. Sendo embora desta disciplina jurídica que aqui curaremos, a noção de transporte, bem assim como aquela de contrato de transporte, acabarão por servir aos vários tipos de transporte, mesmo quando os diferenciamos atendendo ao meio empregue — sem embargo dos particulares problemas normativos provocados por cada um desses meios, individualmente considerados, e, logo, pelas respectivas idiossincrasias técnico-físicas[6].

Todavia, não é só a diversidade das vias e/ou dos meios de transporte a influenciar os regimes normativos, mas também o número de transportadores envolvidos. De facto, para além do transporte simples realizado por um transportador, empregando um único meio de transporte, deveremos também considerar o transporte realizado por vários transportadores, ainda que na mesma via de transporte. E, nesta última hipótese, poderemos deparar com enquadramentos normativos diversos, a saber, o sub-transporte ou o transporte sucessivo de tipo cumulativo — este último referido e regulado, por exemplo, pela Convenção relativa ao contrato de transporte internacional de mercadorias por estrada (CMR),

---

DU PONTAVICE, *Droit maritime,* Paris, 1997, pág.6 a 9, V. A. P. NUNES, *Questões de direito marítimo,* Revista dos tribunais, n.º 1646, pág.34 e 35, M. RAPOSO, *Direito marítimo — uma perspectiva,* Revista da Ordem dos Advogados, Ano XLIII (Maio-Setembro/1983), p. 375 a 378.

Recordemos ora, a este propósito, as palavras de A. SCIALOJA, cujo impulso foi determinante no actual estudo do direito marítimo e aéreo (*i.e.,* do *diritto della navigazione*): «[i]*l diritto marittimo, inteso come "diritto del commercio di mare", è sorto direttamente e spontaneamente dalla volontà stessa del traffico, con carattere di grande aderenza ai fatti regolati e alle esigenze economiche, e per ciò stesso, di spiccata originalità*».

[6] *Ibidem.* Damos de barato que, ladeando a divisão das diferentes modalidades de transporte referentes a meios e vias de comunicação distintos, que reclamam a necessária atenção normativa para as suas particulares exigências, encontramos uma outra destrinça que aponta para vários tipos de transporte — também eles colhendo regimes normativos próprios —, a saber: transporte de pessoas e de mercadorias; e, na esfera deste, poderíamos ainda considerar, sob uma óptica algo diversa, o transporte marítimo de carga total ou parcial e de coisas determinadas — é esta a classificação oferecida pelo Código da Navegação italiano de 30 de Março de 1942 — cfr. G. ROMANELLI, G. SILINGARDI, *op. cit., passim.*

assinada em Genebra a 19 de Maio de 1956, nos arts. 34.º a 40.º, diploma que contempla, de igual sorte, o caso de o transporte terreste ser entrecortado por percursos que venham a atravessar outras vias de comunicação (cfr. art. 2.º)[7], e acabando por ser contemplado ainda na Convenção de Varsóvia, de 1929, relativa ao transporte aéreo.

Paralelamente, no plano internacional e à sombra da Organização das Nações Unidas, também vimos surgir uma Convenção para a unificação das normas atinentes ao transporte dito multimodal (*United Nations Convention on international multimodal transport of goods/UNCTAD* de 24 de Maio de 1980), isto é, *grosso modo*, um transporte de mercadorias levado a cabo por diversos meios de transporte[8].

De qualquer modo, e seja qual for a combinação de meios técnicos implicada, a necessidade económica de deslocar fisicamente mercadorias dará lugar ao contrato de transporte de mercadorias, curando nós nesta sede do transporte por via marítima. Ora, o contrato de transporte de mercadorias por mar que aqui nos interessará, será aquele em que uma das partes se obriga em relação à outra a deslocar fisicamente, entre dois portos, determinada mercadoria, mediante retribuição, como decorre também do próprio art. 1.º do Decreto-Lei n.º 352/86 de 21 de Outubro — este diploma acrescenta que tal retribuição, devendo ser pecuniária, recebe a denominação de "frete"[9]. De outra banda, afirma a alínea e), do art. 1.º da Convenção internacional para a unificação de certas regras em matéria de conhecimento de carga, assinada em Bruxelas a 25 de Agosto de 1924, que o transporte abrangerá o lapso temporal que decorre «desde que as mercadorias são carregadas a bordo do navio até ao momento em que são descarregadas»[10].

---

[7] O que acabará, ao abrigo do regime convencional, por originar uma espécie de entretom na disciplina da responsabilidade em matéria de transporte.

[8] Art. 1.º: «*Par "transport multimodal international", il faut entendre le transport de marchandises effectué par au moins deux modes de transport différents, en vertu d'un contrat de transport multimodal [...]*».

[9] Vocábulo que encontra apoio na designação holandesa *vrecht* (cfr. R. RODIÈRE, E. DU PONTAVICE, *op. cit.*, pág. 264). Entre nós, esta designação tanto vale para a contraprestação do contrato de fretamento, como para aquela do contrato de transporte. Tal vocábulo corresponderá a *nolo* em Itália, a *Fracht* na Alemanha e a *fret* em França (neste país, todavia, a expressão correspondente que a precedeu foi *nolis*, como prestação no âmbito do contrato de *nolissement* ou *nolisement*, expressão que, por seu turno, identificava outrora o *contrat d'affrètement* — cfr. G. RIPERT, *op. cit.*, pág.3 e 175.)

[10] Sobre a noção de contrato de transporte marítimo de mercadorias, *vide* G. RIPERT, *Droit Maritime*,Vol.II, Paris, 1913, pág.1 e ss., 17 e ss.., A. SCIALOJA, *op. cit.*,

Mau grado dar-se de barato que uma tal noção pode ser burilada doutrinalmente, referimos tais diplomas, porquanto, ao oferecerem estes contributos para traçar os contornos do contrato de transporte, parece que acabam, afinal, por estar a delimitar o seu âmbito material de aplicação, mais do que a fornecer uma definição acabada da figura que ora nos ocupa.

Assim, na disciplina interna deste contrato[11], este aparece-nos como um contrato comercial e formal, um contrato sujeito a forma escrita,

---

pág. 17 e ss., G. PESCATORE, *op. cit.*, *passim*, R. RODIÈRE, *La distinction du contrat d'affretement et du contrat de transport de marchandises—Rapport général*, s/d, mas *post* 1967 (dactil.), *Droit maritime, cit.*, p. 250 e s., *Traité Général de droit maritime,afrètements et transports.*,Tomo II, Paris, 1967, pág.11 e ss., J. PUTZEYS, *Droit des transports et droit maritime*,Lovaina, 1989, pág.110 e ss., F. A. QUERCI, *op. cit.*, pág.437 e ss., E. DU PONTAVICE e p. CORDIER, *cit.*, pág.35 e ss., 265 e ss., G. ROMANELLI, G. SILINGARDI, *op. cit.*,pág.1 e ss., A. L. D'OVIDIO, G. PESCATORE, L. TULLIO, *op. cit.*,pág.481 e ss., 513 e ss., R. RODIÈRE, E. DU PONTAVICE, *op. cit.*,pág.264 e s., 302 e s.; A. PALMA CARLOS, *Objecto do contrato de fretamento*, Gazeta da Relação de Lisboa, a.43, 1929, n.º 13, p. 193 s., defendendo para o fretamento um objecto complexo envolvendo o transporte, aluguer, prestação de serviços e depósito («*o trabalho e a cousa*»); AZEVEDO MATOS, *Princípios de direito marítimo,* Vol.II, Lisboa, 1956, pág. 19 e ss.; M. RAPOSO, *Transporte e fretamento — algumas questões,*Boletim do Ministério da Justiça, n.º 340 (Novembro/1984), *passim*, *Sobre o contrato de transporte de mercadorias por mar,* Boletim do Ministério da Justiça, n.º 376 (Maio/1988), pág.5 e ss..

R. RODIÈRE apresenta o contrato de transporte, juntamente com o fretamento, e não obstante suscitarem uma regulamentação própria — *scl.* especial—, como *species* de um *genus*, que seria, precisamente, o contrato de prestação de serviços — «*contrat d'entreprise*» —, pelo qual, ao abrigo do art. 1710 do Código Civil francês, «*un entrepreneur, maître de son affair, "s'engage de faire quelque chose" pour son co-contractant moyenement un prix convenu entre eux*» (*op. cit.*, pág.12). De igual sorte, *ex vi* do art. 1154.º do nosso Código Civil, tal contrato será aquele pelo qual alguém assume a obrigação de produzir um certo resultado em benefício de outrem, fruto do seu trabalho intelectual ou manual, «com ou sem retribuição». Cfr. Ac. Trib.Rel.Porto, de 23 de Outubro de 1984, CJ, 1984, IV, p. 232 ss..

No ordenamento italiano, por outro lado, encontramos previsto o contrato de transporte, quer no Código Civil (art. 1678.º e ss.), quer no Código da Navegação art. 396.º e ss. e 940.º e ss., circunstância que entrincheirou a doutrina em posições distintas, no que tange à relação das normas civis com as do Código da Navegação, dada a especialidade das normas de navegação e a hieraquia normativa ditada pelo art. 1.º do *Codice della Navigazione* (cfr. F. A. QUERCI, *op. cit., loc. cit.*, G. ROMANELLI, G. SILINGARDI, *op. cit.*, pág.3, A. LEFEBVRE D'OVIDIO, G. PESCATORE, L. TULLIO, *op. cit., loc. cit.*).

[11] Não pretendendo visitar detidamente todas as fonteiras da noção deste contrato, sempre tentaremos avistar algumas das suas marcas — para o entendimento do direito

marítimo e da relação contratual de transporte no direito romano, a que tão-só acenaremos *infra, vide* p. HUVELIN, *Études d'histoire du Droit Commercial Romain*, Paris, 1929, p. 87 e ss.; L. TULLIO, *I contratti di charter party*, Pádua, 1981, p. 7 e ss.; E. CARRELLI, *Responsabilità ex recepto del nauta e legittimazione ad agire di danno*, RDN, v. IV, parte I (1938-XVI-XVII), p. 323 e ss.; S. SOLAZZI, *La definizione dell' armatore in D.14.1.1.15 e la locazione perpetua della nave*, RDN, v.IX, parte I (1943-48), p. 36 e ss., D. MAFFEI, *Armatore*, Enciclopedia del Diritto, III, p. 10 e ss.; S. ZUNARELLI, *Trasporto marittimo*, in Enciclopedia del Diritto, v. XLIV, p. 1209; A. LEFEBVRE D'OVIDIO, G. PESCATORE, L. TULLIO, *op. cit.*, pág.13.

Desde logo, perdura a necessidade de o confrontar com o contrato de fretamento, sem deixar de fazer caso da proximidade, senão mesmo complementaridade, destes contratos enquanto contratos de utilização do navio — proximidade que para certa doutrina irá ao ponto de empecer a sua distinção típica —cfr., *supra*, nota 5. *Vide, maxime*,G. ROMANELLI, *Profilo del noleggio*, Milão, 1979, pág. 69 e ss., A. LEFEBVRE D'OVIDIO, G. PESCATORE, L. TULLIO, *op. cit.*, pág. 460 e ss., M. RAPOSO, *Transporte e fretamento — algumas questões*, BMJ, n.º 340 (Novembro/1984), *passim*, e, ainda, embora num quadro normativo distinto do actual nos respectivos países, G. RIPERT, *Droit maritime, cit.*, pág. 7 e ss., AZEVEDO MATOS, *Princípios de direito marítimo, cit.*, pág.7 e ss..

Decerto que a experiência quotidiana nos permite pensar em utilizações diversas para um navio, como sejam, nomeadamente o transporte, o reboque, a assistência, a salvação ou, *tout court*, a viagem marítima, considerada separadamente de um ulterior escopo.

Se ambos os contratos, cuja causa e configuração ora buscamos, se prendem inevitavelmente à aventura marítima, isto é, à viagem marítima, não deixaremos por isso de encontrar diferenças, porquanto encontraremos sujeitos e prestações distintos. Tentaremos pois decifrar essa diferenciação no plano obrigacional, não curando directamente de nos certificar da suficiência de tais divergências para a determinação de uma distinção típica (sobre a noção de tipo *vide* G. B. FERRI, *Causa e tipo nella teoria del negozio giuridico*, Milão, 1966) — mas já não poderemos negligenciar o facto de o sistema jurídico dispensar regimes diversos para ambos os contratos, embora com eventuais pontos de cruzamento.

E os pontos de contacto entre ambos os contratos são tão mais acentuados historicamente, quanto é certo que, numa fase mais remota da navegação mercantil, podia mais assiduamente suceder que, numa expedição marítima realizada por uma embarcação, estivesse em jogo somente o transporte de mercadorias de um único ou de um reduzido número de carregadores que, podendo mesmo acompanhar as suas mercadorias na viagem, conseguiriam preencher totalmente a capacidade de carga. Hodiernamente, porém, a par do carregamento total, é também usual observarmos um navio que transporta mercadorias de um número mais elevado de carregadores — ao que, evidentemente, não é de todo alheia a evolução técnica das embarcações.

No que tange ao contrato de fretamento — *"affrètement"* em França*,"noleggio"* em Itália,*"Raumfrachtvertrag"* no direito germânico, e, em Inglaterra, estará aparentado com o contrato titulado por uma *"charterparty"* —, evitando embora a *vexata quæstio* relativa à sua posição em face da *locatio rei*, da *locatio operis* (*faciendi*), e mesmo, da *locatio operarum* (cfr. G. BERLINGIERI, *Time charter,* Mortara, Vigevano, 1914, p. 1 ss.) —, tentaremos apontar algumas das suas características. Assim, deve, desde logo, sublinhar-se que as normas atinentes a esta relação contratual são, em geral, de natureza supletiva, aplicando-se tão-só na ausência de manifestação de vontade das partes, ou, de outro modo, quando as partes, no uso da sua autonomia contratual, não regulam determinado aspecto do contrato e da respectiva execução, como aliás resulta do art. 3.°, do DL n.° 191/87, de 29 de Abril. No plano internacional, soi todavia incluir-se nas *charterparties* a dita *paramount clause*, indicando desta sorte a submissão do negócio ao regime normativo da Convenção de Bruxelas sobre o conhecimento de carga — este, sim, imperativo sempre que seja emitido um conhecimento de carga, e, claro está, apenas no seu âmbito de aplicação espacial, conforme definido pela regra instrumental plasmada no respectivo art. 2.° —, com implicações que, sobremaneira, se destacam no campo da responsabilidade — aliás, a Convenção de Hamburgo sobre o transporte marítimo, de que curaremos *infra*, prevê, expressamente, a aplicação do respectivo regime quando as partes o desejarem no uso da sua autonomia contratual (cfr. al. e), do n.° 1 do art. 2.°). Mas as Regras de Visby admitiam outro tanto, na delimitação do respectivo campo de aplicação (cfr. art. 5.°, que veio modificar o art. 10.° das Regras de Haia). Sobre a modificação da Convenção de Bruxelas de 1924 (Regras de Haia) operada pelo Protocolo de 1968 (Regras de Visby) e sobre a sua eventual reunião num novo corpo normativo (Regras de Haia-Visby), *vide infra*.

Cfr., sobre as cláusulas-tipo das *charter parties* L. TULLIO, *I contratti di charter party, cit., passim*.

Não obstante a referida supletividade, entre nós, o fretamento é um contrato formal, sujeito a documento escrito particular, a carta-partida, como resulta do art. 2.° do DL n.° 191/87 — a expressão, derivada etimologicamente de *charta partita,* baseia-se no facto de, em tempos mais idos, vigorar a prática de rasgar o documento escrito que servia de prova ao contrato, permitindo, destarte, assegurar a confirmação da autenticidade do mesmo documento (*Vide* G. RIPERT, *Droit maritime, cit.,* pag. 51, nota 1).

Mas o que acabará por grangear ao fretamento a sua individualidade ou particularidade, enquanto contrato, será também a prestação que o caracteriza. Para tanto, olvidaremos, de momento, o fretamento em casco nu, que, aliás, como decorre do próprio regime, não vem laureado com uma vincada individualidade funcional ou, mesmo, estrutural, e mais nos lembra a locação (e tampouco é individualizado como contrato, *v.g.*, no *Codice della Navigazione*, onde aparece como *locazione*, por contraposição ao *noleggio*, seja *noleggio a tempo* ou para uma viagem, mau grado outro tanto não suceder em França, onde se prevê o *affrètement à coque nu*). Não é por acaso que as normas reguladoras da locação são subsidiárias na disciplina deste contrato de fretamento, sendo porém certo que encontramos quem sublinhe que, no fretamento em casco nu, o fretador, se, de uma banda, não enverga as vestes de efectivo armador, de outra banda, sempre estará obrigado a colocar o navio à disposição, mas após se haver assegurado do seu estado de navegabilidade (esta não é a formulação eleita pelo diploma de 1987, mas deverá entender-se, que, não estando o navio apresentado em condições de zarpar, dado que não foi ainda armado, nem sequer equipado, ele tampouco deverá encerrar vícios que tornem de todo impossível, em condições razoáveis, a viagem), *scl.*, ainda que reduzido este ao mínimo dos seus requisitos, porquanto, aqui, o fretador, como dissemos *supra*, não é armador — R. RODIÈRE, *Traité Général de Droit Maritime, cit.*,Vol.I, pág. 298. Sobre a obrigação de entregar o navio em estado de navegabilidade, Ac.Trib.Rel.Lisboa, de 4 de Janeiro de 1978, CJ, 1978, I, p. 23 ss..

Assim, no fretamento por viagem, o fretador — também, subsidiariamente, *ex vi* dos arts. 5.° e 7.° do DL n.° 191/87 de 25 de Abril — deverá colocar à disposição do afretador, segundo as condições acordadas, um navio em estado de navegabilidade, já armado e equipado, bem como realizar a viagem ou viagens previstas na carta-partida. Por outro lado, no fretamento a tempo, o fretador, mantendo a sua qualidade de armador — pelo menos, se não estivermos ante um caso de subfretamento —, estará ainda obrigado a colocar o navio à disposição do afretador nas condições indicadas *supra*, e a realizar as viagens por este último desejadas, durante um certo período de tempo, o mesmo vale dizer que o afretador poderá utilizar o navio durante o lapso temporal acordado — sobre o contrato de fretamento, *vide* G. RIPERT, *Droit Maritime,*Vol.II, Paris, 1913, pág.1 e ss., A. SCIALOJA, *op. cit.*, pág.17 e ss., R. RODIÈRE, *op. cit,*Vol. I pág.8 e ss., L. TULLIO, *op. cit., passim,* E. SPASIANO, *Armatore,* Enciclopedia del diritto, III, pág.13 e ss.; F. A. QUERCI, *op. cit.*, pág.429 e ss., E. DU PONTAVICE, p. CORDIER, *op. cit.*, pág. 265 e ss., A. LEFEBVRE D'OVIDIO, G. PESCATORE, L. TULLIO, *op. cit.,*pág.460 e ss., R. RODIÈRE e E. DU PONTAVICE, *op. cit.,*pág.264 e ss., AZEVEDO MATOS, *op. cit., loc. cit.,* M. RAPOSO, *op. cit., loc. cit., Sobre o contrato de transporte de mercadorias por mar, cit.,*pág. 47 e ss..

Em ambos, o fretador manterá, em princípio, a gestão náutica do navio, e, no que a esta respeita, o capitão, enquanto possível representante do armador-fretador, sempre lhe deverá obediência — cfr. arts. 8.°, 25.° e 28.° do Decreto-Lei que vimos citando.

Sem embargo do ostensivo sincretismo que se denota na relação entre os contratos de fretamento e de transporte de mercadorias, quer na sua história, quer no comércio jurídico actual, seria este quadro de obrigações do fretador o motivo por que se chega a sustentar um *distinguo* entre estes contratos. Na verdade, no que tange ao contrato de transporte, a prestação característica do transportador — enquanto *vector* — traduzir-se-ia na deslocação física de mercadorias entre portos, independentemente da sua qualidade de armador ou do facto de ser ele directamente a desenvolver as actividades que, fisicamente, proporcionam a viagem marítima. Daí se poder afirmar que, ao passo que o fretamento incidiria mais directamente sobre o navio — e, em geral, sobre um navio determinado, conforme identificação fornecida na carta-partida — e sobre a viagem, enquanto escopo final deste negócio, já no transporte de mercadorias, um tal escopo final corresponderia, *stricto sensu*, à deslocação física por mar dos bens a transportar, assumindo para tanto a viagem um papel instrumental.

Obviamente, esta análise que parece feita *à outrance*, não tolhe um inegável "sincretismo", não raramente verificável, seja na coincidência dos sujeitos de ambos os contratos e, quiçá, na conclusão de ambos contratos sem aparente solução de continuidade — sobre a natureza jurídica do fretamento e o seu *penchant,* ora para o âmbito normativo da locação, ora para aqueloutro do transporte, cfr. G. RIPERT, *op. cit., loc. cit. —,* parecendo seguir esta via, e associando o fretamento ao transporte, o Ac.Trib.Rel.Lisboa, de 4 de Janeiro de 1978, CJ, 1978, I, p. 23 ss., e, segundo cremos, o Ac.STJ, de 27 de Maio de 1980, BMJ, n.º 297, 1980, p. 376 ss..

Senão vejamos: nada parece impedir que, em certos os casos, o fretador, ou o capitão em seu nome, possa de igual sorte emitir um conhecimento de carga, assumido a obrigação do resultado que é o transporte — não obstante ser claro que, também neste âmbito, não olvidaremos que é de todo irrelevante o *nomen* atribuído pelas partes ao contrato celebrado, para efeitos de escolha do regime normativo aplicável.

No sentido da distinção conceitual entre fretamento e transporte, mas surpreendendo «zonas de secância» entre ambos, Ac. STJ, de 2 de Junho de 1998, BMJ, n.º 478, 1998, p. 397 ss.. Cfr. ainda Ac. STJ, de 19 de Fevereiro de 1987, BMJ, n.º 364, 1987, p. 879 ss., *maxime,* p. 884 ss..

Ora uma tal proximidade funcional e estrutural dos contratos confronta-nos, não raras vezes, com a necessidade de resolver eventuais disparidades ou incongruências que emirjam da coexistência de uma carta-partida, título que documenta o fretamento, e de um conhecimento de carga, contendo os termos do transporte. E por isso, a disciplina do art. 29.º do DL 352/86, de 21 de Outubro — segundo o qual a disciplina contida neste diploma só se aplicaria ao na transporte se não existisse uma carta-partida, e a existir, ainda se aplicaria, mas tão-só às relações externas, isto é, às relações entre o transportador e um terceiro portador do conhecimento de carga —, e da al. b) do art. 1.º da Convenção de Bruxelas sobre o conhecimento de carga, *in fine —* o regime da Convenção, sendo aplicado ao transporte baseado num conhecimento de carga ou em documento similar, também não perderia a sua pertinência nas relações entre o transportador e um portador do conhecimento ou de documento similar, ainda que houvesse sido redigida carta-partida.

Note-se ainda que a teoria da distinção contratual não está aqui solitária, porquanto encontramos também uma teoria que postula para fretamento e transporte a unicidade típica. Assim, a lição do Professor Gustavo ROMANELLI diz-nos que o fretamento (*noleggio*) deve ser considerado como um sub-tipo ou *species* do *genus* transporte, apesar de ao afretador (*noleggitore*) poder vir a ser exigida uma maior colaboração — note-se que, entre nós, no fretamento a tempo, caber-lhe-á a gestão comercial do navio, *ex vi* do art. 26.º, do DL n.º 191/87 de 29 de Abril (cfr., também, a segunda parte do art. 387.º do Código da navegação italiano). A viagem, enquanto *opus* não deveria pois ser considerada isoladamente ou *qua tale,* mas sempre em conexão com o seu ulterior escopo, o transporte de mercadorias, sem o qual aquela não subsiste economicamente, estando assim, viagem e transporte, como que coenvolvidos numa mesma operação económica. Estas considerações funcionais dariam pois o toque para evitar a distinção típica dos dois negócios. E na sua esteira, poder-se-ia também declarar que a recepção, a detenção como *custodes* e a entrega das mercadorias pelo *vector* ao destinatário ou a um representante do carregador, não seriam prestações essenciais para a caracterização do transporte, concluindo-se que o fretador poderia ser transportador, mau grado não deter as mercadorias — *vide* G. ROMANELLI, *op. cit., loc. cit.*, L. TULLIO, *op. cit.*, pág. 205 e 206, A. LEFEBVRE D'OVIDIO, G. PESCATORE, L. TULLIO, *op. cit., loc. cit.*, M. RAPOSO, *op. cit., loc. cit.*.

Por outro lado, o Professor Leopoldo TULLIO, sublinhando que nas *charterpaties* se pode prever que o fretador detenha as mercadorias, pelas quais zelará, lembra que a entrega ao destinatário deve ser tida como traço distintivo e prestação necessária no contrato de transporte. Recorda ademais que, primordialmente, na *locatio rerum vehendarum*, o transporte físico das coisas seria obrigação acessória relativamente à obrigação fundamental de entrega das coisas locadas, sem embargo de uma espécie de posterior mudança de clave, em virtude da qual a atenção se haveria deslocado do genitivo para o gerúndio da expressão — *ibidem.Vide, maxime*, L. TULLIO, *I contratti di charterparty, cit.*, pág.18 e ss.

Para além do transporte simples realizado por um só transportador, empregando um só meio de locomoção numa única via de comunicação, encontramos, evidentemente, outras modalidades de transporte, que podem dar lugar a particulares molduras negociais.

Desde logo, aquele que se compromete para com o carregador a entregar a um dado destinatário pode não transportar efectivamente a mercadoria, realizando, em nome próprio e por sua conta, novo contrato de transporte ou contrato de sub-transporte com um ou vários transportadores efectivos. A este propósito, o art. 10.º das Regras de Hamburgo — nome atribuído à disciplina ditada pela Convenção das Nações Unidas sobre o transporte de mercadorias por mar, concluída, em Hamburgo, a 31 de Março de 1978, mas que não vigora entre nós — permite que os interessados no transporte proponham acção em juízo contra o transportador principal, ou seja, aquele que vem identificado no primeiro contrato, mas igualmente contra o transportador de facto (o *"actual carrier"*).

Pode ainda suceder que o transportador actue como mandatário daquele com quem celebrou contrato, pelo que, podendo transportar efectivamente as mercadorias em parte do percurso total, para o caminho remanescente, obriga-se a realizar novos contratos de transporte por conta de outrem.

Diferente será ainda o negócio em que um carregador ou destinatário celebram um contrato cuja contraparte será uma frente de transportadores (cfr. M. ANDRADE, *Teoria geral da relação jurídica*, Coimbra, 1987, pág.38), que solidariamente se obrigam a realizar o transporte das mercadorias ao longo de determinado percurso. É precisamente no âmbito de um contrato desta índole, em que deparamos tão-só com um vínculo contratual, que surgirá um conhecimento de carga directo, *through bill of lading* — cfr. Gustavo ROMANELLI e G. SILINGARDI, *op. cit.*, pág.2 e ss..

Na profícua *ambiance* anglo-saxónica, surgem-nos alguns desenhos contratuais dignos de nota, a saber: a *consecutive voyage charter* e o *tonnage agreement* ou *volume contract* (que vem também recebendo as mais ou menos pacíficas designações de *freight contract* ou *contract of affreightment*) — *vide* R. RODIÈRE, *op. cit.*, I, pág. 52 e s., L. TULLIO, *op. cit.*, pág. 67, A. LEFEBVRE D'OVIDIO, G. PESCATORE, L. TULLIO, *op. cit.*, pág.513 e ss., M. RAPOSO, *Fretamento e transporte marítimo — algumas questões, cit.*, pág. 27 e ss.. Através daquela, sendo também concluído um contrato de transporte, o transportador assumirá a obrigação de realizar, com um navio previamente determinado — como aliás soi acontecer no fretamento por viagem —, um certo núnero de viagens consecutivas ou tantas viagens quanto possível num dado arco temporal. Neste, de outra banda, após o havermos distinguido à partida do contrato correspondente a uma *charter-party* (eventualmente equiparável ao fretamento continental, embora o ponto não seja pacífico, mormente, no que toque à *voyage charter*), verificaremos a ausência de unanimidade quanto à sua classificação estrutural. Basicamente, uma tal moldura negocial permitirá a realização, em navio não determinado, de plúrimas viagens segundo um prévio programa e durante um certo período, com evidentes vantagens para o transporte mais ou menos célere de elevadas quantidades de mercadorias (A. LEFEBVRE D'OVIDIO, G. PESCATORE, L. TULLIO, *op. cit., loc. cit.*). Porém, como faz notar M. RAPOSO (*Op. cit., loc. cit.*, e, ainda, *Sobre o contrato de transporte de mercadorias por mar, cit.*, pág.61), se, para uns, este seria um contrato unitário, *hoc sensu*, com objecto e modo de execução a determinar futuramente através de propositados actos negociais, para outros, estaríamos perante um contrato-quadro, a cuja execução, subsequentemente, serviriam, ora *voyage charters*, ora conhecimentos de carga. Através de um contrato de *tonnage*, o transportador obrigar-se-á a transportar um determinado volume de mercadorias, até uma data limite acordada, podendo-se, desde logo, vislumbrar motivos para uma discussão relativa à sua natureza jurídica — no que toca, desta feita, a averiguar da sua inclusão, ou não, numa das modalidades do contrato de fretamento (*ibidem*).

Cfr. R. RODIÈRE, *op. cit., loc. cit.*, L. TULLIO, *op. cit., loc. cit*; A. LEFEBVRE D'OVIDIO, G. PESCATORE, *op. cit.*, pág. 512 e ss., R. RODIÈRE e E. DU PONTAVICE, *op. cit.*, pág.268 s.. Aliás, também sobre a natureza jurídica do «*contrat de tonnage ou contrat de volume*», consideram estes últimos Autores que «[*l*]*e contrat de tonnage est donc une promesse de passer le nombre de contrats d'affrètement nécessaires à l'évacuation de la marchandise ou encore une promesse de passer le nombre de contrats de transports nécessaires à cette même évacuation; tantôt il s'agit donc d'un contrat-quadre préparatoire à d'autres contrats qui peuvent être des contrats d'affrètement ou des contrats de transport*», «[*t*]*antôt, le contrat-quadre lui-même est considéré comme un contrat d'affrètement, les contrats d'application étant également des contrats d'affrètement*».

Sobre estas figuras contratuais, *vide* L. TULLIO, *Il contract of affreightment*, Pádua, 1991, *passim*, mas p. 1-17.

Cfr., sobre os problemas levantados pela consolidação de novas modalidades contratuais, sobretudo em face da legislação espanhola, M. I. MARTINEZ JIMÉNEZ, *Consideraciones de* lege ferenda *al anteproyecto de ley sobre contratos de utilizacion del buque*, Estudios juridicos en homenaje al Professor Aurelio Menendez, III, Madrid, 1996.

Numa dimensão algo diversa estaria o transporte misto, combinado ou multimodal, e quão diversa como o obriga o facto de passarmos fisicamente para outro ambiente natu-

embora sejam diversos os documentos que poderão servir de forma ao contrato de transporte[12] — também podendo variar o regime aplicável, consoante exista ou não uma carta-partida[13] —, que se encontrava regulado nos artigos 538.º e seguintes do código comercial, hoje revogados.

---

ral, correspondente a outra via de comunicação. O seu nome insinua precisamente que este será um transporte de mercadorias que abranja várias modalidades de transporte, desde que as mercadorias são expedidas até à sua entrega. Assim o n.º 1 do art. 1.º da Convenção das Nações Unidas sobre transporte multimodal internacional de mercadorias, assinada em Genebra a 24 de Maio de 1980, afirma que se trata um «*transport de marchandises effectué par au moins deux modes de transport différents, en vertu d'un contrat de transport multimodal*». Na esfera desta convenção, emerge adstrito ao contrato a figura do "empresário" ou "operador" de transporte multimodal (*"entrepeneur de transport multimodal"*, *"multimodal transport operator"*) — cfr. *infra* —, que, por si ou através de representante, celebra com o interessado o contrato de transporte multimodal, obrigando-se a fazer chegar as mercadorias ao destino acordado, até à data igualmente convencionada, e que, por isso «*assume la responsabilité de l'exécution du contrat*», não actuando, desta sorte, como mandatário do expedidor das mercadorias, e tão-pouco como mandatário dos transportadores efectivos (cfr. n.º 2 do art. 1.º da Convenção de Genebra) — como se sabe, não se presta aqui homenagem a uma preocupação inédita, porquanto num percurso de transporte que atravesse diferentes vias de comunicação, mediante diversos meios técnicos —uns e outros imergidos em *áreas de risco* físicamente (*ergo* inevitavelmente) diferente —, sempre urgiria pôr cobro à questão do regime de responsabilidade atinente a cada troço da viagem. Fruto desta preocupação haverá sido também o regime contemplado no art. 2.º da C.M.R., mencionado *supra*, não obstante o regime ora dispensado pela Convenção sobre o transporte multimodal ou combinado haja por objecto um problema algo diferente e mais vasto.

A Convenção acabada de citar vem pois oferecer uma comum disciplina para o transporte, não obstante este se proceder através de distintos meios transportadores, o que, primacialmente, nos levaria a supor que a disciplina, *maxime*, da responsabilidade, seria votada a aparecer fragmentada, sendo regido por um ou outro complexo normativo, consoante o troço do percurso em que emergisse uma questão de responsabilidade contratual por perda, avaria ou demora.

[12] No que toca à forma admissível, o n.º 2 do art. 3.º do DL n.º 352/86, de 21 de Outubro, vai ao encontro das expeditas possibilidades oferecidas por meios electrónicos e informáticos, quando diz incluirem-se «no âmbito da forma escrita ... cartas, telegramas, telex, telefax *e outros meios criados pela tecnologia moderna*» (itálico nosso), orientação esta, que, aliás, acaba por carrear quanto resultava já do n.º 8, do art. 1.º, da Convenção de Hamburgo sobre o transporte de mercadorias por mar (cfr. *infra*), onde se lê que «[l']*expression "par écrit" doit s'entendre également des communications par télégramme ou par telex notamment*» (sublinhado nosso) — vide M. RAPOSO, *Sobre o contrato de transporte de mercadorias por mar*, cit., pág. 28 a 30.

[13] Cfr. *infra*. Sobre esta e sobre o seu conteúdo, ao abrigo do Código Comercial, o Ac. STJ, de 18 de Junho de 1986, proc.072517.

2. Será interessante interrogarmo-nos sobre quais as fontes normativas que nos oferecem e foram oferecendo o regime jurídico dos contratos internacionais de transporte e, assim, a disciplina da responsabilidade do transportador.

Justifica-se que nos situemos, desde já, no plano normativo internacional, uma vez que a busca da estabilidade e da continuidade das relações contratuais e, logo, da segurança jurídica, num âmbito de relações jurídicas inevitavelmente internacionais, geradoras de conflitos entre leis nacionais diferentes, levou os particulares ou entidades privadas, reunidos associativamente ou corporativamente, e os Estados a desenvolverem esforços no sentido da unificação das regras que regem tais questões, para além da emergência de uma normatividade espontânea vertida constitutivamente em normas consuetudinárias. A este facto acrescem a antiguidade de tal esforço e a consolidação dos respectivos frutos, tanto a nível normativo, como no plano contencioso (*scl.* em instâncias estatais, internacionais e arbitrais).

Desinteressante também não será captar as aproximações e as hesitações relativamente a uma unidade/harmonização normativa — premeditada (ainda que não necesssariamente artificial, mas fruto das necessidades próprias das relações económicas internacionais), ou não — no que tange à disciplina do transporte marítimo internacional. Mas, para conhecer a veemência com que se fez sentir (presente ou ausente) tal unidade de regime e/ou comunhão normativa de princípios jurídicos, conviria empreender uma retrospectiva, ainda que deveras fugaz, sobre o mosaico das fontes e dos conteúdos normativos que foram impregnando este particular sector das relações jurídicas, para a qual seguiremos as lições de alguns Mestres europeus[14].

Não é decerto original relembrar o papel relevantíssimo que neste, como noutras áreas do direito civil e comercial, desempenhou o costume, coligido ou não em compilações normativas[15]. Mau grado tal nota

---

[14] Assim, podemos recorrer, *inter alia,* a G. RIPERT, *Droit Maritime, in* Edmond THALLER, Traité général théorique et pratique de Droit Commercial, Droit Maritime, v. I, p. 65 e ss.; R. RODIÈRE, *Droit Maritime, d'après le Précis du Doyen G. Ripert, cit.*, p. 8 e ss., e *Traité Général de Droit Maritime, Affrètements et transports, II,* Paris, 1968, Dalloz, p. 213 e ss.; A. LEFEBVRE D'OVIDIO, G. PESCATORE, L. TULLIO, *op. cit.*, p. 12 e ss..; F. A. QUERCI, *op. cit.,* p. 2 e s..

[15] A. SCIALOJA, *Corso, cit.*, p. 17.Sobre o direito marítimo fenício, *vide* F. A. QUERCI, *Il diritto marittimo fenicio (a proposito si un recente studio),* RDN, 1960, I, p. 411 ss..

comum, deveremos frisar os intensos reflexos que da experiência jurídico-consuetudinária ainda hoje se revelam no particular domínio dos transportes.

Na verdade, durante a Idade Média, sobretudo depois do renascimento económico das cidades, a regulamentação costumeira das relações de transporte e da actividade portuária foi sendo recolhida ou acolhida em compilações consuetudinárias, sendo de notar que algumas dessas regras poderiam abranger cidades que partilhassem o mesmo espaço marítimo, como lembra René RODIÈRE, seguindo a lição de Georges RIPERT[16]. Paralelamente, variados estatutos relativos àquela matéria foram ditados por diversas autoridades públicas e privadas.

Por outro lado, a disciplina internacional hodierna, tendo consolidado uma significativa unificação normativa, provoca uma imediata reminiscência de uma unificação vivida noutras eras, mais precisamente, em tempos medievais, até ao século XIV, altura em que, *v. g.*, a influência hanseática de sentido inverso, se começa a fazer sentir mais intensamente, não obstante, já antes desta data, se notar a presença reguladora das normas estatutárias impostas por cidades italianas. Com efeito, os costumes de então deram lugar a uma cómoda unificação de regime, ainda que regionalmente circunscrita a países que comungavam de um mesmo espaço marítimo — uma *"lex maris"* ou , como refere Georges RIPERT, *"bonne coutume de la mer"* — podendo afirmar-se a omnipresença do reflexo normativo deste *jus commune*, a que os próprios estatutos não seriam indiferentes[17].

---

[16] Cfr. R. RODIÈRE, *Droit Maritime, cit., loc. cit.*.

[17] É usual dividir a história do direito marítimo em dois grandes períodos, separados pelo marco em que se traduziu a *Ordonance* de 1681, do Rei Luís XIV. Sem embargo desta divisão, já clássica, não deixa de ser certo que as eras antigas apresentam igualmente desenhos normativos particulares, muito embora devamos salientar o âmbito de aplicação do Direito Romano, que levou a uma certa unificação normativa, situação que, na Baixa Idade Média, viria a ser retomada, se bem que com base em recolhas de costumes marítimos. Ora, é desses tempos mais idos que nos chega notícia das leis babilónicas de Hamurabi (c.1690 a.C., embora, como se sabe, recolha leis e costumes bem anteriores), e, séculos volvidos, de normas gregas e fenícias. *Vide* A. LEFEBVRE D'OVIDIO, G. PESCATORE, L. TULLIO, *op. cit,* p. 12; F. A. QUERCI, *Diritto della Navigazione, cit.,* p. 2 — este autor salienta também inflência exercida pelas normas gregas no direito marítimo fenício.

No direito grego, encontramos o regime oferecido por costumes e pelas regras aplicadas pelo Tribunal da ilha de Rodes, encontrando-se aí a designada *Lex Rhodia* (479-475

Cedo, todavia, já na segunda metade do século passado, far-se-ão sentir visivelmente as tentativas de unificação. Naturalmente, seria já

---

a.C.) — que alguns viram depois retomada pelo génio jurídico romano no Digesto. *Vide* A. LEFEBVRE D'OVIDIO, G. PESCATORE, L. TULLIO, *op. cit.*,p. 13; F. A. QUERCI, *op. cit.*, p. 2; G. RIPERT, *Droit Maritime, in* Edmond THALLER, Traité général théorique et pratique de Droit Commercial, Droit Maritime, v. I, p. 67.

Assim, no Digesto, encontramos preciosas orientações sobre o direito marítimo — incluindo uma actualíssima noção do *exercitor navis* (D.14,1,1,15) —, nomeadamente, sob o título *"De lege Rhodia de jactu"* (D.14,2), enquanto recolha da disciplina normativa. Na verdade, o pretor civil veio mesmo a delinear uma particular acção contra o armador, no âmbito da responsabilidade marítima deste, a *actio exercitoria*, para além da designada *actio ex recepto* — pelo que, ainda que através dos *edicta praetoris*, se foi reforçando a protecção do proprietário ou carregador das mercadorias, mediante a responsabilização do *exercitor* ou *vector* pela integridade das mercadorias que lhe fossem confiadas. Sobre o direito marítimo entre os Romanos, podemos consultar, *v.g.*, A. LEFEBVRE D'OVIDIO, G. PESCATORE, L. TULLIO, *op. cit., loc. cit.*; p. HUVELIN, *Études d'histoire du Droit Commercial Romain*, Paris, 1929, p. 87 e ss.; L. TULLIO, *I contratti di charter party*, Pádua, 1981, p. 9 e ss.; E. CARRELLI, *Responsabilità ex recepto del nauta e legittimazione ad agire di danno*, Rivista del diritto della navigazione, v. IV, parte I (1938-XVI-XVII), p. 323 e ss., S.Solazzi, *La definizione dell' armatore in D.14.1.1.15 e la locazione perpetua della nave*, Rivista del diritto della navigazione, v.IX, parte I (1943-48), p. 36 e ss., D. MAFFEI, *Armatore, in* Enciclopedia del Diritto, III, p. 10 e ss.; S. ZUNARELLI, *Trasporto marittimo, in* Enciclopedia del Diritto, v. XLIV, p. 1209.

Também do direito bizantino nos chegam novas através de uma tradução latina quinhentista das "Basílicas", designadamente de um seu livro dedicado à codificação de normas marítimas (Livro 53). No entanto, RIPERT aventa a possibilidade de penetração no Ocidente da influência destas normas, destinadas à navegação no leste, e observadas, em certa altura, por gregos e turcos — cfr. A. LEFEBVRE D'OVIDIO, G. PESCATORE, L. TULLIO, *op. cit., loc. cit.*.; G. RIPERT, *op. cit.*, p. 67; R. RODIÈRE, *op. cit.*, p. 9.

No século XI, pode-se ainda situar um manuscrito de uma compilação privada de nornas consuetudinárias dos séculos VIII e IX, que recebeu o nome de *Lex Rhodia*, nome que não deve ser tido como revelador de qualquer relação directa com a disciplina grega ou romana — trata-se, pois, da lei pseudo-ródia.

Na disciplina marítima medieval, celebrando o fim das grandes invasões e após a temida fronteira do milénio, ladeando o reflorescimento comercial, destacam-se, pelo respectivo âmbito de aplicação no espaço e no tempo — *et pour cause*, pela unificação normativa que provocaram —, o *"Consulatus maris"* — *vide* R. S. SMITH, *Historia de los Consulados de mar (1250-1700)*, trad. E. Riambau, Barcelona, 1978; e para as implicações públicas desta recolha, nas relações internacionais, T. MITSIDIS, *Consolato del Mare — the medieval maritime code and its contribution to the development of international law*, Révue Halénique de Droit International, a.XXII, n.° 1-2, 1969, p. 100 ss. — e os *"Rôles d'Oléron"*, convindo não olvidar o papel, também relevante, das normas estatutárias das cidades italianas. Notória, sem embargo, foi sendo a divisão geográfica da

muito outro o contexto histórico-social e político-económico em que um tal caminho era retomado, a tal acrescendo que seriam agora protagonis-

influência normativa dos regimes de então, *maxime*, de fonte consuetudinária, a saber: de um lado, a região mediterrânica, do outro, as águas atlânticas e nórdicas, pois que o demais Atlântico e seus recônditos Adasmatores esperavam ainda no segredo silencioso dos seus segredos.

O "Consulado do Mar" traduziu-se numa colecção de normas consuetudinárias e decisões jurisdicionais, regulando a actividade marítima mediterrânica. A sua origem foi discutida, mas parece que as suas regras seriam aplicadas pelo tribunal marítimo de Barcelona, tratando-se de um complexo normativo cuja disciplina se foi aplicando após o século X e até ao século XV — vide A. LEFEBVRE D'OVIDIO, G. PESCATORE, L. TULLIO, *op. cit., loc. cit.*; F.A. QUERCI, *op. cit., loc. cit.*; G. RIPERT, *op. cit*, p. 67 e s.; R. RODIÈRE, *op. cit.*, p. 9 e s..

Por seu turno, os *"Rôles d'Oléron"* do séulo XII foram uma recolha de normas, eventualmente baseadas na jurisprudência da ilha homónima, estendendo a sua eficácia, já com uma vertente oceânica, à Flandres, à Inglaterra e aos Países Baixos.

Também nos séculos XIV e XV, vigoram nas costas atlânticas e do mar setentrional as leis de Wisby — a sua influência sentiu-se na Suécia, nas regiões germânicas, na Flandres e na Dinamarca — vide A. LEFEBVRE D'OVIDIO, G. PESCATORE, L. TULLIO, *op. cit.*, p. 13, *in fine*.. Mas, como faz notar RIPERT, estas normas recebem o contributo dos usos compilados nos Rolos — o mesmo sucedendo com os Julgamentos de Damme e com as Leis de Westcapelle, que apresentam regras dos *Rôles d'Oléron*, mas em flamengo.

Coevos deste *jus commune* são os *satuta* de cidades italianas banhadas pelo Adriático e pelo Tirreno — embora se comecem a formar já no século XI —, podendo citar os estatutos marítimos de Cagliari, Sassari, Génova, Florença, Veneza, Ancona, Rimini, Bari, os *Ordinamenta* e *Consuetudo maris* de Trani. A par destes conjuntos normativos, poderíamos ainda referir as *"Tavole di Amalfi"*, o *"Constitutum usus pisanae civitatis"* e o *"Breve curiae maris"* da mesma cidade, e, ainda na bacia mediterrânica, os estatutos de Arles e Marselha, as normas de origem hispânica e os costumes de Montpellier.

Aliás, Francesco Alessandro QUERCI, depois de citar estes exemplos, acaba por reconhecer que o *"Consulatus maris"* foi sendo compilado também como cadinho de um emaranhado de normas consuetudinárias — não esquecendo aqui a influência da experiência jurisprudencial no desenvolvimento das normas do direito marítimo medieval, a qual de perto se conjugava com a experiência de constituição normativa consuetudinária — cfr. R. DAVID, *The methods of unification*, AJCL, v. 16, 1968-69, p. 13 e ss; A. CASTANHEIRA NEVES, *Fontes do Direito — contributo para a revisão do seu problema*, Separata do número especial do Boletim da Faculdade de Direito de Coimbra — "Estudos em Homenagem aos Professores Manuel Paulo Merêa e Guilherme Braga da Cruz" — 1983, Coimbra, 1985, *passim*, *maxime*, p. 17 e ss., e 68 e ss..

Em cidades hanseáticas, como Hamburgo, Bremen e Lubeck, encontraríamos, as regras próprias da Hansa, forjadas até ao século XV, observando-se que esta experiência estatutária se distingue daqueloutra mediterrânica, nomeadamente pela sua relação com o processo unificador. Assim, mau grado existir então uma complexa rede de normas consuetudinárias, RIPERT culpabiliza as regras da Liga Hanseática e o particular *modus* da sua

tas dessa empresa as autoridades nacionais — impelidas ou não pelos interesses e pelas necessidades sentidos pelos operadores económicos deste preciso domínio de relações jurídicas, nomeadamente, armadores/ /transportadores e carregadores —, diferentemente do que havia sucedido

---

aplicação pela ruptura de uma certa unidade conseguida — ou unidades regionais, que, na realidade eram aquelas que poderiam interessar, pela partilha regional de um mesmo mar. Este Autor faz notar, com efeito, que, desde o século XIV, a Liga substitui os usos pelas suas regras, aplicadas num grupo restrito de cidades por uma jurisdição particular, vendo, pois, aí um verdadeiro direito corporativo com uma diferente génese — vide G. RIPERT, op. cit., p. 71..

Temos ainda notícia de uma outra compilação de normas de origem consuetudinária e estatutária, o *Guidon de la mer*, cuja redacção vem sendo localizada em Rouen, entre os séculos XVI e XVII — vide G. RIPERT, op. cit., p. 71..

Em Agosto de 1681, com a *Ordonnance* de Louis XIV sobre a marinha, fecha-se uma porta sobre a influência da normatividade e da racionalidade consuetudinárias e jurisdicionais, próprias de um particularíssimo *jus commune*. Este diploma de índole legal irá, por outro lado, abrir alas velozes para a criação de normas legais nacionais no âmbito do direito marítimo, anunciando-se, desde cedo, os intuitos codificadores que, também neste domínio imprimirão a sua marca, até aos dias de hoje, não obstante se venha já pressentindo, desde o crepúsculo de oitocentos, uma inversão desta tendência.

Mais proximamente, a *Ordonnance* influirá sobre as leis prussianas de 1727 e 1766, sobre as Ordenanções de Bilbao de 1737, bem como sobre a Ordenação sueca de 1750, relativa a avarias e seguros, não podendo olvidar-se, também na França, o próprio *Code de Commerce* de 1807 — vide A. LEFEBVRE D'OVIDIO, G. PESCATORE, L. TULLIO, op. cit., p. 14; G. RIPERT, op. cit., p. 74. Este autor salienta ainda que o Livro II do *Code de Commerce* segue de perto a *Ordonnance*, igual reparo sendo feito por R. RODIÈRE e E. DU PONTAVICE quanto ao Livro II, no que tange ao contrato de *affrètement* — vide R. RODIÈRE e E. DU PONTAVICE, op. cit., p. 264 e s..

Situação particular é, outrossim, aquela italiana, já que aí um conjunto significativo de normas respeitantes ao direito marítimo — entre as quais contamos a disciplina da actividade de armamento, da *impresa di navigazione*, bem assim como o regime dos *contratti di utilizzazione* do navio (*v.g., locazione, noleggio* e *trasporto*) — foram codificadas, dando origem ao *Codice della Navigazione*, de 30 de Março de 1942 — note-se, todavia, que esta obra de codificação estende as suas regras à *navigazione aerea* e, destarte, também a contratos que impliquem o emprego de um avião. Precedentemente, a matéria relativa ao direito marítimo encontrava-se, na península itálica, regida pelas normas do *Codice di Commercio* e do *Codice della Marina Mercante*, ambos nascidos no cenário da unificação italiana, em 1865.

Entre nós, as questões atinentes ao transporte marítimo e à navegação marítima, em geral, vieram a receber resposta normativa também no Código Comercial, mantendo-se ainda hoje vigentes algumas destas disposições.

Cfr. M. J. ALMEIDA COSTA, *Apontamentos de história do direito*, Coimbra, 1980.

em eras medievais e modernas, onde papéis decisivos, no cenário da unidade ou unificação jurídica, haviam sido desempenhados, como recorda René DAVID, pelas universidades e pelas jurisdições, além do contributo normativamente constitutivo oferecido pela prática de quantos intervinham no fenómeno transportador — no que tange, nomeadamente, à constituição normativa consuetudinária[18].

Neste processo de unficação, ainda que geográfica e materialmente parcial, poderemos destacar a actuação de duas organizações, a saber: a *International Law Association*, através dos seus congressos (Antuérpia/1885, Bruxelas/1888, Génova/1892), e o *Comité Maritime International,* através das suas conferências, desde 1897, ano da sua fundação, no seguimento das quais se deu início à Conferência diplomática de Bruxelas, que, por exmplo, logo a 23 de Setembro de 1910 vê nascer duas convenções relativas à assistência, salvação e abalroação — ambas ratificadas por Portugal em 1913.

3. Antes mesmo de inventariar alguns antecedentes que levaram a uma certa opção substantiva para as regras da Convenção de Bruxelas de 1924, não nos parece despiciendo adiantar algo sobre a sua opção metódica, no que tange ao processo de unificação normativa que se pretendeu encetar e prosseguir.

Esta Convenção, como mencionámos *supra*, oferece-nos uma disciplina normativa para algumas questões relativas ao transporte internacional de mercadorias por mar, nomeadamente, no que toca à responsabilidade do transportador e sua limitação, sempre que haja lugar para a emissão de um conhecimento de carga, ocorra esta, ou não, em virtude de um contrato titulado por uma *charter-party*, muito embora, no âmbito das relações internas entre carregador e emitente do conhecimento, e à luz do princípio da autonomia contratual, as disposições da *charter-party* possam prevalecer, *ex vi* da alínea b) do art. 1.º da Conveção.

A par desta delimitação material do objecto da Convenção, o seu âmbito espacial de aplicação encontrava-se objectivamente delineado pela regra de aplicação/aplicabilidade instrumental[19] do art. 10.º, que, na

---

[18] Cfr. R. DAVID, *op. cit., loc. cit.*.

[19] Cfr. *infra*, A. FERRER CORREIA, *op. cit., loc. cit.*; A. LEFEBVRE D'OVIDIO, G. PESCATORE, L. TULLIO, *op. cit.*, p. 22 e 23., 481 e ss.; G. ROMANELLI, G. SILINGARDI, *op. cit.*, p. 3 e s.; p. IVALDI, *op. cit., passim, maxime*, p. 47 a 131.

versão original — a das assim chamadas "Regras de Haia", versão que se encontra em vigor em Portugal — mandava aplicar o regime convencional a qualquer conhecimento de carga emitido num Estado contratante. Aliás, como haveremos ocasião de observar, esta redacção foi vastamente discutida, mas generalizou-se a posição, segundo a qual, ia entendida *cum grano salis,* já que as normas convencionais só deveriam ter por objecto relações de transporte internacionais. Mais tarde, o Protocolo para modificação da Convenção internacional para a unificação de certas regras em matéria de conhecimento de carga, assinado em Bruxelas a 23 de Fevereiro de 1968 — as "Regras de Visby" —, vindo introduzir alterações à disciplina convencional, modificou igualmente os requisitos de aplicação previstos no art. 10.º[20][21].

Na realidade, o art. 10.º da Convenção, na sua versão original, determina, como norma instrumental, a aplicação forçosa das normas deste diploma internacional a todos os conhecimentos de carga emitidos no território de Estados partes, deste modo, emprestando às normas convencionais uma força e imperatividade que as instâncias judiciais dos Estados contratantes deverão recordar, e que logo nos recordam a categoria das normas de aplicação necessária e imediata[22], dando-lhes precedência à face das próprias normas de conflitos, uma vez verificada(s) a(s) conexão(ões) convencionalmente previstas como pressuposto suficiente do seu chamamento.

Passaremos agora revista a algumas fontes que oferecem um enquadramento normativo especial para as relações jurídicas surgidas em torno do transporte. Damos, *ab initio*, de barato o frisante papel desempenhado pelos interessados que, no uso da autonomia contratual, podem elaborar para cada contrato uma disciplina material particular, porquanto "o contrato vale direito entre as partes". Mas, se isto é assim no plano interno, como naquele internacional, notável vem também a ser a influência das normas internacionais de origem corporativa, ou seja, os corpos normativos ou regras uniformes criados por associações ou organizações profissionais internacionais ou nacionais, a par da profusão de contratos-tipo e cláusulas gerais, associados ou não a interpretações uniformizadas.

---

[20] *Vide* A. LEFEBVRE D'OVIDIO, G. PESCATORE, L. TULLIO, *op. cit.,* p. 482; p. IVALDI, *op. cit.,*p. 81 a 131.

[21] Cfr. *infra*.

[22] Cfr. A. FERRER CORREIA, *op. cit., loc. cit.,* e *Lições de direito internacional privado,* Coimbra, 1973, p. 19 e ss; p. IVALDI, *op. cit.,* p. 1 e ss..

Desta sorte, podemos mencionar a parte tomada na disciplina dos contratos de utilização do navio[23] por cláusulas-tipo ou de estilo e tam-

---

[23] Importaria agora observar, mais de espaço, o navio enquanto integrado no conjunto de bens de uma empresa e enquanto centro de gravidade físico da actividade empresarial. Não tentaremos entrar na *vexata qaestio* relativa à localização do navio nas categorias de coisa e universalidade, mau grado podermos asseverar a existência de um regime jurídico aplicável ao navio como um todo, situação que, com particular acuidade, revelará algumas das suas *nuances*, quando nos debruçarmos sobre a autonomia ou tendencial autonomia do designado "património/fortuna de mar", *hoc sensu*. Sobre esta questão, *vide* A. VIEGAS CALÇADA, *Responsabilidade dos navios em geral e dos navios de pesca em especial,* BMJ, n.º 24, Maio/1951, p. 72 ss..

Sempre diremos que, sendo embora um móvel, o regime jurídico do navio não deixa de apresentar alguns aspectos que seriam próprios dos imóveis, *v.g.*, a exigência de escritura pública para a compra e venda de uma embarcação de valor superior a cinquenta mil escudos, e a possibilidade de sujeitar o navio a hipoteca (cfr. arts.584.º a 593.º do Código Comercial). Lembremos ainda que Manuel de ANDRADE afirma que, em certo sentido, as universalidades de facto, *hoc sensu*, como *universalitates rerum* — que incluiriam as coisas compostas *ex distantibus*, as quais, justificadas no plano teleológico, seriam determinadas, pela existência de um comum fim económico — poderiam ser consideradas, «*hoc sensu*», como *universalitates juris*, sempre que uniformemente contempladas pelo sistema jurídico (*Teoria Geral da Relação Jurídica,* Vol. I, Coimbra, 1987, pág. 259 e ss.).

Em Itália, fala-se hoje, a propósito do navio, de *unità pertinenziale,* após um percurso não alheio a disputas conceituais. Assim, o navio seria uma coisa composta, contendo partes constitutivas, acessórios e pertenças, não lhe servindo o conceito de *universitas*, mas antes aquele de *unità pertineziale*, porquanto as pertenças são «*inserite*» na coisa principal, na *res connexa*, ficando sujeitas ao regime desta — cfr. art. 818.º do Código Civl italiano (A. LEFEBVRE D'OVIDIO, G. PESCATORE, L. TULLIO, *op. cit.*, pág. 289 e s.).

Giorgio RIGHETTI recorda que, estando ausentes no navio alguns requisitos da noção de *universitas*, como a homogeneidade ou o cariz paritário dos elementos, ou a possibilidade da sua substituição, se haveria de optar pela classificação do navio como *res composita*, sendo pois acolhido no seio das *res connexæ*, sob a modalidade de *unità pertinenziale*, mormente após a admissão expressa pelo Código Civil, nos arts. 667.º e 1477.º — de que os móveis podiam ser pertenças de móveis (*in* "Nave", *Novissimo Digesto Italiano*, XI, pág. 89).

Cfr. V. A. PEREIRA NUNES, *Questões de direito marítimo,* Revista dos Tribunais, n.º 1642, pág. 290 e ss., M. RAPOSO, *Sobre o contrato de transporte de mercadorias por mar*, *cit.*, pág. 19 a 22.

Interessará fazer referência, ainda que lestíssima, a algumas partes e pertenças (para a noção de partes e pertenças, *vide* M. ANDRADE, *op. cit.*, págs.237 e ss., e 265 e 266), que poderão ser encontradas no navio. Assim, por um lado, entre nós Victor Augusto PEREIRA NUNES considerou como partes componentes e intrínsecas a quilha, os mastros e a máquina, e, por outro, como acessórios e partes extrínsecas as embarcações, escaleres,

bém por contratos-tipo, eventualmente burilados no âmbito de entidades corporativas, e que se vão tornando vernáculo na prática contratual inter-

salva-vidas, mobiliário, armas (*v.g.* canhão de saudação ou de sinais, armas de defesa), provisões, aparelhos (cabos, âncoras, bússolas, cartas, compassos, sextantes, faróis, aparelhos fixos de sinalização, radares, bandeiras, coletes salva-vidas) e aprestos (cabos, velas, cordas). *Vide* V. A. PEREIRA NUNES, *op. cit.*, pág. 292 e 293.

É este bem que, na sua complexidade, nos interessará sobremaneira e que nos ocupará mais de espaço, enquanto suporte e meio físico para o cumprimento de contratos diversos, embora fitando a finalidade prática correspondente à deslocação por mar de mercadorias entre dois portos. Ora, com reparar na sua evidente indispensabilidade e no facto de a sua manutenção e exploração abrirem o cenário para uma imbricada e garridíssima paleta de actividades concatenadas, acabaremos por reparar outrossim na posição de inegável destaque que o navio assume na vida e organização de algumas empresas.

Não obstante esta comum dependência relativamente ao navio, tais empresas podem dedicar-se a actividades deveras díspares. Senão vejamos: nas relações jurídicas e actividades físicas que se desenham em torno do navio e da sua função transportadora, podemos adivinhar figuras como o proprietário, o armador, o fretador, o afretador, o transportador, para além daqueles que desenvolverão as diversas actividades de auxílio e representação que, de um modo ou de outro, se ligam à exploração do navio e ao transporte marítimo de mercadorias — não podendo olvidar que alguns destes papéis podem, eventualmente, confundir-se total ou parcialmente na mesma pessoa, *v.g.*, podemos encontrar um proprietário-armador, um armador-fretador ou um armador-transportador.

Cfr., entre nós, Ac.STJ, de 26 de Março de 1965, BMJ, n.º 144, 1965, p. 204 ss., embora sobre um caso de um afretador-transportador, e decidindo-se pela não responsabilização do proprietário-fretador. Sobre o consignatário do navio e sobre o agente de navegação, Ac.STJ, de 26 de Outubro de 1978, BMJ, n.º 280, 1978, p. 256 ss.. E ainda, o Ac. STJ, de 15 de Janeiro de 1991, proc. n.º 078440, sobre o agente do armador, como mandatário, podendo ficar obrigado perante o carregador, se não actuar como representante. Relativamente ao papel do transitário, *vide* Ac.STJ, de 27 de Novembro de 1995, CJ/STJ, 1995, V, p. 210 ss..

Conviria agora caracterizar algumas das funções a que temos vindo a aludir, como sejam as de armador, fretador, afretador e transportador. Assim, o armador deverá armar e equipar o navio, ou seja, dotar a embarcação de todos os meios necessários para empreender a viagem marítima, incluindo-se nas suas funções a escolha do comandante e da tripulação ou equipagem. Esta é a noção material de armador, pelo que fácil é notar que este não haverá forçosamente de coincidir com o proprietário, o qual deverá contudo, ao colocar o navio à disposição de um afretador em casco nu, assegurar-se de que a embarcação se encontra em estado de navegabilidade, para o que sempre poderá tomar certos cuidados técnico-mecânicos e de manutenção em fase anterior ao momento da entrega do navio.

O armamento e a exploração do navio implicam uma considerável organização de meios que acaba por assumir uma certa autonomia, ainda que integrada numa empresa comercial dotada de outro escopo, relativamente ao qual aquela organização assumirá um papel ancilar.

Tal autonomia, que no caso do navio assume deveras uma ênfase notável — o navio soi aliás transmitir essa imagem romântica de ilha flutuante, e mesmo fisicamente evoca uma autonomia que não deixa de se reflectir juridicamente, embora, como veremos, acabe por envolver também, à guisa de península, o frete, num complexo que foi sendo conhecido como "património/fortuna de mar", por contraposição ao "património/fortuna de terra" do proprietário-armador —, suscitou mesmo uma *vexata quaestio* entre os autores italianos, pela qual muita tinta foi vertida. Tratava-se, afinal, de saber se essa organização de meios inerente ao armamento ou à exploração do navio acabaria por constituir uma empresa comercial *a se*, ainda que visando satisfazer um outro escopo (para o qual seria ancilar o *opus* de navegar), no âmbito de outra empresa. Este *distinguo* assentava em disposições do *Codice della Navigazione* de 1942, que previa a figura da *impresa di navigazione*. Cfr. M. RAPOSO, *op. cit.*, pág.21 e 22. Em Itália, a caracterização da *impresa di navigazione* e o respectivo *distinguo* em face da *impresa commerciale* suscitaram múltiplas correntes. A actual caracterização legal de ambas é coeva e data de 1942, data do aparecimento, quer do *Codice Civile* — que operava a junção num só código das disciplinas normativas civil e comercial —, quer do *Codice della navigazione*.

O Código Civil italiano, no art. 2082.º, através da noção de *imprenditore*, considera como *impresa* a actividade económica organizada, exercida profissionalmente, com o escopo da «*produzione o dello scambio di beni o di servizi*». Por outro lado, o TÍTULO III do Código da Navegação, com a epígrafe «*Dell'impresa di navigazione*», apresenta esta como o resultado da assunção do «*esercizio di una nave*» (cfr. art. 265.º). Deve todavia acrescentar-se que à expressão *impresa di navigazione* precedia uma tradição formada já no curso da legislação anterior (cfr. E. SPASIANO, *Armatore*, Enciclopedia del diritto, Vol.III, pág.15).

À posição que entendia a *impresa di navigazione* como *species* do *genus impresa commerciale* contrapunha-se aqueloutra firmadíssima tese que, ultrapassando a proximidade nomitativo-literal, as distinguia conceitualmente, pelo que uma empresa de navegação poderia estar ou não integrada numa empresa comercial, assim como uma empresa comercial que se dedicasse à exploração de navios incluiria tantas *imprese di navigazione* quantos os navios que explorasse economicamente. Nesta última, a *impresa* é dada como equivalente ao *esercizio* do navio, *rectius*, de um navio — correspondendo este também a uma actividade organizada com o fim do aproveitamento do navio, embora possa tal actividade carecer, seja do requisito da profissionalidade e/ou regularidade, seja da finalidade de oferecer no cenário mercantil uma utilidade apta para a troca (para Eugenio SPASIANO, a actividade económica deveria compreender a «*attività produttiva di beni o servizi, o* [...] *attività diretta alla produzione della richezza*» — *op. cit.*, pág. 14) —, entendido este como a exploração económica do mesmo, ou seja, como a actividade desenvolvida por um armador (*exercitor* — cfr. A. SCIALOJA, *op. cit.*, pág. 344), ainda que o sujeito em causa não o seja em sentido estrito.

Neste sentido, Antonio SCIALOJA, cuja memória de *caput scholæ* não é esquecida, afirma que «[b]*isogna tener presente...che il codice della navigazione assume i concetti di impresa e di armatore in rapporto all'esercizio di ogni singola nave od aeromobile*», pelo que «[p]*er ogni singola nave od aeromobile, in esercizio a qualsiasi fine, si ha un'impresa di navigazione*», lembrando ainda que já do ponto de vista comercial, segundo o Código Civil, a «*impresa navale od aeronautica è unica, anche se impiega più navi o più aeromobili*», e conclui: «[i]*mpresa di navigazione, in senso proprio, e impresa commerciale, che ha per oggetto la navigazione* [cfr. o n.º 3 do art. 2195 do Código Civil italiano], *sono dunque due situazioni che stanno e se svolgono in due piani differenti*», e, consequentemente, «*i loro regimi giuridici non interferiscono, non possono nè escludersi nè limitarsi a vicenda*» (A. SCIALOJA, *op. cit.*, pág.345 e 346). É assim que, segundo esta corrente, uma empresa comercial — à luz do art. 2082.º do *Codice Civile* —, que haja por objecto a exploração (*esercizio*) de um ou mais navios, estará sujeita, na sua actividade, tanto ao regime normativo do Código Civil italiano relativo à empresa comercial, como àquele do direito marítimo, contido no *Codice della Navigazione* (*ibidem*, e A. LEFEBVRE D'OVIDIO, G. PESCATORE, L. TULLIO, *op. cit.*, pág.332).

Sobre esta questão, *vide* A. SCIALOJA, *op. cit.*, pág.343 e ss., E. SPASIANO, *op. cit.*, pág.13 a 18, *Esercizio della nave o dell'aeromobile ed impresa*, Rivista del diritto della navigazione, Vol.XI, Parte I, pág. 169 e ss., F. DOMINEDÒ, *Sul concetto di impresa di navigazione*, Scritti giuridici in onore di Antonio Scialoja, pág.1 e ss., A. LEFEBVRE D'OVIDIO, *Armatore ed esercente di nave e di aeromobile*, Enciclopedia Giuridica, pág.1 e 2, A. LEFEBVRE D'OVIDIO, G. PESCATORE, L. TULLIO, *op. cit.*, pág. 329 a 333, F. A. QUERCI, *op. cit.*, pág. 301 a 303, G. OPPO, *L'impresa di navigazione (cinquant'anni dopo)*, Studi in onore di Antonio Lefebvre D'Ovidio in occasione dei cinquant'anni del diritto della navigazione, II, Milão, 1995, pág. 905 e ss., S. ZUNARELLI, *Contratti atipici, impresa di navigazione e impresa di trasporto*, Milão, 1996, pág. 373 e ss..

Mas, mesmo entre nós, uma outra questão se pode colocar a partir da contemplação dessa autonomia — ainda que eventualmente relativa ou tendencial —, qual seja a da possibilidade de aplicação de disposições destinadas às empresas comerciais — *v.g.* aquelas relativas ao arrendamento urbano e às relações contratuais de trabalho — a essa organização mais ou menos complexa de meios que permite armar e explorar uma embarcação num patamar de rentabilidade, ainda que seja alheia ao fito do lucro e levada a cabo por uma entidade que, dotada ou não de personalidade jurídica, não seja uma empresa comercial. Nesta situação, a embarcação, não sendo embora explorada por uma empresa comercial ou, de outro modo, por um comerciante, reclamaria e mobilizaria uma organização rentável de meios, *in hoc sensu* — ou seja, uma organização de meios que permite atingir um determinado escopo, prevenindo ou tentando evitar perdas pecuniárias, em tudo semelhante à organização própria de uma empresa comercial ou industrial — Cfr. J. M. COUTINHO DE ABREU, *Da empresarialidade—as empresas no direito*, Coimbra, 1996, págs. 25 e ss. e 41 e ss, *maxime*, quanto à relação da empresa e do estabelecimento comercial com o lucro, pág. 47 e n.122, onde se aponta que o estabelecimento comercial, em abstracto, para merecer tal qualificação mais não requer do que uma aptidão para «"viver", reproduzir (ao menos em termos de "reprodução simples") os respectivos processos produtivos, aptidão que se exterioriza na prossecução de um «fim económico-produtivo comercialmente qualificado».

Uma tal organização, ainda que não integrada ou desenvolvida a título principal por uma empresa comercial, não deixaria, em todo o caso, de assumir para si um autónomo valor no mercado, dotado até de potencialidade para prosseguir escopos diversos daqueles que estariam fixados, *v.g.*, por uma associação ou fundação com fins de índole cultural ou recreativa, e sem fins lucrativos. No interior de uma entidade não empresarial, essoutro conjunto organizado de meios, funcionando regular e estavelmente, segundo padrões de rentabilidade, olvidando embora qualquer escopo lucrativo, não teria necessariamente de ser alheio a uma troca de utilidades no mercado, pelo que apresentaria aquelas feições ou algumas daquelas feições que soi associar-se às figuras empresariais.

Cfr. A. FERRER CORREIA, *Lições de Direito Comercial*, Vol.I, Coimbra, 1973, pág.55 ss., 201 e ss., *maxime*, pág.232 e ss., *Sobre a projectada reforma da legislação comercial portuguesa*, ROA, Ano XLIV, 1984, pág. 20 e ss., *Contrato de locação de estabelecimento, contrato de arrendamento de prédio rústico para fins comerciais, contrato inominado—parecer*, ROA, Ano XLVII, 1987, pág.785 e ss.; O. CARVALHO, *Alguns aspectos da negociação do estabelecimento comercial*, RLJ, Ano CXV, 1982-1983, pág. 166 e ss.; V. G. LOBO XAVIER, *Comerciante*, Polis, Vol. I, pág.985 e ss., *Locação de estabelecimento comercial e arrendamento*, ROA, Ano XLVII, 1987, pág. 757 e ss., J. M. COUTINHO DE ABREU, *op. cit.*, pág. 309 e ss..

Na realidade, tanto a actividade transportadora em si, como aquelas que lhe são conexas — *v.g.*, as que são inerentes ao meio de transporte empregue e à respectiva exploração económica com o escopo da viagem — proporcionam uma valorização ou acréscimo da utilidade da mercadoria ou, *rectius*, permitem a plena realização da utilidade da mercadoria, quando a fruição de tais bens deverá ocorrer em local distinto daquele em que se encontra o carregador. De quanto vem de se enunciar pode-se seguramente concluir que tais actividades oferecem um valor, ou utilidade, passível de troca no mercado. Cfr. G. RIPERT, *op. cit.*, pág. 536 e 537, R. RODIÈRE, *Droit maritime, d'après le Précis du Doyen Georges Ripert*, *cit.*, pág. 175, 190 e 191, R. RODIÈRE e E. DU PONTAVICE, *Droit maritime*, Paris, 1997, pág. 211 a 217.

De outra banda, a multiplicidade de actividades e papéis ligados à navegação resultará em consequências não despiciendas, em matéria de responsabilidade e de enquadramento jurídico das relações jurídicas entabuladas a propósito da exploração do navio e da aventura marítima. Não podendo decerto afirmar, *tout court*, que não houve alterações no regime jurídico de tais actividades e da responsabilidade das empresas que as desenvolvem, porque as houve e consideráveis, mormente, num recente passado, desde meados de oitocentos — altura em que se abrem novíssimas perspectivas para a unificação jurídica internacional nestas matérias, e a que se sucederam outras *manches* de unificação e aproximação jurídica —, não deixa de ser interessante notar a vizinhança que se manteve em face da regulamentação e das preocupações que existiam em tempos mais idos, nomeadamente no Direito Romano.

Assim, seguindo a lição de Domenico Maffei, de quanto expõe o Digesto poderíamos retirar algumas úteis conclusões. Sem embargo de não pretendermos aqui aprofundar este tema, sempre repararemos em dois extractos oferecidos por aquele autor: «[e]*xercitorem autem dicimus, ad quem obventiones et reditus omnes perveniunt, sive is dominus navis sit sive a domino navem per aversionem conduxit vel ad tempus vel in perpetuum*» (D.14, 1, 1, 15), e «[m]*agistrum navium accipere debemus, cui tolius navis cura mandata est*» (D.14, 1, 1, 1). Destes vetustos brocardos resulta que, não tendo o *exercitor* (isto é, o armador ou a quele que explora a embarcação) de coincidir com o *dominus navi*, será aquele a beneficiar dos rendimentos proporcionados por tal exploração — por isso mesmo acabará por ser responsabilizado em certos casos. Resulta, por outro lado, que o *magister* seria um mero auxiliar ou representante do armador, quando não fossem a mesma pessoa — note-se que, na terminologia anglo-saxónica, se conserva a expressão *master* para designar quem assume a direcção e comando do navio. Cfr. *Armatore*, Enciclopedia del Diritto, Vol.III, pág.10 e ss.. Sobre o papel e a actividade do *exercitor* no direito romano, *maxime*, sobre a noção ulpinianeia, *vide* também S. SOLAZZI, *La definizione dell'armatore in D. 14.1.1.15 e la locazione perpetua della nave*, RDN, vol.IX, Parte I, anos 1943-1948, pág.36 e ss..

Aquele autor refere ainda que o pretor introduziu a *actio exercitoria*, pela qual o *exercitor* deveria responder ante terceiros prejudicados nos limites da *præpositio*. Tal não obstaria a que um terceiro reagisse directamente contra o *magister navis*, o qual, no entanto, responderia, por seu turno perante o *exercitor*, através da *actio mandati* ou *conducti*. Como se sabe, o comandante, desempenhando uma relevantíssima função náutica, não deixa de ter uma função de índole comercial.

Numa sociedade de armamento ou de fretamento — dedicando-se ou não ao transporte —, a propriedade de um ou mais navios comportará pois algumas implicações patrimoniais, bem como um particular regime de responsabilidade, no que tange à possibilidade de os credores se satisfazerem à custa do navio ou, de modo mais abrangente, da assim chamada "fortuna (*hoc sensu*)/património de mar".

Com efeito, mau grado o interesse dos credores não seja descurado no âmbito das relações de transporte — e pensamos agora sobremaneira no carregador ou destinatário das mercadorias, *i.e.*, naqueles que hajam contratado com o armador, fretador ou transportador que seja simultaneamente proprietário do navio —, a regulamentação da responsabilidade do proprietário do navio foi adquirindo uma notável *souplesse*, a fim de prestar homenagem à multiplicidade dos interesses suscitados ao longo da aventura marítima, sem, todavia, olvidar outros interesses como os dos demais credores do proprietário, que não estejam directamente envolvidos na expedição marítima, ou que, *nolens volens*, por esta acabem por ser afectados, ainda que em terra, por exemplo, em virtude de uma falha náutica. Por outro lado, o proprietário, enquanto armador, mesmo não assumindo o papel de transportador perante o carregador, contrairá obrigações perante o afretador, podendo, outrossim, manter a gestão ou parte da gestão do navio, de acordo com as condições contratuais, que variarão consoante o tipo de fretamento de que se trate (por viagem ou a tempo); e poderá responder, em geral, pelos actos de outrem, isto é, pelos actos do capitão e da tripulação.

Por outro lado, passados que estão os tempos da inserção sistemática nos contratos da *negligence clause* e de cláusulas de exclusão, ou seja, regendo agora nesta matéria o princípio da responsabilidade, qualquer regime de responsabilidade do propritário não cessa de levar em conta o facto de os prejuízos surgidos durante a viagem, estejam ou não relacionados com as mercadorias, serem de valor assaz elevado. Na realidade, se é certo que o proprietário-armador pode assumir a obrigação de transportar ou de realizar uma determinada viagem levando a bordo mercadorias embarcadas pelo transportador, não é menos certo que mesmo a parte interessada na deslocação física das mercadorias está plenamente consciente do risco evidente e sensibilíssimo que a viagem implica, para além do arriscado da expedição resultar *ictu oculi* para todos, dentro e fora do giro da navegação. O elevado risco coimplicado na aventura marítima, em geral, é assim determinante na concepção de um regime de limitação da responsabilidade — R. RODIÈRE, E. DU PONTAVICE, *op. cit.*, p. 118 s..

É assim que podemos detectar em variados sistemas jurídicos disposições que limitam a responsabilidade ou o montante indemnizatório devido pelo proprietário e/ou armador (para lá da questão de saber se este poderá ter de responder perante terceiros quando não for parte no contrato de transporte, o que tampouco é negligenciável, porquanto,lembre-se, o proprietário-armador sempre poderá fretar o navio ao transportador, se não preferir mesmo celebrar um contrato de fretamento em casco nu; até porque o proprietário pode ser perante terceiros a face visível e conhecida — assim Georges RIPERT, *op. cit.*, pág. 535, 536 e 603. *Vide* ainda G. ROMANELLI, *La locazione di nave e di aeromobile,* Milão, 1965, pág. 166 a 169, e 294 e ss., onde se encontra uma perspectiva de quanto ocorria então em diversos ordenamentos europeus, assim como nas cláusulas contratuais incluídas nos formulários marítimos utilizados, particularmente, no que tange à posição do proprietário não armador em face de terceiros titulares de evntuais créditos que houvessem por causa factos relativos à exploração do navio ou à expedição marítima). *Vide* ainda A. LEFEBVRE D'OVIDIO, G. PESCATORE, L. TULLIO, *op. cit.*, p. 347 ss.; R. RODIÈRE, E. DU PONTAVICE, *op. cit.*,pág.116 ss., 278.

Sobre os vários dos sujeitos envolvidos no transporte, bem como sobre a responsabilidade dos mesmos, S. ZUNARELLI, *La nozione di vettore,* Milão, 1987.

Entre nós, todavia, de acordo com o n.º 1 do art. 28.º do DL n.º 352/86, de 21 de Outubro, no caso de impossibilidade de identificação do transportador, responderá o navio, para o que está dotado de personalidade judiciária, *ex vi* do art. 28.º, n.º 2 desta lei e do art. 6.º, f) do Código de Processo Civil (cfr. M. RAPOSO, Sobre o contrato, *cit.*, p. 17 ss., que faz notar, igualmente, como poderão surgir situações de cúmulo de regimes de limitação da responsabilidade do armador-afretador, devido à concorrência dos regimes da Convenção de Bruxelas de 1924, daquela de Bruxelas de 1957 sobre a limitação da responsabilidade dos proprietários de navios de alto mar, de 10 de Outubro de 1957, para além da consideração do regime interno).

nacional, sendo, umas e outros, interpretados de modo mais ou menos uniforme [24].

Entre os sistema de limitação da responsabilidade ou do montante devido pelo proprietário/armador ou do simples proprietário, podemos, *gosso modo*, contar um de base real, referido ao navio e frete, e que se pode concretizar mediante um abandono liberatório, e um outro referido ao valor do "património de mar" (navio — *v.g.*, valor deste à chegada — e frete) — para além da possibilidade de contemplar um sistema de opção entre ambas as modalidades. Cfr. AZEVEDO MATOS, *Princípios de direito marítimo*, I, Lisboa, 1957, p. 129 ss.; J. M. P. VASCONCELOS ESTEVES, *Direito marítimo—Introdução ao armamento*, p. 74 ss.; M. RAPOSO, *Sobre o contrato, cit.*, p. 15 ss.; 22 ss..

Uma tal autonomia patrimonial mostra-se ainda confirmada, se considerarmos os privilégios creditórios que sobre ele impendem. Na verdade, prevê-se um maciço elenco de credores privilegiados, quer sobre o navio, quer sobre o frete (não é pois aleatório o recorrente paralelismo que compara cada viagem, cada expedição — em torno da qual uma espécie de séquito se formaria, constituído pelo proptrietário e/ou armador, pelo comandante e pelo transportador, além de carregadores, agentes ou representantes, tripulantes, destinatários das mercadorias — a uma *empresa ou empreendimento* (*hoc sensu*), dotado de um autónomo fôlego, de uma vida própria; mas esta, mais do que uma comparação, parecerá antes uma alegoria a juntar à prosopopeia atinente ao navio e às demais imagens que o estudo dos mares soi evocar) — cfr. arts. 574.° a 583.° do Código comercial (outras figuras, por vezes de antigo travo, como as avarias grossas ou comuns e simples ou particulares, a parceria marítima — arts. 494.° e 495.° do Código comercial, revogados pelo DL n.° 202/98 de 10 de Julho — ou o contrato de risco, o *prêt à la grosse*, para além da disciplina da salvação e da assistência, têm sido evocadoras dessa convergência ou comunhão de interesses, mas, de igual sorte, de um esforço específico de institucionalização do direito marítimo, embora não seja este o local mais azado para sobre elas nos delongarmos).

Entre nós, agora que foram revogadas as normas do Código Comercial (arts.492.° a 495.° e 509.°) — ainda que o novo regime não opere propriamente uma ruptura —, de acordo com a disciplina do DL n.° 202/98 de 10 de Julho, o armador, proprietário ou não, responderá pelos actos do capitão, da tripulação, dos pilotos ou práticos que operem a bordo, ou de qualquer pessoa ao serviço do navio, bem como pelos actos do gestor de navio (cfr. DL n.° 198/98 de 10 de Julho) relativos ao armamento (arts.4.°, 7.°), sendo convocadas as normas de direito comum aplicáveis à responsabilidade do comitente. Uma vez mais, em caso de baldada identificação do proprietário (que, não sendo armador, responde «subsidiariamente» — art. 6.°) ou do armador, responderá o navio, assim dotado de personalidade judiciária (art. 11.°).

Sem menoscabo da disciplina de convenções em vigor (cfr. *supra*), apenas se poderá contar com o património de mar para ressarcir os credores. Desta sorte, só o navio e o frete, que poderão ser abandonados para a constituição de um «fundo de limitação da responsabilidade» (art. 12.°).

[24] Sobre o direito comercial internacional, *vide*, entre outros E. VITTA, *International conventions, cit.*, p. 187 e ss., *maxime*, p. 201 e ss.; G. KEGEL, *op. cit.*, p. 237 e ss.; H. BATIFFOL, *op. cit.*, p. 121 e ss.; R. DAVID, *The method, cit.*, *loc. cit.*; M. J. BONELL, *Le*

No plano das fontes internacionais, devemos considerar as convenções internacionais que têm por escopo a unificação do direito — para a qual, como é consabido, se pode progredir, quer através da celebração de convenções contendo normas de direito internacional privado material, embora neste caso nos quedemos pelo uniforme tratamento de situações jurídicas plurilocalizadas, quer através da adopção estatal para regulamentação de situações internas e, eventualmente, internacionais de normas que integrem convenções internacionais de unificação material, quer ainda através do acolhimento interno das normas constantes de leis uniformes/tipo oferecidas por convenções internacionais[25].

---

regole oggettive del commercio internazionale, Milão, 1976, *passim*, *La moderna* lex mercatoria *tra mito e realtà,* Diritto del commercio internazionale, n.° 6.2 (Julho-Dezembro / 1992), p. 315 e ss.; B. GOLDMAN, *Frontières du droit et "lex mercatoria"*, Archives de philosophie du droit, n.° 9, p. 177 e ss.; C. M. SCHMITTHOFF, *op. cit., loc. cit.*, e *International Business Law: A New Law Merchant*, *ibidem*, p. 20 e ss., também para uma comparação com o *jus commune* medieval; e, entre nós, R. M. MOURA RAMOS, *Direito internacional privado e constituição—Introdução a uma análise das suas relações,* Coimbra, 1991, p. 84 e ss., *Da lei aplicável ao contrato de trabalho internacional,* Coimbra, 1990, p. 495 e ss.. *Direito internacional privado e constituição—Introdução a uma análise das suas relações,* Coimbra, 1991, p. 84 e ss. Cfr. *infra*.

[25] *Vide*, sobre este tema, entre outros, A. FERRER CORREIA, *Direito Internacional Privado—Alguns problemas*, Coimbra, 1989, p. 74 e ss., *maxime*, p. 85-88; J. BAPTISTA MACHADO, *Llições de Direito Internacional Privado,* Coimbra, 1990, pág.14 e ss.. E ainda G. KEGEL, *The crisis of conflict of laws*, Recueil des Cours, v.112 (1964-II), p. 237 e ss.; E. VITTA, *International Conventions e National Conflict Systems*, Recueil des Cours, v.126 (1969-I), p. 187 e ss, *Cours Général de Droit International Privé,* Recueil des Cours, v.162 (1979-I), p. 132 e ss.; H. BATTIFOL, *Pluralisme des méthodes en droit international privé,* Recueil des Cours, v. 139 (1973-II), p. 113 e ss.; O. N. SADIKOV, *Conflicts of laws in international transport law*, Recueil des Cours, v.190 (1985-I), p. 201 e ss.; R. DAVID, *The methods of unification*, AJCL, v. 16, 1968-69, p. 13 e ss., R. RODIÈRE, *Introduction to transport law and Combined Transports,* in International Encyclopedia of Comparative Law, v. XII, cap. XII, p. 3 e ss., e *Droit Maritime, cit.*, p. 16 e ss, e *Les tendances contemporaines du droit privé maritime international*,Recueil des Cours, v.135 (1972-I), *passim*, e *Les domaines comparés des conventions d'unification du droit en matière de transport de marchandises, in* Miscellanea W. J. Ganshof van der Meersch, II, Bruxelas, 1972, Bruylant, p. 899 e ss.; R. RODIÈRE, E. DU PONTAVICE, *Droit maritime, cit.,* p. 23 e ss.; G. RIPERT, *Les procédés de l'unification internationale du droit maritime, in* Scritti giuridici in onore di A. Scialoja, v. I, p. 223 e ss., e *Droit Maritime, in* Edmond THALLER, Traité général théorique et pratique de Droit Commercial, Droit Maritime, v. I, p. 54 e ss.; P. IVALDI, *Diritto uniforme cit., passim*; A. LEFEBVRE D'OVIDIO, G. PESCATORE, L. TULLIO, *op. cit., passim, maxime*, p. 22 e ss.; F. A. QUERCI, *Diritto della*

Assim, volvido um aturado processo de negociações que se arrastava desde oitocentos, ao longo do qual se debateram os interesses de carregadores e armadores e transportadores[26], a 25 de Agosto de 1924, é assinada em Bruxelas a "Convenção Internacional para a unificação de certas regras em matéria de conhecimento de carga", também conhecida sob o epíteto de "Regras de Haia". Esta convenção, que regula o contrato de transporte titulado por conhecimento de carga, viu o seu texto alterado pelo Protocolo assinado em Bruxelas, a 23 de Fevereiro de 1968, também conhecido por "Regras de Visby", e subsequentemente por novo Protocolo, assinado a 21 de Março de 1979, já destinado a alterar a versão modificada em 1968[27]. Entre nós, todavia, vigora ainda a convenção na sua versão original, o que não tolhe que o estudo que nos cupa implique que esta seja cotejada com as opções dos diplomas posteriores, seja quanto ao resectivo âmbito de cometência espacial e de aplicação material, seja quanto à disciplina do transporte — o que servirá também determinarmos até que ponto essas opções subsequentes são verdadeiramente inovadoras.

Como veremos mais adiante, a Convenção de Bruxelas contém um corpo de normas de direito material uniforme, cuja aplicação necessária está reservada a contratos internacionais de transporte, mau grado o cariz mais ou menos enigmático do seu art. 10.° — *scl.*, na versão original da mesma, ora em vigor entre nós—, tendo, deste modo, por objecto os con-

---

Navigazione, cit., passim; G. ROMANELLI e G. SILINGARDI, *op. cit.*, p. 3 e s.; S. ZUNARELLI, *Trasporto marittimo*, Enciclopedia del Diritto, v. XLIV, p. 1027 e ss; C. M. SCHMITTHOFF, *The unification of the Law of International Trade, in* Clive M. Scmittoff 's Select Essays on International Trade Law, a cargo de Chia-Jui Cheng, Dordrecht/Boston/London, 1988, Martinus Nijhoff Publishers e Graham & Trotman, p. 170 e ss..

[26] *Vide,* sobre as circunstâncias histórico-sociais que bordejaram o processo unificador e as orientações normativas dos corpos unificados de direito, nomeadamente, de direito internacional privado material, que foram, sucessivamente emergindo, fruto de um aturado e continuado labor internacional, mormente, desde os idos de oitocentos, G. RIPERT, *op. cit.*, Vol. I, p. 622 e s., S. ZUNARELLI, *op. cit.*, p. 1209 e s., Gustavo ROMANELLI e G. SILINGARDI, *Trasporto, cit.*, pág 3 e s., R. RODIÈRE e E. DU PONTAVICE, *op. cit.*, p. 264 e ss. e 303 e ss.,. Mais especificamente sobre o cenário que antecedeu e envolveu o surgimento da Convenção de Bruxelas de 1924, atinente ao conhecimento de carga, pode-se ainda consultar R. RODIÈRE, *Traité op. cit.*, pág. 365 e ss..

[27] Cfr. art. V, quanto aos Estados admitidos à assinatura.

tratos de transporte de mercadorias entre portos de Estados diferentes (como é, de há muito, postulado pela *communis opinio* [28]), desde que titulados por um conhecimento de carga emitido num dos Estados contratantes. Estão, todavia, excluídos do âmbito material da Convenção os contratos que hajam por objecto o transporte de animais vivos, ou de mercadorias declaradas como carregadas no convés, e aí efectivamente transportadas [29].

Já no âmbito da Organização das Nações Unidas, foi gerada a "Convenção das Nações Unidas sobre o transporte de mercadorias por mar", assinada em Hamburgo, a 31 de Março de 1978, vindo a receber a designação de "Regras de Hamburgo", a qual, não se encontrando em vigor entre nós, parece não haver deixado, contudo, de surtir a sua influência, nomeadamente, na reforma do direito marítimo dos anos oitenta.

No que tange ao transporte combinado ou multimodal, devemos ter presente a já mencionada Convenção de Genebra, de 24 de Maio de 1980, adoptada no âmbito da *"United Nations Conference on Trade and Development"*.

Resta acrescentar que o processo de unificação do direito, que veio peregrinando desde o século passado, gerou outros frutos em áreas associadas ao contrato de transporte marítimo, nomeadamente, no que toca à responsabilidade dos proprietários de navios de alto mar, à assistência e à salvação, aos privilégios creditórios e hipotecas marítimas, à abalroação, à actividade dos operadores portuários e à sua responsabilidade.

Internamente, os contratos de transporte e de fretamento, que se achavem regulados no Código Comercial (respectivamente, nos arts. 538.º a 540.º, normas que curavam do conhecimento de carga, e 541.º a 562.º), são hoje objecto dos já citados DL n.º352/86, de 10 de Outubro, e do DL n.º191/87, de 29 de Abril.

Não seguimos pois o exemplo de Itália, onde, em 1942, foi codificado o direito da navegação marítima e aérea, no *Codice della Navigazione*, ainda hoje em vigor. Neste diploma, encontra-se regulado, quer o

---

[28] *Vide,* por todos, também, em geral, sobre o requisito da internacionalidade na delimitação do âmbito de aplicação das normas internacionais uniformes de direito dos transportes p. IVALDI, *op. cit.,* pág.81 e ss..

[29] Sobre o transporte no convés, cfr. *infra* e *vide,* entre nós, M. RAPOSO, *Fretamento e transporte marítimo — algumas questões, cit.,* pág. 33 e ss.

transporte marítimo, quer o fretamento (*noleggio*), quer ainda a locação (*locazione*) do navio[30].

Já em França, assistiu-se em 1966 — ano em que viram a luz a Lei n.°420, de 18 de Junho, e o Decreto n.°1078, de 31 de Dezembro, subsequentemente alterados, em 1986 e 1987, com o escopo de uma harmonização à face dos Protocolos de 1968 e 1979, que, como referimos *supra*, vieram modificar as Regras de Haia[31] — a uma reforma do direito marítimo e o corpo normativo então emitido vigora ainda hoje, havendo influenciado também a nossa legislação, volvida que foi uma vintena de anos.

Na Alemanha, por outro lado, vemos algumas das matérias do direito dos transportes reguladas no próprio *Handeslsgesetzbuch*, nomeadamente, nos art. 407.° e ss. .

Não obstante o mortificado percurso que, em regra, qualquer movimento unificador deve trilhar, à medida que o século foi avançando, foi-se, igualmente, notando um novo fôlego no sentido de alcançar patamares de unificação jurídica e, ainda que modestamente — ou adrede modestamente[32] —, um certo patamar de harmonização (*scl.*, enquanto conceitualmente em confronto, diferente de unificação) entre as disciplinas jurídicas dos diversos meios ou modalidades de transporte.

Certamente, não encontraremos, de todo, um qualquer código de direito marítimo internacional, muito menos, um código regulador das relações jurídicas de transporte, embora se haja vindo a concitar esforços crescentes de aproximação e unificação normativa[33]. Aliás, a diferenciação física e técnica revelada entre os diversos meios ou modalidades de transporte foi provocando consequentes diferenciações de regime, nomeadamente, no que respeita à responsabilidade do transportador e à respectiva limitação ou ausência desta. Daí que não vejamos largas referências a um sistema uno e absolutamente coerente de normas de direito internacional neste âmbito, mas antes a um aglomerado de convenções inter-estatais ou corporativas, *statuta* e costumes, devendo-se notar que

---

[30] Sobre a *vexta quæstio* relativa à autonomia do direito marítimo e da navegação vide G. ROMANELLI, *Diritto aereo, della navigazione e diritto dei trasporti*, RTDPC, 1975, p. 1331 ss..

[31] Cfr. R. RODIÈRE e E. DU PONTAVICE, *op. cit.*, pág.15, 305 e s..

[32] Cfr. R. RODIÈRE, *Introduction to transport law*, *cit.*, p. 6; K. H. NADELMANN, *Uniform legislation versus international conventions revisited*, AJCL, 1968-1969, p. 50.

[33] Cfr. *ibidem, passim*, e *Les domaines comparés des conventions d'unification*, *cit.*, *loc. cit.*, p. IVALDI, *op. cit.*, p. 1 a 47, *maxime*, p. 41 e ss..

tais convenções celebradas entre Estados são, não apenas diferidas no tempo — o que já por si deixa adivinhar a necessidade de um posterior esforço de conciliação entre normas diferidas que regulem matérias afins —, como também partidárias de diferentes concepções metódicas, no que respeita à regulamentaçãe de relações internacionais privadas e à tarefa de unificação jurídicas.

Este caminho harmonizador e/ou unificador foi tentando um delicadíssimo equilíbrio entre as necessidades e os interesses distintos de armadores e transportadores, de uma banda, e de carregadores, da outra, não esquecendo, ainda, quer o bem comum, quer a afirmação crescente das preocupações relativas à preservação das condições de concorrência, preocupações estas assumidas, já desde as primícias deste século pelas autoridades estatais[34].

Cremos poder concluir, sem particular dificuldade, que o âmbito das relações de transporte marítimo, *maxime* internacional, vem assistindo, no decurso dos séculos como nos tempos hodiernos, a uma unificação normativa, não só realmente conseguida e duradoura — senão propriamente *ante litteram*, coeva de um impulso irradiado no período que envolveu e sucedeu aos nacionalismos românticos[35] —, como, ademais, resultante do emprego ou até da experimentação de variadas opções metódicas de unificação.

---

[34] No que tange à manutenção de condições proporcionadoras de um certo patamar concorrencial no mercado, neste âmbito de que ora curamos, *vide, v.g.*, para o espaço europeu, S. CARBONE, F. MUNARI, *La nuova disciplina comunitaria dei traffici marittimi*, RDIPP, ano XXV (1989), p. 293 e ss; e, fazendo alusão, quer à situação comunitária, quer aos órgãos e a disposições que, nos Estados Unidos da América, foram intentando igual fito, G. ROMANELLI, Conferences *marittime ed intervento pubblico*, RTDPC, ano XXXII (1978), p. 556 e ss..

[35] Cfr. T. M. C. ASSER, *Droit international privé et droit uniforme*, RDILC, v. XII, 1880, p. 5 ss., a propósito desta bifurcação unificadora e lembrando que, no campo da unificação, «[p]our aboutir l'uniformité, *il est nécessaire que les législateurs se fassent des concessions réciproques*», mas também acerca de uma contradistinção entre direito internacional privado e direito uniforme. *Vide*, também a propósito das epifanias da ideia de comunidade jurídica universal ou do género humano, A. C. MACHADO VILLELA, *Tratado elementar (teórico e prático) de direito internacional privado*, I, Coimbra, 1921, p. 14 s.; H. VALLADÃO, *Le droit uniforme et le droit international privé*, Clunet, 1932, n.° 1, p. 877 ss., visitando as posições de ASSER e JITTA («[n]ôtre science doit être considérée à un point de vue plus large, comme le droit privé de la société universelle des individus, et, à ce point de vue, le droit uniforme n'est pas la négation de notre science, c'est au contraire une des formes par lesquelles elle se manifeste» — *ibi*).

Quer o relevo das normas consuetudinárias[36], quer a história e os antecedentes de múltiplos diplomas internos e internacionais, nos indicam o peso real, ainda hoje notável, da participação dos operadores ligados à acividade transportadora no processo de criação e unificação normativas. Exemplos desse peso serão, nomeadamente, as "Regras de Haia" de 1922, como antecedente próximo da Convenção de Bruxelas de 1924 sobre o conhecimento de carga — mau grado o relativo insucesso apontado às Regras de 1922[37] —, as "Regras de York e Antuérpia", sobre avarias grossas ou comuns, e mesmo a consideração que os Estados vêm dispensando ao direito corporativo ou associativo, assim como a consideração dos usos tanto na produção normativa estatal[38], como nos projectos submetidos à apreciação de conferências diplomáticas, com vista à aprovação dos textos de convenções internacionais sobre esta matéria, para

---

E ainda p. CHAUVEAU, *Des conventions portant Loi Uniforme,* Clunet, 1956, n.° 1, p. 570 ss..

Também, acerca do processo codificador, em geral, suas origens, circunstâncias, objecto, método e suas aporias, enquanto «paroxismo do presente» contendo «*le vœu de la perpétuité*», F. TERRÉ, *La codification,* European Review of private law, 1993, p. 31 ss..

[36] Sobre a relevância do costume em direito comercial e sobre a interpretação e a integração de normas neste domínio jurídico, *vide* A. FERRER CORREIA, *Lições de Direito Comercial,* I, Coimbra, 1973 (polic*op.*), p. 40 e ss.; V. G. LOBO XAVIER, *Direito Comercial- Sumários das lições ao 3.° ano jurídico,* edição policopiada, Coimbra, 1977-78, p. 19 e ss.

[37] *Vide* R. RODIÈRE, *Traité Général, cit.,*p. 367 e ss.

[38] Sobre leis marítimas de Estados sem mar ou sem tradição marítima, *vide* A. LEFEBVRE D'OVIDIO, *Il diritto della navigazione marittima dello Stato della Cità del Vaticano, in* Studi in onore di Antonio Scialoja, *cit.,* p. 107 ss., designadamente a respeito da lei vaticana, e da influência da lei suíça e do diploma da San Marino de então; R. SANDIFORD, *La nuova legge marittima svizzera,* RDN, 1953, I, p. 280 ss., sobre a lei suíça de 23 de Novembro de 1952. Tanto na lei do Vaticano (D.LXVII, de 15 de Setembro de 1951), como na lei suíça, se podia encontrar, no que respeita às fontes subsidiárias, uma referência às fontes dos Estados marítimos. Assim o art. 26.° da lei do Vaticano, não dando directo relevo às fontes históricas do ordenamento dos Estados Pontifícios, como referia Antonio LEFEBVRE D'OVIDIO, aludia aos «*principi generali riconosciuti dal diritto marittimo, e, in mancanza di tali principi, applicando quel criterio che adotterebbe* [o juiz] *se fosse legislatore, tenendo presenti i precetti del diritto divino e del diritto naturale, dei principi generali del diritto canonico, nonchè la legislazione, gli usi, la dottrina e la giurisprudenza degli Stati marittimi*»; e o art. 7.° da lei suíça mandava observar também os princípios gerais de direito marítimo e, de seguida, ordenando que o juiz decidisse como se fora legislador, de acordo com as normas que adoptaria atendendo à «legislação, usos, doutrina e jurisprudência dos Estados marítimos».

além do fenómeno da comum e repetida utilização de contratos-tipo ou formulários ou, ainda, de um certo conjunto de cláusulas contratuais uniformizadas, no âmbito de diversas operações e relações jurídicas de algum modo ligadas ao transporte — *v.g.* a prática dos *Incoterms*, na compra e venda internacional ou, também dita, praça-a-praça, a utilização de tradicionais formulários de *charter-party*, para formalizar os contratos de fretamento.

Nota-se assim, como noutros âmbitos do direito comercial, um significativo papel dos particulares na criação de uma regulamentação das diversas relações juridico-económicas que estão envolvidas neste comum esforço para ultrapassar a distância — como sejam, *v.g.* , o transporte, o fretamento, a compra e venda internacional, o crédito documentário, e outros negócios que, pela sua internacionalidade, se devam ligar a um contrato de transporte. Naturalmente, esta participação dos particulares, tanto ocorrerá por via consuetudinária, como, voluntariamente, por via associativa ou corporativa — através, *v.g.* , da criação de conjuntos de normas disciplinadoras de certas actividades económico-jurídicas, estatutos ou regras uniformes, contratos-tipo, cláusulas-tipo —, contribuindo, destarte, para a constituição daquela que vem sendo designada de nova *lex mercatoria* ou renascido *"jus gentium"* (sem pretender aqui identificar conceitualmente estas duas noções).

4. Hodernamente, na regulamentação das actividades ligadas ao transporte, desempenham um papel crucial as normas de direito internacional público, nomeadamente as de fonte convencional, quer pelo alargado número de matérias que estas vão tratando, quer pela posição de superioridade hierárquica ou de primado que foram assumindo em relação às normas internas.

Grande parte destas normas integra-se em convenções que tiveram por escopo a unificação da disciplina material de um conjunto de questões respeitantes ao transporte internacional — e este é o método que vem colhendo preferência. Seguindo outros métodos, poderá pretender-se a unificação da disciplina substantiva em certas áreas do direito marítimo, através da conformação das disposições normativas internas segundo uma bitola convencionalmente delimitada, ou mesmo, através da adopção das próprias normas convencionais como normas de direito interno, por isso que não será bastante, para alguns e em certas circunstâncias, regular unificadamente as relações jurídicas internacionais ou plurilocalizadas.

Paralelamente, pode completar-se uma unificação das normas de conflitos ou de certas normas de conflitos, como, de resto, sucedeu em algumas convenções relativas a diversas espécies de transporte, mas aqui, ao lado de uma uniformização substantiva, a fim de, eventualmente, permitir a escolha — segundo um critério uniforme — da lei que regulará os aspectos da situação internacional que não encontrem nas disposições convencionais substantivas uma resposta normativa, ou seja, um critério ou um fundamento, capaz de informar um juízo normativo — assim sucedeu, *v. g.*, na Convenção de Varsóvia para a unificação de certas regras relativas ao transporte aéreo internacional, de 12 de Outubro de 1929, sucessivamente modificada em 1955.

Já, de outra banda, numa convenção como a de Roma de 1980, que unificou regras de conflitos quanto à lei aplicável às obrigações contratuais, operar-se-ia uma mera unificação no plano das regras de cnflitos relativamente a obrigações fundadas num contrato de transporte[39][40].

---

[39] Sobre os métodos de unificação do direito pode consultar-se os Autores referidos *supra*.

[40] Na verdade, como se pode ver nas obras indicadas *supra*, diversos são os métodos que podem conduzir, ora àquilo que soi classificar-se como unificação, ora a uma maior ou menor aproximação normativa na escala internacional.

E, situando-nos tão-só no plano da unificação/harmonização substantiva — uma vez que sempre resta, como referimos no texto, optar por uma "mera" unificação no plano conflitual, ou por uma combinação através da unificação de regras substantivas, apoiada numa unificação de regras de conflito, circunscrita esta às questões não disciplinadas materialmente em convenção internacional —, a unificação normativa pode limitar-se ao âmbito das relações internacionais — *scl.*, num certo âmbito de aplicação espacial, cuja localização haverá, eventualmente, de ser feita por uma deliberada norma instrumental a incluir no texto convencional —, ou, de outra maneira, traduzir-se numa unificação de regras que deverão substituir a disciplina interna dos Estados partes da convenção. Ora, neste caso, tais normas tanto haverão de se aplicar às situações puramente internas, como às situações internacionais, para a regulamentação das quais a lei de um dos Estados contratantes seja a lei reconhecida competente pela *lex fori* — tudo dependendo, claro está, dos termos acordados convencionalmente —; já naqueloutro caso, nada coibirá as partes na convenção de adoptar uma recomendação, no sentido de que os Estados se proponham aproximar as respectivas disposições internas daquelas internacionais — aliás um semelhante escopo será prosseguido, quer quando se adopta uma lei-modelo anexa, quer quando se formula uma simples recomendação. Esta conformação não conduzirá necessariamente a uma identidade dos conteúdos normativos, bastando para justificá-lo considerar que os sentidos de normatividade inspirados pelos juízos axiológicos inerentes às relações internacionais poderão não ser transponíveis para os contextos socio-económicos

O forte movimento unificador a que este século foi assistindo, como já acenámos, inspirou-se em objectivos que se prendem à necessidade de evitar a incerteza e a descontinuidade na regulamentação das relações mercantis internacionais, para o que se tentou alcançar patamares, ainda que limitados, de uniformidade normativa, e evitar, através de uma tal unificação do direito material, os problemas inerentes aos conflitos entre legislações nacionais[41].

Como noutras áreas, também aqui a unificação do direito material, se, por um lado, beneficiou da observação de costumes, práticas e usos comuns e constantes, por outro lado, não deixou de servir de pretexto para a introdução de normas imperativas, correctoras de certas actuações ou *modi agendi* — v.g., protegendo o carregador frente à iminência de proliferação de *negligence clauses* ou de cláusulas de exoneração do transportador —, no sentido de, mais uma vez, revelar e recordar o papel ancilar da segurança relativamente à justiça, reflectindo, outrossim, as consequências normativas ditadas pelo bem comum.

É precisamente, neste tipo de fontes normativas, que se insere a Convenção internacional para a unificação de certas regras em matéria de conhecimento de carga, celebrada em Bruxelas, a 25 de Agosto de 1924, de que ora curaremos como exemplo dessa empresa de unificação, pelo peso normativo que revela e até pelo significado do seu âmbito material.

Por ora, sempre diremos que, a fim de conseguir o seu escopo unificador, a Convenção optou por uma solução substantiva, que se insere num processo longo e em que se foram confrontando diversas perspectivas e/ou grupos de interesses envolvidos nas relações de transporte marítimo, a saber: a perspectiva dos armadores, a perspectiva dos carregadores e o bem comum e, assim, a própria ordem e interesse públicos (para

---

nacionais, sendo, eventualmente, as ponderações funcionais por estes exigidos muito outras, e acabando então por levar também a distintos resultados normativos.

Acresce ainda que damos de barato as imensas diferenças que poderão surgir no plano da realização jurisdicional das normas, e, não sendo este um tema que pretendamos desenvolver nesta sede *à outrance*, sempre diremos que, mau grado existir uma vasta panóplia de riscos neste sentido, não deixa de ser menos certo que, nestas matérias, em variados arestos, monografias e estudos quejandos, algumas linhas de interpretação se vêm consolidando internacionalmente, desde as calendas deste século a esta parte.

Cfr. R. DAVID, *The methods, cit., loc. cit.*; A. FERRER CORREIA, *DIP, cit., loc. cit..*
[41] Cfr. p. IVALDI, *op. cit.*, p. 1 ss..

além dos desígnios de *pubblica utilitas* que internamente influam, por exemplo, sobre a regulação da indústria de armamento e transporte).

Daí que, se até aos idos de oitocentos, as cláusulas de irresponsabilidade ou de exoneração da responsabilidade do transportador por danos sofridos pela mercadoria, na sequência de actos do capitão ou de membros da equipagem, foram sendo consideradas válidas por diversas jurisdições europeias — incluindo, naturalmente, aquelas britânicas —, a partir de certa altura, em atenção à posição dos carregadores e à necessidade de os proteger — granjeando por esta via a protecção económica a países exportadores, eventualmente dotados de frotas menores ou menos activas —, foi-se desenhando uma nova avaliação jurídica de tais cláusulas. Consequentemente, desde logo, nos Estados Unidos da América, alguns tribunais vieram a julgar inválidas cláusulas de exoneração da responsabilidade, com fundamento na ordem pública[42].

Foi também neste país americano que, logo a 13 de Fevereiro de 1893, surgiu o *Harter Act,* que viria incorporar essa nova apreciação da *negligence clause* e da faculdade de exoneração, culminando, como refere o Professor Stefano ZUNARELLI[43], numa solução de compromisso. Neste cenário, a Convenção haveria de incluir um elenco de situações em que, sem embargo da ocorrência de danos na mercadoria transportada, o transportador não deveria ser responsabilizado, ou seja, uma lista de *excepted perils.* Todavia, isto não sucederia antes de um percurso que levaria, igualmente, às Regras de Haia de 1922 [44], também estas emergindo como zénite da oposição movida pelos carregadores contra certas cláusulas contratuais, incluídas, nomeadamente, pelos armadores ingleses.

Sem menoscabo da consideração a dar às radicais alterações científicas e técnicas, importa, todavia, realçar como as opções substantivas da Convenção de Bruxelas assentam num vetusto percurso, e, embora rea-

---

[42] *Vide* G., RIPERT, *op. cit.,* p. 622 e s.; S. ZUNARELLI, *op. cit.,* p. 1209 e s.; R. RODIÈRE, E. DU PONTAVICE, *op. cit.,* p. 264 e ss. e 303 e ss..

[43] *Op. cit., loc. cit..*

[44] Tais regras, contudo, assumiram um carácter facultativo ou dispositivo, enquanto modelo contratual (desenho ainda percebido nos preceitos da Convenção de Bruxelas de 1924, desta feita, como corpo preceptivo imperativo), acabando por redundar num fracasso pela parca inserção das suas cláusulas nos contratos de transporte.

Sobre os antecedentes histórico-sociais próximos da Convenção de Bruxelas de 1924, pode também consultar-se, além dos Autores citados *supra,* em notas 18 e 19, R. RODIÈRE, *Traité Général, cit.,* p. 365 e ss.; R. RODIÈRE e E. DU PONTAVICE, *op. cit.,* p. 265 e s..

gindo a certas práticas correntes da segunda metade do século passado, evocam as tonalidades imarcescíveis do *Ius Romanum* (enquanto foi presente no abundante tráfico da talassocracia mediterrânica), do qual sempre se aproveitaria uma, até tocante, reflexão normativa sobre a responsabilidade do transportador, conquanto dispersa e causadora de múltiplas perplexidades, mercê das fortes suspeições de interpolação dos textos que fixaram as várias orientações normativas e os diversos expedientes do Pretor.

Se bem repararmos, uma semelhança é logo notada na tendência substantivamente protectora que a disciplina internacional, ancorada na reacção movida pelo *Harter Act* [45], em 1893, revela em relação ao interessado na carga, outrora exposto à desresponsabilização do transportador, cuja posição mais ou menos dominante no mercado lhe permitira reiterar a seu talante a aposição de *negligence* e *liberty clauses* (cfr. sec. 2ª e 3ª do *Harter Act*).

Todavia, a necessidade de introdução de tais cláusulas explica-se, também, no *milieu* de influência anglo-saxónica, por isso que se entendia ser absoluta a *warranty* prestada, isto é, a garantia de restituição sã das fazendas no destino. Uma tal garantia, senão também o desenho normativo da relação que a ela se ligava, faz-nos recordar o regime romanístico da responsabilidade do transporador ou do *nauta*. Embora se possa sustentar que a Convenção de Bruxelas não optou por uma (completa) silhueta objectivante[46] da responsabilidade, quedando-se por uma presunção de responsabilidade (ou de culpa), associada a uma estrita regulamentação do *iter* probatório, é outrossim verdade que pretendeu um razoável equilíbrio das posições de ambas as partes (e, consequentemente, dos interesses nacionais e estatais que, de algum modo, as sustentavam), contanto que se pudesse garantir um *penchant* de favor em relação àquele que com o transportador contrata, usualmente mais desprotegido, mormente nos transportes em *liners*.

Aproveitará, contudo, lançar o olhar sobre algumas das linhas orientadoras da responsabilidade do transportador no Direito Romano, aquelas

---

[45] *"An Act relating to navigation of vessels, bills of lading, and certain obligations, duties and rights in connection with the carriage of property"*, que recebe o nome do Representante do Estado do Ohio, Michael D. Harter. Cfr. I. ABBATE, *Riflessioni sulla natura, il contenuto e la ripartizione dell'onere della prova nel contratto di trasporto marittimo di cose,* RDN, 1971, I, p. 43, n.12.

[46] Cfr. S. ZUNARELLI, *op. cit.,* p. 1208 ss..

que, por entre inquietantes dúvidas e perplexidades, a doutrina romanista veio sustentando[47] [48]. Advirta-se, contudo, que o direito marítimo medie-

---

[47] Esta urgência de ir a montante investigar nas fontes romanas a concepção da responsabilidade *ex recepto*, demonstrava-a também, entre outros, A. BRUNETTI, logo após 1924: «[p]er rendersi conto dell'essenza della responsabilità del vettore bisogna storicamente risalire alla sua origine» — *Diritto marittimo privato italiano*, Turim, 1935, p. 287 ss..

É certo que uma convocação das instituições jurídicas romanas nos pode ilustrar no processo de compreensão dogmática, seja do regime da responsabilidade de custódia do transportador até meados do século XIX, seja do teor e dos propósitos da reacção desencadeada pelo *Harter Act*, num tempo em que o papel de carregador dos Estados Unidos era deveras significativo, debelando práticas, que, entretanto, se haviam tornado correntes, com o concomitante desfavor dos interessados nas fazendas embarcadas.

Não deixam, todavia, de ecoar, como lembrava o Professor Braga da Cruz, as admoestações da Lei da Boa Razão, de 18 de Agosto de 1769, quando, na segunda parte do § 9.º, *in fine*, clamava: «[e] mando, pela outra parte, que aquella boa razão, que o sobredito Preambulo determinou que fosse na praxe de julgar subsidiaria, não possa nunca ser o da autoridade extrínseca destes, ou daquelles Textos do Direito Civil, ou abstractos, ou ainda com a concordância de outros; mas sim, e tão sómente ... ou aquella boa razão, que se estabelece nas Leis Políticas, Económicas, Mercantis, e Marítimas, que as mesmas Nações Christãs tem promulgado com manifestas utilidades, do soccego publico, do estabelecimento da reputação, e do augmento dos cabedaes dos Povos, que as disciplinas destas sabias, e proveitosas Leis vivem felices á sombra dos Thronos, e debaixo dos auspicios dos seus respectivos Monarcas, e Principes Soberanos: sendo muito mais racional, e muito mais coherente, que *nestas interessantes matérias* se recorra antes em caso de necessidade ao subsidio proximo das sobreditas Nações Christãs, iluminadas, e polidas, que com ellas estão resplandecendo na boa, e depurada, e sã jurisprudencia; em muitas outras erudições uteis, e necessarias, e na felicidade; do que hir buscar sem boas razões, ou sem razão digna de attender-se, depois de mais de desassete seculos o socorro ás Leis de huns Gentios; que nos seus principios Moraes, e Civis foram muitas vezes perturbados, e corrompidos na sobredita fórma; que do Direito Natural tiverão apenas as poucas, e geraes noções, que manifestão os termos em que o definirão; que do Direito Divino, he certo que não souberão cousa alguma; e que do Commercio, da Navegação, da Arithnetica Politica, e da Economia do Estado, que hoje fazem tão importantes objectos dos Governos Supremos, não chegarão a ter o menor conhecimento» (itálico nosso) — cfr. G. BRAGA DA CRUZ, *O direito subsidiário na história do direito português*, Coimbra, 1975, p. 294 s., n.122 e 123..

[48] Por entre as diversas correntes e por entre os problemas que as fontes colocam (ou a escassez delas, ou ainda as múltiplas suspeitas de interpolação), parece ser possível vislumbrar alguma convergência sobre um certo *iter* de evolução na regulamentação da responsabilidade do transportador, curando sobretudo da responsabilidade relativa às coisas confiadas e que devem ser entregues no destino, e assim da responsabilidade pela sua conservação. Pertencendo o contrato de transporte (*locatio mercium trans mare vehendarum*) à alargada família da *locatio-conductio*, o seu incumprimento, *rectius*, a não entrega,

val liga a responsabilidade do transportador à ideia de culpa, numa orientação que irmana os vários textos através dos séculos, embora sempre se

bem como a entrega, no destino, das mercadorias em condições diferentes das que apresentavam no momento em o carregador as confiara ao transportador, importariam, mediante a *actio locati*, a responsabilidade do transportador *ex contractu*, isto é, *ex locato*. A dado momento, porém, o Pretor entendeu por bem agravar a responsabilidade do *nauta*, devendo este passar a *præstare periculum*, sempre que prevista a cláusula *salvum fore*, enquanto assunção explícita da obrigação de restituição nos termos do *receptum* — assim, DE MARTINO convoca D. 4,9,3.pr. (Ulp. 14 *ad ed.*), para sustentar a necessidade desta promessa formal de restituição das coisas no estado em que haviam sido recebidas, devendo-se entender *recepire* com este sentido, e não com o de mera recepção material, «[e]*t ita de facto vectorum etiam Pomponius libro trigesimo quarto scribit idem, ait, etiamsi nondum sint res in navem receptæ, sed in litore perierint, quas semel recepit, periculum ad eum pertinere*» (sublinhado nosso). Sobre o *pactum de recepto* e sua transformação num dos *naturalia* do negócio, cfr.p. HUVELIN, *op. cit.*, p. 153; F. M. DE ROBERTIS, *Ancora sul receptum nautarum (actio de recepto e* actio locati*)*, RDN, 1958, I, p. 260, n.83; L. TULLIO, *op. cit.*, p. 52.

Mais tarde, com a frequência da sua previsão, e atendendo às condições que rodeavam o embarque das mercadorias, pouco favoráveis a formalidades e delongas, esta cláusula terá passado, segundo alguns, a ser objecto de uma mera *prædictio*, ou seja, considerar-se-ia prevista (ou implícita — cfr. V. ARANGIO-RUIZ, *Responsabilità contrattuale in diritto romano*, Nápoles, 1958, p. 107, defendendo que, ainda em época clássica, a mera entrega da mercadoria surtiria o efeito da obrigação *salvum fore)*, se não fosse alvo de expressa rejeição — D. 4, 9, 7, pr. (Ulp. 18 *ad edictum*): «[i]*tem si prædixerit, ut unusquisque vectores res suas servet neque damnum præstaturum, et consenserint vectores prædictionei, non convenitur*». De igual sorte, parece nisso assentir DE MARTINO, quando afirma: «[l]*'assunzione dell'obbligo di restituire le merci salve era certamente espressa in una prima fase e tale si mantiene nell'età classica e forse solo verso la fine si ammise che anche un'atto solenne (o simbolico) di ricevimento bastasse*» (sublinhado nosso), isto é, não uma simples entrega (o outro sentido de *recepire*), mas antes um «*atto solenne di affidamento*»; todavia o *receptum*, para este autor, não teria chegado a ser implícito no contrato de transporte, tanto mais que subsistiam duas distintas acções com diferentes consequências não confundíveis no plano da responsabilidade — *Note di diritto marittimo, Lex Rhodia-III*, RDN, 1938, I, p. 201 a 204, onde aquilata, igualmente, da viabilidade de quanto propõe em face dos modos de oferta negocial então de uso.

Inicialmente, pois, a responsabilidade *ex recepto* nasceria, segundo Francesco DE ROBERTIS, não meramente da não restituição das mercadorias, uma vez que a *actio* não era concedida em virtude do contrato de transporte, isto é, da *locatio*, mas nasceria do «*impegno acessorio di conservare e restituire* (recepire salvum fore*)*» — *Ancora sul receptum nautarum*, RDN, 1958, I, p. 245 s., n.19.

Deste modo, ao carregador (ou ao *vector*) caberia a *actio de recepto* ou *actio receptitia*. A responsabilidade *ex recepto* perduraria pois, juntamente com aqueloutra *ex locato*, representando em relação a esta um agravamento das obrigações do transportador, o que,

deva realçar a fonte consuetudinária das normas que precederam o século XVII e a reforma de Richelieu, mas, sobretudo, a *Ordonance* "iluminada"

desde logo, revelaria uma singular situação do *nauta* relativamente a certos sujeitos da *locatio-conductio operis faciendi*, na fase que precede a introdução da *actio receptitia*, mas também na fase posterior. Uma tal posição, no âmbito do regime do *receptum*, iria permanecer até à introdução da *exceptio* labeoniana, que viria permitir a exoneração, perante certas circunstâncias, da responsabilidade do transportador sujeito ao *salvum fore*. Cfr. ainda p. FREZZA, *"Receptum"*, Nss.Dig.It., v. XIV, p. 1026.

Tentemos ora proceder à distinção dos dois regimes em presença e aos motivos que terão conduzido ao aparecimento da responsabilidade *ex recepto*.

Servem-nos, pois, as palavras de Ulpiano, ora aludindo à responsabilidade *ex locato*, ora, já isoladamente, àquela *ex recepto*.

Antes, porém, e quanto à responsabilidade do transportador em geral, aludindo já à sobredita *exceptio* de Labeão (DE MARTINO considera que os compiladores teriam omitido a passagem da responsabilidade por *custodia, lato sensu*, ligada ao regime do *receptum*, mas retira do sentido da *exceptio* a conclusão de que a responsabilidade *ex recepto* seria mais grave), veja-se D. 4,9,3,1:

> «Ait prætor: "Nisi restituent, in eos iudicium dabo" ex hoc edicto in factum actio proficiscitur, sed an sit necessaria videndum, quia agi civili actione ex hac causa poterit: si quidem merces intervenerit, ex locato vel conducto: sed si tota navis locata sit, qui conduxit ex conducto etiam de rebus quae desunt agere potest: si vero res perferendas nauta conduxit, ex locato convenietur: sed si gratis res susceptae sint, ait Pomponius deposit agi potuisse, miratur igitur, cur honoraria actio sit inducta, cum sint civiles: nisi forte, inquit, ideo, ut innotesceret praetor curam agere reprimendae improbitatis hoc genus hominum: et quia in locato conducto culpa, in deposito dolus dumtaxat praestaturm at hoc edicto omnimodo qui recepit tenetur, etiamsi sine culpa eius res periit vel damnum datum est, nisi si quid damno fatali contingit, inde Labeo scribit, si quid naufragio aut per vim piratarum perierit, non esse iniquum exceptionem ei dari, idem erit dicendum et si in stabulo aut in caupona vis major contingerit».

E assim eram estas as palavras do Édito: «[n]*autæ caupones stabularii quod cuisque salvum fore receperint nisi restituent, in eos iudicium dabo*». Daqui resultaria um regime diverso de responsabilidade, que viria, segundo alguns, a conviver duradouramente com aquele da responsabilidade *ex locato*, "mais suavizada". Dependeria a aplicação, de um ou de outro regime, da promessa formal *salvum fore* — estado de coisas que, lembre-se, sobreviria à intervenção do Pretor, dando-se conta das limitações *iure civile*,

Quanto à responsabilidade, em geral, no âmbito da *locatio conductio*, DE MARTINO sugere, ainda, D. 9,2,27,29:

> «Si calicem diatretum faciendum dedisti, si quidem imperitia fregit damni iniuria tenebitur: si vero non imperitia fregit, sed ribas habebit vitiosas,

potest esse excusatus. et ideo plerumque artifices convenire solent, cum eiusmodi materiæ dantur, non periculo suo facere, quæ res ex locato tollit actionem et Aquiliæ».

Atentemos ainda no que nos diz Ulpiano, desta sorte, no que respeita especificamente à responsabilidade *ex recepto*, em D.47,5,1,4:

«*Cum enim in caupona vel in navi res perit, ex edicto prætoris obligatur exercitor navis vel caupo, ita ut in potestate sit eius, cui res subrepta sit, utrum mallet cum exercitore honorario iure an cum fure iure civile experiri. Quod si receperit salvum fore caupo vel nauta, furti actionem non dominus rei subrepta, sed ipse habet, quia recipiendo periculum custodiæ subit*».

Convém ainda ter presente a passagem gaiana, onde a obrigação de guarda e vigilância e a responsabilidade pelos danos das mercadorias resultariam directamente da *locatio-conductio*, em arrimo com as conclusões que se retiram também de quanto havia sido exposto em relação ao furto e à *actio furti* (cfr. J. C. VAN OVEN, *Actio de recepto et actio locati*, RDN, 1956, I, p. 18, *vide* também HUVELIN, *op. cit.*, p. 87 ss.). É este trecho alvo de infindáveis controvérsias, e ensombrado, segundo certa opinião, por fortes suspeitas de corrupção (cfr. S. SOLAZZI, *Appunti di diritto romano marittimo*, RDN, 1936, I, p. 123 ss.), senão de uma menor atendibilidade para uma compreensão total do regime clássico da responsabilidade, considerando, ora a dúplice inserção sistemática dos comentários de Ulpiano e Paulo, acerca dos diversos regimes de responsabilidade do *nauta* (assim F. DE ROBERTIS, *cit.*, 248 ss., n.45; este autor faz notar que D. 47, 5, 1,3-4 se encontra deslocado da «*sedes materiæ*» e que o excerto de Gaio acaba por corresponder ao pensamento do tempo de Justiniano; enleva, a mais disso, o contributo do texto edital, e o facto de Ulpiano aludir — D. 20,4,6,1: «[i]*tem is quis in merces sibi obligatas crediderit, vel ut salvæ fiant, vel ut naulum exsolvatur*» — a uma espécie de prémio a pagar contra uma assunção especial de risco pelo transportador — e, portanto, distinto do mero *naulum* —, desnecessário, se houvesse já sido generalizada, enquanto modalidade exclusiva, a responsabilidade *ex recepto* — cfr. L. TULLIO, *op. cit.*, p. 50 s.), enquanto aquele texto de Gaio se confinaria a uma das modalidades que poderia revestir a responsabilidade do *nauta*, pelo que não representaria uma tentativa de superação «*livellatrice*» de um dissídio doutrinal, ora o facto de se tratar de um texto referido ao *Edictum provinciale* (*ibidem*, p. 249), ora a possibilidade de estarmos perante um comentário que ilustraria uma «*doctrine non-classique*», o que tornaria Gaio um «*Außenseiter*» (cfr. J. C. VAN OVEN, *Actio de recepto, cit.*, p. 16). D. 4,9,5, pr. e 1 (Gaius *ad ed. prov.*):

«*Nauta et caupo et stabularius mercedem accipiunt non pro custodia, sed nauta ut traiciat vectores, caupo ut viatores manere in caupone patiatur, stabularius ut permittat iumenta apud eum stabulari: et tamen custodiæ nomine*

nomine tenetur. Nam et fullo et sarcinator non pro custodia, sed pro arte mercedem accipiunt, et tamen custodiæ nomine ex locato tenentur.
Quæcumque de furto diximus, a eadem et de damno debent intelligi: non enim dubitari oportet, quin is qui salvum fore recipit, non solum a furto sed a damno recipere videatur.»

À luz destes e de outros textos, vem sendo sustentada a objectivação da responsabilidade do transportador no direito romano clássico, embora com traços diferenciados, consoante assentasse, ora na *locatio* e na *bona fides*, ora no *receptum, ex vi* da promessa *salvum fore*.

Para o direito clássio, à opinião que aludia a uma divergência doutrinal (ou sem embargo deste dissídio) entre os juristas e àquela que propunha, já no período clássico, uma unificação dos regimes, oferece Francesco DE ROBERTIS uma tese alternativa, da qual não andaram longe Francesco DE MARTINO e Siro SOLAZZI (*vide* também *La responsabilità ex recepto del nauta e legittimazione ad agire di danno*, RDN, 1938, I, p. 323 ss.), chamando os estudos sobre a responsabilidade de Vincenzo ARANGIO RUIZ (deste Autor, *vide op. cit., maxime,* p. 62 ss., 100 ss.; sobre o tema, ainda, C. A. CANNATA, *Ricerche sulla responsabilità contrattuale nel diritto romano,* Milão, 1966, *maxime,* p. 102 ss.;). De notar ainda os contributos de HUVELIN e J. C. VAN OVEN. Na esteira do duplo regime clássico, foram também estas teses revisitadas de espaço por L. TULLIO, embora para introduzir um tema de actualidade, o desenho contratual das *charter-parties* (*I contratti, cit.,* onde, apoiando-se em ARANGIO RUIZ e L. AMIRANTE, o Autor tenta expor as linhas post-pandectistas da unidade da *locatio-conductio,* ensaiando, para superação de algumas perversões categoriais, uma recondução da *locatio rerum vehendarum* à categoria da *locatio rei,* embora sujeita a uma ulterior mutação, a qual como que teria feito passar o radical do negócio da prestação principal para a prestação acessória).

Na opinião de Francesco DE ROBERTIS, o *iudicium* concedido pelo Pretor, no âmbito da responsabilidade *ex recepto* (fosse esse *iudicium* a causa da limitação da responsabilidade do mero contrato, por directa intervenção do pretor, com vista à certeza — e a necessidade de a acautelar seria motivada, segundo o Autor, também pelo facto de nestes contratos intervirem *peregrini*, em face do que se haveria verificado um tendencial uniformização de usos, sempre sendo a segurança coadjuvada pela previsão de uma expressa promessa de assunção de risco, como meio de fazer desencadear um regime mais grave de responsabilidade, *ibid.,* p. 242 s., n.13 — e à clarificação de uma situação, ou fosse tal *iudicium* emitido na sequência de cláusula de assunção expressa do risco), viria a ter como efeito, não tão-somente o estabelecimento de uma nova disciplina da responsabilidade mais grave, aquela ligada à assunção do *receptum*, mas viria, outrossim, limitar a responsabilidade de raiz contratual, a responsabilidade *ex locato*, na medida em que, como afirmava aquele Autor, era «*dall'assunzione espressa del rischio* (ex recepto) *che derivava il* periculum custodiæ*; esenti n'erano invece i contratti di trasporto* puri*: ergo il* nauta *non era tenuto* [desde o Édito] ex locato *a præstare periculum*» (*ibid.,* p. 246). Ou seja, com diminuir o peso da responsabilidade *ex locato* e sujeitando ao *salvum fore* a aplicação do regime mais grave da responsabilidade *ex recepto*, haver-se-ia conseguido fomentar o transporte marítimo e a navegação, num momento em que a sua expansão se adivinhava. Na realidade, antes, o *nauta* sempre estaria submetido às pesadas condições da responsabilidade objectiva, *lato sensu*, derivada do contrato, *a se*.

Ainda segundo o mesmo Autor, numa fase em que a própria responsabilidade nos demais contratos de *locatio conductio*, nomeadamente naqueles de *locatio operis faciendi*, se havia já degradado, ou seja, numa fase em que, para estes, vinham sendo admitidas certas causas de exoneração da responsabilidade, o *nauta*, que com a *actio de recepto* — contanto que com o requisito acrescido de uma expressa assunção pactícia do risco referida, desiganadamente, aos casos de *periculum damni* —, tinha visto a sua responsabilidade "agravada" (apesar de se aventar a hipótese de este agravamento poder ter levado, em fase precedente e no que à responsabilidade toca, a recolocá-lo a par dos demais *conductores operis*), carecia agora de um «*ridimensionamento*» da respectiva responsabilidade, pois que *non erat iniquum* comparativamente, isto é, em face do regime da responsabilidade de outros *conductores*. Daí o surgimento do instrumento processual oferecido pela *exceptio labeoniana*, exonerando o transportador pelos danos ocorridos em virtude de *naufragium* e *vis piratarum*. A *exceptio,* declara o Autor, corresponderia, pois, a «*una ulteriore limitazione alla responsabilità armatoriale:* [...] *dopo l'avvenute limitazione ad opera del Pretore della responsabilità semplice nascente* ex locato, *ad opera della giurisprudenza e nei confronti di quella "qualificata" nascente* ex recepto» (*ibidem,* p. 256) — de como a *exceptio* é posterior ao período clássico, seja porque o texto, inicialmente, demonstraria uma opinião, precisamente a do jurista associado onomasticamente, havendo os compiladores, ao sentirem que urgia a concessão da *exceptio*, omitido a referência às demais que eram retrucadas, pois que «*i giuristi non combattono a Roma contro i mulini di vento*», seja porque, a ser clássica, e anterior à cristalização normativo-jurisprudencial de Adriano, não se compreenderia por que não se limitara o Pretor a modificar o Édito, mal se percebendo, outrossim, uma medida de *æquitas* contraposta a outra de idêntica proveniência e não a um princípio de *ius civile*, o que, de outra banda, já seria o caso, uma vez solidificada a orientação subjacente à *actio de recepto* (cfr. *infra, vide* F. DE MARTINO, *ibidem,* p. 191 ss.).

A prestabilidade, e, logo, a compreensão do *receptum*, parecem passar, segundo a opinião que vimos relatando, como para Francesco DE MARTINO, pela medida e configuração da responsabilidade na *locatio operis,* em geral, e da *locatio mercium trans mare vehendarum*, em particular. Neste sentido, e advogando, de igual sorte, a razoabilidade da admissão de um regime duplo de responsabilidade do *nauta* desde o Édito *de recepto*, vai a posição deste último Autor, para quem «*se è possibile dimostrare che nella* locatio operis *si rispondeva obbietivamente, la tesi che vede nel* receptum *una responsabilità incondizionata raggiunge un'alto grado di probabilità*» (*op. cit.,* p. 193), não aderindo à hipótese, já sustentada por HUVELIN (*op. cit.,* p. 147) e J. C. VAN OVEN (*op. cit.,* p. 3 ss.), que viam no transporte uma modalidade independente ou diferenciada da geral *locatio-conductio*.

Chegando à conclusão de que a responsabilidade na *locatio operis* haveria de ser apreciada segundo alguns critérios objectivos, sopesados casuisticamente, cfr., também, Francesco DE ROBERTIS, *op. cit.*,p. 242 s., n.9, 246 ss., mas p. 251, n.48, e 258 ss., e, assim, na *locatio operis*, como género, como fundamento da responsabilidade do *conductor* poder-se-ia convocar a *custodia* (*periculum custodiæ subire*). Todavia aquela responsabilidade seria originariamente objectiva, e assim permaneceria na época clássica, não sendo mobilizável um conceito de culpa determinante, como parâmetro, de uma responsabilidade de índole subjectiva. Deste modo, assumindo-se a obrigação de produzir um dado resultado, *in casu,* o de levar as *merces* até ao destino, uma vez que o mesmo, depois, se não verificasse, o devedor, ao abrigo da *fides*, responderia objectivamente. É por isso que tão-só poderia invocar motivos de exoneração objectivos como os da *vis major* ou do *damnum fatale* (*cui humana infirmitas resistere non potest*).

Neste contexto se inserindo a *locatio mercium vehendarum,* a instituição do *receptum* viria introduzir, sempre que expressamente a obrigação fosse assumida *salvum fore,* um regime de responsabilidade agravada, na medida em que passaria a ser incondicionada, passando a conviver com o regime anterior. Resultaria desta permanência, desde o Édito e durante a época clássica, a necessidade de mais tarde conceder uma *exceptio* ao *nauta* que houvesse recebido *salvum fore*, pois que, se recebesse meramente *ex locato*, sempre os danos sobrevindos na sequência de *naufragium* e *vis piratarum* estariam excluídos da responsabilidade do transportador, considerando que tal não seria iníquo, porquanto tais riscos eram consabidos, e deles haveriam perfeito conhecimento aqueles que com o *nauta* contratavam, e também porque, diversamente, estes deveriam estar protegidos objectivamente, contra outros tipos de riscos, nomeadamente, como sucederia já em época anterior ao *receptum*, contra «almeno i rischi del furto» — nestes casos a responsbilidade impor-se-ia directamente *ex contractu*, não devendo esperar pela intervenção correctora da jurisprudência, que, entretanto sobreviria.

O Autor realça com uma particular ênfase ser razoável admitir que, na Antiguidade, deveriam ser mobilizados padrões objectivos para aferir da responsabilidade do transportador, pois que, reparando na natureza da actividade própria do transporte, sempre se incluiria entre aquelas que *«più difficilmente possono essere valutate secondo i criteri soggetivi della colpa, consistente nell'imperizia»*, e, por outro lado, seria este contrato o terreno adequado para empregar as *«categorie obbietivamente determinate»* a que se reduziriam aqueles critérios de aferição objectiva, como meio de garantir, outrossim, *«un indice di certezza nei casi concreti».*

Sustenta ainda que o efeito do Édito, ao introduzir o *iudicium* em caso de assunção pactícia expressa do *receptum salvum fore*, teria sido o de impor uma responsabilidade agravada ao transportador/*conductor*, na precisa medida em que simultaneamente degradava a responsabilidade *ex locato*, que se tornava mais limitada, nomeadamente, em relação à responsabilidade dos demais *locationes operis.* Esta limitação ter-se-ia traduzido na avaliação da responsabilidade *ex locato* (isto é, quando não houvesse assunção expressa do *periculum*) por padrões subjectivos reportados a uma noção alargada de *dolus*, através de um mero *iudicium bonæ fidæ* (conquanto reconheça que a *bona fides* clássica não deixava de importar «*un certo dovere di diligenza*», pelo que seria violada também no caso de «*astensione da certe attività positive*», impostas, ora pelo contrato, ora «*da una norma giuridica*»). Aliás, segundo o Autor, só esta degradação e a limitação da responsabilidade *ex contractu* (à qual agora se contraporia a responsabilidade *ex recepto*, pois que a assunção do risco segundo um padrão de responsabilidade objectiva deixaria de ser um «elemento natural do negócio»), poderia justificar a introdução, a favor do *dominus mercium/locator*, de certas *actiones adversus nautæ*, como a *actio furti in factum*. Estas acções destinavam-se a responsabilizar o *nauta* sempre que se não houvesse instituído o *receptum*, todavia, a não ter ocorrido aquela limitação da responsabilidade *ex locato*, não seriam compreensíveis, pois que as mesmas não seriam necessárias para outros *locatores operis*, isto é, só se tinha notado a necessidade de agravar a responsabilidade *ex locato* do *nauta*, e só agora se tinha notado essa necessidade, pois que só a responsabilidade deste *conductor* tinha sido limitada, e só agora o tinha sido; a responsabilidade dos demais *conductores* continuaria a ser apreciada por padrões objectivos. Consequência, e quiçá motivo, da intervenção correctora do Pretor, que assim limitava a «*grave responsabilità obbiettiva*» relativa ao contrato, viria a ser o encorajamento do tráfego marítimo, nu momento em que o transporte se tornava mais florescente e numa área mais alargada, recheada também de maiores riscos (*ibidem*, p. 242 s.).

Entende L. TULLIO, por seu turno, não ser sustentável admitir uma responsabilidade relativa à conservação das coisas na *locatio navis*, no âmbito da qual, e não já da *locatio rerum vehendarum*, inclui a instituição pretoriana do *receptum*. Anelaria a *actio de recepto* conseguir que o *locator navis*, mero *locator rei*, respondesse também pela conservação das coisas transportadas, o que antes não poderia suceder. Faz, para tanto, notar que as fontes sempre «*addossano la responsabilità del* recipire salvem fore *al armatore senza preoccuparsi se esso deba nel caso qualificarsi locatore o conductore*» (*op. cit.*, p. 48 ss.), exceptuando Ulpiano, que, aludindo à *locatio*, considera irrelevante a posição contratual do *nauta*, no que à titularidade da responsabilidade *ex recepto* respeita (D. 4,9,3,1: «[a]*it prætor: Nisi restituant, in eos iudicium dabo ... Si quidem merces intervenerit, ex locato vel conducto: sed si tota navis locata sit, qui conduxit ex conducto etiam de rebus quae desunt agere potest: si vero res perferendas nauta conduxit, ex locato convenietur*» — cfr. *supra*) — *contra*, sustém o Professor Gustavo ROMANELLI, basando-se, precisamente, nestas palavras de Ulpiano, a responsabilidade do *locator navis*, *ex recepto* como *ex locato*, pelas mercadorias a bordo da embarcação, ou seja, «*de rebus quæ desunt*» (*Profilo, cit.*, p. 15 ss, *maxime*, n.52).

Aquele Autor adianta ainda uma «hipótese de trabalho», na qual defende que, após a época clássica, havendo-se o *pactum de recepto* tornado num efeito natural do contrato de *locatio navis*, sujeito a uma eventual *prædictio*, o regime da *actio receptitia* acabaria por se estender «*per simpatia*» à *locatio mercium trans vehendarum*, substituindo, por fim, a *actio locati*, num processo de gradual unificação, ao qual não teria sido alheio o escopo de igualar, com segurança e independentemente das dificuldades de qualificação *in casu*, a protecção dispensada ao *dominus mercium*, fosse ele *locator rerum vehendarum* ou *conductor navis*. Para tanto apoia-se em D. 19,5,1,1: «[d]*omino mercium in magistrum navis, si sit incertum, utrum navem conduxerit, an merces vehendas locaverit, civilem actionem in esse dandam, Labeo scribit*» (cfr. G. ROMANELLI, *In tema di noleggio di veicolo*, RDN, 1971, I, p. 203 ss., onde, baseando-se na análise exegética de Francesco DE MARTINO, sustenta que a incerteza quanto aos pressupostos de facto, «poderia haver sido superada pela atribuição de uma acção pretória, substituída, no direito post-clássico e no direito justinianeu, por uma *actio praescriptis verbis,* cinsiderada à maneira de *actio generalis*»; cfr., ainda, sobre o carácter não clássico desta *actio*, e sobre o travo bizantino de quanto se lê, na sugestão de uma *actio generalis*, bem como na irrazoabilidade de que uma conclusão deste tipo, perante a dificuldade de determinação precisa dos pressupostos de facto da relação *sub iudice*, F. DE MARTINO, *Note di diritto marittimo romano — Lex Rhodia-II,* RDN, 1938, I, p. 5 ss.).

Paul HUVELIN, por seu turno, entendia que o *edictum* mencionado em Ulp. D.4,9,1, pr., fazendo o armador responder por qualquer dano (crê que a extensão aos «*caupones, stabularii*» será justinianeia, associada a uma desconfiança semelhante à que pairava sobre os *nautæ*), salvo se se devesse a falta do carregador ou a «força maior absoluta», mostrava assim uma responsabilidade «*exorbitant du droit commun*», lembrando que a acção receptícia se não dirigia aos passageiros, ainda que frequentemente as mercadorias fossem acompanhadas pelos carregadores. Concorda também com o sentido de «prometer» para *recepire*, vendo tal sentido já colhido em Cícero. Daí que uma tal responsabilidade "derive" de um compromisso assumido pelo transportador, compromisso de *rem salvam fore* e de *custodia* «*de la chose*».

Considerando que o intenso peso da responsabilidade *ex recepto* pareceria reflectir a tendendência justinianeia para a fundar numa «*présomption de faute du* nauta», e que, se o *nauta*, aceitando as mercadorias com a «*clause* salvum fore» (que, originariamente, deveria haver assumido a forma de uma «*stipulation*»), responderia «*de tous les* casus», também, em época clássica, já o *locator rei* «*devait de plein droit la* custodia». Então, conclui o Autor, se o carregador locasse o navio ou parte dele, não era mister recorrer à *actio receptia*, pois que o «*bailleur devait de plein droit la* custodia, *et répondait de plein droit des* casus»; deste modo, inferir-se-ia que tal *actio* só faria sentido quando «*le contrat de transport ne se réalisait pas par une* locatio rei», ou seja, quando se realizasse no âmbito de uma *locatio operis faciendi*, pela qual o *nauta* se comprometesse a transportar certos bens, mediante retribuição, e sem afectação precisa de uma parte da embarcação, caso este em que não surgiria a obrigação de *custodia, hoc sensu* (o outro caso que o Autor menciona e em que tal acção seria de convocar corresponde ao depósito gratuito). Na obra citada, acabaria por se distinguir três acções destinadas a sancionar a responsabilidade do transportador, a saber: uma *actio locati*, quando o transporte se realizasse em virtude de uma *locatio rei*; uma «actio civilis in factum [...] *qu'on a appelée plus tard l'action* præscriptis verbis», dada ao transporte enquanto contrato inominado, mas que supunha «*faute de la part du transporteur*»; uma *actio recepticia*, para todos os casos em que «*des choses ont été reçues par le transporteur*», como que equiparando a responsabilidade do transportador àquela mais severa do *locator rei*. Finalmente, o Autor, considerando as duas fases por que haverá passado o *recipire salvum fore*, detecta na época justinianeia a intenção de «*faire de la responsabilité du* nauta, *qui était originairement une responsabilité contractuelle, une responsabilité légale*». Cfr. p. HUVELIN, *op. cit., passim*, mas, p. 137 ss..

No que tange à data da intodução da *actio ex recepto*, também a doutrina não é unânime. Assim HUVELIN, apoiando-se em GOLDSCHMIDT, situa o aparecimento da *actio receptitia* na alba do século VIII da fundação de Roma, sustentando que Alfeno a ignora quando se refere à *actio oneris aversi*, e que Ofílio, coevo deste, já a deveria conhecer porque conhece já a *actio exercitoria*. Siro SOLAZZI e Francesco DE MARTINO contestam tal hipótese, afirmando aquele que o *receptum nautæ* seria anterior a Alfeno (já que a situação por este tratada, em D.19,2,31, não poderia admitir o *receptum salvum fore*, daí não fazer sentido uma alusão ao *receptum*), e lembrando, também, que seguramente Labeo já conhecia o Édito. Recorda ainda a tese, segundo a qual, teria surgido no século II a.C., por influência di direito comercial grego. De igual guisa Francesco DE ROBERTIS, o qual faz notar que terá sido por esta altura que haverá ocorrido, por necessidades da navegação e do tráfico marítimo mediterrânico, a limitação da responsabilidade do transportador, cuja modalidade mais grave só receberia *iudicium* mercê da assunção explícita do *salvum fore*, como meio de «*incoraggiare in Roma l'impresa della navigazione*», *rectius*, «*limitando infatti in pro degli armatori la pesante responsabilità obbiettiva nascente in quella età dal rapporto fondamentale di* locatio operis».

Não deixa de ser tocante este peculiar *iter* de evolução do(s) regime(s) da responsabilidade(s), no antigo direito romano, se à sua luz revirmos as mutações normativas operadas nacional e internacionalmente nos últimos dois séculos, e que se foram afinando por critérios comuns ou próximos. Nestas encontraremos as finalidades e os interesses em que, nos termos visitados, se foram supeditando as metamorfoses romanísticas, numa busca de certeza e numa tendencial objectivação da responsabilidade, emparelhadas com a preocupação em não deixar desatendida a protecção devida ao carregador, à luz de uma concepção estrita da obrigação assumida como sendo de resultado e provendo a um regime mais severo de responsabilização do *nauta*, não obstante sempre se admitirem, quanto bastasse, certas circunstâncias exoneratórias.

Todavia, Ugo MAJELLO (*Culpa e deposito*, Nápoles, 1958, p. 224 ss.), apoiando-se em ARANGIO RUIZ, entende não dever ver-se no *salvum fore* um agravamento particular da responsabilidade do *nauta*, mas antes a atribuição da responsabilidade por *custodia* dos bens que façam parte do *receptum*, a par da responsabilidade por inadimplemento — numa espécie de aplicação (*très*) *avant-la-lettre* da teoria dos deveres de protecção, e mesmo considerando que, na época justinianeia a custódia objectiva daria lugar a uma *diligentia in custodiendo*. Não deixa, contudo, de ressaltar que o *nauta* estaria sujeito a diversas acções, mesmo de índole penal, e, até, contra ele seria atribuída uma acção penal por responsabilidade indirecta (pelos furtos cometidos pelos seus dependentes). Indícios,

de Luís XIV (fonte que, de resto, não perderá o seu viço, nestas matérias, até aos nossos dias[49]), e que, como aponta Georges RIPERT, passaria a ser, também ela, «*proposée depuis longtemps à l'admiration générale*» [50] [51].

---

afinal, entende o Autor, e como vem sendo reiterado, de uma desconfiança generalizada que pairaria sobre os *nautæ* (suspeição esta que, aliás, não deixaria de induzir o regime posterior de *common law* e que encontramos durante o século passado, vendo no transportador um «*virtual insurer*»).

Assim, Vincenzo ARANGIO-RUIZ (*op. cit.*, p. 100 ss., 125 ss., 162 ss.) defendeu que a *mercedes* recebida pelo *nauta* seria a contraprestação devida pelo serviço prestado, e que, após o Édito, aquele reponderia também por custódia, pelo que responderia pelo dano (*damnum iniuria datum*, conquanto se possa estar aqui perante um caso particular ou posterior de custódia, entendida esta como impondo «*all'obbligato il rischio di quelle perdite che sono normalmente evitate da chi sappia custodire*», e cubrindo portanto os *casus minores* — cfr. também, C. A. CANNATA, *op. cit.*, p. 34 s., 125 ss.) ou pelo furto das coisas perpetrados por qualquer pessoa (e não apenas pelos seus dependentes, caso em que já antes serviria ao carregador a *actio furti* e a *actio damni*). Ter-se-ia, pois, operado uma objectivação da responsabilidade do *nauta*, embora a mesma não devesse cubrir os casos de *vis magna* — segundo o Autor, a *exceptio* de Labeão dever-se-ia mais às divergências interpretativas do regime do *receptum*, assumindo, então, um escopo de clarificação (*op. cit.*, p. 106, n.2, mas, diversamente, contrapondo a *"custodia" ex recepto* à custódia em geral, e postulando a necessidade da dita excepção, a fim de reduzir o conteúdo absoluto desta especial responsabilidade *ex recepto* dos *nautæ, caupones* e dos *stabularius*, C. A. CANNATA, *op. cit.*, p. 108 ss., *maxime*, n.44 e 45).

Cfr., ainda, também para demais acções oponíveis a *nauta* ou *exercitor navis*, S. SOLAZZI, *Appunti di diritto romano marittimo*, RDN, 1936, I, p. 113 ss., *L'età dell'actio exercitoria*, RDN, 1941, I, p. 181 ss.; DE MARTINO, *Note di diritto romano marittimo — Lex Rhodia*, II, III, RDN, 1938, I, p. 3 ss., 180 ss.. E também para o demais direito da antiguidade, J. DAUVILLIER, *Le contrat d'affrètement dans le Droit de l'Antiquité*, in Mélanges offerts à Jacques Maury, I, Paris, 1960, p. 97 ss., *maxime*, p. 101 ss..

Vide ainda, também em relação ao direito medieval, A. LEFEBVRE D'OVIDIO, *La contribuzione alle avarie comuni dal diritto romano all'Ordinanza del 1618*, RDN, 1935, I, p. 36 ss., também sobre o direito medieval peninsular; R. ZENO, *Documenti per la storia del diritto marittimo nei secoli XIII e XIV*, Turim, 1936, p. VII ss., ainda sobre a expansão do direito romano-bizantino; F. AQUERCI, *Problemi giuridici ed economici della navigazione nel medioevo*, RDN, 1964, I, p. 268 ss., nomeadamente, a respeito do relevante papel das repúblicas «*marinaie*» italianas.

[49] Cfr. *supra*, e, entre nós, exemplificativamente, o art. 373.º do Código Comercial, embora a propósito da guia de transporte.

[50] *Droit maritime, cit.*, I, p. 39.

[51] Em relação ao direito medieval, René RODIÈRE, convocando os textos da recolha de PARDESSUS, fala de uma suavização da posição do transportador motivada por uma influência cristã, que se exercera sobre a rispidez precedente (*casum sentit dominus* — R.

Mas, a verdade é que, chegados aos anos de oitocentos, e, mais precisamente, aos seus idos, ambas as tradições jurídicas, a de *civil law* e

---

ALARCÃO, *Direito das obrigações*, Coimbra, 1983, policop., p. 289). Faz, além disso, notar que «*l'évolution* [...] *a consisté à reintegrer la responsabilité des transporteurs maritimes dans le circuit général de la responsabilité contractuelle, à substituer la* custodia *aux fins de diligence a la* custodia *avec l'assomption des risques par le gardien*» (*Traité général, cit.*, II, p. 214 ss., 216, e textos normativos citados *ibi*, dos quais, exemplificativamente, o cap. VII do L. IV, do Estatuto de Marselha de 1253: «[*d*]*e navibus conductis ad naulum sed et de periculo vel damno si quod navi vel ligno sine culpa inde contingerit, non teneatur; et hoc intelligimus et dicimus de nave vel ligno ad scarum conducta vel conductio*»), agora assumindo também relevância, com uma nova intensidade, critérios subjectivos de determinação da responsabilidade, segundo padrões de diligência.

Aliás, já Bártolo: «[*q*]*uando caupo adhibuit diligentiam quam debuit adhibere quilibet pater familias (et sic cessat levis culpa) de eo quod contigit postea non tenetur*» (cfr. A. BRUNETTI, *op. cit.*, p. 289, também para um comentário relativo à Glosa).

Assim, e não obstante a influência, ainda do direito romano, seja do Digesto, seja do Código, como afirma A. LEFEBVRE D'OVIDIO, nas compilações normativas, sobretudo naquelas do sul da Europa e da Península Ibérica, notar-se-ia, uma progressiva infiltração da apreciação subjectiva da responsabilidade, já, nitidamente, desde os *Rôles d'Oléron* (séc. XI-XII), e mesmo antes, no "Direito marítimo ródio" ou Lei pseudo-ródia (Νομοζ Ροδιιων Ναυτιχοζ), do séc. VIII-IX, que regeu as actividades marítimas da Itália Meridional e do Adriático, ao tempo das Basílicas bizantinas. Idêntica orientação, encontrá-la-emos, no séc.XIV, na *universalis consuetudo*, o Consulado do mar (cuja compilação, como se sabe, atravessa alguns séculos), senão também nas compilações do norte da Europa, sob influência, directa ou não, dos Rolos (*Jugements de Damme* — séc. XIV/XV —, Leis de Westcapelle — séc. XIV/XV —, Leis de Wisby, também da Baixa Idade Média).

Como ressalta particularmente do *Consulatus maris* (cfr. G. RIPERT, *Droit maritime, cit.*, I, p. 68), mas já também da Nova Lei dos Ródios (cfr. A. LEFEBVRE D'OVIDIO, *La contribuzione alle avarie comuni dal diritto romano all'Ordinanza del 1681*, RDN, 1935, I, p. 36 ss.), foi-se burilando a figura de uma associação, ainda que *de facto*, dos interessados na expedição marítima, o que levaria a uma mais partilhada repartição dos riscos inerentes, perante os crescentes e sempre iminentes perigos dos mares, nomeadamente, pela ameaça das incursões de piratas (se bem que a *vis piratarum* houvesse já sido contemplada pela *exceptio labeoniana*). Esta associação e comunhão de interesses, amiúde traduzida fisicamente, quando o carregador acompanhava os seus bens na viagem, ia sendo aliada, segundo afirma René RODIÈRE, embora referindo-se à *Ordonnance* de 1681, à ideia de que «*chacun supportait les dommages que la Providence causait à ses biens*», o que, segundo o Autor, parecendo correspondendo a uma «*tendence naturel*», põe em causa «*la responsabilité d'autrui*» (*op. cit.*, p. 217) — é porém conhecida a diatribe acerca da interpretação da *Ordonance*, particularmente, em torno do seu carácter mais ou menos objectivante.

Parece, pois, que, com a dissociação do carregador da fase de execução, e com o desenvolvimento de empresas de navegação, mormente na idade do vapor (verdadeira

aquela de *common law*, parecem aproximar-se quanto ao sentido das respectivas opções normativas, notando-se ainda a influência do regime do *receptum* (aliás, nos transportes em geral). Contemplam, assim, uma responsabilidade especialmente gravosa para o transportador — de cunho, por assim dizer, "para-objectivo", fidelíssimo a uma ideia de resultado[52], ou seja, uma «responsabilidade plena e absoluta»[53], embora com atenuações, nomeadamente, nos casos de *vis major*, ou de *Act of God or King's enemies*.

---

idade de metamorfose, mesmo qualitativa, no âmbito do transporte marítimo) — e nem por isso se dando uma involução, pois se irá responder a um cenário pintado com novas necessidades e vicissitudes —, parecem ser resgatados os esquemas do *receptum*, de *penchant* objectivo, e os riscos da empresa marítima recaem, de novo, com particular intensidade, sobre o transportador (distinguindo-se, segundo René RODIÈRE, o que, nesta vertente, pareceria equitativo e razoável no transporte de quanto seria um contra-senso, enquanto disciplina imperativa, no fretamento a tempo e no fretamento em casco nu ou locação de navio — *Traité général, cit.*, II, p. 218).

[52] Cfr.*infra*, G. VINEY, *Le déclin de la responsabilité individuelle*, Paris, 1965, p. 268 ss., 313 ss..

[53] I. ABBATE, *Riflessioni sulla natura, il contenuto e la ripartizione dell'onere della prova nel contratto di trasporto marittimo di cose*, RDN, 1971, I, p. 37 ss., *maxime*, 40; S. ZUNARELLI, *op. cit.*, p. 1209; S. M. CARBONE, *Contratto di trasporto marittimo di cose*, Milão, 1989, *passim*, mas, p. 12 ss., 163 ss..

Já RIPERT, antes mesmo da Convenção de Bruxelas, tentava mostrar, a propósito deste domínio normativo, quão delével pode ser a linha de separação entre a responsabilidade contratual e aquela delitual, insistindo em que não mereceria a pena delongar-nos sobre a questão de tentar saber se seria defensável uma presunção de culpa do transportador, pois que, sendo o transporte e demais obrigações do transportador assumidas segundo um esquema de obrigação de resultado, bastante seria determinar se ocorrera um desvio relativamente a este resultado, o que, equivaleria decerto a uma violação da obrigação, que houvera a iniciativa de tomar: «[*l*]*e seul fait de cette inexécution prouve que le débiteur s'est é carté de la règle de conduite qui avait été volontairement adopté par les parties, et que, par conséquent, le débiteur, en ne remplissant pas l'obligation à sa charge, a pris une iniciative fautive*» — G. RIPERT, *Droit maritime*, II, p. 231 ss. A ideia subjacente, traduzida na necessidade de opor a prova da força maior, não qual contradição de uma presunção de culpa, mas como sequência natural de um jugo probatório atinente a um inadimplemento de uma obrigação assumida voluntariamente, independentemente da opção em que se filie do ponto de vista do confronto entre os dois tipos de responsabilidade, não deixa, contudo, de se enchertar na tradição normativa da responsabilidade do transportador enraizada no longínquo e longevo *receptum* (cuja compreensão actual parece passar por um distanciamento do círculo dogmático-conceitual do direito romanístico-germânico, ainda que seja para a ele regressar, conquanto em secante, isto é, como que originando um produto lógico).

Arcaria, pois, o transportador com os riscos inerentes ao transporte, resgatando inexoravelmente a confiança depositada pelo *dominus mercium*, distante do palco da execução do débito e facilmente sujeito a conluios e maquinações de que o transportador decidisse lançar mão, ao que sempre lhe acresceria a extrema dificuldade de prova de quanto sucedesse durante a execução do transporte e demais obrigações do transportador[54].

Desta guisa, Sergio Maria CARBONE destaca quão próximas se encontravam, no plano substancial do sentido normativo das respectivas opções, ambas as tradições e meios jurídicos referidos, contanto que se haja presente que, desde o século XIX até ao início deste século, «*il principio della c. d. responsabilità* ex recepto [...] *si è sucessivamente sempre più spostato sul piano probatorio e non tanto nel senso di accollare, comunque, a carico del vettore circostanze ed avvenimenti in qualche misura riconducibili all'esercizio dell'attività di trasporto, indipendentemente dalla sua* [do transportador] *diligenza e/o dalla sua eventuale culpa*»[55].

Deve reconhecer-se que uma tal responsabilidade estrita do transportador acabaria por entroncar numa particular visão das causas que a poderiam excluir, *maxime*, na vetusta disquisição das fronteiras entre a *vis major* e o *casus fortuitus*. Assim, a garantia representada pelo *receptum*, sendo embora coerentemente derivada dos riscos próprios da assunção de uma determinada actividade profissional e da voluntária aceitação de uma obrigação de resultado, não tolhe uma necessária e devida conformação da "*æquitas*". Desta sorte se compreenderá como os regimes codificados saídos da era do vapor acabariam por excluir a responsabilidade do transportador, tão-somente, por força maior (mas não por qualquer acidente não previsto, independentemente do grau de diligência empregue, porquanto certos acidentes, próprios do labor náutico, sempre poderiam ser esperados, além de que o transportador estaria em melhores condições para adequar a respectiva actividade a uma tal previsão), por vício da mercadoria, ou por culpa do carregador, sem embargo de, qual vera prática de estilo e à luz do entendimento do princípio da autonomia então reinante, se haver assistido ao proliferar de *negligence clauses* e de cláu-

---

[54] Sobre a relação desta dificuldade de prova e do maior controlo que o empresário (transportador) terá sobre os meios probatórios com a tedência para a objectivação da responsabilidade, TRIMARCHI, Pietro, *Rischio e responsabilità oggettiva*, Milão, 1961, p. 201 s.

[55] S. M. CARBONE, *Contratto, cit.*, p. 165.

sulas de exclusão da responsabilidade[56], cuja validade despertaria um encarniçado debate na doutrina e na jurisprudência[57], sobretudo numa época que ainda não beneficiava do *"vademecum"* clarificador e unificador que as Regras de Haia de 1924 viriam a proporcionar (tanto mais que se arrogavam também a função de conhecimento-tipo), ainda que gradualmente.

Do lado de cá da Mancha, podíamos, em jeito de balanço do século que findara, encontrar a confirmação de tais orientações, desde logo, no *Code Civil* e nas disposições do Código Comercial francês relativas ao transporte terrestre, e cuja aplicação ao transporte marítimo foi amplamente sustentada; senão ainda, no Código Comercial italiano[58].

Assim, DANJON[59], insistindo em que se não deveria prosseguir buscando a distinção entre a força maior e o caso fortuito na causa do evento danoso, defendia que só aquela excluiria a responsabilidade do transportador. Na senda desta distinção, considerada, neste domínio, especialmente preciosa, afirmava, pois, que essa distinção só seria desvelada na gravidade do acidente, cabendo na *vis major* aqueles eventos absolutamente (e, dada a natureza da actividade desenvolvida, não "relativamente" como no caso fortuito) imprevisíveis e irresistíveis, traduzidos, destarte, num «*obstacle qui aurrait arrêté n'importe qui*» (*vis qui resisti*

---

[56] Vide S. M. CARBONE, *op. cit.,* p. 170.

[57] Cfr., entre nós, L. CUNHA GONÇALVES, *Comentário ao código comercial português,* III, Lisboa, 1918, p. 235 s., sustentando, tão-só, no âmbito de actos de auxiliares, a validade de tais cláusulas no que tange aos actos correspondentes a culpa náutica do capitão e tripulação, e, ainda, «pelos factos e negligências tendo o carácter de culpa grave»; A. H PALMA CARLOS, *O contrato de fretamento no Código Comercial português,* Lisboa, 1931, p. 196 ss., alinhando ao lado da validade das cláusulas de exclusão e limitação da responsabilidade, por actos pessoais, do capitão ou tripulação, com o limite do dolo e culpa grave, e rejeitando o carácter de ordem e interesse públicos do art. 492.º do Código Comercial, e rejeitando, ademais, a analogia em face da hipótese do art. 393.º — para o que se apoia na opinião de José Gabriel PINTO COELHO, em razão da especialidade dos caminhos de ferro, embora este Autor a teça, estudando, mais de vagar, a admissibilidade de tais cláusulas num transporte recèm-chegado, o transporte aéreo; F. MARTINS, *Direito comercial marítimo,* Lisboa, 1932, p. 238 ss.

[58] Cfr. R. RODIÈRE, *op. cit.,* p. 218; L. TULLIO, *I contratti, cit.,* p. 22 s.. Assim o art. 97.º do *codigo di commercio* de 1808: «*Egli è garante dell'arrivo delle mercanzie ed effetti nello spazio determinato dalla lettera di porto, ad eccezione dei casi di forza maggiore legalmente provata*».

[59] DANJON, *op. cit.,* II, p. 633 ss..

non potest — o que englobaria também certos factos de terceiros, como o ataque de piratas dos inimigos do Rei ou do Estado, ou uma plêiade mais ou menos larga de factos não naturais, como a guerra). Já o *casus fortuitus* poderia corresponder a «*un accident par lequel on est surpris, faute de l'avoir prévu — sans d'ailleurs y avoir mis de négligence, — mais pourtant qu'a la rigueur, avec plus de vigilance ou de précautions, on aurait peut-être pu éviter*».

Também Georges RIPERT[60], contemporaneamente, convocando a regulamentação do art. 1147.º do *Code Civil* (segundo o qual, a exclusão de responsabilidade só teria lugar se o transportador provasse que «*l'inexécution provient d'une cause étrangère qui ne peut lui être imputée, encore qu'il n'y ait aucune mauvaise foi de sa part*»), sustentava a sua responsabilidade por danos devidos a causa ignota («[*i*]*ls sont dus au hasard; mais ce qu'on appelons le hasard, c'est tout simplement l'ignorance des causes réelles d'un événement*»). Fundando-se em EXNER, acrescenta que só será liberatório para o transportador o acontecimento que «*ne peut en aucune façon être rattaché a l'initiative du débiteur*», que lhe é estranho, «*parce qu'il provient d'une force extérieure*», e «*parce que le débiteur ne pouvait prévoir l'irruption de cette fprce externe et n'avait pas par conséquent à l'éviter*». Já correriam a cargo do transportador todos os riscos inerentes às «*conditions générales de l'exploitation*». Mas, deste modo, o transportador seria responsabilizado pelos danos causados por culpa náutica do capitão ou da tripulação, enquanto garante destes perante o credor, não obstante a exclusão desta responsabilidade acabasse por ser usual pela prática pactícia da *negligence clause* ou de outro tipo de cláusulas elisivas ou de não-garantia[61].

A este respeito, importará ainda fazer ecoar as palavras de Antonio BRUNETTI[62], algo mais tardias, mas referindo estas tendências anteriores coevas da Convenção de Bruxelas, quando acaba por demonstrar como a degradação do *casus fortuitus* num sistema de *casus* liberatórios viria a inspirar, mediante a sujeição das partes a um particular regime probatório, o regime do *Harter Act* e das Regras de Haia, que naquele *Act* encontram a sua modeladora raiz. Assim, a garantia derivada do *receptum*, nas legislações do início do século, ligando-se à ideia de culpa, ficaria, «*subordi-*

---

[60] G. RIPERT, *op. cit.*, II, p. 240 ss..
[61] *Ibidem*, p. 244 s..
[62] A. BRUNETTI, *op. cit.*, p. 289 s..

nata alla dimostrazione della forza maggiore considerata diversamente dal caso fortuito, onde quando essa non ricorra, il vettore è tenuto a sopportarne le conseguenze»; mas adverte, ainda, que «*non che* [...] *l'insegamento del diritto romano sia andato perduto, ma solamente nel nostro campo, in cui la diversa portata del* casus *avvertivasi nelle situazioni contigue del furto avvenuto a bordo e della ruberia dei pirati, considerati come* damnum fatale, *alla stessa stregua del* naufragium [...] *è stato possibile, con lento e faticoso processo, di raggiungere la desintegrazione del concetto di "fortuito" ed il suo assorbimento in quello del "pericolo" che, anche se non procedente dalla colpa del vettore, reputavasi tuttavia insito nell'esercizio della sua tipica attività»*[63].

Sob a influência da *common law*, é possível surpreender resultados normativos afins. Considerava-se que o transportador prestava, ainda que implicitamente, uma *absolute warranty (of seaworthiness)*[64], vindo a sua responsabilidade a ser contemplada como aquela do *insurer* ou do *bailee*. Na verdade, nesta *warranty* poderemos, de certo modo, encontrar a matriz do entendimento que nos é mais próximo de *due diligence*, pelo menos, enquanto relacionada com a navegabilidade (*seaworthiness/cargoworthiness*) da embarcação, sem olvidar, contudo, que o regime (substantivo e/ou probatório) que a esta se liga não deixa de representar uma como que degradação dessa garantia. Também aqui nos confrontamos com um regime de notável severidade, abandonado, todavia, a uma livre conformação convencional, mediante a inserção de cláusulas que, mais ou menos ferozmente, iludissem e delapidassem tal garantia. Viria este a ser, até devido ao peso da Inglaterra como Nação de armadores, o cenário de consolidação das *negligence clauses,* para exclusão da responsabilidade do transportador por quaisquer actos do comandante e tripulação, bem como de outras cláusulas de exclusão de responsabilidade (*v.g., insurer* e *otherwise clauses*, respeitantes a qualquer dano coberto por seguro, ou, simplesmente a qualquer dano além de quantos, *ad usum*, se discriminavam nos documentos de transportes como causas que "elidiriam" toda a responsabilidade do transportador[65]).

---

[63] Entre nós, quanto à responsabilidade pelas coisas transportadas, via a doutrina a sua regulamentação na conjugação de normas de diversas proveniências, a saber: as relativas ao proprietário-armador ao capitão, o art. 2398.º do Código Civil de 1867.

[64] Cfr. S. M. CARBONE, *Contratto, cit.*, p. 166 ss..

[65] Cfr. A. BRUNETTI, *op. cit.*, p. 321; L. TULLIO, *op. cit.*, p. 145 ss., 180 ss.

Foi sensivelmente neste envoltório, e ante a prolixidade de cláusulas exoneratórias e limitativas *ad libitum,* permitida pela posição económica dos armadores, cuja actividade viria a assumir um figurino tendencialmente monopolístico ou de forte superioridade económica, que se acabaria por desenhar a reacção protectora da outra parte, o carregador. Este contaria, no seu flanco, com a mobilização dos Estados Unidos, que, em oitocentos, se mostravam como país eminentemente carregador, e que viria a prescrever um conjunto de normas de ordem pública e, logo, inderrogáveis, com vista a refrear tais práticas devastadoras da responsabilidade dos armadores. Nascia assim o *Harter Act* [66], inspirador próximo da Convenção de Bruxelas de 1924.

---

[66] *Vide* B. W. YANCEY, *The carriage of goods: Hague, COGSA, Visby, and Hamburg,*TLR, 1983,1238 ss.; M. F. STURLEY, *The history of the Hague Rules and the United States Carriage of goods by sea Act,* DM, 1991, p. 3ss., também a propósito dos feitos da *International Law Association,* e, nomeadamente,sobre as Regras de York e Antuérpia de 1877 (sujeitas a versões sucessivas até aos nossos dias), e sobre as *"Hambourg Rules of affreightment"* de 1885, com carácter facultativo. *Vide* ainda CARVER, *Carriage by sea,* Londres, 1982, p. 333 ss.; SCRUTTON, *On charterparties and bills of lading,* Londres, 1996, p. 404 ss., também sobre a supressão da possibilidade de eliminar a *prima facie liability* do transportador; W. TETLEY, *Marine cargo claims,* Montreal, 1988, p. 534.

Quanto à interpretação de corpos normativos internacionais, cfr. *infra,* e L. M. BENTIVOGLIO, *Interpretazione delle norme internazionali,* Enc.dir., XXII, p. 310ss; MESTRE, *Traités et droit interne,* Recueil des Cours, 1931-IV, p. 264ss, 299ss.; J.-p. NIBOYET, *Le problème des "qualifications" sur le terrain des traités diplomatiques,* RCDI, XXX, 1935, p. 1ss, 18 ss; J. BASDEVANT, *Le rôle du juge national dans l'interprétation des traités diplomatiques,* RCDIP, 1949, p. 413 ss.; W. ZANINI, *Questioni sull'uniformitá di interpretazione del diritto uniforme,* RDIPP, 1971, p. 336 ss.; M. K. YASSEEN, *L'interprétation des traités d'après la Convention de Vienne sur le droit des traités,* Recueil des Cours,1976-III, p. 9ss.,55ss.; R. MONACO, *Profili sistematici del diritto internazionale,* RDI, 1986, p. 745ss.; G.p. TCHIVOUNDA, *Le droit international de l'interprétation des traités à lépreuve de la jurisprudence,* Clunet, 1986, n.° 3, p. 627ss.. Ainda sobre o direito uniforme e sobre a disciplina marítima uniforme, G. DIENA, *Principes du droit international privé maritime,* Recueil des Cours, 1935-I, p. 409 ss., 455 ss.; M. MATTEUCCI, *Introduction à l'étude systématique du droit uniforme,* Recueil des Cours, 1957-I, p. 387 ss., sublinhando como a finalidade e a vontade uniformizadoras devem constituir a clave de leitura e de definição do direito uniforme, p. 421 ss., sobre a interpretação do direito uniforme e, ilustrando, a do art. 10.° da Convenção de Bruxelas de 1924 (cfr.*infra*), e concluindo que a utilidade e a vigência das convenções de direito uniforme sobrevive bem, em variados casos, às inevitáveis variações interpretativas; G. W. PAULSEN, *An historical overview of the development of uniformity in international maritime law,* TLR, 1983, 1065 ss., lembrando o papel catalítico da ONU e as palavras de Plinio Manca: «[m]aritime

A Convenção de Bruxelas acabará por reflectir sérias influências do velho regime do *receptum*, partindo de uma presunção de responsabilidade do transportador, ao qual concede um catálogo de casos exceptuados, que tenderão a granjear-lhe a exoneração de responsabilidade, e, desta sorte, ensaiando a libração dos riscos suportados pelos interessados na aventura marítima e, claro está, balanceando *ope legis* a posição de ambos pela outorga, afinal, de um patamar mínimo de protecção ao interessado na carga.

---

trade having an international character, the logical corollary flowing from this truth is that the ideal legal system be an uniform one [...] *uniformity belongs to the very essence of maritime law»*; F. L. WISWALL, Jr, *Uniformity in maritime law: the domestic impact of international maritime regulation, ibi,* p. 1208 ss.; D. M. COLLINS, *Admiralty — international uniformity and the carriage of goods by sea*, TLR, 1986, p. 165 ss., também para uma relação com a tese de Brainerd Currie.

PARTE I

DO ÂMBITO DE APLICABILIDADE ESPACIAL DA DISCIPLINA UNIFORME

> "*Miranda: If by your art, dearest father, you have*
> *Put the wild waters in this roar, allay them.*
> *[...]Had I been any god of power, I would*
> *Have sunk the sea within the earth, or ere*
> *It should the good ship so have shallow'd, and*
> *The fraughting souls within her.*
> *Prospero: Be collected:*
> *No more amazement. Tell your piteous hart,*
> *There's no harm done. [...]*
> *I have done nothing but in care of thee*
> *(Of thee, my dear one! thee, my daughter)[...]*
> *I am more better than Prospero,master of a full poor cell,*
> *And thy no greater father.*"
>
> William Shakespeare, *The tempest,* in The illustrated Stratford Shakespeare, Chancelor Press, 1993.

> «*Nè davo tanta forza ai tuoi decreti, che un mortale potesse trasgredire leggi non scrite, e innate, dgli dèi. Non sono d'oggi, non di ieri, vivono sempre, nessuno sa quando comparvero né di dove. E a violarlle non poteva indurmi la paura di nessuno fra gli uomini, per poi renderne conto agli dèi.*»
>
> Sófocles, *Antigone*, Roma, 1991, Newton Compton.

5. Sabemos que as normas jurídicas, enquanto critérios ou padrões orientadores da conduta humana, são marcadas por um âmbito de eficácia próprio, determinado pelos contactos que, pela respectiva localização espacial, os actos ou as situações com elas apresentam. A tarefa de averiguar essas coordenadas localizadoras torna-se mais árdua quando se admitem, por um desejo de melhor garantir a certeza do direito[67], siste-

---

[67] Cfr. Ph. MALHAURIE, *Loi et conflits de lois*, Travaux du Comité Français de Droit International Privé, a.XXV-XXVII (1964-1966), p. 83 ss., mostrando, embora, como a

mas ou complexos normativos internacionais, ora constituídos consuetudinariamente ou pela prática profissional de certa actividade, ora constituídos corporativamente, (ainda que nestes casos reflictam, eventualmente, aquela prática), ora fundados directamente na vontade dos Estados.

A admissão de tais corpos normativos internacionais ou, mesmo, transnacionais[68], conjuntamente com o reconhecimento da autonomia contratual, generalizado, mesmo no que se refere à escolha do ordenamento de referência que enquadrará normativamente o negócio jurídico, leva à consideração de múltiplos fenómenos "deslocalizadores", que, todavia, não se poderão reflectir negativamente sobre o desiderato da continuidade da vida jurídica internacional e da protecção das legítimas expectativas das partes — não se desconhece, contudo, que a deslocalização ou transnacionalização das relações jurídicas, quando conduz a adoptar como padrões normativos regras de origem espontânea ou consuetudinária, corresponde já a uma opção tendente a assegurar, na prática económica, a previsibilidade do direito[69], não obstante se possa sentir que, ainda assim, por motivos de ordem pública ou relativos à protecção de terceiros, é mister "forçar" a intervenção de normas imperativas de fonte estatal ou internacional.

Na verdade, a aceleração do tráfico jurídico internacional, em áreas de actividade tendencialmente neutras a valorações culturalmente diferenciadas, foi também estimulando a criação de corpos normativos dos tipos

---

unificação não torna a diversidade completamente arredia da regulação internacional; e, sobre a as *charterparties,* mantidas no espaço material livre de regulação uniforme imperativa, M. WILFORD, *Paramount clauses in charterparties,* DM, 1992, p. 1134 ss..

[68] Sobre a "transnacionalização" dos contratos de transporte, *vide,* M. J. BONELL, *Il diritto applicabile alle obbligazioni contrattuali: recenti tendenze nella dottrina e giurisprudenza italiene (anche con riguardo alla nuova Convenzione C.E.E. in materia),* RDC, 1980, I, p. 219 ss.; p. IVALDI, *Diritto uniforme dei trasporti e diritto internazionale privato,* Milão, 1990, p. 71. E ainda, a propósito do «contrat sans loi»/«sans loi d'un État», cfr. B. GOLDMAN, *Les conflits de lois dans l'arbitrage internationale,* Recueil des Cours, 1963, II, p. 479 s., n.29; p. LEVEL, *Le contrat dit sans loi,* Travaux du Comité Français de Droit International Privé, 1964-1966, p. 209 ss..E, ainda, D.Isabel de MAGALHÃES COLLAÇO, *Da compra e venda em direito internacional privado,* Lisboa, 1954, p. 4 ss., 118 ss..

[69] Cfr. P. IVALDI, *op. cit.,* p. 75.*Vide,* ainda, M. GIULIANO, *La loi d'autonomie: le principe et sa justification théorique,* RDIPP, 1979, p. 218 ss.; G. BROGGINI, *Conflitto di leggi, armonizzazione e unificazione nel diritto europeo delle obbligazioni e delle imprese,* RDIPP, 1995, p. 245 ss.

referidos *supra*, como pólos de referência para a contratação internacional[70]. A mais disso, foram sendo criados regimes normativos imperativos

---

[70] *Vide*, ainda sobre a *lex mercatoria* (cfr. *supra* e *infra*), e sobre a ideia/realidade de um *jus commune*, bem como sobre as tendências unificadoras e os modos da respectiva constituição/realização, mesmo perante as consequentes eventuais disparidades, suscitáveis em sede de realização interpretativa, O. C. GILES, *Uniform commercial law*, Leyden, 1970; R. DAVID, *The international unification of private law*, in International Encyclopedia of Comparative Law, II, cap. 5; M. J. BONELL, *Le regole oggettive del commercio internazionale*, Milão, 1976, *Unificazione del diritto e politica di riforma: due momenti non necessariamente coincidenti*, RDC, 1980, I, p. 1 ss., *La moderna* lex mercatoria *tra mito e realtà*, DCI, 1992, Jun.-Dez., p. 315 ss.; *The UNIDROIT Principles of international commercial contracts and CISG—Alternatives or complementary instruments*, RDU, 1996, I, p. 26 ss.; M. GIULIANO, *La loi d'autonomie: le principe et sa justification théorique*, RDIPP, 1979, p. 217 ss.; A. BORGIA, *Gli Incoterms della Camera di commercio internazionale nella nuova edizione 1990*, RDIPP, 1991, p. 71 ss.; S. M. CARBONE, R. LUZZATTO, *Il contratto internazionale*, Turim, 1994, p. 72 ss.; A. D. ROSE, *The challenges for uniform law in the twenty-first century*, RDU, 1996, I, p. 9 ss.. E ainda A. KASSIS, *Théorie générale des usages de commerce*, Paris, 1984, *passim*, mas, p. 307 ss., 375 ss., analisando criticamente as proposições fundamentais das teorias da nova *lex mercatoria*, enquanto reconhecem nos usos do comércio internacional, por um lado, uma estrutura sistemática, caracterizada pela coerência e interdependências estáticas e activas dos elementos constitutivos, e encerrando a "organização" própria de uma ordem jurídica, por outro lado, «*la propriété d'appréhender directement les relations économiques internationales en s'y appliquant d'une manière immédiate et sans passer par une règle de conflit*».

Ainda sobre as vantagens de uma uniformidade normativa no direito marítimo, S. M. CARBONE, *Autonomia privata e modelli contrattuali del commercio marittimo internazionale nei recenti sviluppi del diritto internazionale privato: un ritorno all'antico*, in Dai tipi legali ai modelli sociali nella contrattualistica della navigazione, dei trasporti e del turismo, Milão, 1996, p. 103 ss. (e também, DM, 1995, p. 315 ss.), mostrando como tal desiderato foi inspirando a disseminação e sedimentação do uso de cláusulas gerais uniformizadas ou muito aproximadas, tanto na sua formulação, como na respectiva interpretação; sugere ainda que, para as operações marítimas, «*le parti abitualmente adottano formulazioni che sembrano riferirsi a regole di un organico ed autonomo sistema normativo risultante dall'integrazione tra autonomia privata, norme oggettive del commercio internazionale e claosole generale*», «*[i]l che comporta un assai limitato rilievo, ed in via di estrema suplenza, della disciplina legale degli specifici ordinamenti statali in cui ambiti devono essere realizzati gli effetti dei rapporti, salvi alcuni principi di ordine pubblico e/o limiti all'autonomia privata [...] in virtù di norme di applicazione necessaria*».

Sobre os formulários contratuais, em geral, e sobres as cláusulas contratuais gerais, seus conflitos materiais *in concreto*, no campo da designada *battle of forms*, e suas implicações no domínio do comércio internacional, *vide, inter alia*, F. VERGNE, *The "battle of the forms" under the 1980 United Nations Convention on contracts for the international -*

e uniformes[71] que a vontade das partes não poderia afastar, fazendo renascer continuamente o problema da precisa determinação do âmbito de

---

sale of goods, AJCL, 1985, p. 233 ss.; U. DRAETTA, *La* Battle of forms *nella prassi del commercio internazionale,* RDIPP, 1986, p. 319 ss.; A. BOGGIANO, *International standard contracts,* Recueil des Cours, 1981, I, p. 17 ss..

Cfr., sobre alguns formulários empregues nos contratos de utilização do navio, F. BERLINGIERI, *Il contratto di noleggio a viaggio nei formulari, in* Dai tipi legali ai modelli sociali, *cit.,* p. 33 ss.; G. M. BOI, *I formulari di contratto di noleggio a tempo, ibi,* p. 403 ss.

Ainda acerca da relevância das normas materiais unificadas internacionais ou transnacionais, de origem não estatal, sobre a corência normativa da *lex mercatoria* enquanto corpo normativo, sobre o seu chamamento para a regulamentação de um contrato, mediante escolha das partes, ou devido a uma conexão objectiva, tratando da «articulação» entre a *lex mercatoria* e o(s) sistema(s) conflituais, bem como a respeito de uma contradistinção entre, por um lado, os corpos normativos atinentes a determinados sectores da vida comercial internacional, dotados de uma certa organização interna de feição sistemática e, por outro, os usos ou regras dispersas ou pontuais, e não integradas num corpo «ordenado e ordenador», B. OPPETIT, *Le développement des règles matérielles, in* Droit international privé—Travaux du Comité Français de Droit International Privé—Journée du cinquantennaire, Paris, 1989, p. 121 ss., *Débats, ibi,* p. 138 s.; p. LAGARDE, *Débats, ibi,* p. 135 s., 139, *Nota a "Cour d'appel de Paris (1re Ch.suppl.), 13 juillet 1989, Conpañia Valenciana de Cementos Portland c/ Primary Coal",* Revue de l'arbitrage, 1990, n.° 3, p. 666 ss.. E ainda A. KASSIS, *op. cit.,* p. 307 ss., insistindo na distinção entre *«usage conventionnel»* e *«règle coutumière».*

Ainda a propósito da convocação de usos e costumes internacionais para a regulamentação das relações jurídicas em direito marítimo, seja nas relações objectivamente internacionais, seja naquelas internas, A. VIEGAS CALÇADA, *Invocação dos usos e dos costumes interacionais em direito marítimo,* RT, 1968, n.° 1834, p. 339 ss., debruçando-se sobre os estilos, usos e costumes internacionais, mesmo de praças estrangeiras, e sobre as regras «uniformizadas», obtidas mediante o recurso a contratos-padrão, e aludindo ao papel auxiliar dessas regras e desses usos para a interpretação e esclarecimento da formulação das vontades contratuais. Indica, por outro lado, o seu papel supletivo, na ausência de usos ou costumes nacionais ou locais, sobretudo, «da praça de Lisboa», que, para o passado, ilustra pela aplicação costumada, à luz da Lei da Boa Razão, das regras marítimas de Colbert, e, coevamente, pela alusão aos arts. 373.° («§ único: [n]a falta de guia ou na de algumas das condições exigidas no artigo 370.° [relativo ao conteúdo da guia de transporte], as questões, acerca do transporte, serão resolvidas pelos usos do comércio e, na falta destes, nos termos gerais de direito») e 382.° do Código Comercial (sobre o prazo de entrega da mercadoria).

[71] Sobre a designação/designações e significado do direito material uniforme — cujo modo constitutivo não será forçosamente prescritivo, antes podendo o *"nomen"* ainda servir quando as normas houverem uma génese espontânea ou corporativa (na ver-

dade, um momento volitivo, logo deliberadamente uniformizante, não tem de estar, necessária ou "ontologicamente", arredado da já chamda nova *lex mercatoria*, nomeadamente, quando se coligem usos, ou se unificam corporativamente regras duradouras, unificação que sempre poderá passar pela mediação de uma deliberação normativamente constitutiva e correctora, ou ainda quando se ensaiam interpretações unificantes — podendo tais processos condividir o escopo da certeza e previsibilidade do direito, conseguida mercê de um oferecimento, eventualmente "para-"heterónomo, de *regulæ agendi* uniformes, o qual se pode ficar a dever à intervenção de entidades associativas e/ou internacionais), disto podendo resultar a inclusão da *lex mercatoria*, nos seus diversos estratos, no universo do direito material uniforme, *lato sensu* —, e ainda sobre a referência das partes dirigida à *lex mercatoria*, cfr., entre nós, A. FERRER CORREIA, *Novos rumos para o DIP?*, RDE, a.IV, 1978, N.º 1, p. 305 s.; R. M. MOURA RAMOS, *La responsabilité des constructeurs dans les rélations internationales*, in Das relações privadas internacionais—Estudos de direito internacional privado, Coimbra, 1995, p. 245 s.; e, ainda, E. JAYME, *Identité culturelle et intégration: le droit international privé postmoderne*, Recueil des Cours, t,251, 1995, p. 86 s., também sobre a noção de *soft law*); e, sobre a relevância de uma via "substancialista", *hoc sensu*, vide, inter alia, G. KEGEL, *The crisis of conflict of laws*, Recueil des Cours, 1964, II, p. 237 ss.; B. GOLDMAN, *Régles de conflit, règles d'application immédiate et règles materielles dans l'arbitrage international*, Travaux du Comité Français de Droit International Privé, 1966-1969, p. 119 ss.; H. BATIFFOL, *Le pluralisme des méthodes en droit international privé*, Recueil des Cours, 1973, II, p. 107 ss.; R. H. GRAVESON, *The unity of law*, in One Law, on jurisprudence and the unification of law, selected essays, v.II, Amsterdão, Nova Iorque, Oxford, 1977, p. 39 ss., *The international unification*, ibi, p. 203 ss., distinguindo os ramos de direito «racionais» daqueles «emocionais»; A. E. VON OVERBECK, *Le champ d'application des règles de conflit ou de droit matériel uniforme prévues par les traités*, AIDI, v. LVIII (1979), t.I, p. 97 ss., 162 ss.; H. BATIFFOL, R. DE NOVA, R. HGRAVESON, O. KAHN-FREUND, F. RIGAUX, *Observations des membres de la Vingt-troisième Commission sur l'exposé préliminaire et le questionnaire*, ibi, p. 141 ss.; B. CONFORTI, *Obblighi di mezzi ed obblighi di risultato nelle convenzioni di diritto uniforme*, RDIPP, 1988, p. 233 ss.; B. OPPETIT, *Le développement des règles matérielles*, in Droit international privé — Travaux du Comité Français de Droit International Privé — Journée du cinquantennaire, Paris, 1989, p. 121 ss., tentando sublinhar a composição entre "justiça formal" e "justiça material", preparada nos instrumentos normativos do direito internacional privado — sobre estas duas faces, cfr. J. BAPTISTA MACHADO, *Âmbito, cit.*, p. 30 ss.,161 ss., *Lições, cit.*, p. 115; A. FERRER CORREIA, *O método conflitual em direito internacional privado e as soluções alternativas*, Revista de direito comparado luso-brasileiro, a.I, 1982, n.º 1, p. 21, *O princípio da autonomia do direito internacional privado no sistema jurídico português*, RDE, a.XII, 1986, p. 3 ss.. Ainda acerca da «pré-compreendida intencionalidade específica do sistema de DIP», a prósito da qualificação, F. J. BRONZE, *A metodonomologia entre a semelhança e a diferença (reflexão problematizante dos pólos da radical matriz analógica do discurso jurídico)*, Coimbra, 1994, p. 332 ss., n. 835.

aplicabilidade espacial, de normas substancialmente prescritivas, é certo, mas associadas a um modo de constituição e de objectivação normativa que rompe os espartilhos estatais[72].

6. Convirá estudar o âmbito de aplicabilidade espacial do regime internacional, que o propósito de unificação normativa determina, e o modo como pode ser maximizado por uma referência das partes a esse regime uniforme do contrato de transporte e, *maxime,* da responsabilidade do transportador marítimo. E assim, será mister orientar comparativamente esse estudo em três direcções, a saber: o âmbito espacial de aplicação, conforme definido pela regra instrumental da Convenção de Bruxelas, as posteriores evoluções ao abrigos do Protocolo de Visby de 1968 e das Regras de Hamburgo [73], ao que acrescerão as relações entre o regime internacional vigente entre nós e a regulamentação interna.

Cfr., também sobre as regras instrumentais de aplicabilidade/aplicação dos corpos normativos de direito material uniforme, A. MALINTOPPI, *Diritto uniforme e diritto internazionale privato in tema di trasporto,* Milão, 1955, *Les rapports entre le droit uniforme et droit international privé,* Récueil des Cours, 1965, III, p. 5 ss.; N. SINGH, *International law problems of merchant shipping,* Recuil des Cours, 1962, III, p. 7 ss..; J. KROPHOLLER, *Internationales einheitsrecht.* Tübingen, 1975, *passim, Internationales Privatrecht,* Tübingen, 1997, p. 82; p. IVALDI, *Diritto uniforme dei trasporti e diritto internazionale privato,* Milão, 1990. Cfr.*infra.*

Sobre o direito material uniforme, *vide,* ainda, entre nós, A. FEERER CORREIA, *Les problèmes de codification en droit international privé,* Recueil des Cours, 1975, II, p. 97 ss.; A. MARQUES DOS SANTOS, *As normas de aplicação imediata, cit.,* p. 619 ss.; R. M. MOURA RAMOS, *Da lei aplicável, cit.,* p. 495 ss.. E também, sobre as relações entre o direito material uniforme e o direito internacional privado, bem como entre aquele e o sistema conflitual, A. MALINTOPPI, *Diritto uniforme, cit.,* p. 27 ss.; E. JAYME, *op. cit.,* p. 56, distinguindo entre uma relação de alternatividade (enquanto o direito internacional sempre permite uma equiparação de condições e da liberdade das *«personnes dans un même espace économique»*) e de complementaridade (enquanto o direito uniforme pode recorrer ao direito conflitual para a definição do seu campo de aplicabilidade e para a integração normativa).

[72] Cfr. sobre o conflito (concorrência/concurso) de normas, bem como sobre a aplicabilidade da norma, enquanto hipoteticamente adequada em face da relevância problemático-material do caso decidendo, A. CASTANHEIRA NEVES, *Curso de introdução ao estudo do direito,* Coimbra, 1971-1972, p. 488 ss..

[73] Art. 10.º da Convenção de Bruxelas de 1924: «*Les dispositions de la présente Convention s'appliqueront à tout connaissement créé dans un des États contractants».*

Art. 10.º das Regras de Haia-Visby: «*Les dispositions de la présente Convention s'appliqueront à tout connaissement rélatif à un transport de marchandises entre ports*

Que deveríamos ceder a primazia de aplicação às regras da Convenção de Bruxelas de 1924, é algo que, hoje, ressaltaria, desde logo, da prevalência constitucional atribuída às convenções internacionais sobre a lei ordinária — questão que, nesta sede, não trataremos em pormenor[74] —, e, outrossim, do seu carácter de *lex specialis* [75] à face de quanto se dispõe

---

relevant de deux États différents, quand: a) le connaissement est émis dans un État Contractant ou b) le transport a lieu au départ d'un port d'un État Contractant ou c) le connaissement prévoit que les dispositions de la présente Convention ou de toutre autre législation les appliquant ou leur donnant effet régiront le contrat, quelle que soit la nationalité du navire, du transporteur, du chargeur, du destinataire ou de toute autre personne interssée. Chaque État Contractant appliquera les dispositions de la présente Convention aux connaissements mentionés ci-dessus. Le présent article ne porte pas atteinte au droit d'un État contractant d'appliquer les dispositions de la présente Convention aux connaissements non visés par les alinéas précédents.».

Art. 2.°, n.° 1 e 2, da Convenção de Hamburgo de 1978: «*Les dispositions de la présente Convention s'appliqueront à tous les contrats de transport par mer entre deux États différents lorsque: a) le port de chargement prévu dans le contrat de transport par mer est situé dans un État contractant, ou b) le port de déchargement prévu dans le contrat de transport par mer est situé dans un État contractant, ou c)l'un des ports à option de déchargement prévus dans le contrat de transport par mer est le port de déchargement effectif et que ce port est situé dans un État contractant, ou d)le connaissement ou autre document faisant preuve du contrat de transport par mer est émis dans un État contractant, ou e)le connaissement ou autre document faisant preuve du contrat de transport par mer prévoit que les dispositions de la présente Convention ou celles d'une législation nationale leur donnant effet régiront le contrat. 2. Les dispositions de la présente Convention s'appliquent quelle que soit la nationalité du navire, du transporteur, du transporteur substitué, du chargeur, du destinataire ou de toute autre personne intéressée.».*

[74] Cfr. A. R. QUEIRÓ, *Lições de direito internacional público*, Coimbra, 1960, p. 10 s., 33 ss.; J. M. SILVA CUNHA, *Direito internacional público*, Coimbra, 1967, p. 2, 18 ss.; D. Isabel de MAGALHÃES COLLAÇO, *Direito Internacional Privado, Lições Proferidas ao 5.° Ano Jurídico de 1958-1959*, policop., v.I, Lisboa, 1959, p. 316 ss., *maxime*, p. 333, *in fine*, e 336 s. J. L. BRIERLY, *Direito Internacional*, Lisboa, 1979, p. 49 ss., 68 ss; R. M. MOURA RAMOS, *A convenção europeia dos direitos do homem — sua posição face ao ordenamento jurídico português*, DDC, 1981, p. 97 ss., 111 ss., 117 ss.; M. AKEHURST, *Introdução ao direito internacional*, Coimbra, 1985, p. 53 ss.; A. AZEVEDO SOARES, *Lições de direito internacional público*, Coimbra, 1988, p. 63 ss..; A. GONÇALVES PEREIRA, F. QUADROS, *Manual de direito internacional público*, Coimbra, 1993, p. 106 ss.; A. CABRAL DE MONCADA, *Curso de direito internacional público*, Coimbra, 1996, p. 36 ss., 225 ss., 236 s.

[75] A. MALINTOPPI, *Diritto uniforme, cit.*, p. 75 ss., 89 ss.; *Les rapports, cit.*, p. 43 ss.; A. FERRER CORREIA, *Novos rumos para o DIP?*, RDE, a.IV, 1978, N.° 1, p. 304 s., alertando para a reemergência da diversidade regulativa devido às «divergências de inter-

no ordenamento interno. Especialidade e prevalência, directamente destiladas da *ratio* que subjaz a este tipo de convenções e ao modo de constituição do direito material uniforme, *ratio* essa que visa granjear o objectivo da previsibilidade do direito aplicável, a par da uniformidade de valoração jurídica[76].

A Convenção de Bruxelas de 1924, na sua formulação primígena — aliás ainda em vigor entre nós —, delimitava o seu âmbito de aplicação espacial, no art. 10.º, prescindindo de quaisquer elementos de internacionalidade subjectiva ou sequer objectiva. Assim a aplicação imperativa do regime convencional dependeria tão-só do facto de o conhecimento de carga haver sido emitido no território de um dos Estados contratantes[77].

---

pretação» (cfr.*infra*); D.Maria Ângela BENTO SOARES, R. M. MOURA RAMOS, *Contratos internacionais*, Coimbra, 1986, p. 24 s., a propósito da Convenção das Nações Unidas sobre os contratos de compra e venda internacional de mercadorias, de 1980; S. M. CARBONE, *Contratto, cit.*, p. 4 ss.; F. A. QUERCI, *Diritto della navigazione, cit.*, p. 443; p. IVALDI, *Diritto uniforme, cit.*, p. 11 ss., *maxime*, p. 20 ss., 81 ss.; S. M. CARBONE, R. LUZZATTO, *Contratti internazionali, autonomia privata e diritto materiale uniforme*, DCI, 1993, p. 756 ss..

[76] Cfr. nota precedente. Assim assevera Antonio MALINTOPPI que, como o direito uniforme realize o desiderato de uma prévia certeza, grangeada aos particulares por meio de uma Convenção, pode concluir-se que «*la disciplina internazionalmente uniforme costituisca il regolamento più appropriato di quelle situazioni, anche se [...] il contenuto di tale regolamentazione, necessariamente formulato tenendo conto delle peculiarità di differenti ordinamenti giuridici degli Stati interessati, possa a volte risultare, sotto l'aspetto sostanziale, inferiore ad un optimum di politica legislativa, ove lo si consideri dall'angolo visuale di un singolo ordinamento interno*»(cfr. *infra*) — *Diritto uniforme, cit.*, p. 64.

[77] Cfr. R. RODIÈRE, *Traité, cit.*, II, p. 373 ss., *maxime*, p. 382 ss., fazendo notar os «*erreurs franches ou implicites*» que a formulação original do art. 10.º pode insinuar.

Vide, ainda, sobre o art. 10.º, A. MALINTOPPI, *L'ambito di applicazione delle norme italiane di adattamento alle convenzioni di Bruxelles del 1924 sulla polizza di carico*, RDI, 1954, p. 601 ss., visitando também os diversos modos por que se foi dando cumprimento, em diversos Estados, à obrigação internacional dimanada da Convenção quanto à sua vigência nos ordenamentos dos Estados contratantes (cfr. os dois modos previstos no art. 2.º do Protocolo de assinatura); *Ancora su l'ambito di applicazione della convenzione di Bruxelles del 1924 sulla polizza di carico*, RDI, 1956, p. 106 ss.; *La nozione di Stato contraente ai fini della Convenzione di Bruxelles relativa alla polizza di carico*, RDI, 1957, p. 120 ss., *Intorno a un progetto di revisione dell'art. 10 della convenzione di Bruxelles del 1924 sulla polizza di carico*, RDI, 1960, p. 77 ss., onde analisa também o projecto de modificação do art. 10.º, saído da XXIV conferência do *Comité maritime international*, realizada em Fiume, entre 20 e 27 de Setembro de 1959: «*Les dispositions de la présente Convention s'appliqueront à tout connaissement relatif à un transport de mar-*

Não poucas dúvidas levantou uma tal formulação literal, pois que as normas convencionais, não apresentando o escopo directo de se converterem numa mera lei-modelo a adoptar pelos diversos ordenamentos estatais, acabariam por ser tomadas como uma discplina material internacional, conquanto o art. 10.º não aludisse expressamente à internacionalidade das relações que haveriam de ser o objecto da disciplina convencional. Deve, sem embargo, notar-se que ambos os objectivos não são forçosamente incompatíveis, mesmo encabeçando um mesmo regime normativo. Senão vejamos: por um lado, a nota da internacionalidade é extremamente frequente nas relações de transporte, do que decorre que uma qualquer empresa transportadora, que se dedique à deslocação de mercadorias por mar, deva fatalmente topar, ora com transportes internos, ora com transportes internacionais; por outro lado, os objectivos normativos ínsitos na disciplina convencional servirão a justiça das relações de transporte internas e internacionais, não invadindo, aliás, àreas de regulamentação onde se pudessem erguer interesses especificamente nacionais (*v. g.* , as questões relativas à organização portuária, ao desembaraço do navio, e, *maxime*, à aquisição de direitos reais sobre navios e às condições de acesso ao armamento e à actividade transportadora).

Ao exposto acrescerá ainda uma nota característica do direito uniforme, enquanto regime que, à partida, não deverá agarrar-se a devaneios sistemático-codificadores ou à quimera (ou "maleita") da construção de um sistema completo e fechado. E não é tanto esta última pretensão que agora nos deveria preocupar, até porque o regime convencional está longe de ser fechado, obedecendo, no plano metodológico-sistemático, às exi-

---

chandises d'un État à un autre, sous l'empire duquel le port de chargement ou le port de déchargement ou l'un des ports à option de déchargement. se trouve dans un État contractant, quelle que soit la loi régissant ce connaissement et quelle que soit la nationalité du navire, du transporteur, du chargeur, du destinataire ou de tout autre intéressé». Deste, já esboço da norma que viria a ser adoptada pelo Protocolo de modificação de 1968 (cfr. *infra*), o Autor destaca o «*significato "obbiettivo" della espressione*» transporte internacional, aqui inserida em letra de forma, assim como o carácter «*virtuale*» das circunstâncias que provocam a aplicação da Convenção. Não deixa, porém, de assinalar a superfluidade «*tecnica*» da expressão «*quelle que soit la loi régissant*», porquanto a Convenção sempre «*viene chiamata ad operare* [...] *prima delle norme di diritto internazionale privato* [...] *la convenzione è essa stessa "la loi régissant le contrat"*» (contrapropondo «*quelle que soit la loi qui aurait régi ce connaissement d'après les règles de droit international privé*»).

gências próprias da respectiva internacionalidade, no que tange ao seu modo específico de constituição normativa. Mas sucede, de igual sorte, que a disciplina convencional não sofre de qualquer pretensão codificadora, não abarcando todos os aspectos da multifacetada relação de transporte, antes prosseguindo um regime que se assuma como o ponto de compromiso e equilíbrio[78], suficiente e necessário à vigência futura das respectavias orientações normativas, enquanto *regulæ* mobilizáveis, porque vigentes (e *ergo*, efectivamente mobilizadas nas espécies decidendas), para a realização judicativo-concreta do direito, nos diversos espaços jurisidicionais dos Estados contratantes. Ainda assim, no seio de tais soluções normativas de compromisso e "equidistância" (*et pour cause*), poder-se-á garantir a tendencial uniformidade interpretativa das regras convencionais, a qual será pois imprescindível a uma convenção, se quiser fundar-se como verdadeiro direito uniforme capaz de proteger a estabilidade da vida jurídica internacional e, deste modo, as expectativas das partes[79] — enquanto método para solucionar o problema da regulamentação das relações jurídicas internacionais —, e se, ademais, quisermos certificar-nos de que estamos ainda a mobilizar os mesmos padrões reguladores, sem embargo de darmos de barato que jamais poderemos calar o discurso analógico próprio da realização concreta do direito, aquando dessa mobilização da regra-critério perante o caso problemático-decidendo (este, enquanto espoleta que, metodologicamente, acabará por convocar e fazer encontrar a norma)[80].

---

[78] Cfr. E. VITTA, *Cours général de droit international privé*, Recueil des Cours, 1979, I, 132 ss., explicando como um produto da vontade colectiva dos Estados «*conduit forcément à temperer les points de vue individuels*».

[79] Cfr. S. M. CARBONE, *Contratto di trasporto marittimo di cose*, Milão, 1988, p. 10, preocupado com a certeza do direito.

[80] Se bem que, no domínio do direito uniforme, mercê do compromisso que, mesmo no que tange à formulação a dar aos critérios normativo, é mister alcançar no plano internacional, a norma, como critério abstracto, revela-se mais evidentemente carecida de uma (tantas vezes extensiva e intensivamente alargada) densificação jurisprudencial, *lato sensu* — e que, deste modo, torna mais patente a missão jurisprudencial, do julgador como da doutrina, no desenho das sendas normativas a trilhar, missão aquela que será, também de modo mais evidente, mais do que de mero conforto de um caminho já definitivamente traçado.

Cfr., sobre os compromissos assumidos no âmbito de uma Convenção de direito uniforme, A. MALINTOPPI, *La revisione delle Convenzioni in materia di trasporto*, in Scritti di diritto internazionale in onore di Tomaso Perassi, p. 67 ss.; V. STARACE, *La rati-*

Ora, assim sendo, as Regras de Haia poderiam aplicar-se, ou tão-
-somente aos contratos de transporte internacionais, e, ainda assim, restaria saber se bastaria uma internacionalidade objectiva, ou a estes e àqueles absolutamente internos[81].

Mau grado existir essa possibilidade de uma ulterior e mais extensa (senão mesmo intensa) uniformização normativa, conseguida com a adopção do corpo normativo convencional também como disciplina interna, a verdade é que o próprio Protocolo de assinatura, no seu ponto 2.º, previu uma reserva de aplicação do regime de Bruxelas aos transpor-

---

fica italiana dei Protocolli di modifica della Convenzione di Bruxelles del 1924 sulla polizza di carico, RDI, 1985, p. 839 ss.; R. CLERICI, *Sull'entrata in vigore delle nuove regole uniformi relative alla polizza di carico*, RDIPP, 1986, p. 21 ss.; A. GIARDINA, *Unificazione internazionale e codificazione nazionale delle regole di conflitto in tema di navigazione*, in L'unficazione del dirito internazionale privato e processuale-Studi in memoria di Mario Giuliano, Pádua, 1989, p. 469 ss.

E, *inter alia*, sobre a sua relação com a interpretação destas convenções, cuja uniformidade é requerida pelo seu escopo unificador, isto é, enquanto miram uma uniformidade de valoração das situações que contemplem e que devam regular, S. M. CARBONE, *L'ambito di applicazione ed i criteri interpretativi della Convenzione di Vienna sulla vendita internazionale*, RDIPP, 1980, p. 513 ss, *maxime*, p. 531 ss., em torno da «*"specialità", ed autonomia interpretativa*» do direito uniforme, e aludindo à necessida de fazer conta, no *iter* interpretativo, do confronto entre os "ambientes" de *common law* e de *civil law*; D.Maria Ângela BENTO SOARES, R. M. MOURA RAMOS, *Contratos internacionais*, cit., p. 35 ss.; p. IVALDI, *Criteri interpretativi della CMR e responsabilità del vettore terrestre*, RDIPP, 1989, p. 617 ss.; S. M. CARBONE, S. BARIATTI, *The last decade interpretation of international maritime conventions by italian case law*, RDIPP, 1990, p. 31 ss.; M. J. BONELL, in Convenzione di Vienna sui contratti di vendita internazionale di beni mobili (Commentario coordinato da Cesare Massimo Bianca), Pádua, 1992, Comentário ao art. 7.º, p. 20 ss., referindo-se, também, à diversidade dos critérios, no campo da interpretação do direito material uniforme, e aos remédios das disparidades interpretativas, entre os quais, a consideração interna das orientações normativas sustentadas pela jurisprudência também alhures; F. POCAR, *Il nuovo diritto internazionale privato italiano*, Milão, 1997, p. 7 ss., lembrando como a necessidade de uma uniforme interpretação é amiúde escamoteada pelas convenções de unificação — note-se, todavia, que, no art. 13.º da Convenção de Hamburgo de 1978, já se previa expressamente que «[d]ans l'interprétation et l'application de la présente Convention, il sera tenu compte de son caractère international et de la nécéssité d'en proumouvoir l'uniformité».

[81] Cfr. S. M. CARBONE, *L'ambito di applicazione della normativa uniforme della nuova disciplina del trasporto marittimo internazionale del Protocollo di Visby*, in L'unificazione, *cit.*, p. 271.; p. IVALDI, *Diritto uniforme, cit.*, p. 91 ss.; R. RODIÈRE, E. DU PONTAVICE, *op. cit.*, p. 376.

tes internos, o que não deixa de ser inteiramente compreensível, se considerarmos o contexto histórico-jurídico de então, além do preciso escopo do corpo normativo.

Na realidade, nem o escopo uniformizador se fazia sentir tão afanosamente no plano normativo[82], nem o tipo de relacionamento político entre os Estados havia ainda enveredado pelas sendas que, décadas volvidas, abririam novos horizontes às possibilidades de harmonização jurídica. Destarte, os Estados acabariam por, gradualmente, catalisar a realização desses métodos que permitem a superação da incerteza no plano dos contratos internacionais, inspirando-se, de um modo ou de outro, na experiência jurídico-constituinte própria de um *ius gentium* ou de um *ius commune*.

Não obstante este contexto político-jurídico, não se pense que o esforço unificador, quiçá algo *avant-la-lettre*, da Convenção de Bruxelas se quedou por um resultado de estrito compromisso e "equidistância" à face dos regimes normativos nacionais — o qual se pode rever, *v.g.*, no seu carácter não exaustivo, no que tange à complexa relação de transporte internacional, bem como no facto de haverem sido cuidadosamente ponderadas as habituais cláusulas das precedentes práticas contratuais.

Assim, no regime convencional verteram-se interesses que podemos apelidar de ordem pública, a saber: aqueles que se prendem com a protecção concedida aos carregadores (de certo modo, a parte "mais fraca" [83]) e com a limitação da responsabilidade contratual do transportador. Tais objectivos haver-se-ão, aliás, por (co-)determinantes na delimitação de um âmbito territorial mínimo e inderrogável de aplicação das normas convencionais, que, por isso, seriam consideradas de aplicação necessária — e, afinal, este resultado é tecnicamente conseguido pela autolimitação espacial feita pela regra instrumental contida no art. 10.º.

É mister, todavia, notar que o art. 10.º não alude expressamente ao transporte de mercadorias por mar internacional[84], o que não obstou a que

---

[82] Cfr. S. M. CARBONE, *Contratto, cit.*, p. 48.

[83] *Vide*, sobre a protecção da parte mais fraca, entre direito material e direito internacional privado, F. POCAR, *La protection de la partie faible en droit international privé*, Recueil des Cours, 1984, V, p. 350 ss..

[84] Cfr., sobre as diversas posições que, em tempos mais remotos, se foram desenhando sobre o art. 10.º, R. RODIÈRE, *Traité, cit.*, II, p. 375 s. (Autor que, de resto, não foi parcimonioso nos atributos reconhecidos ao diploma em questão: «*il est compris dans une Convention dont le moins qu'on puisse dire est qu'elle est rédigée dans un style surchargé*

se criasse uma corrente segundo a qual, precisamente, o âmbito de aplicação das normas convencionais, enquanto tais, cobriria tão-só os transportes internacionais, pelo que cumpriria, então, apurar o tipo de internacionalidade exigível[85], passando, contudo, a ser líquido que sempre abarcaria os transportes realizados entre portos de Estados diferentes, e só estes.

No que toca aos transportes internacionais, pois, a disciplina convencial deveria ser convocada sempre que o dito conhecimento houvesse sido emitido no território de um dos Estados signatários ou aderentes. De resto, não havendo nós adoptado as Regras de Visby, hoje, é ainda assim definido em Portugal o âmbito de aplicação territorial da Convenção[86].

De outra banda, observando a Convenção no contexto histórico em que a mesma viu a luz (ou reviu, se houvermos em conta as anteriores Regras de Haia de 1921), salta também à vista que à mesma não é, de todo, alheio o escopo de proteger, não meramente o carregador e tão-pouco o primeiro titular do conhecimento, mas, muito particularmente, os ulteriores portadores do conhecimento — *ergo*, alheios às disposições acordadas pelas partes originárias do contrato de transporte —, inseridos na cadeia da sua circulação, enquanto título de crédito mercantil[87].

7. Na sequência das dúvidas suscitadas pelo critério dado pelo art. 10.°, chegou finalmente a sua reformulação, com o Protocolo de modificação da Convenção, assinado em Bruxelas, a 23 de Fevereiro de 1968, as designadas Regras de Visby[88], que entraram internacionalmente em vigor a 23 de Junho de 1977 [89]. A nova versão das regras uniformes veio,

---

d'inutiles lourdeurs, pâteux, encombré d'incidents, de sorte qu'on n'a pas pu lui prêter le sens simple qu'il avait sans doute»); p. IVALDI, *Diritto uniforme, cit.*, p. 91 ss..

[85] Cfr. *infra*.

[86] Cfr. AZEVEDO MATOS, *Princípios de direito marítimo*, II, Lisboa, 1956, p. 235 ss.; M. RAPOSO, *Sobre o contrato de transporte, cit.*, p. 6 ss.; M. J. ALMEIDA COSTA, E. MENDES, *Transporte marítimo. Conhecimento de carga*, Direito e Justiça, v. IX, t.I, 1995, p. 202 s.. E, ainda, R. RODIÈRE, *Traité, cit.*, II, p. 376; E. DU PONTAVICE, p. CORDIER, *op. cit.*, p. 18 ss..

[87] Cfr. S. M. CARBONE, *L'ambito di applicazione della normativa uniforme, cit.*, p. 239 s..

[88] Sobre estas alterações, *vide* S. M. CARBONE, *L'ambito di applicazione della normativa uniforme, cit.*, p. 255 ss..

[89] A respeito dos problemas levantados aos Estados que eram partes da Convenção e que decidissem ratificar ou aderir ao Protocolo, dado que não coincidem as partes contratantes de ambos, sabendo que o Protocolo pretendeu, ainda que com a introdução de

aliás, ao encontro de tendências interpretativas anteriormente criadas à face da anterior formulação[90], firmando, outrossim, definitivamente, o *penchant* expansivo do regime convencional.

Destarte, se, de uma banda, o novo texto esclarece que a disciplina normativa convencional cobrirá tão-só os transportes objectivamente internacionais, *i. e.*, aqueles realizados entre portos situados no territórrio de Estados diferentes — «*quelle que soit la nationalité du navire, du transporteur, du chargeur, du destinataire ou de toute autre personne intéressée*» —, de outra banda, não se deixa de, formalmente (e, quiçá, algo "pleonasticamente", porquanto, sendo esta embora uma afirmação solenizada de uma vontade de unificação normativa, o mesmo decorreria já, evidentemente, das competências próprias das autoridades estatais, senão do escopo de máxima uniformidade normativa preconizado), (re-)conhecer o «*droit d'un État contractant d'appliquer les dispositions de la présente Convention aux connaissements non visés par les alinéas précédents*» — entre os quais se incluiriam, desde logo, aqueles emitidos em virtude de um transporte entre portos do mesmo Estado.

Confirmando este carácter expansivo do respectivo campo de aplicação e firmando as ideias, quer de ultra-actividade da sua disciplina, quer de potencial "deslocalização" dos contratos de transporte internacionais[91], viria agora a ser oferecida uma lista de conexões que alternativamente justificariam a competência necessária da disciplina acordada nas Regras de Haia-Visby. Assim, as suas disposições seriam de aplicar, se, como sucedia precedentemente, à sombra da versão de 1924, o conhecimento de carga houvesse sido emitido no território de um Estado contratante, se o lugar de partida houvesse sido um porto sito num Estado contratante, ou, ainda, se «*le connaissement prévoit que les dispositions de la présente Convention ou de toute autre législation les appliquant ou leur donnant effet régiront le contrat*»[92].

---

alterações, salvaguardar o remanescente, isto é, como viria a suceder com o Protocolo de 1979, manter um certo "*acquis normatif*", R. CLERICI, *op. cit.*, p. 22 ss..

[90] Neste sentido, alude Roberta CLERICI a «*una sorta di interpretazione autentica*», ainda que só em parte (*op. cit.*, p. 26 ss., n. 17).

[91] Sobre estes pontos, cfr., em relação aos diversos corpos normativos internacionais de direito dos transportes, P. IVALDI, *Diritto uniforme, cit., passim*.

[92] Quanto ao *pactum de lege utenda*, neste domínio dos transportes, cfr, P. IVALDI, *Diritto uniforme, cit.*, p. 59 ss..

Claro está que, mau grado sempre se poder afirmar, como, de resto, sucedeu, que o contacto referido ao porto de partida escassa relevância teria para um alargamento do âmbito de aplicação imperativa e inderrogável das regras convencionais, porquanto esse *locus* muito frequentemente coincidirá com o local de emissão do conhecimento de carga, não deixará aquele de ser um significativo contacto objectivo com o espaço geográfico das Estados contratantes, e tanto mais assim quando vier a assumir, igualmente, uma conotação subjectiva, isto é, quando for o porto de carregamento querido pelas partes[93] (como será claramente previsto pela Convenção de Hamburgo de 1978).

Bastaria, pois, para justificar a aplicação da Convenção, o preenchimento de qualquer uma das condições mencionadas *supra*, desde que se tratasse de um transporte com o tipo de internacionalidade exigido, o que vale dizer que bastaria a verificação de um dos contactos enunciados e relativos ao local de emissão do conhecimento, ao local da partida das mercadorias, e, enfim, à escolha, pelas partes, do regime uniforme como disciplina para o contrato.

Mais uma vez, as regras convencionais não visam infirmar ou sequer bulir com as práticas habituais do comércio, antes acolhem os efeitos da *Paramount clause* [94], cujo uso se vinha já difundindo, o que, não tolhen-

---

[93] Cfr. R. CLERICI, *op. cit.*, p. 28, n. 18; S. M. CARBONE, *Contratto, cit.*, p. 61 ss., n.23., realçando como o Protocolo não respondeu inteiramente às expectativas de alargamento do campo de aplicação espacial das regras de direito uniforme. Na verdade, todavia, de certo modo, a expansão da operatividade do conteúdo normativo das regras de direito uniforme não deixa de ser coadjuvada ou catalisada pela emulação/imitação substantiva prosseguida nos diplomas internos e pela autolimitação espacial do campo de aplicabilidade das normas internas. Assim, a sec.13ª da *Carriage of goods by sea Act* americana, de 1936, segundo a qual «[t]his chapter shall apply to all contracts for carriage of goods by sea to or from ports of the United States in foreign trade»(«means the transportation of goods between the ports of the United States and ports of foreign countries»); e, em França, o art. 16.º da Lei n.º 420 de 18 de Junho de 1966, que, quanto à regulação prevista para o transporte marítimo de mercadorias, determina que «[l]e présent titre est pplicable aux transports, effectués au départ ou à destination d'un port français, qui ne sont pas soumis à une convention internationale à laquelle la France est partie, et en tout cas aux opérations de transport qui sont hors du champ d'application d'une telle convention».

[94] Sobre o domínio de aplicabilidade da disciplina uniforme, a *Paramount clause* e a autonomia privada, exercida, nomeadamente, através da escolha pelas partes da disciplina uniforme, vide S. M. CARBONE, M. MARESCA, *Trasporto (diritto internazionale privato)*, Enc.dir., XLIV, p. 1239; H. BATIFFOL, *Sur la signification de la loi designée par les*

contractants, in Studi di diritto internazionale in onore di Tomaso Perassi, I, Milão, 1957, p. 181 ss. (também *in* Choix d'articles rassemblés par ses amis, Paris, 1976, p. 271 ss.), visitando a importância do chamamento da lei americana e da *Harter Act*, a propósito de uma sentença da *Cour de Cassation* de 5 de Dezembro de 1910, e, mais, mostrando o contributo da sentença da *Cour de Cassation*, no caso *Messageries maritimes*, de 21 de Junho de 1950 (cfr. *infra*) para a atribuição de um sentido conflitual à designação da lei pelas partes, como para firmar a rejeição da ideia de uma «contrato sem lei» («*a coupé court à ses velléités*»); E. SELVIG, *The Paramount clause*, AJCL, 1961, p. 205 ss.; R. RODIÈRE, *Les domaines comparés des conventions d'unification du droit en matière de transports de marchandises, in* Miscellanea W.J.Ganschof van der Meersch, Bruxelas, 1972, p. 899 ss.; A .E. OVERBECK, *Le champ d'application, cit.*, p. 112 s., n. 37; S. BRÆKHUS, *Choice of laws problems in international shipping*, Recueil des Cours, 1979, III, p. 290 ss., 320 ss.; O. LANDO, *The conflict of laws of contracts — General principles*, Recueil des Cours, 1984, VI, p. 255 s., sobre a distinção entre «*party reference*» e «*incorporation*», p. 300 ss., e, especificamente sobre as Regras de Haia-Visby como «*"directly applicable" rules*», p. 395; p. CELLE, *La* Paramount clause *nell'evoluzione della normativa internazionale in tema di polizza di carico*, DM, 1988, p. 11 ss., para quem o Protocolo de 1968 «*pone in capo alle parte il potere di rendere cogentemente applicabile una Convenzione di diritto uniforme*»(p. 32), mas dando conta da divergência jurisprudencial (no *iter* oferecido pelos casos *The «Torni»*, de 1932, *Vita Food Products Inc. v. Unus Shipping Co.Ltd.*, de 1939, *The «Morivken»*, de 1982) e doutrinal, no âmbito da *common law*, entre a teoria da incorporação contratual e a que vê nas Regras o estatuto regulador do contrato; S. M. CARBONE, *L'ambito di applicazione della normativa uniforme, cit.*, p. 274 ss.; M. WILFORD, *Paramount clauses en charterparties*, DM, 1992, p. 1134 ss., sobre o efeito da aposição da *Paramount clause* numa *charterparty*, e, nomeadamente, em torno da decisão da *House of Lords* do caso *Anglo-Saxon Petroleum v. Adamastos Shipping*, de 1958, na qual, segundo o Autor, eventualmente sob o impulso de um «*conscious striving for uniformity*» se pretende estender o efeito da cláusulas a todos os aspectos da relação entre *charterer* e *owner*, titulada pela *charterparty*, isto é, para além das questões relacionadas com a «*responsability [...] for cargo claims*» (sobre este tema, também, F. BERLINGIERI, *Il contratto di noleggio a viaggio nei formulari, in* Dai tipi legali ai modelli sociali, *cit.*, p. 95 a 97); S. M. CARBONE, R. LUZZATTO, *Contratti internazionali, autonomia privata e diritto materiale uniforme*, DCI, 1993, p. 768 ss.; C. M. SCHMITTHOFF, *The law and practice of international trade*, Londres, 1993, p. 562 ss., também sobre o âmbito de aplicabilidade espacial das regras internacionais sobre o conhecimento, *maxime*, p. 567 ss.; DICEY-MORRIS, *The conflict of laws*, Londres, 1993, p. 1413 ss., fazendo notar, contudo, que à luz da al. c) do n.º 1 do art. 10.º não bastará a indicação, *tout court*, da lei de um Estado que seja parte do Protocolo, para que a Convenção, *qua tale*, se aplique (tudo dependerá, segundo cremos, da interpretação da vontade das partes), independentemente de o poder ser em virtude dos contactos objectivos que a situação apresente. E ainda SCRUTTON, *op. cit.*, p. 407 s., 414 s., favorável à aplicação *ex proprio vigore* das Regras de Haia-Visby, em caso de escolha pels partes, pois, então, existindo uma «*express incorporation clause*», «[*t*]*his means that, whereas under the previous legislation the incorporation of the Hague Rules in cases falling outside the Act* [1924] *gave them merely contractual effect, so that they had to be construed in conjunction with the other terms of the bill of lading, under the 1971 Act incorporation of the Amended Rules causes them to override any contradictory provisions of the bill*». Cfr., todavia, CARVER, *op. cit.*, p. 322 ss., *maxime*, 325 ss., 406 ss., sobre a escolha conflitual perpretada pelas partes indicando um corpo de normas internacional («*a different concept from incorporating, as contractual terms, rules contained in a convention*), enquanto algo que causa estranheza no direito inglês («*notion foreign to English law*»); e criticando a escolha terminológica do *Act* de 1971 («*force of law*») à luz do princípio da autonomia contratual. E também, W. TETLEY, *Marine cargo claims, cit.*, p. 5 ss., *maxime*, p. 8 ss., aludindo ao *distinguishing* da orientação contida na decisão do caso *Vita Food Products Inc. v. Unus Shipping Co.Ltd.*, de 1939; afirma, a propósito das Regras de Haia-Visby que «*the rules must apply whatever be the proper law of the contract*», realçando que «*a paramount clause is no longer necessary under the Visby Rules because the Rules apply by force of law*», *Charterparties and choice of law*, DM, 1992, p. 1146 ss..

Vide, também, L. TULLIO, *I contratti di charter party*, Pádua, 1981, p. 142 ss., *maxime*, p. 151 ss.; *La calusola* paramount *prima dell'entrata in vigore delle Regole di Visby*, DT, 1992, t. III, p. 853; p. IVALDI, *La volontà delle parti nel contratto di trasporto marittimo: note sulla* Paramount clause, RDIPP, 1985, p. 799 ss.; *Diritto uniforme, cit.*, p. 70 ss., 76 ss., sobre o papel da cláusula, seja no transporte marítimo de coisas, seja naquele rodoviário; P. LAGARDE, *Nota a "Cour de Cassation (Ch. comm.) — 4 février 1992 (Mme.Karkabba c. Navale Chargeurs Delmas Vieljeux et autre)*, RCDIP, 1992, n.° 3, p. 497 ss.; S. TONOLO, *Il contratto di trasporto nella Convenzione di Roma del 19 giugno 1980 sulla legge applicabile alle obbligazioni contrattuali*, DT, 1994, n.° 3, p. 825 ss.; M. COMENALE PINTO, *Trasporto marittimo per viaggi consecutivi su servizi di linea*, Rivista dell'arbitrato, 1996, n.° 1, p. 145 s., n.4; A. G. LANA, *I contratti di trasporto multimodale: alcuni profili*, *in* Dai tipi legali ai modelli sociali, *cit.*, p. 345 s., sobre a inserção da *Paramount clause*, referente às Regras de Haia-Visby, nas condições FIATA para o transporte multimodal, a par da consagração do princípio da responsabilidade unitária; G. ROMANELLI, *Autonomia privata e norme inderogabili in materia di trasporti*, DT, 1998, n.° 1, p. 3 ss.; I. PALANDRI, *Ambito du applicazione delle convenzioni internazionali*, *in* Il contratto di trasporto, a cura di G.Silingardi, Milão, 1997, p. 3 ss., *Legge applicabile al contratto di trasporto, ibi*, p. 23 ss..

Sobre o relevo da *Paramount clause* no transporte rodoviário, em relação com o art. 6.°, n.° 1, al.k) da Convenção de Berna CMR, p. IVALDI, *La volontà, cit., loc. cit., Diritto uniforme, cit.*, p. 76 ss.; R. LOWE, *La CMR a 40 ans*, RDU, 1996, n.3, 433.

Conquanto possamos estar perante uma referência de natureza conflitual para um determinado complexo normativo internacional, não se curará tanto de averiguar da viabilidade ou da admissibilidade de uma tal referência para costumes e regras criadas pelos

do embora o relevo remanescente das regras de conflitos nacionais, como veremos *infra*, acabaria por consolidar a força expansiva[95] do regime uniforme, e por, paralelamente, contribuir para sublinhar os contornos de uma espécie de "sistema" de direito marítimo internacional, a ser escolhido como verdadeiro estatuto de contratos de transporte plurilocalizados.

Mesmo, pois, na ausência de qualquer contacto objectivo com os Estados contratantes, haver-se-á por aplicável e competente o *"corpus"* normativo convencional, sendo para tanto suficiente que as partes, no uso de uma autonomia que podemos apelidar de conflitual, o escolham para reger a relação contratual. Desta feita, vê-se definitivamente confirmada e consolidada a particular *vis expansiva* (que, em rigor, não se contrapõe à estrita *vis obligandi*, antes a "interpreta") que, de há muito, se vinha insinuando relativamente ao "sistema" normativo de direito marítimo uniforme. Vê-se, de igual sorte, atendida a influência da prática contratual que, já antes, se havia amiúde servido de *Paramount clauses,* mas não sem que a eficácia e o alcance das mesmas houvesse deixado de suscitar preocupantes dúvidas, morimente quando não fossem referidas a particulares ordenamentos estatais que, por seu turno, obrigassem ao respeito pelas disposições da Convenção. Neste caso, contudo, a aplicação da disciplina convencional não resultaria *ex proprio vigore,* de uma competên-

---

mercatores e que originam aquele corpo que soi designar-se de *lex mercatoria,* posto que as Regras de Haia hajam recebido práticas costumeiras — só que, por outro lado, acabaram por emprestar uma nova veste positivante, de índole prescritiva, a regras precedentemente vigentes —, e apesar do paralelismo de alguns problemas que se poderão levantar, prescidindo das diferenças de formalização e cristalização dos critérios normativos. Cfr. R. M. MOURA RAMOS, *Da lei aplicável, cit.*, p. 458, n.152, mostrando o *iter* que levou da prática da escolha de lei à sua consagração formal. Cfr. *infra*.

Vide, ainda, M. J. BONELL, *Il diritto applicabile alle obbligazioni contrattuali: recenti tendenze nella dottrina e giurisprudenza italiene (anche con riguardo alla nuova Convenzione C.E.E. in materia)*, RDC, 1980, I, p. 217 ss.; J. BASEDOW, *Art. 6.° /CMR, in* Münchener Kommentar, Handelsgesetzbuch, B.7, Transportrecht §§407-457, Munique, 1997, p. 941 s., a propósito da al.k) do n.° 1 do art. 6.° da Convenção de Genebra de 1956 sobre o transporte rodoviário de mercadorias/CMR, nomeadamente sobre a discussão em torno da necessidade de inclusão na declaração de expedição da referência à CMR e acerca da posição da jurisprudência italiana na matéria.

[95] Cfr. p. IVALDI, *Diritto uniforme, cit.*, p. 72, também sobre a influência do direito uniforme material nas oitocentistas concepções do direito internacional privado. E, sobre algumas falências do método bilateral e das concepções savignianas, p. PICONE, *Ordinamento competente e diritto internazionale privato*, Pádua, 1986, p. 4 ss..

cia que ela própria demarcaria, mas antes do reconhecimento de competência operado pelas regras de conflitos da *lex fori,* que, porventura, permitissem às partes escolher o ordenamento estatal que haveria de regular as questões obrigacionais, o qual, por seu turno, imporia, ou permitiria, a aplicação das normas do regime uniforme (ou, eventualmente, de normas internas que as recebessem ou que fossem idênticas àquelas internacionais).

Por outro lado, como realça Sergio Maria CARBONE, quando, em 1968, se acrescentam as duas novas conexões relevantes, ou seja, o local de partida e a vontade das partes, reparte-se a atenção do regime convencional entre o acto, em que se traduz a emissão do conhecimento, e a própria relação que a ele subjaz, o que, locupletando o âmbito de operatividade convencional, de certo modo, será o sintoma de um mudado contexto internacional, frente àqueloutro que envolveu a elaboração da Convenção de Bruxelas de 1924[96]. Este novo contexto acabria por permitir e ditar que o regime uniforme alargasse expressamente o seu objecto material, que já tenderia a incluir expressamente as relações em torno do conhecimento: uma novel opção no plano da positivação objectivante dos critérios normativos, no que tange às relações submetidas ao direito uniforme, e mesmo no que tange às condições de internacionalidade relevantes para o reconhecimento da aplicabilidade das normas de direito uniforme (opção embrionária, embora, em 1968, e que só viria a aparecer mais inteiriça nas vindouras Regras de Hamburgo).

Com efeito, em 1968, anela-se, já mais prementemente, pela unificação normativa, e o tacto dispensado outrora parece definitivamente longínquo, embora a mutação das circunstâncias político-económicas e jurídicas, de uma banda, e, de outra, a alteração do cenário dos interesses dos sujeitos das relações de transporte e, consequentemente, dos Estados que, eventualmente, os representam, não sejam ainda suficientes para vaticinar o abandono completo do molde oferecido pelo diploma original e que incidia (ou, pelo menos, aparentava incidir) sobremaneira na regulação do conheci-

---

[96] Cfr. S. M. CARBONE, *L'ambito di applicazione della normativa uniforme, cit.*, p. 255 ss.; G. ROMANELLI, *Autonomia privata e norme inderogabili in materia di trasporti,* DT, 1998, n.º 1, p. 4 ss., mostrando como, nas Regras de Hamburgo, mais evidentemente (e quiçá clarividentemente) se desloca a atenção do documento para a relação que o mesmo titula.

mento, e não tanto nos actos que o circundavam[97]. Não se deverá de todo desconsiderar, outrossim, o facto não despiciendo de, nesse momento em que eram revistas, as Regras de Haia virem enformando as habituais práticas comerciais internacionais, para além de haverem inspirado um caudal jurisprudencial normativo-constitutivamente significativo[98].

8. Houve já quem considerasse que a Convenção das Nações Unidas sobre o transporte de mercadorias por mar (Regras de Hamburgo), assinada em Hamburgo, a 31 de Março de 1978 [99], conseguiu a almejada "revolução coperniciana"[100], no plano do direito marítimo *vis-à-vis* do regime internacional precedente, o que se poderia compreender, se se levasse em conta que esta nova disciplina uniforme não mais gravita, pelo menos aparentemente, em torno do documento que titula a relação de transporte e da respectiva emissão, ou de uma fracção do regime deste transporte, volvendo-se, ao invés, para a própria relação subjacente, o que deu azo a alargar, acto contínuo, o campo de "atracção" das matérias a regular, quer por se estender a outras relações de transporte marítimo, independentemente da existência de conhecimento ou de documento similar, quer por reger, em cada relação contratual, actos e operações incluídas num lapso temporal mais amplo, como heveremos ocasião de observar[101].

A regra de aplicação (aplicabilidade) da convenção de Hamburgo segue de perto as opções do Protocolo de Visby, satisfazendo, além disso, alguns anseios que já antes se haviam feito sentir e aproximando-se, de igual sorte, do que já sucedera noutras áreas do direito dos transportes.

---

[97] Cfr. S. M. CARBONE, *La réglementation du transport et du trafic maritimes dans le développement de la pratique internationale*, Récueil des Cours, 1980, I, p. 80, 293 s.; R. CLERICI, *op. cit.*, p. 25 s..

[98] R. CLERICI, *op. cit.*, p. 22; S. M. CARBONE, *Contratto, cit.*, p. 48 s., 52 s..

Aliás, nesta perspectiva consútil, também o Protocolo saído da conferência diplomática convocada para Bruxelas, em 1967, acabou integrando a influência das primigénias "*Visby Rules*", adoptadas no âmbito do Comité Marítimo Internacional, na sequência das conferências de Rijeka, em 1959, e de Estocolmo, em 1963. Cfr. R. RODIÈRE, *Traité, cit.*, II, p. 376 ss.; R. CLERICI, *op. cit.*, p. 21, n.2, e 23; R. RODIÈRE, E. DU PONTAVICE, *op. cit.*, p. 376 s..

[99] Cfr. R. RODIÈRE, E. DU PONTAVICE, *op. cit.*, p. 385 ss., sobre a entrada em vigor da mesma, ocorrida em Novembro de 1994.

[100] Cfr. R. CLERICI, *op. cit.*, p. 21 ss..

[101] S. M. CARBONE, *L'ambito di applicazione della normativa uniforme, cit.*, p. 255; R. RODIÈRE, E. DU PONTAVICE, *op. cit.*, p. 374.

Assim, uma vez mais, refere agora o art. 2.º da Convenção de Hamburgo que o regime de direito uniforme nela plasmado se deverá tão-só aplicar a transportes objectivamente internacionais, isto é, «*contrats de transport par mer entre deux Etats différents*», não sendo para tal de atender à nacionalidade do «*navire, du transporteur, du transporteur substitué, du chargeur, du destinataire ou de toute autre personne interessée*». Verificado estoutro pressuposto, tal regime jurídico será imperativamente aplicado desde que se preencha um dos contactos igualmente previstos pelo art. 2.º, a saber: se o porto de carregamento ou de descarga previstos contratualmente se situarem em território de um dos Estados contraentes; se o conhecimento de carga houver sido emitido no território de um desses Estados; se «*l'un des ports à option de déchargement prévus dans le contrat de transport par mar est le port de déchargement effectif et que ce port est situé dans un Etat contractant*»; ou se, finalmente, as partes escolherem esta disciplina uniforme para regular o contrato, ou um ordenamento estatal, onde as normas da Convenção vigorem.

Para além dos contactos que, já à luz do art. 10.º das Regras de Haia-Visby, provocavam a aplicação forçosa do regime de direito uniforme, acrescenta-se, pois, nas Regras de Hamburgo um outro contacto objectivo, a saber: o porto onde a mercadoria deverá ser descarregada. Note-se, todavia, que os portos de carregamento e de descarga a considerar, enquanto conexões justificadoras da competência da Convenção, serão os portos virtuais (putativos, *hoc sensu*), de outro modo, os portos acordados e previstos pelas partes, sendo indiferente que os portos efectivos onde venha a ocorrer o embarque ou desembarque das mercadorias se situem ou não em território de um dos Estados signatários. Aliás, esta previsão surge na esteira de quanto se vem já afirmando mesmo a propósito do art. 10.º da Convenção de Bruxelas, conforme modificado pelo Protocolo de 1968 [102].

---

[102] Neste sentido, pode observar-se o caminho coincidente adoptado pela Convenção CMR e pela Convenção de Varsóvia sobre o transporte aéreo. Assim, o n.º 1 do art. 1.º da Convenção CMR: «[a] presente Convenção aplica-se a todos os contratos de transporte de mercadorias por estrada a título oneroso por meio de veículos, quando o lugar do carregamento da mercadoria e o lugar da entrega previsto, tais como são indicados no contrato, estão situados em dois países diferentes, sendo um destes, pelo menos, país contratante, e independentemente do domicílio ou nacionalidade das partes». E o n.º 2 do art. 1.º da Convenção de Varsóvia, de acordo com o Protocolo de Haia de 1955:«[p]ara o efeito da presente Convenção, é considerado transporte internacional todo o transporte no

Do exposto decorre que a um transporte efectivamente interno, desde que acordado como porto de destino houvesse sido um porto estrangeiro (porquanto a viagem marítima poderá ser interrompida, devido, por exemplo, a um qualquer imprevisto acidente), o regime convencional será ainda assim aplicado, o que, indubiamente, aumenta a previsibilidade do regime aplicável ao transporte, mesmo antes de este se completar[103].

9. Deter-nos-emos, agora, na contemplação desta internacionalidade qualificada ou internacionalidade objectiva[104], quer no quadro das Regras de Haia, quer naquele das Regras de Visby. Assim, se considerarmos a internacionalidade *tout court*, então não nos resta senão concluir que corresponde, precisamente, àquela "estraneidade" que é requisito ou pressuposto justificador do recurso a quaisquer normas que hajam por escopo prevenir ou resolver uma situação de conflito espacial de ordenamentos[105], no caso vertente, normas materiais unificadas ou normas de direito

---

qual, de acordo com o que foi estipulado pelas partes, o ponto de partida e o ponto de destino, quer haja ou não interrupções de transporte ou transbordo, estejam situados quer no território de duas Altas Partes Contratantes, quer apenas no território de uma Alta Parte Contratante, se se previu uma escala no território de um outro Estado, mesmo que este Estado não seja uma Alta Parte Contratante».

Cfr. S. M. CARBONE, *Contratto, cit.*, em geral, sobre os diferentes âmbitos de aplicabilidade espacial dos sucessivos diplomas, p. 47 ss., sobre este derradeiro aspecto, p. 58 ss., 71 ss.; p. IVALDI, *Diritto uniforme, cit.*, p. 81 ss..

[103] *Ibidem*. Note-se ainda que o alcance das vantagens desta previsibilidade se vê assim alargado, ainda que reflexa ou lateralmente, a todos quantos nutram um interesse no sucesso de qualquer relação de transporte compreendida no âmbito de aplicação da Convenção, mesmo para lá do legítimo possuidor do título representativo (até porque a Convenção não se aplicará tão-só ao transporte por este meio titulado).

[104] Cfr., sobre este ponto, A. MALINTOPPI, *Diritto uniforme, cit.*, p. 126 ss.; S. M. CARBONE, *Contratto, cit.*, p. 53 ss.; S. M. CARBONE, R. LUZZATTO, *Contratti internazionali, cit.*, p. 755 ss.. E ainda J. KROPHOLER, *Internationales Einheitsrecht*, Tübingen, 1975, p. 187 s., n.12.

[105] Cfr. A. MALINTOPPI, *Diritto uniforme, cit.*, p. 53 ss., *Les rapports, cit.*, p. 5 ss, 28 ss. 43 ss., mostrando a incindível ligação das regras de direito uniforme com a respectiva regra instrumental de aplicação. E, ainda, J. BAPTISTA MACHADO, *Âmbito de eficácia e âmbito de competência das leis,* Coimbra, 1970, p. 3 ss., 187 ss., 236 ss., 268 ss., 280 ss.; *Lições de direito internacional privado*, Coimbra, 1990, p. 9 ss.; A. FERRER CORREIA, *Lições de direito internacional privado*, Coimbra, 1973, p. 3 ss.. Quanto ao papel desempenhado pelo direito internacional privado material, e ao papel das regras instrumentais defi-

material internacional (que, neste caso, serão também normas de direito internacional privado material de fonte internacional), que por fonte têm uma convenção internacional, acordada entre certos Estados, e que, já por quanto se disse, constitui um corpo de normas especiais[106]. O emprego deste método para solucionar conflitos de leis só será justificável perante uma relação internacional ou plurilocalizada[107], contanto que outro não seja o escopo normativo identificável numa convenção deste tipo (isto é, identificável "directa ou indirectamente", à luz dos critérios normativos prescritos por meio de uma formal objectivação que se apoie numa convenção inter-estatal).

Lançando mão da classificação que nos oferecia o Professor BAPTISTA MACHADO, quando ousamos qualificar esta internacionalidade, circunscrevendo, acto contínuo, o campo ou "número" de casos ou situações relativamente aos quais deveremos convocar as hipóteses normativas da Convenção, por reflectirem uma certa relevância problemática, então, parece já estarmos perante uma característica que integra a *facti species* dos critérios normativos aí objectivados. Isto é, do plano dos pressupostos ou requisitos de escolha metodológica, a internacionalidade passa para um plano estritamente "quantitativo", *ergo*, material, porquanto, estritamente, serão outras as condições de demarcação da área de competência (necessária, como veremos *infra*) do conjunto de preceitos uniformes de direito marítimo de que curamos, e não propriamente os tipos de internacionalidade que justificam a aplicação das regras uniformes.

Logo, se a internacionalidade pode ser vista como um requisito da "aplicabilidade" de um corpo de normas deste tipo (enquanto regras uniformes ditadas para situações internacionais segundo uma determinada

---

nidoras do se âmbito de aplicabilidade espacial, *vide* E. VITTA, *Cours, cit.*, p. 137 ss., expondo a especialidade das regras materiais *ad hoc* de origem convencional, e aludindo à necessidade de aplicação destas por confronto com a necessidade de aplicação das normas internas, *Corso di diritto internazionale privato,* Turim, 1986, p. 99 s.. E, também, A. FERRER CORREIA, *Direito internacional privado—Alguns problemas,* Coimbra, 1989, p. 74 ss..

[106] Cfr. A. MALINTOPPI, *Diritto uniforme, cit.*, p. 20 e 21, *maxime,* n.20, *Les rapports, cit.*, p. 10 e s., onde se identifica a «*migliore "certezza" del diritto*» como escopo primário da unificação material, daí decorrendo uma eliminação, «*necessariamente recíproca*», dos conflitos de leis.

[107] Cfr. J. BAPTISTA MACHADO, *Âmbito, cit., loc. cit.*; R. M. MOURA RAMOS, *Da lei aplicável ao contrato de trabalho internacional,* Coimbra, 1990, p. 443 s., sobre a noção de plurilocalização em termos jurídicos.

opção metodológica), é também certo que, sobretudo em sendo qualificada, essa internacionalidade será também, mais propriamente, um requisito material da "aplicação" dessas normas uniformes (âmbito de aplicação também material, claro está).

Mau grado possamos entrever esta biforcação de perspectivas acerca da internacionalidade exigível, ora para a aplicabilidade de um conjunto de normas que, para resolver a questão do conflitos, optou por uma via metodológica substantiva, ora para a aplicação material das regras uniformes, não resolvemos com isto a questão, mais ampla, de saber o que se deve entender por contrato internacional — senão mesmo a de saber se esta internacionalidade não deixará, de todo, de ser percebida, e se se deve cifrar em signos de "localização", *stricto sensu*, ou, diversamente, poderá também ser "pressentida", ou seja, "deslocalizada"[108] —, *rectius*, por contrato, que apresentando pontos de contacto com mais do que um ordenamento, é capaz de suscitar um problema de conflito de leis. Mas, afinal, esta questão mais ampla acaba por ser velada ou omitida, no preciso momento em que os objectivos das regras exigem, para que a sua aplicação se justifique, um tipo de internacionalidade qualificado[109].

---

[108] A estas rendilhadas distinções não será alheia a necessidade de, em certos casos, atender ao local onde os efeitos de uma certa relação jurídica ou de um certo acto se produzem, ou, então, ao local para onde se projecta ou prevê a produção desses efeitos.

[109] Cfr., entre nós, D. ISABEL DE MAGALHÃES COLLAÇO, *Da compra e venda, cit.*, p. 79 ss., *maxime*, 85 ss.; R. M. MOURA RAMOS, *Da lei aplicável, cit.*, p. 446 ss., n. 136, sobre a noção de relação internacional e de contrato internacional, arrolando diversos critérios de disquisição que vêm sendo mobilizados, e sobre a distinção entre "internacionalidade material" e "internacionalidade conflitual", bem como acerca da posição que vem sendo assumida pelas convenções de unificação.

E, ainda, sobre a relevância dos elementos de estraneidade na relação contratual, R. DAVID, *The international unification of private law, cit.*, p. 46 s.; M. GIULIANO, *Quelques proclèmes enmatière de conflits de lois et de juridictions dans la vente commerciale internationale*, RDIPP, 1967, p. 225 ss., *La loi d'autonomie: le principe et sa justification théorique*, RDIPP, 1979, p. 217; O. LANDO, *The EC draft Convention on the law applicable to contractual and non-contractual obligations,* RabelsZ, v. XXXVIII, 1974, p. 8 s.; M. FONTAINE, *La notion de contrat économique international, in* Le contrat économique international—Stabilité et évolution, Bruxelas, Paris, 1975, p. 17 ss., e sobre a internacionalidade exigida pelo direito uniforme, e, em especial, pelo direito dos transportes, p. 28 ss.; R. DE NOVA, *Quando un contratto è «internazionale»?*, RDIPP, 1978, p. 665 ss., *Obbligazioni (diritto internazionale privato),* Enc. dir., XXIX, p. 463 ss.; M. J. BONELL, *La revisione del diritto uniforme della vendita internazionale,* Giurisprudenza commer-

O exposto parece valer, posto que devamos admitir que a qualificação da internacionalidade exigível para a aplicação da Convenção de Bruxelas se nos apresentará deveras rarefeita, resumindo-se a postular um transporte entre portos de Estados diferentes, com as eventuais precisações que apontaremos.

Claro está que a internacionalidade, enquanto aspecto das relações normativamente conformadas pelas regras convencionais, ora aquela internacionalidade considerada em geral, ora estoutra, uma internacionalidade já destilada para servir os propósitos normativo-materiais do regime uniforme, confere às normas uniformes um carácter de especialidade, e, enquanto *lex specialis*, prevalecerão sobre quaisquer regulamentações gerais do contrato de transporte (*lex specialis derrogat legi generali*). Na realidade, a internacionalidade pertence aqui àquela panóplia de requisitos ou pressupostos de aplicação que, uma vez apostos, produzem uma especialização do regime normativo, imputável (*quod ratione materiæ*) a uma particular ponderação dos interesses e valorações próprios da normatividade material[110], o que equivale a dizer que o carácter internacional de uma relação é capaz de influir nessa material ponderação valorativa (própria das normas materiais das *regulae agendi*).

Sucede, porém, que esta prevalência *ratione materiæ*, que, precisamente, por haver sido determinada por um critério que não contende com o plano metajurídico constituído pelo direito de conflitos (enquanto conjunto de regras de «segundo grau semântico»[111], *ius super iura*), usando ainda a classificação bipartida daquele Professor, em nada contraria o

---

ciale, 1980, I, p. 122 s.; S. M. CARBONE, *Il «contratto senza legge» e la Convenzione di Roma del 1980*, RDIPP, 1983, p. 279 ss.; P. LAGARDE, *Le nouveau droit international privé des contrats après l'entrée en vigueur de la Convention de Rome du 19 juin 1980*, RCDIP, 1991, 293 s.; L. GAROFALO, *Volontà delle parti e norme impaerative nella Convenzione di Roma sulla legge applicabile ai contratti e nel nuovo sistema italiano di diritto internazionale privato*, RDIPP, 1996, p. 479 ss..

[110] Cfr. para a contradistinção entre, por um lado, âmbito de eficácia, de competência e de aplicabilidade, e, por outro, âmbito de aplicação, isto é, para uma investigação das condições de relevância problemático-material que integram as hipóteses normativo-materiais e definem o âmbito de aplicação, *stricto sensu*, por contraponto em face da definição do âmbito de competência espacial dos ordenamentos, J. BAPTISTA MACHADO, *Âmbito, cit.*, p. 110 ss., 267 ss..

[111] J. BAPTISTA MACHADO, *Âmbito, cit.*, p. 264.

princípio da não transactividade dos ordenamentos[112], pois que fica essa prevalência contida no seu âmbito de eficácia espacial próprio, determinado em função dos contactos da relação contratual de transporte internacional[113], conquanto se afirme tão-somente nos casos em que as regras uniformes mostrem vontade de aplicação, o que acontecerá num autolimitado âmbito de competência espacial — devendo notar-se que, no particular domínio das obrigações contratuais, por isso que se vem designando de "deslocalização"[114], a eficácia espacial de um ordenamento pode

---

[112] J. BAPTISTA MACHADO, *Âmbito, cit.*, p. 161 ss., *Lições, cit.*, p. 9 ss., 43 ss..

[113] Sobre a ideia de contacto em relação aos corpos normativos internacionais, bem como sobre a internacionalização provocada pela *professio iuris*, R. M. MOURA RAMOS, *Da lei aplicável, cit.*, p. 448 ss., n.140.

[114] A área comercial dos contratos apresenta, como realça o Professor MOURA RAMOS, fortes inclinações para a "extra-sistematicidade", o que, não sendo surpreendente no âmbito dos contratos internacionais, pode ser contrabalançado, precisamente com o escopo de garantir, pelo menos, um nível mínimo de segurança, nomeadamente, no que respeita à interpretação e integração da vontade contratual, fornecida, *v.g.*, por uma ordem jurídica estatal de referência (*Da lei aplicável, cit.*,p. 496 e s.). Na verdade, porém, também os esforços unificadores, vertidos em convenções de direito internacional uniforme, podem constituir uma reacção, no campo do comércio internacional, a tais "esgares" de extra-sistematicidade, tentando oferecer à liberdade contratual um enquadramento e uma conformação normativo-sistemáticos, ainda que, deliberadamente, mais rarefeito no nível normativo-prescritivo do sistema — aliás a própria *lex mercatoria*, nas suas diferenciadas manifestações, representa uma resposta do mesmo tipo, conquanto geneticamente diversa. Sinal, de resto, de um novo tipo de relacionamento público dos Estados, que viabiliza uma *entente* suficientemente impregnada de propósitos coordenadores e harmonizadores, mesmo num plano prescritivo ou legiferante.

Mas, uma vez entrados nesta *mise-en-scène*, os Estados acabam por acentuar o seu protagonismo — antes assegurado, de qualquer modo, num cenário de maior solipsismo, pela atribuição conflitual de competência às ordens jurídicas nacionais, cujo *jus strictum* acabaria por balizar as relações comerciais, pelo menos, quando se verificassem as mesmas situações patológicas que reclamassem a *jurisdictio* de orgãos judiciais estatais. Isto é, não se limitarão a unificar regras conflituais ou a recolher em instrumentos internacionais os anteriores usos, passando, sem solução de continuidade, da proposta de uma mera alternativa a uma inadequada "a-sistematicidade", que pudesse mesmo gorar as perspectivas de celeridade e incremento das relações comerciais internacionais, para uma mais alargada intervenção, intencionalmente dirigida, por exemplo, para a protecção de uma das partes perante abusos considerados contrários a uma équa solução normativa. É assim que, no domínio do transporte marítimo, logo as Regras de Haia de 1924 propõem uma particular distribuição ou gestão dos riscos relativos à expedição marítima, de que curaremos na Parte II, muito embora esta repartição se funde também na habitual prática comer-

encontrar a sua justificação na escolha realizada pelas partes, contanto que, sendo esta indubiamente uma "aproximação" provocada (sem deixar por isso de resultar do exercício de uma particular autonomia que vai respeitada), não derive de uma internacionalização fictícia, abusiva, ou realizada com *animus legi fraudandi* [115].

Por que meios se consegue, tecnicamente, a aplicação necessária e inderrogável destas regras (ponto que, de resto, vem preocupando sobremaneira a doutrina, seja no plano do direito interno, seja no plano do direito uniforme[116]), vê-lo-emos adrede, no próximo parágrafo, sem embargo de podermos antecipar que o que determina o seu âmbito de competência espacial ou a sua aplicação, a qual será, pois, necessária e inderrogável, é a sua própria vontade de aplicação, que, *in casu*, é expressa, exterior e directamente, numa regra instrumental de aplicação[117] (aplicabilidade). Esta regra indicará uma ou mais conexões, que, uma vez preenchidas, atribuem ou reconhecem a competência do regime normativo convencional, delimitando, desta sorte, o círculo espacial e/ou social das relações subsumíveis à esfera de competência reguladora do ordenamento uniforme[118].

Trata-se, pois, de regras que prosseguem a missão própria das normas de direito internacional privado material, as quais, como é sabido, não são alheias a uma ideia de conexão, no respeito ao natural princípio da não-transactividade ou da não-transconexão, justamente, em homenagem à necessária previsibilidade da regulamentação jurídica das relações privadas[119].

---

cial, conforme recolhida nas Regras de Haia de 1921. Sobre este ponto *vide* A. MALINTOPPI, *Diritto uniforme, cit.*, p. 17 e s., *Les rapports, cit.*,p. 9 e s..

[115] A. FERRER CORREIA, *Lições, cit.*, p. 585 s.; R. M. MOURA RAMOS, *Da lei aplicável, cit.*, p. 449 s..

[116] Cfr. já A. CASSESSE, *In tema di legge del contratto di trasporto marittimo*, RDI, 1963, p. 274 ss.; M. GIULIANO, *La nazionalità della nave come criterio di collegamento nel diritto internazionale privato italiano*, RDIPP, 1965, p. 435 s., expondo todavia as titubeações da jurisprudência a respeito.

[117] Sobre estas e sobre a sua natureza, *vide* A. MALINTOPPI, *Diritto uniforme, cit.*, p. 38 ss.; *Les rapports, cit.*, p. 25 ss..

[118] Desta sorte, relativamente ao âmbito de competência de um ordenamento nacional, considerado *in toto* (isto é, englobando o seu direito internacional privado), representará aquela competência do regime uniforme uma especialidade, que irrompe, e, poderíamos dizer, «forçando o âmbito de competência do sistema» (uniforme) — R. M. MOURA RAMOS, *Da lei aplicável, cit.*, p. 663.

[119] Sobre a previsibilidade e certeza atiçadas pelos regimes de direito material uni-

Por ora convirá caracterizar a internacionalidade qualificada que apresentámos como pressuposto de aplicação material da disciplina uniforme e que, como vimos, integra as *fattispecie* das suas prescrições normativas.

Assim, consolidou-se a posição segundo a qual se deveria exigir tão-só uma internacionalidade objectiva, ou seja, o transporte a sujeitar ao regime uniforme deveria dizer respeito a um percurso entre dois Estados. Afastou-se assim a posição que chegou a ser sustentada pela escola "napolitana", na esteira de Antonio SCIALOJA, o qual adiantou a necessidade de uma internacionalidade também relativa aos sujeitos da relação contratual[120].

Apesar das dúvidas, mencionadas *supra*, relativas à aplicabilidade da Convenção às relações puramente internas[121] (*scl.*, sempre que o conhecimento de carga houvesse sido emitido no território de um Estado contratante), uma parte considerável da doutrina e da jurisprudência acabou por entender as suas normas materiais como internacionais, isto é, vocacionadas para a regulamentação de relações internacionais[122]; restava determinar o pressuposto suficiente que determinasse a sua aplicação, para além da individualização da conexão que o prório art. 10.º já fazia[123].

---

forme, *vide* A. MALINTOPPI, *Diritto uniforme, cit., passim.*; *Les rapports, cit., passim.*; P. IVALDI, *Diritto uniforme, cit.*, p. 1 ss.

Cfr., ainda, CARVER, *op. cit.*, p. 447; R. RODIÈRE, *Traité, cit.*, II, p. 382; R. CLERICI, *op. cit.*, p. 27, n.16, ss..

[120] Cfr. S. M. CARBONE, *Contratto, cit.*, p. 56.

[121] Cfr. A. MALINTOPPI, *Diritto uniforme, cit.*, p. 126 ss.; R. RODIÈRE, *Traité, cit.*, II, p. 375 ss.; S. M. CARBONE, *Contratto, cit.*, p. 56 ss..

[122] Assim G. RIPERT, *La loi française du 2 avril 1936 sur les transports de marchandises par mer*, RDN, 1936, I, p. 357 s..

[123] A favor da internacionalidade objectiva como pressuposto de aplicação da Convenção de Bruxelas, já A. MALINTOPPI, *Diritto uniforme, cit.*, p. 126 ss., rejeitando a exigência de uma internacionalidade baseada nos sujeitos intervenientes, como condição necessária e/ou suficiente, e, nesse sentido, distinguindo entre «*trasporto avente elementi di estraneità*» e «*trasporto internazionale*» (aquele realizado entre portos sitos em territórios de Estados diferentes).

O Autor precisa que a eliminação dos conflitos de leis não impera como fim do direito uniforme, já que a finalidade deste, encontrá-la-emos na necessidade de «*realizzare una migliore "prevedibilità" del diritto, facilitando così i rapporti di carattere internazionale*» — *op. cit.*, p. 12 ss., 127, n.13. Contudo a superação/supressão dos conflitos não deixa de se apresentar como um meio para realizar o fim axiologicamente fundado nestes termos.

Essoutro pressuposto redundava afinal na internacionalidade ou "tipo qualificado de internacionalidade ou estraneidade"[124] exigível para que, uma vez preenchida aquela conexão, ou seja, a emissão do conhecimento no território de um Estado contratante, se desencadeasse necessariamente a aplicação do regime convencional — o que nos leva ao domínio da verificação da internacionalidade dos contratos, já não apenas para concluir se se cria ou não um conflito de ordenamentos, mas, mais particularmente, para concluir qual o específico tipo de internacionalidade exigido para a convocação do "sistema" convencional.

Foi-se consolidando, como começámos por dizer, a ideia de que bastaria a internacionalidade objectiva do contrato de transporte titulado por conhecimento para suscitar a aplicação do regime internacional[125], isto é, bastaria que o transporte devesse ocorrer entre portos sitos em Estados diferentes, independentemente da nacionalidade dos interessados — e, entre estes, contamos, desde já, o carregador, o transportador e o destinatário portador do conhecimento, antes ou depois da negociação deste — ou, mesmo, do navio[126].

E foi assim delineado também o pressuposto de aplicabilidade da Convenção, na nova versão do art. 10.º, de acordo com a alteração introduzida pelo Protocolo de Visby[127] [128].

---

[124] Assim, S. M. CARBONE, *Contratto, cit., loc. cit.*; P. IVALDI, *Diritto uniforme, cit.*, p. 91 ss.

[125] S. M. CARBONE, *Contratto, cit.*, p. 55; P. IVALDI, *Diritto uniforme, cit.*, p. 94 ss., n. 39.

[126] Cfr. R. RODIÈRE, *Traité, cit.*, II, p. 375 ss., *maxime*, p. 377 s..

[127] *Ibidem*, p. 383.

[128] Mas, já ao abrigo da sua versão original, note-se que houve quem sustentasse que era suficiente a verificação alternativa de uma internacionalidade objectiva ou subjectiva, como pressuposto de aplicabilidade do regime uniforme. Neste sentido, então, aplicar-se-ia a Convenção, ora quando o transporte se desse entre portos de Estados diferentes, ora quando as partes houvessem, por exemplo, nacionalidades distintas — cfr. E. DU PONTAVICE, p. CORDIER, *op. cit.*, p. 20; R. RODIÈRE, E. DU PONTAVICE, *op. cit.*, p. 376, n.3. Outros, por seu turno, defenderam a necessidade de se cumularem elementos de estraneidade objectivos e subjectivos no contrato de transporte, como requisito *sine qua non* de aplicabilidade da convenção — cfr. A. MALINTOPPI, *Diritto uniforme, cit.*, p. 127 s.; P. IVALDI, *Diritto uniforme, cit.*, p. 94 s.; M. REMOND-GOUILLOUD, *Droit maritime*, Paris, 1993, p. 336, *in fine*, s.; R. RODIÈRE, E. DU PONTAVICE, *op. cit., loc. cit.*..

10. Mesmo admitindo a suficiência de uma internacionalidade objectiva, fala-se, sem embargo, do relevo da perspectivação subjectiva dos elementos objectivos do contrato de transporte[129].

Desde logo, a autonomia das partes pode fazer actuar a potencialidade expansiva das regras uniformes, indirectamente, pelos contactos gerados na celebração e no cumprimento do contrato, isto é, pela configuração fenoménica que emprestam ao contrato[130], posto que a mesma seja primariamente influenciada pelos objectivos económicos visados pelo contrato — conquanto a sua regulação internacional acabe imbuída, e não estranhamente, por objectivos uniformizadores e de ordem pública[131].

É verdade que esta disciplina internacional, embora formalmente revista, já atravessou quase três lustros. E, à guisa de pronta *répartie* perante o anelo normativo-unificador desta disciplina internacional, não se quedam por aqui os contributos carreados pela autonomia privada para o estudo da eventual "ultra-actividade" da competência normativa do regime uniforme e da sua força expansiva, na medida em que deveremos seguir um processo de determinação subjectiva da internacionalidade objectiva requerida para a aplicação daquele.

No âmbito das Regras de Haia-Visby, vem-se desenhando a tendência de atribuir relevância às projecções contratuais subjectivas, ora para

---

[129] Cfr. A. MALINTOPPI, *Diritto uniforme, cit.*, p. 126 ss.; O. LANDO, *The EEC draft Convention, cit.*, p. 9; R. DE NOVA, *Obbligazioni, cit.*, p. 464; S. M. CARBONE, *Contratto, cit.*, p. 58 ss.; P. IVALDI, *Diritto uniforme, cit.*, p. 112 ss..

Cfr., para o regime de outros meios de transporte, *supra* e P. IVALDI, *Diritto uniforme, cit.*, p. 116 ss.

[130] Sobre a ideia de *unrechte Verweisung*, bem como a internacionalização não abusiva com repercussões objectivas sobre o contrato, *vide* D.Isabel de MAGALHÃES COLLAÇO, *Da compra e venda, cit.*, p. 41 s.; A. FERRER CORREIA, *Lições, cit.*, p. 583 s.; R. M. MOURA RAMOS, *Da lei aplicável, cit.*, p. 440 ss.. E, também, sobre a *indirekte Rechtswahl*, J. KRPHOLLER, *IPR, cit.*, p. 269.

[131] Cfr. R. M. MOURA RAMOS, *Da lei aplicável, cit.*, p. 421 ss., sobre os critérios de determinação da *lex contractus*, e p. 422, n.89, sobre a viabilidade de uma unitária determinação assente na localização, já sobre a interferência, neste domínio, de objectivos de natureza pública, incarnados, nomeadamente, em normas de aplicação necessária e imediata, p. 642 ss..

Acerca do tema, em geral, da determinação da *lex contractus*, E. VITTA, *La Convenzione CEE sulle obligazioni contrattuali e l'ordinamento italiano*, RDIPP, 1981, p. 837 ss.; R. BARATTA, *Il collegamento più stretto nel diritto internazionale privato dei contratti*, Milão, 1991.

determinar a internacionalidade objectiva do contrato, ora para considerar preenchidos os contactos que determinam a competência imperativa das normas uniformes, como, aliás, já vimos ser formalmente admitido pelas Regras de Hamburgo, confirmando assim esta tendência.

Neste sentido, independentemente do que venha a suceder no plano dos factos, para que, *intuitu regulæ*, um contrato fosse considerado dotado daquela qualificada internacionalidade objectiva, bastaria que houvesse sido, previamente, concebido e previsto pelas partes como atinente a um transporte entre portos de distintos Estados. Assim, como vimos *supra*, sendo suficiente esta virtual[132] internacionalidade objectiva, o regime convencional seria de aplicar ainda que, por circunstâncias eventualmente acidentais, o mesmo fosse interrompido, sem tempo para perfazer efectivamente a ligação ao território de um Estado diferente daquele de onde partira o navio[133].

E o mesmo valeria para a verificação das conexões que permitem a atribuição de competência às regras uniformes, bastando para tal, por exemplo, que as partes houvessem previsto para o carregamento da mercadoria um porto situado no território de um Estado contratante[134].

Disto resultaria, *rectius*, isto reflectiria, afinal, um particular e intensificado esmero em acautelar a previsibilidade *ab inito* do regime normativo a que a relação de transporte haveria de ficar submetida, independentemente das ignotas vicissitudes que a relação houvesse, outrossim, por diante[135].

---

[132] Cfr., já A. MALINTOPPI, *Diritto uniforme, cit.*, p. 87, n.110, a propósito, então, dos regimes uniformes dos transportes ferroviários e aéreos.

[133] Cfr. S. M. CARBONE, *Contratto, cit.*, p. 58 ss.; p. IVALDI, *Diritto uniforme, cit.*, p. 97 ss., *maxime*, p. 112 ss..

[134] *Ibidem*.

[135] Cfr. S. M. CARBONE, *L'ambito di applicazione della normativa di diritto uniforme, cit.*, p. 269 s., *Contratto, cit.*, p. 61, mostrando como o contrato quedaria, desde início, submetido ao direito uniforme, evitando-se, por outro lado, uma subsequente e desnecessária mudança do regime aplicável — parece, pois, que a internacionalidade objectiva, enquanto carácter do contrato querido pelas partes, existe *ab initio*, embora sempre incerto, no plano dos factos (aqui talvez com uma variação, segundo o Autor, já que pode ser inicialmente previsto como contrato de transporte entre portos nacionais, sendo, v.g., o destino ulteriormente alterado, e passando, assim, este a ser um porto estrangeiro, mas sempre se poderá, eventualmente, concitar o acordo com uma vontade que as partes expressam originalmente no conhecimento, ao deixarem em aberto a possibilidade de posterior modificação do porto de destino — a clave sob que se leia o campo de aplicabilidade espacial do direito uniforme não deixará, em qualquer caso, de fazer ecoar, "a mon-

Frequente tornou-se igualmente uma cautela acrescida, aquela que se traduz pela inserção da *Paramount clause* [136] no conhecimento, escolhendo o regime internacional para regular o contrato de transporte, mau grado este, atendendo ao local de emissão do título, já se inserir no âmbito de aplicabilidade daquele. Mas, como sabemos, a *Paramount clause* só se torna indiscutivelmente eficaz, enquanto escolha que directamente recai sobre o regime internacional uniforme, para aqueles Estados que se encontrem vinculados ao Protocolo de Visby.

Já no que à versão original do art. 10.º respeita, esta abordagem poderá parecer algo mais delicada, ainda que não descabida *à outrance*, ou sequer chocante[137] — tanto mais se considerarmos a relevância da autonomia das partes em matéria contratual e no "sistema" internacional de direito dos transportes, assim como a posterior evolução sistemática (incluindo a reflexiva constituição interpretativo-normativa, operada nos patamares, de índole jurídico-dogmática, jurisprudencial e doutrinal) desta disciplina, vertida formalmente no Protocolo de 1968 e nas Regras de Hamburgo —, porquanto levaria a admitir a aplicação forçosa do regime convencional, sempre que houvessem, de algum modo — até porque, em geral, o momento da conclusão negocial poderá preceder aqueloutro da emissão unilateral do título —, previsto a emissão do conheci-

---

tante", as obrigações internacionalmente assumidas pelos Estados, e "a jusante", o respeito pela valia reconhecida à segurança jurídica e à certeza do direito).

[136] Sobre esta, também, R. RODIÈRE, *Traité, cit.*, II, p. 434 ss.; A. PAVONE LA ROSA, *Polizza di carico*, Enc. dir., XXXIV, p. 213, n.57; S. M. CARBONE, *L'ambito di applicazione della normativa di diritto uniforme, cit.*, p. 275; S. TONOLO, *Il contratto di trasporto nella Convenzione di Roma del 19 giugno 1980 sulla legge applicabile alle obbligazioni contrattuali*, DT, 1994, n.º 3, p. 825 ss.; G. ROMANELLI, *Autonomia privata e norme inderogabili in materia di trasporti*, DT, 1998, n.º 1, p. 1 ss..

[137] E não o dizemos, de todo, mirando simplesmente aliviar as inadequações ou insuficiências que porventura se achasse poder apontar ao regime uniforme internacional pré-protocolar, no qual perseveramos, mas apenas a fim de revelar certas tendências que a jurisprudência e a doutrina vêm tecendo e seguindo, no que tange à interpretação da disciplina uniforme.

Sobre a necessidade de interpretação da versão original do art. 10.º, assaz rarefeito, *«assegnando ad esso una portata specificamente coerente con gli stessi obiettivi della normativa di diritto uniforme»*, p. IVALDI, *Diritto uniforme, cit.*, p. 92, n.30. A Autora tenta, de igual sorte, colher a silhueta de um "sistema" de direito internacional uniforme dos transportes, cuja interinfluência normativamente (re-)constituinte não deixaria de se fazer sentir.

mento num Estado contratante (e, não obstante se não dê de barato que a tal previsão corresponderia a escolha de um determinado porto de carregamento, posteriormente, alterado, por motivos fortuitos, sempre a tal facto se poderia dar a *chance* de constituir um indício de escolha dessa praça para a emissão do conhecimento, o que aproximaria ainda mais a regra do art. 10.º original da sua sucessora), sem embargo de tal emissão, posteriormente, não se vir a concretizar aí, mas, por motivos ou circunstâncias acidentais, no território de um Estado não contratante, ou mesmo fora das águas territoriais — se bem que o *locus creationis* geralmente coincida com o porto de embarque[138].

Note-se que os esforços doutrinários que vimos visitando se foram dirigindo, de algum modo, a sobrelevar as ambiguidades acusadas na regra originária do art. 10.º e que se considerou haverem perdurado depois de 1968, já que só a Convenção de Hamburgo virá a dar relevo expresso às previsões contratuais. Desta sorte, poderíamos entrever uma espécie de internacionalidade objectiva virtual e/ou uma internacionalidade objectiva, ainda que subjectivamente determinada. E, se, na esteira desta opção, se considera aplicável o regime convencional desde que as partes hajam acordado que o transporte deveria ser realizado entre portos de Estados distintos, ainda que, posteriormente, tal não venha a suceder na realidade, determinante pois seria a projecção voluntária das partes, o que, indubiamente, abonaria em favor da previsibilidade, *ex ante*, do regime aplicável ao contrato. Destarte, a justificação desta orientação parece residir, tanto na prossecução das potencialidades uniformizantes da disciplina internacional, como na conveniência de assegurar a previsibilidade do regime aplicável ao contrato, objectivo este correlato e até fundante daquele propósito unificador. Esta orientação mantém-se, ademais, conforme ao relevo atribuído à autonomia privada, a qual, de resto, não é, de todo, infirmada na tessitura normativa das regras, nem na prática comercial, que pelo contrário desde há muito a realça sobremaneira[139].

---

[138] Cfr. S. M. CARBONE, *Contratto, cit.*, p. 59 e 61, 138.

[139] Num trilho que ladeia a relevância da autonomia das partes, mesmo no âmbito do direito internacional privado, aliás, de há muito seguido, e que viu a sua antonomásia na Convenção de Roma sobre a lei aplicável às obrigações contratuais.

Cfr., todavia, A. CASSESE, *Contratto di trasporto marittimo e volontà delle parti contraenti*, RDN, 1961, II, p. 62 ss., negando à vontade o carácter de autónomo elemento de conexão, partilhando uma via de raíz localizadora objectiva.

Todavia, conquanto se admita a determição subjectiva daquela internacionalidade, as derradeiras observações não provocam qualquer recuo à face da irrelevância de elementos subjectivos, *stricto sensu,* quando se trata de apurar da internacionalidade qualificada requerida para estabelecer o necessário nexo de ligação entre o contrato *sub iudice* e o estatuto convencional. Para que este seja aplicável, ou seja, para que um dado contrato possa entrar no seu âmbito de aplicação[140], é suficiente que o mesmo se revista de uma internacionalidade objectiva (posto que, em certos casos, subjectivamente determinada). Já para determinar a aplicação definitiva das regras uniformes, acrescerá a necessidade de o contrato apresentar as conexões convencionalmente previstas, as quais, afinal, decidirão da competência da Convenção para reger a relação contratual de transporte — desde que, naturalmente, esta esteja munida dos requisitos materiais da hipótese contratual regulada uniformemente[141].

Estas considerações parecem ir ao encontro do objectivo de maximizar a uniformidade normativa das relações jurídicas de que ora curamos, objectivo que, de resto, parece colher, tanto mais que desde o início se previu a possibilidade de estender o regime uniforme aos próprios transportes internos (cfr. n.º2 do Protocolo de assinatura da Convenção de Bruxelas).

Claro está que o subsequente Protocolo de alteração das Regras de Haia, na sua formulação positiva, veio fazer um *appunto* deliberado, no que tange à completa imprestabilidade dos factores de internacionalidade subjectiva da relação contratual para a determinação do campo de aplicabilidade da disciplina material uniforme, outro tanto se verificando no ânbito das Regras de Hamburgo.

A projecção subjectiva dos *data* objectivos do contrato são já um indício de quão relevante parece ser, também nestas relações contratuais, a vontade das partes, posto que estes contactos (porto de embarque, porto de destino), conforme previstos originariamente pelas partes, em sede

---

[140] Sobre o requisito da internacionalidade, como elemento que determina o «âmbito de aplicação» de uma norma, porque integra a sua hipótese material, conferindo-lhe o atributo de verdadeira especialidade (no sentido de indiciar uma maoir perfeição e adequação, enquanto critério regulativo, em face das espécies factuais que vistam essa mesma internacionalidade) J. BAPTISTA MACHADO, *Âmbito, cit.*, p. 264 ss., *maxime,* p. 267. Cfr. *supra.*

[141] *Ibidem, loc. cit.* e p. 8.

contratual, apresentem ainda ligação a uma ideia de "localização" da relação internacional, como meio de determinar ou demarcar a competência do "sistema" de direito uniforme.

11. Se, até aqui, as estipulações contratuais influenciam a determinação da competência normativa das regras uniformes, ainda num âmbito de aplicabilidade definido segundo critérios de estrita "localização" espacial, segundo critérios objectivos, de ora em diante irmanam-se os *itinera* da relevância conflitual da autonomia privada (traduzida numa *professio juris* [142]) e do fenómeno de "deslocalização" no comércio internacional[143].

Tanto as Regras de Visby, como aquelas de Hamburgo, admitem a própria competência para disciplinar um contrato, sempre que a *electio legis* feita pelas partes venha a recair, directa ou indirectamente, no regime uniforme.

Em matéria de contratos, em geral, está hoje devidamente sedimentado o critério da *"choice of law"*, não constituindo excepção o domínio dos transportes internacionais, onde a escolha do ordenamento que regulará a relação contratual pode, em determinadas circunstâncias, assumir também o carácter de uma *kollisionrechtliche Verweisung* [144]. Todavia,

---

[142] *Vide*, sobre o relevo da vontade das partes para a competência das normas de direito marítimo uniforme ou para a aplicação das mesmas, S. M. CARBONE, *Contratto, cit.*, p. 64 ss.; G. ROMANELLI, *Autonomia privata, cit.*, p. 1 ss.. Para uma visão alargada a outros corpos uniformes de direito dos transportes, P. IVALDI, *Diritto uniforme, cit.*, p. 70 ss..

[143] Sobre esta e sobre os complexos normativos internacionais, nomeadamente sobre a importância da *lex mercatoria*, entre nós, J. BAPTISTA MACHADO, *Âmbito, cit.*, p. 167 ss.; A. FERRER CORREIA, *Novos rumos para o DIP?*, RDE, a.IV, 1978, N.° 1, p. 305 s., FERRER CORREIA, *Considerações sobre o Método de Direito Internacional Privado*, in Estudos vários de direito, Coimbra, 1982, p. 368 ss., 390 s.; R. M. MOURA RAMOS, *Direito internacional privado e Constituição-Introdução a uma análise das suas relações*, Coimbra, 1991, p. 89 ss., *Da lei aplicável, cit.*, p. 495 ss.; A. MARQUES DOS SANTOS, *Direito internacional privado*, Lisboa, 1989, p. 285 ss;*As normas de aplicação imediata no direito internacional privado-Esboço de uma teoria geral*, Lisboa, 1990, p. 641 ss., 656 ss.

Vide, ainda, G. KEGEL, *op. cit.*, p. 257 ss..

[144] Sobre esta e sobre a *materiellrechtliche Verweisung*, bem como a respeito dos demais critérios de escolha do estatuto contratual, e sobre a autonomia das partes em direito internacional privado *vide*, *inter alia* (cfr. *supra*), H. BATIFFOL, *L'affirmation de la loi d'autonomie dans la jurisprudence française*, in Choix d'articles *cit.*, p. 265 ss., *Sur la signafication de la loi designée par les contractants*, in Studi in onore di Tomaso Perassi, I, Milão, 1957, p. 183 ss., envolvendo a análise de um aresto francês sobre uma

neste âmbito, vem-se levantando o problema da referência dirigida a um ordenamento ou complexo normativo internacional, sem mediação de um ordenamento nacional. Este é, de resto, um problema que vem ocupando o pensamento internacionalprivatístico, também na área dos contratos em geral, e, nomeadamente, no que tange à compra e venda internacional, agora, à luz da Convenção de Viena, celebrada no âmbito das Nações Unidas, a 19 de Junho de 1980 [145].

Podemos repartir a nossa atenção entre a escolha de um ordenamento nacional em que tais normas materiais uniformes vigorem e a escolha directa das regras de direito uniforme. Quanto a esta, podemos ainda atender a dois diferentes cenários, consoante se contemple a escolha das Regras de Haia de 1924, ou se contemple o regime introduzido pelo Protocolo de Visby de 1968, que alterou a regra de aplicação do art. 10.º da Convenção de Bruxelas, ou pela Convenção de Hamburgo de 1978, que, no que toca à possibilidade de *electio iuris* directa das regras uniformes, seguiu a opção já enunciada pela versão de Visby[146].

---

charter-party em que se submetia o contrato à lei de Nova Iorque, e a questão da admissibilidade de uma cláusula que contrariava o *Harter Act*, *Subjectivisme et objectivisme dans le droit international privé des transports,* in Mélanges offerts à Jacques Maury, I, Paris, 1960, p. 39 ss.; H. E. YNTEMA, *"Autonomy" in choice of law,* AJCL, 1952, p. 341 ss.,*The historic bases of PILaw,* AJCL,1953, p. 304s.; O. LANDO, *Contracts,* IECL, Tübingen, 1976, v.III, cap. 24, p. 1 ss., *maxime,* p. 13 ss.; H. BATIFFOL, p. LAGARDE, *Droit international privé,* II, Paris, 1983, p. 257 ss.; R. DE NOVA, *Obbligazioni, cit.,* p. 456 ss.; DICEY-MORRIS, *The conflict of laws,* Londres, 1993, p. 1187 ss., e quanto ao contrato de transporte, p. 1394 ss.; T. BALLARINO, *Diritto internazionale privato,* Pádua, 1996, p. 582 ss., e sobre o contrato de transporte, amplamente, p. 651 ss. E, ainda, D. Isabel DE MAGALHÃES COLLAÇO, *Da compra e venda, cit.,* p. 53 ss., 190 ss., sobre a escolha da lei como uma *Sachverweisung* — acerca deste endimento, também, *A devolução na teoria da interpretação e aplicação da norma de conflitos,* O Direito, a.XCI, 1959, p. 4 s.; A. C. MACHADO VILLELA, *Tratado elementar (teórico e prático) de direito internacional privado,* I, Coimbra, 1922, p. 502 ss.; V. TABORDA FERREIRA, *Sistema do direito internacional privado segundo a lei e a jurisprudência,* Lisboa, 1957, p. 107 ss.; A. FERRER CORREIA, *Lições, cit.,* p. 145 ss., 330 ss., 425 s.; R. M. MOURA RAMOS, *Da lei aplicável, cit.,* p. 421 ss.. E também, L. F. FALCÃO, *Do direito internacional privado,* Coimbra, 1868, p. 254 ss., acostando-se à tese de Savigny.

[145] E cujas reflexões de muito préstimo serão, *mutatis mutandis,* no domínio dos transportes.

[146] Como exemplo de uma *General Paramount clause,* podemos convocar a que consta no *bill of lading "Colinebill",* na sua versão de 1 de Janeiro de 1978, conforme aprovada pela *"The Baltic and International Maritime Conference"* (BIMCO):

No que à escolha indirecta do corpo normativo uniforme respeita, ela é expressamente prevista, quer pelo Protocolo de 1968, quer pela Convenção de Hamburgo, mas sempre seria de admitir, e com o mesmo alcance, à luz do art. 3.° da Convenção de Roma sobre a lei aplicável às obrigações contratuais, de 1980, como de resto já o era pelo art. 41.° do Código Civil. Uma tal *professio iuris* poderá recair sobre ordenamentos de países onde vigorem as Regras de Haia-Visby, emendadas ou não pelo Protocolo de revisão de 1979, ou, ainda, a Conveção de Hamburgo. E embora, neste caso, as regras de direito uniforme não se venham a aplicar *ex proprio vigore,* elas aplicar-se-ão integralmente, sem que qualquer restrição lhe seja imposta pelos ordenamentos nacionais eventualmente escolhidos, dada a sua prevalência e imperatividade[147] relativamente às homólogas regulamentações internas, nomeadamente, tendo em conta quanto prescrevem as respectivas regras instrumentais de aplicação, que nesses casos reclamam a competência para a disciplina convencional[148].

---

[147] «*The Hague Rules contained in the International Convention for the Unification of certain rules relating to Bills of Lading, dated Brussels the 25th August 1924 as enacted in the country of shipment shall apply to this contract. When no such enactment is in force in the country of shipment, the corresponding lesgislation of the country of destination shall apply, but in respect to shipments to which no such enactments are compulsorily applicable, the terms of the said Convention shall apply.*

Trades where Hague-Visby Rules apply:

In trades where the International Brussels Convention 1924 as amended by the Protocol signed at Brussels on February 23rd 1968—The Hague-Visby Rules—apply compulsorily, the provisions of the respective legislation shall be considered incorporated in this Bill of Lading. The Carrier takes all reservations possible under such applicable legislation, relating to the period before loading and after discharging and while the goods are in the charge of another Carrier, and to deck cargo and live animals.».

Não é também rara a referência dirigida à COGSA americana de 1936. Assim por exemplo, refere alternativamente o § 3.° da *Paramount clause* da *"Heavyconbill"* de 1986, realizada sob os auspícios da BIMCO: «*Trades where US COGSA applies: Notwithstanding* [...] *in trades where the US COGSA 1936 applies compulsorily, the provisions of the Act shall be incorporated in this Bill of Lading and shall apply prior to loading and after discharge while the cargo is in the custody of the Carrier. The Carrier takes all possible reservations under the US COGSA 1936 for any loss, damage or delay to the cargo for the period before loading and after discharge.*».

[147] *Vide* Ac. STJ, de 2 de Junho de 1998, BMJ, n.° 478, 1998, p. 397 ss..

[148] Senão vejamos.

Art. 10.° das Regras de Haia-Visby: «*Les dispositions de la présente Convention s'appliqueront à tout connaissement rélatif à un transport de marchandises entre ports*

Paralelamente, e na medida em que tal seja tolerado pela investigação da vontade das partes e pela teleologia normativa das convenções mencionadas, poderá recorrer-se, a título integrador, às normas dos ordenamentos nacionais escolhidos, sempre que um critério normativo não seja desentranhável dos corpos normativos uniformes[149].

Já no que tange a uma directa escolha pelas partes das Regras de Haia-Visby[150], e, hoje, da Convenção de Hamburgo, que entrou em vigor em 1992, também ela deve ser entendida como uma verdadeira referência conflitual, permitida pelas próprias Convenções, às quais os Estados contratantes estão internacionalmente vinculados, isto, sempre que tal seja a vontade das partes, cuja escrupulosa averiguação se impõe. Na realidade, uma tal escolha só assumirá o valor de mera incorporação material nas

---

relevant de deux États différents, quand: [...] *c) le connaissement prévoit que les dispositions de la présente Convention ou de toutre autre législation les appliquant ou leur donnant effet régiront le contrat, quelle que soit la nationalité du navire, du transporteur, du chargeur, du destinataire ou de toute autre personne interssée».*

Art. 2.º, n.º 1 e 2, da Convenção de Hamburgo de 1978: *«Les dispositions de la présente Convention s'appliqueront à tous les contrats de transport par mer entre deux États différents lorsque:* [...] *e)le connaissement ou autre document faisant preuve du contrat de transport par mer prévoit que les dispositions de la présente Convention ou celles d'une législation nationale leur donnant effet régiront le contrat».*

[149] Sobre as lacunas das convenções de direito uniforme em matéria de transporte, vide A. MALINTOPPI, *Diritto uniforme, cit.*, p. 66 ss., distinguindo as «lacunas totais», sempre que nenhuma disposição exista com vista a colmatá-las, das «lacunas parciais», quando o direito uniforme ofereça um modo de superação, mediante regras de *«renvoi»*, estas se apresentando, seja como um chamamento do ordenamento nacional da *lex fori*, seja como regras de conflitos unificadas (*ibi*, p. 69 s.); P. IVALDI, *Diritto uniforme, cit.*, p. 131 ss.

[150] Sobre a mutação por estas introduzida no entendimento da *Paramount clause*, S. M. CARBONE, *Contratto, cit.*, p. 68 ss, que salienta como à referência indirecta à Regras de Haia-VIsby, mediante directa referência a uma *«legislation of any State giving effect to the rules»*, se deve seguir uma *«diretta ed immediata applicazione»* do direito uniforme e não da *«eventuale legge di esecuzione adottata al riguardo nell'ambito dell'ordinamento statale richiamato dalle parte»* — o qual só assumirá relevância normativa paralela e subordinada, uma vez satisfeitas duas condições: *«in quanto compatibile con (e nei limiti consentiti dal) la stessa normativa uniforme»*; *«in quanto tale effetto integrativo della normativa statale rispetto alla disciplina uniforme sia consentito ed ammesso dallo Stato contraente nel cui ambito se ne invoca l'applicazione»* —, tudo, à luz da relevância da autonomia privada em direito internacional privado, e ao reconhecimento que a mesma recebeu no Protocolo de 1968, e também, M. COMENALE PINTO, *Trasporto marittimo per viaggi consecutivi su servizi di linea*, Rivista dell'Arbitrato, 1996, n.º 1, p. 145 s., n.4.

cláusulas pactuadas, se as partes o houverem desejado, e, ainda assim, só deixaremos de convocar a disciplina internacional, se, por outro contacto, a relação contratual não dever ser sujeita pelo foro ao quadro normativo uniforme.

Assim, se o Estado do foro for parte das Regras de Haia-Visby ou de Hamburgo, dever-se-á encarar a *electio iuris* como uma *kollisionrechtliche Verweisung*, possível à luz da autonomia conflitual das partes[151], desde logo, devido à especialidade e à prevalência que se ligam às regras instrumentais de aplicação, que determinam imperativamente o âmbito de competência dos complexos de direito uniforme referidos, as quais afastarão as regras de conflito, que, de outro modo seriam aplicáveis, incluindo, naturalmente, os arts. 3.º e 4.º da Convenção de Roma de 1980, sobre a lei aplicável às obrigações contratuais [152].

Olhando agora para o nosso sistema conflitual, bem como para as obrigações que nos vinculam, no quadro da dita Convenção de Roma de 1980, poderia, como tem vindo a suceder, causar alguma perplexidade aceitar a referência conflitual efectuada pelas partes para um ordenamento não estatal, ou para um complexo normativo internacional de direito uniforme, sem a mediação de um ordenamento estatal, sobretudo se se considerar quanto prescrevem o n.º 3 do art. 3.º e o n.º 1 do art. 7.º, onde se refere uma «escolha pelas partes de uma lei estrangeira» e a aplicação de uma «lei de um determinado país».

Não obstante a ausência de uma expressa contemplação de uma escolha dirigida a um ordenamento não estatal, neste caso, não parece repugnar que a aceitemos, precisamente, por se apresentar como o melhor meio de servir determinados objectivos queridos ao direito internacional privado, mas também, desde logo, porque, segundo o artigo 21.º da Con-

---

[151] Sobre a distinção entre *Privatautonomie* e *Parteiautonomie*, J. KROPHOLLER, *IPR, cit.*, p. 268 s..

[152] *Vide*, neste sentido, P. IVALDI, *Diritto uniforme, cit.*, p. 25 ss.. A Autora, seguindo Oleg Nikolaevich SADIKOV, vê nas regras de conflitos unificadas uma espécie de *«permissive conflict rules»* — conquanto não perdessem a sua imperatividade e prevalência (sobre o *Fakultatives Kollisionsrecht*, A. MARQUES DOS SANTOS, *As normas de aplicação imediata, cit.*, p. 60 ss.; R. M. MOURA RAMOS, *Da lei aplicável, cit.*, p. 139 ss.), mormente, considerando a necessária aplicação de certas normas imperativas da *lex fori* (cfr. art. 7.º, n.º 2, da Convenção de Roma de 1980) — de origem, ora interna, ora internacional, como seria o caso. *Vide*, O. N. SADIKOV, *Conflicts of laws in international transport law*, Recueil des Cours, 1985, I, p. 191 ss..

venção de Roma, esta «não prejudica a aplicação das convenções de que um Estado Contraente seja ou venha a ser Parte»[153].

As partes poderão, deste modo, acordar as cláusulas do respectivo contrato, usando da sua autonomia contratual, nos limites normativos ditados pelas regras imperativas de direito uniforme e não de qualquer outro ordenamento.

Se, quanto à aceitação de uma referência conflitual assente na vontade das partes, sempre que a mesma vá dirigida a um ordenamento internacional uniforme em vigor no foro, se veio alargando o acordo na doutrina internacional, já diferentemente é olhada uma escolha que recaia sobre um complexo de direito material uniforme que não esteja em vigor, ou seja, quando o Estado do foro, por exemplo, não haja ratificado ou aderido à convenção internacional em causa, para nos quedarmos no âmbito das fontes de direito internacional, que, de algum modo, co-implicam a vontade dos Estados, embora possam traduzir confirmação ou acolhimento de habituais práticas de certos sectores mercantis.

Tal será a situação de um juiz que, em Portugal, haja de julgar uma questão controvertida relativa a um contrato de transporte internacional de mercadorias, no qual as partes hajam escolhido, para regular o mesmo, ora a Convenção de Bruxelas, conforme modificada pelo Protocolo de 1968 (e, eventualmente, também por aquele de 1979), ora a Convenção de Hamburgo de 1978.

Notam-se, a este propósito, maiores reservas em admitir o reconhecimento pelo foro do carácter conflitual da escolha operada pelas partes, ao abrigo de uma faculdade prevista por um diploma internacional a que a *lex fori* não se encontra ligada. Cremos, todavia, que o modo como a *lex fori* haverá de encarar e qualificar tal referência deverá passar, de uma banda, no respeito devido à autonomia de que as partes gozam em matéria contratual (senão também em homenagem à certeza do direito aplicável), pelo estudo rigoroso da vontade das partes, a fim de concluir sobre o alcance que as mesmas contemplaram para a sua escolha, e, de outra banda, pela posição que o direito do foro assuma acerca de tal tipo de escolha, incluindo a consideração do seu direito internacional privado e das obrigações internacionais a que o Estado do foro se ache vinculado, a

---

[153] Cfr. M. GIULIANO, p. LAGARDE, *Relatório introdutório à Convenção sobre à lei aplicável às obrigações contratuais, de 19 de Junho de 1980*, JOCE, C.327 de 11 de Dezembro de 1992, p. 14 ss., 35 s..

fim de determinar se alguma destas poderá impedir que se aceite o carácter conflitual da *professio iuris* dirigida a um ordenamento de direito uniforme que não vigora no foro — aliás, é afinal o estudo destes dados (*rectius*, variáveis) que, na hipótese referida *supra*, permite optar por acolher, sem peias, a referência conflitual, quando o ordenamento *a quo* se acha vinculado às Regras de Haia-Visby ou de Hamburgo.

Dando de barato que às partes aprouve erigir a sua vontade como critério de contacto conflitual, dando uma natureza conflitual à *Paramount clause*, que, assim, afastaria a aplicação do regime contratual imperativo da *lex causæ*, que, de acordo com o sistema conflitual da *lex fori*, seria competente, resta saber se esta *Paramount clause* se perfigurará como inaceitável à face das obrigações internacionais do Estado do foro, ou insuportável à face do seu sistema de direito internacional privado, isto é, dos princípios inspiradores deste sistema e das suas regras de conflitos, ou se, por outro lado, contribuirá para a prossecução óptima destes — não sendo de olvidar, nesta perspectiva sistemática, o objectivo de unificação (o qual, entre nós, enquanto via metodologicamente assumida, se espelha na vinculação à Convenção de Bruxelas de 1924, e não deixa de ser confirmado pela adopção posterior das normas da mesma, como lei interna), proposto para o direito do transporte marítimo internacional, como meio de assegurar a harmonia internacional e a uniformidade de valoração das relações contratuais desta *species*, e, desta sorte, garantir às partes, com particularíssima intensidade, a previsibilidade e a certeza do direito aplicável, já ancorada na faculdade de escolha do direito aplicável prevista pelo sistema conflitual em geral. Consideremos ademais não se poder ora afirmar a supremacia das normas uniformes, como normas de aplicação necessária, cuja competência possa dispensar o crivo de uma regra de conflitos, pois que as regras uniformes que permitem esta *professio iuris* fazem parte de instrumentos que não vigoram no foro.

Finalmente, podemos situar-nos então no caso português, embora idênticas considerações valham para Nações que se achem nas mesmas circunstâncias, e, portanto, não se encontrem vinculadas ao Protocolo de 1968 ou à Convenção de Hamburgo (e até para casos que não se insiram nos respectivos âmbitos materiais de aplicação).

Na verdade, admitir o carácter conflitual da *Paramount clause* não trará qualquer mossa às obrigações internacionais assumidas, no âmbito da Convenção de Bruxelas de 1924, uma vez que, se o contrato em questão gravitasse no âmbito de competência desta, as Regras de Haia seriam aplicadas sem mais, acrescendo que as mesmas não oferecem qualquer regra de conflitos uniforme para as demais relações plurilocalizadas de transporte[154].

No que toca ao sistema conflitual português, que, neste âmbito, segue os critérios da Convenção de Roma de 1980, como já vimos, não parece que possamos concluir irremediavelmente pela existência de um *parti pris* absoluto desta relativamente à aplicação de um ordenamento internacional ou não estatal, apesar de estarmos agora a reflectir sobre a hipótese de aplicação de convenções a que o Estado do foro não se ache vinculado, tanto mais se decidirmos que qualquer solução deve haver em consideração os princípios da autonomia contratual e da protecção das expectativas das partes, que informam o quadro normativo conflitual da Convenção sobre a lei aplicável às obrigações contratuais, enquanto este quadro deverá servir os fins próprios do direito internacional privado[155].

Por outro lado, se aquilo de que tratamos é a possibilidade de escolha e aplicação de uma convenção que não vigore no foro, sempre se dirá que idêntico resultado se alcançaria através da escolha de um ordenamento nacional, em que vigorassem as Regras de Haia-Visby ou de Hamburgo, pelo que negar a natureza conflitual da escolha directa do direito uniforme, jamais impediria que, quando se tratasse de uma escolha indirecta, o mesmo se aplicasse como verdadeira *lex contractus*, embora com a mediação daquele ordenamento, incapaz de interferir materialmente nos critérios normativos uniformes, que, pela sua especialidade e prevalência no domí-

---

[154] E acrescendo ainda que, como veremos *infra*, se poderá maximizar o intuito unificador (movido, ele próprio, por uma sorte de impulso díptero, isto é, de inspiração simultaneamente formal e material, enquanto, por um lado, garante a certeza do direito e a uniformidade de valoração normativa das relações internacionais que se lhe submetam, e, por outro, postula, outrossim, um certo conteúdo regulativo-material especificamente adequado às mesmas, ao qual não serão alheios propósitos de ordem pública — cfr. A. MALINTOPPI, *Diritto uniforme, cit.*, p. 80 s.) ínsito na Convenção de Bruxelas, apesar de a força expansiva da disciplina uniforme só passar a ser expressa e/ou clarificada pela modificação que o Protocolo de 1968 veio a operar no art. 10.º .

Cfr., sobre o direito uniforme material e o objectivo de pôr cobro a uma «*fragmentation of the laws governing each element of these situations*», bem como sobre a sua relação com os sistemas conflituais nacionais, E. VITTA, *International conventions and national conflict systems,* Recueil des Cours, 1969, I, p. 187 ss., e a propósito das regras de aplicação das Regras de Haia e Haia-Visby, p. 197, n.19, aludindo, *ibi*, também à possibilidade de extrair de uma Convenção de direito uniforme regras de aplicação implícitas.

[155] Cfr. R. M. MOURA RAMOS, *Da lei aplicável, cit.*, p. 513.

nio do ordenamento *ad quem*[156], sempre sobrelevariam relativamente às normas internas dessa lei estatal escolhida (não se esqueça que a lei estrangeira, assim escolhida, estaria vinculada à al. c) do art. 10.º das Regras de Haia-Visby ou à al c) do n.º 2 do art. 2.º da Convenção de Hamburgo)[157].

Além disso, tentar contornar este argumento, cuja evidência e simplicidade não devem ser menosprezadas, beliscando a previsibilidade do direito aplicável, e adoptar um tratamento diferenciado para estes dois tipos de *electiones iuris*, directa ou indirecta, significaria afinal dispensar uma igualmente diferenciada regulamentação a relações contratuais em que as partes haviam contado com um mesmo regime[158], sem que para

---

[156] Cfr. S. TONOLO, *op. cit.*, p. 835 ss..

[157] Neste sentido, entre nós, já António Carneiro da Frada de Sousa, de quem vimos a versão de *"A autonomia privada e a Convenção de Viena de 1980 sobre a contrato de compra e venda internacional"*, mui gentilmente cedida, e que iria em breve para o prelo, *maxime,* n.54 e texto correspondente e subsequente, sustentando um crácter conflitual para a referência dirigida à Convenção de Viena de 1980 sobre a compra e venda internacional de coisas móveis, ainda que esta não se ache em vigor no Estado do foro.

Assim também K. SIEHR, Der internationale Anwendungsbereich des UN-Kaufrechts, Rabels, 1988, n.º 3-4, p. 611 s.; K. BOELE-WOELKI, Principles and private international law—The UNIDROIT Principles of international commercial contracts and the Principles of european contract law: how to apply them to international contracts, RDU, 1996, n.º 4, p. 652 ss., maxime, p. 659 ss.. Cfr. ainda p. KAYE, *The new private international law of contract of the European Community*, Aldershot, Brookfield USA, Hing Kong, Singapura, Sydney, 1993, p. 150.

[158] Podendo, aliás, a aplicação do regime uniforme ou do regime imperativo de uma outra *lex contractus*, a ser apontada pela regra de conflitos, por falta de escolha conflitual, acabar por depender da destreza dos autores das cláusulas contratuais, quando houvessem decidido formular, em lugar da escolha directa do regime uniforme, ou a par dela, uma alternativa escolha de lei que recaísse sobre um ordenamento nacional de um Estado vinculado às regras uniformes mencionadas *supra* (sobretudo, claro está, no caso de as normas internas do ordenamento objectivamente competente, segundo o sistema conflitual da *lex fori,* diferirem das normas uniformes aí vigentes) — Cfr. F. BERLINGIERI, *Territorial scope, cit.,* p. 177 s., sustentando, para o caso de um julgamento num dos Estados contratantes e de as normas do ordenamento escolhido diferirem da disciplina uniforme, a aplicabilidade das normas uniformes de Hamburgo (*mas o mesmo parece ser comportado pela própria letra do art. 10.º das Regras Haia-Visby*), por a *electio legis* ser contacto bastante de aplicabilidade, segundo a disciplina uniforme; mas sustentando que, em Estados não contratantes, a referência às Regras de Haia-Visby deve ser entendida como incorporação negocial, pese embora a possibilidade de contornar a dificuldade mediante chamemento de «*una o più leggi nazionali di esecuzione*» — *Note sulla «Paramount Clause»,* DM, 1987, p. 938 s., onde, de resto, advoga que, mesmo ao abrigo da versão ori-

tanto fôssemos justificados por qualquer motivo ligado, *v. g.*, à protecção de valores ou objectivos normativos de ordem pública do foro; estes sempre poderiam ser, ou também questionados e postos em crise por uma *lex contractus* de origem estatal (e, tanto a escolha de um ordenameento nacional, como a de uma convenção, poderiam, portanto, esbarrar com o expediente de evicção da ordem pública internacional, ficando sempre a salvo os valores desta), ou protegidos *ab initio*, pela via das regras de aplicação necessária e imediata da *lex fori* [159].

Atente-se, ainda, em que optar por reconhecer a natureza conflitual da escolha, conforme querida pelas partes, parece ser o meio mais apto a satisfazer, seja a harmonia internacional de decisões, evitando uma tentação de *forum shopping*[160], seja o escopo unificador, entre nós, postulado pela vinculção à Convenção de Bruxelas sobre o conhecimento de carga, pelo menos (se se der relevo ao distanciamento normativo assumido pelas Regras de Hamburgo, colimando novos propósitos, ainda que, amiúde, se estribem em tendências interpretativas consolidadas a respeito da disciplina precedente), no que tange aos casos em que a *Paramount clause* se dirija às Regras de Haia-Visby[161], pois que, de certo modo, mesmo a aplicação destas significaria um prolongamento do esforço unificador em que nos encontramos empenhados.

Na realidade, como neguemos o cariz conflitual da opção das partes, sempre a *Paramount clause* assumiria as devidas vestes conflituais, em qualquer dos Estados vinculados àquelas convenções internacionais — podendo nós, ao enquadrar normativamente o contrato, de acordo com as regras imperativas da lei designada pelo art. 4.º da Convenção de Roma, favorecer os intentos da parte que nos houvesse escolhido como foro, a

---

ginal da Convenção de Bruxelas, se poderá, quando o foro se situar num dos Estados contratantes, acabar por considerar o chamamento da Convenção ou de qualquer lei interna que dê vigência à sua disciplina poderá ir dirigido às «*norme interne di esecuzione*» (considerando ociosa a distinção entre a disciplina internacional e as norma internas que lhe conferem vigência, quando entre elas não subsistam disparidades), «*in base al canone ermeneutico secondo cui la volontà delle parti deve essere interpretata in modo tale da dare ad essa un senso*», e não como mera referência material (cfr. *infra*).

[159] E faz sentido aqui aludir à aplicação destas por estarmos a considerar uma hipótese em que o foro se não achasse vinculado à convenção *ad quem* em causa.

[160] Cfr. P. CELLE, *op. cit.*, p. 21.

[161] Claro está que esta conclusão mais limitada, enquanto poderia confinar-se à habilitação para a aplicação das Regras de Haia-Visby, só se retira do último argumento apresentado, pelo que os demais argumentos aduzidos já não determinariam uma tal limitação.

fim de se furtar à aplicação do regime de direito uniforme intendido *ab initio*, no seio do pacto privado.

E ainda — aliás, como acabámos de insinuar —, a admissão da escolha feita pelas partes como uma verdadeira *electio legis,* dotada, portanto, de feições conflituais, parece ser a solução que menos contrastará com o desejo de acarinhar a previsibilidade e a certeza do direito aplicável, do ponto de vista das partes, porquanto estas desenharam o conteúdo contratual, planeando a sua actividade económico-comercial, na perspectiva de ver o contrato regulado à luz das normas materiais uniformes.

Por outro lado — e como também acabámos de insinuar —, alijar o contrato para o regime imperativo de uma outra *lex contractus* acabaria por contrastar, ainda, com o intento unificador que perpassa neste domínio jurídico[162], o qual é fixado igualmente a bem da previsibilidade e da certeza do direito, tanto mais quando não saem estas beliscadas pela erecção em referência conflitual da escolha das partes, pelo menos, quando esta foi a sua originária intenção, que sempre cumprirá averiguar escrupulosamente. Aceitar o regime normativo de Visby não deixa de significar um incremento das potencialidades uniformizadoras das Regras de Haia, dada a proximidade normativo-material de ambos os corpos normativos, para além de parte dos Estados signatários daquele, haverem estado, incialmente, vinculados a estas.

Mesmo se, de um ponto de vista conflitual e mirando a estabilidade da vida jurídica internacional, se perspectivar a necessidade de que a *lex contractus*, como verdadeiro estatuto contratual, seja dotada dos atributos de coerência e sistematicidade capazes de a converter num ordenamento que constitua, para a relação contratual, um padrão de referência, e, portanto, apto a fornecer-lhe uma regulamentação coerente[163], mas também a acautelar o interesse e a posição de terceiros e o bem comum das sociedades nacionais (incluindo o arrimo que se queira oferecer à urgência de protecção reequilibrante da parte economicamente mais débil), eventualmente, tocados por tal relação contratual, mesmo assim, não levantaríamos à aplicação das normas de direito uniforme deste particular sector

---

[162] Cfr., sobre este ponto, P. CELLE, *La* Paramount clause, *cit.*, p. 18 s..

[163] Cfr. sobre a invasiva presença de regras de direito uniforme (em si não contemptíveis, mas que vão sendo apresentadas em complexos diacrónicos — cfr. *infra*) e a necessidade de a temperar com um desenho normativo orgânico e harmonioso, G. ROMANELLI, *Il trasporto,* DM, 1983, 120 ss.

mercantil um obstáculo inultrapassável[164], sobretudo, se se considerar que a disciplina uniforme contemplada, ainda que possa apresentar uma cobertura parcial da relação de transporte, está apetrechada de uma coerência bastante (mesmo em termos sistemáticos, firmando mesmo certos princípios normativos com potencialidades materialmente integradoras[165] e largando já um apreciável lastro jurisprudencial e dogmático).

Assim, e no que ao primeiro aspecto toca, nada tem de audacioso a percepção destes corpos normativos (mesmo, quiçá, da Convenção de Hamburgo, que acaba por destilar as conclusões e objectivantes reflexões dogmático-jurisprudenciais prosseguidas na vigência dos anteriores complexos de direito uniforme), como sendo dotados de um suficiente grau de sistematicidade e de coerência interna, que, como aludimos *supra*, acabam por se reflectir numa, já duradoura, sistemática reflexão normativo-objectivante e normativo-juridicamente constitutiva. Esta reflexão de natureza dogmático-jurisprudencial conta com um impressivo acervo de dogmática sedimentação e de "re-construção" comparatística (dado o carácter internacional do ordenamento em causa)[166]. Estes dotes sistemá-

---

[164] Cfr., sobre a coerência normativa da Convenção de Viena de 1980 sobre a compra e venda internacional, A. CARNEIRO DA FRADA DE SOUSA, *op. cit.*.

[165] Embora possam coimplicar um efeito constitutivo-material que extravase o seu estrito âmbito de aplicação material, o que vem encontrando arrimo no discipulato formado pelos corpos normativos, internos ou internacionais, que pretendem regular operações e actividades, de algum modo, conexas com o transporte.

[166] Notamos, no âmbito do direito dos transportes, como fica "obscurecido", morigerado ou reduzido, não displicentemente, à sua instrumentalidade, o estudo meramente analítico das legislações nacionais, o que se deverá à vigência, já de três quartos de séculos, para as Regras de Haia, e de um lustro, para as de Hamburgo, de um regime de direito uniforme com uma base alargada de Estados contratantes. Na verdade, vem-se consolidando um estudo inter-relacional, debruçado sobre os arestos jurisprudências, suas *rationes* e *dicta*, bem como sobre as reflexões sistemáticas e reconstituintes dos diversos *milieux* doutrinais, num esforço interpretativo desimplicador dos significados normativo-uniformizantes, ora perante os concretos casos decidendos, ora defronte de hipotéticos modelos dogmáticos — convocando, para tanto, os "signos" oferecidos pelas diversas convenções, assim como os testes judicativo-doutrinais e depuradoras "falsificações", de que vêm sendo alvo, no curso dos decénios passados —, numa tarefa de transnacional sedimentação sistemático-dogmática, constitutivamente relevante, levada a cabo no seio dos diversos ambientes jurídicos, e que foi apurando *nuances* de uma circulação franca de interinfluências interpretativas, no cenário de um confronto comparatístico coadjuvante de experiências jurídico-normativamente constituintes.

Para uma análise metódica e metodológica da comparação jurídica, *vide*, entre nós,

ticos, aliados a uma intrínseca coerência axiológico-normativamente fundada, revestem um complexo de normas e de princípios que parecem haver atingido, num plano internacional, uma suficiente consolidação sistemática (ou para-sistemática)[167], merecendo ser visto como um "ordenamento", isto é, como um complexo normativo capaz de prescrever uma coerente ordem ou disciplina e de a suster, embora, como é congenial a ordens de tipo internacional, com o auxílio, em sede executiva, das autoridades públicas estatais.

Quanto se acabou de expor parece mesmo ser suficiente para "legitimar" a aparentemente "surreal" percepção de tais complexos normativos, desprovidos de base territorial precisa e/ou definitiva, como o verdadeiro "centro de gravidade" de uma miríade de relações contratuais[168].

No que respeita ao segundo aspecto supramencionado, isto é, aquele atinente à protecção normativa, por via material ou mesmo conflitual, do bem comum, da posição de uma das partes e do interesse de terceiros, que, sobretudo, desde o derradeiro século, vêm provocando a intervenção normativa dos Estados na vida económico-comercial, não só estas preocupações encontram acolhimento nas normas de direito uniforme material, nomeadamente no que tange à protecção do interessado na carga, amiúde considerado como a parte mais fraca, como a conflitualidade da *electio iuris*, enquanto admitida por um Estado não contratante, sempre contaria com o limite das normas materiais de aplicação necessária e imediata do foro, que demonstrassem vontade de aplicação à relação plurilocalizada *sub iudice*, para além da consideração do instituto da ordem pública internacional[169].

J. CASTRO MENDES, *Direito comparado*, Lisboa, 1982-1983; F. J. BRONZE, «*Continentalização*» *do direito inglês ou «insularização» do direito continaental?(proposta para uma comparação macro-comparativa do problema,* Coimbra, 1982; C. FERREIRA DE ALMEIDA, *Introdução ao direito comparado,* Coimbra, 1994.

[167] E não se negará que é já difícil perceber se foi a longevidade do regime que lhe procurou essa argamassa sistemática, ou se foi esta a responsável por aquela longevidade. Provavelmente, ambas as afirmações serão verdadeiras.

[168] Aliás, estes complexos normativos de direito material uniforme viram, consecutivamente, a formal confirmação dos Estados contratantes, pelos instrumentos convencionais, embora tais complexos uniformes fossem, eventualmente, fundados numa experiência jurídico-constituintes de diversa índole, pois que, em certa medida, reflectiam precisamente os usos comerciais internacionais. Daí que, hodiernamente, talvez não se mostre tão evidente a "a-estatalidade" dos seus critérios normativos. Cfr. P. IVALDI, *op. cit.*, p. 133.

[169] Sobre as normas de aplicação necessária e imediata e a prossecução de objectivos nacionais de ordem pública, bem como sobre a autolimitação espacial do âmbito das

Uma solução que reconheça eficácia conflitual à escolha das partes grangeará à autonomia privada, desde logo, um integral respeito, mas não

---

normas materiais, *vide*, entre nós, D. Isabel DE MAGALHÃES COLLAÇO, *op. cit.*, p. 315 ss., *Prefácio a M. CORTES ROSA, Da questão incidental em direito internacional privado*, Lisboa, 1960, p. XXI s.; J. BAPTISTA MACHADO, *Âmbito, cit.*, p. 264 ss.; A. FERRER CORREIA, *O método conflitual em direito internacional privado e as soluções alternativas*, Revista de direito comparado luso-brasileiro, a.I, 1982, n.º 1, p. 18 ss., *Considerações sobre o Método de Direito Internacional Privado*, in Estudos vários de direito, Coimbra, 1982, p. 387 ss.; *DIP—Alguns problemas, cit.*, p. 59 ss.; R. M. MOURA RAMOS, *Aspectos recentes do direito internacional privado*, Separata do número especial do BFDUC/1986, "Estudos em Homenagem ao Prof.Doutor Afonso Rodrigues Queiró", Coimbra, 1987, p. 16 ss.; *DIP e Constituição, cit.*, p. 112 ss.; *Da lei aplicável, cit.*, p. 648 ss.(e p. 667, n.620, preferindo a cumulação de adjectivos, na esteira de G. SPERDUTI, a fim de convocar os aspectos interno e externo da realidade em questão); A. MARQUES DOS SANTOS, *As normas de aplicação imediata cit., passim*, mas, p. 691 ss..

Vide, inter alia, H. BATIFFOL, *Nota a "Cour de Cassation(Ch.civ.,Sect.civ.) — 21 juin 1950 (État français c. Comité de la Bourse d'Amsterdam et Mouren)"*, RCDIP, 1950, n.º 1, p. 611 ss., a propósito das «*"lois de police et de sûreté" applicables directement en vertu d'une compétence propre et normale»*, *Le pluralisme, cit.*, p. 136 ss., falando de uma regra que, sendo «*en quelque sorte préalable au jeu des règles de conflit répond à une réalité psychologique certaine*» (sobre este caso *Messageries maritimes*, H. BATIFFOL, *Sur la signification, cit.*, in Choix d'articles, *cit.*, p. 271 ss.; e, entre nós, A. MARQUES DOS SANTOS, *As normas de aplicação imediata, cit.*, p. 620 ss.; R. M. MOURA RAMOS, *Da lei aplicável, cit.*, p. 439, n.115); G. SPERDUTI, *Ordine pubblico internazionale e ordine pubblico interno*, RDI, 1954, p. 82 ss.; *Norme di applicazione necessaria e ordine pubblico*, RDIPP, 1976, p. 469 ss.; R. DE NOVA, *I conflitti di leggi e le norme con apposita delimitazione della sfera di efficacia*, DI, 1959, p. 13 ss., *I conflitti di leggi e le norme sostanziali funzionalmente limitate*, RDIPP, 1967, p. 699 ss.; A. MALINTOPPI, *Norme di applicazione necessaria e norme di diritto internazionale privato in materia di rapporti di lavoro*, RDI, 1962, p. 278 ss.; Ph. FRANCESKAKIS, *Quelques précisions sur les «lois d'application immédiate» et leurs rapports avec les règles de conflits de lois*, RCDIP, 1966, p. 1 ss.; *Lois d'application immédiate et règles de conflit*, RDIPP, 1967, p. 691 ss.; T. BALLARINO, *Norme di applicazione necessaria e forma degli atti*, RDIPP, 1967, p. 707 ss., também para uma relação da autolimitação espacial com as teorias do unilateralismo extroverso, mediante a consideração da figura da *negativ-einseitige Kollisionsnormen*, B. GOLDMAN, *Régles de conflit, cit.*, p. 119 ss.; H. EEK, *Peremptory norms and private international law*, Recueil des Cours, 1973, II, p. 9 ss.; P. LALIVE, *Cours*,Rec.,1977-I,120ss; O. LANDO, *The conflict of laws, cit.*, p. 295 s., 394 ss.; E. JAYME, *op. cit.*, p. 224 ss..

Também sobre normas de aplicação necessária e imediata, e sobre normas inspiradas em objectivos de ordem pública ou de *pubblica utilitas*, no domínio dos transportes, *vide Cour de Cassation (Ch.civ.)—21 février 1950 (Cie Messageries maritimes c. Cie d'Assurances générales et autres)*, com nota de G.-R. DELAUME, RCDIP, 1950, n.º 1, p. 427 ss., onde, para lá da consabida orientação contida na decisão, o Autor alerta para que,

deixará outrossim de contribuir para o desiderato, assumido pela própria Convenção que entre nós vigora, de garantir, tanto quanto possível, um grau sempre mais aprofundado de uniformidade normativa a este particular sector da vida comercial internacional[170].

Insistindo e revendo quanto acabámos de expor, diríamos, pois, não sai prejudicada a necessidade de fornecer ao contrato uma disciplina normativa coerente, porquanto os vários complexos normativos, nomeadamente os que resultaram do Protocolo de Visby e da Convenção de Hamburgo, e de que ora curamos, estão dotados de uma sisitematicidade (ou para-sistematicidade) e coerência internas suficientes e suficientemente consolidadas, mesmo num plano jurisprudencial e dogmaticamente sistemático-reconstituinte, ao ponto de poderem ser encarados (sobretudo o Protocolo de 1968, tendo em conta a duração da sua vigência internacio-

---

mercê da diferenciada transposição interna das orientações normativas presentes nas Convenções internacionais de direito material uniforme — *in casu,* a Convenção de Bruxelas de 1924 e a lei francesa de 2 de Abril de 1936 (sobre esta e sobre a pulsão nacional de aproximação em face das opções normativo-materiais da disciplina internacional, sublimando uma *«intolérable complexité»,* G. RIPERT, *La loi française, cit.,* p. 356 ss.), que, com alterações embora, importou para a ordem jurídica francesa os sentidos normativos daquela —, se assistia a um *«cloisonement des législations»,* devido a um *«réveil des nationalismes»* e dos *«intérêts particuliers»,* fazendo notar que as leis internas inspiradas na Convenção deveriam ser consideradas de ordem pública, o que geraria, já não *«unvéritable ordre public "international"»* (sobre esta ideia cfr.W. WENGLER, *Internationales Privatrecht,* I, Berlim, Nova Iorque, 1981, p. 93; A. MARQUES DOS SANTOS, *As normas de aplicação imediata, cit.,* p. 978 ss., n.3023, 1044), mas antes *«un foisonement d'ordres publics nationaux»;* A. MALINTOPPI, *Diritto uniforme, cit.,* p. 38 ss.; A. CASSESSE, *Contratto di trasporto marittimo e volontà delle parti contraenti,* RDN, 1961, II, p. 55 ss.; *Limitazioni contrattuali della responsabilità e ordine pubblico,* RDI, 1963, p. 120 ss., admitindo, na esteira de SPERDUTI e MALINTOPPI (cfr. *supra),* a existência de *«norme di ordine pubblico* [dotadas de uma particular intensidade valorativa] *che abbiano una sfera di applicazione necessaria a carattere territoriale o personale»,* que constituiriam um *«limite, preventivo e successivo, al funzionamento del sistema ... di diritto internazionale privato», In tema di legge regolatrice del contratto di trasporto marittimo, ibi,* p. 274 ss..

Cfr. ainda A. C. MACHADO VILLELA, *Tratado elementar (teórico e prático) de direito internacional privado,* I, *cit.,* p. 556 ss., 677, e II, Coimbra, 1922, p. 93.

Cfr., ainda, a propósito da protecção da parte economicamente mais fraca, e da transposição da directiva 93/13/CEE do Conselho, de 5 de Abril de 1993, sobre cláusulas abusivas em contratos com consumidores, L. TULLIO, *Condizioni generali di contratto e claosole vessatorie nella contrattualistica dei trasporti, in* Dai tipi legali ai modelli sociali, *cit.,* p. 195 ss..

[170] Cfr. *supra.*

nal) como ordenamentos, no sentido de serem capazes de impor uma disciplina ou uma ordem coerentes, mesmo, materialmente alargada[171].

O limite à aceitação de uma tal escolha conflitual operada pelas partes sempre o poderemos encontrar, é certo, nas regras de aplicação necessária e imediata do foro (mesmo sem considerar os casos que, atendendo à sua localização, caberiam no âmbito de aplicação espacial de uma convenção recebida pela *lex fori*, mas, em que as partes houvessem apontado para outro instrumento internacional) — cfr. art. 7.º da Convenção de Roma sobre a lei aplicável às obrigações contratuais[172] —, nomeadamente daquelas tendentes a dispensar uma particularmente intensa protecção aos interessados na carga. Ainda asssim, não será despiciendo atentar em que aqueles corpos normativos de direito uniforme já, *per se*, asseguram um mínimo de protecção à parte considerada mais fraca[173], seja ela o carregador ou o possuidor do título representativo da mercadoria ou o destinatário, em geral[174].

Concluindo, diremos que esta será, todavia, uma questão a resolver no âmbito do sistema conflitual e de direito internacional privado do

---

[171] Sobre a noção e estrutura do sistema jurídico, bem como sobre o seu contributo na experiência juridicamente constituinte ou reconstituinte, A. CASTANHEIRA NEVES, *A unidade do sistema jurídico,* Coimbra, 1979, *passim, Curso de introdução ao estudo do direito,* Coimbra, 1971-1972 (polic*op.*), p. 133 ss., 351 ss.; F. J. BRONZE, *Apontamentos sumários de introdução ao direito*, Coimbra, 1996 (polic*op.*), p. 553 ss..

[172] Já no que respeita às regras de aplicação necessária e imediata do foro, no n.º 2 do art. 7.º, segundo Mario GIULIANO e Paul LAGARDE (*Relatório, cit.*, p. 25), houve-se em vista, entre outras, «certas regras em matéria de transporte».

[173] Sobre a ideia de um patamar mínimo de protecção e sobre o alastramento, no plano dos ordenamentos materiais, da consagração de tais patamares, cfr. R. M. MOURA RAMOS, *Da lei aplicável, cit.*, p. 741 ss..

[174] Relativamente à mobilização incondicional, quando o foro não se ache vinculado ao Protocolo de 1968, de normas de aplicação necessária e imediata (e já não de quaisquer normas imperativas, como aquelas de que vimos curando) do ordenamento que, não fora a escolha da Convenção modificada, seria competente, é duvidoso que a ela se deva proceder, sobretudo se, uma vez mais, se considerar que, estando perante uma situação internacional — transporte entre Estados diferentes, como exigem as Regras de Haia-Visby, não constituindo a *electio* o único elemento de estraneidade (colocando-nos a salvo da limitação prescrita pelo n.º 3 do art. 3.º da Convenção de Roma de 1980, sobre a lei aplicável às obrigações contratuais) —, sempre as partes poderiam haver optado por eleger um ordenamento estatal em que vigorasse o Protocolo.

Na verdade, ainda assim, não se estaria verdadeiramente perante um contrato que escapasse a uma disciplina normativa, mesmo de índole imperativa (cfr. o caso das *Mes-*

sageries maritimes, afirmando a *Cour de Cassation,* na decisão de 21 de Junho de 1950, que «*tout contrat est nécessairement rattaché à la loi d'un État*» — vide H. BATIFFOL, nota, *cit.*, RCDIP, 1950, p. 613).

Isto, considerando que se permite a escolha conflitual de um ordenamento internacional, quando ele próprio expressamente o admite, logo, diferentemente do que sucede na versão de 1924, que não alude a este *pactum de lege utenda*. Assim, embora colocando-se, tão-só, sob o ponto de vista de um Estado que fosse parte do Protocolo de 1968, Paul Lagarde — nota, *cit.*, RCDIPP, 1992, N.° 3, p. 497 ss. — sublinha que existiriam dois tipos de *Paramount clauses*: «[*l*]*a désignation du Protocole de 1968* [...] *l'emporte nécessairement, dans les États qui l'ont ratifié, sur la loi interne qui eût été applicable à défaut de choix, tandis que la désignation du texte de 1924 reste subordonnée aux dispositions impératives de la loi normalement applicable*» (cfr., neste sentido L. TULLIO, *La clausola* paramount *prima dell'entrata in vigore delle Regole di Visby*, DT, 1992, n.° 3, p. 853 ss.; cfr. ainda P. IVALDI, *La volontà delle parti*, *cit.*, p. 799 ss.: «*escludere che la volontà delle parti possa avere l'effetto di rendere operante la convenzione* [versão de 1924] *al di là della sfera di applicazione dal suo art. 10.°* »), «*comme dans les poupées rousses*», já que mesmo neste último caso, tratando-se embora de uma incorporação contratual (referência material), ainda assim se deveria entender que «*la clause* paramount, *qu'elle désigne la convention non révisée ou* a fortiori *la convention révisée, est-elle considérée comme la soumission du contrat à toutes les dispositions impératives du texte conventionnel, prévalant sur les clauses contraires éventuelles du contrat*». Parece-nos, contudo, que, em se tratando de uma mera referência material, tudo virá a depender da rigorosa interpretação da vontade das partes. Todavia, já em 1957, Lord Denning M. R., na decisão do *Quenn's Bench* sobre o caso *Adamastos* (cfr. *supra*), afirmava que, na sequência da incorporação contratual, «*although the bill of lading may contain very wide exceptions, the Rules are paramount*». Cfr., contudo, E. SELVIG, *op. cit.*, p. 219 ss.; L. TULLIO, *I contratti*, *cit.*, p. 151, 155 ss., sustentando que, a fim de que as partes possam derrogar as normas preceptivas das Regras de Haia, deverá concluir-se que o chamamento não haverá incluído o n.° 8 do art. 3.°, que, precisamente impede a previsão de condições contratuais mais favoráveis ao transportador, no que toque às obrigações e responsabilidade deste. O Autor conclui que a solução deverá ser encontrada casuisticamente. Postula, ademais, o carácter meramente contratual das Regras de Haia-Visby e de Hamburgo, quando chamadas por uma *charter-party*, por estas se encontrarem excluídas do seu âmbito de aplicação das mesmas (respectivamente, art. 5.° e 2.°, n.° 3) — cfr. L. TULLIO, *La claosola*, *cit.*, p. 855, n.4.

E ainda C. M. SCHMITTHOFF, *The law and practice*, *cit.*, p. 568. Sobre a autonomia expressa numa incorporação contratual, *vide* H. BATIFFOL, p. LAGARDE, *DIP*, *cit.*, II, p. 262 ss..

Paul LAGARDE (*op. cit., loc. cit.*) convoca ainda, para ilustrar o carácter conflitual da *electio* admitida pelas Regras de Visby, quanto se tem sustentado, num enquadramento não exactamente homólogo, a propósito da escolha pelas partes da Convenção de Viena,

foro[175] e dos princípios e valores que o fundamentam, entre os quais deveremos sopesar, seja a previsisbilidade do direito aplicável[176] e a autonomia privada, seja a estabilidade da vida jurídica internacional — lembrando, todavia, que nenhum conflito subsistirá, se todos os sistemas conectados com o contrato anuirem na aplicação das Regras de Visby ou de Hamburgo, mas que, a mais disso, melhor servida seria também a harmonia, se, em caso de escolha de tal disciplina pelas partes, todos os demais sistemas nisso anuissem, não havendo o conhecimento sido emi-

de 11 de Abril de 1980, sobre a compra e venda internacional de coisas móveis, a despeito de esta não conter a previsão expressa desta escolha, como sucedia com o art. 4.º da Convenção de 1 de Julho de 1964. Assim, a este propósito já se afirmou que as partes poderão submeter o contrato à Convenção, ainda que se considere que este chamamento tem um valor apenas negocial e encontrará um seu limite nas normas imperativas da lei que seria aplicável segundo o direito internacional privado do foro — cfr. M. J. BONELL, Comentário ao art. 6.º, in Convenzione di Vienna, cit., p. 19. Vide, entre nós, D. Maria Ângela BENTO SOARES, R. M. MOURA RAMOS, op. cit., p. 34, n.35, sobre a desnecessidade da consagração, no art. 6.º, da «vertente positiva do princípio da autonomia», e susustenando que, em caso de referência operada pelas partes, não se verificando os requisitos localizadores do art. 1.º, «a Convenção não se aplicará, já qua tale mas antes como integrando a ordenação escolhida pelas partes». Cfr. ainda A. CARNEIRO DA FRADA DE SOUSA, o estudo citado supra.

Note-se, contudo, que uma diferença subsiste, quanto às respectiva natureza, entre a disciplina da Convenção de Viena e aquela contida nas Regras de Haia-Visby, pois que aquela apresenta um carácter dispositivo ou supletivo, à excepção do art. 12.º (cfr. D.Maria Ângela ABENTO SOARES, R. M. MOURA RAMOS, op. cit., p. 33 s., n.34), de índole imperativa. Todavia, a aceitar-se a referência a um corpo normativo internacional como conflitual, não se olvidará que este passará a constituir, proprio sensu, a lex causæ, excluindo, desta sorte, qualquer paralela designação conflitual.

[175] Cfr., ainda, o trabalho citado de António CARNEIRO DA FRADA DE SOUSA.
[176] Cfr., sobre a relevância da certeza e previsibilidade da disciplina normativa ou do sistema de direito material a aplicar, W. WENGLER, L'évolution moderne du droit international privé et la prévisibilité du droit applicable, in Droit international et droit communautaire, Actes du colloque, Paris, 5 et 6 avril 1990, Paris, 1991, Fundação Calouste Gulbenkian, p. 11 ss., relacionando tais valores com a ideia de conexão mais próxima ou mais forte e de «neutraliddade substancial» da regra de conflitos, cuja busca seria a reedição da busca da «pierre philosophale», culminando na concepção de que se presume ser o «rattachement le plus fort» aquele escolhido na sequência de um específico juízo conflitual do legislador. O Autor dá ainda conta de como se vem sustentando que ««pour le commerce interétatique et plus précisément les transactions en matière de transports et d'achat conclus aux fins de ces échanges [em áreas onde se sente um maior fungibilidade das opções normativo-materias nacionais], il y aurait un droit coutumier de nature internationale, distinct des droits nationaux, une "lex mercatoria"».

tido em nehum dos Estados vinculados à versão de 1924 da Convenção (caso em que sempre deveríamos convocar a disciplina nesta contida), e ainda que o nosso ordenamento fosse a *lex portitoris*, isto é, ainda que aqui tivesse o transportador a sua sede efectiva (e, neste caso, a escolha das ditas Regras pareceria de seguir mesmo na ausência de escolha pelas partes, desde que às mesmas — *scl.*, a umas ou a outras — estivessem vinculados todos os outros Estados envolvidos), solução, parece-nos, plenamente aceitável à luz dos ditâmes da Convenção de Roma[177].

Mais árduo poderá ser aceitar a aplicação de um regime uniforme, seja ele o de Haia/Visby ou aquele de Hamburgo, pelo facto de conterem uma disciplina imperativa, atendendo, nomeadamente às teorias relativas

---

[177] Logo, solução preconizável mesmo à luz do princípio de maior proximidade (cfr. n.º 1 e 5 do art. 4.º da Convenção de Roma), e, portanto, ainda que se negue irredutivelmente a conflitualidade de uma referência às Regras de Visby ou de Hamburgo, considerando os laços que unem a relação plurilocalizada aos demais ordenamentos (do local de carregamento, descarga, emissão do conhecimento); logo, solução que, seguramente, não requereria o recurso a uma ideia de limitação espacial da regra de conflitos portuguesa. Sempre poderíamos, talvez, brandir a afirmação de Paolo PICONE, quando sustenta que «[*l*]*a crescente dinamica ed il sempre più intenso "internazionalizzzarsi" della vita giuridica dei soggetti privati non sembrano più sopportare il "chiudersi" dei sistemi di d.i.privato intorno a soluzioni prive della necessaria flessibilità*» — *Il rinvio all'«ordinamento competente» nel diritto internazionale privato*, RDIPP, 1981, p. 365.

Na verdade, e lembrando o que dissemos *supra*, mesmo que só o estabelecimento do transortador se situasse em Portugal (o que poderia levar à atribuição de competênca à nossa ordem jurídica pela norma do n.º 2 do art. 4.º da Convenção de Roma, uma vez que não seria aplicável o n.º 4 — embora, como veremos *infra*, se possa duvidar da justeza da convoação do n.º 2, já que existe a norma especial do n.º 4, restando-nos, pois, o recurso ao n.º 1 do art. 4.º), sempre as partes poderiam ter escolhido indirectamente as Regras de Haia-Visby ou de Hamburgo, em vigor nos demais Estados envolvidos, se tivessem escolhido como *lex contractus* um destes ordenamentos.

Cfr., numa área tangencial, M. J. BONELL, *Il diritto applicabile, cit.*, p. 226, aludindo à crescente insinuação de «*principi e di norme imperative non soltanto della* lex fori, *ma anche di Stati-terzi in qualche modo interessati alla disciplina della singola fattispecie, di trovare applicazione in concorrenza, se non adirittura un sostituzione della* lex contractus», e nas quais de revelariam como móbil da vontade de aplicação «*"multisate policies"*», para sustentar, numa linha de pensamento que já trilhara previamente, que para os contratos típicos do comércio internacional, como, mais geralmente, para «*qualsiasi fattispecie auteticamente internazionale o "transnazionale", avente cioè con più Stati punti di contatto del tutto casuali o comunque non tali da giustificare la loro "localizzazione" in uno solo di questi, non potessero essere assoggettati ad un singolo diritto nazionale, bensì richiedesse l'elaborazione di apposite norme e principi materiali altretanto "internazionali" o "transnazionali"*».

à aplicação (*Anwendung* [178]) ou à tomada em consideração (*Berücksichtigung*) de normas de aplicação necessária e imediata de ordenamentos que não sejam os da *lex causæ* ou da *lex fori* [179]. Amiúde, não poderemos admitir a aplicação das regras das várias convenções, uma vez que se preencham os contactos por elas próprias previstos e desde que vigorem num ordenamento terceiro não coincidente com a *lex fori* ou com a *lex causæ*, não apenas por devermos considerar a autonomia das partes[180] — que não escolheram o regime uniforme como disciplina reguladora do seu contrato —, mas também porque, geralmente, as regras internas atinentes ao contrato de transporte, e, mais especificamente, à responsabilidade do transportador, são de carácter imperativo ou, mesmo, necessária e imediatamente aplicáveis. Por outro lado, o objectivo que, senão preeminente, pelo menos proeminentemente, poderia ser prosseguido pela convocação do regime uniforme vigente num terceiro Estado, ou seja, a concessão de um mínimo de protecção à posição do interessado na carga, será, também geralmente, conseguido pelas regras imperativas internas da *lex causæ*, cuja aplicação seria mais provavelmente esperada pelas partes, ou, então, sê-lo-à por normas de aplicação necessária e imediata do foro[181].

Por motivos semelhantes, mais precisamente, por isso que se deve admitir que qualquer uma das convenções hoje em vigor — a de Bruxelas, o Protocolo de Visby e a Convenção de Hamburgo — garante ao carregador e aos interessados na carga, *in genere*, uma protecção mínima

---

[178] Sobre a noção de *Anwendugsnormen*, cfr. *infra*, e J. BAPTISTA MACHADO, *Âmbito, cit.*, p. 22 s., n.45.

[179] *Vide* M. KELLER, K. SIEHR, *Algemeine Lehren des internationalen Privatsrecht*, Zurique, 1986, p. 272 ss., 547 ss.; A. MARQUES DOS SANTOS, *As normas de aplicação imediata, cit.*, p. 1031 ss.; R. M. MOURA RAMOS, *Da lei aplicável, cit.*, p. 631 ss..

[180] Na verdade, nesta área contratual, como seria de esperar, não se desenha qualquer princípio ou ideia de alternatividade de escolha do ordenamento aplicável, subordinada à satisfação de um *favor domini mercium*.

Cfr., sobre a influência do escopo material de favorecimento de uma pessoa, no momento da escolha da lei competente, R. M. MOURA RAMOS, *Aspectos recentes, cit.*, p. 12 ss., em torno do *Günstigkeitprinzip* e da *better law approach*; e, no domínio do estatuto pessoal, N. G. ASCENSÃO SILVA, *O estabelecimento da filiação no direito internacional privado português*, BFDUC, v.LXIX, 1993, p. 680 ss., aludindo à escolha da lei mais favorável segundo a ideia do *favor filii*, mesmo baseada numa cláusula de equidade.

[181] Terreno este onde sempre restaria o recurso, como *ultima ratio*, ao instituto da ordem públca internacional, desde que verificados os rspectivos requisitos de aplicação.

équa, ainda que segundo opções normativas diferenciadas e, eventualmente, em graus igualmente diversos, não serão de admitir, *ad libitum*, combinações entre normas dos diferentes regimes, ao abrigo das diferentes disposições, que, em cada um daqueles diplomas, permitem uma alteração das respectivas soluções normativas, desde que em sentido mais favorável ao interessado na carga (apesar dos evidentes riscos de surgimento de situações propícias a fenómenos de *forum shopping*)[182].

---

[182] Assim, P. BONASSIES, *Le domaine d'application des Règles de Hambourg*, DM, 1993, p. 273 ss., vendo neste processo também um meio para a solução de um eventual «*conflit entre ordres publics*». Alegando que a Convenção de 1924 não é «*un système clos*», concorda, pois, com a possibilidade de aplicação das Regras de Hamburgo, ainda que parcialmente, a um transporte que, no foro devesse ser disciplinado pela Convenção de Bruxelas, quando as partes hajam escolhido aquelas, desde que, *in concreto,* o regime de Hamburgo se revele mais favorável ao interessado na carga, pelo que a aplicação deste regime novo estaria de acordo com o art. 3.°, n.° 8 e 5.° da Convenção (que, precisamente, admitem apenas a derrogação *in melius*) — todavia, segundo cremos, tal opção sempre seria casuística, e sem fortes garantias para a harmonia de decisões, dadas as dificuldades interpretativas levantadas pelos vários regimes uniformes, se não acabasse mesmo por degenerar numa cumulação/adaptação de normas de diferentes regimes uniformes —, por as partes sempre se subordinarem a estas disposições que, em qualquer caso, permitem a derrogação das respectivas normas, desde que em sentido mais favorável ao interessado na carga. Cfr., em sentido próximo, para os casos de escolha de uma disciplina internacional uniforme pelas partes, F. BERLINGIERI, *Coexistance entre la Convention de Bruxelles et la Convention de Hambourg*, DM, 1993, p. 351 ss..

Todavia — e as possíveis objecções não miram, de todo, converter a disciplina internacional num sistema fechado — tal disposição, permitindo a derrogação sobredita, não a impõe. E ainda que se considerasse que um princípio, assim concebido, poderia catalisar ou contribuir para assegurar a uniformidade de valoração das relações jurídicas que esbarrassem com estoutros conflitos entre disciplinas de direito uniforme, a verdade é que a sua defesa sempre custaria ao princípio da autonomia um entorse, se as partes haviam escolhido, *in toto,* o regime contido numa Convenção que não vigora no Estado do foro, quando, *v.g.,* o contrato deva aqui ser submetido a um diferente corpo de direito uniforme, porquanto as partes haviam eleito aquele como uma *lex contractus*; aliás, não parece que para esse entorse se encontre fundamentação nos diversos corpos normativos, os quais, mirando a libração das posições dos sujeitos, não descuram a protecção da posição do próprio transportador, como veremos, seja na distribuição dos riscos, seja na atribuição dos *onera probandi,* seja, enfim, na previsão de uma limitação do *quantum respondeatur.*

Quanto se disse, porém, não tolhe que a solução sempre passe por uma fiel investigação da vontade das partes, na mira de proteger as respectivas expectativas, dentro dos confins traçados pelo direito internacional privado do foro e das respectivas normas internas ou internacionais cuja aplicação se imponha. E cremos que a posição dos Autores cita-

A hipótese de proceder deste modo foi já sugerida para fazer face aos conflitos originados entre os regimes de direito uniforme. Só que, esta hipótese, partindo embora da intenção de mais fielmente respeitar a vontade das partes, a pode acabar por contrariar, violando as legítimas expectativas das partes, e acabando por aplicar ao contrato uma disciplina, que, não só não fora pensada pelos contraentes, como poderá não corresponder já a nenhum dos regimes acordados internacionalmente[183].

Conflitos deste tipo, tê-los-emos, por exemplo, quando, havendo sido emitido o conhecimento num Estado signatário da Convenção de Bruxelas, o carregamento venha a ocorrer num país que haja aceite o Protocolo de 1968, ou quando situando-se o porto de partida neste último, o destino se encontre no território de um Estado submetido às Regras de Hamburgo, e, com maior acuidade, senão apenas, quando as partes houverem escolhido como *lex contractus* um complexo normativo diferente daquele que vigorar na *lex fori*.

Conquanto o processo de constituinte explicitação e objectivação dogmático-jurisprudencial (ou jurisprudencial, *lato sensu*) haja conduzido a uma aproximação, no plano interpretativo, como naquele formalmente prescritivo, dos vários regimes uniformes, não levou à desconsideração, seja das obrigações internacionalmente assumidas (não só pela diferença óbvia dos conjuntos de signatários, como porque o diploma mais recente não se assume sequer como um protocolo de revisão dos anteriores, não estabelecendo a necessidade de vinculação a um *acquis* [184]), seja da inte-

---

dos acaba por partir deste implícito pressuposto, pretendendo, por outro lado, expor como se poderá permitir a aplicação de disposições de um ordenamento que não vigore no foro, ainda que parcialmente, se tal for ao encontro da vontade das partes. Ora, é, justamente, na averiguação desta que especial e avisada cautela nos deverá guiar, a fim de não lhes impor uma disciplina, de todo, imprevista (senão mesmo imprevisível).

Sobre a sucessão dos diversos corpos normativos, nomeadamente, acerca das relações entre os Estados partes da Convenção de Bruxelas e as do Protocolos de 1968 e de 1979, *vide* S. M. CARBONE, *L'operatività nell'ordinamento italiano dei Protocolli di Visby e Bruxelles sulla polizza di carico*, RDIPP, 1986, p. 789, *maxime*, p. 795.

[183] Também de um ponto de vista conflitual, neste caso, não estando em causa a realização de acrescidos objectivos de ordem pública ou nacionais, uma finalidade materialmente protectora, em sede contratual, poderá legitimar uma intervenção ou correcção na liberdade das partes (mesmo naquela de escolha de lei), tão-só até estar garantido um mínimo de protecção razoável, mas não, em princípio, para além disso.

[184] Diferentemente dos quase coevos Protocolos relativos ao transporte aéreo.

gridade e coerência internas dos vários corpos normativos, características, de resto, indelevelmente ligadas ao seu escopo unificador, e que, a despeito daquela proximidade das respectivas prescrições, os não tornam permeáveis a uma ideia de fungibilidade ou, sequer, de conjunção das respectivas soluções normativas.

Na realidade, a solução a dar aos conflitos entre diferentes disciplinas materiais uniformes, passará por ter em consideração as expectativas e a vontade das partes, bem como as características próprias de tais regimes uniformes, precisamente aquelas que no-los permitem ver como "ordenamentos" dotados de um considerável grau de integridade e coerência normativas. Mas, em última análise, essa será uma solução encontrada, de acordo com as obrigações internacionais do foro, no âmbito do direito internacional privado do foro e dos seus princípios, o que implicará, por um lado, atender às expectativas das partes e ao objectivo da segurança inerente à previsibilidade normativa, mas, por outro, implicará, particularmente, não desatender as soluções do corpo de direito uniforme vigente no foro, vistas numa perspectiva sistemática. À luz do art. 5.º (e 7.º) da Convenção de Bruxelas, isto significará, seguramente, não adoptar uma "correctora" visão objectiva (deveras insatisfatória no domínio contratual para lá das imposições normativas prescritivamente estabelecidas no diploma internacional), que, pelo mero facto de as partes haverem escolhido o regime de Hamburgo, através de uma *professio iuris,* leve a deste aproveitar as soluções normativas mais favoráveis ao carregador, desdenhando as demais, quando tal não se possa deduzir da vontade pactícia (aliás, se tal fosse desentranhado da vontade das partes, a referência às Regras de Hamburgo poderia assumir uma relevância e um valor distintos, isto é, poderia assumir um significado materialmente incorporador).

Como vem sendo apregoado, a aceitação do carácter conflitual da escolha do direito uniforme pelas partes como ordenamento regulador do transporte internacional, determinará, de uma banda, a "ultra-actividade" espacial ou territorial das Regras de Haia-Visby e de Hamburgo, seja pela aplicação das mesmas no território de Estados contratantes, a despeito da não verificação dos contactos objectivos previstos pelas regras de aplicação instrumental — sendo assim as normas uniformes competentes, até para regular relações internacionais que, eventualmente, não apresentem qualquer conexão objectiva com o território de tais Estados —, seja, mais flagrantemente, pela convocação, por causa de uma *Paramount clause,* do "sistema" uniforme como *lex contractus*, em Estados que não se achem vinculados internacionalmente a tais diplomas[185].

De outra banda, qual reverso da moeda, assiste-se a mais uma manifestação da "deslocalização" ou "transnacionalização" dos contratos e da vida jurídico-comercial, que, assim, se libertam do jugo da estatalidade, no que tange às fontes normativas que se admitem ao descortino pelas partes. Libertação que prestará outrossim para satisfazer objectivos também almejados pelos Estados, mercê da sua preocupação com a protecção das expectativas das partes quanto ao direito aplicável[186] e com a celeri-

---

[185] Cfr. S. M. CARBONE, *Contratto, cit.*, p. 64 ss.; P. IVALDI, *Diritto uniforme, cit.*, p. 59 ss. (falando de «*una volontà impiegata in funzione "dilatativa" della sfera di efficacia riservata alle convenzioni*»), sobre a "ultra-actividade" destas Convenções. E ainda C. M. SCHMITTHOFF, *The law and practice, cit.*, p. 568, a respeito da «notável» expansividade, embora num sentido transversalmente material, no domínio dos contratos de utilização do navio.

[186] Cfr. S. M. CARBONE, *Contratto, cit., loc. cit.*; P. IVALDI, *Diritto uniforme, cit., loc. cit.*, p. 75, mostrando como a relevância atribuída à vontade das partes poderá contribuir para colorir mais intensamente o tríptico constituído pela certeza do direito aplicável, pela previsibilidade dos «*metodi e criteri di ripartizione dei rischi*», permitindo o planeamento de custos e o recurso a contratos de seguro, e pela eficácia de «*una normativa di tipo consuetudinario, oltrechè convenzionale*», nascida e nutrida no «ambiente» comercial, e «*considerata dalle parti conatraenti — perchè specializzata, o "neutra", o semplicemente perchè da esse constantemente praticata — come la più appropriata*». Sobre as vantagens para a uniformidade de valoração do chamamento de corpos normativos internacionais ou transnacionais, M. J. BONELL, *Unificazione del diritto, cit.*, p. 3 ss., *Il diritto applicabile, cit.*, p. 226 ss.

No sentido da admissibilidade de uma referência conflitual a corpos normativos uniformes internacionais ou transnacionais, através de um *opting-in* ou de uma escolha de normas de forja a-estatal (*v.g.* os Princípios UNIDROIT, centro do estudo citado — cfr. M. J. BONELL, *The UNIDROIT Principles of international commercial contracts and CISG, cit.*, p. 26 ss., «*droit a-national*», normas da *lex mercatoria*), mesmo à luz do art. 3.º da Convenção de Roma de 1980 sobre a lei aplicável às obrigações contratuais (considerando, também, por um lado, embora, *en passant*, que, diferentemente do que acontece no art. 4.º, o art. 3.º alude tão-só à «*law*» escolhida, e não à «*law of the country*», e, sobretudo, considerando as alterações subsequentes de circunstâncias, com o aumento das «*autonomous uniform regulations*», bem como o «*paralell* [...] *with the phenomenon of opting-in*», para o que convoca uma decisão do Supremo Tribunal Holandês, de 26 de Maio de 1981, em que se consentiu na escolha, como estatuto do contrato, da Convenção CMR — cfr. *infra*, S. M. CARBONE, *Il «contratto senza legge», cit.*, p. 284 s., no mesmo sentido; mas, divergindo, embora ressalvando o art. 21.º da Convenção de Roma, R. M. MOURA RAMOS, *Da lei aplicável, cit.*, p. 513, n.288), em se tratando de «*uniform rules*

dade e estabilidade do tráfico jurídico-comercial, indubiamente favorecidas pelo trilho unificador e harmonizador, ele tmbém consruído pelos Estados.

Naturalmente, como já dissemos, a admissão de uma tal expansão normativa, devida, nomeadamente, a um *pactum de lege utenda*, dependerá também da solução a dar, no âmbito do ordenamento do foro, a uma questão mais vasta[187], que trata da escolha conflitual que recaia em orde-

---

that are both coherent and indicate ways of filling possible lacunæ» (o que sucederia com os Princípios UNIDROIT), K. BOELE-WOELKI, *Principles and private international law, cit.*, p. 652 ss., *maxime*, p. 659 ss..

Assim, a propósito da *electio iuris* ir dirigida pelas partes a um ordenamento não-estatal, isto é, a corpos normativos internacionais ou transnacionais, Sergio Maria CARBONE, começa por alertar para que a Convenção de Roma de 1980, sobre a lei aplicável às obrigações contratuais, não toma a esse respeito uma posição expressa, assim, serve-se do argumento literal já referido, ou seja, por no art. 3.° se aludir tão-só a uma «lei» e não, como alhures (art. 7.°), à «lei de um País», e serve-se sobretudo do art. 21.°, de acordo com o qual não saem pela Convenção prejudicadas, na respectiva aplicação, «as convenções internacionais de que um Estado Contratante seja ou venha a ser parte», para concluir que, mesmo *de iure condito,* não se destilará da Convenção de Roma uma «*concezione "territorialistica" e "statocentrica" dell'arbitrato*», nem, segundo parece decorrer da exposição do Autor, uma visão redutora dos tipos de ordenamento convocáveis seria, de igual sorte, de excluir no que tange às decisões judiciais, tomadas no seio dos Estados. Afirma ainda o Autor que «*sarebbe davvero strano che una Convenzione così ampiamente ricogńitiva del ruolo dell'autonomia privata nel ambito delle scelte relative ai tradizionali problemi di diritto internazionale privato possa essere considerata estremamente mortificativa della volontà dei soggetti contraenti, in contrasto con tutti gli indici rilevanti al riguardo e con ormai consolidate pratiche commerciali, allorchè essa assolve alla stessa funzione sostanziale (e cioè, garantire uniformità di disciplina nei vari ordinamenti interessati a rapporti che non se esauriscono al'interno di uno solo di essi) attraverso tecniche diverse ampiamente legitimate da norme di origine internazionale e statale*» — S. M. CARBONE, *Il «contratto senza legge», cit.*, p. 279 ss., *maxime*, p. 284 s.. Cfr., todavia, em sentido diverso, R. M. MOURA RAMOS, *Da lei aplicável, cit.*, p. 513, n.288.

Cfr. ainda R. BARATTA, *op. cit.,* p. 160 ss., n.81, defendendo que as normas instrumentais de aplicação das convenções de direito uniforme, mesmo à luz do art. 21.° da Convenção de Roma de 1980, «*prevalgono sulle norme di conflitto della Convenzione communitaria*», não sendo, de resto, sequer necessário recorrer ao n.° 2 do art. 7.°, alegando tratar-se, no caso dos transportes, de normas de aplicação necessária; S. TONOLO, *op. cit.*, p. 833 s., em sentido conforme. *Vide*, ainda, P. M. NORTH, J. J. FAWCETT, *Private international law,* Londres, 1992, p. 521.

[187] Sobre a relação entre a internacionalidade e a determinação subjectiva de lei aplicável, em face do famigerado dualismo metodológico, *vide* p. M. PATOCCHI, *Règles de*

namento ou normas não estatais e que se dirija à *lex mercatoria* ou aos corpos normativos existentes em certas áreas mercantis — o que, atentos

rattachement localisatrices et règles de rattachement à caractère substantiel, Genebra, 1985, p. 107 s., 275. Cfr., sobre este tema, H. BATIFFOL, *Subjectivisme et objectivisme, cit.*, p. 249 ss., *maxime,* p. 255; D.Isabel de MAGALHÃES COLLAÇO, *Da compra e venda, cit.*, p. 27 ss.; R. M. MOURA RAMOS, *Da lei aplicável, cit.*, p. 738 ss.

A concepção subjectivista parece colher já quando se toque a defender uma obrigatoriedade jurídica que é intrínseca aos contratos e deles emana directamente sem intermediação legitimante ou juridicizante de uma ordem jurídica nacional ou internacional positiva, mas, ainda assim, sempre o acordo privado será sujeito ao Direito e aos princípios e normas de justiça inarredáveis, os quais desde logo brotam do direito natural (e aludimos à sua concepção clássica) e, assim, do *præceptum iuris* «*suum quique tribuere*» — Ulpiano, D.1,1,10 pr.: «*iustitia est constans et perpetua voluntas ius suum cuique tribuere*»; e, na formulação do Doutor Angélico (*Sum.Theol.* II-II, q.58, a.1): «*iustitia est habitus secundum quem aliquis constanti et perpetua voluntate ius suum unicuique tribuit*» —, e, no limite, isto é, mesmo prescindindo do enquadramento normativo fornecido por uma ordem estatal positiva, sempre estes fundamentariam a necesária *jurisdictio,* podendo, por exemplo, em sede de julgamento, externar-se judicativamente em juízos de equidade (cfr.Ulpiano, D.1,1,1.pr.: «*Iuri operam daturum prius nosse oportet unde nomen iuris descendat.Est autem a iustitia appellatum; nam, ut eleganter Celsus definit, ius est ars boni et æqui*»; e ainda no comentário da Glosa de Acúrsio: «*Ius est autem a iustitia, sicut a matre sua. Ergo fuit orimus iustitia, quam ius*»; acerca da origem filológica, mas também ôntica do *ius,* nomeadamente a propósito do fragmento D.1,1,1.pr., S. CRUZ, *Direito romano, cit.,* p. 20 ss.; *Ius. Derectum (directum),* Coimbra, 1986, *passim,* mas p. 39 ss.; M. BIGOTTE CHORÃO, *Introdução ao Direito,* Coimbra, 1989, p. 22 ss.). Cfr. H. BATIFFOL, *Sur la signification, cit.,* p. 278.

Sobre o direito natural e o seu papel fundamentante *vide,* ainda, O. BACHOF, *Normas constitucionais inconstitucionais?,* Coimbra, 1977, trad. de José Manuel M. Cardoso da Costa, *passim*; H. BATIFFOL, *Filosofia do direito,* Lisboa, 1981, *passim*; sobre este tema e também sobre a concepção tomista de Lei Natural e para uma visão pré-moderna do direito natural, senão também sobre a noção "real" do direito, R. GARCIA DE HARO, *La noción teologica de Ley Natural, in* En el VII Centenario de Santo Tomás de Aquino, dir. por Juan J. Rodriguez Rosado e Pedro Rodriguez Garcia, Pamplona, 1975, n.º IV, *Para la recuperación de la noción teologica de Ley, in* Estudos juridicos en Homenaje al Professor Federico de Castro, Madrid, 1976, p. 679 ss.; M. SANCHO IZQUIERDO, J. HERVADA, *Compendio de Derecho natural,* Pamplona, I, 1980, II, 1981 (também sobre a visão poética e cosmológico-filosófica jónica e pré-socrática, em geral, da *diké* e da ordem em face da *hybris,* v.I, p. 80 ss.); J. HERVADA, *Introducción critica al Derecho Natural,* Pamplona, 1981; F. D'AGOSTINO, *Elementos para una filosofia de la familia,* Madrid, 1991, p. 65 ss., *Dalla bioetica alla biogiuridica,* Persona y Derecho, v. XXIV, 1991, p. 9 ss., *Il diritto naturale nella dottrina sociale della Chiesa,* Rivista di teologia morale, v. XCIII, 1992, p. 85 ss., *Filosofia del diritto,* Turim, 1993, *passim,* mas, p. 5 ss., 59 ss. (mesmo em torno do drama e do "*pathos*" trágico" de Antígona, p. 74 e 81). Cfr., todavia, entre nós, J. BAPTISTA MACHADO, *Antropologia, existencialismo e Direito,* RDES, a.XII, 1965, p. 95 ss., *Nota*

aos princípios e aos valores que informam as soluções de direito internacional privado, nos levará a não ver aí *à outrance* um qualquer passo

---

preambular, in Hans Kelsen, *Justiça e Direito Natural,* Coimbra, 1979, p. V ss., *Introdução ao Direito e ao discurso legitimador,* Coimbra, 1989, p. 273 ss.; A. CASTANHEIRA NEVES, *Curso, cit.,* p. 49 ss., *Justiça e Direito,* Coimbra, 1976, Separata do v.LI do BFDUC, *maxime,* p. 50 ss. Cfr., ainda, H. KELSEN, *Justiça e Direito Natural,* Coimbra, 1979, trad. de João Baptista Machado. *Vide,* ainda, G. RADBRUCH, *Filosofia do direito,* trad. Luís Cabral de Moncada, Coimbra, 1979, p. 61 ss.; L. CABRAL DE MONCADA, *Filosofia do Direito e do Estado,* Coimbra, 1955,I, p. 11 ss., 45 ss., II, p. 134 ss., S. CRUZ, *Direito romano, cit.,* p. 38 ss.; M. BIGOTTE CHORÃO, *Introdução ao Direito, cit., passim*; J. F. FARIA COSTA, *O direito, a fragmentaridade e o nosso tempo,* Porto, 1993,*passim*; A. SANTOS JUSTO, *Introdução ao estudo do direito,* Porto, 1998, p. 129 ss..

Mas, e como faz notar Henri BATIFFOL (*Subjectivisme, cit.,* p. 256), mesmo «*à la plus belle époque du libéralisme*», os legisladores sempre foram intervindo a fim de proteger o bem comum e certos interesses, destacando-se, hoje, *v.g.,* a preocupação de tutelar os interesses das partes, que, na relação contratual, se achem mais debilitadas ou numa posição mais fraca, pelo menos, ao tempo da conclusão do contrato, atendendo às suas forças de negociação e às circunstâncias que antecedem e envolvem a celebração do mesmo, vendo-se nessa intervenção um modo de satisfazer a exigência de *suum cuique tribuere* (sobre este *præceptum iuris,* S. CRUZ, *Direito romano, cit.,* p. 12, n.5), reequilibrando uma situação inicial de desequilíbrio, como meio de, *in fine,* acabar por garantir o valor da autonomia privada e as exigências de justiça, não obstante o desaparecimento, *de facto,* desse equilíbrio arcadiano — na verdade, não se olvidará que é sempre a própria, natural e imutável radicalidade normativo-determinante e axiologicamente fundamentante do *suum cuique tribuere* a exigir também a contemplação e actuação normativa e judicativa das designadas limitações ou compressões (compossibilitadoras da realização da justiça) da liberdade contratual, nomeadamente, no que tange à consideração prática das diferentes posições, *ab initio* ou até supervenientes, das partes. Cfr. R. M. MOURA RAMOS, *Da lei aplicável, cit.,* p. 738 ss.. O contributo dos moralistas é aqui pertinente, não tanto quando lembram como a igualdade é uma condição da relação de justiça, e, nomeadamente, da justiça correctiva ou comutativa, mas sobretudo quando alertam para os requisitos objectivos do *iustum* devido, isto é, para a *æqualitas* do *opus iustitiæ,* pois que a igualdade que com tais correcções normativas se pretende restaurar ou instaurar seria aquela que caracteriza a relação objectiva entre as prestações comutativas ou co-respectivas, conforme foram queridas pelas partes, sem que a vontade de uma delas seja mutilada pela preponderância económica da outra, o que acabaria por transformar em farsa a relação voluntária e contratual — cfr. J. PIEPER, *Virtudes fundamentais,* Lisboa, 1960, p. 67 ss..

E se se considerar que puros juízos de equidade e de bom senso, ou seja, que *arbitrii boni viri* seriam capazes — relativamente às relações contratuais plurilocalizadas, que, segundo Henri BATIFFOL, oferecem «*un terrain de revanche*» — de chegar aos resultados prosseguidos pelas legislações nacionais (que, hodiernamente, já não são falhas, no que tange a orientações normativas correctivas ou imperativamente informadoras das relações entre particulares), então sempre se poderia asseverar que a escolha, judicial ou legal que

revolucionário, pelo menos, quando tais complexos normativos estejam dotados de uma carácter coerente ou sistemático[188] —, mas passará sem-

---

fosse, de um estatuto contratual de referência, sempre triunfaria daquela hipótese de mera convocação de juízos de equidade, pelo menos, no que toca a assegurar a previsibilidade dos critérios normativos a convocar para a solução do caso problematicamente controvertido, atendida embora a sua particular natureza internacional.

Sabemos, todavia, que outras são também as inquietações que levam a abraçar um certo objectivismo, neste domínio, preocupações que levam a tentar sublimar as lacunas normativas presentes na *lex privata*, assim como prover à protecção de terceiros, e evitar com segurança, e não apenas desencorajar, decisões que se furtem a tais objectivos normativos vertidos em normas de tipo imperativo. Questão diferente será já aquela de saber se, em todos, ou em alguns âmbitos sociais e relacionais, poderemos encontrar uma ordem ou um complexo normativo de referência no «*milieu international*», no qual o contrato não poderá tanbém deixar de ser encarado como um facto, dotado *a se*, de relevância jurídica. Cfr. H. BATIFFOL, *op. cit.*, p. 257 ss..

O facto, ao ser visto juridicamente, revela o círculo hermenêutico que encerra, como que *ab initio*, precisamente porque é um facto humano, mas, ao nos darmos conta de que carece ainda de um ordenamento normativamente conformador — para além dos princípios e regras naturais de justiça a que está submetido, precisamente por ser humano e dotado de implicações relacionais, *lato sensu* —, então, de igual sorte nos apercebemos de que, também aqui, poderá assumir relevância a vontade das partes, ainda que indirectamente, através da localização do contrato e do estabelecimento das respectivas conexões, pois que como afirma Henri BATIFFOL «*les parties sont libres de se placer, si elles le peuvent, dans tel ou tel milieu juridique*».

Todavia, as necessidades e os desenvolvimentos mais ou menos acelerados da vida comercial (designadamente, no campo dos transportes, de que ora tratamos) haverão também forte influência na determinação localizadora do contrato (mesmo reparando em que a localização, em certo sentido, extravasa da mera realização de ligações espaciais — a qual, na sua singeleza, sempre acabará por assumir relevância, mesmo num plano virtual, na ligação dos contratos de transportes a corpos de regras de direito uniforme, que farão depender a respectiva competência tão-só da previsão contratual de certos contactos espaciais de realização virtual), de onde decorrerá que, mormente num domínio invadido por contratos-estereótipos (que nem sempre terão de ser inspirados em contratos-tipo ou normativos acordados ao nível de agrupamentos ou associações profissionais representativas), a escolha de lei, quando ditada por uma regra de conflitos nacional ou uniforme, possa juntar ao tom liberal certas *nuances*, influenciadas por certos escopos materiais, como a protecção da parte mais fraca ou, *in casu*, do carregador ou do interessado na carga, uma vez que essa escolha, recaindo sobre um complexo de direito uniforme ou sobre uma lei nacional, conduzirá, em princípio, à aplicação de certas normas protectoras. Acaba-se assim por percorrer uma *via di mezzo* de côr mais pastel, num compromisso entre as propostas dogmáticas que, a seu talante, de há muito, vêm sugerindo matizes subjectivistas e objectivistas.

[188] Cfr. M. J. BONELL, *Le regole oggettive, cit.*, p. 85 ss.; R. M. MOURA RAMOS,

pre por indagar sobre a admissibilidade de tal escolha do ponto de vista do próprio sistema de direito uniforme e das condições que o mesmo exige para a respectiva aplicação, pelo menos para um Estado que esteja internacionalmente obrigado a cumpri-lo.

Todavia, no que especificamente diz respeito a uma *Paramount clause* que oriente a sua escolha para a disciplina uniforme das Regras de Haia, isto é, para a Convenção de Bruxelas de 1924 não revista, tratando-se de um contrato que, pelos contactos apresentados com os Estados contratantes, não devesse, de acordo com o âmbito de competência autolimitado, ser forçosamente submetido ao seu regime, sempre foi outra a posição comummente assumida pela doutrina, atendendo, precisamente, à vontade de aplicação das regras uniformes, sendo, pois, a escolha das partes entendida como uma referência material ou de incorporação contratual[189].

Direito internacional privado e Constituição, cit., p. 495 ss.; A. MARQUES DOS SANTOS, *As normas de aplicação imediata, cit.*, p. 641 ss., 656 ss..

Vide, ainda, sobre o princípio da autonomia em direito internacional privado, P. LAGARDE, *Le principe de proximité dans le droit international privé contemporain*, Recueil des Cours, 1986, I, p. 63 s., que, realçando como a lei escolhida deverá «oferecer efectivamente» à situação *sub iudice* um quadro normativo, mostra também como, por um lado a «*l'indépendence conquise par le principe d'autonomie sur le principe de proximité* [...] *en faisant dispparaître du domaine de l'autonomie le faneyx pouvoir correcteur du juge* [...] *semble pourtant inéluctable»*, não deixando, porém, de se unir ao princípio da proximidade num plano teleológico, porquanto a autonomia e a independência assim conseguida pretendem, afinal, *«faire vivre en meilleure harmonie»* e *«prémunir les parties contre lincertitude».* Ora, serão, justamente, a teleogia própria das normas direito internacional privado e os valores e as finalidades por este prosseguidos a guiar-nos no momento de preferir a autonomia e de decidir, ora da admissibilidade do sentido conflitual da referência contratual a um ordenamento, ora da extensão dos objectos sobre que possa recair a referência das partes (a questão a averiguar será a de saber se as regras da Convenção de Roma de 1980 não haverão também este papel famulatório *vis-à-vis* dos valores fundantes do direito internacional privado, uma vez que seja estabelecido que a aceitação uma referência conflitual a um ordenamento de génese a-estatal ou internacional constitui o melhor modo de servir tais finalidades, e ainda que, de um ponto de vista metodológico, mau grado se possa assumir a este respeito uma certa orientação *in abstracto*, se deva partir do caso para obter esta resposta, enquanto concretamente justificada).

Cfr. ainda, também para uma evolução do modo de conceber a autonomia nas relações privadas internacionais, A. C. MACHADO VILLELA, *Tratado elementar*, I, *cit.*, p. 490 ss..

[189] Cfr. E. SELVIG, *The Paramount clause, cit.*, p. 206 ss., sublinhando também como a incorporação das Regras não significará, acto contínuo, a extensão da sua disci-

Por outro lado, não se justificará que as partes contem com o regime imperativo da Convenção, se a relação plurilocalizada não couber no seu âmbito espacial de aplicabilidade, considerando que as Regras de Haia não previram a sua aplicação necessária e imediata nos casos em que viesse a ser alvo de uma *professio iuris*.

Por estas razões, e, repetimos, considerando agora a posição de um Estado que seja Parte da Convenção de Bruxelas de 1924, sobre o conhecimento de carga, como será o nosso caso, vem sendo atribuída a uma tal *Paramount clause* uma natureza meramente material (*materiellesrechtliche Verweisung*), enquanto incorporação dos critérios uniformes nas cláusulas pactícias, devendo o contrato ficar sujeito às regras imperativas da lei reconhecida como competente pelas regras de conflitos da *lex fori*[190][191].

---

plina a actos que lhe não sejam subsumíveis, salvo se outra for a vontade das partes; p. IVALDI, *La volontà, cit.*, p. 806 ss., L. TULLIO, *La claosola, cit.*, p. 853 ss.; G. ROMANELLI, *Autonomia privata, cit.*, p. 4 ss..

[190] Cfr. *supra*, e E. SELVIG, *The Paramount clause,, cit.*, p. 205 ss.; L. TULLIO, *I contratti, cit.*, p. 150 ss., *La claosola, cit.*, p. 853 ss.; P. IVALDI, *La volontà, cit.*, p. 802 ss., *Diritto uniforme, cit.*, p. 70 ss.;

[191] Não obstante esta solução seja amplamente partilhada, não se pode deixar de notar que o propósito de unificação normativa pode ser maximizado por uma referência de tipo conflitual e que estoutro alcance conflitual não deixará de ser possível, bastando para isso que as partes venham a escolher, como *lex contractus*, um ordenamento que haja convertido o regime uniforme de 1924 em lei interna, à semelhança do que sucede entre nós, ou que hajam criado uma regulamentação interna idêntica ou muito próxima da disciplina internacional, como sucedeu, por exemplo, em França e em Itália (veja-se também o exemplo da COGSA americana embora aplicável a «[e]*very bill of lading* [...] *for the carriage of goods by sea to or from ports of the United States, in foreign trade* – Sec. 1, *46 U.S.Code Appendix 1300-15*. Sobre o que se deva entender por «*compulsory applicable*», quando a expressão vá referida ao ordenamento escolhido numa *Paramount clause*, vide P. IVALDI, *La volontà, cit.*, p. 809 s.; L. TULLIO, *La claosola, cit.*, p. 856 s..).

Cfr. W. WENGLER, *L'évolution, cit.*, p. 12 s., 20 s., a propósito da certeza e da previsibilidade proporcionada pela *electio legis*, dificilmente conseguida se, *v.g.*, se se escolher a lei do país do destino, não sendo este conhecido no momento da escolha referida, e, ainda, a respeito de uma «*"choix" de la lex mercatoria*», referindo que esta muito dificilmente poderá esclarecer as partes «*sur quelles sont leurs obligations de comportement aux fins d'exécution du contrat*».

Todavia, no caso do direito uniforme dos transportes, não se deverá olvidar a semelhança das soluções normativas internas e externas, do ponto de vista da igualdade de tratamento das situações internas e internacionais, como de país para país (neste caso, sobretudo no que toca às soluções previstas para os transportes internacionais), mercê da

As observações que acabámos de expor, mesmo quantas se referem a acordos internacionais que não vigoram entre nós, como o Protocolo de

difusão dos corpos normativos uniformes (e mesmo que não se admita uma mui acrescida especificidade material nas situações internacionais, o caso da semelhança do tratamento normativo dos transportes ainda assim poderia ser realçado, pelo menos, como meio de favorecer a harmonia de decisões) — cfr. sobre a possibilidade de reconhecimento em Portugal de uma sentença estrangeira que houvesse aplicado a *lex mercatoria*, em virtude da mera revisão formal ou delibação (e, *mutatis mutandis,* se poderia argumentar do mesmo modo, se uma sentença estrangeira houvesse aceite uma referência conflitual para um corpo de direito uniforme, mesmo não sendo o Estado do foro parte da convenção designada pelas partes), R. M. MOURA RAMOS, *La responsabilité des constructeurs, cit.*, p. 246.

Na realidade, já nas Regras de Haia se pode notar uma particular *vis expansiva,* ancilarmente ligada ao escopo da unificação, porquanto, como decorre do próprio n.º 2 do Protocolo de assinatura, a Convenção, mau grado não assuma as vestes formais de uma lei-modelo ou de uma lei uniforme, em nada se opõe a ver-se convertida em regime interno dos Estados contratantes e parece mesmo prever-se esta última hipótese no Protocolo referido — vigência interna esta que acresce àquela internacional. Mesmo na tessitura normativo-material não se acharam escolhos que a impedissem de regular os casos puramente internos.

Qualquer solução deverá, pois, atender a uma exigente indagação da vontade das partes, a fim de prosseguir a previsibilidade do direito aplicável, das soluções de direito internacional privado do foro e dos seus princípios e finalidades (entre os quais, a uniformidade de julgados), e a uma análise dos condicionalismos a que a disciplina de direito uniforme sujeita a respectiva competência, não esquecendo que uma norma de aplicação necessária, tendo um efeito ampliador relativamente ao âmbito de competência do ordenamento em que vigora, não deixa, contudo, de ser uma norma que delimita autonomamente o seu âmbito de aplicação espacial, que deste modo, se apresenta como um campo demarcado por fronteiras "exclusivas" (também restritivas ou selectivas, *hoc sensu*) — Cfr. J. BAPTISTA MACHADO, *Âmbito, cit.,* p. 269 ss.. Compreende-se, contudo, que tais condicionalismos não estorvem uma referência material, como recorda o Professor MOURA RAMOS, referindo-se à posição de Rodolfo DE NOVA, pois que «as partes podem perfeitamente recolher o conteúdo material preceptivo da lei estrangeira sem olhar aos pressupostos a que uma determinada norma condiciona a sua aplicação» (cfr. *supra*) — R. M. MOURA RAMOS, *Da lei aplicável, cit.,* p. 647. Cfr., ainda, L. TULLIO, *I contratti, cit.,* p. 151 ss., prenunciando a diminuição dos casos de mero efeito material da *Paramount clause,* em virtude da entrada em vigor das Regras de Haia-Visby e de Hamburgo, e também dando esclarecimentos sobre a inclusão da cláusula nas *charter-parties* (cfr. *supra*); G. ROMANELLI, *Autonomia privata, cit.,* p. 8.

Todavia, no caso da Convenção de Bruxelas, a admitir a sua aplicação, como *lex contractus,* por mero efeito da escolha das partes, tão-só se alargaria o âmbito de aplicação ou de competência espacial das regras uniformes, não se deixando de aplicar aos casos por elas expressamente previstos. Por outro lado, como vimos reiterando, tanto da Convenção, como do Protocolo de assinatura, resulta, ao abrigo de um propósito de maximização da uniformidade normativa internacional, a possibilidade de alargamento espa-

1968 e a Convenção de Hamburgo, merecer-nos-ão a atenção aquando da determinação da área de competência imperativa auto-atribuída pelas Regras de Haia, a que nos encontramos vinculados. Mas, o teste defini-

cial do campo de aplicação da mesma. Assim, segundo cremos, ficaria irremediavelmente alijada a eventual hipótese de desrespeito das obrigações internacionalmente assumidas perante os demais Estados contratantes.

Estando hoje sobejamente consolidada a admissibilidade de uma escolha de lei com relevância conflitual, não se iria de encontro a qualquer tendência ou a qualquer opção de princípio do direito internacional privado do foro, não se malogrando, além disso, os objectivos unificadores internacionais, sendo certo que o eventual risco de *forum shopping* e de desarmonia de julgados entre as demais Partes da Convenção de Bruxelas, na sua versão original, e o Estado português, sempre subsistiria (isto é, qualquer que fosse o sentido que se optasse dar à escolha da versão de 1924, feita pelas partes, e, assim, mesmo que esta fosse vista como uma mera referência material), senão em relação ao nosso País, em relação a Partes do Protocolo de 1968 (e da Convenção de Hamburgo), nomeadamente em virtude dos contactos objectivos que ocorressem — mau grado a proximidade normativo-material dos vários diplomas e a "osmose" interpretativa e normativamente reconstituinte verificada *in continuum*.

Também, uma vez mais (isto é, como no confronto com uma referência conflitual às Regras de Haia-Visby ou de Hamburgo, cuja admissibilidade em Portugal devesse ser apreciada), não pareceria prevalecer contra uma tal opção o argumento ancorado na necessidade de ordem pública de garantir a protecção da parte mais fraca e que poderia, eventualmente, conduzir a considerar ou aplicar normas imperativas, *scl.*, normas do Protocolo de Visby (ou da Convenção de Hamburgo) vigentes num terceiro Estado que com a situação apresentasse um contacto significativo, porquanto este objectivo material de protecção é também assegurado pela Convenção de 1924 — tal solução poderia, contudo, ser de afastar no caso de ao contrato ser de aplicar uma outra convenção internacional vigente no ordenamento da *lex causae,* isto é, no ordenamento que com a situação controvertida apresentasse o contacto mais estreito.

Sobre o objectivo da protecção e, particularmente, da protecção da partes mais fraca no direito internacional privado, *vide, inter alia,* A. FERRER CORREIA, *Les problèmes de codification, cit.*, p. 86 s., *Novos rumos, cit.*, p. 295 ss., ressaltando a influência do desiderato de protecção de uma pessoa também no momento de construção da regra de conflitos; F. POCAR, *La protection, cit.*, p. 350 ss.; p. M. PATOCCHI, *op. cit.*, p. 241 ss.; R. M. MOURA RAMOS, *Aspectos recentes, cit.*, p. 12 ss., *DIP e Constituição, cit.*, p. 112 ss.; *Da lei aplicável, cit.*, p. 728 ss., sobre o escopo de protecção de uma determinada pessoa e sobre a protecção da parte mais fraca (contradistinguindo, p. 735, n.765, a propósito do art. 38.°, DL n.° 178/86, de 3 de Julho, sobre o contrato de agência) *La protection de la partie contractuelle la plus faible en droit international privé portugais, in* Droit international, *cit.*, p. 97 ss.; D.Maria Helena BRITO, *O contrato de agência, cit.*, p. 134, *O contrato de concessão comercial, cit.*, p. 98, n. 37; N. G. ASCENSÃO SILVA, *O estabelecimento, cit.*, p. 662 ss., mostrando também o peso do *favor filii* no momento do juízo conflitual de escolha do elemento de conexão relevante (cfr. *infra*).

tivo[192], no que tange ao apuramento da competência espacial e da aplicação das regras uniformes, parece passar por determinar, perante o caso concreto, se nele o regime convencional intende realizar os seus propósitos normativos, porquanto são os objectivos normativo-materiais que axiologicamente o impregnam a condicionar a autolimitação do próprio âmbito de aplicação espacial necessária. E assim, entre tais intenções normativas, contaremos, ora um escopo de ordem pública e de gestão dos riscos inerentes à "aventura" marítima, ora objectivos de conformação económico-social considerados irredutíveis. A averiguação interpretativa desta "vontade de aplicação" importará contributos de vária sorte[193], qual "heurística" para uma realização plena das intenções normativas da disciplina convencional, indelevelmente assinalada pelo *thelos* da unificação, a qual, se tem uma operatividade privilegiadamente formal (do domínio da justiça formal, com implicações relativas ao método de prevenção/ /solução dos conflitos de ordenamentos), não deixa, todavia, de estar fundado em objectivos de justiça material, assegurando a estabilidade da vida jurídica internacional e a protecção das justas expectativas das partes, pelo auxílio de uma particular segurança jurídica, apoiada na previsibilidade da conformação normativa que ao comércio jurídico internacional caberá[194].

Ora, esta averiguação jamais poderá deixar de passar por uma atenção comparatística às tendências de interpretação e de realização normativa seguidas nos outros Estados contratantes, por isso que a interpretação/realização constitutiva do direito no caso decidendo deve atender aos objectivos unificadores que a esta disciplina subjazem e que deverão triunfar de uma qualquer solipsismo ou transliteração introspectiva da disciplina material uniforme, já que o Estado aceitou vincular-se interna-

---

[192] Sobre a reapreciação metodológica do momento da escolha conflitual da lei competente, nomeadamente enquanto momento judicativo *ex ante* de uma "*sedes*" ou de um "centro de gravidade" da relação plurilocazida, vide, inter alia, H. BATIFFOL, *Le pluralisme, cit.*; R. M. MOURA RAMOS, *Da lei aplicável, cit..*

[193] Sobre o relevância, neste sentido, da delimitação funcional operada pelo corpo normativo, p. IVALDI, *La volontà, cit.*, p. 810; R. M. MOURA RAMOS, *Da lei aplicável, cit.*, p. 642 ss., 648 ss.

[194] Cfr. *supra*; J. BAPTISTA MACHADO, *Âmbito, cit.*, p. 30 ss.,161 ss., *Lições, cit.*, p. 115; A.FERRER CORREIA, *O princípio da autonomia do direito internacional privado no sistema jurídico português*, RDE, a.XII, 1986, p. 3 ss.; R. M. MOURA RAMOS, *Da lei aplicável, cit.*, p. 460 ss., n. 158.

cionalmente, no exercício da soberania que lhe é congenial, a uma convenção que é uma expressão de intenções unificadoras, queridas pelo Estado, que houve por bem partilhá-las para prosseguir uma determinada opção normativa. É, por isso, mister não descurar a evolução normativa que o "sistema" de direito marítimo sofra no plano internacional, sendo, de igual sorte, conveniente não esquecer as orientações normativas plasmadas na regulação de outros tipos de transporte[195] [196].

12. Importa agora dilucidar o modo por que, tecnicamente, as regras uniformes conseguem delimitar o seu âmbito de competência, bem como a sua justificação metodológica. *In nuce,* diríamos que o regime uniforme, como comportasse normas especiais e enquanto *jus speciale,* porque dirigido à regulação de certas relações internacionais, sempre prevaleceria, normativo-materialmente, sobre o homólogo regime de direito interno. Mas, visto isto, quedaria por apurar a área de aplicabilidade espacial, em estrito respeito pelo princípio da não transactividade, do complexo normativo uniforme, e por averiguar ainda o modo seguido para reconhecer a sua competência *in casu.*

Aquela aplicabilidade, se ligada a uma ideia de "localização", poderia resultar de um contacto com qualquer dos Estados contratantes, ou de um contacto, forjado no âmbito da autonomia privada, nos termos descritos *supra,* com os ordenamentos dos Estados contratantes ou, directamente, com o complexo normativo uniforme, uma vez escolhido como *lex contractus,* contanto que esta escolha seja de admitir[197].

Tem-se cotejado[198] as características e efeitos aplicativos das normas de direito material uniforme com aqueles das normas de aplicação necessária e imediata, mau grado as primeiras estejam munidas de um particular objectivo de uniformização normativa internacional; mas é, afinal, este escopo que de algum modo inspira a sua especialidade reguladora.

---

[195] Cfr. P. IVALDI, *La volontà, cit.,* p. 810 ss..

[196] De como são simílimos ou próximos/afins os objectivos económico-sociais prosseguidos, e de como comungam numa mesma «*matrice tecnico-giuridica*», S. M. CARBONE, *Contratto, cit.,* p. 59.

[197] Cfr. *supra*.

[198] Cfr. A. MALINTOPPI, *Diritto uniforme, cit., passim;* E. VITTA, *Cours général, cit.,* p. 132 ss..

Aqui, tentaremos curar tão-só das normas de direito uniforme do tipo das que encontramos nas Regras de Haia, Visby e Hamburgo[199], ou seja, um complexo de normas materiais uniformes, destinadas a regular relações jurídicas internacionais ou plurilocalizadas, e que demonstram uma vontade de aplicação imperativa ou necessária sempre que se verifiquem os pressupostos que elas próprias definem, constituindo, assim, um corpo normativo especial com um âmbito de competência necessária ou forçosa — que, além disso, apresenta uma *nuance* acrescida, a saber: uma coerência interna e normativa de tipo ou ímpeto sistemático[200].

Pode suceder que, relativamente ao âmbito de competência de um dado ordenamento — *in casu*, os ordenamentos dos Estados contratantes —, a autolimitação espacial de uma norma ou conjunto de normas produza um efeito, ora restritivo, ora ampliador, ou mesmo, simultaneamente restritivo e ampliador, sendo certo que, no derradeiro caso, de um ponto de vista conflitual, só o efeito ampliador adquira relevância — e, portanto, ensombrando o efeito restritivo, desprovido de repercussões *sub specie conflictus*, venha a sobrelevar no sentido de caracterizar metodologicamente a norma em questão[201].

Na verdade, parece ser este o *distinguo* oferecido pelas normas de aplicação necessária e imediata, como pelas normas materiais *ad hoc* (*scl.* aquelas regras criadas, deliberadamente, para disciplinar apenas relações internacionais ou plurilocalizadas, ou seja, com o fito de dispensar um

---

[199] Estes acordos, embora possam fazer depender a sua aplicação de contactos espaciais com os Estados partes, estão dotados de uma certa "ultra-actividade", porquanto as suas regras se haverão de aplicar a situações que, ou estão também ligadas espacialmente a Estados não vinculados (pense-se na hipótese de o porto de destino se situar num destes Estados), ou não apresentam qualquer ligação territorial ou espacial com os Estados contratantes (*v.g.*, sempre que se admita a *electio juris* feita directamente pelas partes, como escolha conflitual, do complexo normativo uniforme).

[200] Sobre a relação do espaço de aplicabilidade das Convenções internacionais com o espaço dos Estados partes (Convenções «*inter partes*» e «*erga omnes*»), E. VITTA, *Cours général, cit.*, p. 135, que, genericamente, situa as convenções de direito uniforme relativas a transportes entre as convenções de efeitos *inter partes*, e não *erga omnes*.; A. E. OVERBECK, *Le champ d'application, cit.*, p. 100 s.. Todavia, irá atendida a expansividade resultante da consideração da vontade das partes como um contacto legitimador do reconhecimento da competência do direito uniforme.

[201] *Vide* J. BAPTISTA MACHADO, *Âmbito, cit.*, p. 279 s.. Cfr. A. MARQUES DOS SANTOS, *As normas de aplicação imediata, cit.*, p. 892 ss.; R. M. MOURA RAMOS, *Da lei aplicável, cit.*, p. 659 ss., *maxime*, p. 671 s., n.636.

meio de prevenir ou solucionar situações de *conflictus legum*, desenhando um regime materialmente ajustado à especialidade destas situações), relativamente às apelidadas normas espacialmente autolimitadas de sentido restritivo, isto é, aquelas em que a demarcação espacial das hipóteses de aplicação representa tão-só uma subtracção ao domínio de competência do sistema jurídico onde vigoram. O que vale dizer que só assistiremos a uma repercussão no plano conflitual, quando da autodemarcação espacial do campo de aplicação de uma norma ou conjunto de normas derivar uma ampliação "forçada" do âmbito de competência de um ordenamento.

Na verdade, perante um complexo de normas de direito material uniforme desta sorte, como, de resto, segundo cremos, perante normas de direito internacional privado material de aplicação imperativa ou forçosa, ou de uma qualquer norma de aplicação necessária e imediata (*lato sensu*, se se entender que este *nomen* apenas deve incluir normas internas ordinárias[202]), podemos vislumbrar dois planos ou registos de apreciação, um de natureza material (ou "intra-siatemático") e outro conflitual (ou "extra-sistemático")[203].

A especialidade normativo-material destas regras, ditando a sua necessidade de aplicação, acabará por produzir, acto contínuo, uma refracção no plano conflitual, isto é, acaba por gerar uma necessária aplicação das ditas normas nas hipóteses espacialmente autodemarcadas, «forçando»[204] o âmbito de competência da *lex fori* ou, mais genericamente, do ordenamento em que se inserem, o que vem a significar uma indiferença relativamente às regras de conflitos deste ordenamento, *ergo*,

---

[202] E. VITTA, *Cours général, cit.*, p. 138 e s.. Este Autor faz notar que as normas materiais *a se* não estão revestidas de uma precisa relevância conflitual, apenas a envergando em conjunção com a respectiva regra de aplicação ou aplicabilidade, seja esta expressa ou implícita (*Ibidem*, p. 143).

[203] Cfr. E. VITTA, *Cours général, cit.*, p. 145, mencionando uma dupla função das regras de aplicação: positiva, enquanto representam «*le point de départ et la justification formelle de l'application nécessaire*», negativa, no passo em que «*pour autant qu'elles font recours à une autre méthode, excluent les règles de conflit et la méthode conflictuelle*».

Cfr., também, sobre a influência do fim visado por uma norma material na delimitação do seu «campo de aplicação espacial autónomo», e sobre o carácter recíproco da relação entre estas duas vertentes, A. MARQUES DOS SANTOS, *As normas de aplicação imediata, cit.*, p. 941 s. Cfr., ainda, R. M. MOURA RAMOS, *Da lei aplicável, cit.*, p. 659 ss..

[204] Assim, R. M. MOURA RAMOS, *Da lei aplicável, cit.*, p. 659 ss..

uma imediação na aplicação. Daí que, a propósito destas normas, ou de um complexo normativo uniforme *in toto* que force a sua aplicação por este modo, se possa mencionar uma dupla especialidade, porquanto os precisos objectivos materiais prosseguidos por estas regras, ditando a respectiva especialidade material, só poderão ser cumpridos se elas se aplicarem *nolens volens,* isto é, se não puderem ser derrogadas no seu especial âmbito de competência espacial (já conformado atendendo também à teleologia material dessas normas), conforme delineado por uma regra de aplicação(/aplicabilidade) instrumental, ou, mais genericamente, conforme resultar da interpretação das mesmas. Resultará, destarte, uma especialidade conflitual, não obstante a sua matriz seja de natureza normativo-material — a disciplina normativa uniforme, bem como a coenvolvida aplicação imperativa (*scl.* forçosa ou necessária) e imediata da mesma, podendo indiciar, afinal, de certo modo, uma impregnação material ou substantivação do sistema conflitual, não deixa, *et pour cause,* de produzir uma resultante conflitual, pela qual essa disciplina será portadora de uma mais-valia metodológica para o sistema conflitual e para o direito internacional privado, em geral (sem embargo de as normas de direito internacional privado material, internas ou internacionais[205], ainda que não sejam de aplicação forçosa, *in hoc sensu,* já grangearem, per si, ao direito internacional privado um crédito metodológico — com raízes históricas também fundadas, como se sabe, no próprio *ius gentium* [206]).

---

[205] Sobre a relevância do direito uniforme no quadro do direito internacional privado e para um estudo destes problemas no domínio das convenções de direito uniforme dos transportes, *vide* A. MALINTOPPI, *Diritto uniforme, cit., passim,* e *Les rapports, cit.,* que sublinha dois fundamentais problemas, levantados pelo direito uniforme no sistema conflitual, a saber: a incapacidade de abarcar, num plano prescritivo uniforme, todas as questões de uma determinada área normativa («*lacune sostanziale*», como consequência inevitável do possível «optimum *costituito da una convenzione*») e as particulares relações entabuladas entre a regulação unificada e as regras de conflitos (respectivamente, p. 27 e ss., e 16 e ss.), defendendo, sob certo aspecto, uma diversidade de objectivos e uma independência (também *Diritto uniforme, cit.,* p. 67 ss., *Ancora su l'ambito, cit.,* p. 107 s.); p. IVALDI, *Diritto uniforme, cit., passim.*

[206] Acerca de uma dupla especialidade apresentada pelo direito material uniforme, e a propósito da Convenção de Viena sobre a compra e venda internacional, D.Maria Ângela BENTO SOARES, R. M. MOURA RAMOS, *op. cit.,* p. 24. Cfr. J. BAPTISTA MACHADO, *Lições,* p. 29 ss.; R. M. MOURA RAMOS, *Da lei aplicável, cit.,* p. 674, a respeito de normas internas: «esta mesma entidade [...] agora lhe impõe que, por inarredáveis razões de *publica utilitas,* se atenha em tais casos à particular disciplina existente no seu direito

Assim, os confins do campo espacial de competência de um corpo normativo uniforme, como aqueles que ora nos ocupam, são assinalados por uma regra de aplicação instrumental[207], a qual, como referimos

---

interno»; «[c]omo que se poderá dizer que se trata de uma regulamentação especial que o legislador do direito de conflitos prescreve para certas hipóteses [...] que visa a tutela dos valores nela presentes» (e acerca da especialidade das regras de conflitos em direito marítimo e da navegação, em geral, a própósito do art. 9.º do *Codice della Navigazione*, relativo aos «*contratti di lavoro della gente del mare,del personale navigante della navigazione interna e del personale di volo*», ibidem, p. 335 ss.).

Cfr. A. MALINTOPPI, *Sul rapporto fra l'art. 10 della convenzione di Bruxelles relativa alla polizza di carico e l'art. 25 delle disposizioni sulla legge in genenerale*, RDI, 1959, p. 499 ss.; J. KROPHOLLER, *Internationales Einheitsrecht*, cit., p. 190 («[s]*ie gehen den allgemeinen Kollisionsnormen als lex specialis vor*»); A. QUIÑONES ESCAMEZ, *Las normas de aplcación del Convenio de la UNCITRAL sobre la compraventa internacional de mercancias (Viena, 1980)*, *in* España y la codificación del Derecho internacional privado, Terceras jornadas de Derecho internacional privado, Madrid, 1993, p. 118. E ainda S. TONOLO, *op. cit.*, p. 832 ss., *maxime*, p. 836.

Cfr. ainda, R. DE NOVA, *I conflitti di leggi*, cit., p. 706.

[207] Sobre estas, que revelam também uma feição «metajurídica», enquanto *ius super iura* (assim, J. BAPTISTA MACHADO, *Âmbito*, *cit.*, p. 268), embora tal não equivalha a assinalá-las com o libelo de regras de conflitos, dada a específica função do direito uniforme em relação ao problema representado pela diversidade dos conteúdos preceptivos nacionais dos vários Estados e, assim, em relação ao problema do conflito de leis — de resto, regras instrumentais de aplicação assomam também nas normas de aplicação necessária e imediata de origem interna, embora um contraponto possa ser burilado em relação a estas, já que aqui se cura de determinar a aplicação tão-só de uma norma material, como se entre as duas hipóteses houvera um salto qualitativo, na medida em que se reconheça que em corpo normativo internacional (uniforme, no caso) veste as insígnias dos ordenamentos estatais, actuando conformemente, particularmente quando não «assimilam a situação internacional a uma situação interna» (R. M. MOURA RAMOS, *Da lei aplicável*, *cit.*, p. 663), antes tomam as dores de particulares finalidades de direito internacional privado, até na medida em que curam de realizar um certo tipo de unificação e, assim, procuram realizar a estabilidade da vida jurídica internacional, e na medida em que a dimensão da unificação desejada pode influenciar a construção e o conteúdo da dita regra de aplicação/aplicabilidade —, *vide* (também sobre a delimitação espacial do âmbito de certas normas materiais internas) A. MALINTOPPI, *Diritto uniforme*, *cit.*, p. 38 ss., *Les rapports*, *cit.*, p. 25 ss.; R. QUADRI, *Recensão a Antonio Malintoppi, Diritto uniforme e diritto internazionale privato in tema di trasporto*, Milão, Giuffrè, 1955, RDI, 1956, p. 276 ss., afirmando que «*devono ascriversi al diritto internazionale privato anche le norme che determinano la sfera di applicabilità del diritto materiale uniformizzato*»; R. DE NOVA, *I conflitti di leggi*, *cit.*, p. 699, a propósito das normas espacialmente autolimitadas, aludindo àquilo que pareceria uma «norma de conflitos embrionária»; J. BAPTISTA MACHADO,

supra, ou será expressa, ou será desentranhável pela interpretação das normas materiais que constituem o seu objecto, *a se* consideradas. Na sequência de quanto expusemos no parágrafo precedente, sempre diremos que uma tal regra instrumental poderá precisar, tanto o âmbito de aplicação material do complexo normativo, circunscrevendo-o, por exemplo, às relações dotadas de elementos ou de certos elementos de "estraneidade" ou plurilocalização, como, cumulativamente, o domínio de competência espacial que será confiado à disciplina uniforme, que, em relação à competência dos ordenamentos estatais em que tal complexo vigore, sempre será apodado de especial[208].

Esta regra, no seio de uma convenção internacional, encerrará ainda um significado notável na fixação das obrigações internacionais assumi-

---

Âmbito, cit., p. 269 ss., 274 ss., n.163 (sobre a distinção de Franz KAHN entre *Anwendungsnorm* ou *Ausdehnungsnorm* e *Abgrenzungsnorm* ou *Grenznorm*); J. KROPHOLLER, *Internationales Einheitsrecht, cit.*, p. 190 s., falando de uma dupla função das *Abgrenzungsnormen*, ora *internationalitätbestimmende*, ora *kollisionsrechtliche*, mas também de uma *anwendungsbestimmende Funktion*, já que o direito material uniforme suscita «*besondere kollisionsrechtliche Fragen*» (p. 183 ss. — cfr. E. VITTA, *Cours général, cit.*, p. 221, n.385 ss.), *IPR, cit.*, p. 82 ss. (sobre o *Grenzrecht*, a propósito da diferenciação entre normas de direito privado e de direito público, em torno do princípio da territorialidade, R. M. MOURA RAMOS, *Da lei aplicável, cit.*, p. 267 ss.); E. VITTA, *Cours géneral, cit.*, p. 138 ss., 143 ss., 219 ss., entabulando uma comparação entre as regras instrumentais das regras uniformes *ad hoc* e de certos preceitos materiais internos, e dando conta da designação de George van Hecke, «*règles de délimitation*»; A. E. OVERBECK, *Le champ d'application, cit.*, p. 105 s., mostrando como a aplicabilidade do direito uniforme se consegue com «*des techniques empruntées au droit international privé*», 115 ss., e também, acerca da designação destas regras, p. 102; D. Maria Ângela BENTO SOARES, R. M. MOURA RAMOS, *op. cit.*, p. 20 s., n.18, 23 s., referindo-se a estas regras delimitadoras como *Recht über Recht*, «como que uma regra de conflitos especial», «que prevalece sobre as regras de conflitos gerais do ordenamento jurídico»; P. M. PATOCCHI, *op. cit.*, p. 254 s.; P. IVALDI, *Diritto uniforme, cit.*, p. 81 ss.; A. MARQUES DOS SANTOS, *As normas de aplicação imediata, cit.*, p. 14 s., 392, n. 1288, 646 ss., n. 2129, p. 655, 722 s., n.2363, 890 ss., 896 s.; R. M. MOURA RAMOS, *Da lei aplicável, cit.*, p. 659 ss., *maxime*, p. 661 ss., p. 674 ss., sobretudo acerca da delimitação através de normas instrumentais sobre a aplicação das normas de aplicação necessária e imediata, alertando para que aquelas não incidem directamente sobre a competência do ordenamento; A. QUIÑONES ESCAMEZ, *Las normas de aplcación, op. cit.*, p. 113 ss., mencionando uma «*autoaplicación*», e distinguindo as regras de conflitos das regras de aplicação, enquadradas estas também no plano do direito internacional público e das obrigações assumidas internacionalmente pelos Estados, designadamente, numa base de reciprocidade («*do ut des*»).

[208] Cfr. J. KROPHOLLER, *Internationales Einheitsrecht, cit., loc. cit..*

das pelos Estados contratantes, no que tange ao compromisso de aplicação das normas materiais uniformes, a fim de realizar os objectivos propostos, nomeadamente, o escopo de uniformização normativa[209].

São regras deste tipo a do art. 10.º das Rgras de Haia e de Visby, e o art. 2.º da Convenção de Hamburgo, quando determinam o objecto da discplina convencional, exigindo que as relações a reger estejam dotadas de uma certa internacionalidade, e quando fixam as conexões de que fazem depender o recurso ao regime uniforme de direito material.

Cabe ainda referir que, estruturalmente, a regra instrumental de aplicação, como sucede nos casos vertentes, soi apresentar um desenho de tipo unilateral, uma vez que a função que reivindica é a de traçar o campo espacial em que necessariamente se aplicarão as normas materiais em causa, isto é, as normas do diploma a que tais regras se ligam (mesmo enquanto corpo normativo internacional vigente no foro, e com precisos objectivos no plano formal, como naquele material, e, do mesmo passo, afastando o funcionamento das regras de conflito do foro)[210].

---

[209] Cfr. nota 206 e 207, *in fine*.

[210] Cfr. J. BAPTISTA MACHADO, *Âmbito, cit.*, p. 274 ss., demonstrando como, nas normas materiais internas espacialmente autolimitadas, a «disposição ad hoc que lhe delimita espacialmente o âmbito de aplicção [...] refere-se ao "âmbito de aplicação" da norma (melhor, faz parte dele), e não à sua "esfera de eficácia" ou de aplicabilidade»; E. VITTA, *Cours général, cit.*, p. 143 ss., explicando como as regras de aplicação, não sendo regras de conflitos, nem por isso deixam de se incluir no âmbito do direito internacional privado; D.Maria Ângela BENTO SOARES, R. M. MOURA RAMOS, *op. cit.*, p. 20 s., n.18, salientando o respeito destas regras pelo princípio da não transactividade ou da não transconexão, p. 23 s.; A. MARQUES DOS SANTOS, *As normas de aplicação imediata, cit.*, p. 815 ss., 825 s.,, n. 2658, 886 ss.; R. M. MOURA RAMOS, *Da lei aplicável, cit.*, p. 661 s..

Cfr., ainda, A. MALINTOPPI, *Diritto uniforme, cit.*, p. 43 ss., *Les rapports, cit.*, p. 23 ss., *maxime*, p. 53 ss., diferenciando, apesar das «analogias estruturais» (cfr. p. 63 s.), as regras de aplicação das regras de conflitos, mesmo daquelas de função unilateral, e realçando a *«priorité»* daquelas em face destas, mas fundando a disquisição sobretudo no facto de as normas de direito internacional privado suporem, como condição de aplicabilidade, um «elemento de estraneidade», o que já não seria exigido para a intervenção das normas de aplicação — todavia, poder-se-á considerar que, nas hipóteses em que estas exijam tal elemento de estraneidade, passando então a delimitar o campo de aplicabilidade do direito uniforme, estaríamos perante duas diferenciadas funções encerradas numa mesma norma, ou perante dois aspectos qualitativamente distintos, influindo a exigência de tal estraneidade na específica função que o corpo normativo poderá desempenhar, no âmbito do sistema de direito internacional privado (ainda que se admita, como refere este Autor, que a regra de conflitos visa a «solution» de um conflito de leis, ao passo que o

As normas de direito uniforme de quaisquer das convenções que temos vindo a mencionar, ou seja, a Convenção de Bruxelas de 1924, o Protocolo de modificação de 1968 e aqueloutro de 1979, bem como a Convenção de Hamburgo de 1978, devem aplicar-se necessariamente, uma vez preenchidos os pressupostos espaciais e materiais que elas próprias prevêem. A sua aplicação não dependerá, pois, do reconhecimento de competêmcia operado por qualquer regra de conflitos nacional, afirmando-se a prevalência do regime material uniforme[211].

Tem-se sustentado que esta necessidade de aplicação, que se evidencia mercê da especialidade do regime uniforme e da manifestação da sua vontade de aplicação imperativa, se verá, afinal, justificada, também de um ponto de vista material, porquanto não é alheia aos regimes normativos referidos a preocupação com objectivos de ordem pública, próprios do domínio dos transportes internacionais[212].

Na verdade, nestas convenções de direito uniforme, as regras imperativas que conformam normativamente o contrato de transporte curam de assegurar a protecção do carregador e dos demais interessados na carga, atendendo à posição eventualmente mais débil destes. Por outro lado, e considerando os enormes riscos e as incertezas aliadas à "aventura" náutica, pretendem, através das normas sobre as obrigações contratuais e

---

direito material uniforme mira a sua «élimination», como «*conséquence* indirecte») —, e mesmo sem deixar de reconhecer que, de qualquer modo, se exerce uma influência de natureza material (fundada, *v.g.*, na internacionalidade e nas específicas características das *fattispecie* que sejam objecto de regulamentação uniforme) sobre o conteúdo da norma de aplicação e sobre o desenho que ela preveja para o âmbito de aplicabilidade (cfr.*infra*); P. IVALDI, *Diritto uniforme, cit.*, p. 81 ss..

[211] A. MALINTOPPI, *Diritto uniforme, cit.*, p. 75 ss., *Les rapports, cit.*, p. 34 ss.; S. M. CARBONE, *Contratto, cit.*, p. 4 ss., *L'ambito di applicazione della normativa uniforme, cit.*, p. 255 ss.; p. IVALDI, *Diritto uniforme, cit.*, p. 34 ss.. *Vide*, ainda, P. MENGOZZI, *Diritto uniforme e diritto internazionale privato*, DM, 1987, p. 478 ss.. E também, convocando a decisão do caso *The Hollandia*, de 1983, no qual vieram a ser aplicadas as Regras de Haia-Visby em detrimento da escolha pelas partes da lei dinamarquesa, que ditaria um limite de responsabilidade inferior, SCRUTTON, *op. cit.*, p. 413, n.31, considerando que, a partir de então, se tornara desnecessário recorrer aos *dicta* das decisões dos casos *Vita Food Products v. Unus Shipping Co.*, de 1939, e *The Troni*, de 1932, ainda referentes às Regras de Haia; DICEY-MORRIS, *The conflict of laws*, Londres, 1993, p. 1217.

[212] De como o juízo de "oportunidade" da aplicação das normas de direito material uniforme pode encontrar as suas raízes também em fundamentos de ordem material, cfr. A. MALINTOPPI, *Les rapports, cit.*, p. 60 s..

sobre a prova dos eventos causadores dos danos, atingir uma equilibrada repartição de tais riscos entre o transportador e os interessados na carga, ora atribuindo uma presunção de responsabilidade do transportador, ora proibindo cláusulas de exclusão da responsabilidade deste, ora limitando imperativamente o montante indemnizatório devido pelo transportador. Quere-se, pois, que o saldo do regime imperativo, assim delineado *en passant*, tenda a favorecer a segurança dos agentes intervenientes, conformando a liberdade contratual das partes, como se entendeu ser mister, a bem do interesse público e dos específicos interesses do comércio internacional e deste particular sector dos transportes marítimos.

Um outro propósito justificará a prevalência, *ergo*, a aplicação necessária do regime material que vimos contemplando, qual seja, atendido o crácter internacional das situações que têm por objecto, o da unificação da disciplina material do direito marítimo internacional, com o escopo de garantir a previsibilidade e a certeza do direito aplicável, estabilizando, assim, a vida jurídica internacional. Daí que um tal propósito acabe por assumir também uma conotação conflitual, que se verterá, metodologicamente, na necessidade de aplicação do regime uniforme e na delimitação do campo de aplicabilidade e de competência espacial das convenções unificadoras, o qual, sendo alcançável interpretativamente, pela teleologia dos respectivos regimes materiais, não deixará, nos exemplos vertentes, de ser expressa e imediatamente delineado em deliberadas normas instrumentais de aplicação/aplicabilidade, que convirá perscrutar funcional e estruturalmente[213].

13. Como vimos referindo, a delimitação do campo de aplicação espacial ou do âmbito de competência, em que forçosamente as Convenções referidas haverão de ser aplicadas no território dos Estados contratantes, é conseguida, à semelhança do que sucede com as normas internas de aplicação necessária e imediata[214], através das funções de uma regra

---

[213] Cfr. *supra*, em nota.

[214] O regime de direito material uniforme está, é certo, motivado por um escopo formal, qual seja o da uniformidade de valoração das relações jurídicas que são objecto da disciplina uniforme, mas, no domínio dos transportes, não deixam estas normas de prosseguir também a unificação de certos objectivos normativo-materiais que os Estados contratantes consideram fundamentais ou prementes, de um ponto de vista jurídico-social e económica. Cfr., sobre a homenagem prestada pelo direito material uniforme à uniformidade de valoração jurídicas das situações internacionais e à certeza e à previsibilidade do direito

de aplicação (instrumental), para usar uma expressão já consagrada e empregue por Antonio MALINTOPPI. A regra, desta sorte, virá traçar o

(mediante a constituição de corpos normativos duplamente apropriada, isto é, adequada a este propósito formal e aos objectivos normativo-materiais em causa), S. M. CARBONE, R. LUZZATTO, *Contratti internazionali, cit.*, p. 766 s., homenajem essa selada pela «*esistenza di uno spazio applicativo riservato* [...] *non modificabile in senso riduttivo*», e pela «*identità di trattamento delle situazioni "attratte" nella sua sfera di competenza esclusiva*»; e, desta sorte, «[t]*ale disciplina risulta* [...] *caratterizzata dall'inderogabilità di un nucleo (almeno minimo) di disciplina sostanziale concordata a livello interbazionale al fine di "imporre" un equilibrato assetto tra le diverse posizioni contrattuali coinvolte nella conclusione e nell'esecuzione del rapporto, nonchè dalla previsione di un'area di rischio che* [...] *risulta incomprimibile e necessariamente accollata (in presenza dei pressuposti cui è condizionata l'operatività della normativa uniforme) alle imprese interessate al, e/o coinvolte nell'esecuzione, del trasporto*».

Em sentido amplo e metódico, parece que estamos perante uma aplicação que é necessária e imediata. Todavia, à face das normas deste tipo, de origem interna, e no plano dos seus efeitos sobre o âmbito de competência dos vários ordenamentos envolvidos, sempre poderíamos proceder a um *distinguo*, se aceitarmos a coerência e a relativa autonomia dos complexos normativos de direito material uniforme dos transportes e, em especial, do transporte marítimo. Sob estes postulados, acabaríamos por detectar que as normas imperativas (a uma «*normativa di diritto materiale uniforme a contenuto "imperativo"* se referem S. M. CARBONE, R. LUZZATTO, *Contratti internazionali, cit.*, p. 765 ss.) de direito uniforme, cuja aplicação prevalecerá sobre o direito interno e não haverá de depender do funcionamento das regras de conflitos internas, não se ligam tanto a um efeito ampliador da competência dos ordenamentos internos, mas sobretudo a um efeito como que antecipante da competência, justificado por motivos conflituais e não apenas materiais. Ou seja, o regime uniforme, aplicando-se imediatamente, antecipa-se, na conformação material das *fattispecie*, mas, de igual sorte, na resolução ou superação do problema inerente ao conflito de leis — isto é, o problema da regulação de situações plurilocalizadas —, antecipação esta, que se traduzirá, afinal, em desviar a situação factual controvertida e a questão jurídica que ela levanta para o domínio da competência de um ordenamento internacional de direito uniforme.

Este efeito formal ou conflitual (reclamado mesmo pela especificidade material atinente às relações internacionais de transporte), sendo talvez menos conspícuo do que noutros casos, nem por isso deixa de influir sobre a constituição e sobre a realização jurídica destes corpos normativos, num transe de recíproca passagem entre os dominios do formal e do materialmente normativo — quiçá, parafraseando Franz KAHN, no ponto de junção inevitável entre a moldura e o quadro (cfr. J. BAPTISTA MACHADO, *Âmbito, cit.*, p. 267, n.145).

Cfr., também, P. IVALDI, *Diritto uniforme, cit.*, p. 90 s., concluindo que «*l'obiettivo di "giustizia materiale" perseguito dalle convenzioni sui trasporti attraverso la predisposizione di una regola relativa al loro ambito di applicazione, si definisce e si attua attraverso la realizzazione di una (parallela) "giustizia di diritto internazionale privato"*, in

âmbito de competência do ordenamento uniforme de direito material, constituindo manifestação, coalizada com o carácter especial do mesmo, da sua vontade de aplicação necessária.

Estas regras de aplicação, presentes nas Regras de Haia, de Haia--Visby e de Hamburgo, apresentam um carácter nitidamente conflitual, cumprindo a função própria de uma *lex super legibus* (ou, mesmo, de uma *lex super leges*). E, como já apontámos, a fim de expressar, em termos espacialmente localizadores, a vontade de aplicação necessária do direito material uniforme, munem-se de uma estrutura unilateral, uma vez que, seja elegendo conexões objectivas que apontam para o local de emissão do conhecimento de carga, para o local de carregamento ou descarga da mercadoria — não seleccionando, pelo menos directamente, a *lex portitoris*, que já assumirá relevância na presunção auxiliar do n.º 4 do art. 4.º da Convenção de Roma sobre a lei aplicável às obrigações contratuais[215] —, seja elegendo a conexão subjectiva que aponta para um *pactum de lege utenda*, as regras do art. 10.º da Convenção de Bruxelas sobre o conhecimento de carga, na sua versão original, como naquela modificada pelo Protocolo de 1968, e a do art. 2.º da Convenção de Hamburgo, procedem à delimitação do âmbito de competência espacial do complexo normativo internacional de direito uniforme a que se referem, não curando de unificar as regras de conflitos dos Estados contratantes em matéria de contratos de transportes, conquanto, como nos faz notar Antonio MALINTOPPI, as preocupações conflituais do, ou em torno do

---

considerazione della quale la disciplina unificata si pone come la migliore soluzione ... necessariamente incomprimibile (almeno rispetto alla tutela degli interessi dei caricatori, dove non adirittura in termini assoluti) con riferimento a situazioni internazionali specificamente caratterizzate sotto il profilo della loro localizazione oggettiva».

Cfr., ainda, R. DAVID, *The international unification of private law, cit.*, p. 45 ss., sobre a tendência para a unificação normativa, no plano substancial, *maxime,* no que tange às relações internacionais; e sobre a vantagem de uma clara definição convencional do respectivo âmbito de aplicabilidade.

[215] Apesar de esta conexão só ser relevante em cumulação com uma outra (cfr. *infra*).

Afasta-se, pois, o critério da prestação característica previsto no n.º 2 do mesmo artigo. Sobre a necessidade de, para certas hipóteses, afastar o critério da prestação característica e sobre este critério especial de determinação ou concretização da conexão mais estreita, *vide* R. M. MOURA RAMOS, *Da lei aplicável, cit.,* p. 566 s., *maxime*, n.416, e cfr. *infra*.

Cfr., sobre aquele critério, H. U. JESSURUN D'OLIVEIRA, *"Characteristic obligation" in the draft EEC obligation Convention,* AJCL, 1977, p. 303 ss., *maxime*, p. 306 ss..

ordenamento internacional de direito dos transportes não se quedem por aqui[216].

Uma tal tomada de posição conflitual, funcionalmente subordinada aos objectivos uniformizantes das convenções em questão, aparece dotada de especialidade à face das distintas regras de conflitos e dos sistemas conflituais nacionais, sobre eles prevalecendo e, assim, determinando a aplicação imediata do regime material uniforme, que se consegue mediante o "auto-reconhecimento" de um âmbito de competência espacial inviolável.

Só que, em se aceitando a posição segundo a qual não se esgota no art. 10.º da Convenção de Bruxelas, na sua versão original, a delimitação do âmbito de aplicabilidade forçosa do regime uniforme, antes se devendo chamar à colação, designadamente o n.º 3 do art. 6.º [217] e o n.º 2 do Protocolo de assinatura[218] [219], então não se deixará de admitir, perante uma maior evidência, que tal âmbito acabará por ver os seus limites precisados, ainda que implicitamente, também à luz dos objectivos norma-

---

[216] Cfr. A. MALINTOPPI, *Diritto uniforme, cit., passim*.

[217] Cfr. *infra*. Art. 6.º: «Não obstante as disposições dos artigos precedentes, o armador, capitão ou agente do armador e o carregador têm a faculdade de, em relação a determinadas mercadorias, quaisquer que elas sejam, celebrar um contrato qualquer com quaisquer condições concernentes à responsabilidade e às obrigações, assim com aos direitos e isenões do armador a respeito das mesmas mercadorias, ou a respeito das suas obrigações quanto ao estado de navegabilidade do navio, até onde esta estipulação não fôr contrária à ordem pública, ou em relação à solicitudes ou diligências dos seus empregados ou agentes quanto ao carregamento, manutenção, estiva, transporte, guarda cuidados e descarga das mercadorias transportadas por mar, contanto que, neste caso, nenhum conhecimento tenha sido ou venha a ser emitido e que as cláusulas do acôrdo celebrado sejam inseridas num recibo, que será um documento intransmissível e conterá a menção deste carácter.

Toda a convenção assim celebrada terá plena validade legal.

Fica, todavia, convencionado que êste artigo não se aplicará aos carregamentos comerciais ordinários, feitos por efeito de operações comerciais ordinárias, mas sòmente àqueles carregamentos em que o carácter e a condição dos bens a transportar e as circunstâncias, os termos e as condições em que o transporte se deve fazer são de molde a justificar uma convenção especial.»

[218] «Elas [as Altas Partes Contratantes] reservam-se expressamente o direito: [...] 2.º De não aplicar, no concernente à cabotagem nacional, o artigo 6.º a todas as categorias de mercadorias, sem atender à restrição consignada na alínea final do mesmo artigo.»

[219] Quanto aos diversos modos de determinação do campo de aplicabilidade, A. MALINTOPPI, *Diritto uniforme, cit.*, p. 42 ss..

tivo-materiais visados. Referimo-nos, pois, à admissão, mencionada *infra*, da aplicação imediata, em virtude, precisamente, de uma autónoma vontade de aplicação destas normas uniformes reguladoras das obrigações e da responsabilidade do transportador, também a certos casos, em que um conhecimento não haja — ou não haja ainda — sido, efectivamente, emitido, passando a conexão objectiva do art. 10.º a valer tão-só "virtualmente". Passaríamos, desta feita, a considerar também o local onde o conhecimento deveria ter sido emitido (ou onde deva ainda ser emitido), o qual cooresponderá, em princípio, ao lugar do carregamento. Na verdade, pretende-se com este corpo normativo firmar preceptivamente, no plano da realização do direito, uma certa orientação normativa relativa às obrigações contratuais e à responsabilidade contratual e extracontratual, intendendo outrossim uma particular tutela do interessado na carga e um contraposto regime de exoneração e de limitação da responsabilidade do transportador (conquanto fique este na disponibilidade das partes, no sentido de que poderão convencionar um regime mais favorável ao interessado na carga); tudo à luz de valores comuns aos Estados contratantes, relevantes para o comércio internacional e para a satisfação do bem comum, numa área em que os interesses públicos dos vários Estados se foram sobrepondo e ou identificando. Tais valores e objectivos fundaram uma determinada delimitação do âmbito de aplicação material da disciplina internacional e de cada uma das suas normas, cujo ponto axial seria a emissão do conhecimento num dos Estados contratantes, a propósito de um transporte internacional, mas havendo sido posteriormente alargado, de acordo com tais opções materiais, a outras situações, prescindindo da sua efectiva emissão num preciso e concreto *locus chartæ sitæ*, (e, eventualmente, de uma concretizada internacionalidade, que quedaria, então, tão-só contratualmente acordada ou projectada).

Quedará deste modo locupletado o domínio de aplicação espacial, não ainda em virtude de uma "ultra-actividade", cuja concretização dependa de uma *Paramount clause*, mas graças a uma sua definição implícita na teleologia normativa do próprio regime, pelo menos, enquanto se puder considerar que esta ulterior refracção conflitual pode ser assacada à especialidade caracterizante das normas prescritas, como *regulæ* a convocar constitutivamente perante hipóteses factuais dotadas de elementos de "estraneidade" ou internacionalidade (já que essa internacionalidade, conforme foi descrita, sendo uma limitação espacial ditada por razões de índole normativo-material, comporta, por outro lado, uma vocação unificadora, conflitualmente ou formalmente conotável, como vimos *supra*), e como normas que pretendem satisfazer os objectivos unificadores que impregnam as Regras de Haia; e é claro que estes dois objectivos contribuirão para formar a teleologia da disciplina uniforme, na medida em que, nestes dois propósitos, se possa encontrar a matriz ou uma das matrizes justificadoras do específico regime material expendido — se bem que nos encontremos numa particular área de confim, em que as dimensões formal e material da disciplina normativa presente se entrelaçam e inter-influenciam cerradamente.

Na verdade, como soi suceder com os exemplos de *ius commune* ou daqueles que se filiem na experiência típica do *ius gentium*, ou até com as normas de direito internacional privado material de fonte interna, as prescrições das normas materiais, assumindo como fundamento materialmente determinante, um intuito estabilizador e de segurança jurídica — que se desdobrará na protecção das expectativas das partes coalizada com a previsibilidade do direito aplicável, conseguidas pela via da uniformidade normativa internacional —, próprio da justiça formal, acabam por, sem pudor e inevitavelmente, desvelar a materialidade que esta justiça encerra e, simultaneamente, por permitir que tais objectivos formais se imiscuam, sem pejo, nas hipotéticas soluções materiais projectadas pelos seus critérios normativos[220] [221].

---

[220] Diríamos, correndo o risco do nosso demérito também num outro campo, que como que se passa de uma perspectiva platónica de arquétipos essenciais separados num diverso registo e num diverso *locus*, para uma visão hilemórfica de matriz aristotélica, em que ambos os registos (formal e material) se encontram num idêntico *locus*.

Acaba o âmbito de aplicabilidade por ser definido também implicitamente a partir da consideração da teleologia normativo-material da disciplina uniforme e da necessidade de lhe assegurar um "efeito útil". Ora a caracterização de um carregamento como ordinário, como já a consideração da internacionalidade de uma determinada relação jurídica, contribuindo para a definição do âmbito de aplicação, hoc sensu — isto é, material (cfr. J. BAPTISTA MACHADO, *Âmbito, cit.*, p. 260 ss.) —, acabarão também por provocar refracções conflituais (e mais evidentemente assim, no que toca à admissão de uma aplicação imperativa e imediata do regime uniforme em casos em que um conhecimento não haja sido efectivamente emitido, tornando-se meramente virtual a conexão objectiva prevista pelo art. 10.° — aparecendo esta dotada de um carácter mais nítida e puramente conflitual, enquanto reconhece um certo âmbito de competência para a disciplina uniforme, se a considerarmos como ordenamento *a se*), destiladas da consideração dos objectivos materiais prosseguidos, que, assim, provocam certas consequências relativas ao âmbito de competência, determinando também a aplicação necessária e imediata (nomeadamente em

Não se tratando aqui, como dissemos já, da *vis expansiva* que possa estar adstrita a um regime uniforme, cuja aplicação fica na dependência

face dos sistemas conflituais nacionais, e provocando a aplicação de um corpo normativo vigente nos Estados contratantes, embora não apenas com o intuito de realizar certos objectivos e valores normativo-materiais, mas outrossim, para realizar um escopo claramente unificador, logo, próprio do domínio do direito internacional privado, e que é partilhado pelas Partes contratantes) da Convenção em situações plurilocalizadas não expressamente previstas na regra do art. 10.º, extremamente rarefeita de uma perspectiva conflitual.
    Cfr. E. VITTA, *Cours général, cit.*, p. 11 ss., 137, ss., ilustrando o paralelislmo e a similitude das vias metódicas trilhadas pelas normas de aplicação necessária e pelas regras *ad hoc* internas de direito internacional privado material, enquanto regime especial de direito material, e também a proximidade entre aquelas, estas e as normas de direito uniforme, no que tange ao modo de determinação do domínio de aplicabilidade ou de aplicação, p. 144 ss., 159 ss., e negando às regras instrumentais de aplicação o carácter de regras de conflitos; A. MALINTOPPI, *Les rapports, cit.*, p. 42, 53 ss., 60 ss., também para surpreender nas normas de direito uniforme as características de necessidade, quanto à aplicação, e de imediação, quando ao funcionamento em face das regras de conflitos, como nas normas de aplicação necessária e imediata; P. M. PATOCCHI, *op. cit.,* p. 254 ss., quanto à interpenetração, também no domínio do direito internacional privado material, *lato sensu*, de objectivos formais/localizadores e normativo-materiais: «*le droit international privé matériel a toujours un champ d'application dans l'éspace* [cfr. A. FERRER CORREIA, *Les problèmes, cit.*, p. 100 ss.], *soit par les règles de rattachement générales, soit par les règles d'application: dans tous les cas un procédé de localisation subsiste*»; e, quanto às regras de conflitos fundadas na escolha em função de uma conexão localizadora, sustenta que «*tous les stades de la mise en œuvre de ces règles peuvent s'inspirer de considérations substantielles*», distinguindo, mas só metodologicamente, a «*poursuite ouverte et systématique d'une politique de droit matériel*» da «*mise en œuvre parfois subreptice et en tout cas casuistique d'échapatoires qui, par leur nature même, ne peuvent s'attaquer à la source du peoblème*», e concluindo que «[d]*e même que l'approche substantielle ne parvient pas à se passer complètement de l'approche localisatce, de même la seconde ne fait pas entièrement abstraction de la première*».
    E sobre os objectivos do direito internacional privado material e sobre as suas relações com o direito internacional privado e com as regras de conflitos (sabendo que estes dois *nomina* não identificam tão-só duas personalidades de uma mesma "realidade", antes apontando duas distintas "realidades", embora, num plano sistemático, aquele englobe estas — vide J. BAPTISTA MACHADO, *Âmbito, cit.*, *passim*, *Lições, cit.*, *passim*; cfr. A. CASTANHEIRA NEVES, *A unidade, cit.*, *passim*), também, A. FERRER CORREIA, *Les problèmes, cit.*, p. 100 ss.; R. BARATTA, *op. cit.,* p. 14 ss..
    Note-se, por outro lado, que o facto de a Convenção de Bruxelas acabar por revelar uma dupla vocação de convenção de unificação e de lei uniforme (cfr. A. FERRER CORREIA, *Les problèmes, cit.*, p. 104 s.) em nada tolhe, à partida, a sua dedicação às situações internacionais.

da vontade das partes, mas antes da sua intrínseca *vis ordinandæ*, podemos estar seguros de que o fim da sua vontade de aplicação, isto é, aquele

---

Cfr., ainda, D.Isabel de MAGALHÃES COLLAÇO, *Da compra e venda, cit.*, p. 324; J. BAPTISTA MACHADO, *Âmbito, cit.*, p. 274 ss., sobre o carácter material da conexão espacial específica que afecta as regras de aplicação necessária e imediata; J. KROPHOLLER, *Internationales Einheitsrecht, cit.*, p. 189 ss., n.7, destacando a influência funcionalmente conflitual das regras *ad hoc* que delimitam o âmbito de aplicabilidade/aplicação do direito uniforme dirigido às relações internacionais, e que expõem também uma dupla função, a saber: «*eine internationalitätsbestimmende, sondern auch eine kollisionsrechtliche Funktion*»; P. IVALDI, *Diritto uniforme, cit.*, p. 90 s.(cfr. *supra*, em nota); A. MARQUES DOS SANTOS, *As normas de aplicação imediata, cit.*, p. 14 s., p. 375 ss., 722 s., n.2363, 886 ss., *maxime*, 890 ss., que, embora a propósito da paridade de tratamento das «normas de aplicação necessária» do foro e estrangeiras, confirma a intensidade valorativa das normas de aplicação necessária e imediata, e afirma ainda que o seu «campo de aplicação [...] é sempre fixado, em completa autonomia, pela regra de extensão *ad hoc* [cfr. FERRER CORREIA, *Considerações, cit.*, p. 387] — que é, neste caso [...] uma verdadeira *regra de conflitos unilateral*, embora referida apenas a uma singular norma material, ou [...] a um conjunto de regras substantivas». Sustenta ainda que «tanto a função positiva ou extensiva do seu âmbito de aplicação espacial, como a função negativa ou restritiva [cfr. *supra*] têm carácter *conflitual*, ou *espacial*, em sentido lato, não sendo legítimo, neste particular, distinguir a primeira e a segunda dessas funções».

O Autor comenta assim a posição de João BAPTISTA MACHADO (*op. cit.*, p. 278 ss.), quando este propugna pela dupla função da «conexão espacial específica» destas normas, «uma função *positiva* (ou extensiva) e uma função *negativa* (ou restritiva)», a que corresponderia uma dupla natureza, «[a] primeira, tal como a excepção de ordem pública, tem um alcance conflitual; a segunda tem decididamente um simples alcance material».

Cfr., também, R. M. MOURA RAMOS, *Aspectos recentes, cit.*, p. 16 s.; *Da lei aplicável, cit.*, p. 659 ss., afirmando que «a "unilateralidade" que [...] temos perante nós, quando as regras de aplicação [que, invocando a categoria da *Ausdehnungsnorm*, caracteriza também, no caso das normas de aplicação necessária e imediata, como normas de aplicação de carácter extensivo] dispõem sobre a aplicação às situações plurilocalizadas de determinadas normas materiais (ou sobre a sua não aplicação) é algo bem diferente [da unilateralidade, *propio sensu*, presente nas regras de conflitos]», «dispõe-se aqui sobre a actuação de certas regras materiais e não sobre a competência do ordenamento em que elas se inscrevem».

No domínio do direito material uniforme, que seja vislumbrado também como direito internacional privado material, *hoc sensu*, tais regras de aplicação/aplicabilidade *ad hoc*, se apresentam decisivos e decididos reflexos conflituais (mesmo na medida em que, mediante conexões objectivas ou subjectivas, produzem um "auto-reconhecimento" do âmbito de competência do "ordenamento" a que se referem; assim, essas regras especiais de aplicação/aplicabilidade atribuem a um corpo normativo, pelo menos, uma *tranche* da competência normativa, independentemente do que resultasse da designação das regras de conflitos da *lex fori*), estes poderão ainda ser materialmente condicionados ou

ponto em que esta atinge a saciedade, coincidirá com o seu princípio, ou, dizendo de outro modo, de que deveremos procurar o limite do seu autónomo âmbito de aplicação forçosa no fundamento deste mesmo âmbito, o que, acto contínuo, nos levará a contemplar o carácter uniforme do regime em causa, normativamente fundado num respeito cuidado pela protecção das expectativas das partes e da previsibilidade do direito aplicável — tanto mais se haverá de considerar estes últimos fundamentos, quando se cura de aplicar uma disciplina material imperativa, que, *per definitionem*, numa relação privada se retirará à disponibilidade das partes —, carácter este que se ligará, incindivel e consequentemente, ao objecto material e factual visado pelas suas prescrições. Como quer que seja, não podemos deixar de invadir o couto da justiça formal, enquanto virtude desejada pelo método unificador, a fim de completarmos o conhecimento desse fundamento, a par de uma indagação dos específicos objectivos normativo-materiais acordados pelos Estados contratantes e

---

influenciados pelo *thelos* inerente às normas materiais e à oportunidade, específica e materialmente fundada, do regime normativo que prescrevem, o que não causará, de todo, estranheza — embora a convivência de objectivos e valores de distinta natureza, formal e material, possa ser mais conspícua em certas regras de conflitos (*v.g.*, aquelas de conexão substancial, de remissão materialmente condicionada, ou acompanhadas de *clauses échapatoires, lato sensu* — cfr. p. M. PATOCCHI, *op. cit.*, p. 255 s. —, apesar de não ser evidente ou perceptível o paralelismo estrutural, mas tão-só aquele que se desenha no plano fundamentante), mas acaba por ser uma emergência da mais profunda aliança axiológica a que o direito internacional privado rende homenagem — referimo-nos àquela aliança entre os chamados valores de "justiça formal" e de "justiça material".

[221] Sobre a internacionalidade como elemento/momento "localizador" (e assim necessário para desncadear a aplicação de certas normas), vide P. LAGARDE, *Débats, cit.*, p. 138 s., *Nota a "Cour d'appel de Paris (1re Ch.suppl.), 13 juillet 1989, cit.*, p. 669 s.; P. M. PATOCCHI, *op. cit.*, p. 275; R. M. MOURA RAMOS, *Da lei aplicável, cit.*, p. 441 ss.. E também A. FERRER CORREIA, *Considerações, cit.*, p. 369 s., 391, que explica (após o que, demonstra a exigência de preenchimento de conexões para provocar a aplicação do direito internacional privado de origem convencional, isto é, o direito material uniforme), a propósito da *lex mercatoria*, das «práticas e usanças», como, mesmo entre uma situação comercial internacional e o «DIP material de origem consuetudinária» ou «espontâneo», se pode vislumbrar uma ideia de conexão, porquanto tais regras «justamente por serem de aplicação geral no mundo das transacções comerciais internacionais, de modo algum podem considerar-se estranhas a tais relações, de que formam por assim dizer a ambiência e que dalguma sorte impregnam», donde resultaria «a existência aí de uma *conexão significativa* entre o caso e a regra aplicável», ou seja, «[a]í, a conexão dos factos com o "direito" aplicável radica *in re ipsa*».

plasmados na disciplina de direito uniforme e na particular composição normativa de interesses aí alcançada.

Mas, certo é que não poucas críticas levantou a pungente rarefacção do art. 10.°, fonte de múltiplas dúvidas e inquietações, pelo que, desde cedo, se preconizou, *de lege ferenda*, a introdução de significativas alterações a esta regra instrumental, anelos que vieram a obter ampla resposta no Protocolo de modificação de 1968.

14. Reconhecemos, afinal, quer na estrutura formal da regra instrumental de aplicação ou da regra de delimitação de competência *ad hoc*, quer na função deste direito material uniforme, a idiossincrasia própria do direito internacional privado material, enquanto corpo normativo vocacionado para prevenir e/ou suprir conflitos de ordenamentos nacionais[222], pela prescrição de um regime normativo que, especialmente, intenda as relações absolutamente internacionais[223] ou plurilocalizadas; todavia, no caso, com uma função acrescida que marcará o seu *modus operandi* e a sua vontade de aplicação, a qual deriva do escopo unificador destes complexos normativos,

Por isso, estes complexos normativos herdam as feições de um *ius commune* estabilizador e materialmente adequado à estraneidade das relações jurídico-privadas a que proporcionarão critérios normativos que, em sede de *jurisdictio*, sirvam constitutivamente, enquanto, paralelamente e com particular intensidade, acautelam a previsibilidade do direito, assaz cara ao tráfico jurídico-comercial internacional — a qual é já postulada, na própria génese destes corpos normativos, porquanto acolhem ou tomam em consideração os critérios forjados pela prática e usos comerciais, pelos contratos-padrão, pelas cláusulas-tipo ou de estilo, inseridas nos contratos de transporte ou de *charter-party*, e, assim, também, pela *lex mercatoria* (é deveras visível, quanto à génese dos diplomas prescritivos que nos vêm ocupando, esta radicação no "húmus" dos critérios sedimentados pela habitual prática mercantil — consentindo embora a inter-

---

[222] Cfr. A. MALINTOPPI, *Diritto uniforme, cit.*, p. 63 ss., *maxime*, p. 79 ss., ainda assim, falando da «eliminazione *dei conflitti di* leggi» como «*conseguenza mediata*».

[223] Sobre a noção de casos absolutamente internacionais, em face da de casos relativamente internacionais, cfr. J. BAPTISTA MACHADO, *Lições, cit.*, p. 10 s.. Acerca das «*quæstiones mixtæ*», R. DE NOVA, *Historical and comparative introduction to conflict of laws*, Recueil des Cours, 1966, II, p. 441 ss.

venção dirigida à protecção de objectivos materiais correctores ou orientadores dessa prática, queridos pelos Estados signatários —, nomeadamente, na formação da Convenção de Bruxelas de 1924, já que esta acaba por seguir o desenho normativo, anteriormente oferecido pelas Regras uniformes de Haia, elaboradas em 1921, como proposta de um título contratual tipo).

Conclui-se, pois, que uma disciplina internacional de direito uniforme, por se dirigir, tão-só, às situações plurilocalizadas, sempre apresentará uma indelével conotação metodológica, que, inevitavelmente a condicionará, isto é, condicionará o conteúdo dos seus (especiais) critérios normativo-materiais — precisamente, porque, servindo também certos valores de direito internacional privado, uma tal conotação parece exalar de um nível sistemático fundamentante destas normas uniformes, que, assim, exibirão como que uma "dupla personalidade anímica", porquanto, na sua materialidade normativa, serão fundamentadas (pelo menos num nível mais próximo de fundamentação), tanto num plano jurídico-normativo estritamente material, como num plano meta-jurídico e formal, isto é, próprio do direito internacional privado —, sem prejuízo de uma eventual coincidência, mais ou menos diacrónica, com as conveniências e opções normativas dos sistemas jurídicos nacionais, como acabou, de resto, por suceder com o regime uniforme de Haia, como com os Protocolos de 1968 e de 1979 e, mais evidentemente em relação a estoutros, com as Regras de Hamburgo.

Na verdade, a meta-juridicidade, valores e finalidades próprios do direito internacional privado (presente nos seus princípios e normas), influenciam e determinam a actuação de todas as normas jurídicas de um sistema jurídico — desde logo, por força do princípio da não transactividade —, já que as feições do conteúdo normativo-material das regras de direito interno, que hajam por objecto imediato situações puramente internas, são, também elas, marcadas pela ausência de elementos de estraneidade nas suas *facti species*, conquanto não ao ponto de as impedir de disciplinar as relações privadas internacionais com as quais apresentem uma conexão suficientemente forte e significativa, à luz dos princípios da não transactividade e da proximidade. Sucede, porém, que a ausência de um *"plus"* materialmente normativo, ditado pelos valores postulados pelo plano meta-jurídico do direito internacional privado, será menos notória do que a presença desse *"plus"*. Quando se hipertrofiam as influências do cariz interno do objecto factual, destinatário da regulação material, no conteúdo normativo da regra, ao ponto de se tornar insuportável a sua convocação para, judicativamente, encontrar uma resposta jurídica para uma questão que emirja em certa situação internacional, então estaremos, eventualmente, confrontados com uma norma espacialmente autolimitada de efeito restritivo[224].

Deste modo, no contexto, por exemplo, da experiência juridicamente constituenda de tipo prescritivo-legiferante, sempre se poderá afirmar que a opção entre criar uma norma de direito interno ou uma norma de direito internacional privado (nomeadamente, uma norma de direito internacional privado material) jamais será "inocente", do ponto de vista dos objectivos formais e meta-jurídicos visados pelo direito internacional privado, embora um tal pré-juízo permaneça ou "a-pareça" latente, *rectius*, "velado", no primeiro caso. Opção esta, que, vestindo uma roupagem formal (posto que diáfana, isto é, dificilmente perceptível), se verterá exteriormente num conteúdo tão-só material, o qual acabará por ofuscar aquela primigénia e motriz tomada de posição conflitual, que viria a influenciar, ainda que implicitamente, ou mesmo, "invisivelmente", o sentido material da opção normativa, tornando-a de direito interno, tudo se passando como se a todas as normas materiais fosse imposta a companhia de uma regra instrumental de aplicabilidade, que seria, afinal, uma directa derivação, desde logo, do respectivo âmbito de eficácia, e, noutros casos, quando essa tomada de posição sair para a luz, poderá chegar ao ponto de traçar, mais visivelmente, e delimitar, especificamente, um campo de aplicação espacial da regra material ou, mesmo, o seu âmbito de competência, sendo certo que, neste último caso, não só poderemos estar já perante uma autêntica regra de conflitos, que há-de reconhecer a competência de um ordenamento jurídico (nacional ou internacional), como estaremos já num plano funcionalmente diverso, embora sempre na dimensão de *ius super iure* ou *ius super iura*, própria do direito internacional privado.

Não é, pois, casual a cuidada atenção que sempre receberam as tentativas substantivas de resolução do problema da regulação das situações privadas plurilocalizadas, como não é menos certa a insuficiência presente de encontrar uma completa solução substancial para este problema, vivendo, *rectius*, convivendo, necessariamente, os esforços de unificação

---

[224] Que se furtará à disciplina de situações que não tenham com a *lex fori* um certo tipo de contacto, mesmo que esta seja tmbém *lex causæ*.

e de harmonização substanciais com o recurso às soluções conflituais e formais do sistema, sem esquecer que ambas as vias comungam dum mesmo fundamento metodológico, no plano do direito internacional privado, na sua vertente meta-jurídica, isto é, formal [225] [226].

---

[225] Sobre as várias modalidades de uniformização e de harmonização substanciais, e sobre algumas vantagens do direito material uniforme, enquanto método que leva a «*tempérer les points de vue individuels*» e ao favorecimento da harmonia internacional, da previsibilidade e também da boa administração da justiça, *vide, inter alia*, E. VITTA, *Cours général, cit.*, p. 134 s.; A. FERRER CORREIA, *DIP, cit., loc. cit.*.

[226] No plano teleológico, o escopo unificador influenciará igualmente os resultados interpretativos alcançáveis no âmbito dos regimes de direito uniforme, como aquele que vimos tratando. Assim, no *iter* interpretativo destas convenções de direito uniforme, a par de se considerar as peculiaridades que a interpretação de convenções internacionais acarreta, não poderemos perder de vista, o seu propósito uniformizante, que imbuiu e determinou o sentido normativo das suas prescrições. Cfr., sobre a interpretação de convenções internacionais, S. BARIATTI, *L'interpretazione delle convenzioni internazionali di diritto uniforme*, Pádua, 1986, *passim*.

Por outro lado, não se deixará de haver em devida conta o carácter internacional da fonte jurídica em questão, bem como, *et pour cause*, a circunstância de haver sido necessário fabricar, na criação das regras materiais, um equilíbrio (ou uma "equidistância") entre motivações diversas, próprias das momentâneas políticas legislativas estatais, como, sobretudo, num plano já não genético, mas mais propriamente constitutivo, um arco entre ambientes jurídico-conceituais diferenciados. Esta circunstância introduzirá a tentação (cuja aparente venialidade não deverá fazer cessar prudentes suspeitas e cautelas) de, neste plano da interpretação das convenções internacionais, agora de direito unificado, atribuir um mais forte papel à letra da lei.

Ora, se não é estulto considerar que, atendendo à penosa tarefa de encontrar uma área de comunhão entre diferentes credos jurídico-conceituais, a letra sairá com um valor reforçado, este valor continuará, ainda, a ser não autónomo ou constitutivamente determinante, mas será, ainda, como que heurístico-indiciário. Todavia, e sempre anelando obter sucesso na empresa de prosseguir uma suficiente e funcional entente entre distintos *milieux* jurídico-dogmáticos, parecerá mais premente, já não, como num tempo, encarar como antonomásia os trabalhos preparatórios (perspectiva concutida, pois que, de um ponto de vista metodológico, hipertrofiava o valor interpretativamente determinante dos trabalhos preparatórios, tendendo à petrificação histórica do sentido normativo), mas antes reparar nas densificações e nos resultados juridico-normativamente constitutivos conseguidos noutros estratos do sistema jurídico, nomeadamente, nos níveis da reflexão doutrinal e da concreta e objectivante realização do direito de índole jurisprudencial, operadas nos diversos Estados, sobretudo naqueles signatários. Reflexões e resultados interpretativos esses, que são conseguidos com a convocação dos critérios normativos de fonte convencional, os quais, ante os hipotéticos modelos dogmáticos ou ante os concretos casos decidendos, hão-de ser interpretados, à luz da imanente e/ou expressa teleologia unificadora destes

15. Será agora curial tratar, ainda que *en passant*, do modo como soi encarar-se sistematicamente as questões jurídicas que não recebem uma directa resposta substantiva num determinado corpo normativo uniforme, e, nomeadamente, nos complexos de direito marítimo que vimos percorrendo.

Quando tal suceda, como fazem notar Antonio MALINTOPPI e, mais recentemente, Paola IVALDI[227], o complexo de princípios e regras uniformes, o "sistema" de direito uniforme, poderá remeter a solução da questão jurídica para o sistema jurídico nacional da *lex fori*, ou prever uma norma de conflitos, também ela uniforme, que reconhecerá a competência de um determinado ordenamento nacional, devido a um significativo contacto por este apresentado com a situação factual internacional, a fim de neste ordenamento se encontrar a desejada resposta normativamente material.

Claro está que, uma vez chegados a esta instância, podemos dar de barato que não foi possível encontrar, no complexo de direito uniforme e nas respectivas potencialidades sistemáticas, um princípio, ou um critério normativo, capazes de serem convocados, em sede judicativa, para conduzirem a uma resposta normativa, ou seja, que se esgotaram as possibili-

---

diplomas — tanto mais assim, se conviermos em que é necessário prosseguir a uniformidade de valoração no plano da concreta realização do direito, em sede de *jurisdictio*.

Cfr. J. MOORE, *"Delay in delivery"*, DM, 1983, *maxime*, p. 216 (sublinha este Autor que, atendendo aos objectivos de uniformidade e de respeito pelo carácter internacional da disciplina, enunciados no art. 3.º, da Convenção de Hamburgo — a qual, diferentemente do que sucedia no complexo normativo precedente, previu uma disposição relativa à tarefa interpretativa —, será natural esperar que os tribunais de Estados partes das Convenções sobre transporte ferroviário, CIM, e sobre aquele rodoviário, CMR, tendam a interpretar as normas do regime da responsabilidade por demora de entrega das mercadorias «*against the background of the CIM and CMR*»).

Vide, também, SCRUTTON, *On charterparties, cit.*, p. 415, embora criticando o padrão que, segundo opina, veio orientando a generalidade da jurisprudência do ponto de vista do esforço, postulado e desejado, de uniformização normativa; W. TETLEY, *Marine cargo claims, cit.*, p. 69 ss., com referência à influência do escopo unificador no (*notorious*) caso *Muncaster Castle*, na decisão do qual sentenciou, enunciando o *principle of standardization*, o Visconde Simonds: «[*t*]*heir*[as Regras de Haia] *aim was broadly to standardize within certain limits the rights of every holder of a bill of lading against the shipowner, prescribing an irreducible minimum for the responsabilities and liabilities to be undertaken by the latter*»; P. IVALDI, *"Wilful misconduct e colpa grave tra diritto internazionale e diritto interno"*, RDIPP, 1986, ano XXII, p. 329 e s..

[227] A. MALINTOPPI, *Diritto uniforme, cit.*, p. 187 ss., *Les rapports, cit.*, p. 66 ss..

dades de constitutiva "auto-integração"(/interpretação) do "sistema" de direito uniforme.

Sendo o corpo de direito uniforme o fruto de um compromisso entre diversos Estados e entre os respectivos ordenamentos, em todas as matérias ou questões não bafejadas pela graça de uma solução material uniforme, valerá o princípio, vertido ou não numa norma de remissão expressa, do recurso ao ordenamento do foro, na sua globalidade, o que, sempre, acabará por significar uma remissão para o direito internacional privado e para as opções conflituais deste. Será, assim, a *lex fori* a indicar o ordenamento competente para dar uma regulação normativa à situação decidenda. A consideração de uma remissão deste tipo, de carácter implícito, não será, de todo, despicienda ou ociosa, pelo menos, quando se entenda dever notar em certos complexos normativos de direito uniforme uma feição e/ou vocação sistemáticas, no âmbito de certo sector ou ramo normativo-material, mormente, se não se reclamar para os Estados e para as fontes internas a matriz ou o matriarcado da produção ou constituição jurídico-normativa, e se, a este propósito, ainda que não se pretenda uma acabada "revolução copernicana", se postular uma radical "equivalência" normativa de ambos os pontos de "observação" e regulação da vida internacional (o interno e o internacional).

Na verdade, quando o direito uniforme deixa desprovida de regulação material uma dada hipótese factual, *rectius*, quando não oferece um criterio normativamente prescritvo convocável como mediador para o *iuris dicere* numa dada situação factual plurilocalizada, cumpre determinar qual o ordenamento, interno ou internacional, que proverá nesse sentido, motivo pelo qual, o problema, que carecerá de guarida, será, *prima facie*, um problema de direito internacional privado. E é por isso que apodaremos este fenómeno de remissão, que, quando expressa, dará lugar a uma norma remissiva, *proprio sensu*, a qual deixará ao ordenamento indicado a missão de resolver o problema de escolha de lei, ou seja, a resolução do *conflictus legum*. Esta, aliás, mais não é do que a necessária consequência das limitações e carências dos ordenamentos de direito material uniforme, de fonte internacional, tanto mais que os mesmos resultam do compromisso, a que começamos por aludir.

De outra banda, se a remissão for dirigida ao direito interno da *lex fori*, já não estaremos perante uma verdadeira remissão, mas antes defronte a um reconhecimento da competência do direito do foro para resolver uma determinada questão, sendo certo que tal sucederá, amiúde, nas questões de natureza adjectiva ou processual, mas não exclusivamente[228].

---

[228] No entanto, importará proceder a uma criteriosa interpretação, no âmbito do regime normativo uniforme, para indagar o verdadeiro alcance desta norma. Pode, na verdade, suceder que se trate de uma norma de remissão material *ad aliud ius* polivalente, *proprio sensu* (sobre a noção de norma de remissão ou «reenvio *polivalente* ou *multi-direccional*», vide J. BAPTISTA MACHADO, *Âmbito, cit.*, p. 393 s., n.1), ou, então, de uma regra de reconhecimento de competência da *lex fori*, que realiza uma referência material, mas que, simultaneamente, limita a sua escolha, *ratione materiæ*, ao círculo das leis dos Estados contratantes, porquanto haverá sido a incapacidade de ditar uma solução normativo-material uniforme que haverá levado a engendrar o compromisso exteriorizado por uma norma deste tipo, respectivamente, remissiva, *proprio sensu*, ou instrumental — tanto assim é que algumas destas normas se apresentam como que "provisórias", esperando vir a ser modificadas, subsequentemente, para oferecerm já uma directa solução material da questão em causa, num momento em que o acordo se torne já possível (assim sucedeu, por exemplo, com o art. 25.º da Convenção de Varsóvia sobre transporte aéreo, de 1929, posteriormente modificada pelo art. XIII do Protocolo de Haia, de 1955).

Parecem ser estes os únicos meios para conciliar o desenho deste tipo de regras com o intuito uniformizador da convenção de direito uniforme, caso contrário, correr-se-ia o risco de provocar uma apócope indesejada na coerência da disciplina material uniforme, ao abrir a possibilidade de aceitar a solução normativo-material de um ordenamento não considerado, porque não pertencente a um dos Estados partes. Na verdade, a solução que é deixada em aberto corresponderá, em princípio a uma questão ou sub-questão de uma mosaico normativo mais alargado, que, naturalmente, não comportará, como solução "integrante" ou completante, uma "peça" com quaisquer "dimensões ou contornos" (até porque, *et pour cause*, de um compromisso se trata).

Além disso, não podemos esquecer que grande parte destes acordos, em matéria de transportes internacionais, antecede o florescimento mais recente das teorias sobre normas de aplicação necessária e imediata e sobre a possibilidade da sua convocação, mesmo que não se insiram no sistema da *lex fori* ou da *lex causæ*. Paralelamente, a situação mais provavelmente antecipada seria aquela em que, colocando-se a hipótese de uma aplicação necessária da disciplina uniforme, o foro se situasse num dos Estados contratantes, conquanto nada impeça, *maxime*, quando as próprias regras uniformes admitam que a respectiva competência normativa pode resultar de uma *professio iuris* das partes, que a aplicação das mesmas, necessária e imediata ou não, seja suscitada num terceiro Estado, cujas escolhas normativas, no que tange à questão não disciplinada material ou directamente pelo "sistema" uniforme, podem conturbar a unidade normativa postulada convencionalmente, e, de qualquer modo, em princípio, essas escolhas normativas, terceiras, não tiveram hipótese de ser contempladas entre as possíveis soluções a dar à questão falha de resposta (considerando que se trata de normas de Estados que não participaram no acordo internacional).

Em não se admitindo uma tal função para estas normas de "remissão" (pois que, afinal, para além de reconhecerem a competência, acabariam por ser também como que

Por fim, em sede convencional, os Estados partes podem decidir adoptar regras de conflitos uniformes, com o fito de designar o ordenamento nacional competente para disciplinar materialmente uma certa questão jurídica, que, *v. g.*, por se não haver revelado conveniente ou por não haver sido possível um acordo quanto a um certo conteúdo normativo único, ficou sem resposta normativo-material. Naturalmente, tais regras de conflitos uniformes, desde logo, dada a sua especialidade *ratione materiæ* [229], prevalecerão sobre os regimes conflituais internos dos Estados contratantes, exteriorizando ainda um assomo do escopo unificador ou harmonizador, patente nos complexos de direito uniforme, razão pela qual se impõe o seu respeito, precisamente, a fim de cumprir a teleologia uniformizadora, que nestes vem impressa[230].

16. No que tange às questões de direito marítimo e, mais especialmente, àquelas relativas às obrigações contratuais derivadas do contrato

---

regras destinadas a circunscrever materialmente o leque de soluções aceitáveis, à guisa de um "composto normativo desinencial"), então talvez viesse a ser mais concordante com o escopo unificador e com o propósito de unidade normativa, entender tais normas como fazendo uma referência global à *lex fori*, porquanto, desta sorte, a solução da questão ou sub-questão em causa sempre seria confiada ao estatuto contratual, o que, no mínimo, mais *chances* daria à uniformidade de julgados e melhor garantiria o afastamento de fenómenos de *forum shopping*.

Cfr., relativamente aos eventuais inconvenientes de uma remissão para o direito material do foro, a propósito da versão original do art. 25.º da Convenção de Varsóvia de 1929 sobre o transporte aéreo (questão paralela se levantando, de resto, no n.º 1 do art. 29.º da Convenção de Genebra CMR, de 1956, sobre o transporte rodoviário de mercadorias), A. MALINTOPPI, *Les rapports, cit.*, p. 76 s..

Cfr. Sobre o método remissivo, *vide* J. BAPTISTA MACHADO, *Âmbito, cit.*, p. 300 ss., *Lições, cit.*, p. 70 ss.

Vide, no domínio do direito uniforme do mar e dos transportes em geral, e para uma distinção entre normas de *«rinvio dichiarativo»* e de *«rinvio selettivo»* à *lex fori*, A. MALINTOPPI, *Diritto uniforme, cit.*, p. 187 ss., *Les rapports, cit.*, p. 66 ss., *maxime* 70 ss.; p. IVALDI, *Diritto uniforme, cit.*, p. 131 ss., a propósito da "auto-interpretação/integração" e também dos *«sistemi di integrazione "verso l'esterno"»*.

[229] Cfr. A. MALINTOPPI, *Diritto uniforme, cit.*, p. 93 s., n.14, *Les rapports, cit.*, p. 70 s.

[230] A respeito da questão do reenvio neste domínio do direito uniforme dos transportes, *vide* O. N. SADIKOV, *op. cit.*, p. 212 ss., observando que, em princípio, deverá ser de excluir, sempre que uma convenção escolha uma lei determinada para regular uma específica questão; P. IVALDI, *Diritto uniforme, cit.*, p. 141, a propósito do art. 10.º da Convenção CIM.

de transporte, como de outros contratos de utilização ou exploração do navio, para aqueles problemas que normativamente não encontrem resposta nas regras uniformes, haveremos de recorrer a regras de conflito que atribuam competência a uma dado ordenamento jurídico. E hoje receberá a nossa atenção, particularmente, a Convenção de Roma sobre a lei aplicável às obrigações contratuais, de 19 de Junho de 1980.

Pois que esta Convenção de unificação de regras de conflitos mantém o respeito pelos demais corpos normativos internacionais em vigor (cfr. art. 21.º)[231], como vimos *supra*, curaremos, apenas, ora daqueles contratos que não sejam abrangidos no âmbito de aplicação espacial da disciplina uniforme de direito marítimo internacional — sublinhando, entre nós, a Convenção de Bruxelas de 1924 —, ora dos aspectos de que esta disciplina não se ocupou — seja pela previsão de um regime material, seja designando um determinado ordenamento que oferecesse um critério normativo.

Assim, confirma-se no art. 3.º da Convenção de Roma o princípio da autonomia das partes em direito internacional privado, cuja vocação subjectiva, de acordo com a mesma norma, não será sequer contrafeita por uma limitação do círculo dos ordenamentos elegíveis que atendesse aos contactos objectivos existentes[232].

---

[231] Cfr. S. TONOLO, *op. cit.*, p. 849.

[232] Sobre a autonomia das partes no direito internacional privado, *vide*, *inter alia*, D. Isabel de MAGALHÃES COLLAÇO, *Da compra e venda, cit.*, p. 27 ss.; R. M. MOURA RAMOS, *Da lei aplicável, cit.*, p. 428 ss..

O estudo do estatuto contratual vem representando um *pot-pourri* de velhas e novas tendências internacionalprivatísticas, bastando observar as opções acolhidas na Convenção de Roma, de 1980, sobre a lei aplicável às obrigações contratuais, que ora nos merecerá o cuidado.

Desde logo, como se sabe, deve fazer-se um particular *distinguo* entre uma referência material (*materiellerechtliche Verweisung*), confinada ao âmbito material das normas dispositivas e supletivas do ordenamento que haja competência para regular o contrato, sendo, por isso, ainda uma expressão da autonomia material das partes na conformação do conteúdo contratual e dos efeitos queridos, e uma referência conflitual (*kollisionrechtliche Verweisung*), que permite escolher um particular ordenamento qual estatuto que disciplinará o contrato, ficando este submetido também às normas imperativas daquele.

Convém, no entanto, ainda que *en passant*, tecer algumas observações a este propósito, começando por notar, como ensina o Professor MOURA RAMOS (*op. cit., loc. cit.*), os motivos e o modo por que se firmou a prevalência da autonomia privada na escolha pelas partes da «ordem de referência». Como justificação oferecida para a generalização da

Por outro lado, com a Convenção de Roma, à semelhança do que ocorria já, à luz dos arts. 41.º e 42.º do Código Civil, assistiu-se a um

---

aceitação de uma *professio iuris* ou *electio iuris*, aponta este Professor a necessidade de estabilidade da vida comercial internacional, permitida pela previsibilidade da regulação material do contrato, que a autónoma escolha do estatuto assegurará, assim como uma particular «fungibilidade» das ordens jurídicas, no domínio da regulação dos contratos ou de uma grande parte deles. Cfr., também, F. VISCHER, *Droit international privé*, Fribourg, 1974, p. 169 ss., *maxime*, 170 e 174, defendendo para o domínio contratual a criação de regras de conflitos «*à la fois précises et élastiques*», a fim de garantir, respectivamente, «*la prévisibilité des décisions*» e «*un rattachement juste et fonctionnel, tenant compte de l'essence même du contrat considérée*», notas detectáveis na lei da autonomia, na *lex voluntatis*, sobretudo contemplando que «*les solutions paraissent de ce fait largement interchangeables*» — e daí que o argumento assente no favorecimento da segurança não «prova de mais», no sentido de levar a instituir a autonomia como critério de conexão generalizado, isto é, para todas as matérias jurídicas (R. M. MOURA RAMOS, *Da lei aplicável, cit.*, p. 462).

No entanto, para além disso, quanto à juridicidade do contrato, pode defender-se que ele, *a se*, isto é, pelo mero facto de ser um contrato, já por ela é caracterizado, tendo, pois, uma natureza juridicamente relevante («todos os seres têm de pagar uns aos outros o castigo da injustiça segundo a ordem do tempo» — Anaximandro, fr.1); o sistema jurídico escolhido confirma-a e conforma-a, regulando o contrato (fornecendo-lhe um estatuto — cfr. R. M. MOURA RAMOS, *Da lei aplicável, cit.*, p. 459). Na realidade, trata-se de um acto voluntário, do qual emergem deveres de justiça — deveres de atribuição a cada um do seu (*suum cuique tribuere*). Nesta perspectiva, e estando num domínio em que se surpreende um paralelismo difuso das práticas contratuais nos diversos ambientes culturais e tradicionais do orbe, assim como um alargamento das relações privadas transnacionais, bem se percebe aquela fungibilidade problemático-material das ordens jurídicas. Desde logo, num plano mais profundo, na medida em que todas visam a realização da justiça (a sua juridicidade advém de uma irredutível fundamentação de validade, de uma indelével referência a *fundamenta* axiológicos imprescindíveis para a qualificação e realização de um corpo normativo qual corpo de Direito, assentes radicalmente no próprio direito natural).

Na verdade, a fim de ser jurídica, uma ordem normativa sentirá uma necessidade inarredável e condicionante de respeitar princípios e normas ínsitas objectivamente na natureza humana (*ergo*, normativo-materialmente condicionantes das soluções reguladoras, positivamente ou exteriormente acolhidas) — e este respeito constitui o *proprium*, isto é, a diferença específica de qualquer ordem normativa (ou sistema) que se diga jurídica (cfr.*supra*).

Ainda assim, *et pour cause*, a regulamentação estatal destas matérias poderá também ter em mira a compatibilidade com exigências ditadas pelo bem comum, caldeado nas necessidades de cada Nação. Como refere aquele Autor (*op. cit.*, p. 459 s.), em matéria contratual, surpreendemos, contudo, uma «fungibilidade» ou equivalência tendencial, não só no plano da fundamentação última ou dos princípios normativos dela derivantes, mas também no plano mais denso e superficial das pontuais soluções jurídico-normativas prescritas por autoridades públicas para os hipotéticos tipos de problemas, seja por lei,

afastamento, ainda que não inteiro, relativamente a algumas conexões, supletivas ou não, que, habitualmente, haviam sido eleitas para indicar o

seja por outra fonte, dada a semelhança do modo de encarar as questões comerciais, diferentemente do que sucede noutros ramos do direito.
　　Se o bem comum e o interesse público fazem sentir, neste domínio, as suas pretensões legítimas, então, levanta-se também um problema no plano dos limites do poder modelador da vontade das partes (*ibidem*, p. 428). Continuando a seguir a lição deste Professor (*op. cit.*, p. 459 ss.), é-nos recordado como, hodiernamente, mesmo em matéria contratual se levantam esboços mais ou menos carregados de dirigismo legislativo, o que poderia constituir uma fonte de hesitação na admissibilidade sem peias da *electio legis*, como expressão da autonomia privada em âmbito contratual, conquanto esta outra nova tendência reguladora e de intervenção, podendo embora importar uma qualquer *nuance* na ponderação da escolha privada do estatuto contratual — nomeadamente, pelo relevo atribuível a normas internas de aplicação necessária —, não viesse, no final das contas, a triunfar do concorrente valor da estabilidade do comércio jurídico internacional, apoiada, como vimos, numa protecção das expectativas legítimas das partes e na previsibilidade da disciplina normativa do pacto.
　　No entanto, o obstáculo que uma tal orientação dirigista, tendente ao *Diktat* legiferante de uma «ordem pública de direcção» (*ibidem*, p. 460), poderia representar, parece ser superado quando a *electio iuris* tem por alvo um complexo normativo uniforme exteriorizado numa convenção inter-estatal. De certo modo, as convenções unificadoras podem também pretender trasladar para plano o internacional a realização de uma ordem pública internacional, gozando, relativamente a parcelas normativas homólogas dos ordenamentos nacionais, daquela fungibilidade axiológica (cfr. R. M. MOURA RAMOS, *Da lei aplicável, cit.*, p. 460 ss., n.158) — isto é, quando se confrontam com as disciplinas internas dos Estados.
　　Uma convenção de direito material uniforme, desenhando contornos de índole sistemático-normativa, poderá outrossim reagir, sublimando-a, contra uma possível tendência para a extra-sistematicidade por parte dos contratos internacionais, e assim um complexo de normas uniforme poderá constituir uma «ordem de referência» bastante, ainda que eventualmente rarefeita no nível dos seus ditâmes normativos, o que de resto não deixa de ser assaz apropriado num âmbito em que deve imperar a liberdade contratual material («*uti lingua nuncupassit, ita ius esto*» — XII Tábuas, VI-1; sobre este princípio «*consagrado*», S. CRUZ, *Direito romano*, p. 202 s.; já sobre o *contractus* no direito romano, e a respeito da sua relação com a *conventio*, A. A. VIEIRA CURA, *Fiducia cum creditore*, Coimbra, 1990, p. 85 ss.).
　　Quanto se acabou de expor em nada desacredita, porém, a valia dos complexos normativos de fonte consuetudinária ou espontânea e baseados, ora em contratos-tipo, ora em compilações normativas levadas a cabo por organizações privadas ou corporativas internacionais (isto é, profissionalmente representativas), porquanto não se vêem motivos por que não respeitar uma ideia de subsidiariedade também neste domínio, limitando uma intervenção prescritiva aos casos em que a mesma se afigure razoável.
　　O problema que, do ponto de vista conflitual em que agora nos encontramos, se

ordenamento competente em matéria contratual, em geral, e no domínio do direito dos transportes, em especial[233] [234].

Deste modo, já não vemos a assumir o peso de outrora, a *lex loci* ou a *lex executionis*, embora não seja esta a sede adequada para um estudo

---

pode levantar a respeito da *lex mercatoria* (cfr. *supra*), enquanto disciplina capaz, *per se* (e, nomeadamente, enquanto estatuto dotado de "integridade" e apto a englobar normativamente a espécie), de regular materialmente relações internacionais ou plurilocalizadas, é, como sublinha o Professor MOURA RAMOS, aquele de saber até que ponto vislumbramos nestoutro complexo normativo um corpo suficientemente homogéneo e coerente, a fim de ser seleccionado para estatuto contratual, e, assim, cumprir também funções de interpretação e integração das convenções privadas (*ibidem,* p. 495 ss.).

Cfr., ainda, a prpósito da Convenção de Roma de 1980, FERRER CORREIA, *Algumas considerações acerca da Convenção de Roma de 19 de Junho de 1980 sobre a lei aplicável às obrigações contratuais,* RLJ, a.CXXII, n.º 3787-3789, p. 289 ss., 321 ss., 362 ss.; R. M. MOURA RAMOS, *L'adhésion du Portugal aux Conventions communautaires en matière de droit international privé,* BFDUC, 1987, p. 75 ss., *maxime,* p. 97 ss..

E também mostrando como, no domínio comercial marítimo (e o mesmo se poderá dizer dos transportes em geral), existe uma forte proximidade dos interesses dos envolvidos, alheia, portanto, às diversidades culturais, tradicionais e económico-sociais das várias Nações, sendo por isso um domínio propenso à unificaçã substantiva, F. A.VEIGA BEIRÃO, *Direito comercial portuguez, Esboço do curso,* Coimbra, 1912, p. 133 s.: «[s]ua quasi immutabilidade desde as origens até hoje, e sua uniformidade fundamental entre os diversos povo»; «[e]xplicação desse phenomeno por serem sempreas mesmas as necessidades da navegação e da sua independencia dass formas politicas e mais elementos que distinguem as nações».

[233] *Vide,* sobre a localização dos contratos internacionais, para a formação de critérios objectivos de conexão, ainda que operantes apenas na ausência de escolha, a par do entendimento do princípio da proximidade neste domínio, bem como sobre a ideia de *proper law of the contract,* traduzida esta na aplicação que com o contrato apresente a ligação ou os contactos mais estreitos, entre nós, L. F. FALCÃO, *Do direito internacional privado,* Coimbra, 1868, p. 254 ss.; D. Isabel DE MAGALHÃES COLLAÇO, *Da compra e venda, cit.,* p. 58 ss.; R. M. MOURA RAMOS, *Da lei aplicável, cit.,* p. 519 ss.. *Vide,* ainda, R. DE NOVA, *Obbligazioni, cit.,* p. 476 ss.; O. LANDO, *The conflict of laws of contracts, cit.,* p. 318 ss.; H. BATIFFOL, p. LAGARDE, *op. cit.,* p. 265 ss.; F. KNOEPFLER, *Le contrat dans le nouveau droit international privé suisse, in* Le nouveau droit international privé suisse, Travaux des Journées d'étude organisées par le Centre de droit de l'entreprise les 9 et 10 octobre 1987, à l'Université de Lausanne, Lausanne, 1989, p. 84 ss.; R. BARATTA, *op. cit.,* p. 118 ss.; DICEY-MORRIS, *op. cit.,* p. 1231 ss.; T. BALLARINO, *Diritto internazionale privato, cit.,* p. 582 ss..

[234] *Vide,* para um caso de fretamento internacional, Sent. 15.º Juízo Civil de Lisboa, de 13 de Outubro de 1980, CJ, 1980, IV, p. 294 ss..

dos motivos e dos desenvolvimentos deste fenómeno[235]. De outra parte, também as tradicionais conexões do direito marítimo, como, sobretudo, a nacionalidade do navio[236] e/ou a lei do pavilhão (*lex vexilli* [237], ou *lex*

---

[235] *Vide*,acerca da localização no domínio dos transportes e das relações de direito marítimo, e ainda sobre o relevo passado e hodierno da *lex vexilli*, M. SCERNI, *Il diritto internazionale privato marittimo ed aeronautico, in* Trattato di diritto internazionale, per cura di Prospero Fedozzi e Santi Romano, Pádua, 1956, p. 6 ss., também acerca da autonomia e da especialidade das normas conflituais relativas aos transportes e à navegação, p. 210 ss., e acerca do conhecimento de carga e do papel da *lex chartæ*; S. BRÆKHUS, *op. cit.*, p. 261 ss., 290 ss.; F. BERLINGIERI, *La legge regolatrice dei contratti di noleggio di trasporto marittimo nella Convenzione del 19 giugno 1980 sulla legge applicabile alle obbligazioni contrattuali*, RDIPP, 1982, p. 60 ss.; H. BATIFFOL, P. LAGARDE, *op. cit.*, II, n.º 581, n.7, 584, n. 3; O. N. SADIKOV, *op. cit.*, p. 205 ss.; S. M. CARBONE, *Navigazione (diritto internazionale privato)*, Enc.dir., XXVII, p. 695 ss., *Conflitti di leggi e diritto marittimo nell'ordinamento italiano: alcune proposte*, RDIPP, 1983, p. 13 ss.; *Norme di diritto internazionale privato e codice della navigazione*, DM, 1992, p. 310 ss., também em torno das vantagens da uniformidade de tratamento e da disciplina das relações marítimas, mesmo em relação ao desiderato do reconhecimento e da eficácia das decisões proferidas, *Per una modifica delle disposizioni preliminari del codice della navigazione*, RDIPP, 1997, p. 5 ss..

Na verdade, o Código da Navegação italiano dá uma particular ênfase, a título principal, como subsidiário, à lei da nacionalidade, embora hoje, em matéria contratual, se deva preferir as regras conflituais unificadas pela Convenção de Roma de 1980, e sendo certo que, já à luz do art. 10.º das «*Disposizioni preliminari*» (*preleggi*) do *Codice della Navigazione*, sobre os contratos de utilização de navios e aeronaves, se consagrava a escolha de lei pelas partes como principal critério de opção conflitual, só se recorrendo à «*legge nazionale*» do navio na falta daquela — cfr. do mesmo Autor, *Problemi relativi alla legge regolatrice del trasporto marittimo nella giurisprudenza italiana (1949-1965)*, RDIPP, 1966, p. 449 ss.. E ainda, R. RODIÈRE, *Traité, cit.*, II, p. 437 ss., quanto ao contrato de transporte marítimo, para uma crítica *de lege ferenda* do n.º 1 do art. 16.º, da lei francesa de 1966 (cfr. *supra*); DICEY-MORRIS, *op. cit.*, p. 1394 ss., *maxime*, sobre a lei do pavilhão, p. 1401 s., n.67; A. LEFEBVRE D'OVIDIO, G. PESCATORE, L. TULLIO, *op. cit.*, p. 787 ss.; S. TONOLO, *op. cit.*, p. 825 ss..

[236] Sobre o entendimento da nacionalidade dos navios, como qualificação ou como atribuição de um «status *giuridico*» por um Estado, com o qual se estabelece «*un vincolo costante*», através do qual a lei da nacionalidade poderá reclamar a regulamentação de determinados aspectos relativos, *v.g.*, aos direitos que hajam o navio por objecto, e à utilização do mesmo, *vide* M. SCERNI, *op. cit.*, p. 27 ss.; R. QUADRI, *Le navi private nel diritto internazionale*, Milão, 1938, p. 37 ss., considerando este «*la nazionalità della nave non è altro che una qualificazione giuridica della comunità viaggiante ai fini della sottoposizione di questa alla potestà di governo dello Stato della bandiera*», pelo que este gozaria de «*una potestà, riconosciutagli dall'ordinamento giuridico internazionale, di procedere*

alla qualificazione, con efficacia rispetto a tutti gli Stati della comunità giuridica»; E. DU PONTAVICE, p. CORDIER, *op. cit.*, p. 54.

A nacionalidade dos navios, como é consabido, num paralelismo com aquela das pessoas singulares, concitará a «*metafora*» a que aludia Antonio SCIALOJA (*apud* M. SCERNI, *Il diritto internazionale privato, cit.*, p. 31), a par daquela que a equipara a «*porzioni di territorio statuale*», na expressão de Rolando QUADRI (cfr. art. 278.º do Código Penal e Disciplinar da Marinha Mercante de 1943, e o art. 24.º do Código Civil, bem como os arts.27.º, 28.º da Convenção das Nações Unidas sobre o Direito do Mar, de 1982), enquanto o navio se submete a uma soberania territorial (M. SCERNI, *ibidem*, p. 27 ss.).

Sobre a interpretação e sobre o alcance desta conexão, bem como acerca do critério de interpretação da mesma, cfr. M. SCERNI, *Nazionalità della nave e diritto internazionale privato*, RDIPP, 1965, p. 197 ss.; M. GIULIANO, *La nazionalità della nave come criterio di collegamento nel diritto internazionale privato italiano*, RDIPP, 1965, p. 415 ss., *maxime*, p. 423 ss.; G. MORELLI, *Elementi di diritto internazionale privato*, Nápoles, 1986, p. 44 ss., e, especificamente, sobre a nacionalidade do navio, p. 65 ss.. Assim, quanto ao problema da interpretação e da concretização do elemento de conexão, à semelhança do que se vem sustentando entre nós para a nacionalidade das pessoas singulares, deverá entender-se que, sendo o conceito interpretado *lege formalis fori,* isto é, à luz dos valores e fins prosseguidos pelo direito internacional privado do foro, ou, como refere João BAPTISTA MACHADO, acerca da nacionalidade das pessoas singulares, «com o significado que [tem] para o direito a que pertence a Regra de Conflitos, tendo embora em conta o sentido específico que [ele possa] revestir no sistema (que há-de ser unitário e coerente) de DIP», ainda assim suportará ou implicará uma «referência pressuponente *ad aliud ius*», ou seja, de acordo com o mesmo Autor, «uma simples *referência pressuponente* ao sistema estranho (sistema *ad quem*»), que «não envolve recepção ou absorção de critérios normativos (valorações) do sistema *ad quem*», pelo que as normas deste atinentes ao estabelecimento do vínculo de nacionalidade do navio e o resultado da aplicação das mesmas ao navio em questão, com a consequente qualificação jurídica deste como seu nacional, enquanto «*dados normativos*», que preencheriam e resolveriam uma «*quæstio facti*», seriam o *quid* «objecto da referência», necessário para o preenchimento de um conceito técnico-jurídico, pressuposto, no sistema *a quo,* de uma determinada consequência. Cfr. D. Isabel DE MAGALHÃES COLLAÇO, *Lições de direito internacional privado*, II, 1959, p. 207 ss.; *Da qualificação em direito internacional privado*, Lisboa, 1964, p. 118 ss., apontando para um «reenvio "pressuponente" ou "integrante"», na designação de BETTI; J. BAPTISTA MACHADO, *Lições, cit.*, p. 82 ss., clarificando a distinção entre «*interpretação*» e «*aplicação*» da regra de conflitos ou «dum conceito normativo», isto é, «entre o problema da determinação da *facti-species* normativa por via geral e abstracta e o problema da identificação ou "verificação" da *facti-species* concreta correspondente. Cfr., neste sentido, G. MORELLI, *op. cit., loc.ult.cit.*; M. GIULIANO, *op. cit.*, p. 427 s..

Entre nós, o n.º 1 do art. 3.º, do DL n.º 201/98, de 10 de Julho, determina que se consideram «nacionais os navios cuja propriedade se encontra registada em Portugal», conferindo a nacionalidade o direito ao uso da Bandeira Nacional — cfr., também, al. a) do n.º 1 do art. 120.º do Regulamento Geral das Capitanias (DL n.º 265/72, de 31 de Julho), onde, como na lei de 1998, o direito é "expressionistamente" atribuído ao navio.

Por outro lado, já Mario SCERNI advertia que eram raros os casos de navios «*apolidi*» e «*bipolidi*», isto é, os navios sem nacionalidade, *tout court*, e com plurinacionalidade — cfr. J. M. P. VASCONCELOS ESTEVES, *Direito marítimo, Introdução ao armamento*, Lisboa, 1990, p. 47 ss.. Aliás, o n.º 1 do art. 92.º, da Convenção das Nações Unidas sobre o Direito do Mar, de 10 de Dezembro de 1982, determina que «[o]s navios devem navegar sob a bandeira de um só Estado», salvos casos excepcionais, e se usar mais de uma bandeira, a seu talante, não poderá invocar qualquer dessas nacionalidades perante um terceiro Estado, sendo considerado sem nacionalidade (n.º 2). Ainda assim, Gaetano MORELLI sugeria, para solucionar o conflito de nacionalidades, um critério que, não coincindindo inteiramente, acabaria por caminhar, *mutatis mutandis* (e, portanto, prescindindo do apelo à *lex domicilii*), na senda do critério de solução de conflito de nacionalidades de pessoas singulares, por nós seguido nos arts.27.º e 28.º do DL n.º 37/81, de 3 de Outubro (sobre esta questão, quanto à plurinacionalidade das pessoas singulares, *vide*, R. M. MOURA RAMOS, *La double nationalité d'après le droit portugais*, BFDUC, v.LIX, 1983, p. 185 ss., *O novo direito português da nacionalidade, in* BFDUC — número especial, Estudos em Homenagem ao Prof.Doutor A.Ferrer-Correia, 1986, p. 362 ss.), porquanto aquele Autor sugeria que, sendo uma das nacionalidades a italiana, esta prevaleceria, e caso se tratasse de um conflito entre nacionalidades estrangeiras, então prevaleceria a do país cujas normas materiais, que regulassem a atribuição da nacionalidade ao navio, mais se aproximassem daquelas italianas, o que acabaria por redundar na exigência de um vínculo consistente e efectivo, ou, na designação de Mario GIULIANO, «reale», não *«una mera etichetta giuridica, un vuoto nome !!!»* (este Autor entrevê algo mais na tese de Gaetano MORELLI, pois que acabaria por significar uma ulterior influência da *lex materialis fori* no entendimento do conceito nacionalidade — *op. cit.*, p. 430 s.).

Este Autor (*ibidem*), a mais disso, faz notar que a questão da falta de nacionalidade assumiria um vulto mais grave e actual, se por nacionalidade se viesse a entender um vínculo dotado de certa consistência, um *«*"collegamento effettivo"*»*. No sentido da inexistência de uma norma de direito internacional público que imponha um *genuine link*, como requisito de atribuição da nacionalidade a um navio, I. QUEIROLO, *op. cit.*, p. 545, que convoca nesse sentido a própria Convenção de 1982; e sobre as dificuldades interpretativas do que venha a ser esse *«legame effettivo»*, A. GIARDINA, *L'unificazione, cit.*, p. 485 s.. A este propósito, com efeito, o n.º 1 do art. 91.º, da Convenção de Montego Bay, refere que «[t]odo o Estado deve estabelecer os requisitos necessários para a atribuição da sua nacionalidade a navios [...] e para o direito de arvorar a sua bandeira», esclarecendo que «[o]s navios possuem a nacionalidade do Estado cuja bandeira estejam autorizados a arvorar», e tão-só mencionando que «[d]eve existir um vínculo substancial [«*genuine link*»] entre o Estado e o navio» (assim também, já o art. 5.º da Convenção de Genebra, de 29 de Abril de 1958, sobre o alto mar — cfr. R. RODIÈRE, *Les tendances, cit.*, p. 399 s.), mas

bandi, como propunha Albert EHRENZWEIG [238]), mas, também, em certa medida, a *lex portitoris* [239] [240].

---

sem que se prevejam outras sanções ou consequências (*v.g.* a desconsideração da nacionalidade) para a inexistência de um *genuine link* que não seja, afinal, a que se liga ao incumprimento dos deveres do Estado do pavilhão do art. 96.º, isto é, segundo o n.º 6 deste artigo, «[t]odo o Estado que tenha motivos sérios para acreditar que a jurisdição e o controlo apropriados sobre um navio não foram exercidos pode comunicar os factos ao Estado da bandeira», devendo este indagar sobre a situação e adoptar as medidas que a mesma requeira para ser corrigida (a noção de *genuine link* já nos aparece descrita na Convenção das Nações Unidas sobre as condições de registo dos navios, de 7 de Fevereiro de 1986, para a qual deverão existir laços reais com o Estado da nacionalidade, traduzidos, quer quanto à propriedade do navio, quer quanto à tripulação, exigindo que um representante do proprietário resida no país do pavilhão — cfr. E. DU PONTAVICE, p. CORDIER, *op. cit.,* p. 54, n.2).

[237] Cfr. Pe. D. Raphael BLUTEAU, *Vocabulário Português e Latino,* Lisboa, MDCCXII, v. II, p. 31, onde, embora sem ulteriores especificações a respeito, se identifica o sentido de bandeira. Na verdade, a etimologia do vocábulo não depõe contra tal sentido. Já se vê identificado o sentido de "bandeira de embarcação" para *vexillum, i* em L. QUICHEAT, A. DAVELUY, *Dictionnaire Latin-Français,* Paris, 1916, p. 1485, colhido em Suetonius Tranquillus, e assim também em F. TORRINHA, *Dicionário Português-Latino,* Porto, 1939, p. 830, colhido em Claudius Claudianus («*vexillum navale*»). Encontra-se, de igual sorte, notícia do sentido sobredito em Ad. REINACH, *Vexillum, i, in* Dictionnaire des Antiquités, dir. Ch.Darenberg, E. SAGLIO, Paris, 1875, v.IX, p. 776 s..

[238] A. EHRENZWEIG, *Private international law,* Leyden, Nova Iorque, 1967, p. 196 ss., p. 219, n.17 (p. 196 ss., onde, aliás, o Autor aproveita a *Law of the Admiralty* como laboratório para ensaiar as suas propostas metodológicas).

[239] Sobre a lei do transportador, *vide,* refrindo as vantagens para a unidade do estatuto sem menoscabo da previsibilidade, e ainda em ordem à superação dos inconvenientes da *lex vexilli,* S. M. CARBONE, *Conflitti di leggi, cit.,* p. 20 ss..

[240] Embora este possa não ser o momento azado para analisar, de espaço, as regras de conflitos que o nosso ordenamento contempla no domínio marítimo, sempre aludiremos a certas normas específicas desta matéria. Na lei interna, já o art. 488.º do Código comercial, relativo ao regime da propriedade, dos privilégios (sobre a lei competente para regular os privilégios, o direito de retenção e o *ius sequelæ* do transportador sobre as mercadorias, *vide* T. BALLARINO, *Intorno alla legge regolatrice del privilegio del vettore marittimo sulle cose caricate,* RDIPP, 1966, p. 773 ss.) e das hipotecas dos navios, escolhia como elemento de conexão a nacionalidade do navio *sub iudice,* ao tempo da aquisição do direito (n.º 1), salvaguardando os direitos adquiridos à face do estatuto anterior (n.º 3), e a mesma conexão era eleita para regular os privilégios sobre o frete e sobre a carga (n.º 2). O juízo conflitual atinente aos direitos reais sobre o navio é hoje continuado pelo art. 11.º do DL n.º 201/98, de 10 de Julho, reconhecendo-se a competência da *lex vexilli* «ao tempo da constituição, modificação, transmissão ou extinção do direito».

Já quanto às avarias grossas ou comuns e à respectiva repartição, o art. 650.° prevê que sejam reguladas pela *lex loci restitutionis*, isto é, pela «lei do lugar onde a carga for entregue». Assume, deste modo, relevância conflitual a lei do lugar do destino da mercadoria, embora nos possamos interrogar sobre se esta disposição não deverá ser entendida *cum grano salis*, no sentido de, a bem da previsibilidade da lei aplicável, se considerar a lei do destino previsto, e não daquele efectivo, no caso de diferirem (até para evitar a entrega da mercadoria em local, cuja lei seja eventualmente mais favorável ao navio, caso em que, todavia, sempre poderíamos estar perante uma situação de fraude à lei, sem que, no entanto, se preveja, expressamente, uma conexão subsidiária, e considerando que o afastamento da lei nacional do navio bem se poderá compreender, pela sua maior ligação ao navio, embora pudesse favorecer a unidade do estatuto em causa — solução seguida pelo art. 11.° do Código da Navegação italiano, embora, precedentemente, na vigência do *Codice del Commercio*, a doutrina se dividisse, precisamente entre a lei do local do desembarque e a *lex contractus*; cfr.M.SCERNI, *op. cit.*, p. 275 ss., S. M. CARBONE, *Navigazione, cit.*, p. 711 ss.).

Quanto à abalroação, por seu turno, seguindo a orientação geral em matéria de responsabilidade extracontratual (cfr. S. M. CARBONE, *op. cit.*, p. 712), e à luz do art. 674.°, observar-se-á a *lex loci delicti commissi*, e quando se dê em alto mar a lei da nacionalidade, no caso de identidade de nacionalidades dos navios envolvidos, e nos demais, cada um responderá segundo a respectiva lei nacional, cujas normas também fixarão o limite máximo de quanto poderão perceber, evitando-se, deste modo, o recurso à *lex fori* (conexão subsidiária esolhida, *v.g.*, pela lei italiana — art. 12.°, *in fine*, do Código da Navegação). Orientação próxima era adoptada pelo art. 690.°, relativo ao salário por salvação ou assistência, que seria regulado pela *lex loci actus*, ou, ocorrendo aquelas em alto mar, pela lei da nacionalidade do navio salvador ou assistente — já se disse que este derradeiro critério seria um modo de estimular a salvação e a assistência, já que o capitão e a tripulação do navio salvador melhor conheceriam a sua lei, para além de se estar em presença de um dever de ordem pública (assim, A. LEFEBVRE D'OVIDIO, G. PESCATORE, L. TULLIO, *op. cit.*, p. 796 s., em relação ao art. 13.° do *Codice della Navigazione*). Quanto à matéria da salvação e da assistência, todavia, deve atender-se a que a disposição citada foi expressamente revogada pelo DL n.° 203/98 de 10 de Julho. Não se esquecerá, outrossim, que a Convenção de Londres de 28 de Abril de 1989 sobre salvação (e assistência) determina, no seu art. 2.°, que as respectivas disposições, entre as quais se contam as relativas à remuneração dos salvadores, se aplicarão sempre que uma questão sobre estas matérias deva ser apreciada por um tribunal judicial ou arbitral de um Estado parte, diferentemente, diga-se, de quanto impunha a Convenção de Bruxelas de 23 de Setembro de 1910, cujo art. 15.° tão-só estabelecia a aplicação das normas internacionais, para além do que previssem as leis nacionais dos Estados contratantes, se tanto o navio salvador ou assistente como aquele salvado ou assistido arvorassem bandeiras de Estados contratantes (salvaguardando a eventual extensão da aplicação das normas convencionais a interessados de Estados não contratantes, sob condição de reciprocidade). Cfr. Sent. 15.° Juízo Civil de Lisboa, de 13 de Outubro de 1980, CJ, 1980, IV, p. 294 ss..

Na verdade, para a lei do pavilhão foi progressivamente restando um papel residual[241]. Por um lado, outras conexões foram-se revelando conflitualmente mais ajustadas, mesmo à luz dos específicos objectivos da disciplina conflitual do direito marítimo[242] em matéria contratual e, mais precisamente, no que toca ao contrato de transporte marítimo. Entre essas, podemos contar a *lex portitoris*, no sentido de lei do local da sede ou do estabelecimento do transportador, a lei do porto de embarque, e aquela do porto de destino, local onde, de resto, será amiúde proposta a acção[243]. A relevância destes contactos objectivos, aliás, viria espelhada

---

Refira-se, enfim, que, de acordo com o n.º 3 do art. 492.º, o conteúdo da *lex loci solutionis* poderia ser tomado como um dado pressuposto a fim de não responsabilizar o proprietário, isto é, este não responderia pelos danos ocorridos por culpa do piloto, sempre que a admissão do mesmo fosse imposta pela lei do porto. Esta disposição foi, no entanto, revogada pelo DL n.º 202/98 de 19 de Julho, cujo art. 4.º, n.º 1, al.b) prevê a responsabilidade do proprietário armador, ainda que a presença do mesmo seja requerida por «lei, regulamento ou uso» (o que, indo ao encontro de uma certa tendência no que tange à distribuição dos riscos inerentes à aventura marítima, de índole mais ou menos objectivante, não tolhe que, por exemplo, no que aos danos sofridos pela carga diga respeito, não se pense numa espécie de *Sonderanknüpfung*, senão directamente para a matéria da responsabilidade, pelo menos para a regulação das operações materiais que com ela, de algum modo, se relacionem, no sentido de levar em conta ou aplicar certas normas de aplicação forçosa da *lex loci executionis*, o que, de resto, encontra revérbero na Convenção de Roma de 1980 — cfr. art. 10.º, n.º 2).

Assim, mesmo contemplando algumas regras de conflitos presentes no nosso ordenamento, não se escapará à observação de que, por vezes, o recurso à *lex vexilli* será justificado pela impossibilidade de individualizar, *in abstracto*, outra conexão mais significativa que dê suficientes garantias de certeza e de previsibilidade do direito aplicável ou de um tratamento unitário das questões em causa, e não só por se atender à especialidade factual e jurídica do direito marítimo (mas, ainda assim, esta razão poderá ser, eventualmente, convocável).

[241] Cfr. A. GIARDINA, *Unificazione internazionale, cit.*, p. 474 ss., 483 ss..

[242] Sobre esta especialidade (e para uma reapreciação do tratamento autónomo ou unitário do direito conflitual marítimo), e acerca da desvalorização da determinação do navio, por exemplo, nos *tonnage agreements*, S. M. CARBONE, *Navigazione, cit.*, p. 698 ss.. Ainda em torno da especialidade, M. SCERNI, *Nazionalità della nave e diritto internazionale privato*, RDIPP, 1965, p. 205 s..

[243] Cfr., a propósito do intenso fenómeno de *"lexforização"* no domínio do direito marítimo, nomeadamente, nos Estados Unidos da América, A. EHRENZWEIG, *La «lex fori» nel diritto internazionale privato marittimo*, DI, 1968, p. 3 ss., analisando a prática dos tribunais, a este propósito. Reafirma o Autor a necessidade de aplicação de alguns *Statutes* que visam a protecção dos tripulantes, passageiros, armadores e da carga, discrepando do

nas próprias conexões eleitas pelas regras instrumentais de aplicabilidade do Protocolo de 1968 e das Regras de Hamburgo (estas, enfim, já se aplicarão, se vigorarem no porto de destino previsto para a mercadoria).

Por outro lado (como que na linha da prosopopeia que acompanha o navio, comparando a sua "vida" com aquela humana), foram-se multiplicando as situações de extrema fragilização do elo que ligaria o navio ao país do pavilhão, nomeadamente, pela profusão de «pavilhões de conveniência» («*pavillons de complaisance*», «*flags of convenience countries*», «*bandiere di compiacenza, convenienza*» ou «*ombra*»)[244], isto é, bandeiras de países com uma regulação particularmente pouco exigente.

A Convenção de Roma de 1980 sobre a lei aplicável às obrigações contratuais, como se sabe, acolheu o princípio da autonomia da vontade das partes, permitindo que estas, mediante uma *professio iuris,* escolhessem o ordenamento competente (art. 3.°). Contudo, na ausência de escolha, expressa ou tácita, segue-se uma ideia de proximidade, sendo de aplicar a «lei do país com o qual apresente uma conexão mais estreita» (art. 4.°, n.°1), mais se «presumindo», genericamente, que o elo mais significativo será aquele apresentado com a *lex domicilii* (ou com a lei do local da administração central, do estabelecimento principal ou do estabelecimento que deverá fornecer a prestação característica) da parte obrigada a realizar a prestação característica[245].

«*statutarismo dell'ultima ora*» fundado na «*lex bandi*», e da insistência numa «*valutazione comparativa dei "collegamenti", procedimento che appare anti-giuridico*» (persuadido de que «[s]*i dovrebbe invece continuare a confidare nella saggezza, sperimentata da lungo tempo, dei giudici d'ammiragliato*»); mais, apreciando a relevância dos «*long-arm statutes*» na «aquisição» de uma competência jurisdicional «*ratione territorii praticamente nazionale*», e ainda os contributos para a teoria do *forum non conveniens,* como meio de deter os apetecíveis fenómenos de *forum shopping,* isto é, mediante «*il rifiuto di esaminare cause senza sostanziale connessione con il paese del foro ("transient suits")*». Cfr. A. GIARDINA, *L'unificazione, cit.,* p. 486, a propósito da «protecção da parte mais débil».

[244] Sobre este fenómeno, *vide* R. RODIÈRE, *Les tendances, cit.,* p. 399 ss.. Ainda acerca da existência e do relevo internacional de um «*genuine link between the State and the Ship*» N. SINGH, *op. cit.,* p. 55 ss.. Sobre este ponto, I. QUEIROLO, *La «residualità» della nazionalità della nave nelle norme di conflitto in campo marittimo,* RDIPP, 1994, p. 539 ss., *maxime,* 544 s..

[245] Sobre a teoria da prestação característica, *inter alia,* H. U. JESSURUN D'OLIVEIRA, *"Characteristic obligation", cit.,* p. 303 ss.; p. LAGARDE, *Le principe de proximité, cit.,* p. 41 s.; Th. M. DE BOER, *The EEC contracts convention and the dutch Courts* —

No que tange ao contrato de transporte de mercadorias, todavia, entendeu-se adoptar um critério especial de determinação do contacto mais significativo, mediante a mobilização de um «agrupamento de conexões relevantes» (cfr. n.º4 do art. 4.º)[246]. Este critério, devido à teleologia que subjaz ao respectivo juízo conflitual, preclude, nesta matéria, o recurso ao critério enunciado no n.º2, o qual, precisamente, sempre contrariaria o escopo que levou à convocação conjunta de diversas conexões, e acabaria, por assim dizer, por favorecer a lei do transportador (*lex portitoris* [247]); e, desta sorte, bafejaria sobretudo a segurança de uma das partes, num contrato em que se nota uma extrema volubilidade, dispersão e, mesmo, multiplicação dos pontos de contacto, perante o que a ligação ao local do estabelecimento principal do transportador, obrigado a realizar a prestação característica, sendo intensa, sempre apareceria falha do significado e da intensidade que assume noutros contratos[248]. Aliás o próprio n.º4 do art. 4.º apressou-se a esclarecer este ponto[249].

A methodological approach, Rabels, 1990, n.º 1, p. 46 ss.; entre nós, R. M. MOURA RAMOS, *Da lei aplicável, cit.,* p. 544 ss..

[246] Cfr. M. GIULIANO, P. LAGARDE, *Relatório, cit.,* p. 20., salientado como se optou por uma conexão fixada no tempo, a fim de evitar conflitos móveis. Sobre esta «*combinazione di criteri di collegamento*», R. BARATTA, *op. cit.,* p. 158, n.73. E ainda, P. LAGARDE, *Le principe de proximité dans le droit international privé contemporain,* Recueil des Cours, 1986, I, p. 42 ss., *maxime,* sobre o ar.4.º, n.º 4, da Convenção de Roma, p. 43. Cfr., a propósito, da responsabilidade aquiliana, R. M. MOURA RAMOS, *Da lei aplicável, cit.,* p. 377, n.19, 399 ss., n.47, 48.

[247] Cfr. O. N. SADIKOV, *op. cit.,* p. 208 s..

[248] E não parece, portanto, que o argumento, ainda que tão-só à luz das finalidades formais do direito de conflitos e mesmo de uma certa ideia de «centro de gravidade» da relação jurídica ou de «*objective nearness*», prove de mais (cfr. R. BARATTA, *op. cit.,* p. 116 ss., aludindo àquela ideia e a esta expressão de RABEL; P. LAGARDE, *Le nouveau droit, cit.,* p. 306, falando da necessidade de «*localiser objectivement*» e de como esta localização, assente no contacto mais estreito, atendendo às circunstâncias do caso, vai dirigida a acarinhar a «*atteinte des parties*»). Na verdade, uma tal opção, dirigindo-se sem mais à *lex portitoris,* contrastaria também com a equipendência entre as posições materiais dos intervenientes, que está patente na combinação de contactos, conquanto não deixe esta de ser sufragada mesmo numa perspectiva estritamente conflitual (cfr. *infra*). Cfr. P. LAGARDE, *Le nouveau droit, cit.,* p. 312. E ainda, a propósito do projecto da convenção, O. LANDO, *The EC draft, cit.,* p. 28 s., que sublinha como também o «*need of foreseeability*» instou à decisão sobre o desenho da Convenção, enquanto, apoiada no «*centre-of-gravity method*» para a escrutação da «*proper law*», opta por um *quid medium* entre a flexibilidade mais ampla e uma rigidez estrita das regras de conflitos (*hard and fast rules*).

[249] Cfr. R. BARATTA, *op. cit.,loc cit.*.

Assim, e de acordo com o n.°4, «[p]resume-se» que o contrato de transporte — ao qual se equiparam o fretamento por viagem «ou outros contratos que tenham por objecto principal o transporte de mercadorias»[250] — «apresenta uma conexão mais estreita com o país em que, no momento da celebração do contrato o transportador tem o seu estabelecimento principal», contanto que nesse país se situe também o porto (ou local) de carregamento ou descarga da mercadoria, ou então o estabelecimento principal do expedidor.

Naturalmente que, mirando a previsibilidade do direito aplicável, tais locais de carregamento ou de descarga deverão ser entendidos como os locais previstos pactíciamente pelas partes[251] (à semelhança, diga-se,

---

[250] Cfr., quanto ao conceito-quadro do critério, e nomeadamente quanto à exclusão do âmbito da norma dos *tonnage agreements* e dos *contracts of affreightment,* por aí não se estar verdadeiramente em *pari materia,* atendendo também ao juízo conflitual realizado, F. BERLINGIERI, *op. cit., loc.cit.;* A. GIARDINA, *L'unificazione internazionale, cit.,* p. 481; S. TONOLO, *op. cit.,* p. 851 ss..

[251] Assim M. GIULIANO, P. LAGARDE, *Relatório, cit.,* p. 20; DICEY-MORRIS, *op. cit.,* p. 1407.

A respeito do art. 4.°, e nomeadamente do critério do n.° 4, relativo aos transportes, cfr., também, O. LANDO, *The conflict of laws, cit.,* p. 343; p. LAGARDE, *Le nouveau droit, cit.,* p. 306 ss., 312 s.; R. BARATTA, *op. cit.,* p. 128 ss., 158 ss.; p. M. NORTH, J. J. FAWCETT, *Cheshire and North's Private international law,* Londres, 1992, p. 493 s.; p. KAYE, *The new private international law of contract of the European Community,* Aldershot, Brookfield USA, Hing Kong, Singapura, Sydney, 1993, p. 197 ss.; S. TONOLO, *op. cit., passim.*

Como menciona Peter KAYE (*op. cit., loc. cit.*), sob o mote da aplicação do art. 4.°, n.° 4, outras questões se poderão levantar, qual a que respeita às *«indemnity clauses»* e *«demise clauses»,* no que tange à identificação do transportador para os efeitos do art. 4.°, ou ainda a questão de saber se a regulação do conhecimento de carga está excluído do campo de aplicação da Convenção de Roma, à luz do seu art. 1.°, n.° 2, al. c), por se incluir na categoria dos títulos negociáveis (a favor da inclusão no âmbito convencional das questões atinentes ao conhecimento, atendendo à noção anglo-saxónica de *«negotiability»,* P. M. NORTH, J. J. FAWCETT, *op. cit.,* p. 471; p. KAYE, *op. cit.,* p. 198 — note-se porém que, mesmo sendo excluído, a exclusão só valerá para as obrigações que «resultem do seu carácter negociável»). Sobre esta questão e acerca da eventual convocação da *lex loci actus/lex chartæ sitæ,* cfr. A. FERRER CORREIA, *Lições de direito comercial,* III, Coimbra, 1975, p. 120; E. VITTA, *DIP, cit.,* p. 323 ss., critério acolhido pelo art. 3.° e pelo n.° 2 do art. 4.°, da Convenção de Genebra, de 7 de Junho de 1930, destinada a regular certos conflitos de leis em matéria de letras e de livranças, quanto à forma e aos efeitos obrigacionais provenientes da assinatura, que deverão respeitar a *lex loci actus* (embora o n.° 1 do art. 4.° preveja o critério da *lex loci solutionis,* para os efeitos obrigacionais do

do que já deixámos dito a respeito das conexões eleitas pelas regras de aplicação do Protocolo de Visby e da Convenção de Hamburgo).

aceitante e do subscritor), como no n.º 1 do art. 4.º, da Convenção de Genebra, de 19 de Março de 1931, destinada a regular certos conflitos de leis em matéria de cheques, acerca da forma, conquanto, à luz do *favor negotii*, seja suficiente observar as formalidades exigidas pela *lex loci solutionis*, para além de que será a lei do país onde se contrairiam «as obrigações emergentes do cheque» a regular os efeitos destas — (note-se porém, que, no plano internacional, destas Convenções emergia apenas uma obrigação de aplicação mútua). Ainda sobre o peso da regra *locus regit actum*, e, logo, sobre a competência da *lex cartæ sitæ*, mormente nos títulos destinados à circulação — cfr. H. BATIFFOL, P. LAGARDE, *op. cit.*, II, p. 223 ss. —, nomeadamente quanto às formalidades e aos requisitos de validade de que se deve revestir o documento (embora seja mister não olvidar o modo como este título de crédito se relaciona com a sua causa, com o contrato que igualmente prova), vide, R. MONACO, *Sulla necessità di norme di diritto internazionale in materia di navigazione*, *in* Studi per la codificazione, *cit.*, p. 140 s.; A. PAVONE LA ROSA, *La polizza, cit.*, p. 220 s.; S. M. CARBONE, *Navigazione, cit.*, p. 710 s.; *Contratto, cit.*, p. 371; M. REMOND-GOUILLOUD, *op. cit.*, p. 77 s., excluindo o conhecimento do âmbito da Convenção de Roma; A. LEFEBVRE D'OVIDIO, G. PESCATORE, L. TULLIO, *op. cit.*, p. 794, no mesmo sentido.

    O problema acabará, no entanto, por ser reduzido com a crescente aplicação das regras de direito material uniforme ao transporte titulado por um conhecimento de carga ou por um documento equipolente ou que lhe seja equiparável. No entanto, se no Relatório citado *supra* (p. 11) se afirma que caberá aos ordenamentos nacionais classificar o documento como negociável ou não, sempre se refere que tal questão deverá, outrossim, ser contemplada à face das «regras em matéria de direito internacional privado». Assim cumpre interrogarmo-nos sobre se todavia, não seria, curial prosseguir uma posição harmonizada ou uniforme a este respeito, sob os auspícios do «apelo» incessante do art. 18.º, isto é, enquanto aquela fosse, afinal, uma questão de interpretação da Convenção de Roma, vigente (com uma peculiar vocação de uniformidade normativo-conflitual, da qual se desimplica a concomitante necessidade de aproximação interpretativa), de resto, no âmbito dos ordenamentos nacionais dos Estados partes, *ergo*, no âmbito dos respectivos sistemas de direito internacional privado; para além dos considerandos que se pudessem urdir sobre as vantagens para a segurança e para a estabilidade jurídicas que um entendimento uno acarretaria.

    Note-se, outrossim, nos I e II Protocolos relativos a interpretação pelo Tribunal de Justiça das Comunidades Europeias da Convenção sobre a lei aplicável às obrigações contratuais, aberta à assinatura em Roma em 19 de Junho de 1980, feitos a 19 de Dezembro de 1988, conferindo ao Tribunal competência, em sede de reenvio prejudicial, para a interpretação da Convenção de Roma, o que, suplementarmente, poderá concorrer para a uniformidade normativo-conflitual encetada pela própria Convenção. Cfr. sobre o reenvio prejudicial, em geral, *inter alia*, P. PESCATORE, *O recurso prejudicial do artigo 177.º do Tratado CEE é a cooperação do Tribunal com as jurisdições nacionais*, DDC, n.º 22, 1985, p. 9 ss.; R. M. RAMOS *As Comunidades Europeias—enquadramento normativo-ins-

Sabemos também que, em homenagem à ideia de proximidade e ainda num plano conflitual, a lei para que aponte esse «agrupamento de conexões relevantes» não será de aplicar sempre que se conclua existir outro ordenamento que apresente um mais forte título para ser aplicado, isto é, para que lhe seja reconhecida a competência, em virtude de com tal ordenamento e com o seu país existir «uma conexão mais estreita» (cfr. art. 4.º, n.º1 e 5).

Ora, uma questão derradeira poderia legitimamente levantar-se, a saber: se, acolhendo-se, a penetração no direito de conflitos dos contratos de uma intenção objectivante de garantir, também e particularmente (senão, em certo sentido, sobretudo), ao carregador uma suficiente previsibilidade, não seria de, prolepticamente, mesmo no caso de uma determinação subjectiva da lei competente, limitar a escolha de lei[252], mas ainda

---

titucional, DDC, n.º 25-26, 1987, p. 69 s. (também *in* R. M. MOURA RAMOS, *Das Comunidades Europeias à União Europeia*, Coimbra, 1994, p. 67 ss.); *Reenvio prejudicial e relacionamento entre ordens jurídicas na construção comunitária*, Legislação, 1992, n.º 4-5, p. 95 ss.; J. MOTA CAMPOS, *Direito comunitário*, II, Lisboa, 1989, 3ªed.,, p. 421 ss.; L. FERRARI-BRAVO, *Lezioni di diritto delle Comunità Europee*, Turim, 1ªed., p. 126 ss., *maxime*, 180 ss.;

Sobre a unificação do direito internacional privado, e seus obstáculos, *vide*, R. M. MOURA RAMOS, *A conferência de Haia de direito internacional privado: a participação de Portugal e o papel da organização na codificação internacional do direito internacional privado*, in España y la codificación del Derecho internacional privado, Terceras jornadas de Derecho internacional privado, Madrid, 1993, *cit.*, p. 19 ss.; K. p. 227 ss..

[252] Sobre a figura de que nos ocupamos agora no direito americano e sobre as «*unless clauses*», e o seu carácter limitador em relação à autonomia, *vide* S. C. SYMEONIDES, *Exception clauses in conflicts laws—United States, in* Les clauses d'exception en matière de conflits de lois et de conflits de juridiction—ou le principe de proximité, dirigido por D.Kokkini-Iatridou, Dordrecht, Boston, Londres, 1994, p. 94 ss.. Assim, o n.º 2 do §187 do *Restatement Second*, embora como exemplo menos flexível das «*unless clauses*», enquanto «*examples of escape clauses of the general, open-ended rules*» (cfr. os critérios relativos a responsabilidade «*in tort*», para exemplos de maior flexibilidade, mas já não a propósito de uma lei escolhida pelas partes), de acordo com o que se diz na obra citada: «*The law of the state chosen by the parties to govern their contractual rights and duties will be applied even if the particular issue is one which the parties could not have resolved by an explicit provision in their agreement directed to that issue, unless either (a) the chosen state has no substantial relationship to the parties or the transaction and there is no other reasonable basis for the parties' choice, or (b) application of the law of the chosen state would be contrary to a fundamental policy of a state which has a greater interest than the chosen state in the determination of the particular issue and which, under the rule of section 188* [regra relativa à *lex contractus* na ausência de escolha],

com um escopo de carácter formal (isto é o objectivo material de um certo favor personæ seria obtido pela convocação da lei que para o carregador resultasse mais previsível ou mais próxima); ou acrescentar para as questões marítimas, uma espécie de *clause échapatoire* [253] [254], apta, através de um poder corrector conferido ao juiz, a provocar o "re-focar" do contrato numa ordem jurídca, com a qual ambas as partes mais pudessem contar, por, afinal, corresponder ao centro de gravidade natural, *rectius*, concreto (na proposição de Aldericus, se nela não se revir uma preocupa-

---

would be the state of the applicable law in absence of an effective choice of law by the parties». Para uma contradistinção da cláusula de excepção em face das *open-ended rules*, F. VISCHER, *La loi fédérale de droit internationale privé—Introduction générale, in* Le nouveau droit international privé suisse, Travaux des Journées d'étude organisées par le Centre de droit de l'entreprise les 9 et 10 octobre 1987, à l'Université de Lausanne, Lausanne, 1989, p. 12. Cfr., ainda, para uma análise da Convenção de Roma de 1980, sublinhando a "omnipresença" do princípio da proximidade, juntamente com essoutro da autonomia, e visitando o *Restatement* para uma comparação, A. FERRER CORREIA, *Algumas considerações, cit.*, n.° 3789, p. 365 s..

[253] À guisa da *fictio iuris* proposta por Huber, embora esta, ainda que imbuída de uma ideia de proximidade, se inserisse no contexto da determinação do critério *locus regit actum*. Parafraseando «*ut si partes* [melhor, *si pars*] *alium in contrahendo <legum> respexerint* [*respexerit/respexisset*], *ille non potius sit considerandus*». Vide R. BARATTA, *op. cit.*, p. 100 s., onde colhemos a citação.

[254] Sobre a relação desta com a autonomia das partes, que em princípio a exclui, D. KOKKINI-IATRIDOU, *Les clauses d'exception en matière de conflits de lois et de conflits de juridictions, in* Les clauses, *cit.*, p. 26 ss.. Notemos que o motivo que, neste caso, a poderia aconselhar, isto é, a protecção da confiança e a segurança de ambas as partes (embora, viesse a redundar numa qualificada atenção devotada à parte mais débil, e ao conhecimento que esta teria do direito a aplicar), é aquele que, em geral, milita contra o recurso à excepção, com o consequente afastamento das conexões abstracta e previamente ditadas pelo legislador. Cfr. R. MEYER, *Les claauses d'exception en matière de conflits de lois et de conflits de juridictions, in* Les clauses, *cit.*, p. 315 s.. Sabe-se também como, a bem da confiança e das expectativas das partes, se foi consolidando a defesa da limitação (na sua interpretação e mobilização metodológica a fim de realizar as opções normativo-conflituais) do alcance destas cláusulas, nomeadamente, por uma alteração "copernicana", isto é, fundando o recurso às mesmas, em especial no caso das cláusulas de excepção gerais, quando a conexão indicada legislativamente revelar «*un lien trop lâche avec la cause*» (cfr.n.° 1 do art. 15.° da Lei federal suíça de 18 de Dezembro de 1987, sobre direito internacional privado), e assim concedendo maiores favores à previsão de conexões abstractas e à mobilização destas — *vide* F. KNOEPFLER, *Le projet de loi fédérale sur le droit international privé helvétique*, RCDIP, 1979, p. 37, 40 s.. Cfr., ainda, D. KOKKINI-IATRIDOU, *op. cit.*, p. 7 s..

ção material, «*eam quæ potior et utilior videtur*» [255]), da relação contratual (mas não, repare-se, em virtude da mera consideração savgniana de "sede natural" — atendendo à tela metodológica que a mesma acarreta —, ou de um "pré-juízo" objectivista, ou sequer de uma localização materialmente orientada, à semelhança do que suceda quando a mesma é compaginada, *v.g.*, com um sentido de *favor validitatis* [256]), a qual, eventualmente, divergiria daquela escolhida na sequência da *electio iuris*, sendo esta, de algum modo, determinada pela preponderância económica do transportador, pelo que essa escolha haveria "desfocado" a relação plurilocalizada[257]; ou até, de incluir uma conexão alternativa ou uma limitação da autonomia privada da escolha de lei, mas, agora, com uma índole estritamente material, isto é, com o intuito de permitir a aplicação da lei que melhor protegesse o carregador, à guisa do que sucede com os contratos com consumidores, no art. 5.°, n.° 2 [258] [259] (não esquecendo que, de

---

[255] M. GUTZWILLWER, *Le développement historique du droit international privé*, Recueil des Cours, 1929, IV, p. 301, n. 1. YNTEMA,*The historic bases of PILaw*, AJCL, 1953, p. 311s..

[256] Cfr. H. BATIFFOL, *Subjectivisme, cit.*, p. 249 ss.; R. BARATTA, *op. cit.*, p. 87 ss.; J. KROPHOLLER, *IPR, cit.*, p. 25 ss., *maxime*, p. 26.

[257] Sobre a possibilidade de manipulação da escolha de lei, enquanto conexão relevante e subordinada aos objectivos do direito internacional privado, *vide* O. LANDO, *Contracts, cit.*, p. 42, *The EC draft, cit.*, p. 18 s.; H. BATIFFOL, p. LAGARDE, *op. cit.*, p. 272 ss., alertando para os inconvenientes que poderiam resultar de uma indiscriminada limitação da autonomia; F. KNOEPFLER, *Le contrat, cit.*, p. 85, aludindo à jurisprudência do Tribunal Federal suíço, anterior à lei de 1987, e ao modo como foi limitando a escolha, como se tratasse de um contrato em que uma das partes beneficiasse de uma particular protecção; D. KOKKINI-IATRIDOU, *op. cit.*, p. 8, J. KROPHOLLER, *IPR, cit.*, p. 27. E ainda, entre nós, R. M. MOURA RAMOS, *Da lei aplicável, cit.*, p. 562, 735 ss., n.784, *La protection, cit.*, p. 109, 114 ss., alertando para que «[l]*e fait est que l'exercice de cette autonomie peut être objet d'une perversion, pouvant donner lieu à des abus*».

E ainda, sobre a relação entre o princípio da autonomia e a necessidade de «*protection du faible*», F. POCAR, *La protection, cit.*, p. 372 ss..

[258] Para uma apreciação crítica deste art. 5.°, nomeadamente, da sua orientação em caso de falta de escolha de lei, F. POCAR, *La protection, cit.*, p. 393, considerando que pode acabar por trair os seus intentos fundantes. Mas, aludindo o n.° 3 ao parágrafo precedente, e levando em conta a teleologia do art. 5.° e a sua orientação normativo-conflitual em matéria de contratos com consumidores, tendendo à protecção destes, quiçá não se afigurasse desaconselhável enchertar ali a *ratio* integral que leva o n.° 2 a fixar uma limitação à liberdade de escolha tão-só para assegurar o patamar mínimo de protecção que seria oferecido pela «lei da esfera social do consumidor» (e que teria operado se a conexão

acordo com o art. 5.°, n.° 4, a regra relativa aos contratos com consumidores não se aplicará aos contratos de transporte, salvo se se tratar de de

"vontade das partes" houvesse escolhido esta lei particularmente próxima e cognoscível para a parte considerada mais fraca) — tanto mais assim, se se concluir que observar a ideia de conexão mais estreita, ainda que determinada por recurso à residência do devedor da prestação carcterística, posto que limitado pela *clause échapatoire*, não só garante a previsibilidade de ambas as partes, como, em conjunção com a *ratio* do patamar mínimo de protecção, se conseguiria realizar, no caso concreto, concomitantemente, uma protecção material do consumidor, o que se poderia saber comparando as disposições materiais dos ordenamentos indicados pelo art. 4.° e pelo n.3 do art. 5.° — destarte, cumular-se-ia o respeito pela justiça formal, com um escopo materialmente protector (e não confinando assim o n.° 3 do art. 5.° a uma finalidade de protecção no domínio meramente conflitual, atendendo à certeza do consumidor, acabando por admitir, contraditoriamente, a negação da própria intencionalidade protectora, no rigor da aplicação do critério — ressalvando que a orientação combinada dos n.° 1, 2 e 5 do art. 4.° acaba por não beliscar intoleravelmente a previsibilidade do consumidor). Talvez assim se evitasse que o preceito saísse, na sua realização, duplamente frustrado, não só, desnecessariamente, não garantindo a certeza e a previsibilidade do ponto de vista do proponente, isto é, da parte considerada mais forte, como, além disso, não realizando uma ulterior protecção material do consumidor, ainda suportada à luz da necessidade de protecção da segurança e previsibilidade, seja do consumidor, seja do proponente. Na verdade, por um lado, a *lex domicilii* do consumidor poderá ser-lhe materialmente mais desfavorável do que a lei indicada peo art. 4.°, por outro lado, como acabámos de ver, mesmo do ponto de vista da certeza do direito do consumidor, nada parece depor contra a aplicação da lei da sede ou da residência do profissional proponente ou da lei cuja competência viria a ser reconhecida como operasse a cláusula de excepção do n.° 5 do art. 4.°, se esta não fizer decair a protecção que seria assegurada pela lei da residência do consumidor.

É certo, porém, que, do ponto de vista da protecção normativo-material do consumidor, o problema poderia ser revisto à luz da aplicação de normas de aplicação necessária e imediata do foro ou da consideração daquelas de um terceiro país, de acordo com o art. 7.° . Neste sentido, P. KAYE, *op. cit.,* p. 219 s., chegando a aludir a um sistema de opção de regimes ou, mesmo, de cúmulo («*pick-and-choose basis*»).

Cfr. O. LANDO, *The conflict, cit.,* p. 303, 344, 420 s. classificando a rgra do art. 5.° como uma «*hard-and-fast rule*»; E. JAYME, *Les contrats conclus par les consommateurs et la Convention de Rome sur la loi applicable aux obligations contractuelles, in Droit international, cit.,* p. 77 ss., também a propósito do n.° 2 do art. 5.° e de uma possível «*Normenhäufung*» entre a lei escolhida e a *lex domicilii* do consumidor, caso em que, à luz do «*but de cette règle de conflit spéciale de garantir la meilleure protection aux consommateur*», a escolha não prescindiria de uma comparação entre as normas materiais de ambas as leis; DICEY-MORRIS, *op. cit.,* p. 1292; T. BALLARINO, *DIP, cit.,* p. 677 ss., mostrando como o n.° 2 do art. 5.° pretende assegurar um «standard *protettivo minimo*», mas defendendo a aplicação da lei da residência habitual, de acordo com o n.° 3 (desde que verificadas as circunstâncias "objectivas" indicadas no n.° 2), sem possibilidade de recurso ao art. 4.° para averiguar se a lei que houvesse o contacto mais estreito não seria apta a superar a prtecção material conferida pela *lex domicilii*, pois que o intuito do n.° 3 do art. 5.°, embora «*ispirato ad una finalità di protezione*», seria tão-só o de reconhecer a competência de um ordenamento «*con cui si suppone abbia maggior confidenza*», e, portanto, «*nei limiti di quella* [...] *"giustizia internazionalprivatistica"*» — isto é, por um meio formal ou conflitual garante-se a realização de um fim material (de favorecimento da parte mais fraca, de *favor emptoris*, o qual se consegue, precisamente, pelo meio da aplicaçao de uma lei que lhe seja particularmente próxima e familiar — *cfr. infra*, nota 253).

Cfr., também, H. BATIFFOL, P. LAGARDE, *op. cit.*, p. 315, *Le nouveau, cit.*, p. 313, excluindo para estes contratos a actuação duma cláusula de excepção análoga à do n.° 5 do art. 4.°; P. M. PATOCCHI, *op. cit.*, p. 140, justificando a diferença de tratamento, na Convenção de Roma, dos contratos com consumidores e de trabalho, na medida em que em relação a este se prevê uma cláusula de excepção. E quanto à protecção dos consumidores, ainda, R. M. MOURA RAMOS, *Da lei aplicável, cit.*, p. 728 ss., 746 ss., e acerca dos contratos de adesão, p. 750 ss., n.794. E ainda, também sobre a relação da Convenção de Roma de 1980 com a Convenção de Haia de 1955, de 15 de Junho, sobre a lei aplicável à venda internacional de bens móveis corpóreos, T. TREVES, *Un nuovo labirinto normativo in tema di legge applicabile alla vendita: la vendita ai consumatori, in Collisio legum*, Studi di diritto internazionale privato per Gerardo Broggini, Milão, 1997, p. 561 ss..

[259] Conhece-se o efeito corrector que deriva da cláusula de excepção (*clause échapatoire/d'ecxeption, Ausweichklausel/Ausnahmeklausel, escape clause*), entendida esta numa acepção conflitual, ou seja, enquanto, permitindo abandonar o juízo conflitual abstracto que conduziu à eleição de uma determinada conexão, leva ao reconhecimento da competência do ordenamento que com a situação controvertida apresente, atendendo às circunstâncias concretas do caso, a conexão mais estreita, e assim realizando normativo-concretamente o princípio da proximidade e as finalidades por este prosseguidas. *Vide, inter alia*, F. KNOEPFLER, *Le projet, cit.*, p. 31 ss., *Nota (28 novembre 1991-Tribunal fédéral suisse-2e Cour civile)*, RCDIP, 1992, p. 488 ss., *maxime*, p. 493 ss.; K. H. NADELMANN, *Choice of law resolved by rules or presumptions with an escape clause*, AJCL, 1985, p. 297 ss., com um *rappel* das etapas atravessadas pelo esforço de localização dos contratos internacionais, visitando, de caminho, idas aproximações à noção da cláusula de excepção; P. LAGARDE, *Le principe de proximité, cit., passim*, mas p. 97 ss.; D. KOKKINI-IATRIDOU, *op. cit.*, p. 4 ss.; B. DUTOIT, *Commentaire de la loi fédérale du 18 décembre 1987*, Bâle, Francfort-sur-le-Main, 1997, p. 36 ss.. E ainda, entre nós, A. MARQUES DOS SANTOS, *As normas de aplicação imediata, cit.*, p. 397 ss.; R. M. MOURA RAMOS, *Da lei aplicável, cit.*, p. 544 ss., 563 ss., *Les clauses d'exception en matière de conflits de lois et de conflits de juridictions, in* Les clauses, *cit.*, p. 273 ss., também mostrando como a expressão em causa, atendendo à finalidade prosseguida, pode não ter uma feição unívoca. Sobre a conexão mais próxima, também, P. M. PATOCCHI, *op. cit.*, p. 235 ss..

Sem pretender, nesta sede, curar das diatribes do subjectivismo e do objectivismo (sobre este ponto *vide* H. BATIFFOL, *Le subjectivisme, cit., passim;* A. FERRER CORREIA, *Algumas considerações, cit.,* p. 289 ss.; R. M. MOURA RAMOS, *Da lei aplicável, cit.,* p. 428 ss.), sempre se dirá que o problema desenhado no texto assume contornos algo distintos daquele que usualmente encontra a sua solução, em via de correcção, na *clause échapatoire*.

Assim, sabemos que, se, em geral, a competência da lei mais fortemente conectada com a situação de facto pode ser afastada, ora para realizar objectivos próprios do direito internacional privado, ora para realizar certos resultados materiais considerados ajustados para um tipo de casos ou para o caso *sub iudice* (cfr., R. M. MOURA RAMOS, *La protection de la partie, cit.,* p. 101 ss.), também se pode limitar a liberdade de escolha de lei com uma motivação material, a fim de provocar a aplicação de uma lei mais favorável a uma das partes — *v.g., favor læsi, favor filii,* favorecimento, eventualmente reequilibrante, da parte mais fraca (para uma disquisição do *Günstigkeitprinzip* e da *better law approach, vide* R. M. MOURA RAMOS, *Aspectos recentes, cit.,* p. 12 ss., *Da lei aplicável, cit.,* p. 728 ss., *La protection, cit.,* p. 97 ss.). Ademais, quanto a uma possível motivação materiel da cláusula de excepção, cfr. F. VISCHER, *La loi fédérale, cit.,* p. 15; D. KOKKINI-IATRIDOU, *op. cit.,* p. 6; R. M. MOURA RAMOS, *Les clause, cit.,* p. 273 ss.. Cfr. ainda P. M. PATOCCHI, *op. cit.,* p. 56 ss., n.176, 109 ss., relativamente às agruras do processo de localização dos contratos, insinuando que os critérios objectivos acabam sendo fruto de um compromisso, daí que uma eventual *souplesse* (ideia que o Autor revê já entre os frutos da tese da vontade hipotética) seja proporcionada pela previsão de uma cláusula de excepção.

Todavia, poderá também suceder que uma tal liberdade de escolha seja limitada (podendo, sem esforço, conceber-se para o efeito um mecanismo equivalente àquele desencadeado, no âmbito do princípio da proximidade, pela cláusula de excepção) por um motivo formal ou estritamente conflitual, nomeadamente, como meio de, em certos casos, prosseguir a competência do ordenamento com uma conexão mais próxima, à luz do princípio da proximidade, ou quando, por exemplo em caso de desequilíbrio das posições económicas ou negociais das partes, esse constrangimento for o único modo de proteger uma "real" e efectiva autonomia das partes, também no que tange à eleição da lei competente, enquanto este é o próprio fundamento daquela liberdade de escolha, sempre que se intenda assegurar a previsibilidade do direito a ambas as partes, ou seja, o modo de evitar a «*perversion*» da autonomia conflitual das partes, para que uma delas não possa, como se lhe antolhar, indicar a lei aplicável e impor tal designação — cfr. *supra,* R. M. MOURA RAMOS, *La protection de la partie, cit.,* p. 114ss.

Uma limitação assim motivada, por último, obtendo para a parte mais fraca — cujas circunstâncias factuais e materiais assumem, deste modo, uma relevância do ponto de vista normativo-conflitual — um regime "mais favorável" (embora se trate, *prima facie,* de assegurar uma concreta justificação da valência normativa, *in casu,* do princípio da autonomia), não deixará também de assegurar a protecção da "pureza" da conexão, do não desvirtuar da conexão, partindo da premissa (em que, tratando-se de uma limitação ditada abstractamente, o *quod erat demonstrandum* seria superado, precisamente, por uma concomitante intenção de ordem pública de garantir um regime materialmente mais favorável à parte mais fraca, de que já se parte) de que a parte mais frágil também não estivera em posição de, negocialmente, travar ou alterar a *electio iuris* com o sentido recebido no contrato. Tudo se passa como se o sistema conflitual se desse conta da impossibilidade (encarada, eventualmente, como inevitável, considerando o antagonismo dos interesses divergentes que as partes pretendem satisfazer com o contrato) do preenchimento (livre) daquela conexão, optando por prevenir tal impossibilidade (como, de resto, também o faz sempre que oferece uma regra de conexão múltipla subsidiária, conquanto perante uma problema algo diverso).

É claro que, as mais das vezes, o desiderato protector será conseguido mediante uma limitação ou uma exclusão da liberdade de escolha, com o socorro de uma regra que permita o reconhecer a competência de um ordenamento apto a dispensar à parte mais fraca um patamar mínimo de protecção normativo-material (quando não se opte mesmo por uma regra de conexão múltipla alternativa, com vista a escolher a lei que garanta a melhor protecção a uma das partes). Assim, o juiz, alijando a escolha real das partes, poderia até apelar para a vontade hipotética das mesmas, aquela que teria operado se uma das partes não houvesse unilateralmente "imposto" a sua *electio legis*.

Cfr. P. M. PATOCCHI, *op. cit.*, p. 86, sobre a necessidade de consideração da igualdade das partes no domínio contratual, p. 277 s., sobre aquela questão e ainda acerca da presença temperadora de uma certa dose (cautelosa, embora, atendendo também ao respeito pela igualdade — não se devendo esquecer o princípio da autonomia) de uma ideia de favorecimento, também neste domínio, embora a propósito da noção de *better law* (por contraposição à ideia de «*better party*»); R. M. MOURA RAMOS, *La protection,, cit.*, p. 101 s., onde, como referimos *supra*, se relaciona a escolha da lei competente e a construção da regra de conflitos (nomeadamente aquelas de conexão plúrima alternativa) com a realização dos objectivos da estabilidade de vida jurídica internacional e da protecção da confiança e das legítítimas expectativas dos particulares, e, assim, com o escopo do *favor negotii*, para além dos meios ou dos mecanismos capazes de proteger, para satisfação igualmente de tais valores, a aparência no comércio jurídico internacional (cfr. a "excepção de interesse nacional" do art. 28.° do Código Civil e a orientação congénere do art. 11.° da Convenção de Roma de 1980 — cfr. R. M. MOURA RAMOS, *Da lei aplicável, cit.*, p. 731, n.755).

Por outro lado, enfim, já se mostrou como, a par das regras de conexão múltipla alternativa em que, por assim dizer, o «*criterium individuationis*» derradeiro (embora sempre, a montante, ancorado numa fundamentação conflitual, porque dependente da designação de competência directamente operada e legitimada pelo contacto espacial intercorrente — neste sentido, R. BARATTA, *op. cit.*, p. 182) se aloje na satisfação de um determinado resultado material, pode, de igual sorte, ser burilada uma alternatividade de matriz conflitual, em que a preferência por uma das conexões se faça derivar de uma finalidade conflitual, qual seja, *v.g.*, a existência do contacto(s) mais significativo(s) ou

uma prestação combinada com alojamento, ou seja, se estivermos num domínio de transporte de passageiros com alojamento incluído[260)][261][262].

---

estreito(s), a protecção da aparência ou da previsibilidade, e da estabilidade jurídica da situação internacional (e logo, *v.g.*, o desejo de um *favor validitatis*). Sob este ensejo, *vide* R. BARATTA, *op. cit.*, p. 182 ss.; R. M. MOURA RAMOS, *Da lei aplicável, cit.*, p. 731 s..

[260] Viagens organizadas à guisa de *package tour*, conquanto o conceito em questão careça de ser interpretado no âmbito sistemático da própria Convenção. Cfr. M. GIULIANO, p. LAGARDE, *Relatório*, p. 23; R. BARATTA, *op. cit.*, p. 159.

[261] Tudo vai sem prejuízo da possibilidade acenada de recurso a uma *Sonderanknüpfung*, em ordem à aplicação de certas normas imperativas.

[262] Sobre as finalidades materiais associadas à teleologia das regras de conflitos, bem como sobre as regras de conflitos de carácter substancial e acerca das conexões substanciais ou materiais, *vide* P. M. PATOCCHI, *op. cit.*, p. 139 ss., a respeito da protecção da parte mais fraca, p. 134 s., 140, 146 ss., também a propósito das conexões objectivas e da noção de «*rattachement objectif relativement impératif*» (que o Autor detecta nos arts.5.° e 6.° da Convenção de Roma, isto é, em relação aos contratos com consumidores e de trabalho), eventualmente, coalizado com a finalidade de proteger uma das partes — assim sucederia, afirma o Autor, que o contacto objectivo do art. 6.° da Conveção de Roma, que (sendo um contacto estreito) «*assure à titre primaire la protection du travailleur*». Mas o Autor mostra ainda como a própria «*concentration de plusieurs points de contact dans la sphère de vigueur de l'ordre du domicile du consommateur*» (art. 5.°, n.° 2, para além de, aqui, a conexão ser avaliada mesmo «*du point de vue de cet ordre juridique*», esforçando-se aquela por «*tenir compte de la volonté d'application que les règles matérielles protectrices doivent avoir pour être efficaces*»)/ trabalhador (art. 6.°, n.° 2) concorre (influindo sobre a estrutura da regra de conflitos, e numa pespectiva também localizadora), quando lhe é dada uma certa orientação, para assegurar a aplicação de uma lei (com um contacto estreito com a situação *in toto*, é certo) particularmente "próxima" da parte considerada mais fraca, e que, provavelmente, será a lei que melhor conhecerá. Conclui que, neste último caso, então, tais conexões objectivas «*assurent à titre primaire la protection de la partie plus faible et sont conformes au modèle de la règle de rattachement localisatrice*».

Pegando na deixa, Sara TONOLO, e particularmente a propósito do derradeiro contacto do n.° 4 do art. 4.° que coincida com o local do estabelecimento do transportador, isto é, o local do estabelecimento do expedidor (embora o discurso se possa adequar também aos demais pontos de contacto convergentes: local de carregamento e destino da mercadoria, conforme previstos), sustenta que «*collegando il contratto [...] ad un ordinamento predeterminato essa* [a Convenção] *assicuri anche al mittente l'applicazione della normativa in vigore nel proprio Paese d'origine, conferendogli la possibilità di conoscere in anticipo la disciplina regolante le proprie obbligazioni, e di essere così tutelato dalla eventuali clausole impreviste e sottoposte alla legge [...] del vettore*» (*op. cit.*, p. 883, n.164). Claro está que o preceito, revelando este *penchant*, não deixa de prestar vassalegem ao

Sucede, porém, que, não só não podemos esquecer que o contrato é um acordo entre particulares que gozam da inerente liberdade[263] — daí que a Convenção de Roma preveja uma *clause échapatoire*, apenas para afastar a presunção de conexão mais estreita prevista no n.°4 do art. 4.°, necessária tão-somente para acorrer às situações de falta de escolha de lei, e já não para afastar uma lei escolhida pelas partes —, como devemos também atender a que o mecanismo da cláusula de excepção não se ambienta bem[264], sempre que se opta pela *electio iuris*, pois que esta conduz, em princípio, à aplicação da lei que melhor respeiterá as expectativas das partes e a certeza do direito, garantindo, conquanto neste quadrante apenas, a estabilização da vida jurídica internacional[265]. E não se ambientará bem, porque *cessante ratio*, pelo menos, no plano da confiança das partes, pois esta já estaria acautelada pela autonomia, sendo desnecessária uma qualquer cláusula correctora para "reconquistar essa confiança" — ou até porque cessaria a razão da previsão dessa cláusula, também do ponto de vista da conexão *"mais significativa"*[266], *lato sensu*, senão

---

princípio da proximidade, havendo, como eminente objectivo, também a individualização de um contacto assaz estreito, não cessando, outrossim, de garantir igualmente ao transportador a previsibilidade do direito aplicável, em virtude da necessária convergência de vários contactos.

Sobre os efeitos correctivos infligidos pela ideia de conexão mais forte e pelo escopo da protecção da parte mais fraca, R. M. MOURA RAMOS, *Da lei aplicável, cit.*, p. 560, 567, n.417.

[263] De como se revela precípuo o princípio da autonomia no direito internacional privado dos contratos, enquanto garante da liberdade e da segurança, também F. POCAR, *La protection, cit.*, p. 373.

[264] Cfr. art. 15.° da Lei federal suiça sobre direito internacional privado, de 1987, que, contendo uma cláusula de excepção geral, excluía, no n.° 2, a operatividade da mesma, sempre que a lei competente devesse ser escolhida, em função da autonomia privada.*Vide* D. KOKKINI-IATRIDOU, *op. cit.*, p. 7 s.; B. DUTOIT, *op. cit.*, p. 36 ss..

[265] Cfr. *ibidem*, p. 64, 116..

[266] Cfr., por outro lado, sobre a ideia de contacto mais estreito R. BARATTA, *op. cit., passim*, mas, p. 78 ss., para um confronto entre a ideia de contacto mais significativo, nomeadamente no âmbito do §188 do *Restatement Second*, e aquela outra de contacto mais estreito (não deixando de lembrar como, hodiernamente, mesmo o princípio da proximidade se defronta com um «*assouplissement*» estrutural do direito dos conflitos, o que vem também assacado à influência das teorias americanas deste século — cfr., sobre a aproximação metodológica entre as concepções continentais e aquelas americanas, A. FERRER CORREIA, *DIP, cit.*, p. 45 ss., 95 ss., também sobre o *Restatement Second* e as soluções da sec. 6ª). Não se esquecerá, contudo, que aquela disposição americana, cui-

mesmo, em certos casos (e mesmo, talvez, de um ponto de vista objectivista[267]), *et pour cause*, sob a perspectiva do princípio da proximidade, serva dos valores a que a convocação do princípio da autonomia não deixa de prestar homenagem[268], pelo menos no domínio em que o direito de conflitos já estabeleceu que a lei aplicável depende de uma autónoma eleição[269] —, ou porque se considera atribuir uma directa relevância, mercê dos objectivos e dos valores próprios do direito internacional privado, ao princípio da autonomia da vontade[270].

---

dando de encontrar a lei competente para a regulação dos contratos, na ausência de escolha, não deixa de convocar as "orientações-guia" («*open ended guidelines*» — vide S. C. SYMEONIDES, *op. cit.*, p. 91) da sec.6ª, entre as quais, e de feição formal, «*the protection of justified expectations*» — al.d) — e «*certainty, predicatability and uniformity of result*» — al.f). Cfr., ainda, R. M. MOURA RAMOS, *Da lei aplicável, cit.*, p. 429, 479, 516.

Também, em relação à cláusula de excepção, enquanto manifestação do princípio da proximidade, haverá que guardar quanto afirma o Professor MOURA RAMOS, ao mostrar que, se a actuação daquela se não confunde com a «demanda da *most significant relationship* de que o *Restatement Second* faz a tarefa cardinal da escolha da lei», outrossim se não confundirá «com a pura consagração do princípio da proximidade», à guisa da «doutrina da *proper law*» — sem embargo de naquele princípio reclamar a filiação —, *vide* R. M. MOURA RAMOS, *Da lei aplicável, cit.*, p. 569, *La clause, cit.*, p. 280.

[267] Cfr. H. BATIFFOL, *Subjectivisme, cit.*, p. 249 ss..

[268] Sobre a relação entre o princípio da proximidade e a autonomia, *vide* p. LAGARDE, *Le principe, cit.*, p. 25 ss., 39 ss., 61 ss., 97 ss., mostranto a autonomia como «complemento racional da proximidade».

[269] Sobre a relação da cláusula de excepção com as expectativas das partes, bem como com a previsibilidade do direito e com a necesidade de truncar a incerteza das soluções normativas, *vide* P. LAGARDE, *Le principe de proximité, cit.*, p. 116 ss., R. MEYER, *Les clauses, cit.*, p. 315 s., e p. 61 ss., para a relação entre os princípios da proximidade e da autonomia, ainda que noutros domínios conflituais. Bem se conhecem, contudo, as vantagens de fazer recair a escolha sobre uma lei neutra, mesmo como modo de viabilização da escolha, ou numa lei mais conveniente para a prossecução dos interesses das partes, num âmbito em que não deixa, contudo, de sobrelevar a garantia da previsibilidade, isto num cenário em que «*l'autonomie de la volonté a aujourd'hui par elle-même une fonction de rattachement, indépendente de la localisation objective du contrat*» (p. LAGARDE, *op. cit.*, p. 62). Cfr. DICEY-MORRIS, *op. cit.*, p. 1212 s., analisando o caso *Vita Food Products Inc. v. Unus Shipping Co. Ltd.*, de 1939, no qual o *Privy Council*, na prolação de Lord Wright: «*connection with English law is not as a matter of principle essential*» (cfr. H. BATIFFOL, *Subjectivisme, cit.*, p. 261 ss.).

[270] Sobre a concorrência de diversos princípios, P. LAGARDE, *Le principe, cit.*, p. 49 ss., 61 ss., *maxime*, p. 64.

Todavia, não seria este argumento decisivo, pois que é precisamente a existência dessa liberdade e da igualdade de posições negociais das partes que são postas em causa, aventando-se a hipótese de um desequilíbrio entre as partes, *ab initio*, impedir à conexão subjectiva eleita a realização do seu objectivo conflitual, já que essa conexão, a autonomia da vontade, uma vez «pervertida», não mais estaria em condições de conduzir à escolha de uma lei capaz de proteger a «confiança legítima» de ambas as partes[271].

Cremos, contudo, ser possível perscrutar a racionalidade da opção conflitual da Convenção de Roma, se se pensar que, neste específico âmbito normativo, os objectivos de previsibilidade, senão mesmo de ordem pública, que assim se visasse satisfazer, ao afastar uma lei menos atenta à protecção da contraparte do transportador, parecem razoavelmente assegurados pelo complexo normativo de direito material unificado, que regerá uma parte significativa das relações contratuais de transporte — esteja ele sujeito a um conhecimento (ou a uma *charter-party*, uma vez iniciada a circulação do título[272], já que se parte da premissa da igualdade ou maior proximidade económica das partes neste tipo de contratos), senão mesmo pelas normas de fonte interna de aplicação necessária e imediata; além de que, amiúde, estes contratos, no que tange ao transporte de mercadorias, se celebram entre comerciantes profissionais, de sorte que também no carregador ou interessado na carga se reconhecerá aquela diligência acrescida que àqueles soi associar-se.

Todavia, o juízo conflitual contido na presunção do n.º 4 do art. 4.º não será alheio ao objectivo de acautelar a posição do interessado na carga, conquanto se proceda aqui a uma protecção do ponto de vista da certeza do direito e da protecção das suas expectativas — num ponto em que a dimensão formal acaba por ser tocada pela dimensão material que "emoldura"[273]. E vê-se esse objectivo protector espelhado, precisamente,

---

[271] *Vide*, aludindo a esta «*perversion*», R. M. MOURA RAMOS, *La protection, cit.*, p. 109.

[272] Para além das já mencionadas dúvidas quanto à aplicação da Convenção, sempre que estejamos perante um título de transporte negociável ou negociado.

[273] *Vide*, J. BAPTISTA MACHADO, *Âmbito, cit.*, p. 267, n.145, aí se citando Franz KAHN: «*Die Kollisionsnormen verhalten sich zu dem materiellen Rechte wie der Rahmen zum Bilde*».

Que, neste ponto como noutros que vimos visitando, a localização de dimensão formal sofra aquela "sedução" material e formal será inevitável, dada a comum raíz de juridicidade de ambas as dimensões; e que se manifeste mais claramente essa sedução não é,

na própria estrutura desta disposição, nomeadamente, enquanto exige uma convergênca de pontos de contacto para que à *lex portitoris* seja reconhecida a competência. Logo, a presunção de conexão mais estreita, conforme desenhada nesta disposição segundo um critério objectivo, se segue a tendência para reconhecer a proximidade da lei do devedor da prestação principal, isto é, a lei do local onde, no momento da celebração do contrato (evitando a mobilidade do conflito[274]), o transportador, tem a sua sede efectiva ou o seu "estabelecimento principal", de outra banda, esta só será de aplicar quando — mediante um "agrupamento de conexões relevantes"[275] tendente a garantir a ambas as partes a previsibilidade do direito aplicável, e logo, também ao interessado na carga —, coincidir com a lei do local (previsto) de partida ou de destino da mercadoria, ou com a do país em que o carregador haja o seu estabelecimento principal.

---

aliás, inédito — embora possa assumir, não só diferentes "incarnações", no que toca à sua manifestação estrutural no plano normativo e ao seu *modus operandi,* como também assumirá diversas orientações "funcionais" (ora num nível fundamentante e de validade das normas de direito internacional privado, ora num plano mais imediatamente finalístico, por exemplo, quando uma regra de conflitos se propõe também realizar certos fins materiais ou protectores), como, enfim, *et pour cause,* acarretará implicações, mesmo qualitativamente várias, nos caminhos da racionalidade e do discurso próprios do direito internacional privado (assim, tal sincera "*doppiezza*", que, porque inocente e natural, supera o "drama" nas suas máscaras, tornando-se, *rectius,* "sendo", por assim dizer, "*præter*-dramática", colhêmo-la, *v.g.,* desde logo, mais conspicuamente, pela constante limitação da ordem pública internacional, mas também, mais subtil ou diafanamente, no plano da radical fundamentação do juízo conflitual).

Cfr. P. M. PATOCCHI, *op. cit.,* p. 253 s. (mas também, *a simile,* p. 11 ss.); Y. LASSOUARN, *L'évolution de la règle de conflit de lois, in* Droit international privé, Travaux, *cit.,* p. 79 ss.. Já para um "lugar paralelo" entre direito conflitual e material, F. POCAR, *La protection, cit.,* p. 373.

Sobre a neutralidade substancial das conexões e sobre a sua "justiça"/"justeza" para o tipo problemático antecipado, R. M. MOURA RAMOS, *DIP e Constituição, cit.,* p. 39 ss., P. M. PATOCCHI, *op. cit., passim,* e p. 2 s., 157, 241 ss.; Y. LASSOUARN, *L'évolution, cit., loc. cit.*; W. WENGLER, *L'évolution, cit.,* p. 14 s..

[274] Cfr. *supra,* em nota.
[275] Cfr. M. GIULIANO, P. LAGARDE, *Relatório, cit.,* p. 20, falando de uma «combinação de critérios de conexão». Cfr. P. LAGARDE, *Le principe, cit.,* p. 42 ss., 98 ss., sendo aqui o agrupamento observado como meio de realização cabal do princípio da proximidade, acompanhado pela *souplesse* conseguida na conjunção dos n.° 4 e 5 do art. 4.° (onde se poderia encontrar uma verdadeira cláusula de correcção, dada a cristalização real ou tendencial das presunções, sem embargo de quanto prescreve o n.° 1 do mesmo artigo — R. BARATTA, *op. cit.,* p. 176 ss.).

A preocupação, assim revelada, na silhueta estrutural da regra, enquanto expressão do objectivo de certeza do direito e de garantia de realização do princípio de aplicação da lei mais próxima, levar-nos-á, segundo cremos, a reafirmar a não conveniência de, em falhando as condições de preenchimento desta presunção, encarar aquela outra do n.º2 do mesmo artigo como critério de alcance geral e subsidiário, recorrendo antes ao critério avançado pelo n.º 1, isto é, o da competência da lei que com o contrato apresente a conexão mais estreita[276] [277].

Parece firmar-se, deste modo, a visualização da regra do n.º4 do art. 4.º como um critério indicativo judicativamente mobilizável para a superação do conflito de leis, mas ainda assim dotado de uma força particular (que inclusivamente advirá da sua especialidade), pelo que o juiz, em decidindo abandoná-lo à luz da cláusula de excepção do n.º 5, deverá suportar e cumprir um agaravado "ónus de contrafundamentação", para se não deixar sem efeito a previsão dos critérios dos n. 2, 3 e 4 do art. 4.º, entendidas como regras que, enquanto "cristalizam" ou rigidificam a norma flexível do n.º1, visam reforçar a previsibilidade do direito aplicá-

---

[276] Neste sentido R. BARATTA, *op. cit.*, p. 162 s; S. TONOLO, *op. cit.*, p. 884 ss., em geral, sobre o n.º 4 do art. 4.º, p. 887 ss., no sentido do texto e, admais, lembrando que no contrato de transporte, «*il debitore della* characteristic obligation *è il vettore, la conseguenza dell'applicazione di questo criterio* [o do n.º 2 do art. 4.º] *sarebbe l'operatività della legge* [...] *di quest'ultimo, che può senza dubbio essere considerato parte forte del rapporto, con conseguente possibile pregiudizio degli interessi dell'utente*» (e, por isso — cfr. p. 891 ss. —, ao mesmo tempo que estranha o diferente tratamento dispensado ao transporte de passageiros, sugerindo um feixe de conexões relevantes em torno do *locus contractus*, o «*faisceau de rattachements*» de que falava P. M. PATOCCHI, *op. cit.*, p. 237 s., e mostrando como esta estrutura é também axial para conjugar as perspectivas «quantitativa» e «qualitativa» da localização), para concluir, segundo a intenção diferenciada das «presunções *ad hoc*», «[p]*erchè allora voler far ricadere il trasporto di merci, in caso di impossibilità di funzionamento dell'indicazione presuntiva del §4 dell'art. 4, sotto il raggio d'azione di un criterio dal quale era stato intenzionalmente sottratto?*». Vide, também, R. M. MOURA RAMOS, *Da lei aplicável, cit.*, p. 565 ss..

[277] Sobre a ideia de conexão mais "próxima", cfr., também, JESSURUN D'OLIVEIRA, *"Characteristic obligation", cit.*, p. 303 ss., a propósito do projecto da Convenção de Roma de 1980, que entendia que a regra em questão, a fim de ser aplicada, ainda exigiria «*considerable refinement*», vindo a traduzir-se aquela numa «*Programmsatz, the mere expression of an approach*», reflectindo ainda «*that philosophy which has, at any rate since Von Savigny's day, prevailed in private international law, viz. that international, stateless cases must be found a "home"*». Cfr. R. M. MOURA RAMOS, *Da lei aplicável, cit.*, p. 560 ss..

vel. Só assim, aliás, se compreenderá o carácter verdadeiramente excepcional da cláusula do n.°5 do art. 4.°.

Assim, nomedamente, quando se deva optar por procurar uma outra lei competente, diferente da indicada pelo n.° 4, ora porque não se concretizam as conexões aí definidas, ora porque se recorre à cláusula de excepção, em se concluindo que a regra do n. 4 será ainda um critéro normativamente indicativo, poderá, no entanto, a confirmar-se o respectivo *intuitus favoris*, revelar uma feição duplamente indicativa (englobando ambas as partes da relação jurídica[278]), ou uma inclinação determinada no sentido de conduzir à escolha da lei que melhor garanta a certeza do direito para ambas as partes. Mas ao n.° 4 do art. 4.° não faltará a sombra de uma estrutura flexível da regra do art. 4.° em geral, aberta pelo seu n. 1 a uma determinação *in casu*, logo, fazendo apelo a uma prudência judicativa[279], não

---

[278] Já que apenas se alude ao «expedidor», não vindo mencionado expressamente o destinatário da mercadoria.

[279] Cfr. R. BARATTA, *op. cit.*, p. 176 ss., sobre as «presunções» e também sobre o papel do juiz como «*conditor legis*» (p. 181), contrastando a posição do Autor com as percepções destas regras, ora como *presunções iuris tantum*, ora como critérios de determinação *prima facie*.

Cfr., também, O. LANDO, *The conflict, cit.*, p. 318 s., 344, aludindo a «*presumptions of some strength*», mas filiadas num princípio de flexibilidade (cfr. *supra*).

Na verdade, uma concepção rígida *à outrance* destes critérios dos n.2, 3 e 4 do art. 4.°, parecendo contrariar a teleologia da norma e a sua evocação do princípio da proximidade, não será de sufragar, mesmo porque uma tal concepção, incluindo a que nestes critérios revê verdadeiras presunções *iuris tantum*, é incapaz para realizar suficientemente a certeza ou a previsibilidade de que a norma é panegirista, certeza essa, também assente numa previsibilidade do direito, conformada pelos dados objectivos do caso, e, assim pelas circunstâncias que rodearam as partes. Na verdade, no domínio contratual, parece ser avisado reconhecer que, tanto a rigidez das regras de conflitos, como a sua flexibilidade, constituem expedientes que miram, ambos, em certa medida, a previsibilidade e a certeza do direito aplicável, sem embargo de constituirem meios tecnicamente diferentes de realização do princípio da proximidade, o qual, em matéria contratual, não deixa de se fundar normativamente nesses valores.

Os critérios referidos serão, afinal, testados e "falsificáveis" *in casu* (acabando por ir referidos a uma ideia de conexão concreta e efectivamente mais estreita, abonadora da previsibilidade relativamente à efectiva aplicação de uma regulação material), sem embargo de se admitir, em ordem a beneficiar a certeza do direito e a segurança jurídica, uma certa «cristalização» que os mesmos provocam do princípio da proximmidade para as diferentes hipóteses dos n. 2, 3 e 4, do art. 4.°; esta «cristalização» não deixa de se filiar directamente no desiderato de estabilização e de certeza do direito, conquanto sempre pudesse acabar por ser induzida pela prática jurisprudencial — só que, no figurino que se

obstante a convocação de um critério de concretização do princípio da proximidade, como acontece para os transportes no n. 4, apto a melhor garantir a certeza do direito; contudo esta cristalização do princípio da proximidade não irá tolher a operatividade definitiva da "ideia" de conexão mais estreita, como assevera o *"escape device"* do n.º 5 do art. 4.º[280].

Recordamos, por fim, que aquelas conexões são relativas ao momento da celebração do contrato, daí que tão-somente será relevante a previsão contratual dos locais de carregamento e de descarga[281], à semelhança do

---

decidiu adoptar, a certeza será como que garantida *ex ante* e abstractamente, diminuindo os riscos de imprevisão e de *forum shopping*, causado este, por exemplo, pela exisência de diferentes tendências jurisprudenciais nos diferentes Estados signatários. Cfr. P. LAGARDE, *Le principe, cit.*, p. 98 ss.. Como se tais "presunções"/ *Konkretisierungsmerkmale* (R. BARATTA postula, no afã de demonstrar a não excepcionalidade do critério da conexão mais estreita, que se trata de "sugestões" ou *"Unterstellungen"*, embora a aceitação do contributo normativo de tais critérios, em sede de escolha de lei, não contrarie forçosamente o princípio fundante da proximidade, nem provoque, por isso, a excepcionalidade da convocação normativo-judicativa deste princípio, tanto mais se for ancilar relativamente aos valores da estabilidade e da previsibilidade, que o mesmo sustenta) estivessem directamente dependentes de uma outra "presunção" ou pressuposição, a de que o critério indicado melhor assegurará a previsibilidade e certeza do direito aplicável. *Vide* E. VITTA, *Corso, cit.*, p. 311 ss., T. BALLARINO, *DIP, cit.*, p. 605 ss..

De acordo com os esclarecimentos, entre nós, fornecidos pelo Professor MOURA RAMOS (convocando também as visões sistemáticas dos Professores FERRER CORREIA e BAPTISTA MACHADO), parece, então, que tais critérios, favorecendo a previsibilidade das partes quanto ao direito aplicável, serão mobilizáveis normativamente pelo julgador para a determinação, *in concreto*, da conexão mais estreita, embora devam ser vistos à luz da funcionalidade própria do elemento de conexão, na medida em que este se encontra ao serviço dos «fins gerais servidos pela disciplina de que constitui o utensílio primário da respectiva regulamentação». Critérios, pois, que, não operando rigidamente e podendo não corresponder aos efeitos, mesmo adjectivos, de uma *præsumptio iuris tantum*, sempre oferecerão uma dose de cristalização suficientemente segura para funcionarem, ancilarmente subordinados aos princípios de direito internacional privado e, particularmente, ao princípio da proximidade, como "critérios-base" de concretização daquela ideia de conexão mais estreita, importando o seu afastamento uma espécie de «contrafundamentação» judicativa. Cfr. R. M. MOURA RAMOS, *Da lei aplicável, cit.*, p. 544 ss. *maxime*, 563 ss.

[280] Mas, a usar-se este *device*, talvez se deva ainda atender aos indícios propostos pelo critério rígido do n.º 4 do art. 4.º, então abandonado, isto é, a lei alternativamente apontada *ex offício* tentaria preservar aquela dupla protecção da confiança de ambas as partes.

[281] Cfr. *supra*, W. WENGLER, *L'évolution, cit.*, p. 20 ss., mostrando como outra solução receberia a segura admoestação da certeza do direito, levando, eventualmente a uma «retroactividade» do estatuto contratual.

que vem sendo preconizado em sede de regras de aplicação dos corpos normativos de direito uniforme, como haveremos ocasião de ver *infra*.

Relembramos ainda que a competência de uma lei assim determinada — por uma *professio iuris*, pelo critério do agrupamento de conexões, eventualmente afastado, por haver uma lei que com a situação apresente uma mais estreita ligação (devido à claúsula de excepção do n.°5 do art. 4.°, repetimos), ou, não se concretizando *in casu* aquele critério do n.°4 do art. 4.°, pelo princípio da proximidade reverberado no n.°1 do art. 4.° —, poderá continuar a ser conformada ou acompanhada de critérios normativos oriundos de outros ordenamentos. Assim, se se entender atribuir relevância a normas de ordem pública ou de aplicação necessária e imediata do foro ou de um terceiro ordenamento[282], eventualmente indicado por uma especial conexão. Mas já também, dada a multiplicidade de fases em que se desdobram as prestações relativas ao contrato de transporte, pela competência atribuída, segundo o n.°2 do art. 10.° à *lex executionis*, no que tange à regulação imperativa do modo de cumprimento das prestações devidas, o que poderá ganhar pertinência, por exemplo, no que respeita à obrigatória intervenção de terceiros (nomeadamente, de organismos dependentes da Administração Pública ou de concessionários), no âmbito das operações portuárias e de manutenção.

17. *Ad usum*, convirá agora perscrutar as relações que, no nosso ordenamento, se estabelecem entre as normas internacionais, *maxime* de natureza convencional, e aqueloutras de origem interna.

É certo que o regime convencional de 1924 não visa as relações puramente internas de transporte, contudo, no continente europeu, vem-se verificando uma aproximação das normas internas relativamente àquele regime uniforme. Assim, por exemplo, a disciplina do Código da Navegação italiano apresenta profundas semelhanças com a Convenção[283] e em França, a lei de 1966 veio modificar a tessitura normativa de 1936, na qual se sentia certo afastamento, em alguns pontos, relativamente ao

---

[282] Sobre o papel do art. 7.° em matéria de transportes e sobre as aporias assim suscitadas, nomeadamente em relação à Convenção CMR de 1956, S. TONOLO, *op. cit.*, p. 837 ss., *maxime*, p. 846 ss., e acerca da convivência da codificação conflitual com os corpos de direito uniforme, reflectindo sobre os eventuais fenómenos de *forum shopping* neste domínio material, p. 832 ss..

[283] *Vide*, por todos, A. LEFEBVRE D'OVIDIO, G. PESCATORE, L. TULLIO, *op. cit., passim*.

regime convencional, mas que já havia sido criada na sequência lógica da Convenção de Bruxelas de 1924[284]. Na nossa Pátria, foi-se ainda além, quando o Decreto-Lei n.º 37748 de 1 de Fevereiro de 1950, numa altura em que a Convenção de Bruxelas já vigorava entre nós, através da norma "remissiva" do art. 1.º, tornou direito interno as normas dos arts. 1.º a 8.º desta Convenção[285]. Deste modo, tais normas convencionais passariam a reger, quer as situações internacionais que coubessem no seu âmbito espacial, conforme vinha delineado na regra instrumental do art. 10.º[286],

---

[284] R. RODIÈRE, *Traité, cit.*, II, p. 212 ss.,

[285] Neste sentido, e implicando as consequências que a seguir se apontam no texto, pareciam ir já, e bem, o Ac.STJ, de 24 de Março de 1977, BMJ, n.º 265, 1977, p. 191 ss., o Ac.Trib.Rel.Lisboa, de 21 de Maio de 1976, CJ, 1978, II, p. 525 ss., *maxime*, p. 527, o Ac.STJ, de 19 de Abril de 1979, BMJ, n.º 286, p. 244, e ainda o Ac. Trib.Rel.Lisboa, de 2 de Novembro de 1979, CJ, 1979, V, p. 1593 ss., *maxime*, p. 1595. Em sentido diferente, Ac.Trib.Rel.Lisboa, de 17 de Novembro de 1976, CJ, 1976, III, p. 814 ss., parecendo defender a aplicação da Convenção tão-só a contratos de transporte documentados por conhecimentos emitidos em território português.

Sobre esta questão, cfr. ainda os Acs. STJ, de 26 de Março de 1965, BMJ, n.º 144, 1965, p. 204 ss., de 12 de Novembro de 1968, BMJ, n.º 181, 1968, p. 279 ss., de 25 de Janeiro de 1972, BMJ, n.º 213, 1972, p. 263 ss., de 10 de Janeiro de 1978, BMJ, n.º 273, 1978, p. 296 ss., de 26 de Abril de 1978, BMJ, n.º 276, 1978, p. 298 ss. (contanto que este último, curiosamente, pareça reconduzir a aplicabilidade do regime da Convenção ao acordo das partes, pois que se não alude à imperatividade de um tal regime, apesar de o transporte da *fattispecie* ser interno); o Ac. STJ, de 15 de Outubro de 1980, BMJ, n.º 300, 1980, p. 424 ss.; o Ac.STJ, de 8 de Janeiro de 1981, BMJ, n.º 303, 1981, p. 190 ss..

Cfr. ainda, sobre esta questão, AZEVEDO MATOS, *op. cit.*, p. 235; C. OLIVEIRA COELHO, *Jurisprudência e direito marítimo*, Coimbra, 1987, p. 19 ss..

[286] Logo, compreender-se-á mal o Ac.STJ, de 29 de Abril de 1980, BMJ, n.º 296, 1980, p. 289 ss., se se admitir que o transporte em causa se enquadra no âmbito de aplicação material da Convenção de Bruxelas (*dato sed non concesso*, já que o texto do aresto nos não revela tudo, o que já causa certa inquietação, dado que o ponto é determinante), pois que, em sendo assim, a aplicação imperativa do regime uniforme resultaria imediatamente (mesmo no que tange à questão da caducidade, de que cura a decisão, e sem embargo de a *Paramount Clause* apontar para a Convenção de Bruxelas tal como fora recebida pela lei francesa), atendendo à sua primazia e ao seu campo de aplicação espacial, enquanto que no acórdão em causa se permite o normal funcionamento das regras de conflitos. E por regras de conflitos, já que o aresto delas parte, e seguindo o curso da sua fundamentação, também levanta dúvidas a sua posição, ao não detectar na *Paramount Clause* uma referência conflitual, isto é, uma escolha da lei competente. De resto, o problema de que trata o acórdão, saber se o prazo referido é de prescrição ou de caducidade, há-de ser resolvido à luz de uma interpretação da própria Convenção, isto é, tendo em boa conta a teleologia da disciplina da Convenção, sem menoscabo de nos podermos socorrer

quer as situações internas, mas, de igual sorte, as situações internacionais que, não reunindo embora os requisitos de aplicação espacial da Convenção, houvessem de ser reguladas pela lei portuguesa por esta ser a *lex causæ*, de acordo com o sistema conflitual, isto é, sempre que a nossa viesse a ser a *lex contractus*.

Ora o diploma de 1986, o D.L. n.º352/86, de 21 de Outubro, não veio apartar-se consideravelmente desta tendência, como iremos ver. Na verdade, estamos vinculados à regra de aplicação instrumental do art. 10.º da Convenção, que prescreve o carácter imperativo ou "cogente" do regime convencional para todos os contratos de transporte que caibam no respectivo âmbito de aplicabilidade/aplicação espacial[287].

Determinava o art. 10.º da versão primigénia da Convenção, como vimos, que esta se haveria de aplicar a todos os conhecimentos de carga emitidos num dos Estados contratantes, de forma que poderia parecer sugerir que a Convenção anelara a unificação do direito material interno de tais Estados, aplicando-se, também, às relações contratuais absolutamente internas, pelo menos quando aí fosse lavrado o dito conhecimento. Não é porém assim, porquanto assaz diversa foi a posição comum da doutrina, ao esclarecer que o seu campo de aplicação se alastrava tão-só, como mencionámos *supra*, aos contratos que tomassem por objecto o transporte entre portos de Estados diferentes. Este ponto veio, aliás, a ser alvo de clarificação expressa no Protocolo de 1968, introdutor das Regras de Visby, sendo esta orientção confirmada no regime das Regras de Hamburgo de 1978, como também já referimos.

Porém, o DL n.º352/86 de 21 de Outubro, ao declarar, no art. 2.º, o seu carácter subsidiário relativamente aos «tratados e convenções internacionais vigentes em Portugal», parece determinar que as suas disposições sejam de se aplicar somente com o escopo de regular pontos que a disciplina internacional não cubra — e, ainda assim, nos transportes internacionais, tão-só quando a lei portuguesa for espacialmente competente —, e, diga-se, aqueles pontos de que o diploma não se ocupa directamente,

---

da *lex contractus*, a fim de integrar o regime uniforme em caso de depararmos com verdadeiras lacunas — vide S. M. CARBONE, *Contratto, cit.*, p. 397 ss., *maxime*, p. 399, *in fine*; A. MATOS, *op. cit.*, II, p. 264.

[287] Cfr. Ac.STJ de 20 de Janeiro de 1994, CJ/STJ, 1994, I, p. 49 ss., *maxime*, p. 51, onde a questão da primazia é tão-só aludida. Cfr. ainda Ac. STJ, de 27 de Outubro de 1992, proc. n.º 082487.

são dignos de nota[288]; para além, bem entendido, dos pontos, tocados ou não pelas convenções, que, eventualmente, estas, em texto ou nos respectivos Protocolos de assinatura, deixem na disponibilidade das Nações.

E, na verdade, a própria Convenção de Bruxelas não é exauriente na regulamnetação das questões suscitadas pelo contrato de transporte. Não o é no que tange à responsabilidade por danos ocorridos desde a recepão da mercadoria até ao embarque — cfr, art. 6.º do Decreto-Lei citado —, e tampouco relativamente à intervenção de terceiros (*v. g.*, operadores portuários) nas operações atinentes ao carregamento e descarga — cfr. art. 7.º.

De quanto se enunciou parece poder inferir-se que o dito art. 2.º conserva o cariz remissivo já detectado no art. 1.º do diploma de 1950 [289], de onde se chega à aplicação da disciplina internacional, sempre que Portugal seja o país do foro, e tal disciplina normativa internacional será aplicada *qua tale*, quando as situações plurilocalizadas *sub iudice* caibam no respectivo âmbito de aplicação espacial, mas, de igual sorte, segundo parece, às relações contratuais internas e àquelas que, sendo

---

[288] Assim e desde logo, no que tange ao regime da responsabilidade do transportador, os casos de exoneração (casos exceptuados de reversão da presunção de responsabilidade — cfr. *infra*) e a limitação da indemnização devida (art. 2.º e 29.º, que, na definição do âmbito material relevante para a lei em nada contrasta com aquele da Convenção de Bruxelas, e 31.º, este último fixando o limite da indemnização previsto na Convenção, e ao qual expressamente aludia o § 1.º do art. 1.º do Decreto de 1950, artigo a que o diploma de 1986 expressamente faz referência, em 100.000$00), matérias deixadas à regulamentação material da Convenção, cujos preceitos irão inteiramente respeitados, mesmo para os casos absolutamente internos, indo ao encontro de quanto permitia o próprio Protocolo de assinatura, como referimos já.

Ulteriormente, o n.º 2 do art. 9.º confia a regulação da responsabilidade do transportador, em caso de transporte no convés consentido, legalmente imposto, ou em navios porta-contentores, aos preceitos materiais da Convenção de Bruxelas de 1924 (como veremos, esta exclui do respectivo âmbito o transporte efectivo no convés que houvesse sido consentido pelo carregador).

Um método de regulamentação, afinal, indirecta, remetendo-se *ad aliud ius,* a fim de encontrar os critérios normativos convocáveis, o que implicará, de igual sorte, uma conforme atenção à consolidação jurisprudencial e doutrinal da interpretação que internacionalmente se faça da Convenção de Bruxelas ou das Convenções vigentes.

Cfr. P. LAGARDE, *Les interprétations divergentes d'une loi uniforme donnent-elles lieu à un conflit de lois?*, RCDIP, 1964, p. 235 ss..

[289] E tratar-se-ia, por conseguinte, de uma remissão, *proprio sensu*, isto é, em causa estaria uma referência material *ad aliud ius*.

embora de natureza internacional, hajam a lei portuguesa por *lex contractus*, ou seja, lei reconhecida como competente ao abrigo das regras de conflito da *lex fori* [290].

---

[290] Cfr., todavia, em sentido algo diferente, segundo nos pareceu, M. RAPOSO, *"Sobre o contrato de transporte de mercadorias por mar", cit.,* pág.8 e s. e 39 s..

Cfr. Ac.STJ, de 20 de Janeiro de 1994, CJ/STJ, 1994, I, p. 51, parecendo que este aresto vê no art. 2.º do já menciondao DL 352/86 uma mera confirmação da primazia do direito internacional. Cfr. ainda o Ac. STJ, de 23 de Setembro de 1997, BMJ, n.º 469, 1997, p. 598 ss., embora apelando para o art. 10.º da Convenção, a fim de a aplicar aos contratos sujeitos ao diploma interno de 1986, e, assim, parecendo enquadrar necessariamente (isto é, independentemente da posição das legislações nacionais) os contratos internos tamém no âmbito de aplicação do regime uniforme — diverge este aresto da posição que susentámos, conquanto o resultado no caso *sub iudice* pareça ser o mesmo.

Sobre o DL n.º 37748, e a respeito da controvérsia em torno do modo de recepção da Convenção de Bruxelas de 1924 e da sua relação com o art. 6.º do Código comercial, bem como da utilidade do diploma como não se perfilhasse a tese da necessidade de "incorporação" interna, M. GALVÃO TELLES, *Eficácia dos tratados na ordem jurídica portuguesa (condições, termos e limites),* Ciência e técnica fiscal, v. LXIII, 1965, p. 109 ss., n.50.

Sobre a aplicação da lei de 1986, *vide* ainda J. CALVÃO DA SILVA, *Crédito documentário e conhecimento de embarque,* CJ, 1994, I, p. 16; M. J. ALMEIDA COSTA, E. MENDES, *Transporte marítimo. Conhecimento de carga,* Direito e Justiça, v.IX, t.I, 1995, p. 202 ss..

E ainda, M. MATTEUCCI, *Introduction à l'étude systématique du droit uniforme,* Rec.Cours, 1957-I, p. 427.

PARTE II

DA DISCIPLINA UNIFORME DA RESPONSABILIDADE NO TRANSPORTE DE MERCADORIAS POR MAR

> *"Phlebas the Phoenician, a fortnight dead,*
> *Forgot the cry of gulls, and the deep sea swell*
> *And the profit and loss.*
> *A current under sea*
> *Picked his bones in whispers. As he rose and fell*
> *He passed the stages of his age and youth*
> *Entering the whirlpool.*
> *Gentile or Jew*
> *O you who turn the wheel and look to windward,*
> *Consider Phlebas, who was once handsome and tall as you.*
>
> T. S. Eliot, *The Waste Land*, IV (*Death by water*), in *The Waste Land and other poems*, Londres, 1990, Faber and Faber.

> «Aunt Julia [...] saw the fire on beacon hill for the bettle of Trafalgar, always called it "the new House"; that was the name they had for it in the nursery and in the fields when unlettered men had long memories. You can see where the old house stood near the village church; they call the field "Castle Hill" [...] They dug to the foundation to carry the stone for the new house, the house that was a century old when Aunt Julia was born. [...] the marshes were drained and the waste land brought under the plough, when one built the house, his son added the dome, his son spread the wings and dammed the river.»
>
> Evelyn Waugh, *Brideshead revisited*, Penguin Books.

18. Poderá, porventura, afirmar-se que, desde o impulso unificador das Rgras de Haia de 1921, apesar do seu insucesso, e, depois, decididamente, com a Convenção de Bruxlas de 1924, vimos assistindo a um volte-face nas grandes linhas de orientação normativa da regulação do contrato de transporte, o qual se foi progressivamente consolidando até uma ulterior viragem constituída pela Convenção de Hamburgo de 1978, posto que esta ainda confirme essas orientações que desde aqueles tempos foram sendo proclamadas positivamente, ainda que o faça de modo menos tímido.

Na realidade, estoutras tendências normativas, que marcaram, não só a disciplina internacional, como também as várias legislações nacionais, acabariam por revelar um certo regresso àqueles princípios informadores da regulação do transporte de mercadorias de remotas raízes romanistas (embora se deva lembrar que o regime, que assumiu em tempos medievais o semblante de *jus commune*[291], apresentasse já diferenças em face da rigorosa disciplina do *receptum*). Tais princípios e o desenho dessa antiga disciplina, pesem embora as reais e significativas alterações recebidas, sobretudo, no século XVII, com a clarificação definitiva dos contornos do conhecimento como título do transporte e com a *Ordonnance* de 1681, foram influenciando sensivelmente os critérios normativos do ramo de que ora curamos, até ao cenário industrial do derradeiro século e ao desenvolvimento de novas técnicas de marear com a navegação a vapor, e depois ainda, com o fenómeno da contentorização e com os mais recentes tipos de embarcações.

Volta-se pois ao respeito pelo princípio da responsabilidade *"ex recepto"*, com a consequente protecção mais atenta dos interesses dos carregadores em face dos armadores, que, no século XIX, haviam gozado de uma displina mais despida de limitações à autonomia contratual, *ergo*, aberta ao florescimento das mais amplas e copiosas cláusulas de exclusão ou de atenuação da responsabilidade dos transportadores, que, paulatinamente, iam desfigurando o regime legal.

Com as Regras de Haia de 1924 tentou-se, por fim, um reequilíbrio dos interesses das partes envolvidas no contrato de transporte, aumentando a protecção normativamente concedida aos carregadores, já então considerados como parte economicamente mais fraca[292], e que, por outro lado, durante a relação de transporte destinada a culminar numa "re-entrega" (*riconsegna*) da mercadoria no destino, perde, no ínterim, a detenção material da mesma — sem, contudo, desatender a influência da realidade

---

[291] Não obstante as diferenças substantivas já assinaladas. Todavia, mesmo na sua plasticidade construtivo-conceitual, vemos nos novos regimes uniformes uma compulsão para se arrogarem a natureza de *ius commune,* no que toca ao âmbito de aplicação e conformação normativa. Cfr. A. PAVONE LA ROSA, *Polizza di carico,* Enc. dir., XXXIV, p. 201 ss..

[292] Cfr. A. PINTO MONTEIRO, *Cláusulas limitativas e de exclusão da responsabilidade,* Coimbra, 1985, *passim;* S. M. CARBONE, *Contratto, cit.,* p. 86 ss.; S. TONOLO, *Il contratto, cit.,* p. 878.

natural e técnica que reveste as operações de transporte, imersas profundamente nos elementos naturais e que à sua mercê sempre quedam[293].

Estende-se hoje a concepção que vê sobre o transportador uma presunção de responsabilidade, e alastrando a noção de que o seu regime ditará que compete ao devedor individualizar o facto de que derivou o dano, a fim de se liberar de qualquer responsabilidade, não lhe bastando, neste sentido, a prova genérica de uma ausência de negligência ou de adopção de uma conduta diligente (como meio de destruição de um *fumus culpæ*, de uma «primeira aparência» de culpa, fornecida, desde logo, pelo inadimplemento contratual), de que resultasse a conclusão de não responsabilidade (ainda que presuntivamente) — sobretudo em se tratando de uma "obrigação de resultado"[294]. E assim, independentemente de se acei-

---

[293] *Vide, inter alia*, sobre os princípios presentes na disciplina uniforme e sobre o modo como se colimam à protecção das expectativas das partes, da certeza do direito e da previsibilidade do regime aplicável, senão também a facilitar o tráfico internacional, especialmente, mediante o recurso à circulação dos documentos de transporte e às regras que permitem a protecção do terceiro portador, A. PAVONE LA ROSA, *op. cit., loc. cit.,maxime*, p. 213 ss.; S. ZUNARELLI, *Trasporto marittimo*, Enc. dir., XLIV, p. 1202 ss.; S. M. CARBONE, *La réglementation du transport et du trafic maritimes dans le développement de la pratique internationale*, Récueil des Cours, 1980, I, *maxime*, p. 293 ss.; *Contratto, cit.*, p. 104.

[294] Cfr. A. VAZ SERRA, *Responsabilidade contratual e responsabilidade extracontratual*, BMJ, n.º 85, 1959, p. 115 ss., *Culpa do devedor ou do agente*, BMJ, n.º 68, 1957, p. 13 ss., 31ss. 80ss, *maxime*, 82 s., e n.118 (e p. 80 s., n. 115, aludindo ao encargo da prova relativamente ao inadimplemento de certas obrigações de resultado, na esteira de Demogue, em que o devedor deveria provar a ocorrência de força maior) e 119; M. J. ALMEIDA COSTA, *Direito das obrigações*, Coimbra, 1994, 910 ss., 940 ss., 941, n. 1. *Vide*, ainda, G. RIPERT, *op. cit.*, II, p. 231, ss. («*il ne s'agit pas de savoir si le débiteur a commis une faute, ou si l'on doit présumer cette faute, mais simplement de reconnaître s'il a accompli ou non l'obligation qu'il a prise*»); M. IANNUZZI, *Del trasporto, in* Commentario del codice civile, dirigido por Antonio SCIALOJA e Giuseppe BRANCA, arts. 1678.º -1702.º, Roma, 1961, p. 240, n.2.

Partindo dos critérios objectivos romanísticos (ainda se espelhavam, de certo modo, na *absolute warranty* da *common law* — abolindo a «*absolute undertaking at common law to provide a seaworty ship*», a sec.3ª do *Carriage of goods by sea Act* de 1971: «[a]bsolute warranty of seaworthiness not to be implied in contracts to which Rules apply*» —, e que acabou sendo a causa imediata das invasivas e expansivas *negligence e liberty clauses*, das cláusulas de não garantia — cfr., sobre a promessa de garantia do resultado contratual, relacionada com a função das causas legais de exoneração, em contraposição ao princípio da culpa, K. LARENZ, *Derecho de las obligaciones*, I, Madrid, 1958, com tradução de Jaime Santos Briz, p. 289 ss.), faz-se passar a responsabilidade, — que, depois

tar, também no domínio do direito comum, um tal regime para o incumprimento contratual.

Dois princípios são destilados do tecido normativo que regula o contrato de transporte: o princípio da responsabilidade (presumida) do transportador — ligado à necessidade de o encarregar de suportar uma quota significativa do risco do transporte, que aparece como uma "obrigação de resultado", considerando, ademais, a posição frequentemente mais débil do carregador ou do destinatário[295] —, e o princípio da limitação da responsa-

---

dos tempos romanos, também viria a ser baseada em critérios de apreciação subjectiva da conduta, regime este causador, com certeza, de maiores inseguranças, cuja sublimação sempre seria anelada —, ora pela "inicial" presunção da culpa (nada de estranho, mas sobretudo assim nos sistemas continentais, em face do regime de responsabilidade contratual que, de cotio, acode aos contratos), segundo uns, presunção de responsabilidade, segundo outros, ora por uma rígida regulamentação do jogo probatório e das causas de liberação da responsabilidade.

Sobre a noção de *absolute warranty* e sobre a sec. 3ª da COGSA de 1971, cfr. SCRUTTON, *op. cit.*, p. 430; sobre a responsabilidade do *common carrier* e a sua equiparação à do *bailee*, CARVER, *op. cit.*, p. 4 ss.; p. H. SCHLECHTRIEM, *Vertragsordnung und außervertragliche Haftung*, Frankfurt, 1972, p. 245 ss..

[295] Podemos, pois, distinguir, como pilares da disciplina uniforme da responsabilidade no transporte de mercadorias, o princípio da responsabilidade do transportador, por um lado, e, por outro, o princípio da limitação da responsabilidade, a par de uma ideia de derrogabilidade do regime *in favorem domini mercium*, que mais não é senão a expressão da imperatividade do regime desta responsabilidade, como limitação, ditada por um interesse público, à autonomia de conformação contratual (imperatividade já encontrada também em múltiplos ordenamentos nacionais, para além daquele de que vimos tratando).

Convirá, todavia, mostrar perante quem responderá o transportador, atendendo a uma particular feição trilateral do contrato de transporte, em que interessados nos destinos da carga poderão ser, tanto o carregador, como o destinatário (*scl.*, sempre que não coincidam). E se considerarmos a situação em que o carregador é aquele que contrata com o transportador, resta-nos considerar a posição do destinatário, posto que não seja esta a única situação representável, dada a possível multiplicação dos intervenientes e intermediários — haja-se também em conta o efeito dos *Incoterms*, nomeadamente o que sucede no contrato *fob*, em que o vendedor não assume a obrigação de celebrar o contrato de transporte, a fim de que os bens cheguem ao comprador-destinatário (de resto, nada impede que o carregador-vendedor actue como representante ou mandatário do transportador, e mesmo que se entenda que já a venda *cif* não terá como efeito dar ao vendedor a veste de mandatário, por exemplo, por se achar que as partes aí não iniciam duas relações obrigacionais autónomas ou separadas, a compra e venda, de um lado, e o mandato, do outro). Cfr. G. ROMANELLI, *Efficacia probatoria della polizza di carico*, DM, 1986, p. 621ss., também sobre a posição autónoma do destinatário, em geral; S. M. CARBONE, *Contratto, cit.*, p. 375, n.53.

Parece ser líquido que, onde intervenha um conhecimento ou um documento similar,

bilidade — inspirado na realidade natural e económica que envolve o contrato e na necessidade de viabilizar a actividade empresarial de transporte.

a posição do destinatário se clarifica sobejamente, competindo-lhe os direitos que derivem *ex titulo*, enquanto seja ele um terceiro portador, sem embargo da faculdade, que assistirá ao transportador, de invocação do contrato que lhe subjaz, no que ao carregador respeita. A emissão do título assacará sobre o transportador as consequências normativas imperativamente convocáveis, cuja produção *ope legis* será inexorável, em prol dos objectivos de certeza e de confiança do tráfico jurídico de que tal regime comunga, e que se manifestam nos princípios regentes da disciplina dos títulos de crédito, embora, nesta sede, com retoques especializados, previstos nos diplomas, nacionais ou internacioais, relativos aos transportes.
   Cumpre, todavia, inquirir da posição e dos direitos que assistirão ao destinatário, independentemente da emissão de um título como este. Diga-se, desde já, que reside nesta averiguação uma parte significativa da demanda da natureza e do enquadramento típico do próprio contrato de transporte, uma vez abandonadas as linhas das categorias romanas.
   Na verdade, embora tal demanda nos pareça extravasar desta sede, sempre importará, para a definição dos contornos da responsabilidade do transportador e do círculo daqueles perante quem responderá, não quedar insensível a quanto resulte do apuramento da precisa posição do destinatário na alastrante teia de sujeitos envolvidos na operação de transporte.
   No desenho da posição do destinatário em face do contrato, vemos surgir dois sensíveis pontos axiais, que nos hão-de guiar em tal demanda, a saber: o problema da existência *ab initio* de um direito na titularidade do destinatário; a questão que se prende com a faculdade de contra-ordem do carregador.
   Para justificar a posição e os direitos adquiridos pelo destinatário, foram ensaiadas variadas propostas, entre as quais podemos contar a cessão de créditos e a representação (em dupla via, isto é, ou o expedidor concluiria o contrato de transporte em nome do destinatário, ou este levantaria as mercadorias ou exerceria os direitos a elas relativos, em nome do carregador).
   No direito romano, contexto em que, tem-se dito, não se compreenderia a estipulação a favor de terceiro (de acordo com a regra *alteri stipulari non potest* — cfr. V. SERRA, *Contratos a favor de terceiro, contratos de prestação por terceiro*, BMJ, n.º 51, 1955, 35,n.15, 46 s., *maxime*, 54 s., n.53, 54, 55, citando também Heck, que fazia supeditar a rejeição desta figura sobretudo no «formalismo da estipulação», para além de, seguindo Wesenberg, se não haver feito sentir, de modo generalizado, a necessidade de uma tal figura; K. LARENZ, *op. cit.*, I, p. 243). Sustentou-se já, contudo, que a peculiar situação do destinatário encontraria uma resposta adequada à protecção de que careceria, se se visse na actividade transportadora uma *negotiorum gestio*, em que o transportador, levando a coisa até ao destino, estaria actuando como *negotiorum gestor* relativamente ao destinatário. Por isso, a este último seria concedida contra o transportador também uma *actio negotiorum gestorum*. Para suportar tal proposta, convocou-se, de Ulpiano, D. 3,5,5,4: «[s]*i quis pecuniam vel aliam quandam rem ad me perferendam acceperit: quia meum negotium gessit, negotiorum gestorum mihi actio adversus eum competit*».

Tais princípios não deixam pois de sugerir uma preocupação pública, no sentido de que ela vai associada, de certo modo, à protecção

Cfr. A. ASQUINI, *Trasporto di cose (contratto di)*, Nss.Dig.it., XIX, p. 579; G. SILINGARDI, *Contratto di trasporto e diritti del destinatario*, Milão, 1980, p. 33 ss., apresentando e criticando as diversas propostas que foram sendo avançadas.

Assim, para justificar (e lembramos que ora curamos também da hipótese em que não seja emitido um título representativo das mercadorias) o direito à reparação por parte do destinatário, bem assim como, desde logo, o direito à entrega das mercadorias, sem que devesse ser visto como um mero representante, admitiram-se diversas teorias.

Entre nós, Luís da CUNHA GONÇALVES, contrariando a tese da cessão e invocando a autoridade de Cesare VIVANTE, sugeria se tratasse de uma estipulação a favor de outrem, pela qual o destinatário ficaria munido de um direito próprio (cfr. L. CUNHA GONÇALVES, *Comentário, cit.*, II, p. 395ss., 425ss., 451ss., E III, p. 240ss, 285ss.; e, ainda, AZEVEDO MATOS, *Princípios, cit.*, II, p. 39ss., falando, todavia, de um direito *ex titulo*). O Autor, reconhecendo a comparência de três pessoas no contrato de transporte, o já aludido carácter "trilateral", chegava, no entanto, a admitir que o expedidor celebra uma estipulação a favor de outrem, reconhecendo, outrossim, aplicáveis os preceitos gerais sobre o transporte ao transporte marítimo (remoque necessário, considerando que o título X do Livro II não alude expressamente ao transporte marítimo, remetendo-se para o Livro III), desde que a tal não obstasse a especialidade deste, o que não seria contrariado, nem pelo n.º 4 do art. 366.º, e tão-pouco pelo art. 3.º (na verdade, muitos dos preceitos do Livro II, seriam plenamente convocáveis para os casos envolvendo um qualquer contrato de transporte, aliás o próprio art. 383.º, em tema de responsabilidade).

Já, A. H. da PALMA CARLOS, revia aqui, para justificar a natureza e a origem do direito do destinatário e para, do mesmo passo, compreender a obrigação de pagamento do frete (se não houvesse sido pago), uma cessão de créditos e uma novação subjectiva, mediante a qual, o destinatário ocuparia a posição contratual do carregador. Cfr. A. H. da PALMA CARLOS, *O contrato de fretamento no Código Comercial português*, Lisboa, 1931, p. 177 ss..

A tese da cessão foi paritcularmente defendida na doutrina germânica, sob o impulso de GOLDSCHMIDT e de EGER. Diga-se, contudo, que, não só o carregador parece manter a posição de contraente até ao cumprimento integral do contrato, e, de qualquer modo, o transportador poderá reagir contra o próprio carregador, sua contraparte no contrato de transporte, mesmo depois da chegada ao destino das mercadorias e depois da entrega destas (cfr. R. RODIÈRE, *Traité, cit.*, II, p. 26) — para além de que o carregador não vê extinto o seu direito com a simples chegada das mercadorias, já que o destinatário as pode recusar —, como se tem defendido que o destinatário é titular de um direito próprio desde a celebração do contrato, independentemente de ser ou não proprietário das mercadorias, sendo o prejuízo ressarcível medido em relação ao próprio destinatário (cfr. G. RIPERT, *Droit maritime, cit.*, II p. 167), e, mais do que isso, contando com a chegada de mercadorias num dado momento, projectará de certa maneira a sua actividade comercial. A própria faculdade de reclamação da mercadoria aparece como independente de qualquer acordo prévio com o carregador, sendo uma directa consequência do contrato de trans-

do bem comum e de interesses públicos, e, quiçá, numa escala não necessariamente apenas nacional, o que se torna sobejamente perceptível

porte. Para a refutação da tese da cessão, *vide* C. VIVANTE, *Trattato di diritto commerciale*, IV, Milão, 1916, p. 709 s..

Várias construções têm sido propostas, mas aquela que, de há muito, congregou profusos apoios em diversos países é, precisamente, aquela que no contrtao de transporte revê um contrato a favor de terceiro, uma vez que tal indumentária estrutural, mau grado o seu carácter recente (como salienta, para contrariar esta tese, Georges RIPERT) parece dar uma adequada resposta às funções prosseguidas no contrato de transporte e aos direitos que dele dimanam.

Assim, já Cesare VIVANTE (*Trattato, cit.*, IV, p. 652ss., *maxime* 704ss., e 719ss.) via no contrato de transporte um contrato a favor de um terceiro, em que o destinatário seria o beneficiário cujo direito nasceria, como próprio (pelo que já não representaria o carregador, nem apareceria como cessionário), directamente do contrato entre carregador e transportador. Todavia, «*questo diritto è soggetto ad una condizione sospensiva e negativa, cioè dipende dalla condizione che il mittente non cambi la destinazione della merce*» (p. 719). Além disso, tal direito estaria ainda sujeito a um termo, «*che è quello della durata effettiva del trasporto, imperochè egli non può esercitarlo se non dopo l'arrivo della merce*». O Autor esclarecia ainda que, para o exercício de tal direito, segundo a regra *solve et repete*, deveria pagar os créditos ligados à mercadoria.

Naturalmente, no caso de perda da mercadoria, aquele termo corresponderia ao lapso temporal, findo o qual as mercadorias deveriam haver chegado, já que, posteriormente, competiriam ao destinatário as acções de indemnização a que houvesse lugar (cfr. A. ASQUINI, *op. cit.*, p. 588).

Com esta estrutura, conseguir-se-ia autonomizar suficientemente o direito do destinatárrio, a fim de autonomizar também as pretensões que ele pudesse fazer valer perante o transportador, relativamente àquelas que coubessem ao carregador («*diritto condizionato ed aggiornato*» do destinatário, nas palavras de Cesare VIVANTE), o que nos leva a contemplar um direito que surge *ex novo* no património do destinatário e a compreender que a reparação haja como medida o dano efectivamente sofrido por este último (C. VIVANTE, *op. cit.*, p. 707 e 709 s.).

Por outro lado, ressalvada sempre ficaria a faculdade de contra-ordem na titularidade do carregador-promissário, no sentido de mudança do destino/destinatário das mercadorias, permitindo-se assim ao carregador negociar a mercadoria, mesmo durante a viagem, assim como se permitiriam eventuais consequências derivadas do que sucedesse no âmbito da relação de valuta.

Na esteira desta concepção, encontramos também Alberto ASQUINI, que, todavia, propõe certas precisões. Propunha, pois, o direito do destinatário como um direito duplamente condicionado, isto é, estaria condicionada a sua perfeição, embora a sua aquisição se radicasse na relação de provisão, isto é, no contrato celebrado entre promitente e promissário, mas seria condicionado, ademais, no seu exercício.

Assim, para ser perfeito, o direito do destinatário dependeria do termo já referido e de duas *condiciones iuris*. Uma negativa: «*che prima di tal momento* [antes da chegada

observando o carácter internacional e a índole unificadora da fonte privilegiada para oferecer exterior e formalmente os critérios normativos da

---

das mercadorias] *il mittente non abbia modificato la destinazione della cosa»*. E uma positiva, tradução, afinal, da adesão do destinatário-beneficiário ao contrato: «*il perfezionamento dipende dal fatto che, dopo l'arrivo effettivo o legale della cosa a destinazione, il destinatario ne richieda la riconsegna, prima che il vettore ne varii la destinazione*».

Mas condicionado também no seu exercício, uma vez que, pretendendo o destinatário dispor materialmente das coisa, passando a detê-las, deverá pagar os débitos que a elas se ligam: «*il diritto è esercitabile solo verso l'adempimento delle prestazione dovute al vettore»*. Tratar-se-ia, quanto a esta prestação, não de uma prestação *in obligatione,* em atenção à posição do beneficiário no contrato a favor de terceiro, mas de uma pretação *in conditione* (*pari passu* ou *"zug um zug"*).

Cfr. A. Asquini, *op. cit.,* p. 576 ss., *maxime,* p. 579 ss., 588 ss.. Vide, também, M. Iannuzzi, *op. cit.,* p. 144 ss.; G. Romanelli, G. Silingardi, *Trasporto terrestre, cit.,* p. 11 s., *Trasporto nella navigazione, cit.,* p. 4 s.

Em Itália, a tese favorável a esta configuração foi coadjuvada ou clarificada com o Código Civil de 1942, onde se alinhou pela concepção germânica do contrato a favor de terceiro (por contraposição a uma concepção que postulava a aquisição sucessiva — na senda da *Akzepttheorie* ou da *Beitrittstheorie* —, e que, sendo acolhida no *Allgemeines Landrecht* prussiano, chegou a ser percebida, por alguns Autores, nos arts. 1119.° e 1121.° do *Code Civil* — cfr. A. Vaz Serra, *Contratos a favor de terceiro, contratos de prestação por terceiro,* BMJ, n.° 51, 1955, p. 55 ss., 64 ss.; R. Rodière, *Traité, cit.,* II, p. 28; G. Silingardi, *op. cit.,* p. 39ss.), mostrando-se como o direito do terceiro derivava directamente da primeira estipulação entre os contraentes (alinhando-se pela *Anwachsungstheorie*), e, deste modo, seja no art. 1411.°, relativo ao dito contrato em geral («*[s]alvo patto contrario, il terzo acquista il diritto contro il promitente per effetto della stipulazione»*), seja no art. 1689.°, relativo ao contrato de transporte («*[i] diritti nascenti dal contratto di trasporto verso il vettore spettano al destinatario dal momento in cui, arrivate le cose a destinazione o scaduto il termine in cui sarebbero dovute arrivare, il destinatario ne richiede la consegna al vettore»*, «*[i]l destinatario non può esercitare i diritti nascenti dal contratto se non verso pagamento al vettore dei crediti derivanti dal trasporto»*), se dissipavam as hesitações que chegaram a ser encontradas nos anteriores preceitos dos art. 1128.° e 1130.° (*vide* G. Silingardi, *op. cit.,* p. 39 ss.).

A propósito do art. 1689.°, e sobre a concepção referida *supra,* segundo a qual, o direito (ou direitos) do destinatário proviria como potencial do contrato de transporte, celebrado entre expedidor e transportador, para se tornar perfeito com o preenchimento de certos requisitos, configurados estes como condições e um termo, Mario Iannuzzi (*op. cit.,* p. 150 ss.), rebatendo embora a ideia de *trasferimento* do direito do *mittente* (*op. cit.,* p. 152, n.2), e pretendendo uma clara dilucidação de diferentes tipos de condições, alerta para que não se trata, à guisa da condição contratual, de «*un diritto già esistente in capo al destinatario ma non ancora pienamente operante*». A formulação «elíptica», usada na caracterização da origem e do exercício do direito do destinatário, pretenderia «*designare sinteticamente un diritto il cui acquisto da parte del destinatario costituisce l'effetto di un*

disciplina reguladora do transporte internacional (seguramente numa perspectiva ou com uma ambição sistemático-constituenda). Ora, esta

negozio la cui efficacia, proprio per quanto riguarda il prodursi dell'acquisto del diritto, è subordinata alla richiesta della riconsegna (oltrechè [...] alla scadenza di un termine)».
Assim, não se embargando a directa derivação do direito do contrato que constitui a relação de provisão, perceber-se-ia como este estaria, no que respeitasse à produção de, pelo menos, um seu preciso efeito, subordinado a um termo e a uma condição (ou a uma dupla condição, considerando o direito de contra-ordem que o carregador conservaria até que o destinatário aderisse ao contrato). Cfr. L. CUNHA GONÇALVES, *Comentário, cit.*, II, p. 432; e, ainda, quanto à aposição de condições ou termos num contrato a favor de terceiro, como consequência natural da liberdade contratual, J. M. ANTUNES VARELA, *Direito das obrigações*, I, Coimbra, 1989, p. 384.

Na doutrina francesa, assistiu-se, desde cedo, a uma resistência em acolher o desenho do contrato de transporte nas hostes da *stipulation pour autroui* (apesar da defesa militante de tal configuração travada por Daniel DANJON — *Traité de droit maritime*, II, Paris, 1926, p. 609 s., n.1 de p. 610). Foi criticada, como vimos, a curta vida desta instituição, que mal serviria para a longa vida do contrato de transporte, o qual, na sua longevidade haveria formado uma estrutura própria, mercê da sucessão dos diversos modos de entender o mesmo. Mas Georges RIPERT, ainda que dando alento a este último argumento, acabaria por depositar uma particular ênfase sobre as funções próprias do conhecimento, documento que, *a se*, seria apto a solucionar adequadamente a questão relativa à posição do destinatário e dos direitos de que este fosse titular. Na realidade, porém, a doutrina francesa viria também a enveredar pela visualização do contrato de transporte como um contrato verdadeiramente trilateral, onde haveriam intervindo três partes (e, por isso, como afirma René RODIÈRE, constituindo um desvio — porque o destinatário «*est partie dès le début*», ele não «*s'associe* plus tard», e assim se explicando que tenha contra o transportador uma acção directa — à relatividade postulada pelo art. 1165.° do *Code Civil,* conquanto «*sans danger, parce que la nature même du contrat, la fonction économique qu'il satisfait et son caractère synallagmatique font des obligations du destinataire la contre-partie de droits plus forts*»). Cfr. G. RIPERT, *op. cit.*, p. 162 ss.; R. RODIÈRE, *op. cit.*, p. 25 ss.; G. SILINGARDI, *op. cit.*, p. 52 s., n.4, 67, n.39; G. ROMANELLI, G. SILINGARDI, *Trasporto terrestre, cit.*, p. 11 s., *Trasporto nella navigazione, cit.*, p. 4 s., realçando o efeito da intervenção de um conhecimento que haja ciculado sobre o regime do cntrato e como que sublimando o problema da sua estrutura; R. RODIÈRE, E. du PONTAVICE, *Droit maritime, cit.*, p. 336 s..

Também, na doutrina lusa, se vieram coligindo apoios em torno da modelação institucional proporcionada pelo contrato a favor de terceiro, quando aplicada ao transporte. Neste sentido, desde logo, enfaticamente, L. CUNHA GONÇALVES, *Comentário, cit.*, II, p. 431 ss., 452 ss., III, p. 258 (o art. 390.°, embora no Livro II, previa já que «[e]xpirado o termo em que os objectos transportados deviam ser entregues ao destinatário, fica este com todos os direitos resultantes do contrato de transporte»). Mas também A. VAZ SERRA, *Contratos a favor de terceiro, contratos de prestação por terceiro*, BMJ, n.° 51, 1955, p. 52, 75 ss.; J. M. ANTUNES VARELA, *Direito das obrigações, cit.*, I, p. 372 ss.; e ainda,

preocupação pública atende, precisamente, ao óbvio e relevante papel do transporte marítimo à face das relações económicas que têm por objecto

segundo nos pareceu, D. LEITE DE CAMPOS, *Contrato a favor de terceiro,* Coimbra, 1980, p. 113 ss., *maxime*, p. 117 ss..

Parece, na verdade, que o modo como entre nós vem sendo entendido o contrato a favor de terceiro, o qual, aliás, merece também acolhimento nos critérios do Código Civil — construídos numa altura em que algumas das antecedentes hesitações se haviam já dissipado —, consegue emprestar uma estrutura institucional capaz de servir as funções sociais e económicas prosseguidas pelo contrato de transporte, explicando suficientemente alguns dos passos da sua engrenagem, isto é, explicando os conteúdos obrigacionais que ele origina.

Por um lado, o direito do destinário deriva directamente do contrato de transporte, não sendo necessário qualquer pacto posterior ou simultâneo, embora possa, de algum modo, conectar-se o contrato de transporte com a relação de valuta que o alimenta.

Por outro lado, nada impede que, só depois de chegadas as mercadorias, possa o destinatário exigir a livre disponibilidade das mesmas, conservando-se no ínterim da viagem o direito de contra-ordem (de modificação do destino) do carregador, o qual pode, assim, revogar a promessa — de aquisição de um direito directa mas não definitiva falava Karl LARENZ (*op. cit.,* p. 247). E, ainda assim, nada impediria que, no exercício da autonomia contratual, se acordasse fazer reportar a um momento anterior o exercício daquele direito pelo destinatário. Cfr. L. CUNHA GONÇALVES, *Comentário, cit.,* II, p. 431. Sobre o modo como a titularidade do direito de contra-ordem, e, assim, da faculdade de disposição, *hoc sensu,* da mercadoria, depende de quem haja contratado com o transportador, para o esclarecimento do que se poderá contar com os *Incoterms* empregues, e, nomeadamente sobre as condições FOT (*free on truck*) — em direito marítimo existem também as condições FOB (*free on board*) —, A. PROENÇA, *Transporte de mercadorias por estrada,* Coimbra, 1998, p. 27.

Todavia, poder-se-á dizer, além disso, que a aceitação das mercadorias pelo destinatário, à chegada, precludirá a faculdade de revogação, num momento em que, aliás, foi já satisfeito o direito do carregador, enquanto parte no contrato de transporte (como se o direito de contra-ordem estivesse, ele-próprio, sujeito a uma condição extintiva, pelo menos, em se entendendo que o poder de revogação cessaria antes mesmo da comunicação da adesão ao promissário, à luz da nossa lei).

Sobre o contrato a a favor de terceiro, *vide,* entre nós, A. VAZ SERRA, *Contratos a favor de terceiro op. cit.,* p. 29 ss.; J. M. ANTUNES VARELA, *Direito das obrigações, cit.,* I, p. 372 ss.; M. J. ALMEIDA COSTA, *Direito das Obrigações, cit.,* p. 289 ss.. Cfr., ainda, F. MARTINS *Direito comercial marítimo,* Lisboa, 1932, p. 221; K. LARENZ, *op. cit.,* p. 242 ss.; G. ROMANELLI, G. SILINGARDI, *Trasporto terrestre, cit.,* p. 11..

É certo, porém, que a satisfação do direito do destinatário poderá implicar o cumprimento das prestações devidas ao transportador, pois que, na realidade, a aceitação das mercadorias arrasta uma adesão aos termos do contrato de transporte. Não se viola, assim, o princípio *pacta tertiis nec nocent nec prosunt/res inter alios acta nec nocere nec prodesse potest* (pois é certo que, neste desenho, *invito non datur beneficium*), uma vez que,

bens móveis, nomeadamente, a venda internacional de mercadorias, bem assim como ao escopo de tutelar, por um lado, a posição das partes eco-

---

mesmo entendendo-se que se está aqui em presença de uma obrigação, e não de um ónus (sobre estas distintas propostas, *vide,* G. SILINGARDI, *op. cit.,* p. 97 s.; *vide,* ainda, a propósito do portador do conhecimento, T. ASCARELLI, *L'astrattezza nei titoli di credito,* RDC, 1932, I, p. 415 s., n.4), a obrigação do destinatário não prorromperá imediatamente do contrato de transporte, mas tão-só da adesão do destinatário (que, de resto, não tem por que ser expressa verbalmente), momento em que o terceiro «se torna titular *definitivo* do direito que o contrato lhe conferiu» — «*berechtigende Vertrag*» (J. M. ANTUNES VARELA, *op. cit.,* p. 387). *Vide* A. ASQUINI, *op. cit.,* p. 590. Cfr. também, a propósito das prestações do destinatário, D. LEITE DE CAMPOS, *op. cit., loc. cit..*

Na verdade, disse-se já que o transportador gozaria perante o destinatário de uma excepção, no caso de não pagamento, com a índole de *exceptio non adimpleti contractus*. Sintomática parecerão, pois, os meios de tutela que o nosso ordenamento põe à disposição do transportador perante o destinatário. À semelhança do que já previa o art. 390.º do Código Comercial ([o] transportador não é obrigado a fazer a entrega dos objectos transportados ao destinatário enquanto este não cumprir aquilo a que for obrigado»), também o art. 21.º do DL n.º 352/86, de 21 de Outubro, determina que o «transportador goza do direito de retenção sobre a mercadoria para garantia dos créditos emergentes do transporte».

Cfr. L. CUNHA GONÇALVES, *Comentário, cit.,* II, p. 258, III, 452, M. IANNUZZI, *op. cit.,* p. 162 ss., *maxime* 164s.

Como já vimos, para Alberto ASQUINI, que podemos contar entre os corifeus do contrato a favor de terceiro, o pagamento das prestações conectadas com as mercadorias, e que não terão de se resumir ao frete, apareceria como uma condição do exercício efectivo do direito do destinatário à entrega das mesmas. No entanto, este Autor construía mais de espaço esta ligação. Revê no pagamento dos créditos mencionados o esquema da delegação *solvendi* ou *dandi* passiva (pelo que, em última análise, o carregador-delegante não fica liberto da sua obrigação, se o destinatário-delegado não satisfizer o crédito do transportador-delegatário), pelo que estaríamos, sempre que o destinatário devesse pagar, perante «*una vera delegazione (autorizzazione) di pagamento, inserita come condizione nella stipulazione a favore del destinatario*».

Cfr. A. ASQUINI, *op. cit.,* p. 589 s.. *Vide,* ainda, V. SERRA, *op. cit.,* p. 50, n. 48, *Delegação,* n.º 72, 1958, p. 97 ss.; M. IANNUZZI, *op. cit.,* p. 162 ss.; p. RESCIGNO, *Delegazione (diritto civile),* Enc.dir., XI, p. 929 ss., G. SILINGARDI, *op. cit.,* p. 63 ss., n.30, 97 ss..

Também Gabriele SILINGARDI (*op. cit.,* p. 81 ss., *maxime* 90 ss., e *passim*) chama a figura da *delegazione* à colação, a propósito do contrato de transporte, mas, desta feita, para propor um novo enquadramento sistemático-institucional, alternativo em relação ao contrato a favor de terceiro, e já não se confinando apenas a uma das prestações obrigacionais que o transporte envolve.

Partindo da relevância dos propósitos económicos que as três personagens pretendem ver realizados, actuando sob o cenário do transporte, e sobretudo daqueles prosseguidos pelo expedidor-delegante e pelo destinatário-delegatário, que encontram como meio

nomicamente mais expostas a abusos, e, por outro, a celeridade e a segurança das trocas comerciais, objectivo realizável também pela protecção

de realização precisamente a relação que os una (*v.g.*, a compra e venda) e que seria, perante o contrato de transporte, a relação de valuta. *Grosso modo*, consoante se destacasse prevalentemente, mesmo num plano económico, a relação de valuta ou aquela de provisão, teríamos, respectivamente, uma delegação passiva de pagamento (explicada pelo «*stretto collegamento*» do contrato de transporte com «*preesistenti contratti aventi ad oggetto il trasferimento della proprietà o di altro diritto reale o di credito sulle merci viaggianti*», pelo que o interesse dominante no cumprimento da prestação do transportador é do destinatário, que, assim, é indicado como devedor perante o transportador, que em seu benefício realiza a prestação acordada com o delegante — e, neste sentido, é que se diria ser a relação de valuta, «*pressuposto dell'esistenza di un rapporto di provista*», «*[i]l fulcro delle fattispecie di questo genere*»), ou uma delegação activa de pagamento (respeitantes aos casos em que «*l'interesse prevalente*», ou mesmo «*esclusivo*», «*al buon esito dell'operazione di trasporto è del mittente, anzichè del destinatario*», ao qual, mediante autorização do expedidor-delegante e credor do transportador-delegado, deverá ser realizada a prestação por este devida, donde resulta que o destinatário seria encarado pelo carregador e pelo transportador como um «*strumento*» para a satisfação do interesse contratual dominante do expedidor, percebendo-se, desta sorte, o seu amplo direito de contra-ordem, «*in rapporto alle esigenze commerciali, durante l'esecuzione delle operazioni di trasporto*», até porque carregador e destinatário não estariam «*necessariamente vincolati da alcun rapporto contrattuale antecedente alla consegna delle merci a destinazione*»), em que o transportador assumiria já as vestes de delegado, pela delegação ou autorização do carregador.

Cfr. G. ROMANELLI, G. SILINGARDI, *Trasporto terrestre, cit.*, p. 11 s., *Trasporto nella navigazione, cit.*, p. 4 s.

Cfr., para o direito inglês e continental, W. TETLEY, *Marine cargo claims, cit.*, p. 187, 203 ss., n.155, 267; e, no âmbito da *common law* SCRUTTON, *op. cit.*, p. 35 ss.; CARVER, *op. cit.*, p. 67s..

Assim, em Inglaterra, dispõe o *Carriage of goods by sea Act* de 1992, na sec.2, n.º 1: «*a person who becomes: a)the lawful holder of a bill of lading; b)the person who (without being an original party to the contract of carriage) is the person to whom delivery of the goods to which a sea waybill relates is to be made by the carrier in accordance with that contract [...] shall (by virtue of becoming the holder or, as the case may be, the person to whom delivery is to be made) have transferred to and vested in him all the rights of suit under the contract of carriage as if he had been a party to that contract*». E a sec.3, n.º 1: «*the person in whom rights are vested [...] shall (by virtue of taking or demanding delivery or making the calim or [...] having the rights vested in him) become subject to the same liabilities under that contract as if he had been a party to that contract*».

Sobre a transferência de responsabilidades do carregador, em Inglaterra, mesmo relativa a actos anteriores ao carregamento, *v.g.* quanto à informação sobre a natureza perigosa da mercadoria, *vide* SCRUTTON, *op. cit.*, p. 40, n.60; CARVER, *op. cit., loc. cit.*; W.

concedida ao portador dos títulos representativos das mercadorias, seja ele o destinatário originário, ou um terceiro possuidor do título.

TETLEY, *op. cit.*, p. 187, n.49. Todavia, determina a sec.3, n.º 3 do *Act* de 1992: «[t]*his section* [...] *shall be without prejudice to the liabilities under the contract of any person as an original party to the contract*».

Reconheça-se, porém, que, intervindo na relação contratual um título circulante, muitos dos problemas sobre a posição do destinatário são superados, embora se possa levantar uma ulterior aporia, qual seja a de saber a medida da protecção do destinatário, primeiro portador do título, nomeadamente, no confronto com o contrato celebrado entre o expedidor e o transportador, bem como relativamente à prova por este oponível quanto ao estado das mercadorias, e que divirja da descrição cartular. Razão, no entanto, parce assistir ao Professor Gustavo ROMANELLI, quando, referindo-se à tendência clarificadora (e, poderá mesmo defender-se, tão-só expletiva, e não necessariamente integradora ou inovadora) que se pode ler na sucessão das várias disciplinas de direito uniforme, desde as Regras de Haia até às Regras de Hamburgo, passando pelo Protocolo de Visby, afirma que «[r]*imane cioè sempre più evidenziato e sottolineato che la posizione del destinatario non è in alcun modo la posizione di un avente diritto del mittente (e quindi non è limitata e condizionata dai diritti che competevano al mittente stesso)*», acentuando-se ou confirmando-se (pelo menos, *ex titulo*) «*una totale autonomia della posizione del destinatario, posizione che è totalmente svincolata dalla posizione del mittente e dalle eccezioni che il vettore poteva opporre (e dalle contestazioni che pouò sollevare) nei confronti del mittente stesso*» — *op. cit.*, p. 621, s..

Cfr., também sobre a posição do destinatário e sobre a obrigação de pagamento do frete, o Ac.STJ, de 25 de Janeiro de 1972, BMJ, n.º 213, 1972, p. 263 ss., sustentando que, não intervindo o destinatário na celebração do contrato de transporte, não só não fica obrigado ao pagamento do frete, como pode, além disso, exigir a entrega da mercadoria, pois que a mera indicação do destinatário e da sua obrigação no conhecimento não produz a novação subjectiva da obrigação do carregador; caminhando no mesmo sentido, o Ac.STJ, de 4 de Maio de 1993, proc.n.º 082668, fazendo atentar em que uma tal obrigação do destinatário implicaria um acordo expresso, e que o direito de retenção das mercadorias transportadas se extingue com a sua entregae, e ainda, em igual direcção, o Ac.STJ, de 8 de Junho de 1993, proc. n.º 083670; em sentido próximo, o Ac.STJ, de 27 de Maio de 1980, BMJ, n.º 297, 1980, p. 376 ss., embora alegando que não estaria obrigado por se não tratar de uma venda *fob*; o Ac. Trib.Rel. Lisboa, de 31 de Outubro de 1991, CJ, 1991, IV, p. 194 (com uma declaração de voto vencido, na qual se defende a origação de pagamento do frete por parte do destinatário, pelo menos, sempre que o mesmo se apresente a receber as mercadorias). Cfr. ainda o Ac. STJ, de 17 de Janeiro de 1995, proc. n.º 086098, num caso que incide sobre um mero intermediário, mas parecendo admitir, embora á guisa de *obiter dictum*, que o destinatário poderia estar obrigado ao pagamento do frete.

CAPÍTULO I

DO ÂMBITO MATERIAL
DA DISCIPLINA INTERNACIONAL

«Jorge: Romeiro, romeiro! quem és tu?!
Romeiro [...]: Ninguém!»

Almeida Garrett, Frei Luís de Sousa, 1003-1008.

19. Para além do que se deixou dito acerca da internacionalidade requerida para que uma relação jurídica seja submetida à disciplina uniforme, a Convenção de Bruxelas de 1924 apresenta como ponto axial do seu regime o conhecimento de carga[296], pelo que os respectivos critérios normativos se aplicam tão-só aos contratos que dêem origem a um conhecimento ou a um documento funcionalmente similar, excluindo-se, no entanto, o transporte de animais vivos, bem como o transporte de mercadorias no convés consentido pelo carregador[297] — art. 1.º, b) e c). Compreende-se que haja sido esta a escolha das Partes contratantes, conside-

---

[296] Cfr. A. MALINTOPPI, *Diritto uniforme, cit.*, p. 153 ss.; A. PAVONE LA ROSA, *op. cit., passim;* S. M. CARBONE, *Contratto, cit.*, p. 81 ss..

[297] Cfr. *infra*, em nota. Sobre o alargamento, feito pela lei interna, do regime da responsabilidade do transportador das Regras de Haia ao transporte em convés, mesmo quando consentido pelo carregador (art. 9.º do DL n.º 352/86) — transporte este que, se pode colocar peias à segurança do navio e às manobras de bordo, foi, outrossim, alvo de não parcimoniosa atenção, com o desenvolvimento de novas técnicas de carregamento e estiva, e com o desenho de embarcações adaptadas especificamente para este tipo de transporte (desde logo, os navios porta-contentores) — cfr. M. RAPOSO, *Fretamento e transporte, cit.*, p. 33 ss..; *Sobre o contrato de transporte, cit.*, p. 25 s.; A. PALMA CARLOS, *O contrato de transporte marítimo, in* Novas perspectivas do direito comercial, Coimbra, 1988, p. 21 ss..

rando que a Convenção surge na sequência de esforços vários, envidados no sentido da difusão de um conhecimento-tipo, como meio de uniformização internacional das práticas comerciais e, consequentemente, das legislações internas, acompanhada de uma correcção da protecção concedida aos transportadores, no século XIX, e que, então, vinha sendo vista como excessiva[298].

Por outro lado, existindo um contrato regulado por uma *charter--party*, desde que também haja sido emitido um conhecimento de carga ou outro título similar, ainda assim se deverão aplicar as normas convencionais, posto que apenas nas relações entre o transportador e o terceiro portador do título — cfr. art. 1.º, b) , 5.º, 2.º parágrafo[299] —, daqui decorrendo que a Convenção também não será de aplicar aos meros contratos de fretamento. Compreende-se que assim seja, se se recordar a função probatória do conhecimento nas relações *inter partes*, bem como a sua eficácia meramente declarativa ou de cognição — enquanto declaração de ciência, como menciona Francesco Alessandro QUERCI[300] — nestas relações, ainda que venha a assumir, nas relações com terceiros, uma diversa eficácia, desta feita constitutiva[301]. Daí que, nestes particulares contratos, entre o transportador e a sua contraparte, nada impede que venha a prevalecer a regulação acordada pelas partes na *charter-party*, mesmo que diversa da prescrita nas regras convencionais (o que não trunca o valor probatório que um conhecimento pode preservar na mira de determinar as condições contratuais convencionadas)[302].

Concebeu-se pois uma disciplina que regula a relação contratual titulada por um conhecimento, uma vez que na teleologia deste diploma se desenha a intenção de realizar, não apenas a protecção do carregador e a limitação da responsabilidade do transportador, mas, de igual sorte, a

---

[298] Cfr. G. RIPERT, *Les procédés de l'unification internationale du droit maritime, in* Scritti giuridici in onore di Antonio Scialoja, Bolonha, 1952, 223 ss.; R. RODIÈRE, *Traité, cit.*, II, p. 364 ss.; S. M. CARBONE, *Contratto, cit.*, p. 81 ss.

[299] A. PAVONE LA ROSA, *op. cit.*, p. 213 ss, 234 ss.; S. M. CARBONE, *Contratto, cit., loc. cit.*, F. A. QUERCI, *cit.*, p. 444.

[300] *Op. cit.*, p. 499 ss..

[301] *Vide*, ainda, R. RODIÈRE, *Traité, cit.*, II, p. 52 ss., *maxime*, 114 ss. A. PAVONE LA ROSA, *op. cit.*, p. 211 ss.; L. TULLIO, *I Contratti, cit.*, p. 178 ss.; S. M. CARBONE, *Contratto, cit., loc. cit.*, p. 122 ss., 442 ss.; A. LEFEBVRE D'OVIDIO, G. PESCATORE, L. TULLIO, 571 ss..

[302] Sobre como, no domínio da *common law*, uma vez encetada a circulação se poderá estar perante um *document of title*, S. M. CARBONE, *Contratto, cit.*, p. 94 s..

protecção do destinatário, *rectius,* do terceiro portador do conhecimento, condição, de resto, necessária para tutelar a certeza jurídica nas relações comerciais, que assim encontram no conhecimento um instrumento idóneo para garantir os objectivos de segurança e de celeridade, porquanto, nomeadamente, as mercadorias que se encontrem em viagem, nem por isso ficarão subtraídas ao giro comercial — esta particular tutela da certeza pelo direito confere normaivamente ao conhecimento as funções congeniais à sua idiossincrasia económico-comercial.

Não obstante esta intenção unificadora que gravita em torno do acto cartular e que faz a disciplina normativa girar na sua órbitra, particularmente a Convenção de Bruxelas de 1924, é também indubitável que esta disciplina abarca a própria relação substancial que subjaz ao conhecimento, regulando obrigações derivadas da relação contratual a que o conhecimento, como mencionaremos *infra*, serve de prova[303].

20. Autores há[304] que entendem poder retirar-se das (algo enigmáticas, pelo menos, para certos palatos continentais) disposições convencionais uma outra conclusão, desta feita mais abrangente, no que tange ao respectivo âmbito de aplicação material. Na senda deste entendimento, conjugando os critérios dispersos pela al. b) do art. 1.° e pelos arts. 2.° e 3.°, n.° 8 — que contribui para caracterizar a disciplina convencional como imperativa e de aplicação necessária, por acorrer à protecção de objectivos amiúde cunhados como de ordem pública[305] — e 6.°, n.° 3,

---

[303] A Convenção de Bruxelas permitia, no entanto, que se subtraíssem ao seu regime os transportes de «carregamentos em que o carácter e a condição dos bens a transportar e as circunstâncias, os termos e as condições em que o transporte se deve fazer são de molde a justificar uma convenção especial», mediante a qual as partes poderão acordar um regime mais favorável ao transportador, o que poderá suceder com expedições particularmente arriscadas para o transportador, ou que, de qualquer modo, não se possam considerar como «carregamentos comerciais ordinários», sem prejuízo da obrigatoriedade de outros regimes imperativos nacionais ou internacionais (cfr. art. 6.°). Cfr. S. M. CARBONE, *Contratto, cit.,* p. 89 ss., e, para a determinação casuística das espécies relevantes à face deste critério, enquanto carregamentos não ordinários, SCRUTTON, *op. cit.,* p. 457 s..

[304] A. PAVONE LA ROSA, *op. cit.,* p. 240 s.; S. M. CARBONE, *Le regole di responsabilità del vettore marittimo,* Milão, 1984, p. 27 ss.; *Contratto, cit.,* p. 84 ss.; W. TETLEY, *Marine cargo claims, cit.,* p. 10 ss., 88 s..*Vide,* ainda, CARVER, *op. cit.,* p. 201, 242 ss..

[305] Sobre a inderrogabilidade da disciplina uniforme, como nota comum a diversos complexos de direito uniforme, em matéria de transportes, e em confronto com a autonomia privada, *vide* G. ROMANELLI, *Autonomia, cit., passim.*

poder-se-ia, em certos casos, prescindir da emissão de um conhecimento de carga, abandonando este as vestes de *condicio sine qua non* e, portanto, de única justificação da aplicação inderrogável do regime uniforme imperativo, para ser tão-só a «*migliore giustificazione*»[306]. A condição irredutível, essa, passaria talvez a ser a conclusão de um contrato de transporte subsumível à categoria de «*cours d'opérations commerciales ordinnaires*» (art. 6.º, n.º 3)[307].

Assim, tendo presente o carácter imperativo do regime convencional[308] (art. 3.º,n.º 8) e o que estipula o art. 6.º, e, outrossim, o escopo da Convenção, incluindo a sua intenção de proteger o carregador, quando a sua posição apareça mais fragilizada frente ao transportador, dever-se-ia concluir que a disciplina uniforme imperativa deveria servir de critério regulador para todos os contratos de transporte em que fosse de emitir um conhecimento (ou documento similar, valendo como título representativo), mesmo por força de costumes ou de usos comerciais, ou por acordo prévio das partes.

Neste âmbito material de aplicação inderrogável, assim demarcado, poderíamos encontrar, *grosso modo*, de uma banda, os transportes de linha, efectuados por *liners*, assim como todos os transportes realizados com base em ofertas lançadas ao público com um alcance generalizado[309], nos quais a emissão de um conhecimento fosse imposto

---

[306] S. M. CARBONE *Contratto, cit.*, p. 89, e, para o cenário contraposto, p. 84.

[307] Cfr., sobre a possibilidade de fazer valer os direitos emergentes do contrato de transporte contra quem contratou, mesmo independentemente de uma clara identificação resultante do conhecimento, ou, até, prescindindo da emissão deste, pelo menos, se um tal conhecimento, atendendo à natureza do transporte, devesse ser emitido, J. RAMBERG, *The vanishing bill of lading and the Hamburg Rules carrier*, AJCL, 1979, p. 391 ss.; E. SELVIG, *Through-carriage and on-carriage of the goods by sea,* AJCL, 1979, 368 ss; S. ZUNARELLI, *La nozione di vettore (contracting carrier ed actual carrier),* Milão, 1987, p. 112 ss.; S. M. CARBONE, *Contratto, cit.*, p. 84 ss., 117 ss., 121 ss..

[308] Cfr. F. BERLINGIERI, *Compulsory character of the rules on liability,* DM, 1983, 235 ss..

[309] Cfr. W. TETLEY, *op. cit.*, p. 12 s.; S. M. CARBONE, *Contratto, cit.*, p. 86, n.9, e p. 94 s., n.21, para um relacionamento com as categorias de transporte de carga total ou parcial e de coisas determinadas, acolhidas pelo *Codice della Navigazione* de 1942, aquele associado ao fretamento ou aos contratos documentados por *charterparties* e este ao contrato de transporte. Sobre a noção de *common* e *public carrier*, CARVER, *op. cit.*, p. 3 ss., notando-se, em geral, no que toca à actividade do *common carrier* a necessidade de prescrever uma disciplina imperativa, não exposta ao talante das partes ou de uma delas.

pelos usos comerciais ou por especial convenção das partes, independentemente, portanto, da efectiva emissão posterior deste. De outra banda, consequentemente, incluiríamos os transportes que não fossem de linha, levados a cabo por *tramps* e amiúde sujeitos a *charter-parties* estereótipos, desde que acordada a emissão de tal título cartular. Resumindo, como refere CARVER, sujeitos às Regras de Haia ficariam todos os contratos de transporte, em que o carregador estivesse «*entitled to demand from the carrier a bill of lading or similar document of title*»[310], o que sucederia, nomeadamente, *ex vi* de um uso ou de uma norma consuetudinária marítimos, assim como do acordo das partes ou das circunstâncias do contrato[311].

Mesmo dando de barato que poderíamos olvidar a noção instrumental ou auxiliar de contrato de transporte que a al. b) do art. 1.º nos oferece, sobretudo o seu aspecto textual — como se nos assoma no art. 2.º —, porquanto este, desgarrado de outras referências sistemáticas e do *thelos* informador do regime uniforme, jamais poderia resistir *à outrance* (e o seu valor, enquanto aspecto de um critério normativo hipotético e positivamente pré-dado, há-de ser, necessariamente, um valor normativo-constitutivamente e problemático-sistematicamente integrado, e naturalmente acarinhando, no processo de interpretação, o objectivo unificador que, no plano convencional, assume um papel funcionalizante), e, consequentemente, graças a uma compreensão *cum grano salis* do art. 10.º — mesmo considerando que a versão original de 1924 não contempla a possibilidade de uma *professio juris* escolhendo a Convenção como estatuto do contrato —, admitindo ainda que tais contratos, mau grado a não emissão efectiva do conhecimento, ainda assim apresentariam com o ordenamento uniforme a conexão justificadora da sua necessária e inderrogável aplicação, uma ulterior aporia poderia resistir, qual fosse a de averiguar se uma tal interpretação colheria, atendendo não só ao intuito unificador das Regras de Haia, senão também ao escopo normativo-material que lhes subjaz.

Nesse sentido tem-se afirmado que aquele entendimento é deveras sustentável, mormente considerando o *penchant* da Convenção para a protecção do carregador, sempre que este se apresente numa posição economicamente mais débil, o que, de facto, aconteceria normalmente nos

---

[310] *Op. cit.*, p. 322 s..
[311] Cfr. W. TETLEY, *op. cit.*, *loc. cit.*; S. M. CARBONE, *Contratto, cit.*, p. 87.

transportes de linha ou naqueles realizados por oferta generalizada feita ao público. Assim, tendo em conta a imperatividade das regras convencionais e o seu carácter de ordem pública, *in favorem domini rerum*, seria desprovido de sentido[312] fazer depender a sua aplicação forçosa do correcto cumprimento por parte do transportador da sua obrigação de emitir o conhecimento de carga, como, de igual sorte, o seria, fazer depender da vontade das partes a emissão do mesmo, considerando, repetimos, a factual assimetria das posições económicas das partes — cujo reequilíbrio, precisamente, fundamenta a natureza imperativa destas regras, prosseguindo o objectivo de uma mais completa protecção da posição contratual do carregador.

Por tudo isto, a fim de satisfazer a *ratio* do regime normativo uniforme, seria mister não fazer depender a aplicação do regime convencional da efectiva emissão do conhecimento, posto que em certos casos esta fosse de exigir, como nos transportes não de linha, frequentemente regulados por *charter-parties* — tanto mais que, nestes casos, o carregador poderá não se encontrar numa posição mais desfavorável, pelo que a protecção dispensada pela disciplina convencional quedaria apenas centrada na figura do terceiro portador do título representativo que haja eventualmente entrado em circulação[313].

Quanto se expôs, todavia, não tolhe que se pudesse aventar, alternativamente, o recurso ao instituto da fraude à lei, para os casos em que, devendo ser emitido um conhecimento de carga, não o houvesse sido, aplicando então o regime convencional, uma vez demonstrado que o transportador não havia emitido o conhecimento com o *animus* de, não preenchendo a conexão exigida, se lhe subtrair, sendo, não obstante, duvidoso que assim se reconduzisse ao abrigo da convenção todos os casos descritos *supra*[314] — cfr. arts. 1.º, b), 2.º, 3.º, n.º 8, 6.º, n.º 3.

---

[312] Sentencia CARVER que «*and if the Rules do not apply unless a bill of lading has been already issued that provision is meaningless*» (*op. cit.*, p. 322, *in fine*) — atente-se em que as obrigações do transportador, mesmo *ex vi* das regras da Convenção (n.º 8 do art. 3.º), estendem-se a montante da viagem, nomeadamente, porquanto deverá o transportador proceder diligentemente ao carregamento das coisas entregues.

[313] Cfr. S. M. CARBONE, *Contratto, cit.*, p. 90 ss..

[314] Cfr. A. PAVONE LA ROSA, *op. cit.*, p. 240 s.; S. M. CARBONE, *Contratto, cit.*, p. 84 ss.; W. TETLEY, *Marine cargo claims, cit.*, p. 10 a 12; R. RODIÈRE, E. DU PONTAVICE, *op. cit.*, p. 375.

Ainda que se admita não ser indispensável, para certos tráficos, a emissão de um conhecimento, subsistirá a necessidade de apurar o que se deve entender por documentos similares ao conhecimento, já que, para outros tipos de transporte, nomeadamente para o transporte em *tramp* (não de linha), será a emissão de um conhecimento ou de um desses documentos a determinar a aplicação inderrogável da disciplina uniforme. Neste sentido, tem sido afirmado que um documento de transporte, a fim de poder ser reputado como similar ao conhecimento, deverá haver o carácter de título representativo da mercadoria (como acontece, desde logo, com o conhecimento directo para transportes sucessivos), podendo assim estar apto a ser transferido ou negociado — sendo certo que podemos, além destes, descortinar um leque de documentos, que, não sendo similares *in hoc sensu*, se propõem como sucedâneos do conhecimento (tanto mais assim, hoje, com as possibilidades oferecidas pela documentação de tipo electrónico)[315][316].

---

[315] Sobre a classificação de um documento como similar, CARVER, *op. cit.*, p. 349 s.; SCRUTTON, *op. cit.*, p. 409 ss., 418, 428 ss.; R. RODIÈRE, *Traité, cit.*, II, p. 376, n. 1; A. PAVONE LA ROSA, *op. cit.*, p. 238; S. M. CARBONE, *Contratto, cit.*, p. 84 ss.; E. DU PONTAVICE, p. CORDIER, *op. cit.*, p. 45; M. REMOND-GOUILLOUD, *op. cit.*, p. 345, 357 ss., 391 s.; R. RODIÈRE, E. DU PONTAVICE, *op. cit.*, p. 376, n. 1. Assim, Fernando SANCHEZ CALLERO, identifica, na categoria de documentos similares ou de efeitos equiparáveis, o conhecimento "recebido para embarque", os *delivery orders* (cfr. C. VIVANTE, *Trattato di diritto commerciale*, III, Milão, 1914, p. 123 ss., atestando a sua natureza representativa; R. RODIÈRE, *op. cit., loc. cit.*: o *delivery order* enquanto *coupure* do conhecimento), e o conhecimento directo (*through bill of lading*, para transportes com vários transportadores) — *Instituciones de derecho comercial*, Madrid, 11ª edição, p. 589 s..

[316] Claro está que, a dispensar-se em certos casos a emissão efectiva do conhecimento, uma inquietação ulterior se sentirá, na medida em que sempre será necessário, especialmente no que toca à versão original das Regras de Haia, reconduzir a relação *sub iudice* ao âmbito de aplicabilidade espacial da Convenção, uma vez estabelecida a sua internacionalidade. Para tal, no entanto, sempre se poderia sugerir a consideração do porto de carregamento como presumível local em que o conhecimento seria emitido, se as partes nisso conviessem, ressalvando, eventualmente, a hipótese de diversa indicação resultar das circunstâncias que houvessem envolvido o contrato, ou, particularmente, da habitual prática da empresa transportadora ou, mesmo, da habitual prática precedente das partes daquele específico contrato, no caso de uma comum prática comercial passada. Talvez se possa entrever aqui mais um sintoma do *décalage* entre o regime de Haia e a evolução posterior das circunstâncias económicas, como da própria tessitura normativa, imposta esta pelas ulteriores revisões.

21. Com as Regras de Haia, não se ousou ir mais longe, isto é, não se intendeu alargar a disciplina convencinal a outras relações contratuais de transporte, independentemente do documento de transporte que viesse a ser lavrado (ou até independentemente da emissão de um qualquer documento, contanto que se admita a consensualidade do contrato de transporte — muito embora não seja a mera oralidade a habitual pática marítima), o que veio a suceder tão-só com a Convenção de Hamburgo de 1978 (cfr. art. 18.°)[317], porquanto o Protocolo de Bruxelas de 1968 em nada tocou o âmbito material de aplicação do regime unificado anterior, diferentemente do que vimos *supra*, no que tange ao seu âmbito de aplicação territorial.

No novo *corpus* normativo de Hamburgo, sentindo-se embora a inspiração "matricial" daqueloutra Convenção de 1924 (e não se deve esquecer que esta havia entretanto gravado indelevelmente a sua inspiração no cinzelar das legislações nacionais), encontramos diversas alterações no regime do contrato de transporte, e, desde logo, aplicar-se-á a todos os contratos de transporte internacionais que com a Convenção apresentem as conexões estudadas *supra*, e que os farão penetrar no âmbito de competência da mesma. São também suprimidas as excepções precedentemente feitas para os transportes de animais vivos e transportes regulares no convés.

Daí, também, que se dividam as opiniões quanto à necessidade de aplicação da Convenção quando não chega a haver tempo para emitir o conhecimento, pois, logo no momento do carregamento, pode-se perder a mercadoria (ou mesmo depois de o navio já haver zarpado, mas antes da emissão do título), fase que se inclui no âmbito material da disciplina uniforme — cfr. art. 3.°, n.° 2. *Vide*, sobre esta circunstância, R. RODIÈRE, *Traité, cit.*, II, p. 128, 382, n.1; E. DU PONTAVICE, P. CORDIER, *op. cit.*, p. 18 s.; F. A. QUERCI, *Diritto della navigazione, op. cit.*, p. 444 ss.; M. REMOND-GOUILLOUD, *op. cit.*, p. 357 ss.; SCRUTTON, *op. cit.*, p. 409 ss.. Como vem sendo proposto, isto poderá ser obviado, pelo menos parcialmente, se, para o efeito de determinar a aplicação da convenção, e também da versão original, se equiparar ao conhecimento outros documentos (conhecimento "recebido para embarque" — *"received for shipment"*, *docks receipts*, *booking notes*, recibos de mercadorias de bordo, *mate's receipt*), nomeadamente, aqueles que ofereçam o semblante funcional de «*un "preliminare" di polizza di carico*» — S. M. CARBONE, *Contratto, cit.*, p. 88.

[317] Cfr. G. ROMANELLI, *Profilo, cit.*, p. 184, 209, n.201; *Eficacia, cit.*, 615 ss.; A. PAVONE LA ROSA, *op. cit.*, p. 240 ss., S. ZUNARELLI, *Trasporto, cit.*, p. 1208; F. BERLINGIERI, *Territorial scope*, DM, p. 175 ss.; S. M. CARBONE, *Contratto, cit.*, p. 96, salientando o papel mais clarificador do que inovador destas regras, que não pretendem infirmar orientações interpretativas previamente estabelecidas a propósito das Regras de 1924.

De fora quedam-se apenas os contratos regulados por *charter-party* — que, como se sabe, poderão conter verdadeiros contratos de transporte e não meros fretamentos[318] —, todavia, desde que em virtude de tais contratos se venha a emitir um conhecimento de carga, até estes poderão ficar submetidos à disciplina uniforme, no que respeita às relações entre o transportador e um terceiro portador, isto é, alguém que não seja o próprio *charterer* — art. 2.º, n.º 3. De igual modo, estes contratos serão regulados pelas Regras de Hamburgo se as partes as escolherem como estatuto do contrato, mediante uma *Paramount clause* — art. 2.º, n.º 1, al. e).

A conservação desta posição à face dos contratos sujeitos a *charter-party*, se, por um lado, irmana a necessidade de proteger os foros da autonomia privada, por outro, não escapou a críticas de quem anelava um mais firme passo na senda da unificação e da clarificação internacionais, entendendo que talvez já não fizesse sentido a exclusão do âmbito da Convenção de contratos, com base no documento que lhe servisse de forma (considerando o papel importante ainda reservado ao conhecimento, perceptível, até pelo fôlego das disposições que se lhe dedicam)[319].

Precisa ainda a Convenção, no n.º 4 do art. 2.º, que regerá, de igual sorte, os contratos de transporte que prevejam a realização de expedições sucessivas, à guisa, por exemplo, dos *tonnage agreements*, em que o frete poderá ser acordado em função do peso das mercadorias transportadas, salvaguardando, como vimos, os casos em que os mesmos se acolham a uma *charter-party*.

22. Ao cinzelar o objecto material que será submetido ao regime uniforme, haveremos ainda de individualizar as operações que lhe serão subsumíveis, o que, de certo modo, significa talhar o arco temporal abrangido por este regime. Assim, as regras uniformes disciplinarão a designada "fase marítima" do contrato de transporte[320], sem embargo de recordarmos que a determinação das operações aí incluídas suscitou, ao longo dos anos, posições assaz divergentes à face das diversas legisla-

---

[318] S. ZUNARELLI, *op. cit., loc. cit.;* L. TULLIO, *I contratti, cit.*, p. 195 ss..
[319] Assim, G. ROMANELLI, *op. cit.,* p. 209 s, n.201; S. ZUNARELLI, *op. cit., loc. cit.*; S. M. CARBONE, *Contratto, cit.*, p. 96ss.
[320] Cfr. Ac. Trib. Rel. Lisboa, de 15 de Março de 1978, CJ, 1978, III, p. 455 ss..

ções nacionais, mormente no que tangia a delimitar o lapso temporal referido[321].

A operação de içamento e as demais ligadas ao carregamento e à descarga, como a estiva e a arrumação das mercadorias nos porões, envolvem não parcos riscos, e dão lugar a frequentes acidentes, por isso seria natural que a doutrina se preocupasse com a regulamentação das mesmas e com a titularidade dos riscos inerentes, tentando decidir da sua subsumibilidade às disposições de direito uniforme.

Do estudo destas disposições resultaram possíveis à doutrina três diferentes posições, a saber: ou a responsabilidade do transportador abarcaria as actividades de carregamento e de descarga, ficando aquele no que a estas toca sujeito ao regime uniforme imperativo, e, deste modo, sujeito quer à presunção de responsabilidade e às causas de exoneração da mesma, quer à inerente limitação do montante indemnizatório; ou se considerava que isto só seria assim quanto às operações que decorressem do lado interno do navio, isto é, uma vez que, no embarque e no desembarque das mercadorias, estas, respectivamente, houvessem ou não houvessem transposto a amurada; ou, por fim, dever-se-ia submeter o transportador à disciplina de direito uniforme quando ele assumisse contratualmente as obrigações de proceder ao carregamento e à descarga das fazendas, entendendo-se, assim, que a Convenção de Bruxelas deixaria na disponibilidade das partes a decisão sobre quem deveria ficar obrigado a garantir tais operações, ainda que, uma vez convencionado contratualmente que o risco de tais operações caberia ao transportador, então, tanto bastaria para convocar a disciplina de direito uniforme relativamente aos danos ocorridos em tais fases da expedição marítina (isto, sempre que o caso, *a se*, já se encontrasse na esfera de aplicabilidade da convenção).

A doutrina de inspiração anglo-saxónica vem firmando a tese, segundo a qual, o transportador, em sede contratual, é livre de não assumir a responsabilidade pelas operações mencionadas, contudo, a fazê-lo, ficará sujeito, no que tange ao regime da responsabilidade pelos danos ocorridos, às normas de direito uniforme. Partindo da noção de contrato de transporte oferecida instrumentalmente pela al. e) do n.º 1 do art. 1.º, da Convenção de Bruxelas, entendem estes Autores que, como refere

---

[321] *Vide*, entre nós, V. A. PEREIRA NUNES, *Questões de direito marítimo,* Revista dos Tribunais, n.º 1642, p. 43 ss.; M. RAPOSO, *Direito marítimo — uma perspectiva,* ROA, a.43, 1983 (Maio-Set.), p. 356 ss.; *Sobre o contrato, cit.*, p. 37 ss.

SCRUTTON, citando a posição de Devlin J. , no caso (*leading case*, nesta matéria) *Pyrene vs. Scindia Navigation Co.* (1953), «*the object of the Rules "is to define not the scope of the contract service but the terms on which that service is to be performed"*» [322].
Já, à luz dos arts. 2.º, 3.º, n.º 2 e 8, e 7.º (*a contrario sensu*), as conclusões da restante doutrina parecem conduzir à inclusão na fase submetida ao regime uniforme, das operações de carregamento e de descarga, nas quais correrá por conta do transportador o risco de perda ou de avaria das mercadorias — seguindo-se pois a orientação das cláusulas «*sous palan*» ou «*alongside ship*», ou «*tackle to tackle*» (ainda que, em tempos,

---

[322] SCRUTON, *On charterparties, cit.*, p. 426 e s.. Note-se que, em prévias edições da obra deste Autor (cfr. p. 427, n.94), defendera-se que «*the carrier, whether he wants or not, is obliged to perform or undertake responsability for the whole of loading and discharging*». Aliás, mesmo na edição da obra que ora vimos citando, se considera não se poder dar de barato que a mera remissão de um *bill of lading* para uma *charter-party*, que contenha uma cláusula de atribuição ao *charterer* da responsabilidade pelo carregamento e pela descarga das mercadorias, seja suficiente para que esta recaia sobre o portador do título e não sobre o transportador (*ibidem*, p. 431, n.23). No sentido do texto, ainda, CARVER, *op. cit.*, p. 374, W. R. A. BIRCH REYNARDSON, *Period of responsability*, DM, 1983, p. 178 ss.. William TETLEY, contudo, considera que, *ex vi* do n.º 8 do art. 3.º, a estiva será, à partida, da exclusiva responsabilidade do transportador — ainda que sejam atendidas as instruções do carregador e ainda que este assuma um particular protagonismo no decurso desta operação —, até porque a mesma sempre dependerá, em última análise, da actuação e das instruções do comandante e das específicas condições do navio. Obviamente, qualquer dano resultante de uma deficiente estiva ou arrumação das mercadorias (dano que soi ser certificado por peritos ou *surveyors*, para tanto habilitados) importará o regime inderrogável de direito uniforme, o que significará que o transportador poderá invocar uma das causas de exoneração de responsabilidade previstas, *maxime*, o facto de a estiva haver dependido de culpa náutica (*vide infra*), sem embargo de, ainda segundo W. TETLEY, a estiva dever obedecer, contrariamente ao que se chegou a crer, não a uma mediana e razoável diligência, mas antes a uma diligência qualificada («*properly* [...] *stowed*») — neste sentido, fala outrossim SCRUTTON de uma estiva que siga um «*sound system*», avaliado objectivamente, mas, de igual sorte, de acordo com as concretas informações que o transportador haja recebido. Cfr. SCRUTTON, *op. cit.*, p. 430 e s.; W. TETLEY, *Marine cargo claims, cit.*, p. 541 ss.. Já quanto ao embarque, propriamente dito, defendeu-se já que não faz sentido falar de culpa náutica — assim R. RODIÈRE, *op. cit.*, p. 150.
Claro está que a consideração de um dano resultante da arrumação da carga como fruto de culpa náutica ou comercial poderá ser decidida tão-só casuisticamente, à face das concretas circunstâncias do caso problemático, pois que tais actos poderão ser realizados, *v.g.*, tanto no interesse da estabilidade do navio, como no interesse isolado da carga — cfr. M. REMOND-GOUILLOUD, *op. cit.*, p. 377.

neste caso, e fora do domínio do regime convencional, sempre se pudesse fazer um *distinguo*, consoante os meios empregues para o içamento pertencessem, ou não, ao navio[323]) —, isto é, valerá também para estas actividades a presunção de responsabilidade e o regime de responsabilidade e respectiva limitação, previstos na Convenção.

Ao abrigo desta visão, haver-se-á em devida conta que, segundo o n.º 1 do art. 6.º — ressalva esta (relativa à margem de liberdade de disposição contratual deixada às partes, em sede de transporte internacional de mercadorias por mar, e que acaba por ser uma norma que concorre para a determinação do âmbito de aplicação material do regime de direito uniforme), de resto, feita pelo art. 2.º, ao determinar que o transportador ficará imperativamente sujeito às regras da Convenção, no que tange ao «carregamento, manutenção, estiva, transporte, guarda, cuidados e descarga»[324] —, a responsabilidade do transportador só poderá ser minorada

---

[323] Neste sentido, parece acorrer o Ac.STJ, de 25 de Julho de 1978, BMJ, n.º 279, 1978, p. 225 ss., tentando esclarecer o significado da expressão *sous palan*, e dando como irrelevante que os aparelhos de elevação não sejam do navio. Ainda conforme com este sentido, o Ac.STJ, de 3 de Julho de 1990, BMJ, n.º 399, p. 524 ss. *maxime*, p. 528 s., comparando a Convenção de Bruxelas com as Regras de Haia de 1922, onde o início do lapso temporal abrangido pela disciplina uniforme era marcado no momento em que as mercadorias vinham recebidas pelo guindaste do navio, numa formulação que não de suscitar algumas dúvidas.

Cfr. ainda, quanto ao arco temporal abraçado pelo regime da Convenção, o Ac.STJ, de 23 de Maio de 1985, BMJ, n.º 347, 1985, p. 428 ss.. Quanto ao termo desse lapso, Ac.STJ, de 10 de Janeiro de 1978, BMJ, n.º 273, 1978, p. 296 ss.; Ac. STJ, de 23 de Setembro de 1997, *cit., loc. cit.*, abordando o problema da intervença de operadores portuários, e mostrando coo, ainda assim, «será o transportador que responderá perante os interessados na carga», tanto ao abrigo das Regras de Haia, como ao abrigo do diploma interno de 1986. Propugnando que, segundo a Convenção de Bruxelas, o «armador» só está obrigado a efectuar o carregamento se expressamente assumir tal dever, o Ac. STJ, de 3 de Junho de 1992, proc. n.º 081426.

[324] Não andará despercebido que um tal modo de ver influirá sobre a própria determinação do âmbito de aplicação material das normas uniformes, como que antecipando o *coup de grâce* que só viria a ser desferido pelas Regras de Hamburgo sobre a limitação do objecto material da disciplina uniforme, num intuito de clarificação e de maior uniformidade da regulamentação dos fenómenos economicamente ligados ao transporte. Na verdade, segundo este entendimento, voltando-se ainda a regulamentação de Haia/Visby, centripetamente, para as questões da responsabilidade do transportador e do conhecimento de carga, enquanto título representativo e negociável, não deixará de expender uma orientação normativa sobre outros aspectos do acordo negocial, isto é, sobre outros elementos do

ou exonerada em sentido contrário às estipulações das regras uniformes, quando um conhecimento não haja de ser emitido (ou, noutro entendi-

contrato de transporte, provocando a percepção do carácter meramente ancilar da noção tentada na al. e) do n.º 1, do art 1.º — a qual, de resto, não sofre qualquer despeito às mãos do entendimento que estamos comentando.
Sendo certo que a visão anglo-saxónica em nada pretende fazer desmerecer a inserção destas operações entre os *naturalia* do contrato de transporte (se a "metáfora" categorial é permitida), é igualmente certo que não aceita que a titularidade de tais obrigações deva caber imperativamente ao transportador, sendo este o ponto que contradistingue as duas visões, porquanto, para a visão continental oposta a esta que vimos antes, atribuir às partes, no contexto de um transporte sujeito ao regime de direito uniforme, a faculdade de decidir sobre o *«scope of the service»*, no que ao carregamento e à descarga respeita, corresponderia a uma "metagoge" vedada, agora à face das normas e do escopo da disciplina uniforme, mesmo sem pretender, *avant-la-lettre*, forçar um alargamento do campo material uniformemente regulado (antecipando o desenho das Regras de Hamburgo) — logo, as partes, a respeito da titularidade das ditas obrigações, estariam destinadas a permanecer "inanimadas". Na verdade, aquela posição anglo-saxónica acarretaria custos, quer para a desejada protecção do carregador (considerando que, para a tese contraposta, a posição do transportador sempre se abrigaria entre as paredes do regime das causas exceptuadas — e para este não deverão ser irrelevantes as informações sobre a carga, proporcionada pelo carregador —, e sob o tecto do limite indemnizatório), quer para o *thelos* unificador, que, a abranger o período e as operações de que vimos curando, levaria a poupar à disciplina do contrato de transporte evitáveis fragmentações normativas ("*morcellements*").
Na realidade, parece que, fora do âmbito de aplicabilidade forçosa do sistema de direito uniforme, a questão da determinação típica do lapso temporal do transporte poderá manter o seu interesse, nomeadamente, quando a este respeito as legislações nacionais contenham apenas normas de *ius dispositivum*, isto é, quando não neguem às partes, quanto à distribuição das respectivas obrigações contratuais, uma atitude "animada". É neste sentido que Francesco QUERCI, concordando com Sergio Maria CARBONE, e comentando a posição de SCRUTTON, que já visitámos, fala de uma *«impossibilità di determinare ex lege, secondo criteri di "tipicità", i comportamenti dovuti da parte del vettore nell'esercizio della propria attività»* — A. QUERCI, *Diritto della navigazione, cit.,* p. 446 e s..
Se assim é, então, pareceria também que a actividade ligada, de modo absoluto ou "típico", mesmo de um ângulo de visão económico-social (bastando pensar num caso em que os bens entregues pelo carregador ou por um seu representante, já se encontrem devidamente arrumados e seguros, de acordo com as condições previamente pactuadas, ou nos casos de intervenção de operadores portuários, por imposição legal ou de usos portuários da *lex executionis*), ao transportador, será aquela ligada a prover a uma bem sucedida deslocação física da carga, com as consequentes entrega e recepção da mercadoria, ainda que tal não corresponda a uma directa execução, por este sujeito, do *opus* da navegação. Porém, isto não impede que os ordenamentos nacionais imponham ao transportador, *ex lege,*a responsabilidade pelas operações de carregamento e descarga, como, entre nós, sucede, à luz dos arts. 6.º e 7.º do DL n.º 352/86, de 21 de Outubro, mesmo em caso de

mento, como vimos *supra*, não o venha a ser). Assim também o n.º 8 do art. 3.º, ao impor a nulidade de qualquer cláusula tendente a exonerar o

    intervenção obrigatória de um operador portuário — não obstante se possam, como sucede ao abrigo deste diploma, aplicar dois regimes de responsabilidade, aquele da disciplina do depósito, até ao início do carregamento das mercadorias, e aqueloutro relativo ao contrato de transporte, e, portanto, aquele previsto pelas regras uniformes, a partir deste momento —, conquanto, mesmo no nosso ordenamento, já subsista a liberdade de distribuição dos riscos relativos ao embarque e ao desembarque das fazendas, no âmbito do fretamento por viagem (cfr. M. RAPOSO, *"Sobre o contrato de transporte", cit.*, p. 55 ss.). Na verdade, a tónica não se coloca tanto sobre a questão de saber quem desenvolve as actividades referidas — assim, mostrando, contudo, como este ponto assume relevo para o desenho das prestações contratuais, A. LEFBVRE D'OVIDIO, G. PESCATORE, L. TULLIO (*op. cit.*, p. 358), propõem que «[i]*l fatto che sul vettore gravino i rischi della caricazione e scaricazione non vuol dire che si tratti di una clausola di esoneroi della responsabilità; poichè è disposto che le operazioni vengano effettuate dal caricatore o dal ricevitore (o per loro conto), la clausola delimita la prestazione del vettore, disponendo, in sostanza, che questi prende in consegna il carico quando è satato già caricato sulla nave e lo riconsegna quando è ancora a bordo prima della discarica ("da fondo stiva a fondo stiva")*» —, amiúde confiadas a terceiros, como sobre a questão da distribuição dos riscos inerentes. Valerá ainda a pena lembrar quanto dispõe a lei francesa de 1966 (art. 27.º da Lei n.º 420 de 18 de Junho): «[*l*]*e transporteur est responsable* [...] *depuis la prise en charge jusqu'à la livraison*».

    Mesmo a admitir-se a dificuldade de uma precisa delimitação típica, no plano social ou jurídico, das prestações devidas pelas partes envolvidas no contrato de transporte (não olvidando o papel que o destinatário possa assumir, no momento da descarga da mercadoria), tal não deixará de reflectir a pluralidade de combinações e atitudes propostas pela prática comercial, que floresce mesmo sem pedir meças a estas definições dogmáticas. Daí que, como continuaremos a ver, não raramente, os ordenamentos se arroguem um papel "corrector" ou de intervenção na esfera de liberdade pactícia, no intuito de guarnecer a protecção do carregador, pelo menos, nos contratos titulados por um conhecimento de carga, geralmente associados ao transporte de linha (sintomática é, a este propósito, a profusão de noções de transportador retiradas dos diversos complexos de direito uniforme e das diferentes legislações nacionais, sendo, por vezes, ensaiadas *expressis verbis*, ainda que com uma função ancilar, e, assim, a pluralidade de sujeitos que ocupam perante o interessado na carga a posição passiva, devendo responder, em caso de danos relacionados com o transporte, mesmo independentemente da identificação aparente, ou até real, da contraparte contratual).

    Vide CARVER, *op. cit.*, p. 363; SCRUTTON, *op. cit.*, p. 426; W. TETLEY, *Marine cargo claims, cit.*, p. 15 s, 271 s, 527 s; S. M. CARBONE, *Contratto, cit.*, p. 361; F. A. QUERCI *op. cit.*, p. 446; E. DU PONTAVICE, P. CORDIER, *op. cit.*, p. 88 ss, 91; M. REMOND-GOUILLOUD, *op. cit.*, p. 342, 370; A. LEFEBVRE D'OVIDIO, G. PESCATORE, L. TULLIO, *op. cit.*, p. 538; R. RODIÈRE, E. DU PONTAVICE, *op. cit.*, p. 312.

    Não se esquecerá, todavia, a abertura postulante do art. 7.º, que permite a extensão do regime uniforme para os momentos anterior ao carregamento e posterior à descarga, mas aí já, estaremos seguramente, no domínio da disponibilidade das partes.

transportador da responsailidade pelos danos causados por violação das obrigações referidas no n.º 2 do mesmo artigo, entre as quais figuram aquelas de «proceder de modo apropriado e diligente ao carregamento, manutenção, estiva [...] e descarga das mercadorias transportas»[325].

Deste modo, em sendo inseridas as cláusulas F. I. O. — *free in and out* ou F. I. O. — *stowed (and trimmed)*, estas já não poderão afectar a titularidade da responsabilidade ou a distribuição do risco pelas operações em causa, conquanto possam ainda significar que as despesas a elas relativas correrão por conta do carregador[326].

Por outro lado, resulta do art. 7.º, a faculdade de as partes, voluntariamente, estenderem o regime de responsabilidade da Convenção às fases de execução anteriores ou posteriores, respectivamente, ao carregamento e à descarga das mercadorias, desde que, naturalmente, uma tal extensão, entendida como incorporação contratual do regime normativo da Convenção, receba o *placet* da *lex contractus*.

Aliás, sendo consabido que a Convenção de Bruxelas admite a derrogação *in mitius* do seu regime, poder-se-ia perguntar se, quanto a estas fases, não seria de reconhecer a aplicação da *lex contractus* — pelo menos se escolhida pelas partes, a fim de não ferir a certeza do direito

---

[325] Como decorre do n.º 2 do art. 10.º, da Convenção de Roma sobre a lei aplicável às obrigações contratuais, haver-se-à de atender aos ordenamentos do local de carregamento e de desembarque, no que toca às específicas exigências que aqueles possam fazer ao modo de execução destas operações. Conquanto as Regras de Haia não disponham sobre quem, *de facto*, desenvolverá tais actividades, não se opondo, por isso, à assunção obrigatória destas operações por um operador portuário (embora, nestes casos, se possa manter, como sucede entre nós, a responsabilidade do transportador), poder-se-á verificar uma situação em que o transportador se veja impedido, pela *lex executionis*, de cumprir certa cláusula inserida no conhecimento, relativamente a tais prestações. Em princípio, estaremos aí perante uma norma imperativa de aplicação necessária e imediata do Estado do local de execução, pelo que, se perguntará se um juiz português ou de qualquer outro dos Estados contratantes não deverá, *in foro*, aplicar uma tal norma ou tê-la em consideração (*Berücksichtigung*) — nomeadamente, para efeitos de saber se houve violação ilícita das obrigações assumidas cartularmente, ou, até, se foi desatendido o padrão de diligência imposto para o carregamento e para a descarga —, no momento de decidir do incumprimento contratual do transportador, da sua culpa e da sua responsabilidade, mau grado não se olvide a prevalência normativa do regime de direito uniforme e do regime dos direitos *ex titulo*, de que é titular o portador do conhecimento, o qual, todavia, não ignorará os locais onde terão lugar as operações em causa.

[326] *Vide* Autores citados nas duas notas precedentes, *loci cit..* S. M. CARBONE, *Contratto, cit.*, p. 352 ss.; A. LEFEBVRE D'OVIDIO, G. PESCATORE, L. TULLIO, p. 538, 557.

aplicável —, sempre que esta previsse um regime de responsabilidade mais favorável ao interessado na carga, pergunta que, de resto, se poderia repetir em matéria de responsabilidade do transportador [327]. Cremos, no entanto, que do que se tratará será de averiguar rigorosamente qual tenha sido a vontade das partes, uma vez que se apure que, tanto a *lex contractus*, como a Convenção, deixam na disponibilidade das partes a disciplina para as fases de execução a que agora nos referimos (como, a mais disso, a Convenção sempre permitiria que se previssem pacticiamente condições mais favoráveis ao *dominus mercium*).

A este propósito, a disciplina interna portuguesa faz aplicar à responsabilidade do transportador até à operação de carregamento das fazendas, o regime próprio do contrato de depósito, provocando uma diferenciação normativa, posto que não se negue o carácter ancilar, para a prestação global de transporte, do período antecedente de depósito das mercadorias (cfr. art. 6.º do DL n.º 352/86 de 21 de Outubro)[328].

23. Ponto central da actual disciplina internacional do transporte, qual estribilho recorrente — e isto será assim, qualquer que seja a perspectiva perfilhada quanto ao âmbito de aplicação do regime internacional uniforme —, é o conhecimento de carga, e o mesmo se dirá, embora em diferente medida, mesmo à luz das disposições da Convenção de Hamburgo de 1978, já que, sendo este o documento de transporte funcionalmente mais completo e dogmaticamente melhor delineado, graças a séculos de lenta evolução e à sua configuração cartular enquanto título que observa regras próprias dos títulos de crédito, entre os quais também ele se conta, é também aquele que mais atenções merece no seio das novas Regras. No que tange às Regras de Haia, vimos já que o conhecimento

---

[327] Contudo, como temos visto, pelo menos no que tange às matérias que a Convenção não deixa na disponibilidade das partes, não se pode desconsiderar que a disciplina uniforme prossegue uma particular combinação de objectivos de natureza pública, que se não reduzem à protecção do interessado na carga, e que consegue um certo equilíbrio desenhado num corpo normativo que vai dotado de uma particular integridade. Lembramos as objecções que já levantámos *supra*, a propósito da cumulação de normas de protecção do carregador provindas de diferentes corpos normativos.

[328] Uma solução desta sorte é desaconselhada por René RODIÈRE, por considerar que causa um desnecessário «*morcellement*» normativo do regime convocado para oferecer os critérios de regulamentação das prestações relativas ao contrato de transporte — cfr. *op. cit.*, p. 143 ss, 228 ss, 373 s..

(pelo menos aparentemente) acaba por ser o ponto axial em torno do qual se houve por bem fazer girar o regime uniforme. E, de certo modo, também o Código Comercial de 1889, nos seus art. 538.º e seguintes, não fugira a esta tendência de construção do *corpus* normativo destinado ao contrato de transporte.

Diremos, desde já, que a sua configuração dogmático-normativa haverá de ter em conta o papel funcional que este título de crédito desempenha no seio da regulação das relações contratuais a que se liga, assumindo como objectivos a celeridade e a segurança jurídica da vida comercial, e, muito particularmente, a tutela da posição do destinatário ou do portador do conhecimento[329]. Ao longo das linhas que se seguem, tentaremos visitar o conhecimento nas suas três faces funcionais: a de recibo dos bens, a de representação das mercadorias e a de prova do contrato.

Se, hodiernamente, o conhecimento de carga nos surge como um título de crédito representativo de mercadorias[330], as suas raízes são porém vetustas e o seu perfil estrutural e funcional foi sofrendo, desde tempos medievais, mutações, não despiciendas. Conhecê-las, muito importará para a compreensão acabada das funções relevantes que o conhecimento se propõe servir nas operações da relação contratual de transporte, associada, por seu turno, às vendas internacionais com entrega indirecta ou "praça-a-praça" e ao crédito documentário.

Assim, se em tempos idos era costume os mercadores acompanharem as mercadorias durante a viagem, a bordo da embarcação, cuja lotação seria amiúde preenchida por um só carregador, não tendo grande utilidade um documento como o conhecimento, fosse ele para representar os bens embarcados, fosse tão-somente para atestar a recepção da mercadoria, à maneira de recibo, ainda assim, seguindo a lição de Antonio Pavone La Rosa[331], encontraremos inicialmente um relevantíssimo registo de bordo, um cartulário lavrado pelo escrivão de bordo, na sua

---

[329] Vide P. Masi, *I documenti del trasporto marittimo e aereo di cose*, in Il cinquantenario del codice della navigazione, Cagliari, 1993, p. 285 ss..

[330] Sobre os títulos representativos de mercadorias, bem como sobre a posse, a disponibilidade das mercadorias representadas, e sobre a transmissão de direitos reais que as tenham por objecto (nomeadamente, no que toca à individualização ou determinação de mercadorias transportadas ou depositadas a granel, mediante a entrega do título), M. Rescigno, *Titoli rappresentativi e circolazione delle merci*, Milão, 1992.

[331] *Appunti sull'evoluzione della polizza di carico*, RDN, 1955, I, p. 137 ss.; *Polizza, cit.*, p. 201 ss..

veste de "funcionário público", como terceiro imparcial. As inscrições aí encontradas fariam sólida fé, porquanto severíssimas sanções eram previstas para o próprio escrivão, nos casos de fraudes relativas a um tal registo[332]. Deste, mais tarde, quando servisse, veio-se a produzir extractos, copiando as respectivas inscrições, até que assistíssemos à emissão de recibos pelo capitão, certificando a recepção das mercadorias.

Na realidade, na Baixa Idade Média, deparamos já com representações comerciais dos mercadores, que lhes permitem actuar em cidades distantes, tornando-se tais recibos necessários. Paralelamente, era também uso o carregador expedir ao destinatário uma carta de aviso, que assinalava o embarque das mercadorias.

Mas só nos finais do séc. XVII, este documento exibirá os contornos funcionais que se consolidarão até aos nossos dias, pois que se começa então a firmar a sua função representativa.

24. Como já dissemos, o conhecimento de carga[333], emitido, nominativamente, à ordem ou ao portador, pelo transportador ou por um seu representante, e circulando, enquanto título negociável[334], segundo as regras gerais dos títulos de crédito, apresenta hoje basicamente três distintas funções, a saber: recibo das mercadorias entregues ao transportador, representação das mesmas e prova do contrato. Nos parágrafos seguintes curaremos de aflorar as implicações destas funções[335], assim como faremos alusão ao conhecimento como título de crédito negociável, posto que

---

[332] Cfr. A. PAVONE LA ROSA, *ibidem*.

[333] Sobre as menções que deve incluir, nomeadamente a do destinatário, o Ac.STJ, de 6 de Dezembro de 1990, proc.n.º 079659.

[334] Cfr. CARVER, *op. cit.*, p. 1114 s.; SCRUTTON, *op. cit.*, p. 185 ss..

[335] *Inter alia*, R. RODIÈRE, *Traité, cit.*, II, p. 52 ss, 362 ss. A. PAVONE LA ROSA, *op. cit., passim*; A. LEFEBVRE D'OVIDIO, G. PESCATORE, L. TULLIO, *op. cit.*, p. 571 ss.. Entre nós, sobre as funções, as características e a natureza do conhecimento, *vide*, L. CUNHA GONÇALVES, *Comentário, cit.*, III, p. 221 ss., VEIGA BEIRÃO, *op. cit.*, p. 147; A. H. PALMA CARLOS, *op. cit.*, p. 91 ss., A. VAZ SERRA, *Títulos de crédito*, BMJ, n.º 60, 1956, *maxime*, p. 186 ss.; AZEVEDO MATOS, *op. cit.*, p. 235 ss.; A. PALMA CARLOS, *O contrato de transporte marítimo*, in Novas perspectivas do direito comercial, Coimbra, 1988, 19 ss.; M. RAPOSO, *Sobre o contrato, cit.*, p. 33 ss.; J. CALVÃO DA SILVA, *Crédito documentário e conhecimento de embarque*, CJ, 1994, I, p. 15 ss.; M. J. ALMEIDA COSTA, E. MENDES, *Transporte marítimo, cit.*, p. 171 ss.. Cfr. ainda Ac.STJ de 20 de Janeiro de 1994, CJ/STJ, 1994, I, p. 49 ss..

esta não seja a sede mais apropriada para o desenvolvimento dogmático de uma aplicação da teoria dos títulos de crédito[336] ao conhecimento.

O conhecimento comprova desde logo que as mercadorias passaram para as mãos do transportador, que passará a detê-las materialmente. Mas é também um título representativo da mercadoria[337] e, nesse sentido, actuando constitutivamente, enquanto documento, incorpora[338] um direito de crédito — isto é, um direito a uma verdadeira prestação a que o transportador está obrigado perante o portador do conhecimento[339] —, que se traduzirá na faculdade de o portador exigir a entrega das mesmas; e nisto consiste, precisamente, a legitimação que ele confere ao portador do título, do qual consta uma declaração dotada de literalidade[340] [341].

Mercê da literalidade do direito incorporado, podemos também melhor compreender o seu carácter autónomo, uma vez iniciada a circulação do título. Ao terceiro portador do título, que o venha a obter do carregador (coincida este ou não com o destinatário), não serão, pois, oponíveis as excepções decorrentes da relação fundamental, ou seja, do contrato de transporte celebrado entre este e o transportador (já oponíveis ao carregador, isto é, à contraparte do contrato de transporte). Sem embargo de o conhecimento conter as condições do contrato e, portanto, a caracterização e a descrição das obrigações assumidas pelo transportador, estas não terão, por força, de coincidir com as condições do transporte acordado pelas partes, em momento anterior à emissão do documento[342].

---

[336] *Vide*, sobre a noção, funções e caracteres dos títulos de crédito, por todos, A. FERRER CORREIA, *Lições de direito comercial*, v. III, Coimbra, 1975, *passim*. Sobre a noção e as funções dos títulos representativos, C. VIVANTE, *op. cit.*,III, p. 103 ss.

[337] A. FERRER CORREIA, *op. cit.*, p. 9, 13.

[338] *Ibidem*, p. 39 ss.

[339] A. BRUNETTI, *op. cit.*, III, p. 393.

[340] *Vide* C. VIVANTE, *op. cit.*,III, p. 116 ss., n.31, fazendo notar como sai infirmada a literalidade pelo uso das reservas genéricas, p. 119, mostrando o *apport* que um título deste tipo consegue para a circulação das mercadorias e para a segurança das transacções, mesmo ao serviço da faculdade de contra-ordenar ou de resilir do carregador — L. CUNHA GONÇALVES, *op. cit.*,II, p. 430 s..

[341] Cfr.Ac. STJ, de 18 de Abril de 1996, proc. n.º 088144, onde se confirma quanto se expôs, mais reconhecendo a possibilidade de, sobre o conhecimento, o transitário poder exercer o direito de retenção, ao abrigo da al. b), do art. 8.º do DL n.º 43/83, de 25 de Janeiro, sobre a actividade transitária (*contra*, o aresto *a quo*, ac. Trib. Rel. Lisboa, de 30 de Maio de 1995, CJ, 1995, III, p. 33 ss.).

[342] O conhecimento poderá conter, e assim soi acontecer, as condições do contrato

É assim que o conteúdo do título se reveste perante o terceiro possuidor de uma força irredutível — a única capaz de sustentar o conhecimento na sua função auxiliar do comércio e da circulação célere e segura das mercadorias, cuja posse acompanhará o próprio documento[343] —, no que tange, seja às condições das mercadorias, seja ao conteúdo das obrigações assumidas pelo transportador, na medida em que estas, afinal, se revelam indelevelmente ligadas ao sucesso do resultado prosseguido pelo contrato de transporte, qual seja o da entrega, no destino, dos bens no estado em que foram embarcados, *rectius*, pelo menos, relativamente a um terceiro, no estado descrito no próprio conhecimento.

Idêntico arrazoado valerá, embora o ponto não haja sido sempre pacífico, e segundo cremos, mesmo aceitando a inclusão do transporte nas hostes do contrato a favor de terceiro, para o primeiro destinatário da mercadoria, quando diferente do carregador e desde que não seja ele a parte da relação subjacente à emissão do título, pois que também o destinatário, podendo embora ver-se como um terceiro beneficiário do contrato de transporte, será, de igual sorte, um terceiro portador do título, estando este sujeito a uma disciplina normativa imperativa, a qual, por seu turno, intende a satisfação de precisos objectivos de segurança e de celeridade no tráfico jurídico e, particularmente, nas relações que envolvam uma *res in transitu* [344].

Assim, desde o momento em que, no âmbito de um contrato de transporte, se proceda à emissão de um conhecimento de carga, emergirá indubiamente reforçada a posição do destinatário, agora titular, não somente de um direito *ex recepto,* mas outrossim de um direito *ex titulo*.

Paralelamente, a responsabilidade do transportador resultará não só *ex recepto*, mas *ex titulo* [345], o que não impede que mesmo esta, porque

---

de transporte, não sendo de desprezar a hipótese de estas contradizerem as condições acordadas mediante a *charterparty* conexa. Todavia, como sustém Leopoldo TULLIO, tal circunstância não afectará a literalidade do título, porquanto a relevância do contraste referido sempre se confinaria ao âmbito das relações entre as partes da *charterparty*, e defende, outrossim, o Autor que, no plano das relações internas, se poderia, na resolução do díssido das cláusulas, seguir uma *interpretatio contra proferentem* — *I contratti, cit.,* p. 151, 189 s.

[343] Cfr. G. ROMANELLI, *Efficacia, cit.*, p. 618 ss.

[344] Cfr. L. VISTOSO, *I titoli rappresentativi nella dottrina e nella giurisprudenza italiana*, RDC, 1930, I, p. 384. Sobre a posição do destinatário, *vide supra*.

[345] Cfr. G. ROMANELLI, *Efficacia, cit.*, p. 616 ss..

sujeita a um regime normativo imperativo, aquele afinal ditado para a responsabilidade por incumprimento do contrato de transporte, causa da emissão do título, venha a ser cinzelada segundo os moldes do *receptum* ou da disciplina prevista para a responsabilidade do transportador, em geral [346], como vem a suceder nos regimes de direito material uniforme, hoje internacionalmente vigentes — mas, note-se, isto não violará quaisquer expectativas ou a confiça do possuidor do título, consciente do fundamento do seu direito a dispor das mercadorias, uma vez concluído o contrato de transporte, não configurando, pois, uma entorse às razões e ao regime próprios dos títulos de crédito, enquanto estes, como dissemos, visam tutelar, de modo reforçado a segurança e a confiança[347], mercê das necessidades das relações comerciais. O que significará que, sendo a responsabilidade do transportador regulada, como soi acontecer, por uma disciplina legal ou uniforme imperativa, deverá agora contar, para o seu apuramento, com as menções do conhecimento, tanto para estabelecer o estado das mercadorias, no momento do carregamento, ou mesmo em momento anterior, como para desenhar o preciso conteúdo das prestações a que o emitente se obrigou.

De outra banda, os direitos do destinatário, como de qualquer terceiro portador, haverão o conteúdo que derive do título, estribados na sua particular eficácia probatória, sem que tal traga mossa para a faculdade de o destinatário exigir do transportador o cumprimento de eventuais

---

[346] Cfr. PAVONE LA ROSA, *op. cit.*, p. 223 ss., onde, criticando a posição de MESSINEO, se nega a possibilidade de emprestar, *tout court*, como causa do título, o *receptum*, admitindo ulteriores excepções oponíveis ao portador do conhecimento, a saber, aquelas fundadas na relação de entrega da mercadoria e nos factos causadores de perdas e avarias, como via de ligar causalmente a obrigação cartular à relação fundamental. Segundo aquele Autor, a questão deverá ser colocada de outro modo, porquanto a faculdade de invocar tais factos exoneratórios de responsabilidade, como todas as questões atinentes à responsabilidade do transportador, se ligam, directamente, à própria obrigação assumida *ex titulo*, e serão reguladas, ora pela disciplina legal, ora pelas condições não contrastantes com o regime imperativo (cujos efeitos se produzem *ope legis*), contidas no próprio conhecimento, as quais poderão, eventualmente, sobrepujar os limites indemnizatórios previstos.

[347] Para uma análise do regime do conhecimento em relação aos fins que a circulação do mesmo se propõe realizar, *vide* A. BRUNETTI, *op. cit.*, III, p. 400 e s.. Sobre os riscos para o cessionário, propostos pelo conhecimento nominativo, e sobre as particularidades da circulação dos demais conhecimentos (à ordem e ao portador), *vide* C. VIVANTE, *op. cit.*, p. 118 ss., *maxime*, p. 120.

obrigações acordadas com o carregador e não mencionadas no conhecimento, só que, desta feita, apenas *ex recepto*, isto é, sem que a tais direitos seja emprestada a força e as vantagens da literalidade e da autonomia dos títulos de crédito, o que importará, eventualmente, um acrescido esforço probatório, por parte do carregador ou do destinatário. Na realidade, a emissão do título força uma imediata clarificação da posição e dos direitos, ou de certos direitos, do destinatário, independente do enquadramento dogmático que seja mister fazer do contrato de transporte[348].

Se bem que, sob um "sotaque" anglo-saxónico, perpassa, no regime de direito uniforme, seja nas Regras de Haia (n.º 4 do art. 3.º)[349], conforme a interpretação que a jurisprudência e a doutrina foram propondo, seja, imediatamente, nas Regras de Visby (n.º 4 do art. 3.º) e naquelas de Hamburgo (al. b do n.º 3, do art. 16.º), esta mesma ideia, segundo a qual, de acordo com Antonio BRUNETTI e, mais recentemente, PAVONE LA ROSA[350], Gustavo ROMANELLI[351] e Leopoldo TULLIO[352], com a *traditio* ou endosso do título, o destinatário e qualquer terceiro possuidor do conhecimento — relativamente ao qual o contrato de transporte é verdadeiramente *res inter alios acta* [353] — gozarão de um direito autónomo a

---

[348] Cfr. A. BRUNETTI, *op. cit.*, III, p. 399 ss..

[349] Com efeito, como veremos mais de espaço, a Convenção de Bruxelas de 1924 não foi imune a um aceso debate em torno da eficácia probatória do conhecimento relativamente ao terceiro portador do título, isto é, tratava-se de tentar determinar se o mesmo conhecimento se assomaria como *prima facie* ou *conclusive evidence,* colimando-se, no entanto, sobejas opiniões à defesa desta última hipótese, pelo que a descrição do conhecimento actuaria em jeito de presunção *iuris et de iure*. Cfr. A. BRUNETTI, *op. cit.*, III, p. 413 ss.; G. ROMANELLI, *Efficacia, cit.*, p. 615 a 619.

[350] *Op. cit.*, p. 215 ss.

[351] *Op. cit.*, p. 615 ss.; *Problemi attuali dell'utilizzazione della polizza di carico nella vendita su documenti*, RTDPC, 1982, p. 826 ss.

[352] *Sulla disciplina probatoria in ordine alle indicazioni contenute nella polizza di carico*, RDN, 1970, II, p. 65 ss.; *I contratti, cit.*, p. 142 s., 175 ss.

[353] Cfr., neste sentido, A. BRUNETTI, *op. cit.*, p. 402, admitindo embora a remissão do conhecimento para o contrato de fretamento (em consonância com o carácter causal que advoga para a *polizza di carico*), dado que expeditamente se pode consultar o mesmo; sustenta, a mais disso, que, se houvera contradição entre as cláusulas de uma carta-partida e aquelas contidas num conhecimento, que para a primeira remeta, deveria prevalecer o conhecimento (p. 420 e s., n.2). Realça, ainda, uma acrescida relevância do *receptum,* no que tange ao conhecimento, e que lhe advém do facto de se estar perante um título representativo, e que derivará concretamente da eventual desconformidade da descrição das mercadorias nele contida, relativamente ao seu real estado aquando do carregamento.

dispor das mercadorias, uma vez chegadas ao seu destino, isto é, poderão exigir do transportador o cumprimento da obrigação (*ex scriptura*) de entrega das mercadorias recebidas (*receptum*), no porto de destino, nas condições em que as mesmas vêm descritas cartularmente[354], sem que este possa produzir prova que contrarie as menções do título.

Uma dúvida se levantou, pois, quanto ao alcance da literalidade do conhecimento, e respeitava ao valor a atribuir às menções relativas às mercadorias expedidas, nomeadamente, acerca da sua natureza, qualidade, quantidade, estado e acondicionamento. Como fosse indiscutível que o transportador sempre poderia afastar a presunção de que tais indicações correspondiam ao estado real das mercadorias, fazendo prova contrária defronte à sua contraparte da relação contratual fundamental ou subjacente, surgiram dúvidas sobre se igual prova poderia ser oposta ao portador do conhecimento.

Também este aspecto arrasta uma disciplina normativa imperativa, como haveremos ocasião de precisar *infra,* a qual não deixa de reflectir a representatividade do título e a esperada tutela da confiança do terceiro, mesmo quando se trata de permitir a inclusão de reservas, que, sendo embora admitidas, o são nos confins impostos pelo «*valore ricognitivo delle indicazioni di polizza*» — para Francesco Alessandro QUERCI, na medida em que esta, como «*dichiarazione tipica di rappresentazione*» (onde, o transportador, ao clarificar certos dados ou factos inerentes aos bens, provoca a representação destes factos), será também encarada como «*dichiarazione di scienza*», pressuposto factual de uma produção de efeitos constitutivos, no âmbito das relações «*vettore-terzo portatore*», a bem da confiança deste e da protecção dos «*interessi della colllletività implicati dalla circolazione del titolo*» (segundo esta acepção, o conhecimento emanaria dois tipos de efeitos, a saber: uns certificativos do acto jurídico anterior, reconductível ao contrato de transporte — sendo a entrega das mercadorias ao transportador, uma prestação em execução do mesmo —; outros, de natureza dispositiva, pois que aquele acto certificado, ou oferecido à cognição dos demais, se converteria em facto pressuposto da aplicação do regime próprio do título representativo — cfr. F. A. QUERCI, *Diritto della navigazione, cit.*, p. 500 e ss.).

Esta argumentação poderá, igualmente, ajudar a compreender que a invocação do regime do transporte, uniforme ou interno, não colide com a visão do conhecimento como declaração unilateral do transportador, enquanto este promete o cumprimento de determinada obrigação. A este propósito, também PAVONE LA ROSA intervém, precisando a distinção entre a disciplina do «*rapporto*» e a disciplina do «*atto*», mau grado a possível coincidência normativo-material, ainda que parcial, de ambas (*Polizza, cit.*,p. 222, n.97) — *vide*, ainda, A. ARENA, *Polizza di carico,* Nss.Dig.it., XIII, p. 247 s..

[354] Cfr. R. RUSSO, *"Causalità e astratezza dei titoli rappresentativi del trasporto"*, RDN, 1951, I, p. 89 ss., onde se acentua decorrerem do título, seja o direito à realização do transporte em certas condições, seja o direito à entrega no destino das mercadorias, de acordo com a descrição que resultar *ex titulo*.

Houve quem entendesse que assim deveria ser, sem embargo de o princípio da literalidade, na sua mais completa extensão, nos mostrar a solução contrária, pondo a salvo a posição do destinatário ou portador do título. Um tal entendimento acolhia-se no próprio art. 3.º da Convenção de Bruxelas, que no seu n.º 4 dispõe que «[u]m tal conhecimento constituirá presunção, salvo a prova em contrário, da recepção pelo armador das mercadorias tais como foram descritas». De acordo com o n.º 4 do art. 3.º, da Convenção de Bruxelas de 1924, o conhecimento apresentaria uma presunção ilidível dos factos nele descritos, constituindo, desta sorte, tão-só uma *prima facie evidence* dos mesmos.

Não tardou, porém, a reacção da jurisprudência e da doutrina, no encalço de uma mais eficaz protecção da posição do terceiro portador do título, que viesse a ser mais congenial ao carácter literal do título, sem embargo do alastramento da corrente contrária[355]. Assim, essa presunção deveria ser entendida como absoluta perante este terceiro portador do título[356], salvaguardando-se sempre a faculdade de aposição de reservas, pelo que, quando de um terceiro se tratasse, o conhecimento viria a servir de *conclusive evidence*, e o conhecimento passaria a fazer fé absoluta do estado das mercadorias recebidas e das obrigações assumidas pelo transportador, no sentido de satisfazer o direito incorporado cartularmente. Todavia, perante o carregador, isto é, no plano das relações imediatas, o conhecimento não perderia a sua função de mera *prima facie evidence*, passível de ser contrariada pelo transportador, que decidisse retrucar, servindo-se, ora de elementos probatórios que atestassem da verdadeira condição dos bens, ora das cláusulas contratuais acordadas com o carregador, em fase anterior à emissão do título (*v. g.*, valendo-se de uma *charter-party* ou de um contrato de fretamento, nomeadamente, no caso de o conhecimento haver sido emitido pelo fretador).

Vemos, deste modo, que, ainda na vigência da versão de 1924 das Regras de Haia[357], se sustentou que tal prova não seria admissível, valendo aqueloutra presunção absolutamente, isto é, tratar-se-ia de uma

---

[355] Cfr. G. ROMANELLI, *"Efficacia probatoria"*, *cit.*, p. 618 s..

[356] Assim já, em geral sobre os títulos representativos, L. VISTOSO, *op. cit.*, p. 345, atendendo à literalidade do título.

[357] Sobre o confronto destas com as precedentes Regras de 1921 — criadas graças aos auspícios da *International Law Association*, e, que, como refrimos já, foram o antecedente "mais-do-que próximo" da Convenção de 1924 — onde a presunção aludida não existia para as mercadorias a granel e para carregamentos completos de madeira, *vide*.

præsumptio iuris et de iure, e, logo, inilidível, a fim de satisfazer, ao abrigo do princípio da literalidade, os objectivos próprios do conhecimento, protegendo eficazmente a posição do portador do mesmo — pois, como se admitisse o afastamento dessa presunção, destruir-se-ia, afinal, a confiança depositada no conhecimento, desprotegendo o portador e comprometendo irremediavelmente a segurança e a certeza prosseguidas através da emissão do conhecimento[358] e do seu particular regime cartular —, conquanto se pudesse admitir que o transportador puderia reagir contra o carregador, obtendo deste a devida compensação ou ressarcimento. Realçava-se pois, por outro lado, quão premente deveria ser para o transportador verificar as indicações prestadas pelo carregador acerca dos bens, aquando da recepção da mercadoria das mãos deste[359] [360].

G. ROMANELLI, *Efficacia*, p. 616. Cfr., ainda, sobre as Regras de 1921, G. RIPERT, *Les procédés, cit.*, p. 223 a 226.

[358] Em sentido conforme, realçando o fim prático do conhecimento, já, na esteira de Mário de FIGUEIREDO, A. H. PALMA CARLOS, *op. cit.*, p. 116 ss.. No mesmo sentido, parecia também ir AZEVEDO MATOS, *op. cit.*, II, p. 256 s.. Em sentido algo divergente, anteriormente, L. CUNHA GONÇALVES, *Comentário, cit.*, III, p. 228 s..

[359] Cfr. PAVONE LA ROSA, *Polizza, cit.*, p. 235.

[360] Como é consabido, na Inglaterra, o mesmo resultado, que consiste em erigir o conteúdo cartular em *conclusive evidence*, veio também a ser conseguido, indiscutivelmente, à sombra da disciplina uniforme e da disciplina interna, mas a sua fundamentação interna encontra o seu *punctum saliens* na teoria do *estoppel*, que se alia ao enquadramento da eficácia probatória do documento.

Como esclarece William TETLEY, este princípio preclude a faculdade de fazer valer a prova de uma situação factual diversa daquela que antes haja sido representada e afirmada, desde que esta afirmação prévia, quanto a um estado factual, haja sido produzida com a intenção de suscitar a confiança alheia, e, efectivamente, haja sido depositária de confiança por quem, havendo actuado, movido pela confiança depositada na afirmação dessa situação factual, venha a pretender a preclusão da nova representação factual da "mesma" situação (*Marine cargo claims, cit.*, p. 273). O mesmo Autor cita a argumentação de Lord Denman C.J., no caso *Pickard vs. Sears*, de 1837, quando este sustenta que «*where one by his own words or conduct wilfully causes another to believe the existence of a certain state of things, and induces him to act on that belief [...] the former is concluded from averring against the latter a different state of things as existing at the same time*» (*loc. cit.*, n.36).

E, já especificamente no *milieu* do direito marítimo, refere a sentença do caso *Silver vs. Ocean S.S. Co.*, onde se defende que «[t]*he elements necessary to create estoppel are three [...] (1)a statement of fact, (2)relied upon by the person alleging estoppel, and (3)he must have acted on the representation to his detriment*», acrescentando, contudo, que, mesmo um quarto elemento, se pode encontrar em matéria de conhecimentos de carga, ou

Na senda desta interpretação, o Protocolo de Visby veio negar expressamente a possibilidade de produção de prova contrária a quanto

seja, a "legitimidade" do titular do *bill of lading* para confiar consequentemente no conteúdo descritivo do mesmo (*loc. cit.*, p. 278). De resto, idêntica aplicação do princípio foi também acolhida pelo *Pomerene Act* norte-americano, de 1916, depois de, na secção 3, confirmar expressamente o carácter negociável do *order bill of lading* («[a]*ny provision in such a bill or in any notice, contract* [...] *that it is unnegotiable shall be null and void and shall not affect its negociability*») — cfr. *infra*.

Foi precisamente o princípio do *estoppel* que, nas ilhas britânicas, mesmo na vigência das Regras de Haia, impediu que, ao terceiro portador do conhecimento, que estivesse de boa-fé, fosse oposta prova, no sentido de demonstrar que as mercadorias, aquando do embarque, apresentavam uma condição «*other than as described*», no dito *bill of lading* (cfr. W. TETLEY, *Marine cargo claims, cit.*, p. 274).

Todavia, no âmbito da *common law*, o mesmo princípio do *estoppel* foi entendido como meramente aplicável à condição e ao estado das mercadorias, e já não à sua quantidade, de acordo com a secção 3 do *Bills of Lading Act*, de 1855, e com a orientação fixada no caso *Grant vs. Norway* de 1851, segundo a qual o transportador não ficaria vinculado pelas declarações do comandante a respeito da quantidade das fazendas embarcadas, pelo que, quanto a este ponto, a descrição oferecida pelo conhecimento não ficaria investida da pujança de *conclusive evidence* — cfr. G. ROMANELLI, *Efficacia, cit.*, p. 618 s..

Tal orientação veio, contudo, a ser posta de parte pelo *Carriage of Goods by Sea Act* de 1992, o qual, na secção 4, estende, também no tocante à quantidade, o princípio do *estoppel*: «*A bill of lading which— (a)represents goods to have been shipped on board a vessel or to have been received for shipment on board a vessel; and (b)has been signed by the master of the vessel or by a person who was not the master but had the express, implied or apparent authority of the carrier to sign bills of lading, shall, in favour of a person who has become the lawful holder of the bill, be conclusive evidence agains the carrier of the shipment of the goods or, as the case may be, of their receipt for shipment*».

Nos Estados Unidos da América, como afirmámos, o princípio do *estoppel* recebeu também acolhimento. Assim, na secção 22 do *Federal Bills of Lading Act*, de 1916, conhecido como *Pomerene Act* (diploma, que vindo substituir o *Uniform Bills of Lading Act* de 1909, confirma as orientações deste, no que toca à negociabilidade do *bill of lading*, conquanto não se aplique tão-somente ao tráfico inter-estatal interno, mas também às expedições internacionais, que hajam o seu porto de partida nos Estados Unidos, não se esquecendo que também o *Carriage of Goods by Sea Act,* de 1936, na sua secção 3.4, expressamente ressalvou a disciplina do *Pomerene Act*), declara-se que «[*i*]*f a bill of lading has been issued by a carrier or on his behalf by an agent or employee the scope of whose actual or apparent authority includes the receiving of goods and the issuiing of bills of lading* [...] *the carrier shall be liable to (a) the owner of goods covered by a straight bill subject to existing right of stoppage in transitu or (b) the holder of an order bill, who has given value in good faith, relying upon the description therein of the goods, or upon the shipment being made upon the date therein shown, for damages caused bu the non-receipt by the carrier of all or part of the goods upon or prior to the date therein shown, or their failure to correspond with the description thereof in the bill at the time of its issue»* (sublinhado nosso). Conquanto que à sua maneira, também este ordenamento acaba por convergir, ao aceitar que o *bill of lading* "simboliza" as mercadorias, ao mesmo tempo que "incorpora" um débito, exigível pelo *holder*, titular do correspondente direito e da posse das mercadorias, daí que «[t]*he piece of paper on which the bill is written now becomes indispensable; the goods are locked up in the bill, the same way the debt is merged in the instrument»* (G. GILMORE e C. L. BLACK, Jr., *The Law of the Admiralty*, Mineola, Nova Iorque, 1975, p. 96).

A proximidade das soluções não causa, de todo, estranheza, tanto mais se não olvidarmos o processo histórico que, também por arrastamento da prática comercial internacional e das empresas de armamento, mormente desde a segunda metade do século passado, foi envolvendo o desenho dos critérios normativos da disciplina internacional uniforme e das várias disciplinas nacionais. E, no que mais de perto toca à disciplina do conhecimento, enquanto documento negociável, podemos também ouvir G. GILMORE e C. L. BLACK, Jr., quando sentenciam que «[t]*he law of negotiability is, however, a sort of* ius gentium — *in broad outline although not in each detail everywhere the same»* (G. GILMORE e C. L. BLACK, Jr., *op. cit.*, p. 95) — o que bem se compreenderá quando se pensa nos objectivos de segurança e de certeza, cuja realização se pretende triunfante sobre a latitude e a longitude da localização dos casos que as reivindicam, pelo menos, em certos domínios, e mercê da confiança dos particulares a tutelar.

Não obstante a proximidade propiciada historicamente, nesta área das relações jurídico-mercantis, PAVONE LA ROSA alerta para o facto de que, na Inglaterra, se ressalta ainda o carácter probatório do conhecimento, sublinhando que, aqui, não se operou de maneira tão «*compiuta*» como poderá parecer, e como noutros ambientes veio a suceder, mormente desde o século XVII até esta parte, a transformação do mesmo, de documento probatório em documento «*costitutivo di un'obbligazione letterale»*, porquanto a dita metamorfose, que levaria a «*concepire la polizza di carico come titolo costitutivo di un rapporto giuridico distinto dal rapporto fondamentale»*, ficou devedora das construções doutrinais relativas aos títulos de crédito, já mais tardias, bem como do desenvolvimento da prática de depósitos em armazéns gerais (cfr. *Appunti, cit.*, p. 137 ss., *maxime*, p. 152 e 158).

Cfr. G. GILMORE e C. L. BLACK, Jr., *op. cit.*, p. 94 ss., W. TETLEY, *Marine cargo claims, cit.*, p. 275 ss..

Note-se, ademais, que, no que respeita ao carácter negocial do documento de transporte, ora visitado, também no ordenamento norte-americano ele vem sendo reconhecido, como vimos, apesar da diferente atitude à face de outros tipos de transporte (G. GILMORE e C. L. BLACK, Jr., *op. cit.*, p. 94 s.). Igual sorte mereceu tal questão no direito britânico, embora com a precisão de que se usa um sentido mais corrente do que técnico de "negociabilidade", pois que, aludindo, embora, quer o COGSA de 1855, quer o COGSA de 1971, a documentos *negotiable* ou *non-negotiable*, o sentido estrito que aí se encerra é aquele de *transferable document*, porquanto o "*transferee gets no better title than transferor*" (assim, CARVER, *op. cit.*, p. 1114 ss., SCRUTTON, *op. cit*, p. 184 s.).

viesse exposto no conhecimento (novo n.º 4 do art. 3.º), perante um terceiro possuidor do título (legitimado, portanto, para exigir, do transportador, a entrega das mercadorias)[361].

Contudo, ainda se levantariam dúvidas quanto a saber se tal prova seria de admitir em face do destinatário, *scl.*, o primeiro destinatário. Todavia, autorizadas opiniões convergiram no sentido de negar tal hipótese, atendendo a que, também ele, era um portador do título (transmissário), o qual, ao ser emitido, com os caracteres de literalidade e autonomia, implicaria uma nova configuração da posição do destinatário, mesmo quando se assentir na classificação categorial do transporte como contrato a favor de terceiro, porquanto, o destinatário passaria a ser titular de um direito *ex titulo*[362].

Vindo ao encontro deste entendimento, entretanto sedimentado, a nova Convenção de Hamburgo de 1978, veio expressamente asseverar, num plano normativo, que entre os terceiros portadores, em face dos quais não seria oponível qualquer prova contrária, se deveria incluir o destinatário, conquanto, exigisse, outrossim, da parte de qualquer possuidor de um conhecimento, a fim de beneficiar deste regime, uma actuação de boa-fé: «*who in good faith has acted in reliance on the description of the goods therein*» — art. 16.º, n.º 3, b)[363].

Quanto ao regime entre nós vigente, aquele de 1924, nada nos parece impedir que se adopte, um tal entendimento do valor a conferir às indicações cartulares sobre a mercadoria, seja no transporte internacional, seja no transporte interno[364], tanto mais que a evolução do sistema de direito

---

Sobre esta questão, em geral, *vide* CARVER, *op. cit.*, p. 77 ss., SCRUTTON, *op. cit.*, p. 112 ss. e 119 ss., G. GILMORE e C. L. BLACK, Jr., *The Law of the Admiralty*,Mineola, Nova Iorque, 1975, p. 94 ss., W. TETLEY, *Marine cargo claims, cit.*, p. 267ss, *maxime*, 273 ss., G. ROMANELLI, *Efficacia, cit.*, p. 618 s.; R. RUSSO, *op. cit.*, p. 79, PAVONE LA ROSA, *Appunti, cit.*, p. 168 ss., e, ainda, num outro contexto, J. A. JOLOWICZ, *Droit anglais*, Paris, 1986, Dalloz, p. 172, e Michael AKEHURST, *Introdução ao direito internacional*, Coimbra, 1985, Almedina, p. 186 e ss..

[361] Cfr. SCRUTTON, *op. cit.*, p. 114 s., 433.

[362] Cfr., também, S. M. CARBONE, *Contratto, cit.*, p. 369 ss..

[363] *Ibidem*.

[364] Aliás, como seria inevitável, o transportador sempre será guarnecido pela protecção conferida pelo n.º 5 do art. 3.º, da Convenção, na medida em que haja confiado na garantia das indicações do carregador relativas às marcas, número, quantidade e peso. Assim a inexactidão de tais indicações conferirá ao transportador um direito de indemnização pelas perdas, danos ou despesas que derivem dessa inexactidão. Do que aqui se

marítimo internacional consolidou formalmente uma tal orientação, que já se fazia decorrer da teleologia imanente ao regime do conhecimento de carga. Senão vejamos: por um lado, pelo Protocolo de 1968, o n.° 4 do art. 3.°, da Convenção, passou a determinar que «*la preuve contraire n'est pas admise lorsque le connaissement a été transféré à un tiers porteur de bonne foi*»; por outro lado, como mencionámos *supra*, as Regras de Hamburgo, no n.° 3 do art. 16.°, dispõem que o conhecimento deve ser considerado uma «prima facie *evidence*» da recepção das mercadorias «*as described in the bill of lading*», e que «*proof to the contrary by the carrier is not admissible if the bill of lading has been transferred to a third party, including the consignee, who in good faith has acted in reliance on the description of the goods therein*»[365]. Por outro lado ainda,

---

trata é da situação em que o transportador, ou um seu representante, haja confiado nas declarações do carregador, apesar de estarem reunidas as condições para a verificabilidade das mesmas, e para eventual e consequente aposição de reservas, tendo-se abstido de o fazer. Neste caso, o conhecimento fará a fé que lhe é congenial perante um terceiro portador (*scl.* de boa-fé — *fraus omnia corrumpit; ex dolo malo non oritur actio* —, como viria a ser esclarecido na nova versão do n.° 4 do art. 3.°, introduzida pelo Protocolo de 1968), mas em nada prejudicará o que seria normal nas relações imediatas entre transportador e carregador. Assim, R. RODIÈRE, *Traité, cit.*, II, p. 390.

[365] Note-se, além disso, que, como seria de esperar, as Regras de Hamburgo aludem também aos demais documentos de transporte utilizáveis, mesmo quando não sejam negociáveis, determinando, no art. 18.°, que «*such a document is* prima facie *evidence* [*ce document fait foi, sauf preuve contraire*] *of the conclusion of the contract of carriage by sea and the taking over of the goods as therein described*». Esclarece-se, desta sorte, que qualquer documento que valha como recibo das mercadorias, mesmo não revestindo os peculiares caracteres do conhecimento, fornecerá em prol do interessado na carga uma presunção sobre a condição e sobre a quantidade das mercadorias, ainda que simples.

Cfr., todavia, G. ROMANELLI, *op. cit.*, p. 621 s., onde, não se deixando de sublinhar que, à luz das Regras de Haia-Visby, «*il vettore non è obbligato (solo) a riconsegnare quanto ha ricevuto, ma è obbligato a consegnare le merci che sono state descritte nel doccumento contrattuale, sulla cui descrizione il terzo di buona fede ha ragione di fare affidamento, posto che sarà sulla base di tale descrizione che sarà misurata l'obbligazione (e quindi la responsabilità) del vettore nei suoi confronti*», se defende que, já para as Regras de Hamburgo, se deverá entender que as normas especificamente respeitantes ao conhecimento de carga se referirão, igualmente, ao conhecimento não negociável. O Autor mostra, assim, o alcance de tal inferência (confortada pela orientação do art. 18.° citado) para a protecção do destinatário mencionado no conhecimento/documento, cuja posição se foi gradualmente autonomizando e reforçando, e como tal conclusão acaba por se compaginar com a perda de importância do próprio conhecimento (com os traços que sempre o enalteceram, tornando-o particularmente apetecível), sobretudo, num cenário em que, assaz fre-

esta orientação nada tem de chocante, como, de há muito, foi sendo sustentado, jurisdicional e doutrinalmente, relativamente à disciplina normativa internacional do conhecimento entre nós vigente, a qual serve, simultaneamente, de regime de direito interno (o art. 11.º do DL n.º 352/86, de 21 de Outubro, presecreve, aliás, que «[o] conhecimento de carga constitui título representativo da mercadoria nele descrita», e que «[a] transmissão do conhecimento de carga está sujeita ao regime geral dos títulos de crédito», palavras que, acto contínuo, nos evocam quanto se dizia já no Código Comercial de 1889, a propósito da guia de transporte e, mesmo, quanto se dizia sobre o conhecimento)[366].

Este direito à entrega do *receptum*, que existiu também na titularidade do carregador (devendo, naturalmente, fazer-se a oportuna distinção relativamente ao que sucede entre as partes da relação fundamental), assume agora uma feição cartular e literal, e, por isso mesmo, vem dotado de autonomia relativamente ao direito do carregador, enquanto parte da relação subjacente, isto é, enquanto parte do contrato de transporte, em virtude do qual foi emitido o conhecimento.

---

quentemente, se tende a recorrer a documentos alternativos, mesmo não negociáveis, a documentos que operem a conglomeração dos transportes realizados por distintos transportadores e a meios electrónicos de documentação — sobremaneira, realça ainda o Autor, nos transportes aéreos, só que o próprio transporte marítimo vai encurtando a sua duração, mercê de desenvolvimentos técnicos (sendo a duração do transporte um dos motivos que sempre atiçou o interesse pelos títulos representativos negociáveis, aptos a permitir não contemplar as fazendas *in transitu* como algo que *non erat in mundo*, porque fora do olhar) — cfr., sobre este ponto, J. RAMBERG, *The vanishing bill, cit.*, p. 391 ss.; E. SELVIG, *Through-carriage, cit.*, p. 368 ss..

[366] Assim, *ex vi* dos arts.373.º e 375.º, a guia de transporte incorpora um direito autónomo e literal (respectivamente: «não sendo contra a mesma admissíveis excepções algumas, salvo a falsidade ou o erro involuntário de redacção»; «[q]uaisquer estipulações particulares, não constantes da guia de transporte, serão de nenhum efeito para com o destinatário e para com aqueles a quem a mesma houver sido transferida»). Também, na esteira desta orientação, estipulava o art. 540.º: «[o] conhecimento regular faz fé entre os interessados no carregamento e entre estes e os seguradores e o carregador» — cfr., sobre estas normas, F. A. VEIGA BEIRÃO, *Direito comercial portuguez,* Coimbra, 1912, p. 146 ss., *maxime,* 148; L. CUNHA GONÇALVES, *Comentário, cit.,* III, p. 422 ss, 242 ss.. Sobre o conhecimento, ainda, AZEVEDO MATOS, *op. cit.,* p. 217 ss..

Cfr. Ac. STJ, de 12 de Novembro de 1968, BMJ, n.º 181, 1968, p. 279 ss., num caso que envolve ainda uma carta de garantia para obtenção de um *clean bill of lading* (cfr. *infra*), embora seguindo um discutível entendimento do jogo probatório.

Para já, podemos assentar em que o conhecimento será conformado normativamente pela disciplina geral dos títulos de crédito em tudo quanto a sua especificidade o permitir. Assim, por um lado, estará dotado de literalidade[367], porquanto, como esclarece o Professor António FER-

---

[367] Asim, por exemplo, como a Convenção de Bruxelas só recebe no seu âmbito material o transporte "irregular" no convés, mas já não aquele "regular", isto é, o seu regime não será mobilizável normativamente quando a mercadoria seja declarada como carregada no convés e seja efectivamente transportada no convés, o que se vem a justificar pelos particulares e agravados riscos que um transporte deste tipo acarreta, havendo-se entendido deixar o transportador livre para acordar com o carregador uma mais ampla limitação da responsabilidade — cfr. art. 1.º, c). Mas, se assim é, então, perante um terceiro portador do título, a Convenção só deixará de se aplicar se constar do conhecimento que o carregamento deveria ser feito sobre o convés, ao passo que, como lembra Antonio PAVONE LA ROSA, quando isto não suceda, isto é, quando tal menção não conste do conhecimento, só perante o carregador, contraparte do contrato de transporte, poderá o transportador fazer prova por outro meio de que havia sido pactuado o transporte sobre o convés, mostrando como fora dado o consentimento do carregador, tido como condição da aceitabilidade desta modalidade de transporte (mau grado o desenvolvimento mais recente de transportes que habitualmente se fazem sobre o convés, como sucede com o transporte de contentores, *ergo*, a nova disciplina das Regras de Hamburgo) — *op. cit.*, p. 217.

Quanto ao regime interno para o transporte no convés, *vide* M. RAPOSO, *Fretamento e transporte, cit.*, p. 33 ss., *Sobre o contrato de transporte, cit.*, p. 9 s., n.12, e sobre a possibilidade de um cúmulo de regimes de limitação de responsabilidade, p. 25 s.; A. PALMA CARLOS, *O contrato de transporte marítimo*, in Novas perspectivas do direito comercial, Coimbra, 1988, p. 21 ss.. O legislador português, no art. 9.º do DL n.º 352/86, veio estender o regime da Convenção aos transportes em convés que fossem mencionados no conhecimento (logo efectuados ao abrigo do consentimento do carregador), àqueles impostos legalmente, e aos transportes de contentores em navios porta-contentores ou noutros navios «segundo usos de tráfego prudentes» (como se alude no preâmbulo, de certo modo, aquele transporte no convés que, durante este século, sobretudo após a II Guerra Mundial, se fora tornando frequente ou "regular", *hoc sensu*, ao ponto de se entender dispensável, do ponto de vista da protecção do portador do título, a sua menção no conhecimento).

Abandonou-se, assim, o velho regime do art. 497.º do Código Comercial, segundo o qual, o capitão responderia «pelo dano suportado por as [as fazendas] que deixar carregar no convéz do navio sem consentimento escrito do carregador», regime este pensado para um contexto tecnicamente diferente, e que representava o seguimento de uma longa tradição, continuada, de resto, na própria Convenção de Bruxelas. Cfr. A. BRUNETTI, *op. cit.*, p. 151 ss., mostrando o relevo dado à regra *casum sentit dominus* e como já, expressamente, se exigia o consentimento do carregador no *Consulatus maris*, além de aludir às divergências sobre o que se possa entender por convés, para o que cita a definição ensaiada pela Regra I (relativa ao alijamento de carga) das Regras de York-Antuérpia

RER CORREIA, «a letra do título é decisiva para a determinação do conteúdo, limites e modalidades do direito» nele incorporado, e este «é tal como está expresso no documento»[368].

Nota, contudo, PAVONE LA ROSA, que é mister observar certas atenuações desferidas sobre os efeitos do princípio da literalidade, por exem-

sobre avarias grossas ou comuns («[e]*very structure not built with the frame of the vessel shall be considered to be a part of the deck of the vessel*»), entretanto abandonada na versão de 1924, e que, de resto, continua a não comparecer na versão de 1994, que, reproduz a de 1974 («[n]*o jettison of cargo shall be made good as a general average, unless such cargo is carried in accordance with the recognised custom of the trade*»).

Todavia, uma subsequente questão parece levantar-se inexorável, a de saber como haverá de ser encarada a imperatividade do regime de responsabilidade da Convenção de Bruxelas nos contratos internos, relativamente aos transportes em convés dotados dos traços referidos. Na verdade, sempre surgirá a possibilidade de submeter o transporte no convés ao disposto pelo art. 6.º da Convenção, que prevê a possibilidade de afastamento, nos confins da ordem pública, do regime imperativo de responsabilidade (já não apenas *in favorem domini mercium*), em caso de carregamentos especiais ou extraordinários, com a provável excepção relativa ao carregamento no convés considerado normal ou ordinário, como seria o caso do transporte por porta-contentores. Aliás, isto sempre poderia ser assim devido a outro motivo que não fosse o carregamento e a estiva no convés; restaria apurar se o facto de o carregameto ser feito no convés, *a se*, ou conjugado com outro motivo, como a natureza da mercadoria, poderia, ainda assim, e não obstante a prescrição do n.º 3 do art. 9.º, que apenas refere a extensão do sistema da Convenção, no que respeite às causas de exoneração legal e à limitação de responsabilidade (mas é, precisamente, de um "sistema" que se trata), permitir o recurso ao art. 6.º .

Aliás, a entender-se a norma do art. 9.º nestes termos, ficaríamos com um regime de transporte no convés próximo daquele francês. Dispõe o art. 30.º da Lei n.º 420 de 1966 que «*toutes clauses relatives à la responsabilité ou à la réparation sont autorisés* [...] *dans les transports sur le pont conformément à l'article 22 sauf en ce qui concerne les conteneurs chargés à bord de navires munis d'installations appropriés pour ce type de transport*». De igual sorte, o art. 424.º do Código da Navegação italiano (que, como a lei francesa, segue de perto o regime de responsabilidade internacioanl): «[*l*]*e norme degli articoli 422 e 423* [respeitantes à responsabilidade do transportador e à limitação do ressarcimento] *sono sempre derogabili a favore del caricatore*», mas, de imediato acrescenta que «[*s*]*ono derogabili anche a favore del vettore* [...] *relativamente ai trasporti di merci caricate sopra coperta*». Note-se, ademais, que este regime é, do mesmo passo, dispensado também, em ambos os ordenamentos, ao transporte de animais vivos.

Para uma aplicação analógica da Convenção ao transporte em porta-contentores, mesmo que no convés, o Ac. STJ, de 27 de Outubro de 1992, proc. n.º 082487.

Cfr. R. RODIÈRE, *Traité, cit.*, II, p. 294 s., 373 s.; A. LEFEBVRE D'OVIDIO, G. PESCATORE, L. TULLIO, *op. cit.*, p. 566 ss., *maxime*, 567.

[368] *Op. cit., loc. cit..*

plo, os conhecimentos que contenham um extenso elenco das condições contratuais acordadas entre as partes da relação fundamental[369], conquanto já seja mais duvidoso que uma cláusula de remissão para condições contratuais exteriores — *v. g.*, cláusulas gerais ou tipo, ou para uma *charter-party* —, ou seja, não incluídas cartularmente no documento, possa surtir um efeito igualmente atenuador da literalidade — isto é, perante um terceiro portador, que, afinal, não poderá, tão expeditamente quanto o carregador, obter esclarecimentos acerca das cláusulas *ad quem*, se bem que uma tal consequência já resultasse das razões que inspiram a literalidade do conhecimento, ou seja, a confiança que o documento deve inspirar no possuidor[370].

Paralelamente, o conhecimento apresenta um direito autónomo[371] em face do direito dos anteriores possuidores do título, sendo, então, inoponíveis ao último legítimo portador as excepções pessoais eventualmente oponíveis ao carregador, qual parte da relação subjacente, e a todos os anteriores portadores, e bem assim qualquer excepção relativa a um acordo não reflectido na letra do título. Daí que, ao invés do que sustentam outras correntes (onde se poderão contar, eventualmente, algumas que concebam o transporte como um contrato a favor de terceiro, embora este entendimento não seja, *qua tale* e em absoluto, preclusivo do desenho da eficácia do título, que vimos contemplando), Antonio PAVONE LA ROSA realça que esta autonomia cartular do conhecimento opera desde logo em relação ao destinatário da mercadoria transportada (*scl.* mesmo o primeiro destinatário), tanto mais que é a segurança da

---

[369] Não obstante se compreenda que a extensão do documento sempre pode constituir um "abrandamento" dos efeitos "martelados" e bem delineados do título, a bem da segurança e da celeridade do tráfico, ainda assim, não se deixará de admitir que a consideração como cartulares das condições expressamente incluídas no documento acabe por não infirmar verdadeiramente o princípio da literalidade, por isso que ainda estaríamos presos pelo conteúdo do título.

[370] *Op. cit.*, p. 217. *Vide*, também, SCRUTTON, *op. cit.*, p. 64; R. RODIÈRE, *Traité, cit.*, II, p. 103 ss.; G. ROMANELLI, G. SILINGARDI, *op. cit.*, p. 6. Parecerá pois que tudo dependerá de essas cláusulas virem, senão reproduzidas, pelo menos anexadas ao conhecimento, casos em que se não poderá duvidar da cognição ou da cognoscibilidade das mesmas. Mas vem-se também arguindo a invocabilidade de tais cláusulas exteriores, desde que se tenha permitido o fácil acesso às mesmas, caso em que seria igualmente fácil a cognoscibilidade de tais condições.

[371] Cfr. L. TULLIO, *I contratti, cit.*, p. 180 s..

posição deste um dos escopos informadores do regime do contrato de transporte actual[372].

De novo, nas palavras do Professor FERRER CORREIA, «as excepções decorrentes das convenções extra-cartulares em geral e as excepções causais, que são oponíveis ao portador imediato (ou seja, àquele portador do título que foi parte nas mesmas convenções), são inoponíveis ao portador mediato», que assim é titular de «um direito que se diria nascido *ex novo* nas suas mãos»[373].

É assim protegida superlativamente a segurança do destinatário e de qualquer portador do conhecimento (*favor possessoris*), que poderá exercer os direitos cartulares relativos ao transporte — posto que apenas fique legitimado para exercer estes[374], e não já os que porventura hajam emergido da convenção ou convenções respeitantes à relação subjacente —, sem que tal seja empecido por acordos exteriores ao título, ainda que ao transporte atinentes, ou sequer pela originária convenção que concluiu o contrato de transporte, em virtude do qual se emitiu tal conhecimento[375].

Fixadas, desta guisa, as características da literalidade e da autonomia do conhecimento de carga, somos conduzidos, acto contínuo, à *vexata quæstio* da sua abstracção. Para visitarmos a questão relativa à abstracção do título, deveremos considerar que os efeitos próprios da emissão de um título de crédito podem ser determinados *ex lege,* e o seu regime terá como horizonte o escopo de segurança jurídica do tráfico comercial, que o documento visa prosseguir, assim como, na espécie *sub iudice*, os precisos objectivos que o conhecimento mira, para garantir a função que há-de desempenhar na economia da regulação do contrato de transporte, ao qual se liga incindivelmente.

Assim, no enquadramento normativo uniforme previamente imposto, seja pela Convenção de Bruxelas, seja pela lei, podemos tentar descobrir algumas hipóteses normativas capazes de caracterizar a natureza e os matizes deste título, algures achados entre a rigidez, exigida pela segurança das

---

[372] *Op. cit.*, p. 218. Cfr. G. ROMANELLI, *Efficacia, cit.*, p. 615 ss., *Problemi, cit.*, p. 832 ss..

[373] *Op. cit.*, p. 10 e 67.

[374] Cfr. A. VAZ SERRA, *Títulos de crédito, op. cit.*, p. 186ss..

[375] A. PAVONE LA ROSA, *op. cit., loc. cit.*.

relações comerciais em geral, e a *souplesse*, recomendada e medida pelo padrão das funções desempenhadas no âmbito do contrato de transporte.

A este propósito várias teorias se foram desenhando, entre nós como alhures[376], as quais tentaremos ora vislumbrar, ainda que quasi *"á vol d'oiseau"*, tendo em conta, quer a diversidade de pontos de vista sobre o que se deva entender por causalidade e abstracção, e mesmo por ligação a uma *causa obligandi,* sobretudo se típica, quer o facto de que os critérios normativos que mais intensamente tocam a disciplina deste título se encontram num diploma internacional. Aliás, é também no regime uniforme internacional que colheremos importantes critérios normativos da disciplina interna do título, conforme decorre do próprio DL n.º 352/86 de 21 de Outubro, nos seus art. 2.º e 11.º — esta disposição confirma o conhecimento como título representativo e a sua submissão ao regime dos títulos de crédito[377], à semelhança do que fizera, em 1942, o legislador italiano no art. 464.º do *Codice della Navigazione*[378].

---

[376] Cfr. L. VISTOSO, *I titoli rappresentativi nella dottrina e nella giurisprudenza italiana*, RDC, 1930, I, p. 334 ss., *maxime,* 337 ss.; R. RUSSO, *Causalità e astrattezza, cit.*, p. 55 ss.; R. RODIÈRE, *Traité, cit.*, II, p. 63 s., 108 s..

[377] Convir-se-à ainda em que a literalidade e a autonomia são firmadas pelo n.º 1 do art. 26.º, que, pretendendo clarificar a questão relativa às cartas de garantia (*letters of indemnity*), a qual amiúde surgia na prática comercial, declara serem as mesmas inoponíveis ao terceiro portador do conhecimento, incluindo o destinatário, não obstante estes delas se possam valer. No n.º 2 já se prevê uma sanção para uma particular conduta do transportador — que, segundo parece, implicará, quer uma conduta dolosa, quer uma conduta de particular leviandade, incluível no padrão da *culpa lata* (assim, Emmanuel DU PONTAVICE e Patricia CORDIER, contra, Martine REMOND-GOUILLOUD) —, quando este não haja aposto reservas relativas a «defeitos das mercadorias que o transportador conhecia ou devia conhecer no momento da assinatura do conhecimento» (caso das "cartas qualitativas" ou "fraudulentas", conquanto o *animus fraudandi* não seja exigível para a aplicação das sanções previstas). Perante tal circunstância, haja ou não carta de garantia, fica o transportador impedido de invocar tais defeitos a fim de se liberar da responsabilidade, deixando, outrossim, de lhe aproveitar, pelo menos no que toque a tais defeitos, o regime de limitação do montante indemnizatório, pelo que, no caso vertente, a aposição de reservas assume uma particular feição de ónus "qualificado". Já nos demais casos, isto é, quando, não se tratando do tal defeito conhecido ou evidente, ainda assim o transportador, gozando de meios e de oportunidade para o efeito, não procedeu à verificação das mercadorias, ou, simplesmente, decidiu não apor reservas, a não aposição de reservas interferirá, tão-só, no regime probatório, valendo como presunção contra o transportador (claro está que deverá apô-las, sempre que queira evitar uma tal presunção, que em relação a um terceiro portador do título, poderá ser considerada absoluta). Na circusnstância de que se cura, porém,

refere Martine REMOND-GOUILLOUD que nem sequer poderá o transportador valer-se das causas de exoneração relativas a natureza ou vício próprio da mercadoria, ou a deficiência de embalagem — al. m) e n) do n.º 2 do art. 4.º da Convenção de Bruxelas.

Extrai-se, assim, a intenção de proteger a confiança de um círculo de interessados que se estende para lá do triângulo *ab initio* ligado ao contrato de transporte, como seguradores e banqueiros, já que o terceiro possuidor do conhecimento, como, eventualmente, o destinatário (*scl.*, no caso de emissão de um título representativo de que viesse a ser portador) sempre estariam protegidos, em virtude da própria natureza do conhecimento. Repare-se, aliás, em que, na ausência de reservas, como já fizemos realçar em texto, não gozará o transportador perante o terceiro portador do título, da faculdade de produzir prova contrária, fazendo absoluta fé a descrição cartular. Todavia, procurando-se desencorajar a celebração de tais acordos, como aqueles a que se ligaria uma carta de garantia deste tipo, permite-se a terceiros que deles se sirvam.

A norma segue a solução da lei francesa de 1966, que, no art. 20.º, prescreve: «[t]*outes lettres ou conventions par lesquelles le chargeur s'engage à endommager le transporteur lorsque celui-ci ou son représentant a consenti à délivrer un connaissement sans réserves, sont nulles et sans effet à l'égard des tiers; mais ceux-ci peuvent s'en prévaloir à l'encontre du chargeur*»; «[s]*i la réserve volontairement omise concerne un défaut de la marchandise dont le transporteur avait ou devait avoir connaissance lors de la signature du connaissement, il ne pourra pas se prévaloir de ce défaut pour éluder sa responsabilité et ne bénéficiera pas de la limitation de responsabilité prévue* [...]» — o sentido destas derradeiras sanções lembrarão, também, os resultados das teorias da *deviation* e *quasi-deviation,* enquanto *fundamental breach of contract,* cujas sanções com estas coincidiriam (cfr.*infra* e W. TETLEY, *Marine cargo claims, cit.*, p. 828).

Notamos que a norma portuguesa determina não poder o transportador «prevalecer-se de tais defeitos para [...] limitação da sua responsabilidade» (*sic*). Ainda assim, talvez seja de entender a norma com o sentido encontrado no seu antecedente gaulês, subtraindo o transportador que omitiu a reserva ao regime de limitação de responsabilidade legal e, portanto, da limitação indemnizatória prevista.

Já a Convenção de Hamburgo de 1978, com um regime algo diverso, nos n.º 2, 3, 4 do art. 17.º, prescreve que a carta de garantia será «*sans effet à l'égard de tout tiers, y compris le destinataire, à qui le connaissement a été transmis*». William TETLEY (*op. cit.,* p. 833) reitera como se mantém assim o *estoppel* a favor do portador, denunciando, contudo, tratar-se de direito novo, por não se exigir que o terceiro assim bafejado esteja *bona fide* — cfr., mesmo no direito uniforme, o n.º 4 do art. 3.º, das Regras de Haia-Visby, e, mesmo a al. b) do n.º 3, do art. 16.º, das Regras de Hamburgo: «*proof to the contrary* [...] *is not admissible if the bill of lading has been transferred to a third party, including the consignee, who in good faith has acted in reliance on the description of the goods therein*» (parte, *ipsis verbis*, da usual definição do *right of estoppel*).

O n.º 4 do art. 17.º, todavia, contém uma disciplina divergente daquela acolhida na legislação francesa, pois que a privação dos benefícios derivados do regime de limitação

Encontramos, de um lado, aqueles que defendem a causalidade, poderíamos dizer "estrita", do título e, do outro, aqueles que sustentam a sua abstracção. Os primeiros[379], defendendo a causalidade do título, seja

de responsabilidade dependerá da existência de fraude (« [d]ans le cas de lésion intentionelle»; «[i]n the case of intended fraud»). Esta orientação mais restrita vem merecendo críticas pelas dificuldades probatórias que levantaria — William TETLEY aponta também uma crítica, no plano exegético-conceitual, já que o que interessaria seria que a emissão de um conhecimento erróneo sempre constituiria uma *fraud*, independentemente de o transportador «*intend fraud*», porquanto, em geral, o seu objectivo primordial, senão único, será aquele de acontentar o carregador-cliente, não o de infligir qualquer dano sobre o terceiro (na verdade, estaríamos, eventualmente, aqui numa área equivalente à do dolo necessário).

Cfr. R. RODIÈRE, *Traité, cit.*, II, p. 96 s.; W. TETLEY, *Marine cargo* claims, *cit.*, p. 822 ss., E. DU PONTAVICE, P. CORDIER, *op. cit.*, p. 79 ss.; M. REMOND-GOUILLOUD, *op. cit.*, p. 353 s.; R. RODIÈRE, E. DU PONTAVICE, *op. cit.*, p. 320 s. — que fazem notar o reduzido relevo desta sanção, precisamente, no que tange a ficar vedado o regime de limitação de responsabilidade ao *quantum respondeatur* legal, atendendo ao limite alternativo do Protocolo de 1968, ligado ao peso, o qual, geralmente, não seria desfavorável ao interessado na carga. Entre nós, M. RAPOSO, *Sobre o contrato, cit.*, p. 33 ss.. No meio anglo-saxónico, CARVER, *op. cit.*, p. 368.

[378] «*L'originale della polizza di carico o della polizza ricevuto per l'imbarco rilasciato al caricatore può essere al portatore, all'ordine o nominativo*»; «[i]*l trasferimento di questo originale si opera nei modi e con gli effetti previsti dal codice civile per i titoli di credito*».

[379] Cfr. C. VIVANTE, *op. cit.*, p. 162 ss., *maxime*, p. 166 s., onde, negando o carácter abstracto ao conhecimento de carga (segundo uma acepção de abstracção firmemente destacada em face da noção de literalidade, entre ambas não ocorrendo intersecção), se consideram oponíveis a terceiros as excepções derivadas do contrato de transporte, que, enquanto relação fundamental sobre o título exerceria uma sequela incindivel e necessária. Tal laço material entre a emissão e o título de crédito, porém, não traria para a segurança por este inspirada qualquer mossa, já que se conteria nos confins permitidos pela literalidade, daí se seguindo, *v.g.*, que «*se la polizza di carico contiene la ricevuta delle merci, non può opporre* [o transportador] *la mancata caricazione*». Cfr. R. RUSSO, *op. cit.*, p. 58 s..

Para uma crítica que entrevê no *receptum* (*scl*. na relação inerente à entrega da carga) a causa do conhecimento, consentindo a oponibilidade das excepções nele fundadas, *vide* A. PAVONE LA ROSA, *op. cit.*, p. 223 s., considerando que a entrega do *receptum* será um facto material de execução da relação contratual subjacente ao título, reduzindo-se a sua relevância à discussão em torno do valor recognitivo das menções apostas no conhecimento de carga a respeito da carga.

Cfr., ainda, SCHAPPS-ABRAHAM, *Das Seerecht*, Berlim, Nova Iorque, 1978, p. 75; A. BRUNETTI, *op. cit.*, III, p. 397 ss., que, partindo da causalidade do conhecimento assente na convocação da causa do negócio de emissão, que viria a reunir o contrato de transporte

porque o mesmo encerra uma obrigação que sempre convoca a regulamentação de uma prestação típica, a disciplina própria do *receptum*, seja porque o título jamais se revela a-causal[380], não servindo, fungivelmente, para dar guarida a relações jurídicas diversas do transporte[381], seja mesmo, não obstante a incorporação *in titulo* do direito à entrega das mercadorias, pela possibilidade de invocar uma particular excepção causal perante o terceiro portador, a da falta de carregamento das mercadorias.

Os segundos[382], defendendo a abstracção como carácter do conhecimento, ainda que impura ou imprópria (parcial, pois o conhecimento sempre se liga a uma específica relação jurídica, a uma causa que lhe dá lugar: o negócio de transporte e a obrigação de conservação das coisas *receptæ*), porquanto, ainda assim, o título, mediante as regras que regem a circulação do mesmo, acarreta a inoponobilidade de excepções causais — isto é, fundadas na relação subjacente entre transportador e carregador —, pelo menos, a terceiros portadores de boa-fé (ainda que o possam ser a terceiros de má-fé).

Hoje, todavia, encontramos assaz difundida, precisamente, a tese

---

e a relação de entrega da mercadoria, não desmerece o valor "normativo" (selado pela chancela da literalidade, ainda que também susceptível de limitações) do conhecimento nas relações entre o capitão e o portador, mas a causa sempre verá o seu revérbero na possibilidade de opor, mesmo ao terceiro portador, as excepções derivadas do *receptum*, convocado *in titulo*, senão mesmo das convenções relativas ao contrato de transporte, sempre que convocadas pelo título, ao que se seguirá, de igual guisa, a oponibilidade, porque *ex recepto,* da ausência de carregamento, porquanto seria falho o prórpio pressuposto do *receptum-causa tituli,* ou a oponibilidade do carregamento de mercadoria que contraste com a descrição oferecida.

Parecendo favorável à causalidade do conhecimento à ordem, segundo o nosso direito comercial, cfr. Ac. STJ, de 27 de Outubro de 1984, BMJ, n.º 339, 1984, p. 424, que sustenta poderem ser opostas ao enossado as mesmas excepções que o capitão poderia opor ao endossante, na medida e que o título comprova o contrato de transporte.

[380] É assim que, por exémplo, Tullio Ascarelli, invocando o exemplo da formalidade da *stipulatio*, insere o título de crédito abstracto, *stricto sensu*, embora falando especificamente da letra de crédito, entre os negócios que «*non rispondono a nessuna funzione tipica, ma possono servire a [...] qualunque funzione [...] mere forme [...] possono ricevere qualunque contenuto*» (*op. cit.,* p. 389).

[381] Sobre o conhecimento de favor, cfr. R. Russo, *op. cit.,* p. 69.

[382] Falando de uma abstracção imprópria por serem oponíveis excepções *ex causa* a um terceiro de má-fé e por não estarmos, *proprio sensu*, perante um negócio sem causa, A. Arena, *op. cit.,* p. 110 ss.. Em sentido próximo, R. Russo, *op. cit.,* p. 95 s..Cfr., também, T. Ascarelli, *op. cit.,* p. 415 ss..

daqueles que, como Antonio PAVONE LA ROSA[383] (nesta posição conseguimos, sem estranheza, encontrar a reminiscência daquelas teses já sustentadas, *maxime* a propósito do conhecimento ou dos títulos representativos, nomeadamente, por Andrea ARENA[384] ou Rafaele RUSSO[385], mas, de certo modo também, pelo menos em parte, por Tullio ASCARELLI[386] e Giuseppe FERRI[387]), postulam o que poderíamos quiçá apodar de abstracção mitigada, *rectius,* qualificada, que já foi chamada de imprópria (por corresponder apenas a uma parte do conteúdo deste conceito)[388] — se se considerar que, na definição do que seja abstracção, se coloca a ênfase,

---

[383] *Op. cit., passim, Sul problema della "causa" nel titolo del trasporto marittimo,* RDN, 1956, I, p. 127 ss., *maxime,* 197 ss.. Cfr. também R. ROMANELLI, S. ZUNARELLI, *Titoli rappresentativi di merci,* Enc. giur., p. 1 ss., *maxime,* p. 4 s..

[384] A. ARENA, *op. cit.,* p. 110 ss..

[385] *Op. cit.,* p. 51 ss. *maxime,* p. 76 ss., onde o Autor faz notar que a ligação substancial do conhecimento à disciplina (legal ou pactícia, esta, desde que mencionada *in scriptura,* numa ligação já formal à causa) da obrigação típica que incorpora não é suficiente para se falar de causalidade *tout court,* sobretudo em se considerando o regime das excepções oponíveis a terceiros: «*[l]'incorporazione di quel diritto nel titolo produce dunque l'efetto comune all'incorporazione dei diritti nei titoli di credito (l'astrazione dal rapporto fondamentale nei confronti dei terzi possessori di buona fede)*».

[386] Na verdade, já este autor, na esteira de BRÜTT, se referia aos negócios apenas substancialmente abstractos, na medida em que, sendo ele aparentemente causal, daria lugar a atribuições patrimoniais abstractas; na aferição da validade de tais atribuições prescindir-se-ia da subsistência da causa, ainda que, nascendo tal atribuição de um negócio típico, a disciplina deste devesse perseguir a atribuição em questão: «*attribuzioni patrimoniali pur sempre asttrate, e cioè independenti dalla sussistenza e dalla validità dalla causa, ma tuttavia regolate dalla disciplina legislativa che discenderebbe dalla sussistenza della causa che viene adotta solo fittiziamente*» — *op. cit.,* p. 394, e, especificamente sobre o conhecimento, 415 ss., onde, não obstante tome as dores da abstracção do conhecimento, ainda que a obrigação se submeta à disciplina que derive da causa e que só para este efeito se convocará, se ressalva o erro de emissão, mas ainda assim jamais contra o portador a este respeito ignaro.

[387] Este Autor, com efeito, distinguindo, quanto à obrigação assumida no título, entre obrigações não tituladas, e, neste sentido, abstractas, e aquelas tituladas, conclui que, neste último caso, o título seria causal, uma vez que é enunciada a causa da emissão do mesmo, todavia tal causalidade outra consequência não teria senão aquela de convocar a disciplina normativa própria da obrigação causal típica assim enunciada. Cfr. R. RUSSO, *op. cit.,* p. 70 ss.; *vide,* ainda, G. FERRI, *La legitimazione all'esercizio del diritto cartolare,* Banca, borsa e titoli di credito, 1935, I, 167 ss., 234 ss.. E ainda, sobre os títulos representativos e acerca do conhecimento de carga, G. FERRI, *I titoli di credito,* Trattato di diritto civile italiano, dir. Filippo Vassali, Turim, 1950, p. 30 ss.

não já na existência da obrigação *ex titulo*, desprendida de uma causa, pelo que o título poderia servir funções sempre diferentes e relacionar-se com negócios fundamentais diversos, mas na inoponibilidade a terceiros de excepções *ex causa*[389], no sentido de que o título, após a sua emissão, embora adstrito indelevelmente a um preciso negócio jurídico, até típico, (pelo que o título, em si, não prescindiria, *in abstracto*, de uma conexão causal com um certo tipo de negócio, apesar de a regulamentação deste poder ser, não só legal, mas também convencional, caso em que só seria opnível a um terceiro portador, se incorporada *in scriptura*), se "abstrairia" da sua específica causa negocial[390].

Partindo de uma distinção entre causalidade formal e material, o título surge como formalmente causal, conquanto materialmente ou substancialmente abstracto.

De acordo com tal posição, não olvidando que, como vimos, a causalidade cartular se pode explicar por uma dupla dependência, se é certo que a validade e o exercício do direito cartular incorporado no conhecimento não depende da «*valida esistenza di un rapporto fondamentale*»[391], e tão-pouco da particular razão que "geneticamente" originou a emissão do título[392], é outrossim verdadeiro que a prestação exigível pelo portador já se achará submetida a «*una determinata disciplina negoziale*»[393] ditada por lei ou pelo regime uniforme imperativo[394], porquanto essa prestação é típica e se subsume a um especial tipo contratual, sujeito a uma disciplina normativa preceptiva e dispositiva. Assim a obrigação do transportador desentranhável do título «*porta con sè la "causa"*»[395].

Daí que a regulação normativa e a conformação da prestação devida pelo transportador não se haja de encontrar apenas no título (embora também aí se possa encontrar, sem mossa para o princípio da literalidade e

---

[388] Cfr., sobre a noção de abstracção A. FERRER CORREIA, *op. cit., loc.cit.*.

[389] Cfr. R. RODIÈRE, *Traité, cit.*, II, p. 115.

[390] Cfr. R. RUSSO, *op. cit.*, p. 88 ss.. E, por isso, parafraseando um outro Autor, a causa "adormeceria", ainda que peripateticamente continuasse a determinar tipicamente a disciplina das obrigações contidas no contrato de transporte.

[391] A. PAVONE LA ROSA, *op. cit.*, p. 222.

[392] Cfr., em sentido conforme, R. RUSSO, *op. cit.*, p. 95 ss., *maxime*, p. 96.

[393] A. PAVONE LA ROSA, *op. cit., loc. cit.*.

[394] Cfr. ASCARELLI, *op. cit.*, p. 416 s.. *Vide*, ainda, T. ASCARELLI, *La letteralità nei titoli di credito*, RDC, 1932, I, p. 237 ss..

[395] A. PAVONE LA ROSA, *op. cit., loc. cit.*. Cfr. R. RODIÈRE, *Traité, cit.*, II, p. 116.

para uma certa vertente da noção de abstracção, porquanto se podem incluir *in titulo* condições do contrato, mesmo a sua totalidade), o que não tolhe a completa irrelevância da existência, validade e conteúdo da relação fundamental para o exercício do direito cartular e para o cumprimento da correspectiva obrigação[396].

Depois de havermos tão-só reverberado os ensinamentos de algumas doutrinas, ainda que não por mero donaire, este último desenho do conhecimento, conquanto provido de um fundo passado, permite-nos, com à-vontade, deslizar para algumas consequências, que revelam e servem os objectivos a que ele se propõe no âmbito do tráfico jurídico-comercial.

Desde logo, em princípio, não poderá o transportador negar a entrega das mercadorias ao portador do conhecimento — que, precisamente, incorpora o direito a delas dispor —, alegando a *exceptio non adimpleti contractus* [397, 398], isto é, alegando que o frete não foi pago pelo

---

[396] Cfr. F. A. QUERCI, *op. cit., loc. cit.,* quanto aos efeitos preclusivos do conhecimento.
[397] Cfr. *supra*.

Mais uma vez, se dever-se-á acautelar a diferença que possa existir entre a posição do primeiro destinatário das mercadorias, se lhe atribuirmos a qualidade de beneficiário de um contrato a favor de terceiro, e aquela do destinatário, o primeiro ou os subsequentes, enquanto titulares do conhecimento carga — segundo certa opinião, como vimos, a emissão do título provocará, *ex lege,* uma mutação do regime aplicável ao primeiro destinatário, que, então, se poderá valer do seu direito *ex chartula,* da sua literalidade e autonomia.

Já foi defendido que o pagamento do frete devido pelo transporte corresponderia a uma obrigação *propter rem* ou ambulatória, *rectius,* de tipo ambulatório, que acompanharia o próprio documento, considerado como *res,* ficando a titularidade da mesma na esfera do eventual e mutável portador do título (assim A. BRUNETTI, *op. cit.,* p. 395 e ss., *maxime,* n.1 da p. 396, e p. 420 e s.). *Vide,* sobre o tema, M. H. MESQUITA, *Obrigações reais e ónus reais,* Coimbra, 1990, p. 265 ss., 397 ss..

Segundo um diverso ponto de vista, atendendo aos caracteres específicos do conheciemto, enquanto título de crédito, PAVONE LA ROSA desenha a prestação do frete acordado e de outras despesas ocorridas sob a silhueta de uma espécie de *"onere",* cujo cumprimento é condição *sine qua non* para que o portador do título possa deter materialmente as mercadorias, de que já era possuidor, isto é, para que obtenha do transportador a disponibilidade material das mesmas, pois que nisso consiste a prestação devida pelo transportador, uma vez assumida, mesmo cartularmente, a obrigação de entrega das mercadorias no destino. Mas, e segundo este Autor, o pagamento do frete pelo titular do conhecimento — independentemente de reacção posterior, fundada nas relações existentes entre este e o carregador ou o transmitente do conhecimento — sempre quedaria como resultado da literalidade do título, pelo que, a menos que o frete viesse mencionado no pró-

carregador. E tão-pouco lhe valerá, segundo certo parecer, opor ao possuidor do título o não carregamento ou o facto de o conhecimento haver sido pré-datado.

---

prio conhecimento, o transportador não poderia *«rifiutarsi di eseguire [...] la prestazione menzionata nel documento, sollevando eccezioni relative al pagamento del nolo»* (PAVONE LA ROSA, *op. cit.*, p. 223, n.99).

Cremos não haver andado longe do encalço desta orientação a Convenção de Hamburgo de 1978 — conquanto reflicta já a tendência crescente para não hipertrofiar o papel hodierno do conhecimento ou, em geral, do documento representativo, na navegação marítima, seja por influência da disciplina dos demais tipos de transporte, nomeadamente, aquele aéreo, seja pela maior velocidade das viagens marítimas (causadora de eventuais embaraços, se, no âmbito de operações de crédito documentário, as mercadorias se antecipam às próprias remessas documentárias), seja pelo adestramento da utilização de outros documentos, de mais "doce" trato, sem relevantes riscos para a desejada segurança das relações comerciais (haja-se em vista a miríade de possibilidades oferecida pela documentação electrónica e informática, capaz de incidir exponencialmente na celeridade das transacções), tanto que a manualística da navegação e dos transportes, em geral, sempre curou de tratar, sem sombra de menosprezo, as alternativas documentais ao conhecimento —, ao ocupar-se, expressamente, desta questão no n.º 4 do art. 16ª, segundo o qual «[*a*] *bill of lading which does not* [...] *set forth the freight or otherwise indicate that freight is payable by the consignee or does not set forth demurrage incurred at the port of loading payable by the consignee, is* prima facie *evidence that no freight or such demurrage is payable by him»*, acrescentando que prova contrária não é de admitir «*when the bill of lading has been transferred to a third party, including a consignee, who in good faith has acted in reliance on the absence in the bill of lading of any such indication»* (sublinhado nosso).

Além disto, como sublinha o Professor Gustavo ROMANELLI, esta protecção concedida a qualquer terceiro deverá ser entendida, mesmo *de lege lata*, como estendida, igualmente, ao destinatário nomeado num documento de transporte não negociável, se se considerar, à luz do n.º 7 do art. 1.º, e atendendo ao âmbito de aplicação material das mesmas regras — o qual se insinua sobre qualquer contrato de transporte marítimo internacional, *hoc sensu*, ou seja, não descriminando consoante a modalidade de prova do pacto negocial —, que, nas Regras de Hamburgo, a alusão ao *bill of lading* inclui um documento não negociável, e assim se estendendo, do mesmo passo, a protecção ao destinatário que não seja titular de um documento representativo (*"Efficacia probatoria"*, *cit.*, p. 621 e s.).

Já Gabriele SILINGARDI intenta superar a dicotomia, a que aludimos *supra*, entre os regimes aplicáveis, consoante haja ou não sido emitido um título representativo das mercadorias embarcadas, e que afecta sobremaneira a posição do destinatário, e fá-lo apelando para a inclusão categorial do transporte na figura da *delegazione di pagamento* (G. SILINGARDI, *Contratto di trasporto e diritti del destinatario*, Milão, 1980, *maxime*, sobre o pagamento do frete, p. 15 ss., 64 e s., e, concordando, cfr. M. COMENALE PINTO, *L'azione del vettore verso il destinatario per i crediti derivanti dal trasporto*, Giustizia Civile, XXXVI, 1986, p. 1657 ss.) — cfr. *supra*.

Não olvidemos, por outro lado ainda, que, como quer que se caracterizasse o conhecimento quanto à sua abstracção ou causalidade, já o terceiro portador do título não poderia persistir em exigir do transportador a devida prestação, naqueles casos de avaria ou de perda das fazendas que fossem subsumíveis às categorias de situações em que a responsabilidade do transportador é afastada. Mas, como vimos *supra*, um tal desfecho, *et pour cause,* faz parte do regime normativo aplicável imperativamente ao contrato de transporte e, logo, ao modo de execução da prestação exigível com base no direito contido no título, continuando truncada, ainda assim, qualquer dependência do direito cartular à entrega das mercadorias, relativamente ao que as partes da relação subjacente hajam convencionado a seu talante para um específico transporte[399].

Vide, ainda, C. VIVANTE, *op. cit.,* p. 63 ss.; R. RODIÈRE, *Traité, cit.,* II, p. 115 s., 200 s..
Entre nós, sobre o pagamento do frete, *vide* o Ac.STJ, de 27 de Maio de 1980, BMJ, n.º 297, 1980, p. 376 ss., embora aí, para demonstrar que o carregador o deveria pagar, se chame à colação o facto de não se ter por provado que a venda havia sido *fob*; ora, na verdade, *incoterms* como este interessam sobretudo para definir o desenho das relações entre comprador e vendedor, o que para o transportador será *res inter alios acta*, e, de acordo com uma das teses sobre este ponto, mesmo uma venda *cif*, só por isso, não permitiria concluir que o destinatário estaria desobrigado perante o transportador, pelo menos, uma vez que houvesse recebido as mercadorias ou exigisse a sua entrega. Sobre o mesmo *incoterm,* o Ac.STJ, de 6 de Dezembro de 1990, proc. n.º 079659; e acerca da cláusula *fob and stowed* e sobre a sua inserção no contrato de compra e venda, Ac. STJ, de 18 de Fevereiro de 1982, BMJ, n.º 314, 1982, p. 288 ss., precisando que a mesma cláusula determinaráq ue o custo da estiva correrá por conta do vendedor/expedidor, nada estabelecendo sobre a execução material das operações nela envolvidas.

[398] Claro está que as legislações nacionais podem prescrever garantias que impeçam a disponibilidade imediata das mercadorias, as quais poderão passar a integrar o regime normativo arrastado pelo conhecimento. Cfr. art. 21.º do DL n.º 352/86, sobre o direito de retenção, e, também, os arts. 41.º («[e]*n cas de fret payable à destination, le réceptionnaire en est également* [juntamente com o carregador] *débiteur s'il accepte la livraison de la marchandise*») e 48.º (*[l]e capitaine ne peut retenir les marchandises dans le navire faute de payement de son fret*»), do Decreto n.º 1078, de 31 de Dezembro de 1966, modificado pelos D. n.º 679, de 19 de Junho de 1969, e n.º 922, de 12 de Novembro de 1987 — já se tem entendido não estar precludido o direito de retenção, mas apenas o exercício do mesmo a bordo do navio (aliás, a venda de mercadorias para pagamento do frete e consequente depósito do remanescente são previstos pelo art. 58.º). Cfr. R. RODIÈRE, *Traité, cit.,* II, p. 202; M. REMOND-GOUILLOUD, *op. cit.,* p. 325.

[399] *Vide supra.* Cfr. P. MASI, *op. cit.,* p. 285 ss., *maxime,* p. 289 ss.. Sobre os efeitos do enquadramento feito do conhecimento, quanto à força probatória das menções no mesmo apostas, e sobre o já aludido direito de indemnização por declarações erróneas do

Havendo caracterizado o conhecimento e observado a sua natureza[400] poderemos então compreender a sua função de representação das mercadorias e a submissão, "para o bem e para o mal", do exercício de direitos nele contidos ao particular regime normativo imperativo do contrato de transporte, à parte restando os contratos apenas regidos por carta-parida ou por *charter-party,* no âmbito dos quais sempre as partes farão o que se lhes antolhe[401].

O conhecimento de carga, enquanto título representativo, além de apresentar uma faceta creditícia, incorporando o direito a uma particular prestação que consistirá na entrega das mercadorias após o transporte das mesmas, de acordo com as condições eventualmente inseridas no título e daquelas que decorram da lei ou da disciplina uniforme do transporte marítimo (e cujo cumprimento o portador também poderá exigir[402]), expõe, outrossim, uma face real, pela qual representará também as mercadorias transportadas[403]. Ambas as faces, desempenhando funções necessárias na economia funcional deste específico título, e que plenamente se manifestam nos efeitos próprios da circulação do mesmo, a qual, como é próprio dos títulos de crédito, produzirá consequências translativas, *hoc sensu,* e de legitimação do portador[404], mais uma vez, de acordo com a disciplina imperativa que rege as obrigações emergentes do contrato de transporte.

---

carregador, cfr. R. RODIÈRE, *Traité, cit.,* II, p. 387; F. A. QUERCI, *op. cit.,* p. 503; A. PAVONE LA ROSA, *op. cit.,* p. 235 s.; G. ROMANELLI, S. ZUNARELLI, *op. cit.,* p. 5; M. REMOND-GOUILLOUD, *op. cit.,* p. 354, *in fine*; A. LEFEBVRE D'OVIDIO, G. PESCATORE, L. TULLIO, *op. cit.,* p. 587; R. RODIÈRE, E. DU PONTAVICE, *op. cit.,* p. 318 s.. Sobre os efeitos recognitivos e dispositivos do conhecimento, A. PAVONE LA ROSA, *op. cit.,* p. 220 s..

[400] Sobre a natureza do conhecimento, ainda, entre nós, L. CUNHA GONÇALVES, *op. cit.,* p. 228 s.; A. H. PALMA CARLOS, 114 ss.; AZEVEDO MATOS, *op. cit.,* p. 114 ss..

[401] Todavia, independentemente do tipo de documento que o titule ou cubra, sempre que se detecte um verdadeiro contrato de transporte, ele arrastará o regime imperativo que eventualmente se lhe aplique, seja no domínio do direito uniforme (porque, *v.g.,* devia ter sido emitido um conhecimento e não o foi, segundo a posição acerca do âmbito material do direito uniforme que já estudámos), seja por prescrição da *lex contractus.*

[402] R. RUSSO, *op. cit.,* p. 76 ss..

[403] Cfr. G. RIPERT, *op. cit.,*II, p. 348 ss., referindo a dupla veste de *titre de créance* e de título representativo.*Vide* J. CALVÃO DA SILVA, *op. cit.,* p. 16 s., falando de uma dupla fisionomia, real e pessoal, do conhecimento.

[404] A. FERRER CORREIA, *op. cit.,* p. 188 ss..

É assim que o título encerra em si o direito à disposição material das mercadorias[405] (legitimação a dispor delas e a exigir a sua entrega pelo transportador[406], enquanto a posse do título é condição para a disponibilidade das mesmas) e a posse das mesmas, "simbolizando-as"[407]. Daqui decorrerá que à transmissão do título corresponderá a transmissão da posse das mercadorias, ainda que, quando *in transitu*, as mesmas sejam materialmente detidas pelo transportador, que as possuirá precariamente, *alieno nomine* [408]. Daremos pois de barato o evidente *apport* que um instrumento assim concebido traria para a tradição das coisas em viagem e, deste modo, para as transacções que as envolvessem (nomeadamente no âmbito das vendas praça-a-praça), acelerando-as e contribuindo para a sua credibilidade e segurança[409].

Não estamos seguros de que se possa encontrar um motivo, pelo qual a tradição ou o endosso do conhecimento há-de significar transmissão da propriedade da mercadoria[410], não só porque a transferência da

---

[405] Cfr. R. RODIÈRE, E. DU PONTAVICE, *op. cit.*, p. 337.

[406] Cfr. A. VAZ SERRA, *Títulos de crédito, cit.*, p. 192 ss., n.327.

[407] Cfr. G. GILMORE e C. L. BLACK, Jr., *op. cit.*, p. 96.

[408] Sobre a noção de posse e de detenção, *vide*, entre nós, M. H. MESQUITA, *Direitos reais,* Coimbra, 1967, p. 66 ss.; A. MOREIRA, C. FRAGA, *Direitos reais, segundo as prelecções do Prof. Doutor C. A. da Mota Pinto ao 4.º Ano Jurídico de 1970-71,* Coimbra, s/d, p. 180 ss.; O. CARVALHO, *Introdução à posse,* RLJ, *maxime,* n.º 3780, p. 65 ss, n.º 3781, p. 101 ss., n.º 3786, p. 262 ss.

[409] Cfr., também sobre a função representativa do conhecimento em relação à posse das coisas transportadas, C. VIVANTE, *op. cit.*,III, p. 101 ss., 668.

[410] *Vide*, sobre este ponto, entre nós, A. VAZ SERRA, *op. cit., loc. cit.*; M. J. ALMEIDA COSTA, E. MENDES, *op. cit.,* p. 183 ss., *maxime,* p. 186 ss., que, referindo-se à «eficácia representativa» do conhecimento de carga, afirmam «que a mesma é relativa à posse e ao poder de disposição das mercadorias, não à propriedade», sem deixar, contudo, de mencionar o relevo particular da representatividade, assim delineada, em sistemas nos quais a posse valha título (n.10).

Cfr. L. VISTOSO, *op. cit.,* p. 384 ss., negando à obrigação ínsita no conhecimento o carácter de *obligatio rei coharens*; A. ARENA, *Polizza, cit.,* p. 252 s., relacionando também a tradição do título com o penhor; A. PAVONE LA ROSA, *Appunti sull'evoluzione, cit.,* p. 152 s., *Polizza, cit.,* p. 215 ss.; G. SILINGARDI, *Contratto di trasporto, cit.,* p. 38, sobre as finalidades próprias da relação de transporte e a propriedade das mercadorias; G. ROMANELLI, S. ZUNARELLI, *op. cit.,* p. 5; A. LEFEBVRE D'OVIDIO, G. PESCATORE, L. TULLIO, *op. cit., loc. cit.*; M. REMOND-GOUILLOUD, *op. cit.,* p. 356, *in fine*: R. RODIÈRE, E. DU PONTAVICE, *op. cit.,* p. 323 ss. e 337. Para o âmbito anglo-saxónico, SCRUTTON, *op. cit.,* p. 185 ss., segundo o qual, de acordo com o *mercantile custom* (referido a um aresto do sec.

propriedade sobre móveis não tem de ser forçosamente acompanhada pela *traditio rei* ou por qualquer acto, contrariando o princípio da consensualidade[411], como também, *et pour cause*, porque para a economia da regulação do transporte não é relevante que o conhecimento desempenhe uma função de título de representação da propriedade[412], o que basta é que represente a posse das mercadorias, incorporando um direito de disposição das mesmas, e, destarte, legitimando o portador para exigir a entrega das mesmas, ou, eventualmente, para alterar o destino das mesmas, durante a viagem.

Em nosso aviso, acresce que, se o endosso ou a tradição do título foram motivados por uma compra e venda, é algo que não bole de todo com a circulação e com o efeito do conhecimento, *qua tale*, é algo, enfim, que permanecerá na esfera das razões da emissão do título e que, por isso, não o poderá afectar, salvo se o regime imperativo que normativamente conforma a prestação qualificada do transportador o determinar. Na verdade, a transmissão do conhecimento pode mirar à obtenção de diversos resultados económico-jurídicos, senão tenha-se presente que a *traditio* das mercadorias representadas pode realizar uma intenção de garantia de uma qualquer obrigação assumida perante o novo portador do título[413].

XVIII), a transferência do *bill of lading* «*transfers such property as it was the intention of the parties*» (p. 186), mas «[s]*trictly speaking, the property is transferred, not by the indorsement, but by the contract under which the indorsement is made*» (apoiando-se numa decisão de 1884); e, em idêntico sentido, CARVER, *op. cit.*, p. 70 s., 1134 ss. («*the effect of the indorsement must be ascertained, in each case, by reference to the intention with which it was made*»); e, para os Estados Unidos, G. GILMORE e C. L. BLACK Jr., *op. cit.*, p. 96 ss., e quanto à venda das mercadorias associada a transporte e à aposição de *Incoterms*, p. 102 ss..

[411] Assim também M. RESCIGNO, *Titoli rappresentativi e circolazione delle merci*, Milão, 1992, p. 35 ss., 169, contrariando a «excentricidade» que o regime oposto representaria à face do princípio da consensualidade e, logo, à luz do art. 1996.º do Código Civil italiano.

[412] Sobre o crédito do terceiro, no contrato de transporte em geral, e de como aquele não implica a propriedade das coisas transportadas, A. VAZ SERRA, *Contratos a favor de terceiro, cit.*, p. 185; G. SILINGARDI, *op. cit., loc. cit.*.

[413] Neste sentido, A. PAVONE LA ROSA, *op. cit.*, p. 216, que dissocia o conhecimento da titularidade das mercadorias (*scl.*, titularidade da propriedade das mesmas), sem menoscabo da segurança do efeito translativo do endosso do conhecimento, e salvaguardando as hipóteses de endosso por procuração e em garantia (cfr. G. GILMORE e C. L. BLACK Jr., *op. cit.*, p. 97 s.). Cfr. A. FERRER CORREIA, *op. cit.*, p. 189 ss..

Nesse sentido, obtemperaríamos que o conhecimento como título incorporaria um vero e próprio direito de crédito, um direito a uma prestação a ser efectuada pelo transportador e traduzida na entrega das coisas transportadas, e, enquanto representasse as mercadorias, conferiria ao portador do mesmo a posse destas, mas já não incorporaria o direito real de propriedade[414].

E nem se oponha que, de qualquer modo, o transportador (ressalvados os meros casos de falsidade) sempre se desobrigaria entregando a mercadoria ao possuidor do conhecimeto, sem ter de se certificar que ele houvesse adquirido os bens de quem tinha poderes para deles dispor, pois que, mesmo tendo presente que tanto bastará para que o transportador cumpra a sua obrigação, ainda permaneceria intocada a regra *nemo plus iuris in alium transferre potest quam ipse habet* [415, 416]. E isto, parece-nos, será assim, uma vez que a função assinalada para o conhecimento visa prosseguir um preciso escopo que se esgota no âmbito do contrato de transporte, e é tão-só neste *milieu* que ele se encarregará de garantir a segurança jurídica e a celeridade do tráfico comercial e, nomeadamente, a segurança da posição do destinatário e de qualquer legítimo portador do título. Mas protegê-lo-á no que tange à sua posição em face do transporte, e, por isso mesmo, assegurará, graças às regras inspiradoras de certeza que regulam os títulos creditícios, que, sem "estorvos" ou "surpresas", o portador receba das mãos do transportador as mercadorias, de cuja posse é titular. Alheio a este particular entramado será já o eventual contrato de compra e venda que haja sido previamente concluído ou, até, que haja intercorrido, pois, se é certo que o conhecimento sempre é acompanhado pelas vicissitudes do contrato de transporte, pelo menos por aquelas determinadas *ex lege*, já não será ensombrado pelas vicissitudes de outros contratos, ainda que com ele funcional e economicamente conectados, e tão-pouco terá de ser paliativo ou remédio para as patologias de outros contratos, num esforço de protecção da segurança que já poderia parecer excessivo, senão mesmo deslocado do enquadramento funcional do título.

---

[414] Em sentido diferente, o Ac.STJ, de 20 de Janeiro de 1994, proc. n.º 083860.
[415] *Vide* R. RODIÈRE, *Traité, cit.*, II, p. 115; A. PAVONE LA ROSA, *op. cit., loc. cit..*
[416] Ou, de outro modo, a questão da titularidade da propriedade deveria ser resolvida à face da lei competente ou das leis competentes, sempre que ocorresse uma sucessão de estatutos, dando origem a um conflito móvel de leis.

Claro está que quanto se vem expondo não diminui o facto de, comunmente, a circulação, *ergo*, a transmissão do conhecimento vir acoplada a contratos internacionais de compra e venda (praça-a-praça) e, neste âmbito, integrado numa remessa documentária.

25. Algumas menções são pois frequentes no conhecimento de carga, com o propósito de individualizar as mercadorias, sua quantidade, qualidade, estado e acondicionamento. É, pois, esta, mais uma arena em que se degladiarão interesses contrapostos, impondo-se uma arbitragem, a fim de prevenir abusos e práticas instigadoras de incerteza. Com certeza que a inserção de reservas no documento há-de ser lida também sob a clave do princípio da literaldade, por conseguinte, a presença de reservas "regulares" acabará por abalar a particular força probatória do conhecimento, impedindo, por exemplo, que a descrição da mercadoria valha como especial presunção, e, degradando-se a sua natureza probatória, poderá o conecimento ser reduzido à condição de mais um elemento probatório[417].

O transportador, que, não esqueçamos, emite o conhecimento de carga, receberá do carregador informações sobre a mercadoria, conquanto a elas não fique vinculado, daí o relevo de tais menções, nomeadamente, em sede de distribuição do *onus probandi*, e outrossim à face da literalidade, que caracteriza o direito cartular que legitima o carregador, ou o portador do título, para exigir a entrega das mercadorias conforme se achem descritas no conhecimento[418].

A questão que ora se coloca, e sobre a qual se tem vindo a chegar, internacionalmente, a um alargado consenso[419], é a de averiguar da admissibilidade e da prestabilidade das reservas, apostas pelo transportador mirando o afastamento da presunção que contra ele impende, e, subsequentemente, de saber quão pormenorizadas e fundamentadas haverão de ser tais reservas[420].

A Convenção de Bruxelas, no art. 3.º, oferece ao transportador a faculdade de omitir as indicações recebidas sobre marcas de identificação,

---

[417] E este efeito, sendo descrito claramente *a contrario* pelo n.º 3 do art. 16.º das Regras de Hamburgo, não deixa de ser também deduzido do regime das Regras de Haia e de Visby (n.º 3 e 4 do art. 3.º).

[418] Cfr. *supra*.

[419] Cfr. S. M. CARBONE, *Contratto, cit.*, p. 376 ss..

número, quantidade ou peso da mercadoria, contanto que haja «motivos sérios» que o façam concluir «não representarem exactamente as mercadorias», ou desde que, *v. g.*, devido às específicas condições e circunstâncias que hajam envolvido as operações de carregamento, não tenha «meios suficientes» para proceder à verificação e inspecção bastantes da mercadoria, a fim de controlar a correspondência daquelas indicações[421].

Claro está que a idêntico resultado material — que se produz no regime de prova do estado da mercadoria no momento de embarque, desde que se aceite as consequências deduzidas do princípio da literalidade — se chegará, ora omitindo *tout court* a indicação em causa, ora apondo uma reserva, ainda que, *in hoc sensu*, genérica ou de estilo (*v. g.*, *"said to weigh"*, *"weight unknown"*, *"said to contain"*)[422]. Mas, na verdade, o efeito *passe-partout* destas cláusulas, quando apostas incondicionadamente, mostrar-se-ia incompatível com os resultados do princípio da literalidade, na medida em que, sem mais, possibilitassem a inversão do *onus probandi*, a favor do transportador.

Já *ex vi* do n.º 1 do art. 16.º, da Convenção de Hamburgo, *sic et simpliciter*, o efeito próprio da aposição de reservas sairá gorado, se o transportador não mencionar as razões que hajam justificado as suas suspeitas ou a falta de meios bastantes para garantir uma conveniente verificação das mercadorias[423].

Logrou-se, deste modo, resolver formalmente uma dúvida que antes vinha assolando a doutrina maritimística, pois cumpria saber a quem competia provar, ora a existência de motivos que justificassem aquelas

---

[420] Cfr., L. CUNHA GONÇALVES, *Comentário, cit.*, III, p. 243.

[421] Assim, *inter alia*, A. PAVONE LA ROSA, *op. cit.*, p. 228 ss.; SANCHEZ CALLERRO, *op. cit.*, p. 589.

[422] Cfr. R. RODIÈRE, *Traité, cit.*, II, p. 387, *in fine*, ss..

[423] Cfr., *inter alia*, sobre o modo como os padrões normativos formulados na Convenção de Hamburgo, a este propósito, são uma cristalização do magma jurisprudencial e doutrinal, cuja influência e eficácia normativo-constitutivas se vieram sedimentando, e, como, por seu turno, uma tal formulação prescritiva de Hamburgo, mediante uma fonte internacional, pode contribuir para a interpretação constituenda, ou para a consolidação das, já caudalosas, tendências interpretativas precedentes — mosaico de inter-relações este, que, aliás, é o caleidoscópio mais ou menos típico ou representativo do que se passa a respeito de variadas questões abordadas, com maior ou menor densidade, pelos critérios normativos das Regars de Haia (e de Visby), como vimos observando —, S. M. CARBONE, *Contratto di trasporto, cit.*, p. 386 e s. e *passim*, e G. ROMANELLI, *"Efficacia probatoria", cit.*, p. 619.

suspeitas (ou mesmo, eventualmente, que motivassem a aposição cautelosa de cláusulas de tipo genérico), ora a impossibilidade de fazer um controlo e uma verificação adequados das mercadorias, a fim de asseverar, com certeza, que as mesmas se encontrariam nas condições descritas pelo carregador — não parecendo, para tanto, bastar uma mera alusão a uma indeterminada pressa nas operações de carregamento.

Foi-se, contudo, defendendo que — tendo em conta o *élan* protector do conhecimento, a sua função tuteladora da posição do portador, e atenta a necessidade de não subverter as finalidades da literalidade inerentes ao direito cartular — deveria pender sobre o transportador o *onus probandi* relativo a estes factos, enquanto condição de verificação dos efeitos próprios das reservas[424]. De resto, tal prova poder-se-ia revelar, para o destinatário ou para qualquer portador do conhecimento, de assaz difícil produção, sobretudo (como, aliás, soi amiúde suceder) não coincindindo este com o carregador[425].

---

[424] Assim, R. RODIÈRE, *Traité, cit.*, II, p. 388; S. M. CARBONE, *La responsabilità, cit.*, p. 117; G. ROMANELLI, S. ZUNARELLI, *op. cit.*, p. 7. Cfr., ainda, M. REMOND-GOUILLOUD, *op. cit.*, p. 352 s., sublinhando que as reservas são um «*outil*» para situações excepcionais, não podendo favorecer o transportador num «*système où le doute est la règle*». Acrescenta ainda que, no caso de mercadorias em contentores carregados e selados pelo carregador (seria, *v.g*, o caso de um FCL-*Full Container Load* — por contraposição a um *Less than Full Container Load*), não havendo o transportador assistido a estas operações, a cláusula *passe-partout "said to be/contain"* não faz senão atestar a realidade, o que, no entanto, não significaria que se dispensasse a motivação expressa (isto é, a referência à impossibilidade de verificação — cfr. art. 36.º do *Décret n.º* 1078 de 1966, que tolhe eficácia às cláusulas genéricas). *Vide*, para a lei francesa, mesmo no caso de mercadoria expedida em contentor, se o transportador aceita as indicações sobre as mesmas, limitando-se a apor a cláusula genérica, E. DU PONTAVICE, p. CORDIER, *op. cit.*, p. 74 ss. (lembra, contudo, que de acordo com o n.º 3 do art. 3.º, da Convenção de Bruxelas, as cláusulas genéricas poderiam parecer admissíveis — cremos que sem prejuízo do que se defenda em sede posterior de prova das condições de não verificabilidade, pelo menos, quando estas não sejam especificadas no documento de transporte).

Defendendo que o transportador não há-de descrever as condições da mercadoria embalada ou em contentor, por não ser «aparente» — cfr. art. 3.º, n.º 3, al.c) das Regras de Haia-Visby —, e mais admitindo que, no caso de enumeração de volumes no conhecimento para efeitos de cálculo do montante indemnizatório, ainda assim, o transportador poderá evitar a «prima facie *presumption as to the number of packages*», inserindo a cláusula «*said to contain, packed by shipper*», W. TETLEY, *Marine cargo claims, cit.*, p. 272.

[425] Cfr., neste sentido, S. M. CARBONE, *Contratto, cit.*, p. 385 ss.; *La responsabilità, cit.*, p. 117 ss.; A. PAVONE LA ROSA, *op. cit., loc. cit.*. Cfr., ainda, L. CUNHA GONÇALVES, *Comentário, cit.*, III, p. 243.

Sobeja-nos, contudo, um diverso grupo de indicações, as referentes ao «estado e acondicionamento aparentes das mercadorias», acerca do qual nenhuma reserva é permitida pelo regime de direito uniforme, seja o de Haia, seja aquele de Visby, porquanto, relativamente a estes factos, existe, como define PAVONE LA ROSA, uma verificabilidade *in re ipsa*. Daí que, como defende este mesmo Autor, a não verificabilidade das indicações relativas às mercadorias seja, precisamente, o critério que nos permitirá decidir da admissibilidade das reservas, em geral.[426]

E, com estes derradeiros apontamentos, desfecha-se também um *coup de grâce* sobre as antigas reservas genéricas, à guisa de dizeres de estilo, frequentemente apostos com carimbo[427], sobre a totalidade da mercadoria e sobre o respectivo estado, como a cláusula *"said to be"*. Ademais, vem-se exigindo que as reservas, a terem lugar, deverão ser dirigidas especificamente para o carregamento em causa, que, de algum modo, deverá no seu conteúdo ser individualizado, desmerecendo cláusulas verdadeiramente *passe-partout*, que serviriam para qualquer carregamento, por falta de densidade no precisar dos reparos devidos às fazendas de uma particular expedição, como serviriam, outrossim, para qualquer tipo de mazelas eventualmente detectáveis[428].

26. Tem-se visto no conhecimento um elemento probatório, particularmente reforçado, do conteúdo do contrato de transporte, pese embora a faculdade que assistirá ao carregador de produzir prova que demonstre um diverso conteúdo obrigacional, acordado no âmbito da relação contratual subjacente[429], e sem embargo da estrita literalidade do título perante

---

[426] A. PAVONE LA ROSA, *op. cit.*, p. 230 ss.. Cfr., R. RODIÈRE, *Traité, cit.*, II, p. 389 s.; A. LEFEBVRE D'OVIDIO, G. PESCATORE, L. TULLIO, *op. cit., loc. cit.*. Entre nós, A. H. PALMA CARLOS, *op. cit.*, p. 111 s.; M. RAPOSO, *Sobre o contrato, cit.*, p. 35 ss..

[427] Sobre a prevalência das cláusulas manuscritas, A. H. PALMA CARLOS, *cit.*, p. 118.

[428] Cfr. A. PAVONE LA ROSA, *op. cit.*, p. 229.

[429] A. PAVONE LA ROSA, *op. cit.*, p. 237 ss., também para a crítica de uma visão novatória do conhecimento, mostrando como, *inter partes,* não assume o conhecimento, como sucederá perante um terceiro portador do título, um efeito preclusivo e constitutivo. Na verdade, como já se fez notar entre nós, e a propósito da lei portuguesa, há que separar o contrato do conhecimento, não sendo a este reconhecido um efeito «constitutivo» do contrato de transporte — M. J. ALMEIDA COSTA, E. MENDES, *op. cit.*, p. 191. Cfr., ainda, SCRUTTON, *op. cit.*, p. 66 ss.; R. RODIÈRE, *Traité, cit.*, II, p. 103 ss.; L. TULLIO, *I contratti,*

o terceiro portador (mesmo no que toca ao desenho das obrigações assumidas quanto à execução do transporte, como já mencionámos).

Sabemos que, sempre que ocorra (ou deva ocorrer) a emissão de um conhecimento, estaremos no domínio de aplicação da disciplina internacional uniforme (excluindo as normas da Convenção de Hamburgo, em que a emissão do título não será uma condição de aplicabilidade material), de onde decorrerá a consequente subtracção do próprio contrato de transporte ao domínio da *lex contractus, rectius,* a não convocação da *lex contractus*. De outra banda, não exige a disciplina uniforme das Regras de Haia qualquer forma particular para o contrato de transporte subjacente.

Poderemos, pois, ser surpreendidos por contradições entre os termos acordados em sede de contrato de transporte e aqueles incluídos unilateralmente no conhecimento. Nem assim poderemos valer-nos da *lex contractus* reconhecida pelo sistema conflitual, não só pela fractura normativa que tal significaria e que se poderia desaconselhar[430], mas porque a disciplina uniforme se alastrará também às relações imediatas, sempre que o contrato não haja sido submetido a uma *charter-party* e desde que, com segurança, se possa afirmar que o contrato não se situa fora do âmbito material desse regime uniforme.

Se, dadas as características do conhecimento emitido unilateralmente pelo transportador, nas relações com terceiros portadores o pro-

---

cit., p. 176 s., sublinhando o carácter unilateral do conheciemento; W. TETLEY, *Marine cargo claims, cit.*, p. 10 s., 216 s.; F. A. QUERCI, *op. cit.*, p. 500 ss.; A. LEFEBVRE D'OVIDIO, G. PESCATORE, L. TULLIO, *op. cit.*, p. 571 ss., defendendo que o conhecimento oferece uma presunção do conteúdo do contrato precedente até prova em contrário, para além de poder desenvolver uma função integradora do mesmo, não podendo, todavia, modificá-lo, como se torna evidente no caso de celebração de uma *charter-party*; R. RODIÈRE, E. DU PONTAVICE, *op. cit.*, n.º 291, 333, 391.

Esclarecendo a unilateralidade do título, seja no domínio do regime uniforme, como naquele interno. cfr. Ac.STJ, de 17 de Novembro de 1998, *in* http://www.dgsi.pt/jstj. Cfr. Ac.STJ, de 21 de Julho de 1981.

[430] Ainda que, por vezes, se possa afigurar como inevitável, nomeadamente quando a disciplina uniforme, mesmo de um ponto de vista sistemático, seja incapaz de oferecer um critério normativo, contando que, mesmo neste caso limite, em primeiro lugar, se possa pensar numa interpretação-integração que constitutivamente alcance uma solução judicativa à luz da disciplina material uniforme, dispensando, contudo, a necessária atenção ao valor da certeza do direito e da estabilidade da relação *sub iudice*, e mais considerando o carácter internacional e pactício do instrumento internacional em causa.

blema parece resolvido, cumprirá, todavia, divisar a relevância do pacto subjacente nas relações entre transportador e carregador, quando as cláusulas do conhecimento não encontrem arrimo naquelas do contrato de transporte prévio, ou vice-versa. Parece, portanto, que esta será uma questão de facto cuja resolução dependerá da prova oferecida, o que não nos impedirá de considerar o conhecimento aceite pelo carregador, mesmo admitindo o seu carácter de acto unilateral, como um «*excellent evidence of the terms of the contract*»[431]: nada impedirá, realmente, que as partes hajam desejado alterar as condições contratuais previamente pactuadas; por outro lado, nada obriga a que o conhecimento incorpore todos os termos do contrato.

Dever-se-á, além do mais, acusar o *appunto* proporcionado por certas cláusulas introduzidas no conhecimento, que poderá também mostrar-se subscrito pelo próprio carregador. Assim, como sublinha Antonio PAVONE LA ROSA, as cláusulas: «*in accepting this bill of lading the shipper*», «*mutually agreed*»; ou, para outros casos, «*as presented without prejudice to the charter*»[432].

---

[431] SCRUTTON, *op. cit., loc cit.*.

[432] Com efeito, este Autor (*op. cit., loc. cit.*) faz derivar a prevalência presumida ou *prima facie*, ora do contrato, ora do conhecimento, de alguns indícios, em relação com estas cláusulas e com a aposição da assinatura do carregador. Assim, *grosso modo*, no transporte de carregamento completo ou parcial, sujeito a *charter-party*, esta tenderia a "prevalecer", o mesmo sucedendo quando o conhecimento remete expressamente para o documento que contivesse o prévio contrato, salvo manifestação de uma contrária vontade. Diversamente, a favor de uma tendencial "prevalência" dos termos do documento de transporte, quando se curasse de um transporte de coisas determinadas ou de linha, encarando o documento como expressão mais recente da vontade das partes (sempre ressalvada um contrária intenção das partes), e, mormente, quando se pudesse deduzir do documento a aceitação, por parte do carregador (cfr. cláusulas, em texto), das condições nele incorporadas. Naturalmente, como fosse estabelecida a prevalência dos termos da *charter-party*, cessaria também o carregador de poder invocar as diferentes cláusulas constantes do conhecimento (preclusão já não extensível, mesmo à luz da disciplina de direito uniforme, ao terceiro portador de boa-fé).

CAPÍTULO II

DA DISCIPLINA UNIFORME
DA RESPONSABILIDADE DO TRANSPORTADOR

«*The very mercy of the law cries out*
Most audible, even from his proper tongue,
'An Angelo for Claudio, death for death!'
Haste still pays haste, and leisure answers leisure,
Like doth quit like, and Measure for Measure,
Then Angelo [...]»

William Shakespeare, *Measure for Measure, in* the new Clarendon Shakespeare, Oxford University Press.

27. De seguida, consideraremos alguns aspectos do regime da responsabilidade contratual do transportador marítimo, à luz da Convenção de Bruxelas de 1924, no seu texto original (devendo notar-se que no DL n.º 352/86 grangearam libérrimo acolhimento as subsequentes influências, tanto da sedimentação interpretativa deste diploma, como dos corpos normativos que se seguiram). Como seria inevitável, gravitaremos em torno dos factos constitutivos e impeditivos da responsabilidade e do seu fundamental revérbero no regime probatório, para, desta sorte, obtermos a silhueta do regime de liberação e de limitação da responsabilidade do *nauta*, e, assim, os confins da sua invocabilidade.

A Convenção de 1924 anuncia-se como ponto de chegada e como fiel de equilíbrio, numa peleja entre interesses e necessidades diversos, nomeadamente, aqueles dos transportadores e outros encabeçados pelos carregadores — até então menos abrigados em face das cláusulas contratuais desejadas pelos armadores ou transportadores, particularmente, a *negligence clause*, amíude incluída, e demais cláusulas liberatórias[433] —, senão mesmo aqueles dos seguradores. Assim, este diploma veio a contemplar, no que à responsabilidade toca, um regime imperativo inspirado por certos princípios decisivos, a saber[434]: o princípio da responsabilidade do transportador e o princípio da limitação da responsabilidade, que, por um lado, parecem informar uma disciplina normativa embebida do escopo de proteger razoavelmente o carregador, e, por outro, permitem entrever a situação precedente dos carregadores, perante a qual se havia entendido que era mister assegurar-lhes uma protecção normativa, e não por acaso é este um regime de *ius cogens* e não um regime meramente dispositivo ou supletivo (e também os diplomas normativos nacionais assumiram esse carácter imperativo, como frisámos *supra*). Desta sorte, não é alheia às escolhas normativas uniformes, a consideração de que o carregador pode perder todo o contacto físico com a mercadoria, sem contar com a distância (física e científica) que o separa dos meios empregues na aventura marítima e dos problemas que nela surjam, meios e problemas, que, além disso, não consegue dominar, ou sequer compreender completamente.

O vulto do princípio da responsabilidade, encontramo-lo nas regra de distribuição do *onus probandi* (cfr. art. 3.º e 4.º da Convenção de Bruxelas), enquanto reflexo de uma particular distribuição de riscos[435];

---

[433] Cfr., sobre estas no direito francês, e fundando o seu aparecimento e a sua profusão entre os armadores ingleses, desde a segunda metade do século passado, na tardia introdução, em Inglaterra, de um sistema de limitação da responsabilidade do transportaor (que já existia alhures), entre outros, D. DANJON, *Traité, cit.*, II, p. 648 ss..

[434] Sobre o regime da responsabilidade contratual, na Convenção de Bruxelas, *vide*, entre outros, R. RODIÈRE, *Traité général, cit.*, II, pág. 416 e ss., *Droit maritime, d'après le Précis du Doyen Georges Ripert, cit.*, pág.295 e ss., S. ZUNARELLI, *Trasporto, cit.*, p. 1209 e s., G. ROMANELLI, G. SILINGARDI, *Trasporto nella navigazione, cit.*, pág.11 e s., R. RODIÈRE, E. DU PONTAVICE, *op. cit.*, p. 303 e ss., 376 e ss., A. LEFEBVRE D'OVIDIO, G. PESCATORE, L. TULLIO, *op. cit.*, pág. 535 e ss., M. RAPOSO, *"Sobre o contrato de transporte"*, *cit., passim*, CALVÃO DA SILVA, *op. cit., loc. cit.*, M. J. ALMEIDA COSTA, E. MENDES, *op. cit., passim*. Relativamente ao regime de direito comum português, sobre as cláusulas de exclusão da responsabilidade no transporte, *vide* A. PINTO MONTEIRO, *Cláusulas limitativas, op. cit., passim*; *Les clauses limitatives et exonératoires de responsabilité et la protection du consommateur*, BFDUC, Vol. LXIX (1993), pág173 e 174.

[435] Sobre esta ideia de *Risikoverteilung*, que se reflectirá numa particular *Beweislas-*

encontramo-lo ainda na exigência da diligência de um *bonus paterfamilias* (atentos os usos, as especificidades e os padrões normais da profissão exercida, mas que, como se sabe, não corresponde ao denodo próprio da *diligentia diligentissimi*, mas ainda ao cuidado[436] de um *vir diligens et prudens*, embora usando da teleologicamente adequada *peritia artis*) ou de uma *due diligence* (cfr. n.º 1 e 2 do art. 3.º , e n.º 1 do art. 4.º da Convenção), que sobre o transportador impende quanto a aspectos náuticos e comerciais; e aquele princípio ainda se reflecte na prescrição da nulidade da *negligence clause*, como de qualquer cláusula que afaste qualquer responsabilidade do armador ou do transportador, em contraste com a disciplina uniforme imperativa (cfr. n.º 8 do art. 3.º).

Pode notar-se que, sendo embora imperativo o regime da responsabilidade previsto na Convenção, ela não deixa, por isso, de contemplar uma espécie de faculdade de renúncia a esse regime *in favorem domini rerum*, isto é, do carregador ou expedidor (cfr. art. 5.º)[437], contanto que

---

tverteilung, SCHAPPS-ABRAHAM, *op. cit.*, p. 658; p. H. SCHLECHTRIEM, *op. cit.*, p. 362 s., *Schuldrecht-Allgemeiner Teil*, Tübingen, 1992, 128.

[436] Sobre estas noções e sobre a apreciação da diligência/negligência enquanto conduta objectivamente considerada ou enquanto tensão da vontade, L.MENGONI, *Obbligazzioni di «risultato» e obbligazzioni «di mezzi»*, RDC, v. LII, 1954, I, p. 185 ss.; M. ANDRADE, *Teoria geral das obrigações*, Coimbra, 1966, p. 341 ss.; J. M. ANTUNES VARELA, *op. cit.*, p. 542 ss..

[437] Cfr. S. ZUNARELLI, *Trasporto, cit.*, p. 1210, onde para o regime se sugere o apodo de «*"unilateralmente cogente"*». Cfr. o Ac. STJ, de 28 de Abril de 1977, BMJ, n.º 266, 1977, p. 153 ss., a propósito de um caso de alargamento do prazo do n.º 6 do art. 3.º da Convenção de Bruxelas, relativo à propositura da acção pelo carregador, onde, contudo, se não tem em devida conta o princípio ínsito no art. 5.º, que preclude qualquer alteração do regime uniforme, a não ser no sentido de uma *reformatio* que favoreça o interessado na carga; temos para nós que será no sistema e nos princípios do regime imperativo e especial que, em primeiro lugar, deveremos tentar encontrar a resposta para o problema da alteração dos prazos que aí são previstos, ao invés de recorrer às normas de direito geral, ainda quando se trate de um transporte interno, único caso, de resto, no qual a questão se poderá levantar nestes termos, pois que, em se tratando de um transporte plurilocalizado, a não crer nesta resolução à luz das próprias regras uniformes, poderíamos, no máximo, pensar em recorrer à *lex contractus*, pela mediação das regras de conflitos (lembre-se ainda que o regime de 1968 já viria a prever o alargamento do prazo); acrescerá que não prevê o regime de Bruxelas uma remissão material para o direito interno da *lex fori*, como, por exemplo, viria a suceder na Convenção CMR, sobre o transporte rodoviário, para as questões relativas à suspensão e interrupção da prescrição. *Vide* R. RODIÈRE, *Traité général, cit.*, II, pág. 416 e ss..

expressa no conhecimento emitido. É pois à luz da ideia de protecção do expedidor ou do interessado na carga que se admite a alteração da disciplina convencional, desde que seja no sentido de estipular um que lhes seja regime mais favorável.

De outra banda, observamos o princípio da limitação da responsabilidade do transportador reverberado na previsão convencional de um limite indemnizatório, em benefício do transportador, isto é, do responsável por danos ocorridos nas mercadorias (cfr. n.º 5 do art. 4.º); para além de já se acautelar a arriscada actividade do transportador pela determinação de uma exoneração de responsabilidade do transportador, sempre que os danos sofridos pela mercadoria se devam a certas causas descritas na Convenção, *sic et simpliciter,* no elenco de *excepted perils*[438] (cfr. n.º 2 do art. 4.º da Convenção) — assim, no modo distinguido *infra*, ensaia-se o equilíbrio aludido, o qual não deixará de representar o compromisso anelado pela disciplina uniforme, seja entre diferentes agentes económicos e sociais, seja entre diferentes países, e que também já comentámos. Na verdade, deste modo, não só se desonera o transportador de uma garantia absoluta de incolumidade das coisas transportadas, como, paralelamente, se contém a exposição do transportador ao risco, sem, no entanto, se reduzir o transporte a uma mera obrigação de meios[439].

---

[438] Como refere Adriano VAZ SERRA, curando embora das convenções de irresponsabilidade, «em regra, o devedor tem de provar uma causa estranha não imputável», muito embora este elenco não contenha apenas factos não imputáveis, como veremos (*"Cláusulas modificadoras da responsabilidade. Obrigação de garantia contra responsabilidade por danos a terceiros"*, BMJ, n.º 79, Outubro/1958, p. 108 e s.).

[439] Sobre a disquisição entre "obrigação de resultado" e obrigação de meios (resultado-meio), *vide* L. MENGONI, *op. cit., loc.cit.;* G. RIGHETTI, *Per un inquadramento sistematico della responsabilità del vettore*, Rivista del Diritto Civile, a.X, 1964, I, p. 56 ss.. E, ainda, J. M. ANTUNES VARELA, *Direito das obrigações, cit.,* I, *loc. cit.*; M. J. ALMEIDA COSTA, *Direito das obrigações, cit.,* p. 433 ss.. *Vide* ainda, a propósito da obrigação de protecção e de segurança no transporte aéreo de pessoas (analisando a obrigação de protecção das pessoas e das coisas por contraponto com a custódia das mercadorias, e confrontado a obrigação de transportar com aquela de velar sobre a incolumidade do passageiro), G. ROMANELLI, *Il trasporto aereo di persone*, Pádua, 1966, p. 44 ss., *maxime*, 48 s. e n.27. Para uma relação com a responsabilidade *ex recepto* e com a obrigação de *custodiam præstare*, C. A. CANNATA, *op. cit.*, p. 129 s., *maxime*, n.40.

De como a introdução, logo pelo *Harter Act,* de uma mera exigência de *due diligence*, teria pretendido, sobretudo, a degradação da prévia *absolute warranty* (mesmo de *sea- and cargoworthiness*) — se bem que CARVER anote que esta *absolute warranty of*

Com este desenho intendeu-se, como vimos referindo, uma equilibrada distribuição dos riscos relativos à travessia, num esquema de regulação da responsabilidade que, quiçá, deverá escapar a certos espartilhos e categorias dogmáticos que, ora a ligam à culpa, ora objectivamente ao risco[440][441], e, se por outra razão não fora, pela natureza internacional desta construção normativa que atrairia um estudo comparado (nomeadamente, no que tocasse às categorias jurídicas usadas).

---

seaworthiness haja sobrevivido ao diploma americano, diferentemente do que viria a suceder com a COGSA britânica de 1924; e, no âmbito do *Harter Act*, o «*actual exercice of due diligence to make the ship seawothy is a condition precedent* [...] *to the shipowner claiming the protection of the statute*» (*op. cit.*, p. 335 ss.) — e de uma responsabilidade objectiva e ilimitada (o que já implica um certo abrandamento do parâmetro, considerado *qua tale,* ao não deixar de implicar que o transportador deva provar positivamente a causa do dano, bem como, em dadas circunstâncias, a não imputabilidade da mesma), cfr. R. RODIÈRE, *Traité, cit.*, II, p. 219 ss., falando, a propósito do *Harter Act,* de um «*adoucissement légal de la condition du transporteur*», p. 321 ss.;W. TETLEY, *Marine cargo claims, cit.*, p. 369 ss.; S. M. CARBONE, *International carriage by sea: towards a new allocation of risks between carriers and shippers?,* RDIPP, 1977, 22 s..

Cfr. G. GILMORE e C. L. BLACK Jr., *op. cit.*, p. 142 ss., *maxime,* p. 151 s., que, tentando surpreender o *trompe-l'œil* relembra que a sec. 2ª da *Harter Act* «*did not of its own force eliminate the warranty of seaworthiness*», mas permitia a aposição de cláusulas que susbstituissem estoutra pelo critério da *due diligence* no cumprimento das prestações correspondentes. Assim, também G. RICCARDELLI, *Harter Act,* Enc.dir., XIX, p. 947 s..

Cfr. ainda P. TRIMARCHI, *op. cit.*, p. 201 s., quanto à liberação da responsabilidade *ex recepto* apenas em casos de *vis maior,* entendida como proveniente de uma área exterior ao risco da empresa.

Cfr. ainda, C. ABBOTT, *Tratado sobre as leys relativas a navios mercantes, e marinheiros,* Liverpool, 1819, 4ª ed., p. 214 ss., a propósito das condições de navegabilidade do navio, e citando o Juiz Holt (que fazia a «distincçaõ, pelo que diz respeito a hum navio que carrega da praça, entre o contracto feito para a conducçaõ de fazendas, e o contracto de fretamento»), na decisão do caso *Coggs v. Bernard,* de 1703: «"[q]ue a Ley faz responsavel a pessoa que se incumbe da conducçaõ de fazendas (viz. almocreve, barqueiro, capitaõ de navio) por todos os acontecimentos menos actos de Deos, e dos inimigos do Rey" de forma que hum almocreve toma sobre si todos os perigos e riscos menos os acima exceptuados».

Identificando no transporte um contrato de resultado porque o transportador poderá realizar o transporte por si, ou recorrendo a pessoa diversa, Ac. STJ, de 25 de Fevereiro de 1993, proc.n.º 083084.

[440] Cfr. M. A. CARNEIRO DA FRADA, *Contrato e deveres de protecção,* BFDUC, Suplemento, v.XXXVIII, 1993, 163 ss.; *A responsabilidade objectiva por facto de outrem face à distinção entre responsabilidade obrigacional e aquiliana,* Direito e Justiça, v.XII, 1998, t.I, p. 297 ss.; G. MASTRANDREA, *L'obbligo di protezione nel trasporto aereo di persone,* Pádua,

É pois este, sumariamente embora, o travejamento formado pela disciplina da responsabilidade contratual do transportador, de acordo com os critérios normativos da Convenção de Bruxelas sobre o conhecimento de carga, desse longínquo 1924, ainda hoje vigente, e, entre nós, ainda na

---

1994, p. 1 ss., 53 ss., também a propósito da obrigação de protecção ou de segurança no transporte de pessoas e de mercadorias, em confronto com a obrigação de custódia.

E, numa das recentes perspectivas acerca das teorias da responsabilidade objectiva, que, conquanto venha ligada pelo Autor ao risco criado por certa organização de meios (que assim está em melhores condições de os controlar, de prover ao respectivo seguro e de provar as causas dos danos, e, assim, a eventual força maior), não deixa de ser associada à necessidade de distribuição de certos riscos, cargas e vantagens, na mira de uma certa utilidade social proporcionada por essa organização (que, do mesmo passo cobra uma vantagem para a empresa), P. TRIMARCHI, *op. cit.*, p. 11 ss., 191 ss., 199, 321 (acrescentando que no desenho do regime de uma tal responsabilidade também se haverá de ter em conta a exposção do próprio "lesado" à utilidade ou vantagem económico-social gerada pela empresa criadora do risco). E fazendo também assentar a explicação da objectivação da responsabilidade do transportador no facto de este acabar por desenvolver uma actividade perigosa, anotando, por isso, a convergência dos regimes dos arts. 1681.° e 2050.° do *Codice Civile*, o primeiro atinente ao transporte e o último à responsabilidade pelo exercício de actividades perigosas, *ibidem*, p. 339.

[441] Numa percepção equilibrada, fundada razoavelmente no direito natural, de como estes regimes que prescindem da ilicitude do comportamento e da culpa devem ser ditados com parcimónia e equidade, considerando a noção de dever jurídico como o *suum* devido e o facto de que qualquer reparação implica uma injusta ruptura de um certo equilíbrio (o *iustum*, enquanto *suum cuique tribuere*, é, na verdade, como lembrava o Doutor Comum das Gentes, *opus adaequatum alteri secundum aliquem aequilitaris modum* — S.Th. II IIæ, q.57, a.2 e 3), e de como os casos de responsabilidade objectiva se ligam a uma certa distribuição das cargas colectivas em abono do bem comum (*salus pubblica maxima lex est*), no âmbito de relações que acabam por se situar no domínio da justiça distributiva, vide J. HERVADA, *Introducción critica al Derecho Natural,* Pamplona, 1981, p. 52 ss.; J. M. FINNIS, *Legge naturale e diritti naturali*, Turim, 1996, p. 173 ss.. Cfr. ainda SÃO TOMÁS DE AQUINO, S.Th. II IIæ, q.58, a.1,5,6, 7, e 12; E. GILSON, *El Tomismo — Introducción a la Filosofia de Santo Tomás de Aquino*, trad. Fernando Múgica Martinena, Pamplona, 2002, p. 342 ss..

Sobre a noção de responsabilidade, *vide* ainda ARISTÓTELES, *Ética a Nicómaco*, V, *maxime*, V, 5 ss. (ARISTÓTELES, *Etica Nicomachea*, v.I, trad. Marcello Zanata, Milão, 1998, p. 83 ss., 321 ss., *maxime*, p. 335 ss. ; *Obra Jurídica*, trad. Fernando Couto, Lisboa, s/d, p. 57 ss.); J. PIPER, *Virtudes fundamentais,* Lisboa, 1960, p. 67 ss., *maxime*, p. 103 ss., 110 ss., M. VILLEY, *Esquisse historique sur le mot responsable*, Arch. Ph. D., n.° 22, 1977, *La responsabilité*, p. 45 ss.; F. D'AGOSTINO, *Filosofia del Diritto,* Turim, 1993, p. 129 ss., *maxime*, p. 135 ss.. Cfr. ainda S. COTTA, *Absolutisaton du droit subjectif et disparition de la responsabilité*, Arch. Ph. D., n.° 22, 1977, *La Responsabilité*, p. 23 ss..

sua versão inalterada. Convenção esta, que ficou dotada de uma extrema relevância, porquanto, embora preveja a respectiva aplicação tão-somente aos contratos de transporte documentados por conhecimento de carga — ou documento similar, ou que assim devam ser documentados, mau grado a não emissao efectiva do título —, certo é também que, como observámos *supra*, a sua disciplina normativa pode ser convocada, internacionalmente, para reger qualquer contrato de transporte, desde que nisso convenham as partes, no uso da sua autonomia contratual. E embora essa convocação possa ser encarada de diversas maneiras, não se poderá, contudo, olvidar o significado desta disciplina após o Protocolo de 1968.

28. As regras da Convenção de Bruxelas atinentes à disciplina da responsabilidade do transportador representam o "signo" normativo que, colhendo a sua inspiração na necessidade de um mais avisado equilíbrio de interesses das partes envolvidas nos contratos de transporte (isto é, transportadores, armadores, carregadores e, em geral, os interessados na carga transportada), pretende traduzir este equilíbrio numa particular gestão e repartição dos riscos envolvidos na aventura marítima[442]. E se, por um lado, os seus princípios e critérios normativos significaram uma reacção às tendências contratuais vigentes na segunda metade do séc. XIX, as quais, como se sabe, eram francamente favoráveis aos transportadores — devido à prática corrente de inserção de *negligence clauses* ou de cláusulas de "livre" exoneração, eximindo o transportador da sua responsabilidade —, por outro lado, acabaram por conduzir, compreensivelmente, a uma *reprise* (ainda que contida e sofrendo a influência do conceito de *due diligence* e, concomitantemente, no domínio continental, das noções de diligência e de culpa) de certos princípios ou linhas orientadoras que, segundo uma tradição secular de raízes romanísticas, assente na ideia de responsabilidade *ex recepto*, e de tendência objectivante, haviam inspirado a comum prática contratual antecedente (sem embargo de, na

---

[442] Cfr .S. ZUNARELLI, *La nozione, cit.*, p. 97 s., explicitando a *ratio* desta distribuição de riscos. *Vide*, ainda, S. M. CARBONE, *Contratto, op. cit.*, p. 161 ss., 192 ss.. Para uma apreciação crítica dos vários fundamentos da limitação do débito do armador, sustentando que *in medio veritas est*, numa posição entre o exacerbamento e o desprezo da sua relevância para o efeito de fazer face aos riscos da navegação, E. SPASIANO, *Il fondamento logico del principio limitativo della responsabilità armatoriale*, RDN, 1943-1948, I, p. 123 ss., *maxime*, p. 139 ss..

Idade Média e nos tempos modernos, se assomarem influências assaz diferenciadas).

Assim, partindo-se embora da consideração do contrato de transporte qual fonte de uma "obrigação de resultado" — deslocação física da mercadoria no devido lapso temporal e consequente entrega da mesma, no destino, no estado em haja sido recebida e/ou descrita no documento de transporte —, bem como da verificação de que o carregador e o destinatário, não só não detêm materialmente a mercadoria, como não têm modo algum de controlar fisicamente a expedição marítima e o emprego do navio, tão-pouco se ignora que a própria empresa de transporte poderá não ter o controlo directo, seja do emprego do navio, seja do manuseamento das mercadorias. Como pano de fundo desta particular *mis-en--scène* de múltiplos intervenientes, consideram-se os prolixos riscos, previsíveis ou imprevisíveis, evitáveis ou inevitáveis, que a navegação comporta, mau grado podermos ficar estarrecidos defronte das enormes inovações e evoluções técnicas que se vêm realizando, de entre as quais, quantas têm que ver com as comunicações não deixarão de atenuar o distanciamento do transportador relativamente aos actos materiais de execução do contrato, mesmo os de natureza estritamente náutica.

Ora é precisamente a gestão destes riscos que será intentada através de um imbricado "jogo"[443] de provas e contraprovas, aquando da invocação de danos relacionados com as mercadorias, como efeito do transporte e/ou provocados por ocasião deste. Parte-se todavia de uma particular presunção de responsabilidade do transportador pelos danos provados[444, 445].

---

[443] Chega-se também aqui a falar metaforicamente de um *tennis match*. Cfr. E. DU PONTAVICE, P. CORDIER, *op. cit.*, p. 114 s..

Cfr. o Ac. STJ, de 21 de Novembro de 1978, proc. n.º 067277; o Ac. STJ, de 3 de Outubro de 1980, BMJ, n.º 300, 1980, p. 419 ss., e o Ac. STJ, de 15 de Outubro de 1980, BMJ, n.º 300, 1980, p. 424 ss, *maxime*, p. 426.

[444] *Vide, inter alia*, R. RODIÈRE, *Traité, cit.*, II, p. 251 ss.; A. LEFEBVRE D'OVIDIO, G. PESCATORE, L. TULLIO, *op. cit.*, p. 544 ss.; S. M. CARBONE, *Contratto, cit.*, *loc. cit.*.; e ainda, G. RIGHETTI, *op. cit.*, p. 56 ss., *La responsabilità del vettore marittimo per i danni da causa ignota o non provata*, RDN, 1959, I, 48 ss.; I. ABBATE, *Riflessioni sulla natura, il contenuto e la ripartizione dell'onere della prova nel contratto di trasporto marittimo di cose*, RDN, 1971, I, p. 37 ss.; L. TULLIO, *Sulla disciplina probatoria in ordine alle indicazioni contenute nella polizza di carico*, RDN, 1970, II, p. 96 ss..

[445] Uma tal presunção não causará qualquer estranheza, se se considerar a prestação devida, no que respeita à guarda e à conservação das coisas confiadas, que deverão ser

Fica pois, à partida invertido o *onus probandi*, não devendo o interessado na carga seguir a máxima *actori incumbit probatio*, ou seja, não tendo este de provar o nexo de causalidade entre o dano e um comportamento culposo do transportador[446, 447]. Todavia, tratando-se de uma *præsumptio iuris tantum*, poderá o transportador elidir a mesma, provando que o dano ocorrido resultou de inavegabilidade do navio, sem embargo de haver actuado com razoável diligência, ou de outros factos que exoneram[448] a sua responsabilidade — *excepted perils, cas exceptés*, perigos exceptuados ou exceptuadores, entre os quais, afinal, os perigos inerentes à aventura marítima que gravam especificamente o risco do transportador, bem como factos que lhe não serão imputáveis, como o defeito da mercadoria ou da embalagem, ou o acto do próprio carregador ou de terceiros (autoridade pública, piratas, inimigos públicos) —, *scl.*, revertem a presunção de responsabilidade que o onerava, como surja uma nova presunção, desta feita, de não responsabilidade do transportador, conquanto também esta possa ser afastada pelo autor, devendo para isso provar que houve culpa transportador[449] (*v.g.*, culpa pessoal sua ou culpa comercial[450] dos seus auxiliares).

Uma tal presunção de responsabilidade (cfr. arts. 2.º, 3.º, n.º 1,2 e 8, 4.º) vem assim demarcar, segundo a designação de Sergio Maria CAR-

---

"re-entregues". Cfr. D. DANJON, *Traité, cit.*, II, p. 628 s. («[i]l a pris en charge les marchandises qui lui ont été confiées, et il s'est engagé à les restituer telles qu'elles lui ont été remises»), L. TULLIO, *I contratti, cit*, p. 7 ss., onde pretende situar as origens romanísticas do contrato de transporte, precisamente, no domínio da *locatio rei*, com as consequências daí derivantes relativamente às *res* entregues à partida, como sucedia noutras figuras deste tipo de *locatio-conductio* — cfr. *supra*.

Sobre as presunções de culpa e a objectivação do conceito de negligência, R. ALARCÃO, *Direito das obrigações, cit.*, p. 220 ss., e, sobre o art. 807.º, n.º 1, do Código Civil, para uma verdadeira responsabilidade pelo caso fortuito, p. 292 s..

[446] «*Rien n'est plus naturel, rien n'est plus raisonnable*» (D. DANJON, *Traité, cit.*, II, p. 629, *in fine*, embora a propósito do regime francês de então).

[447] Sobre a relevância substantiva de aspectos "adjectivos" do regime probatório, G. RIGHETTI, *Per un inquadramento, cit.*, p. 56 ss., M. A. CARNEIRO DA FRADA, *op. cit.*, p. 331 ss..

[448] Sobre a expressão, E. DU PONTAVICE, P. CORDIER, *op. cit.*, p. 119, *in fine*.

[449] Daí poder falar-se de «cláusulas de presunção de fortuito» — A. CANDIAN, *Caso fortuito e forza maggiore (diritto civile)*, Nss.Dig.it., II, p. 990.

[450] Cfr. *infra*.

BONE, uma "área incomprimível de risco"[451] a cargo do transportador, o que, juntamente com o carácter imperativo da disciplina da responsabilidade no contrato de transporte (cfr. art. 3.º, n.º 8), consegue satisfazer o escopo de protecção do carregador e de quantos tenham um interesse na carga (v. g. ,destinatário, seja ou não comprador, qualquer terceiro portador do título, seguradores), sem contudo olvidar a protecção a dispensar à posição particularmente arriscada do transportador[452]. Tudo concorre para, justamente, compossibilitar social e economicamente o tráfico marítimo[453].

Não obstante os riscos próprios da navegação, a Convenção de Hamburgo, de 1978, mantendo-se embora fiel a orientações normativas anteriores[454], veio introduzir algumas alterações[455]. Decidiu-se então a eliminação do elenco de eventos exoneratórios (*in hoc sensu*) da responsabilidade do transportador. Particularmente significativo, a este propósito, foi a exclusão da culpa náutica do capitão e da tripulação como causa de reversão da presunção de responsabilidade do transportador. Na realidade, estávamos já longe do cenário do virar do século que clamava por uma solução normativa de compromisso (entre transportadores e carregadores)[456], e que implicava considerar a prática contratual do século que findava (e, portanto, a prática negocial a que se tinham acostumado os armadores), e, de outra banda, ocorreram, entretanto, expressivos desenvolvimentos técnicos[457].

De acordo com as Regras de Hamburgo (art. 5.º), o transportador deverá ser considerado responsável pela perda e pela avaria das mercado-

---

[451] S. M. CARBONE, *Contratto, cit.*, p. 111 ss., 161 ss., 195 ss.. Cfr., também, U. MAJELLO, *op. cit.*, p. 221 ss.; S. ZUNARELLI, *Trasporto, cit.*, p. 1211.

[452] Sobre este ponto e sobre o princípio da responsabilidade limitada do transportador, *vide* M. RIGUZZI, *La responsabilità limitata del vettore marittimo di merci*, Milão, 1993, p. 1 ss..

[453] Cfr. *supra*, sobre a ligação do regime da responsabilidade às relações de justiça distributiva.

[454] É assim que Sergio Maria CARBONE fala de uma alteração da disciplina a par de uma confirmação dos princípios — *Contratto, cit.*, p. 189 ss..

[455] Sobre estas alterações e motivos que a induziram, S. ZUNARELLI, *Trasporto, cit.*, p. 1209 ss..

[456] René RODIÈRE, aludia a uma «*règle de transaction*» — cfr. *Traité, cit.*, II, p. 260 e 263.

[457] Cfr. M. REMOND-GOUILLOUD, *op. cit.*, p. 383; S. M. CARBONE, *Contratto, cit.*, p. 224 ss..

rias, assim como por prejuízos resultantes do retardamento na entrega. Esta responsabilidade só poderá ser afastada mediante a prova de que todas as medidas razoáveis foram tomadas no sentido de evitar o facto ou factos causadores do dano, ou seja, mediante a prova de um certo tipo de diligência razoavelmente exigível[458] ao transportador, aos seus auxiliares, empregados, agentes ou mandatários.

Sem embargo, vem sendo observado que esta fórmula veste uma orientação a ser interpretada *cum grano salis*, no momento em que se deva verter a mesma na prático-problemática realização judicativa, porquanto se trata de um critério que assumiu, na sua exteriorização objectivo-positiva, uma aparência, senão mais simples, visivelmente mais sintética[459].

Daí que a apregoada menor severidade deste novo (ou renovado) critério possa, eventualmente, sumir-se, porque ilusória[460]. Senão vejamos: desde logo, pareceria não bastar agora ao transportador, a fim de se libertar da responsbilidade que o gravaria, provar o nexo de causalidade entre certos factos e o dano previamente verificado e provado, carecendo de provar uma diligência razoável à face das circunstâncias que envolveram a produção da perda ou avaria. A comparação entre estes dois esforços probatórios parece deveras árdua, não sendo, contudo líquido, que será sempre mais fácil fazer prova daquela diligência, mormente considerando a admissibilidade corrente do auxílio da prova presuntiva de experiência no que tange ao estabelecimento do nexo de causalidade entre os eventos exoneratórios, previstos pelas Regras de Haia, e o dano — e este arrazoado não se estriba sequer em que o critério das Regras de Hamburgo está ancorado numa particular indeterminação conceitual[461]. De resto, segundo esta percepção da norma das Regras de Hamburgo, falhando o esforço probatório para assegurar que a devida diligência fora

---

[458] *Vide* M. REMOND-GOUILLOUD, *op. cit.*, p. 382 ss..

[459] Assim, já se falou de uma «*apparente simplicité*» — M. REMOND-GOUILLOUD, *op. cit.*, p. 383. Cfr. S. ZUNARELLI, *Trasporto*, p. 1208 ss., a propósito de uma objectivação da responsabilidade do transportador marítimo, mormente, nas Regras de Hamburgo.

[460] Sobre a "prova descentralizada de exoneração" e a severidade de apreciação que pode atrair, *vide* A. VAZ SERRA, *Responsabilidade contratual e responsabilidade extracontratual*, BMJ, n.° 85, p. 167 e s..

[461] Cfr. K. ENGISCH, *Introdução ao pensamento jurídico*, Lisboa, 1988, p. 205 ss.; J. BAPTISTA MACHADO, *Introdução ao direito e ao discurso legitimador*, Coimbra, 1989, p. 113 ss..

empregue, eventualmente devido à índole penosa desta prova, sempre ao transportador acabaria por acarretar com a responsabilidade pela perda ou avaria[462].

Acresce que, conquanto tenham as Partes eliminado o elenco de causas de exoneração da responsabilidade do transportador (*scl.*, factos ou eventos, que, uma vez provados, afastavam ou faziam reverter a presunção de responsabilidade do transportador, como vimos *supra*), a prova da *"diligentia boni exercitoris navis"* sempre poderia, e tem-se entendido que deverá, passar pela demonstrção da ocorrência dos factos que, no caso, originaram o dano *sub iudice* — ou seja, nomeadamente, de factos não imputáveis ao transportador, enquanto devedor da prestação —, mau grado a adopção pelo transportador de todas as medidas razoavelmente exigíveis para evitar ou pôr cobro às consequências danosas.

Todavia, entre os autores franceses, por exemplo, encontramos quem, augurando uma interpretação descolada daquela seguida a propósito do critério semelhante da Convenção de Varsóvia de 1929 (art. 20.º)[463], sobre transporte aéreo, considere que o transportador não deveria provar, necessariamente, o facto causador do dano, afastando-se assim de uma tendência mais objectivista da responsabilidade e assumindo a presunção desentranhável das Regras de Hamburgo como simples presunção de culpa, que, decerto, levaria a não fazer pesar, indistintamente, sobre o transportador a responsabilidade por danos derivados de causa desconhecida[464].

Já na doutrina italiana, por exemplo, topamos com uma orientação inversa, chegando a ser clara a insinuação crescente de uma objectivação da responsabilidade, se bem que apenas tendencial ou mitigada, e, nomeadamente, no que a danos de causa ignota respeita[465, 466]. Assim,

---

[462] Cfr., *infra,* quanto se dirá a propósito da al. q) do n.º 2 do art. 4.º da Convenção de Bruxelas de 1924 e das Regras de Haia-Visby.

[463] «*Le transporteur n'est pas responsable s'il prouve que lui et ses préposés ont pris toutes les mesures nécessaires pour éviter le dommage ou qu'il leur était impossible de les prendre*».

[464] Neste sentido, Martine RÈMOND-GOUILLOUD, vislumbrando uma menor severidade nas Regras de Hamburgo em face da sua parónima (citada na nota anterior): «*mesures qui pouvaient être raisonablement exigés*»/«*mesures nécessaires*» — *op. cit.,* p. 383.

[465] Cfr., também, embora em diverso contexto conceitual, SCRUTTON, *op. cit.,* p. 446, *in fine*: «*it is enough that the cause is unexplained, because the onus is on the carrier to show absence of fault or negligence*». Cfr. W. TETLEY, *Marine cargo claims, cit.*, p. 133 ss., 361 ss..

poder-se-ia asseverar a permanência de uma presunção de responsabilidade do transportador, sendo-lhe ora exigível a prova de razoável diligência[467], qualquer que fosse o facto causador do dano, cuja prova, todavia, *et pour cause*, continuaria a cair na esfera do transportador, como único modo de afastar uma tal presunção. Coadjuvante de uma tal interpretação da hipótese normativa seria talvez a tendência de protecção da contraparte do contrato de transporte e, em geral, dos interessados na carga. À face desta tendência, uma diferente compreensão do critério, sempre representaria um "retrocesso" desprovido de suficiente fundamento (mesmo sem apelarmos para o cenário de interesses estatais — entre os quais assumiram particular preponderância aqueles encabeçados por Estados dotados de frotas menos significativas e, assim, voltados para a protecção dos carregadores e dos destinatários das mercadorias —, que geneticamente influenciou o surgimento das novas regras, já que este último cânone não pode deixar de ser visto em termos hábeis), tanto mais se se atender a que a admissão da responsabilidade do transportador por culpa náutica de outrem pode encontrar justificação em outra ordem de fundamentos (e não, portanto, numa tendência para "retroceder" na protecção conferida ao interessado na carga, isto é, numa tendência para "suavizar" o regime da responsabilidade do transportador) — a saber, *vidilicet*: o avanço técnico supramencionado e a estranheza que causava a exoneração de responsabilidade do transportdor aquando de verificação de culpa náutica (ao ponto de ser considerada, senão como uma bizarria, pelo menos, como anacronismo a superar, dando arrimo à própria confiança do interessado na carga, sobremaneira, nesse novo contexto tecnológico), conquanto outrora explicável, sobretudo tendo em conta o particular equilíbrio de interesses que estivera no horizonte das Regras de Haia[468].

29. Partindo da particular presunção de responsabilidade, que onera o transportador, é também, mediante um imbricado jogo de provas e contraprovas que a Convenção de Bruxelas consegue ir ao encontro do com-

---

[466] Cfr., em sentido diferente, segundo cremos, Ac. Trib. Rel. Lisboa, de 25 de Outubro de 1978, CJ, 1978, IV, p. 1366 ss..

[467] E logo *ab initio*, isto é, logo no momento em que quisesse desembaraça-se da presunção de responsabilidade, e não em momoento processual posterior, por exemplo, em resposa a uma eventual contraprova do interessado na carga. Mas, cfr. *infra*, para o confronto entre *burden* e *order of proof*.

[468] Cfr. W. TETLEY, *Marine cargo claims, cit.*, p. 146, 369 ss..

promisso ou equilíbrio de interesses, almejados pelas Partes contratantes — económicos, atendendo aos objectivos de transportadores, carregadores e demais interessados na carga, e, consequentemente, estatais[469].

É claro que vem sendo afirmado que, formalmente, este diploma parece suscitar diversas perplexidades e aporias, as quais, na realidade, se dissiparão, atendendo aos seus objectivos normativos, e, nomeadamente, entre estes, um equilíbrio na distribuição dos riscos, e ao facto de que, sendo uma Convenção de propósitos unificadores, numa área de forte influência da *common law*, acabaria por ser forjada conceitual e formalmente no cadinho de um encontro/confronto de distintas culturas jurídicas e jurisprudenciais (*lato sensu*).

Ao tratarmos a *vexata qæstio* da distribuição do *onus probandi*, será conveniente, talvez, lembrar e haver presente a expedita e útil distinção, para que, a este propósito, alerta William TETLEY[470], entre *burden* e *order of proof*, porquanto a derradeira sempre se encontrará na dependência do particular e paralelo jogo de presunções, as quais se sucedem à medida que for sendo satisfeita a prova dos factos que compõem uma determinada "aventura" marítima.

Provado que está, pelo carregador ou por qualquer outro interessado na carga, o dano sofrido pela mercadoria, o que passará por uma comparação do estado da mesma, antes e depois do período em que a sua custódia compete ao transportador, este poderá afastar a presunção de responsabilidade que o grava, ora provando que o dano, isto é, nomeadamente, a perda ou a avaria da mercadoria, resultam do estado de inavegabilidade do navio, desde que demonstre haver empregue a razoável diligência exigível para o colocar em estado de navegabilidade no início da viagem, ora acolhendo-se à protecção da, contudo, êxedra dos dezassete perigos ou casos exceptuados/exoneratórios (*"excepted perils"*, *"cas exceptés"*, *"pericoli esonerativi/eccettuati"*), ou seja, provando que ocorreu um dos factos enumerados discriminadamente no n.º 2 do art. 4.º — sendo certo que a cláusula geral da alínea q), a cláusula *omnibus* [471], merece um trata-

---

[469] Sobre estes, atendendo ao *equal bargaining power* desejado por carregadores, S. BASNAYAKE, *Introduction: origins of the 1978 Hamburg Rules,* AJCL, 1979, p. 354.

[470] *Marine cargo claims, cit.*, p. 133 ss.. Trata-se, porém, de um *iter* probatório em várias *manches*, em que "presa e predador" se alternam sincopadamente, mas o metaplasmo, revelando-se num plano lógico-adjectivo e significando não despiciendas implicações substantivas, poderá ficar desapercebido de manifestação na lide.

[471] Cfr. A. BRUNETTI, *op. cit.*,III, p. 331.

mento especial, no que tange à produção de prova, porquanto o transportador deverá imediatamente demostrar que a causa inominada não lhe é imputável, nem aos seus «agentes e empregados» e não se ficou a dever a culpa sua, nem dos seus «agentes e empregados» —, e provando cumulativamente o nexo causal entre estes factos e o dano assinalado.

Provando este nexo causal, e destarte mostrando ser um dos factos inventariados não mero elemento catalisador, por ocasião do qual se desencadeou um efeito lesivo — já se nos quedássemos por esta demonstração, o dano seria eventualmente devido, em termos substanciais, à condição inavegável do navio —, antes mostrando-o como facto necessário para a produção do dano, isto é, facto que foi princípio ou "substancial" causador (*«substancial factor»*) do resultado lesivo, consegue o transportador que o perigo exceptuado surta um efeito reversivo da presunção da responsabilidade, daí que possamos subsequentemente afirmar que se passará a presumir que não é responsável pelo dano[472].

Na realidade, o efeito excludente ou exoneratório da responsabilidade do transportador, verdadeiro e próprio, isto é, a exclusão da responsabilidade, é tão-só potencial e só ocorrerá se o autor não fizer contraprova, demostrando um comportamento culposo do transportador, que, de algum modo haja provocado ou não haja evitado esse perigo exceptuado ou causa de reversão da presunção de responsabilidade, ou um comportamento culposo que não haja evitado ou atenuado os efeitos lesivos deste facto, ou então, se o transportador conseguir provar, subsequentemente, que a sua actuação, ou dos seus prepostos e agentes (no domínio da culpa comercial) não foi culposa em qualquer destes sentidos.

Assim, havendo o transportador provado que o dano proveio de culpa náutica do capitão, da tripulação ou de empregados, de incêndio ou, genericamente, de causas que lhe não sejam imputáveis — e a prova do nexo causal, lembramos, parece ser bastante a fim de reverter a presunção de responsabilidade, conquanto o não seja, eventualmente, para excluir a responsabilidade —, reservar-se-à ao autor a faculdade de fazer essa contraprova, infirmando pois a exclusão de responsabilidade presumida e evitando que o facto invocado exonere o transportador da sua responsabi-

---

[472] Cfr. D. DANJON, *op. cit.,* p. 627 ss., 632 s.; G. RIGHETTI, *La responsabilità, cit.,* p. 54, que afirma ficar o teansportador numa condição de irresponsabilidade *«almeno provisoria»*; I. ABBATE, *op. cit.,* p. 37 ss.. Assim também, E. DU PONTAVICE, P. CORDIER, *op. cit.,* p. 118. Vide ainda A. SÉRIAUX, *La faute du transporteur,* Paris, 1998, p. 121 ss..

lidade, o que não tolhe a possibilidade de o transportador aduzir novos elementos probatórios para repelir a sua culpa ou a dos seus agentes, auxiliares ou empregados.

Implícito irá assim, como veremos, que se rechaçará a necessidade omnipresente de prova positiva de *due diligence,* enquanto pré-requisito da eficácia dos *casus* exoneratórios nominados no n.º 2 do art. 4.º, diferentemente do que se passará quanto ao estado de inavegabilidade[473].

Para além da inavegabilidade do navio, posto que não resulte da falta de diligência exigível *ex vi* do n.º 1 do art. 3.º (art. 4.º, n.º 1), de acordo com o n.º 2 do artigo 4.º, serão causas de exclusão da responsabilidade do transportador, *in hoc sensu,* ou de reversão da presunção de responsabilidade, acontecimentos de diversa natureza[474], a saber: culpa náutica; incêndio; perigos de mar; «casos fortuitos» (*«Acte de Dieu»)*; guerra; actos de «inimigos públicos» (*vis piratarum, hostes humani gentes*); actos de autoridades civis (*factum Principis*); quarentena; actos imputáveis ao carregador; greve ou *lock-out*; «motins ou perturbações populares»; actos relativos a salvação no mar; «vício oculto, natureza especial ou vício próprio da mercadoria»; defeito de embalagem; defeito nas marcas; vícios ocultos do navio; e «qualquer outra causa não proveniente de facto ou culpa do armador, ou de facto ou culpa de agentes ou empregados do armador».

Vislumbramos assim, no elenco do n.º 2 do art. 4.º, dois tipos de eventos exoneratórios da responsabilidade ou de factos que podem afastar a presunção de responsabilidade do transportador, isto é, as causas podem ser nominadas ou inominadas, respectivamente, as inventariadas nas al. a) a p), e as subsumíveis à cláusula geral da alínea q), sendo-lhes dispensado um regime probatório próprio, e, talvez, só aparentemente divergente, pelo menos no que toca ao encargo probatório global (ainda que já não assim no que respeite à *order of proof*), e assim no que toca à exigência de uma demonstração etiológica precisa[475].

Quanto às causas nominadas ou típicas de exoneração ou de exclusão da presunção de responsabilidade, o transportador, para que elas cum-

---

[473] No mesmo sentido, para a lei francesa, R. RODIÈRE, *Traité, cit.,* II, p. 262.

[474] Alberto ASQUINI, embora referindo-se ao contrato de transporte, em geral, falava de *«presunções de irresponsabilidade»* — *Trasporto di cose (contratto di),* Nss.Dig.it., XIX, p. 594. Cfr. SCHAPPS-ABRAHAM, *op. cit.,* p. 658 ss., 919 ss..

Cfr. o Ac.STJ, de 18 de Janeiro de 1977, proc. n.º 066355, a propósito dos riscos de mar, do caso fortuito e dos vícios ocultos da mercadoria.

pram a sua missão, enunciada *supra*, apenas terá de provar a sua existência e o nexo causal que as liga ao dano produzido relativamente às mercadorias. Já no que tange aos casos inominados ou atípicos, cumprir-lhe-à também aduzir, imediatamente, prova de que não houve da sua parte, nem daquela dos seus agentes ou prepostos, um comportamento culposo que haja originado o evento causador do dano.

Só que a divergência não deixa de ser aparente, porquanto também relativamente aqueloutras causas nominadas de exclusão de responsabilidade, *in hoc sensu*, sempre persistirá, na esfera do interessado na carga, a faculdade de fazer contraprova, demonstrando que o transportador houvera actuado com culpa, quer provocando o perigo exceptuado, quer não evitando, ou não atenuando, o efeito lesivo do mesmo, perante o que apenas restará a este, se quiser que se opere a exclusão de responsabilidade, demonstrar a ausência de negligência da sua parte.

Naturalmente, idêntico *iter* se seguirá, *mutatis mutandis*, se o facto causador do dano ou a extensão do efeito lesivo apenas houver sido parcialmente provocado por negligência do transportador, sendo ele, neste caso, apenas responsável na medida em que haja contribuído culposamente para o dano.

Usando a classificação de William TETLEY, a discrepância, a existir, ficaria confinada ao domínio da *order of proof*, mas já não subsistiria no âmbito do *burden of proof*, abstractamente visualizado na sua globalidade, cuja satisfação permite o reconhecimento do direito na lide (afinal, segundo a máxima *ubi commoda ibi incommoda,* aplicada a este particular ónus)[476].

Concluimos, pois, que, querendo o transportador libertar-se da responsabilidade pelos danos relativos à mercadoria, e considerando todas as oportunidades de prova ao alcance da outra parte, haverá de fazer prova

---

[475] G. RIGHETTI, *La responsabilità, cit.* p. 53 s. e R. RODIÈRE, *Traité, cit.*, II, p. 408 ss., citando ambos Georges RIPERT: «*en dehors des cas exceptés le transporteur n'est pas responsable quand il établit la cause du dommage et l'absence de faute*».

[476] Cfr. W. TETLEY, *Marine cargo claims, cit.*, p. 434. *Vide,* sobre a possível identidade de resultados, mesmo não se insistindo na prévia prova de *due diligence*, R. RODIÈRE, *Traité, cit.*, II, p. 262.

Claro está que se poderá, no nível da sedimentação jurisprudencial, ser mais ou menos perscrutante e delicado ao precisar o conteúdo de tais causas, que sendo nominadas, carecem de um certo grau de preenchimento.Cfr. S. M. CARBONE, *La responsabilità, cit.*, p. 60 ss..

completa e específica[477] do evento exoneratório da responsabilidade, bem como do nexo causal. Mas a prova deste último poderá ser, pelo menos parcialmente, presuntiva, o que, compreensivelmente, se conseguirá mediante recurso a presunções baseadas na prática habitual da navegação marítima (*praesumptiones hominum*, que atenderão ao *id quod plerumque accidit* e às habituais práticas profissionais)[478]. E, acto contínuo, concluir-se-á, a fim de reverter a presunção de responsabilidade do transportador, uma vez provado o nexo causal entre a causa nominada de exoneração e o dano, como que joga a favor do transportador uma presunção baseada na experiência, segundo a qual os efeitos de tal evento «*sulla merce trasportata devono considerarsi comunque "inevitabili"*»[479].

Mas, ou dito de outro modo, já na base da reversão da presunção, permitida pelo rol dos casos exceptuados, pelo menos daqueles típicos, e pela prova do nexo causal, encontra-se afinal a convicção/presunção de experiência (semelhante àquela com que deparamos no art. 17.º da CMR[480], que em conjunção com o art. 18.º, pemite, uma vez estabelecida a ocorrência de certos factos portadores de riscos determinados, presumir que o dano a eles se liga causalmente), segundo a qual é muito provável que, como hajam ocorrido tais eventos, eles não poderiam haver sido evitados por um transportador diligente, isto é, que houvesse sido diligente e, assim, houvesse adoptado todas as medidas razoavelmente exigíveis, no que toca às circunstâncias específicas desse tipo de situações, e,

---

[477] Sobre o sentido desta prova específica, S. M. CARBONE, *Contratto, cit.*, p. 235 ss.. E, ainda, R. RODIÈRE, *Traité, cit.*, II, p. 259, *in fine*; p R. RODIÈRE, E. DU PONTAVICE, *op. cit.*, p. 342, sublinhando não bastar a demonstração pláusível de um vínculo de causalidade hipotética, por não poderem a perda ou a avaria resultar de outro evento, fora daqueles nomeados, sem cuidar de demonstrar precisamente o facto exoneratório, cuja ocorrência gerou o dano.

[478] Assim, também, W. TETLEY, *Marine cargo claims, cit.*, p. 139. Cfr. o Ac.STJ, de 18 de Fevereiro de 1988, proc.n.º 074752.

[479] S. M. CARBONE, *Contratto, cit.*, p. 265, e, para o regime da al.q), p. 265.

[480] E que, portanto contempla expressamente aquela presunção do nexo de causalidade, que, no domínio marítimo,vimos poder resultar apenas em sede judicial, através de *præsumptiones hominum*. Cfr. *infra*. Neste sentido, aliás, e expressamente facultando uma presunção de derivação causal, facilitando o estabelecimeno da *Nichthaftung*, o n.º 2 do §608 do HGB: «*Ist ein Schaden eingetreten, der nach den Umständen des Falles aus einer der im Abs.1 bezeichneten Gefahren entstehen konnte, so wird vermutet, daß der Schaden aus dieser Gefahr enstanden ist*» — cfr. SCHAPPS-ABRAHAM, *op. cit.*, p. 657 s., e comparando com o regime da Convenção de Bruxelas, p. 659.

tão-pouco, o poderiam haver sido os efeitos deles derivados sobre as mercadorias. O mesmo é dizer que os casos liberatórios nominados, enquanto causas que exoneram *ex lege*, constituem, *prima facie*, pelo menos, causas de incumprimento não imputáveis ao transportador, com a possível excepção do incêndio e da culpa náutica; sempre se ressalvando, contudo, a faculdade de prova contrária, por parte do interessado na carga[481], no sentido de desvelar um comportamento negligente do transportador que poderia ter previsto e evitado tais factos, ou poderia haver evitado ou atenuado os respectivos efeitos danosos[482].

De quanto se expôs resultará à saciedade, embora o ponto possa não ser unânime, que recairá sobre o transportador a responsabilidade por dano relativo à mercadoria devido a causa ignota ou indeterminada, porquanto sobre ele impende o ónus de provar a existência da causa do dano, causa essa que poderá, eventualmente, fazer reverter a presunção de responsabilidade, ou, sendo a prova factual bastante para apartar qualquer negligência sua ou dos seus propostos ou agentes (*scl.*, qualquer culpa comercial destes últimos[483]), excluir de todo tal responsabilidade.

Afinal, logra-se, deste modo, uma certa protecção do interessado, todavia, paralelamente, o *iter* probatório, aqui *grosso modo* desenhado,

---

[481] Assim clarifica o §1 do Protocolo de assinatura, da Convenção de Bruxelas: «nos casos do artigo 4.º, alínea 2ª, de c) a p), o portador do conhecimento pode demonstrar a culpa pessoal do armador ou as culpas dos seus subordinados não cobertas pelo parágrafo a)». Assim, também, expressamente, o art. 27.º da Lei francesa de 1966, *in fine*.

[482] Cfr. R. RODIÈRE, Traité, cit., II, p. 411; A. LEFEBVRE D'OVIDIO, G. PESCATORE, L. TULLIO, *op. cit.*, p. 552 ss., talvez só aparentemente, em sentido divergente, pois acaba por admitir, em nota, a necessidade de que certos perigos exceptuados revistam um carácter de anormalidade, que sempre deverá ser provada para que possam exonerar o transportador da sua responsabilidade, prova essa que poderá eventualmente ser contrariada pelo requerente.

[483] Cfr. S. M. CARBONE, *Contratto, cit.*, p. 269. *Vide infra*. Para a relação entre os possíveis *casus* e as evoluções na noção de fortuito, sustentando que, no regime do *receptum*, em geral, não estaríamos senão perante uma visão analítica ou atomística da causa não imputável, ainda assim, hoje, não contradistinguida em face do fortuito, que ela envolveria, por já aquela noção implicar a identificação positiva do evento causante, G. COTTINO, *Caso fortuito e forza maggiore (diritto civile)*, Enc. dir., VI, p. 377 ss., *maxime*, p. 382 ss..

Ainda para a contraposição entre caso fortuito e *vis maior*, bem como para a concepção que nesta vê o limite da responsabilidade *ex recepto* (também segundo a tese de Exner), P. TRIMARCHI, *op. cit.*, p. 169 ss., *maxime*, p. 198 ss..

não desconsidera a a particular posição do transportador, e, assim, plasma exteriormente o objectivo de munir a disciplina do direito marítimo de um meio de gestão e de distribuição équos dos riscos próprios da "aventura" marítima, quebrantando a tendência de exclusão de responsabilidade do transportador prosseguida desde meados do século passado (conseguindo, do mesmo passo, aquele equilíbrio dos interesses e das posições jurídico-económicas de quantos estão envolvidos na realidade do transporte)[484].

Leva-se ainda em consideração, *inter alia*, a circunstância de que o transportador goza de um directo ou mais expedito acesso a dados factuais relevantes para o esclarecimento da sequência dos acontecimentos que estejam na origem dos danos ocorridos[485], sendo ainda bafejado amiúde por presunções de natureza empírica (*præsumptiones hominum, præsumptiones vitæ*), quanto à conclusão de que determinados danos dependem causalmente de certos factos ocorridos durante a navegação, *rectius*, durante o arco temporal em que sobre ele impenda a presunção de responsabilidade.

Assim, o transportador só ficará inteiramente livre de qualquer responsabilidade e as causas de exoneração de responsabilidade só alcançarão completamente este desiderato, se, no final da "desgarrada" probatória, e havendo a contraparte usado da faculdade de rebater a invocação dos *excepted perils*, se fizer uma prova completa, especificamente adequada ao evento exoneratório suscitado, de que adoptou todas as medidas razoavelmente exigíveis (segundo os generalizados padrões profissionais), a fim de evitar e/ou atenuar, tanto o evento causalmente conectado ao dano, como os próprio efeitos lesivos provocados por este evento[486].

Convém, no entanto, precisar ou indagar sobre o *distinguo* feito pela Convenção de Bruxelas, no que tange ao regime probatório das causas ou

---

[484] *Vide* S. M. CARBONE, *Contratto, cit.*, p. 170.

[485] Assim, W. TETLEY, *Marine cargo claims, cit.*, p. 135 ss., 142, 434; S. M. CARBONE, *Contratto, cit.*, p. 266.*Vide*, A. VAZ SERRA, *Culpa do devedor, cit.*, p. 87; PIRES DE LIMA, ANTUNES VARELA, *Código civil anotado*, II, Coimbra, 1997, p. 54.

[486] Cfr. F. A.QUERCI, *Diritto della navigazione, cit.*, p. 447; S. M. CARBONE, *Contratto, cit.*, p. 192 e 267, referindo-se a uma aferição segundo os *standards* da profissão, para além da prévia e necessária dupla prova, ora do evento liberatório, ora da «*derivazione causale*» dos danos desse mesmo *casus*; J. M. ANTUNES VARELA, *Direito das obrigações, cit.*, I, p. 531 ss., *maxime*, p. 542 ss..

perigos exoneratórios inominados[487] — cláusula residual da al. q) do n.º 2, do art. 4.º. Quanto a este ponto parece ladear a razão Sergio Maria CARBONE, quando refere, propugnando pela extensão de tal orientação também à norma das Regras de Hamburgo, ser necessário determinar «*in quali casi è di fatto riconosciuta l'impossibilità o l'irragionevolezza (sopratutto economica) delle misure da adottarsi da parte del vettore marittimo, per evitarsi il verificarsi degli eventi produttivi di danni, perdite e ritardi alle merci trasportati*»[488]. Pretender-se-á, ademais, que, neste último caso (diferentemente do que se dirá para o elenco de casos nominados, embora o ponto seja assaz discutido), deverá a prova completa e adequada de ausência de culpa ser produzida *ab initio*, ou seja, aquando da invocação liberatória do facto exoneratório atípico, não estando avantajado com uma presunção de não imputabilidade[489]. Tornaremos ainda a este ponto.

Ao julgador sempre caberá proceder àquele "juízo de prognose póstuma", com o intuito de aferir da adequação das medidas adoptadas pelo transportador ao padrão de razoabilidade, que será apreciado *in abstractu*,

---

[487] Cfr., acerca dos efeitos que as cláusulas de exoneração ou de limitação da responsabilidade, acordadas pelas partes, surtem sobre o regime probatório, bem como sobre as cláusulas que, no contrato de transporte, afastem as presunções legais de culpa ou a distribuição legal do *onus probandi*, A. VAZ SERRA, "*Cláusulas modificadoras*", *cit.*, p. 108 ss..

[488] S. M. CARBONE, *Contratto, cit.*, p. 192, cfr.p. 268.

[489] *Vide infra*. Cfr., apesar de na lei francesa de 1966 não se encontrar a formulação de uma cláusula residual deste tipo, acentuando-se a feição de responsabilidade presumida, mesmo na objectivação exterior da lei, R. RODIÈRE, *Traité, cit.*, II, p. 408 ss.; E. DU PONTAVICE, P. CORDIER, *op. cit.*, p. 126; A. LEFEBVRE D'OVIDIO, G. PESCATORE, L. TULLIO, *op. cit.*, p. 548 ss.; também sobre o art. 422.º do *Codice della Navigazione*, de conteúdo normativo muito próximo do regime uniforme, precedendo a cláusula residual (n.º 1) o elenco de casos de exoneração (n.º 2) — norma que, contudo, não deixou de levantar dúvidas —, mas insistindo sobre a necessidade de prova positiva da causa do dano, L. TULLIO, *Sul regime probatorio, cit.*, p. 97 a 102, G. COTTINO, *op. cit.*, p. 384, n.44 — ; S. M. CARBONE, *Contratto, cit.*, p. 267 s., alertando ainda para que, como já foi acenado, nos casos nominados, valerá ao transportador uma panóplia de presunções de experiência, quer para firmar o nexo de derivação causal, quer, mesmo, para mostrar a ausência de culpa, ou seja, para demonstrar que adoptou todas as medidas razoáveis para evitar o facto danoso ou os seus efeitos — cfr. *infra*. Sobre o art. 422.º, vendo delineada no n.º 1 um regime substancial a ser seguido sob o regime processual da prova negativa da ausência de culpa, donde decorreria, no plano da repartição da incidência dos danos, que os danos derivados de causa ignota seriam suportados pelo interessado na carga, E. VOLLI, *Trasporto marittimo e aereo*, Nss. Dig. it., XIX, p. 606 s..

ou seja, tratar-se-á do padrão de referência próprio de um *bonus paterfamilias*, não obstante se leve em consideração a diligência própria da ocupação profissional específica (*diligens nauta/ "bonus exercitoris navis"*), atendendo aos seus usos[490].

30. Não fora a referência à prova de uma razoável diligência no n.º 1 do art. 4.º, aliás já incluída no inventário das obrigações que incumbem ao transportador, *ex vi do* n.º 1 do art. 3.º, pareceria conclusa a peregrinação por este iterativo jogo de *réparties* probatórias. Todavia, estoutra alusão deverá ser entendida *cum grano salis*, sendo patente a divergência jurisprudencial e doutrinal que a tal propósito sempre se observou, isto é, quanto a saber se, atendendo à sequência probatória, deveria o transportador, à partida (logo numa primeira *manche*, diríamos), provar o emprego da devida diligência na sua actuação, precisamente, como requisito da produção dos efeitos próprios de todas as causas arroladas no art. 4.º, e, por conseguinte, mesmo para lucrar aquele efeito que se materializa na reversão da presunção de responsabilidade (e ainda assim, de certo modo, talvez ainda se pudesse aludir a reversão, pois que, ainda que se exigisse esta genérica prova de actuação diligente, sempre ao interessado na carga restaria a possibilidade de oferecer contraprova), não bastando para tanto a prova da ocorrência dessas causas e do respectivo nexo de derivação causal.

Uma palavra, pois, para a genérica diligência razoável que, no âmbito das obrigações contratuais, o transportador deve empregar, conforme imposto também prescritivamente *ex vi* do art. 3.º, ao colocar o navio em estado de navegabilidade, ao armar, equipar e aprovisionar o navio, ao «preparar e pôr em bom estado os porões, os frigoríficos e todas as outras partes do navio em que as mercadorias são carregadas, para a sua recepção, transporte e conservação», bem como ao levar a cabo as operações de «carregamento, manutenção, estiva, transporte, guarda cuidados e descarga das mercadorias»[491].

Esta diligência, que, de resto, sempre resultaria das obrigações assumidas convencionalmente pelas partes do contrato, deve ladear o cumpri-

---

[490] Neste sentido, mostrando como, mau grado se exija uma diligência que vai referida a um particular âmbito profissional, a culpa, neste domínio, náutica ou profissional que seja, não vai além da *culpa levis*, U. MAJELLO, *op. cit.*, p. 223 ss, *maxime*, p. 225. Cfr. *supra*, e, ainda, R. RODIÈRE, E. DU PONTAVICE, *op. cit.*, p. 379 s.. Cfr. A. LEFEBVRE D'OVIDIO, G. PESCATORE, L. TULLIO, *op. cit.*, p. 548.

[491] Cfr. SCHAPPS-ABRAHAM, *op. cit.*, p. 627 s..

mento destas e de quaisquer outras obrigações acordadas e que poderão constar no conhecimento. Mas, no elenco imperativo (ainda que não exclusivo) mostrado pelas Regras de Haia, podemos observar dois tipos de prestações a cargo do transportador, as quais se repartirão entre o navio e as mercadorias. Senão vejamos: de uma banda, temos os actos relativos à preparação náutica do navio, sendo certo que o transportador não será responsabilizado pelos danos derivados de culpa náutica do capitão ou da equipagem, quanto a actos perpetrados no decurso da viagem; de outra banda, consideram-se as operações de natureza comercial, quanto à recepção, à arrumação e ao manuseamento da carga, devendo notar-se que, desta feita, no que toca a actos lesivos praticados com culpa comercial, pelo capitão ou pela equpagem, já se responsabilizará o transportador. No entanto, como dissemos já, e diferentemente do que sustenta certa posição[492], parece que o transportador, a fim de se valer dos efeitos reversivos ou exoneratórios dos perigos exceptuados, não terá, previamente, de fazer prova de haver adoptado esta diligência exigível, *ex contractu* e/ou *ex lege*, isto é, quer da diligência exigível no cumprimento das obrigações descritas no art. 3.º, quer da *due diligence* empregue no acondicionamento do navio para a navegação, quer da razoável diligência, mais especificamente, empreendida em face das particulares circunstâncias que rodearam o evento invocado para reverter a presunção de responsabilidade, enquanto *casus* liberatório, *hoc sensu* (sem embargo de, em caso de contraprova do interessado na carga, dever enjeitar a negligência que, nessa sede, lhe venha a ser atribuída, mas, desta sorte, já não como condição da estrita eficácia reversiva do evento exceptuado)[493].

Assim, a prova desta "*due diligence*", ou destas "três diligências", não constitui um pré-requisito[494] para o funcionamento dos casos de exo-

---

[492] Cfr. E. DU PONTAVICE, P. CORDIER, *op. cit.*, p. 121 ss.; S. M. CARBONE, *Contratto, cit.*, p. 195 ss..

[493] Cfr. L. TULLIO, *Sulla disciplina, cit., passim*; A. LEFEBVRE D'OVIDIO, G. PESCATORE, L. TULLIO, *op. cit.*, p. 552.

[494] Orientação contrária vem, no entanto, sendo seguida em Inglaterra e nos Estados Unidos, à luz da COGSA. Partilhando esta orientação, CARVER, *op. cit.*, p. 351; W. TETLEY, *Marine cargo claims, cit.*, p. 142, 372 ss., 400 ss. (mas em sentido já algo distanciado, SCRUTTON, *op. cit.*, p. 443 e 446). Sobre o entendimento anglo-saxónico, a este propósito, R. RODIÈRE, *Traité, cit.*, II, p. 391 e 397, e, sobre a disquisição entre a inavegabilidade e as demais causas de exoneração, p. 396 ss.. Neste sentido, pareceu outrossim andar o Ac.Trib.Rel.Lisboa, de 25 de Outubro de 1978, CJ, 1978, IV, p. 1366 ss.. Cfr., ainda,

neração de responsabilidade nos termos descritos. No domínio das causas de exoneração nominadas, tal prova só será exigível, ao abrigo do n.º 1 do art. 4.º [495], quando o dano ocorrido for imputável ao estado de inavegabilidade do navio e o transportador, demostrando este nexo, pretender libertar-se da presunção de responsabiladdde que o grava, porquanto, neste específico caso, a inavegabilidade poderá ser provocada por outrem e/ou superveniente, relativamente à fase em que a razoável diligência do transportador se revela exigível para garantir as condições necessárias, náutica e comercialmente, para afrontar as venturas e desventuras da expedição.

Lembre-se, contudo, que quanto se vem expondo não trunca, de todo, a índole da obrigação que deriva para o transportador do contrato como uma verdadeira "obrigação de resultado"[496], como, por outro lado, parece claro que o transportador não pode actuar como se lhe antolhe na preparação do navio, ainda que a diligência exigível venha a ser apreciada *in abstracto*, pois tal não exclui a sua consideração à face do específico tipo de viagem a empreender, assim como à face das particulares qualidades das fazendas a receber, tudo não olvidando os termos precisos acordados com o carregador, conquanto nas relações com terceiros portadores do conhecimento só possam fazer fé as cláusulas e os termos inseridos no título cartular.

Idênticos considerandos velerão, de resto, no que toca à prova de diligência, a que, eventualmente, haja lugar, a propósito de qualquer um dos perigos exceptuados que venham a ser invocados com o intuito de exoneração da responsabilidade, de acordo com o que referimos *supra* [497], sem embargo de se ressalvar que se tratará, ora, de provar o emprego de uma diligência "específica" e adequada a prevenir o evento danoso e, simultaneamente, exoneratório, ou a evitar ou atenuar os res-

---

J. DONALDSON, *Standard of reasonableness,* DM, 1983, p. 211 ss., falando da «*magic of seaworthiness-cargoworthiness*».

[495] O mesmo valendo, sempre que seja invocada uma causa inominada de liberação, ao abrigo da al. q) do n.º 2, do art. 4.º .

[496] Cfr. R. RODIÈRE, *Traité, cit.,* II, p. 260; E. DU PONTAVICE, P. CORDIER, *op. cit.,* p. 86 ss., 121, 125.

[497] Prova de diligência que, lembramos, para certos casos exceptuados, só será necessária posteriormente, isto é, após, e se, o interessado na carga tiver tentado demonstrar a culpa do transportador, mas já não, como dissemos, como requisito do afastamento da presunção de responsabilidade.

pectivos efeitos lesivos, tratando-se pois daquilo que Sergio Maria CARBONE qualifica como uma prova específica e adequada[498] — se bem que, ainda aqui, não se venha a responsabilizar o transportador por causa de culpa náutica do capitão ou da equipagem, que haja provocado, total ou parcialmente, ou catalisado, seja o evento invocado para reversão da presunção de responsabilidade, seja os respectivos efeitos lesivos.

31. Quando se prove que o dano sofrido proveio do estado de inavegabilidade[499] do navio, tanto é suficiente para libertar o transportador da sua responsabilidade, desde que este haja actuado com razoável diligência, de que deverá fazer prova conjunta e contemporaneamente, aferida segundo o arquétipo já comentado *supra*. Dos casos nominados, só no caso de dano provindo de inavegabilidade deverá, pois, o transportador efectuar *ab initio* prova de que se comportou com a normal prudência no sentido de assegurar a navegabilidade do navio[500]. Na realidade, não só lhe é sobremaneira mais acessível a prova dos factos pertinentes a este propósito, como a inavegabilidade pode resultar directamente do incumprimento de uma proeminente obrigação contratual, *ex vi* do próprio art. 3.° da Convenção de Bruxelas[501].

---

[498] Cfr. R. RODIÈRE, E. DU PONTAVICE, *op. cit.*, p. 341 s., onde se afirma que, podendo embora o transportador valer-se de um modo tópico de prova, tal não tolhe que, ainda assim, deva oferecer uma prova positiva da causa do dano, como única via possível para se liberar da presunção de responsabilidade; claro está, sem embargo de uma posterior incursão do interessado na carga no campo da culpa do transportador, que, então, poderá tentar demonstrar, e, só neste segundo momento — no que toca ao elenco de causas de exoneração, se bem que já não assim, no caso de inavegabilidade ou da *catch-all rule* da alínea q), do n.° 2 do art. 4.° (cfr. nota precedente) —, deverá o transportador lidar com uma prova negativa de culpa ou com a prova de ausência de negligência, conquanto ainda em relação com a específica causa do dano, pois que não se trata de um genérico estabelecimento de uma actuação, sua e dos seus auxiliares, segundo o padrão da *due diligence*. Daí que o elenco contenha afinal, segundo os Autores, não propriamente causas de exoneração de responsabilidade, mas «*une simple cause d'exonération de la présomption de responsabilité*».

[499] Cfr. R. RODIÈRE, *Traité, cit.*, II, p. 2 s., 260 s.; S. M. CARBONE, *Contratto, cit.*, p. 198 ss..

[500] Cfr. W. TETLEY, *Marine cargo claims, cit.*, p. 375 s.. Já para a diatribe acerca da causa nominada relativa ao incêndio a bordo, a fim de determinar também se a prova de diligência deve ser contemporânea da prova do nexo causal, como condições do dito efeito reversivo, cfr. *infra*.

[501] Cfr., *inter alia*, W. TETLEY, *Marine cargo claims, cit.*, p. 155; S. M. CARBONE, *Contratto, cit.*, p. 201 ss..

Esta inavegabilidade, atendo-se a uma dupla feceta técnico-náutica e comercial (no tocante às condições do navio para albergar e transportar as fazendas — e, portanto, não só *seaworthiness*, mas também *cargoworthiness*), só não exonerará o transportador se resultar de uma negligência da parte do transportador, no momento em que devia haver provido à preparação do navio[502]. Este momento refere-se à fase que antecede a largada do navio[503] e as medidas adoptadas, como vimos, terão em conta as circunstâncias razoavelmente previsíveis da viagem[504], bem como as características das mercadorias[505]. É, pois, reportando-nos ao momento da par-

---

[502] Cfr. R. RODIÈRE, *Traité, cit.*, II, p. 254, que, reconhecendo embora como ponto de partida uma presunção de responsabilidade do transportador, entende que, quando no *iter* probatório de liberação, o mesmo demonstra que o dano resultou causalmente de inavegabilidade do navio «*fait disparaître la présomption de responsabilité et lui substitue une présomption de faute*».

[503] Cfr. W. TETLEY, *Marine cargo claims, cit.*, p. 377, reconhecendo a dificuldade de averiguação do momento em que se enceta a viagem, mas sempre adiantando que «*[o]ne gathers it is when all hatches are battened down, visitors are ashore and orders from the bridge are given so that the ship actually moves under its own power or by tugs or both*».

[504] Cfr. *ibidem*, p. 369 ss.: «*the contemplated voyage*» (sublinhado nosso). Assim, também, CARVER, *op. cit.*, p. 351: «*reasonable diligence, having regard to the circunstances known, or fairly to be expected, and to the nature of the voyage, and the cargo to be carried*». Sobre a avaliação da diligência, sempre tendo em conta as caracterítcas da viagem em causa (sendo, deste pontto de vista uma avaliação *in concretu*, posto que do ponto de vista subjectivo, permaneça uma avaliação *in abstracto*, isto é, do ponto de vista do padrão de razoabilidade que há-se servir ao transportador), Ac. Trib. Rel. Lisboa, de 4 de Janeiro de 1978, CJ, 1978, I, p. 25 ss., embora o aresto, desta causa de exoneração e da suficiência do *due diligence* no que a ela respeita, isto é, no que estritamente respeita à navegabilidade da embarcação, faça derivar uma conclusão sobre a natureza do contrato de transporte, enquanto mero contrato de meios — no que tange a esta classificação, já em sentido diferente, o Ac. STJ, de 3 de Outubro de 1980, BMJ, n.º 300, 1980, p. 419 ss., citando René RODIÈRE, e o Ac. Trib. Rel. Porto, de 23 de Outubro de 1984, CJ, 1984, IV, p. 232 ss. —, ao que o STJ não retrucou, embora também não haja confirmado este *dictum* (ou seja, esta conclusão sobre a classificação do contrato de transporte), no aresto em que negou a revista e em que confirmou a apreciação *in concreto, hoc sensu*, da diligência razoável, enquanto dirigida à viagem em causa, definindo a navegabilidade como «aptidão para *a* viagem que empreendeu e vai começar» (itálico nosso), e compreendendo bem a distribuição do *onus probandi*, relativamente à específica causa liberatória de que se cura, isto é, aquela que assenta na inavegabilidade do navio — Ac.STJ, de 6 de Julho de 1978, BMJ, n.º 279, p. 190 ss., *maxime*, p. 194 s..

[505] Cfr. R. RODIÈRE, *Traité, cit.*, II, p. 392; W. TETLEY, *Marine cargo claims, cit.*, p. 155, 165, 369 ss., 376 ss.; E. DU PONTAVICE, p. CORDIER, *op. cit.*, p. 86 (falando, *in hoc sensu*, de uma «*obligation rélative*»); S. M. CARBONE, *Contratto, cit.*, p. 208, 212 s..

tida[506] que haveremos de avaliar a diligência do transportador para assegurar o estado de navegabilidade do navio, ainda que este venha a efectuar uma ou mais escalas, sem embargo de o transportador poder aproveitar estas escalas para locupletar os seus cuidados de preparação e de acondicionamento, náutico e comercial, do navio, quando, por impossibilidade ou opção, não seja de adoptar todas as medidas requeridas em altura precedente, isto é, antes da partida (art. 4.º, n.º 1 em conjunção com o art. 3.º, n.º 1)[507].

Assim, como faz notar René RODIÈRE, a inavegabilidade, enquanto causa de exoneração, distingue-se, seja do vício oculto do navio, pois aquela pode resultar de um vício aparente, havendo o transportador, debalde embora, usado de razoável diligência para colmatar esse vício, seja da culpa náutica dos seus auxiliares, porque esta se revela em momento diverso[508].

Daqui resulta também que se trata de um estado de inavegabilidade não previsível no início da viagem, sempre à luz de padrões de razoabili-

---

[506] Ainda sobre os conceitos de inavegabilidade e de *due diligence*, o Ac. STJ, de 21 de Novembro de 1978, proc. n.º 067277; o Ac. Trib. Rel. Lisboa, de 8 de Maio de 1981, CJ, 1981, IV, p. 30 ss.. Cfr. A. MATOS, *op. cit.*, p. 45 ss..

[507] Superada e contrariada foi assim a anglo-saxónica *doctrine of stages*, que propugnava pela repartição e pela continuidade da obrigação de diligência em torno da condição de navegabilidade do navio (cfr. art. 3.º, n.º 1) — Cfr. G. RICCARDELLI, *Navigabilità della nave all'inizio del viaggio e dottrina degli stages*, RDN, 1963, I, p. 224 ss.; R. RODIÈRE, *Traité, cit.*, II, p. 391; W. TETLEY, *Marine cargo claims, cit.*, p. 376 ss.; S. M. CARBONE, *Contratto, cit.*, p. 205 ss., e, ainda, sobre o momento a que irá referido o estado de navegabilidade, A. PALMA CARLOS, *O contrato de transporte marítimo, in* Novas perspectivas do direito comercial, Coimbra, 1988, p. 26 ss.. Isto posto, sempre poderá incorrer em comportamento negligente, o transportador, que, podendo actuar e tendo conhecimento de quanto sucedera, não adopta as medidas convenientes, se acaso o navio, em virtude de um facto superveniente, se tornar inavegável; e esta negligência sempre poderá ser relevante em sede de apuramento de responsabilidade, nos termos que vimos descrevendo (quanto mais não seja por isso que se for, no plano factual, a única causa do dano, ficará o transportador sem possibilidade de recoorer a qualquer dos perigos exceptuados do rol do art. 4.º, como poderá ser a causa "oculta" de um dano provindo de causa ignota, o qual sempre seria assacado ao transportador), embora já não haja de ser encarada como imediato obstáculo ao funcionamento da causa de exoneração do n.º 1 do art. 4.º . Em sentido algo diverso, CARVER, *op. cit.*, p. 377, n.84, sustentando que a diligência exigida *ex vi* do n.º 1 do art. 4.º, diferentemente do que sucede no n.º 1 do art. 3.º, não se confina ao período antecedente à largada. Já em sentido conforme, SCRUTTON, *op. cit.*, p. 441.

[508] R. RODIÈRE, *Traité, cit.*, II, p. 398 s..

dade[509] e sem o intento de uma prévia garantia absoluta[510] de navegabilidade do navio, porquanto não é, em rigor, nesta navegabilidade que reside o resultado que integra a obrigação do transportador, tanto mais que o estado de inavegabilidade poderá tornar-se uma causa de reversão da presunção de responsabilidade. E não é esta uma qualquer bizantinisse, é mais um passo do imbricado percurso de distribuição dos riscos, ficando a cargo do transportador tão-só a obrigação prescrita no art. 3.º, referida ao início da viagem e, logo, a uma panóplia de previsíveis circunstâncias, ainda que, inegavelmente, se reconheça na navegabilidade uma condição para um logrado cumprimento da obrigação de deslocar incólumes as mercadorias[511].

Tem-se, aliás, apontado a influência anglo-saxónica ligada ao modo como vem tratada na Convenção a obrigação de razoável diligência e a sua relação com o estado de navegabilidade do navio. Na realidade, podemos observar, *en passant*, que, como refere Sergio Maria CARBONE, até ao sec. XIX, era entendimento comum que o transportador garantia absolutamente («*overriding obligation*»)[512] o estado de navegabilidade do navio, arcando com a responsabilidade por qualquer dano derivado de inavegabilidade, independentemente de culpa, assistindo-se então a uma drástica alteração da prática, devido a uma reforçada posição econó-

---

[509] Cfr. S. M. CARBONE, *Contratto, cit.*, p. 198 ss., sublinhando que seremos *reconduzidos* a um estado de inavegabilidade derivado de uma causa ocorrida ou que se evidencia durante a execução do contrato, situando-se «*al di fuori del controllo del vettore e/o da quest'ultimo non prevedibile (e/o evitabile e/o accertabile), attraverso l'esercizio dell'ordinaria diligenza al momento dell'inizio della spedizione*».

[510] Sobre a não dependência da responsabilidade do devedor relativamente à culpa do mesmo, em virtude da admissão de que este, no contrato, oferecia, segundo o direito inglês, uma garantia absoluta da prestação devida, e sobre a suavização desta teoria "objectiva" de *breach of contract*, por referência à justificação fundada no *damnum fatale*, A. VAZ SERRA, *"Culpa do devedor ou do agente", cit.*, p. 17 e s..

[511] Cfr. R. RODIÈRE, E. DU PONTAVICE, *op. cit.*, p. 345, mostrando que quanto se tem exposto não se icompatibiliza com a noção de "obrigação de resultado". Diferentemente, para a obrigação de protecção e de segurança de pessoas transportadas, a propósito da obrigação de velar pela sua incolumidade durante o transporte e as operações de emarque e desembarque, *vide* G. ROMANELLI, *Il trasporto aereo, cit.*, p. 3 ss., 44 ss. (mas, para as *nuances* particulares da jurisprudência francesa a este propósito, B. MERCADAL, *Droit des transports, cit.*,p. 387 ss.).

[512] Cfr. *supra*. Vide W. TETLEY, *Marine cargo claims, cit.*, p. 371; S. M. CARBONE, *Contratto, cit.*, p. 200 ss., 205, n.12.

mico-contratual do transportador. Assim, no sec. XIX, tornou-se habitual uma prática mais favorável ao transportador que se traduzia na inclusão de certas cláusulas contratuais, «*sino ad escludere totalmente tale tipo di "garanzia", e/o qualsiasi obbligo del vettore rispetto alle condizione della nave (all'inizio e durante la spedizione)*»[513].

Devendo o transportador produzir uma dupla prova, não deixará, contudo de poder socorrer-se das habituais presunções empíricas[514], com o escopo de firmar o nexo de causalidade entre o dano e a inavegabilidade do navio. Já no que respeita à prova da diligência empregue, ainda que não se leve a extremos a observação de minudências comportamentais[515], tão-pouco é seguro que baste a exibição de certificados que atestem o estado do navio antes de zarpar ou a prova de operações de reparação ou de conservação a que o mesmo haja sido, eventualmente, submetido, *v.g.*, num particular estaleiro de renome na praça, ou até internacionalmente, entre outros motivos, por isso que mencionámos *supra*, ou seja, a necessidade de preparar especificamente o navio, com *"due diligence"* — isto é, com uma razoável prudência —, numa dupla dimensão náutico-comercial, a fim de enfrentar a viagem concretamente acordada e as concretas mercadorias recebidas, à luz de um juízo de razoável previsibilidade[516] [517].

---

[513] S. M. CARBONE, *Contratto, cit.*, p. 199 s., n. 4 e 5. Cfr. CARVER, *op. cit.*, p. 90, 210; SCRUTTO, *op. cit.*, p. 86.

[514] Cfr. S. M. CARBONE, *Contratto, cit., loc. cit.*.

[515] Cfr. S. M. CARBONE, *Contratto, cit.*, p. 215, referindo, em geral, que a diligência exigível não se compadecerá com o «encarniçamento» representado pela exigência de medidas irrazoáveis segundo os dados empíricos da actividade náutica, ora porque «*troppo costose*», ora porque «*troppo macchinose*».

[516] Sobre as sociedades de classificação, *vide* A. LEFEBVRE D'OVIDIO, G. PESCATORE, L. TULLIO, *op. cit.*, p. 96 s.; R. RODIÈRE, E. DU PONTAVICE, *op. cit.*, n.º 45. Entre nós, J. M. P. VASCONCELOS ESTEVES, *Direito marítimo*, I, *Introdução ao armamento*, Lisboa, 1990, p. 55 ss..

[517] Refira-se, a propósito, o famigerado caso *The Muncaster Castle (Riverstone Meat Co. Pty. v. Lancashire Shipping Co.*, de 1961), onde se definiu uma ideia de não delegabilidade da obrigação de colocar o navio em estado de navegabilidade. Aí, e muito sucintamente, havendo sido confiado a uma reputada empresa o encargo de inspeccionar o navio, ainda assim, e independentemente da credibilidade da empresa auxiliar, tal facto, e mesmo considerando que o dano se ficara a dever a negligência da sobredita companhia, não afastaria a responsabilidade do transportador por danos sofridos pela infiltração de água do mar. *Vide* CARVER, *op. cit.*, p. 352 ss., que relatando a decisão da *House of Lords*, refere que aí se considerou que «*a shipowner was not safeguarded by the fact that the negligence in repairing the ship was that of an independent contractor*»; SCRUTTON, *op.*

Uma vez mais, não comprometendo inexoravelmente as precedentes orientações normativas, e sem solução de continuidade[518], no que tange, seja ao regime da responsabilidade aquando da detecção de um estado de inavegabilidade, seja quanto à prova e aos meios de prova, a Convenção de Hamburgo revela-se, porém, algo mais severa ao dispor que «[t]he carrier is liable [...] if the occurrence that caused the loss, damage or delay took place while the goods were in his charge [...] unless the carrier proves that he, his servants or agents took all measures that could reasonably be required to avoid the occurrence and its consequences» (art. 5.º,n.º 1)[519]. Tanto quanto ora nos aproveita esta disposição, parece ser de realçar que, afinal, a mais significativa *nuance* introduzida, ainda que não seja de somenos relevância, consiste na extensão da imprevisibilidade e/ou inevitabilidade do estado de inavegabilidade e dos respectivos efeitos lesivos, como requisito do afastamento da responsabilidade do transportador, a todo o tempo da viagem, exigindo-se do transportador (ou dos seus empregados ou auxiliares) uma razoável diligência para prover à navegabilidade durante toda a viagem e já não apenas na fase que antecede a partida[520].

No regime uniforme de Haia, na verdade, o que acaba por se pretender a fim de o libertar de responsabilidade com base na inavegabilidade é, afinal, que esta não se revele previsível e/ou evitável no momento da partida, logo superável através de medidas adequadas a uma razoável diligência. Desta mutação das Regras de Hamburgo infere-se, acto contínuo, uma outra que se prende à desconsideração da culpa náutica do capitão e da equipagem como causa de exoneração da responsabilidade.

Repara-se, assim, de novo, que a eliminação do elenco exemplificativo de perigos ou de causas exceptuados não suprime a sua operativi-

---

cit., p. 429 ss.; W. TETLEY, *Marine cargo claims, cit.*, p. 371, 391 ss., salientando como este princípio houvera sido acolhido, já muito antes, na jurisprudência america, o que é reconhecido pela decisão do *The Muncaster Castle*; S. M. CARBONE, *Contratto, cit.*, p. 184 ss., n.42.

[518] Cfr. R. HELLAWELL, *Allocation of risk between cargo owner and carrier,* AJCL, v.27, 1979, p. 357 ss.. S. M. CARBONE, *Le regole, cit.*, p. 57 ss., *Contratto, cit.*, p. 187 ss..

[519] Sobre o entendimento da *due diligence*, nesta Convenção, J. DONALDSON, *Standard, cit.*, p. 211 ss.

[520] Tal não significa admitir que, ao abrigo das Regras de Haia, se deve postular, para a operatividade dos perigos ou casos exceptuados, um regime idêntico àquele previsto na letra da lei francesa de 1966. Cfr. *infra*.

dade, agora prescrita mediante uma formulação menos analítica[521], o que não tolherá, contudo, a favor do transportador, e em sede de prova etiológica, a operatividade de presunções baseadas na experiência.

32. Como havemos dito, a assunção da culpa náutica do capitão e equipagem como uma das causas de reversão da presunção de responsabilidade do transportador[522], e da sua eventual exoneração, vem sendo apresentada como uma das mais notórias manifestações do compromisso[523] prosseguido pelas regras unformes — na sua dupla personalidade de solução reguladora, aquela que ao tempo era possível, e de normatividade espontaneamente fundada, ainda que revestida de conformadoras prescrições, impostas com o intento de solidificar e orientar correctivamente, à luz de interesses públicos, uma latente uniformidade reguladora derivada da prática contratual —, mas não deixa também de ser apodada de absurda, com esgares de surrealismo anacrónico, todavia vigente.

Uma tal causa exceptuada parece assentar as suas raízes numa dada interpretação das *negligence clauses* [524], que a jurisprudência americana vinha fazendo no passado século, e cujo escopo pretendia restringir o seu campo de alcance, a fim de não deixar de todo desprotegido o carregador, considerando os interesses de ordem pública. Quanto foi lavrado no plano jurisprudencial viria a ser acolhido pela secção 3ª do *Harter Act* de 1893, segundo a qual «*neither the vessel, her owner or owners, agent, or char-*

---

[521] Cfr. J. DONALDSON, *op. cit., loc. cit.*, acentuando esta ideia de retorno a Haia, razão pela qual, às Regras de Hamburgo sempre poderá acabar por ser concedido um papel em jeito de contrafigura, e não tanto o de um inovador protagonismo. Cfr. S. M. CARBONE, *Contratto, cit.*, p. 213 ss.: «*nessuna grave "rottura" col sistema previgente*».

[522] Já Daniel DANJON apreciava quão profundo fora o fosso escavado pelo *Harter Act* (sec.3ª) entre o regime das duas culpas — *Traité, cit.*, II, p. 763. Note-se, que com este *Act* de 13 de Fevereiro de 1893 se consegue mais um compromisso, como descrevemos no texto, apto a pôr cobro à prática das *negligence clauses*, cujo alcance poderia até então ser mais amplo, passando estas a ser aceitáveis, tão-só no que à culpa náutica respeitasse. Sempre a avaliação, também desta resposta normativa, não merece ser feita de roldão. Cfr. G. RIPERT, *Droit maritime, cit.*, p. 614 ss., II, p. 263 ss; G. RICCARDELLI, *Harter Act,* Enc. dir., XIX, p. 946 ss., *maxime*, p. 948.

[523] Cfr. S. ZUNARELLI, *Tasporto, cit.*, p. 1209 s..

[524] Sobre estas, e também em relação ao fretamento, Ac.Trib.Rel.Lisboa, de 4 de Janeiro de 1978, CJ, 1978, I, p. 25 ss.. Entre nós, *vide* A.VIEGAS CALÇADA, *Responsabilidade dos navios, cit.*, p. 81 s..

terers, shall become or be held responsible for damage from faults or errors in navigation or in the management of said vessel»[525].

As motivações que hajam colhido para favorecer a inclusão da culpa náutica entre os *"excepted perils"*, encontrá-las-emos na necessidade de realizar esse compromisso entre os interesses de transportadores e de carregadores, e de não responsabilizar o transportador por um certo tipo de risco objectivo, porquanto, como haja zarpado o navio, assistimos a uma tendencial dissociação "física" entre a vertente comercial e a vertente marítimo-técnica da expedição, e, se aquela continuará repartida entre terra e mar, isto é, entre a empresa de transporte, de uma banda, e o capitão e a equipagem, de outra, sobre esta já o transportador perderá qualquer *chance* de directo controlo material, seja por óbvia imposição da distância física, seja pela distância imposta pela habilidade técnica e pela preparação profissional específicas que as operações náuticas demandam — é, pois, neste último sentido que alguns aqui entrevêem uma manifestação da apregoada distinção entre empresa de navegação e empresa de transporte[526].

Assim, à luz da al. a) do n.º 2, do art. 4.º, da Convenção de Bruxelas, o transportador não responderá pelos danos que resultem «[d]e actos, negligência ou falta do capitão, mestre, piloto ou empregados do armador na navegação ou na administração do navio». Não parcas dúvidas suscitou o entendimento desta cláusula geral e da noção de culpa náutica, e diversas definições têm sido propostas para a culpa náutica, assumindo a culpa comercial à face desta um carácter residual. Assim, foram propostos diversos critérios de distinção, mormente, como se compreende, no que tange à concepção de «administração do navio» (*management of the ship*), já que, nos actos a esta atinentes, não raramente se deverá interferir

---

[525] Cfr. R. RODIÈRE, *Traité, cit.*, II, p. 263 ss., e I, p. 366 s., sobre uma interpretação restritiva das *negligence clauses*; SCHAPPS-ABRAHAM, *op. cit.*, p. 642 ss., sobre a *nautisches Verschulden seiner Leute* (e sobre quem nesta categoria se inclui) no decurso de «*Führung oder der sonstigen Bedienung des Schiffes*» (n.º 2 do §607 do HGB); M. REMOND-GOUILLOUD, *op. cit.*, p. 376, que prefere a expressão *gestion* (*nautique/commercielle*) a *administration*, referindo-se a lei de 1966 directamente à categoria das *fautes nautiques*, na al.b) do art. 27.º, opção pela qual já houvera enveredado o par.2.º do art. 422.º do Código da Navegação italiano («*colpa nautica dei dipendenti o preposti*»); A. LEFEBVRE D'OVIDIO, G. PESCATORE, L. TULLIO, *op. cit.*, p. 555 ss.

[526] A. LEFEBVRE D'OVIDIO, G. PESCATORE, L. TULLIO, *op. cit.*, p. 555. Cfr., também, S. M. CARBONE, *Contratto, cit.*, p. 217 ss..

com a carga, bastando pensar na influência da estiva sobre a estabilidade do navio[527 528].

---

[527] Cfr., sobre a estiva, R. RODIÈRE, Traité, cit., II, p. 265 s.; M. REMOND-GOUILLOUD, op. cit., p. 377, também sobre o *ballastage* e sobre a estabilidade do navio (também W. TETLEY, *Marine cargo claims*, cit., p. 404 ss.); S. M. CARBONE, *Contratto, cit.*, p. 223 s.; A. LEFEBVRE D'OVIDIO, G. PESCATORE, L.TULLIO, *op. cit.*, p. 555 ss.. E, ainda, CARVER, *op. cit.*, n.º 187 a 189 e 193. E entre nós, ainda, V. A. PEREIRA NUNES, *A influência da estiva na responsabilidade do armador*, RT, ano 81, n.º 1784, p. 342 ss.. Cfr. ainda Ac. Trib. Rel. Lisboa, de 8 de Maio de 1981, CJ, 1981, IV, p. 30 ss..

[528] Atendendo à necessária distinção entre culpa náutica e culpa comercial, não deixa de causar certa perplexidade o Ac. Trib. Rel. Lisboa, de 25 de Outubro de 1978, CJ, 1978, IV, p. 1366 ss., mesmo se apenas entrevê uma aparente colisão entre as al. a) e q) do art. 4.º, inquietação esta que poderá talvez atribuir-se ao entendimento que o acórdão acolhe acerca da diligência razoável do transportador, cuja prova parece exigir como pré-requisito para a actuação de todas as causas de exoneração. Aliás, no aresto em questão, não deixa ainda de causar um certo desconforto o recurso ao direito interno para justificar a distribuição do *onus probandi*, cujas regras deveriam ser encontradas na própria convenção. O acórdão, pasme-se, culmina na repartição do montante dos danos entre as parte, segundo parece, por isso que não fora identicada a contento a causa dos mesmos. Melhor andou, em sede de revista desta decisão, o Ac. STJ, de 3 de Outubro de 1980, BMJ, n.º 300, 1980, p. 419 ss., tentando compreender as regras probatórias do regime uniforme, então já regime aplicável ao transporte interno, e assacando ao transportador a responsabilidade por não haver provado nenhuma das causas liberatórias, e independentemente de permanecer oculta a causa da avaria. Todavia, não parece que haja remido completamente a falta da argumentação da Relação, pois que, além de sugerir ainda a necessidade de prova da diligência razoável, sempre que o armador se quisesse valer de qualquer dos *excepted perils* arrolados no n.º 2 do art. 4.º, ainda pretendeu fundar o acertado da sua conclusão (que não se nega) numa regra do Código Civil, o art. 342.º (em igual pecadilho parece incorrer o Ac. STJ, de 15 de Outubro de 1980, BMJ, n.º 300, 1980, p. 427, quando tenta buscar no código civil a noção de diligência que conviesse para confortar a aplicação do regime da Convenção). Não se trata de negar que deveria ser a lei portuguesa a regular um caso de transporte interno, e, logo, também qualquer questão probatória que se levantasse, mas inegável é outrossim a especialidade do regime da Convenção, para o qual remetia o diploma de 1950, prevalecendo, pois, sobre as normas gerais da prova, como dos contratos.

Cfr., ainda. a propósito da culpa náutica e da noção de "barataria do capitão", Ac. Trib. Rel. Lisboa, de 11 de Maio de 1979, CJ, 1979, III, p. 774 s.. Cfr. ainda, o Ac. STJ, de 15 de Outubro de 1980, BMJ, n.º 300, 1980, p. 424 ss.; o Ac. STJ, de 19 de Fevereiro de 1987, BMJ, n.º 364, 1987, p. 879 ss., *maxime*, p. 885 s.(sobre a distinção entre gestão náutica e gestão comercial do navio). Sobre a distinção entre actos técnicos e actos administrativos, a prpósito da limitação da responsailidade do armador, A. VIEGAS CALÇADA, *Responsabilidade dos navios, cit.*, p. 78 s..

Pode atender-se ao objecto material sobre que recai a actividade, no âmbito da qual se adoptou um comportamento negligente, e segundo este critério haveríamos culpa náutica, sempre que o comportamento em causa mirasse bens, máquinas ou aparelhos relacionados principalmente com a navegação e com o navio, com a sua manutenção e operatividade, quedando a designação de culpa comercial para aqueles comportamentos que recaíssem sobre bens, máquinas ou aparelhos que dissessem mais directamente respeito ao manuseamento, guarda e conservação da carga.

Para outros, tão-só interessará averiguar a natureza do «*fait matériel*»[529], e, portanto, inquirir se as actividades em questão em nada podem ser, à partida, relacionadas com as funções de conservação da carga, e só se assim for se excluirá a culpa comercial.

De acordo com outro critério, este já de natureza apriorística, interessará indagar sobre a intenção que inspirou *ex ante* a actividade ou a operação em causa e, da qual, por negligência do capitão ou da tripulação, resultaram danos para a mercadoria. Sob a alçada deste critério, estaríamos perante culpa náutica, se tal operação visasse um resultado ou um benefício para o navio, para as manobras náuticas ou, até, para a segurança geral da expedição.

Assim, no âmbito da *common law*, de notória influência na construção e na "desconstrução"/"reconstrução" das regras uniformes, SCRUTTON refere, seguindo GREER L. J. , que «[i]*f the cause of the damage is solely or even primarily a neglect to take reasonable care of the cargo, the ship is liable* [...] *if the cause of the damage is a neglect to take reasonable care of the ship or some part of the ship, as distinct from the cargo, the ship is released from liability*», acrescentando, contudo, que «[i]*f, however, the negligence is not negligence towards the ship but only a negligent failure to use the apparatus of the ship for the protection of the cargo the ship is not relieved*»[530].

Na verdade, o que sucede é que, ao desenvolver uma qualquer actividade no interesse da navegação ou da normal gestão do navio, se adopta

---

[529] Cfr. R. RODIÈRE, *Traité, cit.*, II, p. 264.
[530] *Op. cit.*, p. 241 s., e 238 ss., 442, n. 86, avaliando o caso de intervenção concorrente de um terceiro, com vista a uma reparação, sempre à luz da ideia de não delegabilidade. *Vide*, também sobre as diversas propostas de definição, W. TETLEY, *Marine cargo claims, cit.*, p. 397 ss., falando de *errors/erroneous act* «*primarily directed toward the ship*» («*primarily affecting the ship*»), ou «*toward the cargo*».

um comportamento negligente do qual resultarão danos para a carga, sendo, a esta luz, inevitável uma minuciosa apreciação do nexo de causalidade, ou seja, cumprirá apurar se a causa do dano se encontra em tal actividade ou, de outro modo, num acto realizado, directamente, no interesse do navio ou da navegação, ou se antes se alojará num acto e/ou omissão conexos ou simultâneos, relativamente aqueloutra operação de índole náutica[531].

Já do lado de cá da Mancha, entendeu René RODIÈRE, na esteira de CARVER e SCRUTTON que «*il y a administration du navire* en toute matière qui interesse le navire comme tel *et non d'abord la cargaison ou les appareils et installations du navire établis pour la conservation de la cargaison*». Acrescenta, ademais, segundo um critério objectivo, que «*il faut se demander à quoi tendait l'acte au cours duquel la faute a été commise et distinguer ce qui devait intérresser le navire de ce que devait intéresser la cargaison*», precisando que «[i]ntéresser *n'est pas* concerner», e que «[u]*n acte intéresse le navire lorsqu'il est entrepris dans son intrêt et non pas lorsqu'il concerne les organnes du navire*»[532].

De relance, ainda, a posição de Antonio LEFEBVRE d'OVIDIO, Gabriele PESCATORE e Leopoldo TULLIO, segundo a qual, a *colpa nautica* envolve, quanto à navegação, «*comportamenti inerenti all'attività nautica propriamente detta (errore di navigazione, difetto di ancoraggio, inavvertenza dei segnali meteorologici, ecc.*), bem como, quanto à administração do navio, actos relativos à «*manutenzione della nave, con riguardo à quelle sue parti chi attengono alla sua navigabilità (scafo, macchine, ancore, ecc.); invece, la manutenzione delle parti della nave inerenti alla sua utilizzazione commerciale (stive, impianti di raffreddamento, paranchi, ecc.) rientra nel concetto di colpa commerciale*»[533].

Parece, pois, que haverá culpa náutica se os actos ou operações, em que haja ocorrido um comportamento negligente e do qual hajam resultado danos relativos às fazendas, se destinarem à navegação ou a interferir nas condições e na organização (gestão, administração) do navio *a se*. Todavia, poderá suceder que estes actos requeiram, pela sua natureza ou devido a previsíveis consequências sobre a carga, determinados cuidados a fim de garantir a conservação das mercadorias, seja evitando, seja atenuando os efeitos danosos, pelo que a omissão dos exigíveis cuidados,

---

[531] Neste sentido, S. M. CARBONE, *Contratto, cit.*, p. 220 e 224.
[532] R. RODIÈRE, *Traité, cit.*, II, p. 264.
[533] *Op. cit., loc. cit..*

que deveriam ter sido adoptados, já não constituirá culpa náutica, mas antes culpa comercial. Assim, a par de uma operação que interessa o navio e/ou a navegação, isto é, uma actividade de natureza náutica, verificar-se-à uma omissão (ou acção) que contenderá com o aspecto comercial da expedição.

O apuramento da natureza do juízo de censura a fazer sobre a actuação do capitão, de subordinados, da equipagem ou do piloto, será necessariamente casuístico, o que não tolhe que se possa apontar alguns indícios coadjuvantes dessa determinação — o objecto (o navio, suas partes, seus aparelhos e aprestos) sobre que recaia a actividade desenvolvida, a intenção que subjaza a esta, o benefício geralmente obtido por ela, mesmo para a segurança da expedição no seu todo, o efectivo resultado da operação —, suportável, aliás, por presunções derivadas do *id quod plerumque accidit* e da experiência própria da prática náutica[534].

Para a qualificação da actuação do comandante e da tripulação, para efeitos do seu enquadramento neste paricular *"excepted peril"*, parece pois interessar mais ter em conta o objectivo, e não o resultado, por que a mesma é determinada — convirá, pois, determinar se o acto foi praticado no interesse ou em benefício da navegação e do navio (para preservar ou melhorar as suas condições, garantir a sua navegabilidade e segurança ou a segurança geral de expedição), enfim, a bem da boa gestão do navio, a fim de cumprir as suas funções enquanto veículo (posto que seja óbvio que o seu bom desempenho náutico é condição para um bom desempenho relativamente à carga, só que actos haverá que se dirigem, a título princi-

---

[534] Cfr. W. TETLEY, *Marine cargo claims, cit., loc. cit.*; S. M. CARBONE, *Contratto, cit.*, p. 219ss., 222 s., para um elenco de teorias qualificadoras destes comportamentos (dividindo-as entre aquelas que atendem, ora ao efeito do acto, ora ao objecto, ora ao efeito que abstractamente o comportamento estará apto a produzir — cfr. R. RODIÈRE, *Traité, cit.*, II, *loc. cit.*), e para uma referência crítica, por demasiado ampla e lassa, à teoria funcional, que faz derivar o carácter náutico dos efeitos que o comportamento adoptado tem aptidão para surtir por sobre a expedição e por sobre a respectiva segurança, fazendo notar que, mesmo nutrindo uma intenção que mira à segurança do navio, se podem verificar, consequentemente, acções ou omissões que dizem respeito, primordialmente, à carga, isto é, que se traduzirão na ausência dos cuidados adequados para evitar, no decurso de operações náuticas, factos lesivos, ou para evitar/atenuar efeitos danosos para a carga; A. LEFEBVRE D'OVIDIO, G. PESCATORE, L. TULLIO, *op. cit.*, p. 555, *in fine*, também acerca da possível matriz material da definição, relacionando-a com a noção e com a natureza real do navio.

pal, à carga, e assim também as correspectivas omissões a terão, em primeira linha, como alvo)[535]. Na operação qualificativa, como dissemos, sempre se poderá arrolar, como indícios, o objecto material sobre que incide a actividade durante a qual ocorreu o comportamento negligente, bem como a intenção que imperou na adopção do acto ou actos em questão, porquanto, no âmbito de uma operação marítima mais ou menos complexa que se desenrole a bordo, amiúde andarão incindíveis actos atinentes (e, que, portanto, são praticadas no interesse de) ao navio e à carga, ainda que o objectivo da operação, considerada no seu todo, possa ser principalmente referido a um ou à outra[536].

Cabe ainda lembrar como, seguindo a bipartição tradicional, acabará por restar para a noção de culpa comercial uma função residual, abrangendo as condutas negligentes, que, estando ligadas a eventos causadores de danos relativos às mercadorias, não podem ser associadas a uma culpa de tipo náutico.

Vários motivos levaram à exclusão da culpa náutica do rol das causas de exoneração da responsabilidade do transportador, no sistema das Regras de Hamburgo, que lhe impõe o ónus de provar que adoptou todas as medidas razoavelmente exigíveis, a fim de evitar o evento causador do dano ou os efeitos lesivos, ou o seu agravameto — não se devendo olvidar que o art. 5.º, repetida e expressamente, assevera a necessidade de produzir esta prova, seja quanto à actuação do transportador, seja quanto à actuação de prepostos ou de empregados, e de agentes ou de mandatários[537], não distinguindo, consoante a natureza ou o escopo da conduta

---

[535] Veja-se a segunda parte do n.º 2 do §607 do HGB: «[z]*ur Bedienung des Schiffes gehören nicht solche Maßnahmen, die überwiegend im Interesse der Ladung getroffen werden*» — cfr. SCHAPPS-ABRAHAM, *op. cit.*, p. 642 ss..

[536] Cfr. S. M. CARBONE, *Contratto, cit.*, p. 226.

[537] Sobre o sentido a dar à norma, no que toca aos empregados e aos agentes ou mandatários, bem como à respectva actuação, dentro e fora das funções que lhe hajam sido confiadas (onde sempre poderão emergir, como, de resto, já à luz do sistema de Haia-Visby, questões conexas com uma *culpa in eligendo, vigilando* e *instruendo* do próprio transportador), *vide* J. DONALDSON, *"Servants and agents"*, DM, 1983, p. 209 ss..

De notar é, contudo, que, neste ponto, e ressalvando o parêntesis representado pela culpa náutica, a disciplina das novas regras uniformes não se afasta do sentido mostrado pela interpretação, que a jurisprudência e a doutrina vinham fazendo das Regras de Haia/Visby, embora, prosseguindo, uma vez mais, um objectivo clarificador, na formulação exteriormente objectivante. É assim, por exemplo, que parece intocada a *ratio* e a orientação normativa plasmadas, no caso *"Muncaster Castle"*.

Partindo da imperatividade da disciplina uniforme, seja no sistema de Haia-Visby, seja naquele de Hamburgo, seguir-se-á inteiramente (ressalvada para aquele o regime da culpa náutica) a regra *ubi, qui facit per alium, facit per se*, e, assim, será o transportador responsabilizado pelos actos de execução das obrigações assumidas, praticados por subordinados (*the servant's act is the master's act*), agentes ou auxiliares, mesmo estranhos à organização empresarial, que haja convocado. Só, deste modo, se acaba de explicar como o regime não derrogável da disciplina uniforme desfere o golpe que truncou o efeito das *negligence clauses* e quejandas.

Mais, mesmo no âmbito da culpa náutica, se vem sustentando que o transportador responderá ainda, sempre que as instruções que informarão os comportamentos náuticos provenham de alguém que se possa ainda inserir na esfera da «*directing mind*» — cfr. S. M. CARBONE, *Contratto, cit.*, p. 341 ss., *maxime*, p. 343, sustentando, em geral, a ideia de uma *vicarious liability*, desde que os actos praticados se reconduzam «*alla sfera delle atribuizioni loro affidate* [...] *compiuti in occasione dell'attività svolta a vantaggio del vettore*», mas precisando que se poderá dar o caso de certos comportamentos do comandante e a tripulação poderem ser evitados por uma «intervenção tempestiva» da *directing mind*, que sempre poderá envolver um conjunto mais ou menos alargado de pessoas aptas a fornecer as instruções e a tomar as medidas reclamadas pelas circunstâncias; todavia, se assim for, então os comportamentos mal orientados, ou não orientados, do comandante e da equipagem não terão já cabimento na causa liberatória, passando a ver-se com uma «*"diretta e personale" riferibilità all "directing mind" del vettore*».

Na realidade, a exoneração, conseguida mercê da culpa náutica, não abrangerá situações em que o transportador incorra em *culpa in eligendo* (ainda que, aqui, possamos estar no domínio da negligência relativa à própria navegabilidade do navio, enquanto para a assegurar está o transportador a equipar convenientemente o navio), *in instruendo* ou *in vigilando*, uma vez que, desta feita, estaremos perante um comportamento negligente do transportador, sendo, outrossim, evidente como a maior facilidade das comunicações pode reduzir as situações de culpa náutica, *stricto sensu*, ou em que exclusivamente se contemple um comportamento danoso, que não admita, por exemplo, a concorrência de uma omissão do próprio transportador, *v.g.*, no que toca a instruções úteis para confortar, a bem da carga, as operações náuticas a desencadear ou a prosseguir (e tanto mais assim, quando este tenha agentes ou representantes seus sediados nos portos de escala).

Cfr. CARVER, *op. cit.*, p. 114, e sobre a *culpa in instruendo*, n.76, *in fine*; SCRUTTON, *op. cit.*, p. 98 s. 244, 430, e também sobre a *culpa in instruendo*, n.18; W.TETLEY, *Marine cargo claims, cit.*, p. 385 s. — a propósito do caso *Makedonia*, de 1962, em que o transportador não seria exonerado, porquanto não se houvera cerificado suficientemente acerca do «*record and competence of these officers*», o *chief engeneer* e o *second engeneer*, a quem se ficara a dever o comportamento negligente (*inefficient*) ; S. ZUNARELLI, *La nozione, cit.*, p. 94 ss., sobre a *ratio* explicativa da culpa náutica; S. M. CARBONE, *Contratto, cit.*, p. 218 ss., n.33; R. RODIÈRE, E. DU PONTAVICE, *op. cit.*, p. 343.

Idêntica orientação era já encontrada no art. 377.º do Código Comercial, relativo ao

em questão (isto é, o tradicional *distinguo*: *error in the management of the ship* e *error in the management of the cargo*), e que haja originado o dano que dá causa à petição do autor[538].

Deste modo, não desmerecendo a posição do comandante ao centro da aventura marítima, enquanto "guardião" das almas a bordo, do navio e das fazendas, resgata-se uma maior tutela para a posição dos interessados na carga, ao não tolerar que a negligência no exercício de uma actividade

---

transporte, segundo o qual «[o] transportador responderá pelos seus empregados, pelas mais pessoas que ocupar no transporte dos objectos e pelos transportadores subsequentes a quem for encarregado o transporte». Da mesma sorte, na Convenção de Genebra sobre o transporte de mercadorias por estrada (art. 3.º); já, no transporte aéreo, assistiu-se, na Convenção de Varsóvia, à importação da noção de culpa náutica (art. 20.º, n.º 2 da versão original), na esteira da precedente Convenção de Bruxelas e do *Harter Act*, em grande medida mercê do grau de parco desenvolvimento técnico da navegação aérea em 1929 e da novidade ainda representada por este meio de locomoção: «[d]*ans le transport de marchandises* [...] *le transporteur n'est pas responsable s'il prouve que le dommage provient d'une faute de pilotage, de conduite de l'aéronef ou de navigation*», esclarecendo que deverá, naturalmente, provar, ademais, «*que, à tous égards lui et ses préposés ont pris toutes les mésures nécessaires pour éviter le dommage*». Este preceito viria, entretanto, a ser suprimido pelo Protocolo de Haia, de 1955.

Também o art. 7.º do DL n.º 352/86: «[a] intervenção de operador portuário ou de outro agente em qualquer operação relativa à mercadoria não afasta a responsabilidade do transportador, ficando, porém, este com o direito de agir contra os referidos agentes ou agente». Uma tal conclusão já resultaria, como se vem postulando, da disciplina imperativa das Regras de Haia, *ex vi* do art. 3.º, n.º 2, e, também, assim, no que tange às operações de carregamento e de descarga. Quanto a estas, todavia, sempre a referida disposição nacional reveste um múnus clarificador, porquanto define o efeito preciso das cláusulas FIO (*free in and out*) ou FIO (*stowed and trimmed*), que não poderão libertar o transportador da inerente responsabilidade, posto que possam conservar o seu efeito sobre o preço devido ao transportador — cfr. M. RAPOSO, *Fretamento, cit.*, p. 43 ss., *Sobre o contrato, cit.*, p. 37ss.; A. LEFEBVRE D'OVIDIO, G. PESCATORE, L. TULLIO, *op. cit.*, p. 538, 557.

Sobre a *culpa in eligendo, instruendo vel vigilando,* bem como sobre a limitação ou exclusão convencionais da responsabilidade e sobre a responsabilidade do devedor por actos de outrem, nomeadamente, a propósito dos arts. 800.º e 809.º do Código Civil, *vide* A. VAZ SERRA, *Responsabilidade do devedor pelos factos dos auxiliares, dos representantes legais ou dos substituos*, BMJ, n.º 72, p. 266 s., 281 s.; A. PINTO MONTEIRO, *op. cit., passim*, p. 258 ss., 277 ss.; M. J. ALMEIDA COSTA, *op. cit.*, p. 517, n.2, 678 ss., 910 ss..

Seguindo a doutrina exposta, segundo a qual o transportador, aquele que foi parte no contrato de transporte, responderá perante o interessado na carga, ainda que não realize por si o transporte, o Ac. STJ, de 14 de Janeiro de 1993, proc. n.º 082640.

[538] Cfr. R. RODIÈRE e E. DU PONTAVICE, *Droit maritime, cit.,* W. TETLEY, *Marine cargo claims, cit.,* p. 410, p. 346, M. REMOND-GOUILLOUD, *Droit maritime, cit.,* p. 382 s..

tecnico-profissional possa libertar o transportador, parte no contrato, ou o transportador real, perante quem nenhuma influência directa pode exercer sobre a navegação.

Entre os motivos para esta mutação contundente (visível mesmo por entre a malha mais alargada da cláusula geral de exoneração, ora empregue, nas Regras de Hamburgo), pode contar-se, como refere Sergio Maria CARBONE, a dificuldade de chegar a uma noção dogmática de culpa náutica e o facto de esta haver sido encarada como um perigoso nicho de refúgio para o transportador, sem embargo da consciência dos eventuais efeitos que uma tal alteração poderia vir a surtir sobre as tarifas praticadas[539]. Não se ignorará, de outra banda, quão significativos vêm sendo os progressos técnicos, no domínio da navegação marítima, desde o dealbar do corrente centénio, o que, de algum modo, aumentou o número e a qualidade dos meios disponíveis para enfrentar as agruras marítimas.

33. No elenco dos *"casus"*, encontraremos ainda um conjunto de factos, de algum modo, não imputáveis ao transportador — alíneas b) a l) do n.º 2 do art. 4.º (embora a salvação — segundo a al. l) do n.º 2 do art. 4.º, o transportador não será responsável se a perda ou o dano resultarem «[d]e uma salvação ou tentativa de salvação de vidas ou bens no mar» — e o incêncdio — al. b) do n.º 2 do art. 4.º, que determina não ser o transportador se o dano for derivado «[d]e um incêndio, salvo se fôr causado por facto ou culpa do armador» — possam ser sujeitos a alguns reparos particulares, no que toca ao seu regime, dada a particularidade que

---

[539] Cfr. S. M. CARBONE, *Contratto di trasporto, cit.*, p. 224 ss.. *Vide*, também, A. LEFEBVRE D'OVIDIO, G. PESCATORE, L. TULLIO, *Manuale, cit.*, p. 555, segundo os quais, não fará hoje sentido, manter a distinção entre culpa náutica e comercial, porquanto o cenário que a viu nascer era assaz diverso, e, nele, pretendia-se um expediente capaz de encurtar o alcance das *neglicence clauses*, correspondendo, afinal, a uma paralela e cortante distinção entre *impresa di navigazione* e *impresa di trasporto*.

W. TETLEY realça, igualmente, como, desta sorte, se aproxima — também neste aspecto, onde a diferença era ainda abissal, mercê de uma «*archaic defence of error in the navigation*» — a disciplina do transporte marítimo daquela dispensada para os demais tipos de transporte e para outras actividades, que exijam particulalres cuidados técnicos (*Marine cargo claims, cit.*, p. 410). Sobre a aproximação, mesmo no plano da formulação, incluindo as opções linguísticas e terminológicas, das Regras de Hamburgo, relativamente à regulamentação uniforme das outras modalidades de transporte, *vide* R. HELLAWELL, *Allocation of risk cit.*, p. 357 ss..

reveste a salvaçao e a assistência no mar[540], e dadas as consequências irredutíveis que seguem o incêndio no mar, e devido a tudo o que ele implica, inclusivamente, o resultado dos meios empregues para o suster e suprimir[541] —, e que escaparão àquela área de risco que ele deverá

---

[540] Podendo, no caso de bens corpóreos, envolver uma actividade para benefício ou locupletamento próprio, no domínio, evententualmente, da *faute lucrative*. Cfr. R. RODIÈRE, *Traité, cit.*, II, p. 288 s., 407.

[541] Assim, *ex vi* da al. b) do n.º 2 do art. 4.º «[n]em o armador nem o navio serão responsáveis por perda ou dano resultante ou proveniente [...] [d]e um incêndio, salvo se fôr causado por facto ou culpa do armador» (na versão inglesa, emprega-se a tradicional expressão «*actual fault or privity*», sobre a qual, em geral: HALSBURY, *Laws of England*, IV, Londres, 1953, p. 157; CARVER, *op. cit.*, p. 288 ss., 384 s.; SCRUTTON, *op. cit.*, p. 402 s.). Cfr., sobre esta «*strana clausola*», sobre a sua interpretação no sistema de Haia, e sobre a sua história e as suas origens anglo-americanas, *vide* H. WÜSTENDÖRFER, *Responsabilità per incendi a bordo secondo le regole dell'Aja*, Nuova Rivista di Diritto Commerciale, 1949, I, p. 211 ss..

Cfr. R. RODIÈRE, *Traité, cit.*, II, p. 269 s., 399 s., embora sustentando que compete ao carregador fazer prova de negligência do transportador, correndo por conta daquele suportar as consequências de incêndio devido a causa desconhecida, e isto, mesmo a propósito da disciplina uniforme (talvez entendendo, afiança William TETLEY acerca da orientação jurisprudencial e doutrinal dominante em terras gaulesas, que, nas Regras de Haia, não se havia pretendido senão acolher a opção normativa do *Fire satute* americano de 1851, que visitaremos seguidamente); fazemos o *appunto*, porquanto a lei francesa de 1966 — diferentemente daquela de 1936, que nenhuma menção fazia sobre o incêndio — determina, *tout court*, no art. 27.º, que o transportador não será responsável se provar que «*ces pertes ou dommages proviennent* [...] [*d*]'*un incendie*», não obstante a possibilidade geral de prova subsequente, pelo carregador, de negligência. No mesmo sentido, para a disciplina das Regras de Haia-Visby, SCRUTTON, *op. cit.*, p. 444; S. M. CARBONE, *Contratto, cit.*, p. 226 ss., *maxime*, 227 s.; segundo este Autor, ao regime probatório, entendido nestes termos, haveria que gabar a conformidade, seja com os trabalhos preparatórios e com os *Fire statutes* inglês e americano, seja com a experiência da nevegação, pois que uma grande parte dos incêndios se ficaria a dever a fenómenos de autocombustão e à natureza das mercadorias (circunstâncias, de qualquer modo, «não imputáveis à área de risco do transportador»), acrescendo que uma solução diversa, praticamente, corresponderia a privar o transportador, a este propósito, das presunções de experiência, que, no mais, andam ligadas ao regime da prova do catálogo de *excepted perils* (pois que, se provar que o dano proviera do incêndio não seria difícil, a restante prova de diligência, sobretudo implicando a prova da origem do fogo, essa já seria muito improvável, considerando que o mesmo fogo a dificultaria imensamente, destruindo os elementos probatorios; além disso, como se referiu, já não poderia o transportador servir-se do dado de experiência referido, o de que o incêndio se deverá em muitos casos a fenómenos irresistíveis ou à própria mercadoria).

suportar, até em razão da actividade que se propõe realizar, independentemente de se querer "medir" o grau de objectividade da responsabilidade

Contra, H. WÜSTENDÖRFER, *op. cit.*, p. 213 s.; W. TETLEY, *Marine cargo claims, cit.*, p. 415 ss., defendendo dever o transportador, para ser bafejado pelo efeito reversivo desta causa, provar a origem do fogo, o nexo causal entre os fenómenos relacionados com o incêndio e os danos, e, ainda, que «*due diligence had been exercised in respect of the loss*», sempre salva a faculdade do interssado na carga de oferecer contraprova de negligência; A. LEFEBVRE D'OVIDIO, G. PESCATORE, L. TULLIO, *op. cit.*, p. 547, n.282, 552 s.. *Vide*, também, M. REMOND-GOUILLOUD, *op. cit.*, p. 377 s., n.34, desvelando o carácter da lei francesa mais favorável ao transportador. Cfr., ainda, A. LEFEBVRE D'OVIDIO, *Sulla disciplina, cit.*, p. 39. Mesmo segundo esta posição, não seria paralisante a necessidade de engendrar uma explicação satisfatória para o acolhimento da tese oposta nas Regras de Hamburgo (art. 5.º, n.º 4), sobretudo se se apelasse para o desenvolvimento das técnicas de perícia aplicadas na investigação destes fenómenos ígneos, e cujos resultados se tornem acessíveis aos interessados na carga (para além, segundo Nicholas HEALY, referindo-se à realidade americana, da consideração do cumprimento hodierno das regras processuais de colaboração para a descoberta — *rules of "discovery"* — dos factos — *Liability in case of fire*, DM, 1983, p. 219 ss.) — cfr. S. M. CARBONE, *Contratto, cit.*, p. 233 s..

Na verdade, há que reconhecê-lo, pese embora o terror constantemente semeado pela aflitiva possibilidade de fogo a bordo, dadas as peculiaridades dos fenómenos marítimos e o abandono a que sempre está, em última análise, votado o "pequeno mundo" em alto-mar (razão, quiçá, para a sua previsão em separado, lucrando mesmo, nas Regras de Hamburgo, um regime particular) — cfr. S. M. CARBONE, *Contratto, cit.*, p. 226 s. —, não se esquecerá, outrossim, que a causa exoneratória estende o seu efeito a todo o período coberto pela presunção de responsabilidade ditada pela Convenção, e que o incêndio poderá andar amiúde relacionado com deficiências nas condições do próprio navio, daí que nos leve, acto contínuo, à consideração da diligência empregue para assegurar a navegabilidade do mesmo. Por outro lado, ainda, a divergência, quanto ao regime probatório, entre a al.b) e as al.c) a p), do n.º 2 do art. 4.º, poderia parecer, *a contrario*, reiterada pelo §1 do Protocolo de assinatura, embora o intento clarificador deste, para a economia do regime probatório das Regras de Haia, já haja sido mostrado (cfr. *supra*) — embora, *argumenta a contrario* já se hajam aduzido para alcançar a solução oposta, mas, no sentido exposto, *vide* H. WÜSTENDÖRFER, *op. cit.*, p. 214.

Cfr. SCRUTTON, *op. cit.*, p. 444, precisando que a excepção não surtirá o seu efeito se os danos se deverem à inavegabilidade do navio, já que, se o navio houvesse sido diligentemente preparado, do incêndio não haveriam resultado tais danos. Sobre este ponto, *vide* W. TETLEY, *Marine cargo claims, cit.*, p. 413 ss., defendendo que, para se eximir da responsabilidade, deverá o transportador provar o evento como causa do dano, e logo demonstrar que exerceu a devida diligência antes do início da viagem, no que toca ao estado de navegabilidade do navio, alijando, assim, a hipótese de o dano e/ou o próprio incêndio se terem ficado a dever à condição do navio — lembra, ainda, que a jurisprudência americana vem sustentando uma orientação diferente. Na realidade, ao abrigo da norma especial (ressalvada pela sec. 8ª da COGSA) da sec. 182ª do *Fire statute* ameri-

que lhe cabe — questão que vem, no entanto, ocupando a doutrina, não obstante se possa acusar a consciência daquele remoque que alerta para

cano, de 1851, o *owner* não seria responsável pelos danos derivados de incêndio deflagrado a bordo «*unless such fire is caused by the design or neglect*», ainda que se possa admitir (assim, G. GILMORE, C. L. BLACK Jr., *op. cit.*, p. 878, 896; W. TETLEY, *Marine cargo claims, cit., loc. cit.*, recordando que, segundo a disposição do *Fire statute*, caberia também ao interessado na carga demonstrar a origem do incêndio), relativamente à distribuição do *burden of proof* e à *order of proof*, o contraste desta orientação em face da al.b), do n.º 2 da sec. 4ª da COGSA, que incorpora as Regras de Haia no sistema americano, enquanto lei interna. Cfr. ainda G. GILMORE, C. L. BLACK Jr., *op. cit., loc. cit.*, p. 161.

Estes Autores precisam, ainda, que o *design or neglect* serão de atribuir directamente ao *owner* ou aos seus subordinados, comandante, tripulação ou agentes, de acordo com as teorias *respondeat superior*; e, no mesmo sentido, quanto a este ponto, S. M. CARBONE, *Contratto, cit.*, p. 229 (cfr. A. PINTO MONTEIRO, *Cláusulas limitativas, cit.*, p. 258 ss.); contudo, a este propósito, e diferentemente do entendimento generalizado ao abrigo das Regras de Haia, onde o verdadeiro limite de "atribuição" do comportamento negligente residirá na excepção da culpa náutica (cfr. S. M. CARBONE, *Contratto, cit.*, p. 229 ss.), Nicholas HEALY refere que, nos Estados Unidos, a jurisprudência tendeu a quedar-se fiel ao entendimento tradicional de «*actual fault or privity*» como «*negligent or wilful act or omission*» praticado «pessoalmente» (e era esta, na realidade a orientação firmada na lei inglesa de 1786, como no *Merchant Shipping Act* de 1854 — «*without actual fault or privity*» —, como, ainda, no *Fire Statute* americano de 1851, conquanto a previsão destes seja menos extensa, pois as suas *facti species* abrangem tão-só o *fire on board* — cfr. H. WÜSTENDÖRFER, *op. cit.*, p. 212), embora a execução pudesse ser levada a cabo por alguém que, de algum modo, se ligasse à *directing mind* empresarial, alguém actuando «*in a managerial capacity for the organization*», tendendo, progressivamente, a alargar o leque de pessoas assim qualificáveis, a ponto de, *grosso modo,* coincidirem com o «*shoreside personnel*». Lembre-se, contudo, que o novo *Fire statute* de 1979, não continha já um preceito idêntico — vide W. TETLEY, *Marine cargo claims, cit.*, p. 416. Sobre o *respondeat superior* e o sistema de limitação, D. C. GREENMAN, *Limitation of laiability*, TLR, 1983, 1139 ss..

Também em Inglaterra, ao abrigo da sec.18ª do *Merchant Shipping Act* de 1995, como já acontecia à luz da sec.502ª do *Merchant Shipping Act* de 1894, o estado de inavegabilidade, *a se*, não destrói a exoneração propiciada ao *shipowner* pelo incêndio — cfr. CARVER, *op. cit.*, p. 271 s., 378; SCRUTTON, *op. cit.*, p. 234 ss.. Em ambos, por outro lado, incumbe ao interessado na carga fazer prova de um comportamento negligente por parte do *owner* — «*his actual fault or privity*», no diploma de 1894, e, menos insularmente, «*his personal act or omission, committed with the intent to cause such loss, or recklessly and with knowledge that such loss would probably result*», segundo o diploma de 1995, por remissão para o art. 3.º da *Convention on limitation of liability for maritime cargo claims* de 1976, integrada no ordenamento inglês. Assim, dispõe o n.º 1 da sec.18ª, do *Merchant Shipping Act*, de 1995: «*the owner of a United Kingdom ship shall not be liable for any loss or damage* [...] *(a) where any property on board the ship is lost or damaged*

que estas classificações da responsabilidade se poderão ambientar mal (ainda que se não possa chegar de uma "inmensurabilidade"/"incomensurabilidade" absoluta) na atmosfera da disciplina uniforme, e também assim, quando cotejadas com a noção de *due diligence*, que permeia essa disciplina. Todavia, sempre cumprirá averiguar se houve algum incumprimento por parte do transportador, que haja concorrido para o agravamento dos danos (ou para a sua não atenuação), ou mesmo para a simples exposição das mercadorias a tais perigos, sendo esta evitável, por exemplo, porque estes seriam razoavelmente previsíveis.

A par destes, deparamos também — sem surpresa, de resto — com vícios das fazendas e com actos culposos do interessado na carga, que poderão, igualmente, ser causa da dita exoneração de responsabilidade — alíneas m) a p) do n.º 2 do art. 4.º.

Talvez não seja curial delongar-nos, por ora, na indagação da presunção que se esconderá atrás deste regime de *excepted perils*, a fim de determinar se, na realidade, estaremos perante uma culpa presumida ou se encontraremos um regime de tonalidades objectivas (desde logo, no que

---

by reason of fire on board the ship», esclarecendo o n.º 4 que ao *owner* vão equiparados *«any part owner and any charterer, manager or operator of the ship»*. Cfr., S. ZUNARELLI, *Trasporto, cit.*, p. 1212.

Na disciplina do n.º 4 do art. 5.º, das Regras de Hamburgo, desvanecem-se algumas das dúvidas, já que aí se determina expressamente que «[l]e *transporteur sera responsable: i) des pertes ou dommages aux marchandises ou du retard à la livraison causés par l'incendie, si le demandeur prouve que l'incendie résulte d'une faute ou d'une négligence du transporteur, de ses préposés ou mandataires»* (sublinhado nosso), e, de igual sorte, no segundo parágrafo, para as medidas adequadas para extinguir o fogo ou para evitar ou atenuar as suas consequências. No entanto, na al. b), as Regras de Hamburgo não descuram um conforto para o interessado na carga, fornecendo-lhe uma espécie de contraforte em sede de angariação de prova, passando a constituir, para os Estados contratantes, uma obrigação, possibilitar a realização de uma investigação ou perícia («*survey*») imparciais, que, seguindo as «*shipping practices»*, busque a indagação das causas e circunstâncias do incêndio, sempre que solicitadas pelo autor ou pelo transportador.

Repare-se, ainda, em que, havendo em conta o n.º 1 do art. 5.º, já não se poderá o transportador escudar sob a invocação da culpa náutica do comandante e da tripulação, causa liberatória, ora suprimida.

Sobre o regime da Convenção de Hamburgo de 1978, *vide* SCRUTTON, *op. cit.*, p. 236; N. HEALY, *op. cit.*, p. 219 ss.; S. M. CARBONE, *Contratto, cit.*, p. 232 ss.; S. ZUNARELLI, *Trasporto, cit.*, p. 1212.

Vide, entre nós, o Ac. STJ, de 10 de Janeiro de 1978, BMJ, n.º 273, 1978, p. 296 ss., carreando para o carregador o ónus da prova da culpa do transportador.

tange à responsabilidade no âmbito da culpa comercial dos dependentes do transportador)[542], assente no resultado a que o contraente se obriga e no tipo de actividade que desenvolve, nos riscos a ela atinentes e ao modo como será desenvolvida, no meio natural em que esta se desenrola e na posição eventualmente "para-monopolística" do transportador, que, se não seduz ou conquista, acabará por "usurpar" a confiança do interessado na carga — pese embora a declaração solene contida no Anexo II do Protocolo de 1968, segundo a qual o regime uniforme assentaria na culpa presumida do transportador[543]. É, porém, certo que o transportador só se libertará da sua responsabilidade (presumida), se provar a verificação de uma das causas de exoneração e, eventualmente, de acordo com a ordem de oferecimento de prova, o exercício de uma razoável diligência, sua ou dos seus auxiliares (pelo menos, no domínio da culpa comercial). E, deste modo, prorrompem a cargo do transportador os danos devidos a causa ignota[544], área onde resistirá aquela presunção de responsabilidade — assim no sistema de Haia-Visby, como, de resto, no sistema das Regras de Hamburgo, pelo menos, segundo uma certa interpretação destas, como vimos.

De qualquer modo, não será bastante, quando o dano resulte de uma das causas de exoneração, demonstrar o exercício de um cuidado razoável

---

[542] Cfr. C.OLIVEIRA COELHO, *Jurisprudência e direito marítimo*, Coimbra, 1987, p. 32 ss..

[543] Cfr., todavia, S. ZUNARELLI, *Trasporto, cit.*, p. 1209 ss.; A. LEFEBVRE D'OVIDIO, G. PESCATORE, L. TULLIO, *op. cit.*, p. 564.

[544] Cfr., sobre este ponto e acerca da ideia de fortuito objectivo, tendo em conta que na interpretação de corpos normativos internacionais poderá ser mister encontrar, por assim dizer, um *quid medium* compossibilitador de um sentido uniforme, conquanto teleologicamente fundado, à luz da solução normativo-substancial vertida nesses diplomas, E. VALSECCHI, *Responsabilità aquiliana oggettiva e caso fortuito*, RDC, 1947, I, p. 175 ss.; I. ABBATE, *op. cit., passim*; M. IANNUZZI, *op. cit.*, p. 239 ss.; L. TULLIO, *Sulla disciplina, cit., passim*; S. ZUNARELLI, *Trasporto, cit., loc. cit.*; S. M. CARBONE, *Contratto, cit.*, p. 161 ss., 195 ss.; G. ROMANELLI, G. SILINGARDI, *Trasporto nella navigazione, cit.*, p. 10 ss.; A. LEFEBVRE D'OVIDIO, G. PESCATORE, L. TULLIO, *op. cit.*, p. 552 ss.. E ainda G. COTTINO, *L'impossibilità sopravenuta della prestazione e la responsabilità del debitore*, Milão, 1955, p. 91 s., n.135, 230 ss., 284 ss., aceitando distinguir a causa não imputável, enquanto *«l'evento [...] di cui il debitore non deve rispondere»*, do caso fortuito, este como *«evento incolpevole* [atributo não necessariamente adstrito áquela, no caso, por exemplo, de uma cláusula de irresponsabilidade], *estraneo sotto l'aspetto soggettivo alla sfera di attività delle parti»*.

genérico, mesmo segundo os rigorosos padrões de profissionalidade, bitola necessariamente convocável para esta apreciação. Competir-lhe-á fornecer a prova da causa específica do dano e, a ser questionada a sua conduta, deverá demonstrar o exercício daquela razoável diligência relativamente às circunstâncias atinentes à causa de exoneração suscitada[545], isto é, após o interessado na carga haver pretendido mostrar que, não obstante a ocorrência de tal evento de risco particular, este deveria ter sido previsto ou evitado por um transportador diligente, ou os seus efeitos evitados ou, no mínimo, atenuados.

Neste sentido, sujeito embora a uma construção diversa e menos analítica, a verdade é que o sistema delineado pela Convenção de Hamburgo não se afastará relevantemente do regime ora descrito, porquanto, também segundo as novas Regras, e, nomeadamente, à luz do seu art. 5.º («*unless the carrier proves that he, his servants or agents took all measures that could reasonably be recquired to avoid the occurrence and its consequences*»), não esmorecerá a necessidade de prova do evento causador do dano e da específica diligência empregue relativamente a tal causa. Quando muito, ver-se-á agravada a posição do transportador, cuja presunção de responsabilidade não será alijada, logo no momento em que o mesmo estabeleça o nexo de causalidade entre a causa invocada e o dano sofrido, devendo ainda fazer essa prova da sua diligência, mas, ainda aqui, não o abandonarão certas presunções de experiência, que apontarão para a não responsabilidade, sempre que o efeito danoso provenha de certas causas ou perigos[546] [547] [548].

---

[545] Para noção de prova específica da causa liberatória e da diligência exercida, S. M. CARBONE, *Contratto, cit.*, p. 205 ss..

[546] Quanto à diligência derramada no cumprimento das obrigações ligadas ao transporte e ao esforço desenvolvido para prever/evitar os eventos danosos, bem como para evitar/atenuar os respectivos efeitos lesivos, sempre ao seu padrão de aferição, nos regimes de Haia-Visby e de Hamburgo, não será estranho um teste/"*standard*" de razoabilidade (e/ou de equitativa proporcionalidade), em que, como variáveis, figurarão os custos e o esforço exigidos pelas medidas possíveis e teleologicamente adequadas aos fins prosseguidos — sem que tal, forçando a considerar as circunstâncias do caso, converta o padrão a uma apreciação *in concreto*. Assim, F. BERLINGIERI, *The basis of liability, cit.*, p. 206 ss., considerando o conceito de "razoabilidade" como «*a happy and successful one*» — cfr. sobre a *reasonableness* na *common law*, vide, J. ESSER, *Principio y norma, cit.*, p. 268 ss. —, convocando, designadamente, a experiência dos arts. 77.º (impondo àquele que invoque a violação contratual o dever de actuar segundo um critério de razoabilidade, a fim de limitar a perda, incluindo o *lucrum cessans*) e 85.º (impondo uma obrigação de

conservação, com medidas razoáveis, nas circunstâncias que ocorram, em caso de *mora credendi*), da Convenção de Viena sobre os contratos de compra e venda internacional de mercadorias, de 1980 — *vide*, sobre estas normas, D.Maria Ângela BENTO SOARES, R. M. MOURA RAMOS, *Contratos internacionais, cit.*, p. 208 s., 241 s. —; J. DONALDSON, *Standard, cit.*, p. 211 ss.; S. M. CARBONE, *Contratto, cit.*, p. 192; S. ZUNARELLI, *Trasporto, cit.*, p. 1211.

Sobre a análise do regime da responsabilidade nas Regras de Hamburgo, suas origens e sua relação estreita com o regime precedente e com a interpretação que deste se foi fazendo, em guisa constitutivamente relevante, W. TETLEY, *Marine cargo claims, cit.*, *passim*; S. M. CARBONE, *Contratto, cit.*, *passim;* J. DONALDSON, *System of liability*, DM, 1983, p. 202 ss.; S. BASNAYAKE, *op. cit.*, p. 353, acentuando, ademais, como a mutltiplicidade de tendências jurisprudenciais, juntamente com a tendência consequente para o *forum sopping,* instigaram, seja a inclinação para regimes normativos de equilíbrio e de compromisso, seja o movimento unificador, que neste século deflagrou em matérias marítimas.

[547] Veja-se a disposição semelhante do n.º 1 do art. 20.º, da Convenção de Varsóvia de 1929, relativa ao transporte aéreo. Todavia, reconhecendo a filiação desta norma no *Harter Act* e na Convenção de Bruxelas, BALLARINO-BUSTI entendem não exigir ela a demonstração de uma causa não imputável, bastando uma prova de «*aver fatto tutto il necessario*», mostrando que se acaba por afectar a natureza de "obrigação de resultado" ligado ao transporte, o que se compreenderia, eventualmente, apelando ao carácter incipiente do desenvolvimento dos transportes aéreos e às angústias técnicas consabidas que o rodeariam (neste sentido, J. G. PINTO COELHO, *"A responsabilidade civil do transportador nos transportes aéreos e a validade das cláusulas de irresponsabilidade por acidentes ocorridos às pessoas"*, BFDUC, X, 1926-28, p. 554 ss., e XI, 1929, p. 1 ss.; cfr. ainda P. TRIMARCHI, *op. cit.*, mostrando como, no desenho da disciplina da responsabilidade do transportador, também se deverá considerar, ora a vontade do lesado, ora a consciência do risco assumido — aliás, esta última não deixou de levar a excluir a imperatividade das Regras de Haia no caso do transporte no convés consentido pelo carregador) — BALLARINO-BUSTI, *Diritto aeronautico e spaziale,* Milão, 1988, p. 635 s., que, no entanto, fazem notar como um tal regime de índole protectora (relativamente ao transportador) viria a evoluir no sentido de um regime de cunho mais objecctivo, baseado no risco de empresa, seja à luz do Acordo (corporativo) de Montreal de 1966, do Protocolo de Guatemala, de 8 de Março de 1971, e do IV Protocolo de Montreal, de 25 de Setembro de 1975 (este,que recentemente entrou em vigor, e a propósito de cuja disciplina, que quase porfende o travejamento precedente, René RODIÈRE, fala de responsabilidade objectiva — cfr. *infra*), estes últimos tendentes à modificação do regime da Convenção de Varsóvia (p. 612). Também, ilustrando este regime, segundo o qual, não tem o transportador, a fim de se exonerar, de oferecer uma «prova positiva da causa do dano», A. QUERCI, *Diritto della navigazione,* Pádua, 1989, p. 455.

Cfr. ainda, sobre a noção de obrigação de resultado e sobre a obrigação de protecção ou de resultado no transporte de pessoas, G. ROMANELLI, *Il traporto aereo di persone,* Pádua, 1966, p. 44 ss., *maxime*, n. 24, 25, 26, 27, e texto respectivo.

Num patamar intermédio, parecerá situar-se o imbricado regime de exoneração da responsabilidade previsto nos arts.17.°, n.° 2 e 4 e 18.°, n.° 2 a 5, da Convenção de Genebra, 19 de Maio de 1956 — inspirado na disciplina da Convenção de Berna, relativa ao transporte ferroviário de mercadorias (CIM), rasgo primeiro de unificação prescritiva nestas matérias (1890), na versão de de 25 de Outubro de 1952 —, onde, ladeando a exoneração por «falta do interessado», por «vício próprio da mercadoria», ou por «circunstâncias que o transportador não podia evitar e a cujas consequências não podia obviar» (n.° 2 do art. 17.°), deparamos com uma lista de causas privilegiadas ou «factos liberatórios», como refere Jacques PUTZEYS, isto é, um conjunto de riscos fácticos (art. 17.°, n.° 4: uso acordado de veículos descobertos; «falta ou defeito de embalagem»; «manutenção, carregamento, arrumação ou descarga feitos pelo interessado na carga»; natureza de certas mercadorias; «insuficiência ou imperfeição das marcas ou do número dos volumes»; «transporte de animais vivos»), cuja ocorrência, uma vez provada, conjuntamente com a prova de uma abstracta ligação de causalidade relativamente aos danos sofridos, faz presumir que os danos efectivamente derivaram de tais factos (art. 18.°, n.° 2 e 3), conquanto seja admissível a prova contrária — presunção de um nexo causal concreto, o qual, no âmbito de outros complexos normativos sempre poderá ser a natural inferência de uma *præsumptio hominum* (cfr. *supra*).

Cfr., sobre o n.° 2 do art. 17.°, da Convenção CMR, o Ac.STJ, de 26 de Novembro de 1981, BMJ, n.° 311, 1981,p. 372 ss., *maxime*, p. 374 s..

Cfr. R. RODIÈRE, *Droit des transports,* Paris, 1977, p. 362 ss.; p. 593 ss., p. 613 ss, 693 ss.; J. PUTZEYS, *Le contrat de transport routier de marchandises*, Lovaina, 1981, p. 214 ss.; *Droit des transports et droit maritime,* Lovaina, 1989, p. 172 ss., *maxime,* p. 190 ss. (também para o catálogo náutico de *cas exceptés*) B. MERCADAL, *Droit des trnsports terrestres et aériens,* Paris, 1996, 127 ss., e, sobre os transportes ferroviários, 181 ss..

[548] E se quanto se disse parece ir de encontro a quanto vem sendo sustentado a propósito da evolução da disciplina da responsabilidade do transportador aéreo de mercadorias, a contradição poderá ser tão-só aparente. Assim, na disciplina aérea sucedeu o oposto, porquanto, no Protocolo de Haia, de 1975, foi abandonada a cláusula geral de exoneração, na qual se apelava à prova de diligência do transportador, para dar lugar a um rol de *casus* liberatórios, e logo se acorreu a proclamar uma maior objectivação da responsabilidade do transportador.

Na verdade, por um lado, haveremos de ter em conta, a diversidade da evolução técnica dos dois meios de transporte, considerando, ademais, que em 1929 o tranporte aéreo estava ainda tecnicamente muito atrás do estádio em que se situava em 1924 o transporte marítimo; daí para cá, a evolução técnica continuou e acelerou-se nos dois domínios, o que já seria um indício no sentido de sustentar as soluções nomativas que agravassem a responsabilidade do transportador.

Por outro lado, atendendo também a quanto se acabou de dizer, cumpre investigar detidamente a intenção real das Regras de Hamburgo.

Por outro lado ainda, já a cláusula geral do art. 20.°, da Convenção de Varsóvia de

Ambos os regimes, no que toca aos factos não imputáveis ao transportador, aparecem assim muito próximos[549], sobretudo, se considerarmos o papel desempenhado pela cláusula geral da al. q) do n.° 2, do art. 4.°, da Convenção de Bruxelas. Apesar disso, em abstracto, poder-se-ia concordar com a maior severidade de um regime que enunciasse taxativamente as causas de exoneração de responsabilidade, à guisa de *numerus clausus*. Todavia há-de admitir-se que o elenco das Regras de Haia, além de, em bom rigor, não ser propriamete fechado, se insere num específico regime probatório que desvenda uma solução de compromisso e uma particular opção, no plano da distribuição dos riscos da viagem e da operação de transporte, como vimos afirmando (e, consequentemente, da incidência dos danos sofridos[550] durante o lapso temporal definido na Convenção).

Chegados aqui, e para melhor compreender o regime marítimo, será aconselhável lançar os olhos, ainda que *en passant*, sobre o que se passa no domínio da disciplina uniforme do transporte aéreo[551] e da responsabilidade deste transportador. O confronto será conveniente, se nos lembrarmos das influências recíprocas dos vários regimes uniformes em matéria de transportes.

1929, apesar do que dissemos *supra*, vinha sendo interpretada num sentido objectivante, nomeadamente, assacando ao transportador a reponsabilidade por danos de causa desconhecida. Assim, *Vide, inter alia*, L. B. GOLDHIRSCH, *The Warsaw Convention annotated: a legal handbook*, Dordrecht, Boston, Londres, 1988, p. 84 ss..

[549] Ao ponto de permitir a Sir John DONALDSON afirmar não crer que «*the Courts will inquire into what measures the carrier actually took to avoid the occurrence* [...] *they will merely consider the nature of the occurence*», de maneira que, ante uma resistência a abandonar um "ambiente" já familiar — mesmo do ponto de vista do *iter* processual, enquanto parta de uma responsabilidade presumida, e do modo de descoberta da verdade, sempre associada a costumeiras presunções, mormente quando a revelação dos factos se torne mais fugidia —, os processos e pretensões, «*if not settled, will be fought on the issue of what was in fact the cause of the damage, the carrier seeking to set up a Hamburg style unavoidable occurrence and the cargo owner something different*» (sublinhado nosso) — com a possibilidade de se vir a afimar, na prática jurisprudencial, partindo da experiência e das práticas marítimas, e mesmo no modo de entender o art. 5.° sem solução de continuidade: *ergo, sic et simpliciter, "et in antica charta periculorum ego"*. Em sentido convergente, S. ZUNARELLI, *Trasporto, cit.*, p. 1211, n.49.

[550] Cfr. A.LEFEBVRE D'OVIDIO, *Sulla disciplina, cit.*, p. 60 ss..

[551] Para uma visão do entramado normativo relativo à Convenção de Varsóvia e aos subsequentes Protocolos de 1955, 1971 e 1975, *vide* R. RODIÈRE, *Droit des transports, cit.*, p. 362 ss.; BALLARINO-BUSTI, *op. cit.*, p. 613 s., G. ROMANELLI, *Trasporto aereo di merci*, Archivio giuridico "Filippo Serafini", v. CCVIII, 1988, n.° 3, 41 ss..

Neste regime, originariamente, isto é, no n.º 1 do art. 20.º da Convenção de Varsóvia de 1929 [552], mantido inalterado pelo Protocolo de Haia de 1955 [553], bastaria (pelo menos, segundo certa interpretação) ao transportador, para se exonerar de qualquer responsabilidade, provar que tomara todas as medidas necessárias para evitar o dano, convocando-se, desta sorte, a noção de *due diligence*. Segundo vem entendendo uma certa corrente de interpretação, não lhe seria, assim, exigida a prova da causa individualizada e concreta do dano ocorrido, desde que conseguisse provar um comportamento pautado por um parâmetro de suficiente diligência[554].

Daí que, aproximando-se, embora, do regime dispensado pela Convenção de Bruxelas, esta última sempre se aproxima mais do velho esquema anglo-saxónico da *strict liability*, ainda que temperado[555]. Toda-

---

[552] Art. 20.º : «[o] transportador não é responsável se prova que ele e os seus propostos tomaram todas as medidas necessárias para evitar o prejuízo ou que lhes era impossível tomá-las»; art. 21.º : «[n]o caso de o transporador fazer a prova de que foi culpa da pessoa lesada que causou o dano ou para ele contribuiu, o tribunal poderá, de harmonia com as disposições da sua própria lei, afastar ou atenuar a responsabilidade do transportador».

[553] Protocolo que, no entanto, veio suprimir o n.º 2 do art. 20.º, no qual, na esteira da sec.3ª do *Harter Act* e da Convenção de Bruxelas, se previa a exclusão da responsabilidade do transportador pelo que equivalia à culpa náutica do comandante e da tripulação: «*Dans le transport de marchandises [...] le transporteur n'est pas responsable s'il prouve que le dommage provient d'une faute de pilotage, de conduite de l'aeronef ou de navigation*» — um passo que, todavia, contribuiu já para uma maior severidade do regime da responsabilidade, tornando o transportador responsável por todos os actos dos seus dependentes e auxiliares, mesmo no que toca à navegação, *stricto sensu*.

[554] Cfr., neste sentido, BALLARINO-BUSTI, *op. cit.*, p. 635 s., F. A. QUERCI, *Diritto della navigazione*, *cit.*, p. 453 ss., A. LEFEBVRE D'OVIDIO, G. PESCATORE, L. TULLIO, *op. cit.*, p. 562 s., B. MERCADAL, *op. cit.*, p. 267 s.. Também René RODIÈRE, sustentando uma intenção amenizadora (cfr. *supra*, em nota, para uma explicação desta à luz do estado e grau de desenvolvimento/novidade da navegação aérea de outrora) da responsabilidade do transportador, realçava que, não só não haveria de provar a ausência de qualquer culpa, bastando (à luz de um entendimento anglo-saxónico, impreterivelmente convocado) mostrar haver exercido *due diligence,* ou, alternativamente, provar que o dano proviera de uma precisa causa que lhe não seria imputável (como o acto do lesado — art. 21.º) — R. RODIÈRE, *Droit des transports, cit.*, p. 763 s.. Daqui resultaria que não recaem sobre o transportador os danos devidos a causa desconhecida.

[555] É, pois, esclarecedor o resumo de Hans WÜSTENDÖRFER, quando definia o quadro normativo da Convenção de Bruxelas, mostrando que postulava «*l'incondizionata responsabilità dell'armatore"*, logo que o dano resultasse da «*iniziale capacità alla navigazione della nave*» ou do «*trattamento del carico (cosidetta "colpa commerciale")*», conquanto incluísse, do mesmo passo, a «*Magna Charta della "immunità" dell'arma-*

via, no domínio desta última, sempre se requereu que o transportador, ainda que estabelecendo o exercício de uma diligência razoavelmente exigível, possa demonstrar a causa de que pendem os danos *sub iudice* — razão pela qual, na impossibilidade de proceder a uma tal demonstração, deverá arcar com a responsabilidade pelos mesmos, inserindo-se numa espécie de área de risco que é a própria e inevitável auréola da actividade profissional ou empresarial prosseguida, risco este que, pelo menos na originária disciplina da responsabilidade do transportador aéreo apareceria, pelo menos em parte, (intencionalmente) afastado.

Afastamento tão-só latente ou provisório, porquanto, quer o Protocolo de Guatemala de 1971, quer o IV Protocolo de Montreal de 1975 [556], viriam alterar significativamente o regime da responsabilidade, ao suprimir o n.º 1 do art. 20.º, no sentido do enaltecimento, precisamente, dessa área de risco profissional, como reflexo de uma particular confiança depositada no transportador — razões que, *mutatis mutandis,* valerão para a disciplina marítima.

Assim, de acordo com o IV Protocolo de Montreal, a possibilidade de exoneração com base numa conduta diligente suficiente ou na impossibilidade de adopção de quaisquer medidas, antes aberta para qualquer tipo de dano, fica restringida aos danos relativos à demora na entrega.

Quanto às perdas e às avarias das mercadorias, o IV Protocolo, que trata especificamente do tipo de transporte de mercadorias, vem introduzir um elenco taxativo de causas de exoneração (art. IV, que modifica o art. 18.º [557], continuando a considerar responsável o transportador pelo

---

tore!», sempre procurando fazer sobrevir aquela *«giusta pace»* que concluísse a *«lotta svoltasi durante anni circa le cosidette clausole di smercio o liberazione delle polizze di carico»— Responsabilità per incendi, cit.,* p. 211 ss..

[556] Este em vigor, mas só desde Junho de 1998, havendo sido ratificado por Portugal a 7 de Abril de 1982.

[557] Os n.º 1 e 2 manterão o conteúdo normativo do precedente n.º 1 («[o] transportador é responsável pelo dano proveniente de destruição, perda ou avaria ... de mercadorias quando o facto que causou o dano se produziu durante o transporte aéreo», precisando os n.º 2 e 3 — n.º 4 e 5, segundo o IV Protocolo de Montreal —, respectivamente, que «[o] transporte aéreo [...] compreende o período durante o qual as [...] mercadorias se encontram à guarda do transportador, quer num aeródromo, quer a bordo de uma aeronave, quer em qualquer outro lubar em caso de aterragem fora dum aeródromo», e que «[o] período de transporte aéreo não compreende nenhum transporte terrestre, marítimo ou fluvial efectuado fora de um aeródromo», «[t]odavia, quando um tal transporte é efectuado em execução do contrato de transporte aéreo para efeito de carregamento, entrega

danos das mercadorias, pelo simples motivo de o facto lesivo haver ocorrido durante o transporte), segundo o qual, a exoneração de responsabilidade só se verificará, se o transportador provar que o dano provém da natureza ou de vício da coisa, de defeito de embalagem (posto que já não assim, se esta ficar a cargo do transportador), de guerra ou de conflito armado, de actos de autoridade pública relativos às mercadorias[558]. Chega-se, assim, a

---

ou transbordo, presume-se, salvo prova em contrário, que qualquer dano resulta dum facto sobrevindo durante o transporte aéreo» — cfr. art. 2.º da Convenção CMR), mas o novo n.º 3 passará a apresentar o seguinte catálogo de causas liberatórias, em caso de destruição, perda ou avaria da mercadoria: «a) *la nature ou le vice propre de lamarchandise; b) l'emballage défectueux de la marchandise par une personne autre que le transporteur ou ses préposés; c) un fait de guerre ou un conflit armé; d) un acte de l'autorité publique accompli en relation avec l'entrée, la sortie ou le transit de la marchandise*».
Sobre um sistema de «*strict liability*» à luz do IV Protocolo, e acerca dos trabalhos preparatórios do mesmo, G. F. FITZGERALD, *The four Montreal Protocols to amend the Warsaw Convention regime governing international carriage by air*, JALC, 1976, p. 302 ss..

[558] Vide BALLARINO-BUSTI, *op. cit.*, p. 635 s., QUERCI, F.A., *Diritto della navigazione, cit.*, p. 453 ss., A. LEFEBVRE D'OVIDIO, G. PESCATORE, L. TULLIO, *op. cit.*, p. 562 s., B. MERCADAL, *op. cit.*, p. 267 s..
Foi já sustentado que, mais uma vez, transpareceu, nesta mutação normativa, o efeito de uma recorrente osmose entre a prática comercial e consequentes acordos de índole corporativa e a produção prescritivo-normativa, com sede numa convenção internacional. Na verdade, já a 4 de Maio de 1966, havia sido concluído o acordo de Montreal (acordo CAB), que abria o trilho para o agravamento da responsabilidade no transporte de passageiros, quer aumentando o limite indemnizatório, quer excluindo a faculdade de o transportador se valer da exoneração proporcionada pelo art. 20.º, n.º 1 da Convenção de Varsóvia (BALLARINO-BUSTI falam a este propósito, de responsabilidade objectiva ou por risco de empresa; e René RODIÈRE, sobre o novo regime da responsabilidade, proposto pelo Protocolo de Guatemala City de 1971— segundo o qual, para além de se elevar consideravelmente o *plafond* indemnizatório por danos sofridos por passageiros e bagagens, seria suprimido o art. 20.º da Convenção de Varsóvia, vedando ao transportador a possibilidade se liberar pela prova de ausência de culpa sua ou dos seus subordinados ou auxiliares, não respondendo senão nos casos em que o dano se devesse a uma condição de saúde do passageiro ou a vício da bagagem —, na qual colhe a orientação do Acordo de Montreal supracitado, refere-se a uma «*responsabilité [...] absolue ou objective*»). O acordo CAB, contudo, respeitava apenas ao transporte de passageiros, em que o local de partida, destino ou escala se situasse em território dos Estados Unidos, além de se tratar de um mero acordo entre companhias aéreas, *rectius,* entre um órgão federal, o *Civil Aeronautic Board* e as companhias aéreas da IATA (*International Air Transport Association*), pelo qual estas se obrigavam a inserir nas condições gerais do contrato que renunciariam a recorrer à norma do art. 20.º da Convenção de Varsóvia.
Cfr. R. RODIÈRE, *Droit des transports, cit.*, p. 767; BALLARINO-BUSTI, *op. cit.*, p. 15

um regime particularmente mais severo, mesmo[559], mediante a introdução de um elenco de *excepted perils* [560], já que se não oferece, como na Convenção de Bruxelas, uma cláusula geral de exoneração[561].

Como se aprecie este particular *iter* da disciplina do transportador aéreo, e outro tanto sucederá com aquela do transportador marítimo, revemos, com certeza, um sentido normativo fundante, adequado à especialidade do contrato de transporte, embora dele se desimpliquem diferenciadas consequências, uma vez atendida a especificidade de cada tipo de transporte. Confirma-se, pois, que o desenho normativo que buscamos, só o encontraremos partindo da disciplina de direito uniforme, e não de enquadramentos dogmático-normativos nacionais — mas reconhecendo, outrossim, uma matriz anglo-saxónica[562] na construção de tal disciplina, e que não deixará de ser coadjuvante, também pela sua estável consolidação jurisprudencial[563] —, numa indagação interpretativa que sempre se

---

ss., 612 ss, 627 ss., 637, 645, também sobre as particularidades deste acordo (que afirmam ter um «*carattere amministrativo transnazionale*») e a sua natureza, enquanto acordo que, não sendo interestatal, viria a surtir efeitos internacionais muito amplos, p. 612; B. MERCADAL, *op. cit.*, p. 402 s..

[559] Um rol de casos de exoneração, da maneira dos da Conveção de Bruxelas, como da Convenção de Varsóvia, conforme alterada pelo Protocolo IV de 1975, trará sempre uma vantagem para o transportador, ainda que apenas do ponto de vista do *iter* probatório, e, ainda ssim, apenas na medida em que se não exija, conjuntamente com a prova do facto liberatório e do nexo de causalidade deste com o dano ocorrido, também a prova da diligência da actuação do transportador, dos seus dependentes ou dos seus auxiliares (posto que esta prova sempre deva ser oferecida se, em sede de contraprova, o interessado na carga fizer prova de negligência).

[560] Falando, a este propósito de uma tendência para a objectivação do regime da responsabilidade BALLARINO-BUSTI, *op. cit.*, p. 638; A. LEFEBVRE D'OVIDIO, G. PESCATORE, L. TULLIO, *op. cit.*, p. 564. Cfr., sobre as Regras de Hamburgo, e no que respeita à responsabilidade por causa ignota, S. M. CARBONE, *Contratto, cit.*, p. 264 ss., 273 ss..

[561] Aludimos, nas Regras de Haia, de 1924, àquela da al.q) do n.º 2, do art. 4.º, que já visitámos.

[562] Pensemos, designadamente, como quanto se disse a propósito da responsabilidade do transportador aéreo poderá provocar a reminiscência do regime de responsabilidade do *common carrier*, senão também dos mais rigorosos preceitos tradicionais da responsabilidade do transportador (e que, em certas latitudes, sobreviveram, ainda mais longamente, no domínio do transporte terrestre — P. H. SCHLECHTRIEM, *op. cit.*, p. 361), ainda que a maior severidade pretenda agora acontentar objectivos, pelo menos em parte, diversos, ou rodeados de circunstâncias históricas e tecnicamente diferentes. Cfr. CARVER, *op. cit.*, p. 2 ss..

[563] Sem que, obviamente, se pretenda beliscar o merecimento e a relevância da

realizará sempre em face dos casos controvertidos, do sentido normativo de tal disciplina, nomeadamente, no que toca à responsabilidade do trans-

jurisprudência continental, e queremos referir-nos à jurisprudência, *lato sensu,* isto é, incluindo, nas designações de IHERING, a *höhere* e a *niederer Jürisprudenz* —, quando devidamente configurada, à luz de uma perspectiva de integridade e de unidade sistemáticas, no contributo constitutivo que traz à realização do direito, à luz de inarredáveis e inadiáveis exigências metodológicas, cuja satisfação se impõe para uma decidenda e verdadeiramente normativa *jurisdictio* — na qual, justamente, para além da indispensável consideração prelativa de uma fundamentação de validade ou de legitimidade suprapositivamente (e mesmo metafisicamente) apoiada, se mobilizarão, outrossim, e mesmo numa perspectiva de unidade metodológico-ordenadora, os vários estratos do sistema jurídico *(reductio ad unum).*
Cfr. M. ANDRADE, *Sentido e valor da jurisprudência (Oração de Sapiência lida em 30 de Outubro de 1953),* Separata do v. XLVIII/1972 do BFDUC, Coimbra, 1973, p. 1 ss.; G. KALINOWSKY, *De la spéficité de la logique juridique,* APD, t.XI, p. 7 ss.; C. PERELMAN, *Raisonnement juridique et logique juridique,* APD, t.XI, p. 1 ss., *L'interpretation du droit,* APD, t.XVII, 1972, p. 29 ss.; G. KALINOWSKI, *Logique et méthodologie juridique—Réflexions sur la rationalité formelle et non formelle,* APD, t.XXIII, 1978, p. 59 ss.; C. GRZEGORCZYK, *La rationalité de la décision juridique,* APD, t.XXIII, 1978, p. 236 ss.; O. BALLWEG, *La rationalité prudentielle,* APD, t.XXIII, 1978, p. 257 ss.; A. CASTANHEIRA NEVES, *Fontes do direito,* Separata do número especial do BFDUC/1983, Estudos em homenagem aos Professores Manuel Paulo Merêa e Guilherme Braga da Cruz, *passim,* mas, p. 65 ss.; F.OST, *Entre ordre et désordre: le jeu du droit—discussion du paradigme autopoiétique appliqué au droit,* APD, t.XXXI, 1986, p. 133 ss.; N. LUHMANN, *L'unité du systtème juridique,* APD, t.XXXI, 1986, p. 163 ss.. Sobre a analogia e a interpretação, e sobre a racionalidade jurídica, bem como a propósito do sistema jurídico, e da relevância da sistematicidade no momento da conformação normativo-jurídica do caso ou da realização do direito, vide, ainda, *inter alia,* M. ANDRADE, *Ensaio sobre a teoria da interpretação das leis,* 4ª ed., Coimbra, 1987; J. ESSER, *Principio y norma en la elaboracion jurisprudencial del derecho privado,* trad. de Eduardo Valentí Fiol, Barcelona, 1961, *passim;* B. MANTILLA PINEDA, *La teoria tridimensional del derecho,* Revista da Faculdade de Direito da Universidade de São Paulo, v.LXI, t.I, 1966, p. 69 ss.; K. ENGISCH, *Introdução ao pensamento jurídico, op. cit., passim;* A. CASTANHEIRA NEVES, *Questão-de-facto—questão-de-direito ou o problema metodológico da juridicidade,* Coimbra, 1967, p. 105 ss., *O papel do jurista no nosso tempo,* Coimbra, 1968, p. 39 ss., *Curso de introdução ao estudo do direito,* Coimbra, 1971-1972, *passim,* mas. p. 351 ss., *A unidade do sistema jurídico: o seu problema e o seu sentido,* Separata do número especial do BFDUC/1979, Estudos em homenagem ao Prof.Doutor José Joaquim Teixeira Ribeiro; *Método jurídico,* Enc. "Polis", v.IV, p. 211 ss., *O princípio da legalidade criminal,* Separata do número especial do BFDUC de 1984, Estudos em Homenajem ao Prof.Doutor Eduardo Correia, Coimbra, 1988, *passim,* mas, p. 132 ss., *O actual problema metodológico da interpretação jurídica,* RLJ, A.12.°, N.° 3772 ss., *Apontamentos de metodologia jurídica,* Coimbra, 1988-1989 (polic*op.*), *Um curso sobre metodologia jurídica,* Rio de Janeiro, s/d, mas *c.*1990, *O actual problema metodológico da realização do direito,* Sepa-

portador, e, muito particularmente, no que respeitar ao efeito a assacar ao elenco das causas de exoneração e à sua relação com o critério da *due diligence* [564]. Quando muito, serão os sistemas nacionais (que, em mui relevante e significativa medida, irão beber nestas fontes normativas internacionais), a dever compaginar-se, em sede interpretativa, com os resultados obtidos da realização normativamente constitutiva da disciplina uniforme e com os princípios que a informam (sobretudo, se se considerar que, não raramente, os regimes internos procuram imitar aqueles internacionais, quando para estes não remetem expressamente).

Assim, para além de sabermos que o transportador não responderá, sempre que o dano provenha, em última análise, de força maior[565], de

---

rata do número especial do BFDUC de 1984, Estudos em Homenajem ao Prof.Doutor António de Arruda Ferrer Correia, Coimbra, 1990; *A metodologia jurídica*, Coimbra, 1993; M. VILLEY, *Modes classiques d'interprétation du droit*, APD, t.XVII, 1972, p. 71 ss.; F. J. BRONZE, *«Continentalização» do direito inglês ou «insularização» do direito continaental?(proposta para uma comparação macro-comparativa do problema*, Coimbra, 1982; *Breves considerações sobre o estado actual da questão metodonomológica*, BFDUC, v.LXIX, 1993, p. 177 ss., *Apontamentos sumários de introdução ao direito*, Coimbra, 1996 (polic*op.*), *maxime*, p. 553 ss.; J. BAPTISTA MACHADO, *Introdução ao direito, cit.*; B. OPPETIT, *Le droit international privé, droit savant*, Recueil des Cours, 1992, III, p. 339 ss., acerca de uma visão sistemática do direito internacional privado, expondo como se revela impensável o banimento da *ars* jurisprudencial e doutrinal, à luz do seu labor sistematizador e institucionalizador, além de indicar a relevância dos princípios de direito internacional privado na «realização-aplicação do direito»; F. D'AGOSTINO, *Filosofia del diritto, cit.*, p. 47 ss.. E, sobre o vasto papel normativo da jurisprudência no domínio dos transportes, *vide* L. PEYREFITTE, *Quelques aspects de la jurisprudence en matière de transport, in in* Études offertes à René Rodière, Paris, 1981, p. 439 ss..

[564] Cfr., entre outros, I. ABBATE, *op. cit., passim*, P. IVALDI, Wilful misconduct *e colpa grave tra diritto internazionale e diritto interno*, RDIPP, a.XXII, 1986, p. 327 ss., BALLARINO-BUSTI, *op. cit.*, p. 633 ss., S. M. CARBONE, *Falsi dogmi della tradizione e trasporto marittimo internazionale*, RDIPP, 1975, p. 12 ss.; *La réglementation, cit.*, p. 293 ss., *Contrato, cit., passim*.

[565] Cfr. SCHAPPS-ABRAHAM, *op. cit.*, p. 627, sobre a noção de *höhere Gewalt*, no âmbito da "*Rezeptungshaftung*" (*receptum nautarum*), e sobre o acolhimento de critérios de apreciação da responsabilidade com base na culpa (*Verschuldenshaftung*), e sobre o catálogo das causas liberatórias (*Katalog von Fällen*) no *Handelsgesetzbuch*, p. 657.

Voz corrente na doutrina gaulesa é a que afirma a maior severidade do regime dos *cas exceptés* da lei francesa de 1966 — que, na al. d) do art. 27.°, determina que o transportador não será responsável se provar que o dano proviera «[*d*]*es faits constituant un événement non imputable au transporteur*» (numa formulação próxima daquela que já fora inscrita no art. 1147.° do *Code Civil*; o n.° 3 do art. 4.° da Lei de 1936, que introduziu

vício da mercadoria ou de acto do interessado na carga, dever-se-á notar que ao princípio da responsabilidade do transportador apetecerá uma apreciação rigorosa da força exoneratória dos perigos arrolados, nomea-

um regime que seguisse as orientações acordadas em Bruxelas, anos antes, referia-se a «*un fait constituant un cas fortuit ou de force majeure*») —, como a jurisprudência viesse exigindo que os eventos, invocados nesta categoria sintética (que abarcaria diversos factos analiticamente enunciados nas Regras de Haia) e a título liberatório, se devessem apresentar com as características de «*imprévisibilité*» e «*insurmontabilité*» (ainda que mercê de uma espécie de presunção que se ligaria a certos factos, *in re ipsa*), diferentemente de quanto previsse a Convenção de Bruxelas.

Contudo, a diferença talvez se quede mais no plano do regime probatório (sem tolher as eventuais consequências que isto acarrete, mesmo no que respeita à consideração da protecção que se deva dispensar ao transportador, reverberada num dado *iter* probatório), na medida em que tais atributos seriam, *ab initio*, exigidos como condição para que o evento liberatório desencadeasse a sua particular eficácia exoneratória (ou reversiva), ou como indica René RODIÈRE, para que o efeito liberatório do facto demonstrado se produza «*a priori*» (isto é, mesmo antes de uma prova fáctica de actuação do transportador conforme ao seu dever de diligência, ou seja, antes de fazer passar este comportamento fáctico pelo crivo da razoabilidade empírica que nos desvende o que, *in casu*, é imprevisível e irresistível, e nos mostre se, no caleidoscópio das, *in abstracto*, possíveis actuações do *diligens nauta*, a sua conduta deveria haver assumido outras tonalidades e conteúdos), conquanto se possa reconhecer que, mesmo ao abrigo da disciplina das Regras de Haia, se possa o transportador ver constrangido a provar a imprevisibilidade e irresistibilidade, se houver lugar a contraprova por parte do interessado na carga, e que, ademais, no caso de o evento liberatório ser um facto natural ligado aos mares, ele, logo à partida, deve ser qualificável como um "perigo de mar", com a dose de imprevisibilidade/irresistibilidade que esta noção importa, isto é, um facto de "fortuna de mar" significativo, *hoc sensu* (variando, desde logo, as várias orientações jurisprudenciais, no que tange à qualificação dos factos e de circunstâncias factuais típicas, a este propósito — W. TETLEY, *Marine cargo claims, cit.*, p. 435 ss.). E, na verdade, já foi sustentado que a jurisprudência francesa viria abrandando o rigor probatório daquela norma — cfr. M. REMOND-GOUILLOUD, *op. cit.*, p. 373.

Cfr. R. RODIÈRE, *Traité, cit.*, II, p. 270 ss., E. DU PONTAVICE, p. CORDIER, *op. cit.*, p. 120; R. RODIÈRE, E. DU PONTAVICE, *op. cit.*, p. 349 s. (*maxime*, p. 350, nota 2), 380, e, ainda, W. TETLEY, *Marine cargo claims, cit.*, p. 434 s., 439 ss.; A. SÉRIAUX, *La faute du transporteur*, Paris, 1998, p. 124 ss..

Cfr. ainda G.M.BOI, *Gli impedimenti all'esecuzione del contratto di trasporto marittimo*, Milão, 1990, p. 51 ss.., e para a noção de *factum Principis*, p. 92 ss..

Cfr., ainda sobre a contradistinção entre a força maior e o caso fortuito, embora a propósito do transporte rodoviário e da Convenção CMR, Ac. STJ, de 27 de Setembro de 1992, proc. n.º 084991, *in* http://www.dgsi.pt/jstj. E ainda, sobre o caso fortuito devido a facto de terceiros, o Ac.STJ, de 17 de Maio de 1984, BMJ, n.º 337, 1984, p. 386 ss..

damente dos que se traduzem em "fortuna de mar" ou perigos do mar, em factos naturais, em factos de guerra, motins, perturbações civis ou de inimigos públicos, de greves ou de *lock-outs*, em actos das autoridades públicas (*factum Principis*), isto é, em geral, em actos que lhe não hão-de ser imputáveis, nem têm o seu princípio na actuação do transportador, antes se associando necessariamente a causas externas.

Se, por um lado, aquele princípio de não responsabilidade, ou aquela presunção de irresponsabilidade, chamarão a ideia de um risco relacionado com a actividade náutica, por outro lado, será, curial não olvidar alguma suavização do regime de responsabilidade que permeia a disciplina uniforme, conquanto uma sua *sedes manifestandi* por excelência venha a ser o instituto da limitação do *quantum respondeatur*, mas não cessará de se assomar também no regime da prova previsto.

Todavia, não sairá esta libração de objectivos prejudicada, e tão-pouco se tolherá às cláusulas de exoneração o seu efeito útil mínimo, irredutível para a realização normativa da disciplina uniforme, se, no rol do art. 4.º, certos perigos exceptuados, ou causas exoneratórias, vierem adstritos aos requisitos de imprevisibilidade e de irresistibilidade, que o transportador terá, assim, de provar, em delas se querendo aproveitar — e alertamos para que o mesmo não equivale a exigir, à partida e como condição inarredável de operatividade última da causa de exoneração, a prova do exercício de razoável diligência, nem mesmo daquela que, especificamente, se relacionaria com o facto danoso[566]. Aliás, em certo sentido, só desta maneira ficará apurada a não imputabilidade absoluta de tais causas, e/ou a não concorrência de uma causa que resulte de uma conduta negligente do transportador [567]; ainda assim, a previsão de tais

---

[566] Cfr. *supra*. Não obstante quem sustente esta posição não fique, logicamente, vinculado a exigir a prova desta diligência para que se opere inicialmente a provisória reversão da presunção, momento em que se poderá ser menos exigente, pois que certos factos, *in re ipsa,* fazem presumir aquelas características de irresistibilidade e/ou imprevisibilidade — e, talvez também por isso, terá a Convenção exigido menos para que se revertesse a presunção de responsabilidade.

Quanto à presunção de força maior baseada na natureza do dano, cfr. também P. TRIMARCHI, *op. cit.*, p. 206.

[567] Cfr., nomeadamente, a propósito dos perigos do mar e do, assim chamado, *Act of God* (na versão portuguesa, «casos fortuitos», conquanto a versão francesa haja adoptado também a expressão *Acte de Dieu*), SCRUTTON, *op. cit.*, p. 219 s., 225 ss., 441 ss.; R. RODIÈRE, *Traité, cit.*, II, p. 268 ss..

causas de excepção parece conceder ao transportador o benefício de estabelecer, ainda que *prima facie*, isto é, segundo uma presunção baseada na experiência[568], que o dano derivou, e derivou apenas, de tais factos[569, 570]. Logo, para certos casos exceptuados, a prova dessa diligência só será oferecida para responder a uma eventual contraprova do interessado na carga.

Para lá da *querelle* em torno da distinção entre força maior e caso fortuito, interessa ter presente o risco implicado na actividade transportadora e o rigor do padrão de diligência profissional imposto ao transportador, e que o levará a um esforço qualificado de previsão dos acontecimentos (mesmo daqueles que, sendo-lhe exteriores e esquivando-se ao seu humano domínio, são o lastro do seu *modus vivendi*), esforço que, acto contínuo, se liga a uma actuação conforme, no sentido de prevenir o facto lesivo ou as suas consequências; tudo nos impondo a conclusão de que o transportador arcará com os riscos, ou, pelo menos, com certos riscos, próprios do exercício da sua profissão, podendo larga parte dos eventos exoneratórios ser reconduzidos a uma categoria de *vis major*, ou, de qualquer modo, de não imputabilidade, *hoc sensu*, que, se num primeiro momento poderá ser presumida ou implícita na natureza ou gravidade do facto oferecido (bastando então, nesse primeiro momento, a prova de uma espécie de "*fumus vis majoris*"), mediante contraprova do interessado na carga, não deixará de reclamar uma inteira demonstração pelo transportador, provando, assim, que nem a sua diligência foi suficiente para suster a devastação atribuída ao facto exoneratório.

---

[568] *Vide*, sobre o modo como a «*completezza descritiva*» pode ser «*aggevolata*», S. M. CARBONE, *Contratto, cit.*, p. 238 ss., 264 ss., *maxime*, p. 265.

Cfr., quanto à noção de prova *prima facie* (ou de «primeira aparência»), *vide* A. VAZ SERRA, *Culpa do devedor ou do agente*, BMJ, n.° 68, 1957, p. 85 ss.

[569] Tanto talvez baste para ir ao encontro de René RODIÈRE, quando clamava por humanidade, ínsita nas características de «*imprevisibilité et insurmontabilité*» — *op. cit., loc. cit.*.

[570] Num regime comparável com aquele previsto na Convenção CMR, de 1956, onde expressamente se apela para a constituição de uma presunção *in concreto* do nexo causal, uma vez que fosse estabelecida a verificação de certos factos que implicassem determinados riscos, particularmente acentuados — *ex vi* dos arts.17.°, n.° 2 e 18.°, n.° 2. Só que, por exemplo, a mera presença de água poderá fazer emergir, inversamente, uma presunção de uma estado de inavegabilidade do navio — cfr. SCRUTTON, *op. cit.*, p. 265 ss., W. TETLEY, *Marine cargo claims, cit.*, p. 135.

Contudo, no que respeita à alínea q) do n.º 2 do art. 4.º, devemos reconhecer que se abre ao transportador a faculdade de se eximir da sua responsabilidade invocando um qualquer facto, contanto que prove, a fim de se realizar a eficácia liberatória de tal facto, que o mesmo não dependeu dele próprio ou de um seu auxiliar (subordinado ou não), nem houve uma actuação negligente sua ou dos seus auxiliares. Isto para além de dever produzir uma cabal ou específica prova etiológica. Como vimos, diferentemente do que sucede com as causas liberatórias nominadas, aqui deverá o transportador oferecer, de imediato, para se liberar, a prova de uma conduta diligente específica (*scl.* relacionada com a causa do dano e com as consequências inevitáveis do facto lesivo), uma vez individualizada a causa do dano, completando a demonstração de ausência de culpa[571][572].

---

[571] Notou-se, no meio anglo-saxónico, uma particular preocupação exegética em torno desta cláusula, propendendo a jurisprudência para aceitar não se tratar aqui de uma excepção *ejusdem generis*, por não ser possível reconduzir as demais causas liberatórias a um unitário *genus*. Cfr. SCRUTTON, *op. cit.*, p. 445 ss., W. TETLEY, *Marine cargo claims, cit.*, p. 515 ss.
Se persistíssemos em decantar um *genus*, na verdade, não nos restaria, talvez, senão a antiga estraneidade ou exterioridade dos factos causadores relativamente ao transportador, ainda que compreensíveis na área de risco profissional marítimo (cfr. M. ANDRADE, *Teoria geral das obrigações*, Coimbra, 1966, p. 343; G. RIGHETTI, *La responsabilità, cit.*, p. 57 s.), *scl.*, à área de actividade controlável da empresa transportadora, e, ainda assim, com o parêntesis da culpa náutica, e, sob certo aspecto, da greve e do *lock-out* (cfr. G. COTTINO, *op. cit.*, p. 381 s.). Todavia, o particular regime probatório atrelado às causas nominadas, só em relação a estas se justificaria, sempre num propósito de equitativo equilíbrio, fortemente baseado no regime probatório desenhado.
[572] Com Sergio Maria CARBONE, diríamos que também relativamente a estes factos (muito particularmente em relação a estes), se realçará a necessidade de oferecimento de uma «prova específica [...] do evento exoneratório», conseguida, mediante a «*completezza descritiva del rapporto di causalità*», se bem que não custará admitir que, neste caso, lhe será mais difícil apelar para o resultado probatório de uma qualquer presunção de experiência. Cfr. S. M. CARBONE, *Contratto, cit.*, p. 238, 264 ss..
A este propósito, parece ter toda a oportunidade lembrar a construção proposta por René RODIÈRE, quando sustentava que, se nas demais alíneas do n.º 2 do art. 4.º se aludia à "natureza" de certos factos, nesta última, a referência ia dirigida a uma causa, no sentido de um preciso conjunto de circunstâncias fácticas, qualquer que fosse a sua natureza. Consequentemente, se naquelas, como que poderia bastar ao transportador, para se liberar da sua responsabilidade, provar que o dano resultara de um evento de determinada natureza (mau grado se aceitasse uma contraprova, mesmo para demonstração de um comportamento negligente) — cfr. *supra*, a propósito do n.º 2 do art. 17.º da Convenção CMR —,

É certo, porém, como vimos, e diferentemente de quanto prevê o ordenamento francês, de acordo com as avaliações jurisprudenciais e

nesta urgiria uma mais minuciosa determinação dos factos que causalmente se conectariam com o resultado danoso — *Traité, cit.*, p. 408 ss..

Aliás, o Autor, ensaiando um certo enquadramento dogmático da posição do transportador, no domínio da responsabilidade, admitiria estar-se perante uma presunção de responsabilidade do mesmo, por contraponto a uma mera presunção de culpa, conquanto devesse acolher o rótulo de presunção de responsabilidade fraca, precisamente, em virtude do alargado número de *casus*, ou seja, de causas liberatórias da responsabilidade — chegando a afirmar, como admitisse quão *maladroits* seriam estes quadros à face de uma disciplina de inspiração anglo-saxónica, que, no que tange à previsão da alínea q) do n.º 2 do art. 4.º, estaríamos defronte a uma solução «*qui se situe à mi-chemin*» entre a presunção de responsabilidade e a de culpa. Tudo convergindo, não por isso embora, num contrato que contém a assunção de uma "obrigação de resultado", abandonando ao devedor a responsabilidade, na esteira da ideia de fortuito objectivo, sempre que não se demonstrasse a causa do dano, e independentemente da diligência empregue na conduta — *Traité, cit.*, p. 253 s., 408 ss..*Vide*, ainda, A. LEFEBVRE D'OVIDIO, *Sulla disciplina, cit.*, p. 39, referindo as opções possíveis para o regime probatório, uma vez abolido o regime estrito do *receptum*, e sendo, então, desnecessária uma cláusula *omnibus*; R. RODIÈRE, *Droit maritime, cit.*, p. 279, 295 s.; W. TETLEY, *Marine cargo claims, cit.*, p. 144 s., 515 ss.; A. PAVONE LA ROSA, *op. cit.*, p. 213 ss.; S. M. CARBONE, *Contratto, cit.*,169 ss. (que, invocando a influência decisiva do *Harter Act* — veja-se a sua secção 3.ª, com a enumeração, reconhecível, dos eventos que liberariam o transportador — fala de «*"eventi" riduttivi dell'area di rischio tradizionalmente assegnata al vettore marittimo*» — cfr. A. LEFEBVRE D'OVIDIO, *Sulla disciplina, cit.*, p. 32 s.); A. LEFEBVRE D'OVIDIO, G. PESCATORE, L. TULLIO, *op. cit.*, p. 552 s.. Nesta mesma orientação se incluiu Italo ABBATE, falando, num modo plasticmente sugestivo, de um «*receptum sfumato*», para qualificar o regime de responsabilidade plasmado na Convenção, como espelho daquele compromisso entre interesses de carregadores e de transportadores; mas não custa concordar com este autor, quando faz notar que, de certo modo, a ausência de culpa resulta *ictu oculi* (como se *in re ipsa* se estabelecesse a ausência de culpa, sem que, contudo, se pretenda obstar à produção de prova pelo interessado na carga, com o fito de demonstrar a ocorrência ou a contribuição de culpa do transportador ou de culpa comercial dos prepostos ou auxiliares deste, como se vê também no texto) dos riscos conectados com as causas típicas de liberação, ainda que *prima facie*, e não obstante não seja talvez este o motivo que, no plano probatório, faz desencadear o afastamento da presunção de responsabilidade, pois que, na verdade, o que se pretenderia seria prosseguir específicos objectivos de segurança jurídica, a par de uma equitativa distribuição do risco da "aventura marítima" — *op. cit.*, p. 56 s., n.45. Cfr., também, G. RIGHETTI, *La responsabilità,cit.*, p. 48 ss., *maxime*, p. 53 e 56, quando, como o Autor citado anteriormente, rebate a doutrina da prova positiva de diligência que veria depositada sobre os ombros do carregador o risco do dano proveniente de causa desconhecida ou não provada, afirmando situar-se o regime das Regras de Haia num patamar intermédio entre o tradicional *debitum ex receptum* ou a garantia absoluta anglo-saxónica (adoptado no *Codice Civile* para o transporte terrestre) e aqueloutro regime de liberação do devedor, segundo o qual lhe bastaria provar haver adoptado, na sua conduta, a diligência razoavelmente exigível do *bonus paterfamilias* ou do *bonus nauta* (prova positiva à qual seria, afinal, recondutível a necessidade de produção de uma prova negativa, isto é, a prova de que o dano não proviera de culpa do transportador): a culpa, nestes casos enumerados seria «*inusuale*», porque numa área de «*rischi incolpevoli*» — assim também R. RODIÈRE, *Traité, cit.*, II, p. 409: «*alors que dans les cas précédents* [os casos de exoneração nominados, por contraposição à cláusula geral da alínea q)], *la preuve de l'origine du dommage* [...] *suffit, parce que l'absence de faute résulte suffisamennt de la nature même de cette cause*».

Cfr., também, L. MENGONI, *op. cit.*, p. 185 ss.; G. RIGHETTI, *Per un inquadramento, cit.*, p. 56 ss.; L. TULLIO, *Sul regime probatorio, cit.*, p. 96 ss.; S. M. CARBONE, *Falsi dogmi, cit.*, p. 21 ss.; F. BERLINGIERI, *Responsabilità dell'armatore e relativa limitazione, in* Il cinquantenario del codice della navigazione, *cit.*, p. 166 s., referindo os reparos sofridos pela ideia de que a responsabilidade do transportador-armador se basearia num comportamento culposo deste, a saber: por um lado, sofreria esta ideia uma limitação, derivada da exoneração por culpa náutica do capitão e da tripulação, por outro, uma extensão, devida à não delegabilidade da obrigação usar de diligência para apresentar um navio *seaworthy* (*-cargoworthy*).

Ainda, em geral e nos domínios da custódia e da responsabilidade *ex recepto*, sobre os revérberos do regime da responsabilidade subjectiva e da responsabilidade objectiva, bem como sobre as áreas cinzentas em torno da noção de imputabilidade, *maxime,* em relação com a dicotomia obrigação de meios/ "obrigação de resultado" (senão também com aquela outra deveres de prestação/deveres de protecção), *vide* U. MAJELLO, *Custodia e deposito,* Nápoles, 1958, *maxime,* p. 3 ss., 221 ss., desaconselhando visões redutoras que hipertrofiem os pontos de partida de ambos os regimes, à luz da impossibilidade superveniente, nomeadamente daquela objectiva, e da função eminentemente reparadora do instituto da responsabilidade civil (mas tendo em conta, mesmo no plano contratual, a responsabilidade e as admissíveis correcções, em ordem a uma justa distribuição do risco, nomeadamente em campos onde seja obrigatório o seguro); concluindo, ademais, ser a responsabilidade *ex recepto* uma aplicação normal (e não agravada) da responsabilidade por custódia, cujo regime seria inclusive atenuado pela previsão legal de «cláusulas de irresponsabilidade»; tenta, pois, o Autor, a superação de um tríptico de teorias que mirariam justificar a maior severidade do *receptum* (ora exigindo a prova de força maior, mesmo associada ao padrão da *diligentia diligentissimi*, por contraposição ao caso fortuito, para liberação do devedor; ora recorrendo à ideia de risco de empresa, num *penchant* objectivante da responsabilização do devedor, fundado mesmo na ideia de que o empresário melhor pode prever os riscos com que se deparará o transporte, preparando-se, desta sorte e estando apoiado numa actividade economicamente organizada, para os afrontar e defrontar; ora apoiando-se no específico regime probatório, que exigiria, nomeadamente, do transportador, no contrato de transporte, em geral, não uma prova negativa de ausência de culpa, mas antes a prova positiva do facto causador do dano sofrido pela mercadoria confiada). Cfr., a propósito do depósito e da distinção entre obrigações de meios e de resultado, Ac. Trib. Rel. Lisboa, de 28 de Fevereiro de 1978, CJ, 1978, III, p. 377 ss..

Por seu turno, Gastone COTTINO, distanciando a obrigação hodierna de custódia da *custodia* romana, desloca outrossim o regime da responsabilidade *ex recepto* do campo da responsabilidade objectiva e mesmo de uma noção de «*responsabilità aggravata del debitore*», apesar de as raízes tradicionais de que deriva serem divergentes deste novo sentido que assumira mais recentemente. Teria pois intercorrido uma «*subbiettivazione nel passaggio dal diritto classico a quello postclassico*», residindo, ora, o seu aspecto distintivo tão-só no «*fatto di essere caratterizzata di regola da una scomposizione della causa non imputabile in specifiche cause di liberazione, tra cui in primo piano il caso fortuito*», posto que admita a necessidade de produzir prova de «*un fatto positivo e determinato e non solo una generica assenza di colpa*» (*L'impossibilità, cit.*, p. 90 ss., 284 ss).

Vide. também, no domínio da tradução dogmática do regime da responsabilidade A. TUNC, *Les paradoxes du régime actuel de la responsabilité de plein droit (ou: Derrière l'écran des mots), Recueil Dalloz, 1976, chr.*, p. 13 ss., embora *a latere*.

Cfr. ainda K. LARENZ, *Derecho de obligaciones, cit.*, p. 280 ss., 293 ss., já mostrando (após individualizar a aproximação da «promessa de garantia» da *common law* da responsabilidade por *custodia* do direito romano — cfr.*supra*) como, mesmo no «critério objectivado e tipificado da culpa», se pode entrever «elementos de uma responsabilidade objectiva», atendendo à ideia de censurabilidade que se pode acostar ao princípio da culpa (*Verschuldensprinzip,* que faz derivar do direito romano post-clássico). Explica, ademais, em contraponto à culpa assim subjectivamente confinada, como o «tráfico jurídico» clama por «uma ideia de uma obrigação de garantia» ou por uma «responsabilidade objectiva do devedor, ainda que apenas no sentido de uma debilitação» do *Verschuldensprinzi*p. Neste *iter*, um marco seriam, precisamente, «as presunções "juris tantum" de dívida», onde se reverberaria «*una* ampliación de la responsabilidad por encima del estrecho marco del principio de la culpabilidad».

Cfr. P. TRIMARCHI, *op. cit.*, p. 183 ss., *maxime*, p. 189 ss., dando conta do papel objectivante da presunção de culpa em certas situações de risco.

E ainda M. A. CARNEIRO DA FRADA, *op. cit., passim,* mas p. 275 ss., 331 ss., que, pondo em relevo a influência do regime de prova, posto que também em torno do n.º 1 do art. 799.º, do Código civil, sustenta que, «estando no fundo em causa saber se se responde por culpa *presumida*, trata-se aqui da eventual admissibilidade de uma combinação entre os dois princípios [*Verschuldensprinzip* e *Risikoprinzip*] de imputação, culpa e risco: a inversão do ónus da prova <u>esconde, na verdade, um esvaziamento do princípio da culpa em favor de uma *quase-responsabilidade pelo risco*</u>» (sublinhado nosso).

Vide ainda, entre nós, J. GOMES, *Responsabilidade subjectiva e responsabilidade objectiva,* RDE, a. XIII, 1987, p. 97 ss.; D. Maria Vitória R. F. DA ROCHA, *A imputaçao objectiva na responsabilidade contratual. Algumas consideraçoes,* RDE, a.XV, 1989, p. 31 ss..

doutrinais dominantes[573], que, num primeiro momento, não obstante o transportador deva provar suficientemente a ocorrência do facto, ao ponto de conseguir a sua qualificação como um *excepted peril* (e já aqui se poderá ver defendida a necessidade razoável de demonstração imediata de um certo grau de gravidade do facto natural ou humano sobrevindo[574]), como também o específico nexo causal que o conecta com os danos, *in casu*, já não se lhe exigirá uma prova completa da imprevisibilidade e da invencibilidade (ou estas acabarão por ser, sem particular dificuldade, presumidas[575]) do facto liberatório e das suas consequências[576].

---

[573] Cfr. *supra*. Vide E. DU PONTAVICE, P. CORDIER, *op. cit.*, p. 120, a propósito da al. d) do art. 27.º da Lei de 1966: «*Le transporteur est responsable* [...] *à moins qu'il ne prouve que ces pertes ou dommages proviennent:* [...] *d)Des faits constituant un événement non imputable au transporteur*».

[574] Uma razão mais, diremos, ainda que *ad abundantiam*, para se não considerar a prova inicial do transportador como meramente perfunctória, antes devendo ser completa e precisa, no que toca à demonstração da existência do evento liberatório, de modo a que possa ser qualificado como tal, não obstante se lhe não exija uma caracterização completa da sua irresistibilidade, ou até da sua imprevisibilidade, pois que, *prima facie*, resultarão da natureza do evento.

[575] Cfr. S. M. CARBONE, *Contratto, cit.*, p. 238 ss., *maxime*, p. 242 s..

[576] No que diz respeito à prova completa e específica que o transportador oferecerá, vem-se concordando em que não será ela uma prova factual *à outrance*, ou, como refere William TETLEY, elevando esta orientação ao grau de princípio probatório ínsito na disciplina uniforme, «*the onus of proof does not mean providing all the circumstances to the point of absurdity, but means making proof to a reasonable degree*».

Assim, tanto no âmbito das Regras de Haia-Visby, como para as Regras de Hamburgo, no ensejo de provar especificamente o conjunto de circunstâncias que envolvem a factualidade de que resultou o dano, e, assim, para demonstrar especificamente o nexo causal, ou para provar que este facto não se encontra na área de imputabilidade do transportador, antes correspondendo à natureza de uma das causas liberatórias, ou ainda para provar, também especificamente, uma conduta suficientemente diligente a propósito de tal facto e da atenuação das respectivas consequências, poderá o transportador socorrer-se de todos os meis de prova, e, desta sorte, não lhe serão negadas as inferências normais, no âmbito da actividade náutica, que resultem do *id quod plerumque accidit* ou de presunções de experiência, convocando-se, para tal, o contributo da ideia de *"balance of probabilities"*.

Tudo isto, sem esquecer o limite representado pela causa ignota ou inexplicada, para o que, de bom aviso, sempre será lembrar que o *"yellow submarine"* não existe (cfr. *The Popi M*, DM, 1986, p. 169) — do mesmo passo, sem querer bulir com a ortodoxia da razoabilidade fiérica de CHESTERTON, e, portanto sem nos imaginarmos no tédio dos *facts & realities* de Mr.(*«peremptorily»*) Thomas Gradgrind, outro tanto se diga, do *fliegende*

Mas já o deverá fazer, pelo menos no que toca à irresistibilidade para quem haja sido razoavelmente diligente (por exemplo, no que toca à diligência empregue em conferir à embarcação um estado de navegabilidade, atendendo às condições meteorológicas previsíveis e/ou previstas, ou se, mesmo perante condições adversas, foi um qualquer descuido na verificação das escotilhas que permitiu a entrada de água[577]), se, num segundo momento, o interessado na carga vier, fundamentadamente, levantar a suspeição de uma falta de diligência ou de «precaução», na conduta adoptada[578] — à qual sempre se reconduziria, como realça Martine REMOND--GOUILLOD, a não previsão de certos factos *in abstracto* previsíveis, como, de resto, poderá ser o caso de certos eventos de "fortuna de mar", isto é, perigos dependentes de realidades naturais e físicas conhecidas e previsíveis, mas já não assim, *v. g.* , no caso do acontecimento natural inesperado, como um raio que atinja o navio[579]. Como sugerem Antonio LEFEBVRE D'OVIDIO, Gabriele PESCATORE e Leopoldo TULLIO, a prova

---

Holländer, ou dos *gémissements* da procissão dos trespassados, ou até daquele «*ciel si bas qu'un canal s'est perdu*». O que, todavia, não tolhe uma multidão de presunções de experiência, que sempre favorecerão a prova do encadeamento causal originador do dano, segundo um sensato juízo de probabilidades, sujeito a refutação pelo interessado na carga.

Cfr., *inter alia*, F. BERLINGIERI, *The basis of liability*, DM, 1983, 204 ss., *maxime*, 205; W. TETLEY, *Marine cargo claims, cit.*, p. 135 ss., 362 ss., 434, S. M. CARBONE, *Contratto, cit.*, p. 266 ss., *maxime*,272; E. DU PONTAVICE, P. CORDIER, *op. cit.*, p. 342.

[577] Assim, SCHAPPS-ABRAHAM, *op. cit.*, p. 659. Note-se que já se não trata aqui de exonerar o transportador com fundamento na causa de inavegabilidade do navio, do n.º 1 do art. 4.º . No caso descrito no texto, o transportador terá invocado uma das causas nomidadas previstas no n.º 2 do art. 4.º, que se prendesse a acontecimentos naturais, e, em sede de contraprova, o interessado na carga teria retrucado, tentando provar a inavegabilidade do navio ou certa conduta negligente do transportador.

[578] Neste sentido, SCRUTTON, *op. cit.*, p. 225 ss., quanto aos perigos de mar — «*which could not be foreseen and guarded against*». Cfr. W. TETLEY, *Marine cargo claims, cit.*, p. 133 ss., 361 ss.. Cfr., ainda, SCHAPPS-ABRAHAM, *op. cit.*, p. 657 ss., *maxime* p. 659, também a propósito do n.º 3 do §608 do HGB (cujo n.º 1 apresnta um *Katalog von Fällen* muito próximo do elenco das Regras de Haia): «[d]*ie Haftungsbefreiung tritt nicht ein, wenn nachgewiesen wird, daß der Eintritt der Gefahr auf einem Umstand beruht, den der Verfachter zu vertreten hat*».

Acerca dos perigos de mar, *vide*, também, apelando para uma determinação jurisprudencial, recorrendo eventualmente aos «usos mercantis», C. ABBOTT, *Tratado sobre as leys relativas a navios mercantes, e marinheiros*, Liverpool, 1819, 4.ª ed., p. 247 ss..

[579] Cfr. M. REMOND-GOUILLOUD, *op. cit.*, p. 378 s.; E. DU PONTAVICE, P. CORDIER, *op. cit.*, p. 120 (cfr., *ibi*, em ambos o comentário ao caso *Lagos*).

ulterior de demonstração da não imputabilidade, por ausência de culpa do transportador, ou dos seus prepostos e auxiliares, não servirá, ou nada acrescentará (à excepção dos casos de inavegabilidade e *«forse, l'incendio»*), pela natureza à partida inimputável de certos eventos[580].

Dito isto, não nos delongaremos na tentativa de inserção deste regime no perímetro de certos quadros dogmáticos (esforço que talvez fosse baldado, *rectius,* que, provavelmente, nos pintaria mais *nuances* do que cores básicas, atendendo ao envoltório tradicional e dogmático que rodeou o surgimento da disciplina uniforme — senão mesmo à degradação de uma obrigação como que de garantia absoluta numa "obrigação de resultado"[581], qual a temos hoje —, à influência de *common law*, aos

---

[580] Os Autores não atribuem aos perigos exceptuados, no sistema de Haia-Visby, a natureza de presunções legais de fortuito, como já defendem à luz do *Codice della Navigazione*. Entendem que, na disciplina uniforme, ao interessado na carga só restará a faculdade de provar a concorrência de uma outra causa, desta feita imputável ao transportador — A. LEFEBVRE D'OVIDIO, G. PESCATORE, L. TULLIO, *op. cit.,* p. 552 ss.. Cfr., também, L. TULLIO, *Sulla disciplina, op. cit.,* p. 103 ss., defendendo que a não imputabilidade irá (definitivamente, segundo cremos poder concluir) implícita na prova da ocorrência do perigo. Contra, todavia, G. RIGHETTI, *Per un inquadramento sistematico, cit.,* p. 57 ss., *maxime*, p. 69; F. A. QUERCI, *Diritto della navigazione, cit.,* p. 484 s., fazendo emergir da prova dos «pericoli eccettuati» para o transportador uma *«condizione presuntiva di irresponsabilità»*, e permitindo que a «prova di riscontro» verse, ora sobre a culpa pessoal do transportador ou sobre a culpa comercial dos seus prepostos ou subordinados, mesmo em relação à causa liberatória invocada (e, portanto, fazendo decair a natureza irresistível desta causa), ora sobre a existência de uma causa concorrente. Cfr. E. VOLLI, *op. cit.,* p. 607, mostrando como, em geral, ou na maior parte dos casos, a inimputabilidade da causa andará associada ao próprio perigo invocado e provado, como que lhe sendo "natural ou congenial", pelo que, *«nella maggiore parte dei casi»*, a prova do interessado na carga ficará confinada ao estabelecimento da verificação de uma causa concorrente; SCHAPPS-ABRAHAM, *op. cit.,* p. 657 ss. (cfr. *supra*, a propósito do n.º 3 do §608 do HGB); G. ROMANELLI, G. SILINGARDI, *Trasporto nella navigazione, cit.,* p. 12 (definindo os preigos exceptuados como *«quei rischi specifici della navigazione che, independentemente dalla loro addebitabilità a negligenza di alcuno, sono ritenuti eziologicamente sufficienti a fare venire meno la presunzione di responsabilità del vettore»*, suportando o *«avente diritto»*, consequentemente, *«l'onere di dimostrare la c.d. colpa concorrente del vettore»*).

[581] Em sentido algo diverso, embora, demonstrando, em contraponto, como depois da Convenção de Bruxelas, se não exige a todo o transe, do transportador, a garantia absoluta de um resultado, optando-se, outrossim, por descrever, mais de espaço, o conteúdo obrigacional a que se vincula *ex lege*, à luz do critério da *due diligence*, BALLARINO-BUSTI, *op. cit.,* p. 634, 636. Cfr., ainda, S. M. CARBONE, *Le regole, cit.,* p. 50 s.,

compromissos a cuja satisfação foi colimada; tudo contribuindo para forjar um regime que acabaria por nos forçar um enquadramento dogmático mitigado), mas sempre será possível rever nele os contornos de uma presunção de responsabilidade[582], que terá por fiel *chevalier servant* o conhecimento de carga, na sua literalidade (a fim de de determinar as diferenças de estado e de quantidade das mercadorias, como condição suficiente para que se assaque a responsabilidade, ou, pelo menos, a presunção de responsabilidade). Posto isto, sempre se juntará que qualquer tendência para a objectivação da responsabilidade, como aquela a que assistimos neste domínio material, sempre deverá ser cuidadosamente fundamentada do ponto de vista da justiça, nomeadamente, do ponto de vista das exigências da justiça distributiva[583].

34. Importa, agora, proceder à ulterior disquisição de uma outra questão de suma relevância, qual seja a de saber que danos podem convocar o regime uniforme internacional da responsabilidade do transportador e a da consequente limitação do montante indemnizatório, associada à questão do *iter* probatório prescrito e ao qual já aludimos, *supra*.

Podemos dar de barato que quaisquer danos físicos sofridos pelas mercadorias, no decurso do período temporal abarcado pelo regime convencional, vêm a estar ao abrigo da disciplina uniforme. Aqui deveremos

---

mostrando, pois, a *ratio* da descrição atomística das prestações a que o transportador se obriga, que se liga ao corrente conteúdo dos conhecimentos oitocentistas, ao novo carácter inderrogável da disciplina normativa prescrita, senão, de igual guisa, a uma maior influência de critérios subjectivos de aferição da responsabilidade (culpa-diligência) — não obstante o Autor não deixe de reiterar o compromisso tentado, mesmo nesta sede, pela disciplina uniforme (S. M. CARBONE, *Contratto, cit., passim, maxime,* p. 164 ss., 183 ss.). Cfr., todavia, também para a apreciação do valor do Anexo II da Convenção de Hamburgo («*it is the common understanding that the liability of the carrier under this Convention is based on the principle of presumed fault or neglect* [...] *as a rule, the burden of proof rests on the carrier but, with respect to certain cases, the provisions of the Convention modify this rule*») F. BERLINGIERI, *The basis of responsability, cit.,* p. 205; S. ZUNARELLI, *Trasporto, cit.,* p. 1210 s., reconhecendo, nas Regras de Hamburgo, à luz do regime da causa ignota, uma aproximação no sentido da responsabilidade objectiva, ligada ao risco de empresa.

Cfr., sobre a noção de obrigação de resultado, M. ANDRADE, *Teoria geral das obrigações, cit.,* p. 51, 411 ss.; J. M. ANTUNES VARELA, *Direito das obrigações, cit.,* I, p. 600 ss.; M. J. ALMEIDA COSTA, *Direito das obrigações, cit.,* p. 910 ss.

[582] Cfr. W. TETLEY, *Marine cargo claims, cit.,* p. 133, *in fine*.
[583] Cfr. *supra*, nota 426.

incluir, tanto a deterioração física das mercadorias, isto é, as avarias, como a perda parcial ou total das mesmas. De resto, como seria de esperar, estas ideias são comuns aos vários complexos normativos uniformes que vimos referindo.

Interessará depois determinar o valor da avaria ou da perda, de modo a calcular o valor do ressarcimento devido pelo transportador, sempre que se haja demonstrado que as mesmas resultaram da responsabilidade deste, ainda de acordo com o regime uniforme. Todavia, não se poderá olvidar que, para os danos ocorridos, poderão haver concorrido causas diversas, ligadas à actuação de sujeitos também distintos, ou, na mesma causa, poderão haver concorrido actuações culposas de diferentes sujeitos, pelo que, sempre que, para tais danos, concorra a actuação do próprio carregador, ou seja, da contraparte do contrato de transporte marítimo, tal deverá ser tido em conta, no momento da escrutação de responsabilidades, como naquele do cálculo do valor da reparação[584].

Ora, a regra para perfazer tal valor seguirá um padrão objectivo (*rule of thumb*) — e, neste sentido, cura-se de um dano real e não de um dano de cálculo, referido à subjectiva diminuição patrimonial, sem prejuízo de um alargamento do dano indemnizável, sempre que o transportador cuide da inserção no conhecimento[585] de uma cláusula com esse

---

[584] Esta regra, hoje expressa no n.º 7 do art. 5.º, das Regras de Hamburgo, vigora já, ao abrigo das Regras de Haia e de Visby, havendo sido enunciada numa sentença norte-americana de 1934, no caso *Schnell & Co. vs. S.S. Vallescura* (o qual versava sobre um problema de responsabilidade por danos originados por uma combinação de causas). A regra *Vallescura* mais não faz, afinal, do que seguir o regime da responsabilidade do transportador e de distribuição do ónus probatório e os seus princípios informadores, que remontam já às Regras de 1924, mas já, igualmente, a montante, em certa medida, ao *Harter Act*, o qual, aliás, serviu de fundamento, nos Estados Unidos, à decisão do *United States Court of Appeals for the Second Crcuit*, na qual se pode ler: «*the burden of proof rests upon the carrier of goods by sea to bring himself within any exception relieving him from the liability which the law otherwise imposes on him*».

De igual sorte, de acordo com a mencionada norma da Convenção de Hamurgo, «*the carrier is liable only to the extent that the loss, damage or delay is attributable to such fault or neglect, provided that the carrier proves the amount of the loss, damage or delay in delivery not attributable thereto*» (sublinhado nosso).

Cfr. G. GILMORE e C. L. BLACK Jr., *op. cit.*, p. 170, W. TETLEY, *op. cit.*, p. 138, 314 ss., 328 s., N. J. HEALY, *"Concurrence of fault or of causes"*, DM, 1983, p. 231 ss..

[585] Cfr. M. ANDRADE, *Teoria geral das obrigações, cit.*, p. 347 ss..

escopo, e sem prejuízo, a mais disso, de uma eventual relevância da teoria da diferença[586], desde que se admita a reparação de outros danos além destes —, que, em princípio, será indiferente à diminuição patrimonial efectivamente sofrida pelo interessado na carga, bem como ao preço que o mesmo poderia haver obtido, na venda das mercadorias. Haver-se-á como valor de referência o preço corrente do mercado das mercadorias em questão, no local e no momento da entrega das mesmas, ou em que as mesmas deveriam haver sido entregues. A este *"arrived sound market value"* apenas haverá que se subtrair o valor das mercadorias danificadas, se as houver, ainda segundo o preço corrente do dito mercado (*"arrived damaged market value"*)[587].

O Protocolo de 1968 veio a formular expressamente esta regra, introduzindo-a na al. b) do n.° 5, do art. 4.°, segundo a qual «[*l*]*a somme totale sera calculée par référence à la valeur des marchandises au lieu et au jour où elles sont déchargées conformément au contrat, ou au jour et au lieu où elles auraient dû être déchargées*», precisando, ainda, que esse valor será determinado segundo «*le cours en Bourse, ou, à défaut, d'après le prix courant sur le marché ou [...] d'après la valeur usuelle de marchandises de même nature et qualité*».

A utilização de um padrão objectivo, que desconsidere as particulares implicações subjectivo-patrimoniais da avaria ou da perda[588], fun-

---

[586] Sobre esta noção, *vide* P. H. SCHLECHTRIEM, *op. cit.*, p. 83 s., J. M. ANTUNES VARELA, *Direito das obrigações, cit.*, I, p. 569 s.; M. J. ALMEIDA COSTA, *Direito das obrigações, cit.*, p. 498 s..

[587] Cfr. S. M. CARBONE, *Contratto di trasporto, cit.*, p. 279 ss., W. TETLEY, *Marine cargo claims, cit.*, p. 319 ss.. Assim também a Regra G e XVII das Regras de York e Antuérpia de 1994, sobre avarias comuns: «[*g*]*eneral average shall be adjusted as regard both loss and contribution upon the basis of values at the time when and where the adventure ends*»; «[*t*]*he contribution to a general average shall be made upon the actual net values of the property at the termination of the adventure*».

Cfr., *inter alia*, K. PINEUS, *Measure of indemnity*, DM, 1983, p. 233 ss., F. BERLINGIERI, *Limite del debito del vettore: modalità di calcolo*, DM, 1986, p. 556 ss.; L. TULLIO, *Il limite risarcitorio nel trasporto marittimo di cose*, Il limite risarcitorio nell'ordinamento dei trasporti, Milão, 1994, p. 49 ss.; M. RIGUZZI, *La responsabilità, cit.*, p. 53 ss.. Sobre a expressão *"market value"* e sobre a prática dos *P&I clubs*, F. BONELLI, *La limitazione della responsabilità armatoriale*, DM, 1983, p. 132; M. RAPOSO, *Temas de direito marítimo*, ROA, a.57 (Jan./1997), p. 425 ss.). Cfr. C. HILL, *Maritime law,Lloyd's list paractical guides*, Londres, Nova Iorque, Hamburgo, Hong Kong, 1995, p. 404.

[588] Tolhendo eficácia à aposição de *invoice clauses* — cfr. W. TETLEY, *Marine*

da-se directamente no valor da previsibilidade sustentada para as relações jurídicas de que curamos. Entende-se, na verdade, serem merecedoras de protecção as expectativas do transportador, pois que este não poderá, razoavelmente, estar em posição de prever os efectivos prejuízos que a perda ou a avaria das mercadorias causarão ao destinaário, atendendo à sua particular situação subjectiva e, portanto, ao valor que para ele, especificamente, poderia representar a mercadoria deteriorada ou perdida (considerando, nomeadamente, o preço mais elevado que o interessado na carga estaria em condições de obter, para além da eventual mudança do destinatário, operada pela circulação do título). Por outro lado, permanece intocado o carácter imperativo do regime da responsabilidade do transportador, na medida em que impedirá o acordo sobre um processo de cálculo do valor do dano físico suportado, em termos mais desvantajosos para o mesmo destinatário.

As mesmas regras serão de convocar perante danos físicos, isto é, avarias ou perdas de mercadorias, provocadas em consequência da demora na entrega das mercadorias, desde que a responsabilidade pela mesma demora recaia sobre o transportador.

Mas, quanto a outros danos — incluindo, portanto, o *lucrum cessans*[589], enquanto «frustração de um aumento patrimonial»[590], e os danos morais ou não patrimoniais —, que possam advir, em virtude da demora na entrega, bem assim como relativamente àqueles que derivem, ulteriormente (danos indirectos e reflexos, *consequential losses* [591]), das avarias e das perdas físicas das fazendas, já se vêm levantando dúvidas não despiciendas e que merecem ser contempladas[592].

---

cargo claims, cit.,p. 139, K. PINEUS, *"Measure of indemnity"*, DM, 1983, p. 234 s., S. M. CARBONE, *Contratto di trasporto, cit.,* p. 286.

[589] *Vide* M. ANDRADE, *Teoria geral das obrigações, cit.*, p. 347 ss., citando também S.Tomás de Aquino: «[o] dano pode causar-se de dois modos: já privando alguém do que tem, já impedindo-o de adquirir o que estava a caminho de ter»; J. M. ANTUNES VARELA, *Direito das obrigações, cit.,* I, p. 567 ss.; M. J. ALMEIDA COSTA, *Direito das obrigações, cit.*, p. 495 ss..

[590] M. ANDRADE, *Teoria geral das obrigações, cit.*, p. 348.

[591] *Vide* J. M. ANTUNES VARELA, *Direito das obrigações, cit.*, I, p. 572; M. J. ALMEIDA COSTA, *Direito das obrigações, cit.*, p. 501.

[592] Como fazia notar o Professor João BAPTISTA MACHADO, o cumprimento da prestação só se compreende acabadamente por correlação com a "implementação" de um programa obrigacional, funcionalmente decifrado à luz dos intentos e das utilidades que os

Na verdade, a demora na entrega, juntamente com as avarias e perdas físicas das mercadorias, podem suscitar danos ulteriores de natureza económica, os danos patrimoniais indirectos (*economic losses*) e, mesmo, de natureza não patrimonial (pense-se, por exemplo, nos efeitos sobre a reputação de um comerciante, causados pela impossibilidade de, por não haver recebido, ou por não haver recebido atempadamente as mercadorias, ou, ainda que cheguem tempestivamente, por as haver recebido em más condições). Tais danos, moratórios (que a prestação morosa não consegue alijar, e que clamam ser purgados) e não, traduzir-se-ão, *v. g.* , na perda de valor da mercadoria, perda de negócios, paragem forçada do funcionamento de uma indústria, cuja maquinaria dependesse de bens carregados, incumprimento de obrigações.

Pode ver-se defendido que os regimes uniformes de Haia e de Visby se não deverão aplicar aos danos não físicos derivados de demora na entrega das mercadorias, o que, se se fundar no desconhecimento pelo transportador das específicas circunstâncias do destinatário e do cenário económico em que as mercadorias transportadas darão entrada, levará, acto contínuo, a excluir, igualmente, os danos subsequentes não físicos, sofridos devido a avaria ou a perda de mercadorias. Uma tal visão parece só ser compreensível, se se entender que tais danos, podendo embora ser notáveis, não poderão ser objecto de reparação por parte do transportador, porquanto, a ser de outro modo — isto é, confiando ao direito comum a regência desta matéria ou permitindo que as partes convencionem, a seu talante, as condições da dita responsabilidade —, acabaria por sair gorado

---

contraentes visam realizar e "consumar" através do contrato, pelo que, por exemplo, em se tratando de uma prestação "temporalizada" (diríamos, *lato sensu*, pois que no estudo deste Autor, se trata de observar a *Zeitschuld*, como prestação sujeita a um prazo absolutamente fixo, e por isso modalidade da *Zweckschuld*), «a prestação feita fora do prazo já não seria a prestação devida, mas um *aliud*» — cfr. *"Risco contratual e mora do credor (risco da perda do valor-utilidade ou do rendimento da prestação e de desperdício da capacidade de prestar vinculada)"*, BFDUC, Estudos em Homenagem ao Prof. Doutor Ferrer-Correia, v. II, p. 71 ss, *maxime*, 78 e s., 81, n. 16. Bem se vê, contudo, que nem sempre a demora acarretará a "impossibilidade de cumprimento" (já não referida ao mero conteúdo do dever de prestar, mas vista no cenário inarredável do "programa obrigacional", necessariamente evocador da própria base negocial e dos fins propostos pacticiamente) absoluta, no sentido de haver produzido uma irremediável e completa frustração do valor-utilidade intendido no programa obrigacional, o que sucederá, em regra, nos casos de termo essencial — cfr. M. ANDRADE, *Teoria geral das obrigações, cit.*, p. 325 s., 415 ss..

o princípio da limitação da responsabilidade do transportador, fundado numa medida de razoabilidade para o montante indemnizatório e no valor da previsibilidade, tão caro no âmbito das relações comerciais — na verdade, como vimos, não será de esperar que o transportador possa, mesmo imperfeitamente, prever o perfil e o valor dos danos que a perda, a avaria ou a demora da entrega das mercadorias poderão causar ao interessado na carga e à sua actividade comercial ou económica.

Por outro lado, esta posição, visando proteger a confiança do transportador, funda-se, historicamente, nos imensos riscos e nas irredutíveis incertezas que se associavam à aventura marítima, e que faziam desesperar quaisquer cálculos relativos à sua duração[593]. Hodiernamente, contudo, a alteração das condições técnicas da navegação, galopante desde a primeira era do vapor, no século passado, poderia já fazer superar esta objecção, ainda que o argumento ligado à necessidade de proteger a confiança do transportador permanecesse, mesmo como finalidade sobranceira[594].

---

[593] Cfr., relativamente ao peso da previsibilidade dos danos por parte do transportador, em conexão com o carácter aleatório do lapso temporal que comportará a viagem, e ainda, relativamente à apreciação abstracta do dano, e à influência da *common law* sobre o entendimento que se adopta nesta matéria, bem como à confiança que, hoje, aparece justificável no que respeite a um tempo aproximadamente previsível e previsto, efectivamente, na comum prática comercial, W. TETLEY, *Marine cargo claims, cit.*, p. 309; J. PUTZEYS, *Droit des transports op. cit.*, p. 187, 202, 206; S. M. CARBONE, *Contratto, cit.*, p. 297; M. RIGUZZI, *op. cit.*, p. 68 s.. Sobre a *remoteness of damage,* cfr., para um enquadramento sistemático, J. ESSER, *Principio y norma, cit.*, p. 300 ss..

Sobre a mora, J. M. ANTUNES VARELA, *Direito das obrigações, cit.*, I, p. 120; M. J. ALMEIDA COSTA, *Direito das obrigações, cit.*, p. 923.

[594] Neste sentido, Sergio Maria CARBONE defende a admissibilidade da inclusão, no conhecimento, de cláusulas de exclusão de responsabilidade por danos provocados pela demora na entrega, desde que os mesmos não sejam de natureza física, isto é, desde que não se traduzam em perdas ou em avarias da mercadoria (*Contratto di trasporto, cit.*, p. 299, e *vide*, também, do mesmo Autor, *regole di responsabilità, cit.*, p. 90 ss.). Contra, R.RODIÈRE e E. DU PONTAVICE, *op. cit.*, p. 341, n.1. Cfr., para o ordenamento francês, E. DU PONTAVICE, P. CORDIER, *op. cit.*, p. 104 s., referindo-se à validade de cláusulas de exoneração ou limitação da responsabilidade por danos não físicos derivados do retardamento da entrega, e mostrando que a sanção da obrigação de entrega tempestiva se extrai do direito comum, não obstante a obrigação se preveja no art. 38.º do Decreto n.º 1078, de 31 de Dezembro de 1966, conforme modificado pelos D. n.º 679, de 19 de Junho 1969, e n.º 922, de 12 de Novembro, de 1987, segundo o qual «[n]onobstant toute clause contraire, le transporteur procède de façon approprié et soigneuse [...] au transport», «donc», acrescentam os Autores, «*l'obligation de procéder sans retard au port de destina-*

Duas vias interpretativas poderiam demover-nos de estender o regime uniforme aos danos de que vimos tratando. Poder-se-ia afirmar que se pretendeu que estes danos ficassem fora do objecto material da Convenção, o que não deixaria de significar uma lesão para uma uniformidade normativa mais coerente e alargada [595], mesmo que nem sequer

---

tion» — vide R. RODIÈRE, *Traité, cit.*, II, p. 248 s., M. RIGUZZI, *La responsabilità, cit.*, p. 72, n.49.

[595] Na verdade, no esforço interpretativo da disciplina uniforme relativa ao contrato de transporte, como naquelas outras convenções que curam da disciplina uniforme dos demais tipos de transporte internacional, veio-se evidenciando, nos últimos decénios, como vimos já, uma tendência, confirmada pelas sucessivas revisões e pelas convenções mais tardias, para uma aproximação normativa da disciplina dos diversos tipos de transporte, cimentando a unidade normativa destas relações jurídico-contratuais, a qual, não se desejando, embora, que seja temporã, acaba por ser prosseguida ou realizada, senão num prévio momento prescritivo-constitutivo, no próprio momento de realização do direito, pela analogia das situações e relações decidendas e das questões suscitadas. Assim, a Convenção de Genebra relativa ao contrato de transporte de mercadorias por estrada (CMR), de 19 de Maio de 1956, dispõe, no n.º 1 do art. 17.º, que «[o] transportador é responsável [...] pela demora da entrega», e a Convenção de Berna relativa ao transporte de mercadorias por caminho de ferro (CIM), de 25 de Fevereiro de 1961, prevê, no n.º 1 do art. 27.º, que «[o] caminho de ferro é responsável pelo atraso na entrega». Aquela, no art. 19.º, esclarece ulteriormente o que se deva entender por demora, contradistinguindo, em caso de ausência de convenção quanto ao prazo de entrega, que se haverá de considerar dois consecutivos lapsos temporais, em caso de carregamento por *groupage* (isto é, quando o transportador deva completar o carregamento com partidas de diversos carregadores, e que serão consolidadas para a mesma viagem), a saber: o período razoável para perfazer o percurso acordado, precedido por um período também razoável para reunir as mercadorias necessárias para completar o carregamento, tudo segundo o padrão do transportador razoavelmente diligente.

Como o arrazoado expendido em texto também denotará, importa, na solução a postular para a questão dos danos com cabimento no regime uniforme, não gorar os objectivos desta disciplina, e assim em duas frentes, isto é, será curial ter presentes, seja o objectivo de unificação, seja o intuito de protecção do interessado na carga (ainda que o retardamento na entrega, por isso que pode ser o meio óptimo para acomodar particulares interesses e vantagens do transportador/armador, possa andar ligado a casos em que decairia o benefício do limite indemnizatório se resultar, por exemplo, de um desvio de rota intencional, por entretanto, haver recebido uma nova proposta negocial, que venha a implicar uma imprevista escala, para receber a bordo novas mercadorias, arrastando, concomitantemente, para o interessado na carga, eventuais perdas económicas, e, para as mercadorias, eventuais danos físicos).

Acerca da demora e das suas consequências, e das *economic losses* derivadas de danos físicos ou da simples demora na entrega, que pode acarretar a perda da tempestiva

se coloque a hipótese de a regulamentação da responsabilidade por tais danos vir a ser da competência da *lex contractus* [596]. Por outro lado, poder-se-ia sustentar que se pretendeu dar uma resposta unificada à questão, prescrevendo que tais danos não seriam ressarcíveis, em virtude do argumento oferecido no parágrafo anterior, *in fine*; contudo, esta desvantagem, enunciada no parágrafo anterior, sempre poderia ser superada ou acautelada, mercê da previsão de um limite máximo a atribuir à indemnização devida, como sucede na disciplina internacional, e naquelas nacionais, qualquer que fosse a composição de tal montante, ou seja, quaisquer que viessem a ser os danos justificadores de tal ressarcimento.

Por estas razões, e não apenas, com certeza, pelo mero facto de as Regras de Haia e Haia-Visby aludirem aos danos, não de perda ou avaria sofridos pelas mercadorias, mas sim «causados às mercadorias ou que lhe digam respeito» (art. 3.° , n.° 8 e 4.°, n.° 5)[597], deve merecer a nossa aten-

---

utilidade e interesse da mercadoria, *vide* CARVER, *op. cit.*, p. 315, §1212, 2128, 2183-87; SCRUTTON, *op. cit.*, p. 385, 397, 399, 440, 443 s. (defendendo que as Regras de Haia-VIsby não envolvem somente os *physical damages*, e convocando a orientação da sentença do caso *Adamastos Shipping Co. Ltd. v. Anglo-Saxon Petroleum Co. Ltd.*, de 1957: «*no reason why the general words "loss or damage" should be limited to physical loss or damage*» — cfr. M. RIGUZZI, *op. cit.*, p. 73, n.51 e *infra* (sobre este caso, embora em relação à aposição da *Paramount Clause*, conforme prevista na *charterparty*, M. WILFORD, *Paramount clauses en charterparties*, DM, 1992, p. 1134 ss.); R. RODIÈRE, *Traité, cit.*, II, p. 248, 417; W. TETLEY, *Marine cargo claims, cit.*, p. 309, 334; E. DU PONTAVICE, P. CORDIER, *op. cit.*, p. 105 s.; M. REMOND-GOUILLOUD, *op. cit.*, p. 388; A. LEFEBVRE D'OVIDIO, G. PESCATORE, L. TULLIO, *op. cit.*, p. 550; R. RODIÈRE, E. DU PONTAVICE, *op. cit.*, p. 341; e, *amplius*, M. RIGUZZI, *op. cit.*, p. 67 ss..

[596] Sem embargo de sermos forçados a reconhecer que a defesa desta hipótese criaria um verdadeiro risco de desarmonia, atentando mas claramente contra a unificação normativa, para além de também pôr em risco um dos efeitos úteis da disciplina uniforme, aquele que respeita à limitação do montante indemnizatório, e, por conseguinte, a uma certa visão da posição e dos interesses do transportador, na sua relação e equilíbrio em face do interessado na carga.

[597] Sobre este ponto, *vide* SCRUTTON, *On charterparties, cit.*, p. 440 e 443, CARVER, *Carriage by sea, cit.*, p. 311 e s., 400 e s., R. RODIÈRE, *Traité général, cit.*, II, p. 248 e 417, S. M. CARBONE, *Contratto di trasporto* (não sobrevalorizando, como determinante, a letra), E. du PONTAVICE e P. CORDIER, *Transport et affrètement, cit.*, p. 106, contradistinguindo, ainda que num plano exegético, a lei francesa, que se refere a «*dommages <u>subis</u> par la marchandise*» (art. 27.°), da Convenção de Bruxelas, que alude a «*perte ou dommage <u>concernant</u> des marchandises*» (art. 3.°, n.° 8) — sublinhado nosso, mas também no n.° 2 do art. 4.°, «*perte ou dommage*», *tout court*, ou no n.° 5 do mesmo artigo, mais "expressionista", «*pertes ou dommages causés aux marchandises ou les concernant*».

ção a tese que propõe, mesmo que *cum grano salis*, o regime uniforme também para os danos patrimoniais e não patrimoniais, devidos a demora, que não sejam físicos, isto é, que não consistam numa deterioração, numa perda parcial ou num perecimento da mercadoria, ou, ainda, para aqueles que advenham ao destinatário subsequentemente a uma perda ou avaria das fazendas transportadas[598].

Não é todavia sem reparos que se defende a aplicação do regime uniforme a este tipo de danos, atendendo a que sempre se deverá acautelar as expectativas do transportador, mormente, se considerarmos a possibilidade de circulação da posse das mercadorias em viagem, podendo o transportador desconhcer, por completo, as circunstâncias da actividade comercial do destinatário último. Assim, nega-se que o destinatário possa vir exigir uma reparação como se lhe antolhe, *rectius*, vem-se exigindo, a fim de reconhecer o direito a uma indemnização, que o transportador haja sido informado[599], no momento da conclusão do contrato, das circunstâncias relevantes e das consequências que poderão seguir a demora na entrega, como aquelas consequências ulteriores que adviriam dos danos físicos das mercadorias[600] [601] [602].

---

[598] Neste sentido, L. TULLIO, *Profili, op. cit.*, p. 25 ss.; M. REMOMD-GOUILLOD, *op. cit.*, p. 388 s. (sublinhando, posto que em relação ao idêntico sentido normativo da regra interna francesa, que, neste caso, será de aceitar o brocardo *ubi lex non distinguit, nec nos distinguere debemus*), M. RIGUZZI, *La responsabilità, cit.*, p. 69 ss., realçando que a Convenção de Bruxelas se não refere expressamente a «physical injuries», e defendendo o ressarcimento dos danos não físicos, ao abrigo da disciplina uniforme.

[599] Numa questão a esta secante, refere Sergio Maria CARBONE que, devendo obter-se a determinação do valor dos danos por critérios objectivos, nomeadamente, atendendo ao seu valor de mercado, se o carregador se quiser fazer ressarcir atendendo ao valor subjectivo dos bens, dada a utilidade económica que os mesmos representem, só o conseguiria garantir mediante recurso à declaração expressa de valor, fosse este inferior ou superior ao limite imperativo — *Contratto di trasporto, cit.*, p. 289 s.(vide, no texto, *infra*).

[600] Sobre os *consequential losses*, vide W. TETLEY, *Marine cargo claims, cit.*, p. 332 ss..

Note-se, ainda, que, a defender-se a necessária previsibilidade (que não previsão) de tais efeitos lesivos subsequentes e indirectos, ou os danos não físicos que advenham da mora, então, havendo sido o transportador informado sobre a relevância particular que as mercadorias assumiriam para a actividade do primeiro destinatário, sempre se deverá considerar, de igual sorte, que, como circule o título representativo da mercadoria, mudando concomitantemente o destinatário das coisas, tal advertência poderá perder a sua utilidade, o que implicaria desatender, neste sentido, uma maior premência do subsequente destinatário ou as circunstâncias particulares que, acaso, rodeassem a actividade profissional ou empresarial deste, salvo se a urgência da entrega ou os danos reflexos da perda ou da avaria se manifestassem, imediatamente, nos objectos transportados, *in re ipsa*, não dependendo já do específico contexto atinente ao destinatário original.

[601] A ideia de defesa da previsibilidade dos danos por parte do devedor, supeditada na consideração do valor da confiança, estriba-se, no Reino Unido, na sentença do *"leading case" Hadley vs. Baxendale*, de 1854. Deste aresto, duas regras foram decantadas, pelo Barão Alderson (SCRUTTON nota que, sobrelevando embora dois distintos aspectos, mercê de diversas circunstâncias, a regra será, na realidade, uma só), e a decisão vem sendo (*vide, inter alia,* W. TETLEY, *Marine cargo claim, cit.*, p. 320) convocada como relevante, em sede de inadimplência do contrato de transporte, impondo se haja em conta uma *rule of foresseeability* (para uma aplicação desta regra, posto que, eventualmente, corrigida a favor do interessado na carga, no que tange a danos não físicos, sofridos em consequência de inadimplemento pelo transportador, W. TETLEY, *Marine cargo claims, cit.*, p. 332 ss.), no preciso momento da consideração da extensão (salvo, eventualmente, em se tratando de um dano de natureza física da mercadoria, se bem que, neste caso, estabelecido o nexo de causalidade, se estabelecerá, acto contínuo, a previsibilidade do dano, enquanto consequência "natural" da falta de diligência) do dano reparável, independentemente do estabelecimento do nexo de causalidade efectiva: «*the damages which the other party ought to receive in respect of such breach of contract should be such as may be fairly and reasonably be considered either arising naturally, i.e., according to the usual course of things, from such breach of contract itself, or such as may reasonbly be supposed to have been in the contemplation of both parties, at the time they made the contract, as the probable result of the breach of it [...] if the special circumstances under which the contract was actually made were communicated by the plaintiffs to the defendants, and thus known to both parties, the damages resulting from the breach of such a contract, which they would reasonably contemplate, would be the amount of injury which would ordinarily follow from a breach of contract under these special circumstances so known and communicated*». Cfr. CARVER, *op. cit.*, p. 1456 ss., SCRUTTON, *op. cit.*, p. 385 s., W. TETLEY, *Marine cargo claims, cit.*, p. 319 ss..

Todavia, como lembra CARVER (*op. cit.*, p. 1461, citando a decisão do caso *Victoria Laundry vs. Newman Industries*, de 1949), perante um contrato de transporte, não haveremos de considerar este princípio como se não houvera maiores *chances* de que o «*carrier commonly knows less than a seller about the purposes for which the buyer or consignee needs the goods, or about other "special circumstances" which may cause exceptional loss if due delivery is withheld*».

Já com mais estreita relação com a disciplina uniforme, cuidando dos danos merecedores de reparação, a cargo do transportador, convém aludir a um outro aresto, aquele que decidiu o caso *Anglo-Saxon Petroleum Co. vs. Adamastos Shipping Co.*, de 1957, o qual pretendeu esclarecer o sentido a dar aos «*loss or damage*» (art. 4.º, n.º 2) e aos «*loss or damage in connection with the goods*» (art. 4.º, n.º 5) — confirmando, de resto, o *dictum* da decisão da Câmara dos Lordes, *Renton vs. Palmyra Trading Co.*, de 1955, que

Paralelamente, à semelhança do que expressamente se prevê na disciplina do transporte rodoviário internacional[603], não bastará que haja demora, será necessário que da mesma resulte um prejuízo que reclame reparação, e que o interessado deverá provar[604], na medida em que o mesmo constitui, afinal, um dos elementos constitutivos da responsabilidade civil[605].

No que tange aos danos não físicos resultantes da demora na entrega bem como aos *consequential losses* [606], William TETLEY, defendendo embora a regulamentação da mesma de acordo com as normas e os princípios do regime uniforme das Regras de Haia, já recusa que os mesmos sejam indemnizáveis segundo o regime do Protocolo de Visby[607]. Este

---

havia curado do n.º 8 do art. 3.º, na medida em que este se refere aos «*loss or damage in relation to the goods*». Naquela sentença, afirmou Devlin J. que «[*t*]*he Act is dealing with responsabilities and liabilities under contracts of carriage of goods by sea, and clearly such contractual liabilities are not limited to physical damage* [...] [*t*]*he "loss or damage" must, in my opinion, arise in relation to the "loading, handling, stowage, carriage, custody, care and discharge of such goods", but is subject to no other limitation*» (cfr. CARVER, *op. cit.*, p. 457 s.).

[602] Cfr. M. ANDRADE, *Teoria geral das obrigações, cit.*, p. 363.

[603] Cfr. art. 23.º, n.º 5 da Convenção CMR.

[604] Cfr. R. RODIÈRE, *Traité général, cit.*, II, p. 248.

[605] M. ANDRADE, *Teoria geral das obrigações, cit.*, p. 338.

[606] *V.g.* derivados de *"pertes de chances"* comerciais. Cfr. CARVER, *op. cit.*, p. 401; SCRUTTON, *op. cit.*, p. 452; S. M. CARBONE, *Contratto, cit.*, p. 282 s., no sentido de que o Protocolo de Visby vem confirmar a orientação já presente à luz das Regras de Haia, ligando, ademais, o tecto do valor de mercado da mercadoria à necessidade de protecção do transportador, que não poderá razoavelmente prever o impacto económico dos danos que ocorram, salvo acordo diverso e inclusão de uma previsão de limite indemnizatório superior; R. RODIÈRE, *Traité, cit.*, II, p. 310 ss., *maxime* p. 311, p. 421.

Em relação ao regime comum português, e, designadamente, no que respeita aos art. 483.º e 798.º do Código Civil, J. M. ANTUNES VARELA, *Direito das obrigações, cit.*, I, p. 92; M. J. ALMEIDA COSTA, *Direito das obrigações, cit.*, p. 910 s..

[607] No âmbito da *common law*, constitui *leading case*, em matéria de determinação dos danos resultantes de demora, nomeadamente quando os mesmos correspondam a uma queda do preço de mercado dos bens transportados, o caso *Czarnikow vs. Koufos* (*The Heron II)*, de 1969. Segundo CARVER, os *Law Lords*, a quem mereceram reparos, em sede de demora no transporte, não só o *test of forseeability* já firmado, que vieram substituir por um *test of reasonable contemplation* (o qual, na formulação aí envergada, foi por aquele Autor apodado como «*confusissimus mos*»), como a orientação de Asquith L.J., no caso *Laundry vs. Newman Industries*, de 1949, julgado no *Court of Appeals*, no que toca a previsão da probabilidade do resultado (*"on the cards"*). Assim, no caso *The Heeron II*,

Autor, como outros[608], sustenta-se na al. b) do n.° 5, do art. 4.°, das Regras de Visby, de acordo com o qual «[*l*]*a somme totale due*» será obtida por referência, como vimos *supra*, ao valor corrente de mercado das mercadorias avariadas ou perdidas, pelo que o ressarcimento por danos de natureza não física só se poderia basear numa expressa previsão incluída no documento de transporte, ao abrigo da faculdade de derrogação *in melius*, prevista pelo art. 5.° [609].

Mas a esta posição sempre se poderia retrucar, fazendo notar, não só que significaria um retrocesso na tendência normativa de protecção dos interessados na carga — considerando, aliás, que o transportador sempre se pode recolher ao abrigo da limitação indemnizatória, e que um específico regime de responsabilidade pelos danos derivados de demora na entrega dos bens veio a ser contemplado pela Convenção de Hamburgo (e, de resto, significaria um paralelo afastamento da disciplina internacional uniforme de outros tipos de transporte) —, mas também que a regra citada parece ter vindo confirmar uma regra de cálculo já vigente anteriormente, à luz das próprias Regras de Haia, não obstante estas a não houvessem formalmente exteriorizado[610], e, derradeiramente, que, como sugere SCRUTTON, a dita norma não mais pretenderia do que fornecer um padrão para achar o valor a conferir a dano físico de mercadorias, ao qual outros valores indemnizatórios se poderiam juntar até ao *plafond*, redundando tão-só num critério para avaliação do dano directamente infligido sobre os bens[611], e que, portanto, nada diria sobre os tipos de danos res-

---

viria a ser postulado, ainda seguindo CARVER, que, com o fito de que os danos fossem reparáveis, os armadores «*should have contemplated that it was not unlikely, or liable to be, or at least not unlikely to be, or a serious possibility of real danger that if the vessel delayed the value* [...] *would have declined*». Cfr. CARVER, *op. cit.*, p. 1468, 1496 ss., 1500 s., SCRUTTON, *op. cit.*, p. 385 ss., W. TETLEY, *Marine cargo claims, cit.*, p. 309, 320, 332 ss., 1099.

[608] W. TETLEY, *Marine cargo claims, cit.*, p. 335. Em sentido semelhante, F. BERLINGIERI, *Limite del debito, op. cit.*, p. 568.; S. M. CARBONE, *Contratto, cit.*, p. 285. Cfr., todavia, M. RIGUZZI, *La responsabilità, cit.*, p. 71 ss..

[609] *Contra* E. DU PONTAVICE e P. CORDIER, *op. cit.*, p. 106.

[610] Cfr.S. M. CARBONE, *Contratto, cit.*, p. 283 ss..

[611] Cfr. SCRUTTON, *op. cit.*, p. 440 ss., *maxime*, p. 452, segundo o qual, o propósito poderia haver sido o de, fixando um «*upper limit to the amount recoverable*», eliminar as «*claims for consequential loss*» (apoiando-se na letra da norma), ou, alternativamente, «*the intention may have been to provide a yardstick for the calculation of damages, without necessarily providing that the sum recoverabke consists* only *of the damages so*

sarcíveis — não seria, pois, uma limitação às espécies de danos que a disciplina uniforme poderia abrigar, mas apenas um critério de avaliação de uma dessas espécies de danos.

Mesmo admitindo que a demora na entrega corresponde a uma violação da obrigação de realizar, com «razoável diligência»[612], o transporte, naturalmente que não custará dar de barato que, no entendimento a subscrever sobre o que seja demora, haverão de figurar as características especiais do transporte marítimo, não dócil à feitura de horários, mais ou menos rigorosos, como sucederá noutros tipos de transporte, qual sejam o aéreo, o rodoviário ou o ferroviário[613], a menos que um prazo haja sido convencionado, caso em que, segundo a regra geral, a demora consistirá no retardamento da prestação de entrega da mercadoria para além da data

---

calculated» (p. 452). *Vide*, ainda, e no mesmo sentido, CARVER, *op. cit.*, p. 315 e s. e 387, 400 e s., sublinhando que a fórmula «*"calculated by reference to" scarcely seem strong enough to create a limit»*, e lembrando que uma regra de cálculo semelhante é empregue pelo n.º 2 do art. 23.º, da Convenção CMR, apesar de esta, no n.º 5 do mesmo artigo, prever um diferente limite para o caso de demora (o preço do transporte); este Autor, aceitando a *submission* de SCRUTTON, sempre adianta que «[t]*he rule is of no assistance but a potential source of nuisance to the common law of England»*.

Como já se viu no texto, alude também a este argumento, mas para o contestar, no âmbito do Protocolo de 1968, ainda que sem apodioxe, W. TETLEY, *Marine cargo claims, cit.*, p. 335 s., 342, *in fine*, s.. Segundo este Autor, por não ser detectável nas Regras de Haia qualquer proibição relativamente à reparação dos danos indirectos, estes seriam atendíveis; contudo, e porque ao al.b) do n.º 5, do art. 4.º, das Regras de Haia-Visby, refere que o montante total de reparação se conseguiria partindo do valor das mercadorias, deveria inferir-se que os *consequential losses* estariam excluídos, só constituindo base de *causa petendi* se assim fosse expressamente acordado no *bill of lading*. Como se diz em texto, pode, todavia, entender-se o citado artigo diversamente, isto é, não lhe atribuindo uma natureza que vá além da que é própria de uma regra de cálculo do *quantum respondeatur*, mas já não de regra que lhe fixasse o limite. Tanto mais assim, se se quiser conservar a limitação indemnizatória a favor do transportador, recusando que a disciplina especial enjeite a regulação destes danos, remetendo-os para o direito comum, sem pretender, diga-se *ex abundantia cautela,* que tais danos fiquem a descoberto de qualquer reparação, o que pareceria excessivo, mesmo à luz do princípio da limitação de responsabilidade.

[612] Ou, de acordo com o que já dissemos, como, expressamente, refere também a lei francesa, a obrigação de o transportador proceder «*de façon appropriée et soigneuse* [...] *au transport»* (art. 38.º, n.º 1 do Decreto n.º 1078, de 31 de Dezembro de 1966, conforme modificado pelos Decretos n.º 679, de 19 de Junho de 1969, e 922, de 12 de Novembro de 1987). Cfr. E. U PONTAVICE e P. CORDIER, *op. cit.*, p. 105.

[613] Daí que M. REMOND-GOUILLOD declare dever ser confiada à «*sagesse des juges*» a determinação *in concreto* da ocorrência de demora (*op. cit.*, p. 388, *in fine*).

então acordada. Acrescerá, pois, fazer conta, nomeadamente, seja das intensas incertezas que ainda hoje persistem numa expedição marítima, e que inviabilizam seguras previsões quanto à duração da viagem (situação que convém distinguir daquela outra em que o transportador se constitua inculpadamente em mora), seja da circunstância de não se tratar de um carregamento completo do navio, isto é, de estarmos perante um caso em que o transportador deverá proceder a um grupamento, a fim de completar a lotação do navio[614] (pensemos, *v. g.*, mesmo nas nossas velhas figuras do fretamento, a de parte alíquota do navio ou do fretamento à carga, à colheita ou à prancha, ou *à forfait,* desde que parcial[615]).

As Regras da Convenção de Hamburgo, uma vez mais, não vieram dissentir do lastro interpretativo, entretanto sedimentando, antes o aproveitando para formular prescritiva e expressamente um regime de responsabilidade especial[616] e parcialmente autónomo para os danos derivados de demora que não se venham a traduzir em *physical damages,* e, de igual sorte, quanto ao limite do *quantum respondeatur.* De novo, também, se ensaiou uma mais profunda vizinhança das opções normativas em face dos demais regimes uniformes disciplinadores de outros tipos de transporte internacional.

Não só o n.º 1 do art. 5.º se refere à demora como expresso fundamento de responsabilidade para o transportador, assim contradistinguindo os danos relativos a perdas e a avarias das mercadorias atendendo à sua causa (pois que poderão talqualmente resultar da mera prorrogação da entrega), como o n.º 2 do mesmo artigo intenta uma definição de demora: o retardamento da entrega para além do «*time expressly agreed upon*», ou para lá do «*time which it would be reasonable to require of a diligent carrier, having regard to the circumstances of the case*». O que não tolhe que

---

[614] Assim, o art. 19.º da Convenção internacional de Genebra sobre o transporte rodoviário: «[h]á demora [...] se não foi convencionado prazo, quando a duração efectiva do transporte, tendo em conta as circunstâncias, e em especial, no caso de um *carregamento parcial, o tempo necessário para juntar um carregamento completo em condições normais,* ultrapassar o tempo que é razoável atribuir a transportadores diligentes» (itálico nosso).

[615] Sobre estes contratos, *vide* F. Martins, *Direito comercial marítimo, cit.*, p. 199 s., A. H. Palma Carlos, *O contrato de fretamento no código comercial português, cit.*, p. 37 ss..

[616] Cfr., *inter alia,* W. Tetley, *Marine cargo claims, cit.*, p. 336 s.; J. Moore, *Delay in delivery,* DM, 1983, p. 215 ss.; S. M. Carbone, *Contratto, cit.*, p. 295 ss.; *maxime,* p. 302 ss.; R. Rodière, E. Du Pontavice, *op. cit.*, p. 385 ss.

sempre se deva haver em conta as regras previstas para a distribuição dos encargos probatórios, conforme inventariámos *supra* (cfr. art. 5.º, n.º 1), nem exclui que aqui, como no âmbito do regime de Haia, valham os princípios e as regras fixadas para a consideração da previsibilidade razoável dos danos por parte do transportador, escudando-o de um insustentável elemento de surpresa, que já não se filiaria sequer no *élan* protector do regime convencional (ou que acabaria por ser excessivo, mesmo em relação ao objectivo de protecção do carregador) — o que, aqui como ali, poderá levar, ainda assim, a ter por avisada a inclusão de um específico acordo quanto ao ressarcimento dos danos não físicos subsequentes à demora[617].

E, analogamente, no que toca aos danos consequentes, sofridos em virtude de perdas e avarias, pois que também estes se poderão acolher à regulamentação da Convenção de 1978 («[*t*]*he carrier is liable for loss resulting of loss or of damage to the goods*» — art. 5.º, n.º 1).

De outra banda, fixa a al. b) do n.º 1, do art. 6.º, um independente limite indemnizatório para os danos provocados pela demora na entrega: «*an amount equivalent to two and a half times the freight payable for the goods delayed, but not exceeding the total freight payable under the contract of carriage of goods by sea*», e jamais ultrapassando o limite fixado na al. a) para o caso de perda total das mercadorias[618]. Adverte-se assim que se não poderá pretender aplicar um tal limite aos danos de natureza física infligidos na mercadoria por causa da demora, mas tão-somente aos demais danos que a demora poderá ocasionar (*economic loss* e danos morais)[619].

---

[617] Cfr. W. TETLEY, *Marine cargo claims*, *cit.*, p. 336 e s., que afirma poder o novo regime confortar-se nas regras emersas do *"leading case" Hadley vs. Baxendale*.

[618] Também, de acordo com a Convenção CIM, o *plafond* será de duas vezes o preço do transporte. Bem se vê o porquê da diferença em face do limite apontado pelo n.5 do art. 23.º da Convenção CMR (tão-só o preço total do transporte).

[619] Cfr. S. M. CARBONE, *Contratto di trasporto*, *cit.*, p. 302 e s., que sublinha tratar-se mais de uma liquidação *á forfait*, a despeito de se não dispensar a prova do prejuízo causado ao interessado na carga, porquanto a mesma se vê «*agevolata*» por *præsumptiones hominum*, até porque *plerumque accidit* que certos danos sobrevêm, necessariamente, ao retardamento da disponibilidade física de certas mercadorias, independentemente da especialidade do contexto económico-empresarial que possa calhar ao destinatário. Um tal pagamento *à forfait* — de cariz aparentemente mais sancionatório, *rectius*, repressivo-dissuasor do que reparador, ainda que não inteiramente, pois que não visará senão suprir as dificuldades de prova com que se defronta ususalmente o interes-

Duas chamadas de atenção, porém, convém fazer, considerando que a nova Convenção não pretende malograr o escopo protector dos regimes que a precederam.

Por um lado, reconhecer que as partes podem fixar um prazo para entrega da mercadoria, o que vale dizer um prazo para o desempenho da prestação do transportador, parecerá um truísmo. Não será já estulto desentranhar as consequências que uma tal previsão pactícia poderá surtir à face da imperatividade do regime da responsabilidade do transportador[620], sendo outrossim óbvio que idênticas considerações regerão na vigência das Regras de Haia e Visby, uma vez que se haja admitido que as mesmas não se abstêm de curar dos resultados danosos da demora na entrega das fazendas. Na verdade, o prazo convencionado, de modo nenhum, poderá servir de instrumento para alijar as obrigações e o regime de responsabilidade inderrogáveis, isto é, o vão temporal previsto para o transporte não há-de ser tão alargado que venha a significar uma com-

---

sado na carga —, já o encontramos, *proprio sensu*, no n.º 1 do art. 34.º da Convenção CIM, relativa ao transporte por via férrea, em que se prescinde, sem contudo a impedir (caso em que o montante devido, naturalmente, variará — cfr. *supra*), da prova do prejuízo causado (posto que admitido, ainda que à guisa de presunção absoluta, se possa considerar, ainda assim, o prejuízo como o fundamento deste regime). Contra a desnecessidade de prova de um dano efectivo e em sentido conforme àquele por nós seguido, S. ZUNARELLI, *Trasporto marittimo*, in Enc. dir., vol. XLIV, p. 1202 e 1205, e L. TULLIO, *Profili attuali, cit.*, p. 25 s., *maxime* n.26 (considerando este Autor que não se vê justificação para uma «*sorta di* penale». Cfr., também, W. TETLEY, *Marine cargo claims, cit.*, p. 309 e 336, M. RIGUZZI, *La responsabilità limitata, cit.*, p. 68.

[620] Mesmo à luz do regime uniforme de Hamburgo, S. M. CARBONE admite a aposição de cláusulas derrogatórias, relativas à fixação do prazo, em sentido favorável ao transportador, conquanto se deva respeitar certos limites, fora dos quais a cláusula será nula: o acordo deverá ser expresso, e deverá a cláusula ser incluída a bem da conveniência e da utilidade para o próprio navio, de acordo com os usos da navegação — transpondo-se, desta feita, quanto se vem dizendo a respeito das *deviation clauses* (*Contratto di trasporto*, p. 300 s.). Parece, na realidade, que o Professor de Génova mais não faz do que explicitar o sentido ou os limites máximos dentro dos quais as partes ainda gozarão de uma liberdade dispositiva, acerca da fixação do prazo, considerando, todavia, que essa margem, cuja elasticidade, ainda assim, parece sustentar, será, as mais das vezes, usada *in favorem nautæ*.

Mais permissivo, *ma non troppo*, parece o sentido da posição de John MOORE, ao classificar a possibilidade expressamente prevista de fixação de um prazo como um «*blank check*», embora só admitindo lapsos temporais que não sejam «*much too unreasonable*» (*"Delay in delivery", cit.*, p. 217).

pleta indulgência para a negligência do transportador, já que um tal acordo, em sede negocial, equivaleria, para todos os efeitos, a uma cláusula exoneratória (ou de não-garantia) — proibida pelo regime internacional uniforme —, porquanto viria a revelar por parte do transportador «*le mépris* [...] *par son obligation fondamentale de transporter la marchandise*»[621, 622].

---

[621] R. RODIÈRE, *Traité général, cit.*, II, p. 163.

[622] Idêntico discurso é, de resto, sustentável, *mutantis mutandis,* dada a analogia das situações (permaneceríamos no domínio das *liberty clauses,* enquanto estas concedem a faculdade de uma das partes se afastar das suas estritas obrigações contratuais típicas), para os casos de *deviation,* que, conquanto possa ser pacticiamente prevista e consentida, não poderá dar lugar a uma cláusula desmesuradamente permissiva, ou tão ampla que possa equivaler a uma desresponsabilização do transportador, mediante uma espécie de *carte blanche.* Uma cláusula deste calibre acabaria, no final das contas, por interferir também sobre o próprio regime da responsabilidade por demora, embora perspectivasse um alcance mais amplo. É, no entanto, igualmente indúbio que o transportador poderá abandonar a rota previamente pensada, sempre que tal não signifique um atentado à diligência que lhe é exigível. Anotam Grant GILMORE e Charles L. BLACK, Jr., «*the courts have indicated that such a clause must be construed or limited only to authorize reasonable departure from the normal route*», e que «*[a] construction which would give the ship all the liberties which seem literally to be granted by the clause would ran afoul of the public policy and the statutory provisions forbidding the carrier to contract out of liability for his own wrongdoing*» — e assim contrariando, a sec. 3.ª (2) da COGSA (*op. cit.*, p. 178).

Por outro lado, uma vez estabelecido o nexo entre a *deviation* e uma das causas de exclusão de responsabilidade, reservar-se-á ao transportador a faculdade de para esta apelar, segundo o regime geral. A privança com o regime proposto para os casos de demora não deixa, contudo, de ser digna de nota, usando-se critérios de razoabilidade semelhantes e uma paralela atenção no momento de aferir da validade de uma eventual *deviation clause,* e, logo, da admissibilidade do espaço de "liberdade" concedido/"arrebatado", à luz das intenções e do escopo normativos (a que não são estranhas motivações de equidade, conquanto sustentadas também pelo princípio da boa-fé, a compaginar com o princípio da liberdade contratual) do regime das obrigações contratuais e da responsabilidade.

Todavia, acerca desta possibilidade, já nas Regras de Haia topamos com uma expressa previsão, quando no n.º 4 do art. 4.º se esclarece — algo iterativa ou analiticamente, diríamos (conquanto, na realidade, se possa descortinar, neste *appunto*, uma intenção de esclarecer que o risco de acorrer a situações de necessidade no mar — o que, pelo menos, em se tratando de vidas humanas, já por direito natural, sempre seria uma obrigação do transportador ou do armador — não gravará tão-só o transportador, o encargo acabará por se repartir entre quantos afinal ganham com a expedição, numa reminiscência da velha ideia, não obstante rigorosa, segundo a qual a travessia marítima se apresenta como uma "empresa" comum) — que «[n]enhum desvio de rota para salvar ou tentar salvar vidas ou bens no mar, nem qualquer desvio de rota razoável, será considerado como

A Convenção de Hamburgo contempla, a mais disso, uma outra faculdade para o interessado na carga, caso se assista a um tardar na

infracção à presente Convenção ou ao contrato de transporte, e o armador não será responsável de qualquer perda ou dano que daí resulte» (esclarecimento previsto, segundo SCRUTTON, *ex abundantia cautela*, de modo a preservar o tansportador, evitando, prolepticamente, que se coloque a hipótese de lhe tolher as vantagens — «*rights and immunities*» — concedidas ao abrigo do art. 4.º, com a possível excepção de quanto concede o n.º 5 — «*in any event*»).

Havendo presente que, como sublinha S. M. CARBONE, do que se trata será de nos supeditarmos num juízo projectado *ex ante*, a fim de aferir da razoabilidade da mudança de rota, mais uma vez será instrutivo analisarmos a didascália da *common law*, acreditada neste domínio da *geographic deviation,* tanto mais que se foi propugnando a extensão a outras actuações culposas do transportador (*v.g.*,casos de *deck* e *over-carriage, delay* e *non-delivery*) do critério de determinação da *unreasonable (geographical) deviation*, senão também da orientação que nela viu uma *fundamental breach* (sobre esta noção e sobre a relevância dos princípios e dos conceitos na *common law,* J. ESSER, *Principio y norma, cit.*, p. 234 ss., *maxime,* p. 264 ss.), capaz de afastar as vantagens advindas ao transportador, seja contratualmente, seja legalmente. Como refere CARVER, foi defendido, em ordem a determinar sobre a razoabilidade da mesma, no caso *Stag Line vs. Foscolo, Mango & Co.*, julgado em 1931 pela *House of Lords*, que aquela razoabilidade poderia resultar nos casos de «*deviation to avoid some imminent peril* [...] *in the joint interest of cargo-owner and ship* [...] *a deviation as would be contemplated reasonably by cargo-owner and shipowner*» (conforme já fora sustentado no caso *Foreman & Ellmans vs. Federal S.N. Co.*). Acrescentou, todavia, *Lord* Atkins que «[*t*]*he true test seems to be what departure from the contract voyage might a prudent person controlling the voyage at the time make and mantain, having in mind all the circumstances existing at the time, including the terms of the contract and the interests of all parties concerned, but without obligation to consider the interests of any one as conclusive*». Aliás já Scrutton L.J., no *Court of Appeal*, ainda sobre o mesmo caso, havia acentuado a oportunidade de atender aos específicos interesses das partes envolvidas na aventura marítima.

Um diverso contexto em que, eventualmente, a alteração de uma rota se apresentará qual justificável, não sendo fonte de responsabilidade do transportador, será aquele em que o navio se veja impelido por um *fait du Prince*, talqualmente nos casos de greves ou *lock-outs*, que hajam lugar em determinado porto, como, de resto, no caso de outras circunstâncias enunciadas no n.º 2 do art. 4.º (*v.g.,* factos de guerra, de inimigos públicos, perturbações populares).

Advirta-se ainda que, para a *common law*, mercê de uma elaboraboração jurisprudencial, que quase nos é coeva (mau grado as orientações sobre a *deviation* venham merecendo uma atenção mais que centenária), a (*unreasonable*) *geographic deviation* foi enquadrada na categoria da *fundamental breach of contract* («*a breach which goes to the root of the contract*», nas palavras de *Lord* Denning), aqui irmanada, na inserção categorial e nas consequências, com as *misleading representations/statements by the shipper*, o *unjustified deck carriage*, senão também com as *quasi/material-deviations* americanas

entrega da mercadoria, a saber: reserva-lhe a faculdade de considerar as mercadorias como perdidas, após sessenta dias de demora na entrega (art.

(categoria extensível aos casos de *over-carriage* e *misdelivery/non-delivery*, além dos casos de transporte nos convés).

Para William TETLEY, as consequências que daí emanariam, mesmo sob o império das Regras de Haia, e uma vez apurada a intencionalidade dos actos, traduzir-se-iam em privar o transportador da limitação indemnizatória, do prazo de caducidade da acção, do elenco das causas de exoneração ou *excepted perils*, do escudo providenciado pela prova da *due diligence* (art. 3.º, n.º 1), e, assim também, das demais «*limitations and exclusions*» pacticiamente convencionadas pelas partes. Contudo, já no que tange à *geographical deviation*, a SCRUTTON o ponto parece duvidoso, não lhe repugnando a aplicação, neste caso, seja do prazo de propositura da acção (art. 3.º, n.º 6, 3.º par.), seja da limitação do *quantum respondeatur*. Na verdade, parece inevitável conectar estas ocorrências com quanto se possa normativamente desentranhar do regime uniforme, no que respeita às consequências da actuação dolosa, com *culpa lata*, ou com temeridade consciente.

Todavia, como faz notar este Autor, a teoria da (*unreasonable*) *deviation* entronca na teoria da *fundamental breach of contract*, entre cujos efeitos, à luz da *common law*, se podia contar a preclusão da limitação de responsabilidade, ou da limitação do montante ressarcitório, isto, não obstante a discussão sobre a admissibilidade da sobrevivência de tal orientação, enquanto concebia a *fundamental breach* como *substantive*, ou seja, correspondendo a uma *rule of law* capaz de "interferir", logo, condicionando a liberdade pacticiamente expressa pelas partes, nomeadamente, no que tange à previsão de cláusulas limitativas da responsabilidade (pelo que deveria ser encarada como *a matter of construction*), ou, pelo menos, da sua sobrevivência nos casos de *deviation* (que o Autor revê em *dicta* de uma decisão da década de oitenta, *Photo Production Ltd. vs. Securior Ltd.) — On charterparties, cit.*, p. 205, 256 ss. e 447 ss., 452, n.66 (onde sempre se reconhece que, havendo as Regras de Visby privado expressamente o transportador do limite indemnizatório, em caso de uma sua *serious misconduct*, «*might be said to imply that the other protective provisions* [...] *were not intended to be vitiated*») e, ainda W. TETLEY, *Marine cargo claims, cit.,* p. 100 ss., 122 ss., sustentando, todavia, que o facto de a al. e) do n.º 5, do art. 4.º, aludir, tão-só, à privação da limitação indemnizatória não obsta a que, ainda assim, lhe seja vedado o recurso ao catálogo das causas de liberação.

René RODIÈRE faz notar, com precisão, que os casos de *déroutement* deverão, afinal, ser geneticamente filiados, em princípio, ou em razões náuticas, ou já em razões comerciais (intuito lucrativo do transportador, cuja consequência não se haveria de repercutir desfavoravelmente no interessado na carga). Ali, estaríamos perante culpa náutica, aqui culpa comercial, subsistindo embora a possibilidade de investigar sobre se a actuação foi dolosa ou grosseiramente negligente, para daí extrair as eventuais consequências. Assim também W. TETLEY, *"The exception to save life or property"*, DM, 1983, p. 228 ss. — onde se precisa, a mais disso, que o n.º 4 do art. 4.º, da Convenção de Bruxelas, bem como o n.º 6 do art. 5,.º da Convenção de 1978, abarcam também a assistência no mar, mas já não incluiriam um esforço «*to save and claim ownership for ones own benefit of a completely abandoned object*» — conformemente, R. RODIÈRE, *Traité général, cit.,*

5.º, n.º 3). O que vale atribuir o direito a ser indemnizado pela perda das mesmas, ainda que venham a chegar ao destino acordado, para além, claro está, do débito provocado pela emergência de outro tipo de danos.

II, p. 288 —, e que os bens visados pelas Regras de Hamburgo, no n.º 6 do art. 5.º, não se deverão confinar a mercadorias, *stricto sensu*.

Mais, como realça CARVER, não é descabido falar-se de um *duty to deviate*, porquanto, nas circunstâncias certas, não preferir rumo diverso daquele previamente pensado ou acordado, poderá significar uma omissão a enquadrar, por exemplo, entre os comportamentos nauticamente culposos, o que, sob as Regras de Hamburgo, não evitaria a responsabilização do transportador (ainda que se possa configurar para tal omissão um motivo de ordem comercial, se, por exemplo, o transportador descurou os perigos da rota convencionada, movido exclusivamente pelo escopo de não perder determinada carga).

Refira-se, por fim, que a Convenção de Hamburgo expende uma orientação normativa semelhante, à qual já acenámos *supra*, quando afirma, no n.º 6 do art. 5.º, que «[t]*he carrier is not liable [...] where loss, damage or delay in delivery resulted from measures to save life or from reasonable measures to save property at sea*». Sem esforço se compreende o *distinguo* operado, embora mais uma vez algo iterativo. Não parece, contudo, significar que outras alterações de rota não se possam verificar, uma vez atendida a diligência devida pelo transportador, de acordo com o n.º 1 do art. 5.º, mantendo-se, por isso, a noção de *reasonable deviation*, para não mencionar aqueles eventuais casos em que emirja o referido *duty to deviate*.

Cfr. A. MATOS, *Princípios, cit.*, p. 232 s., R. RODIÈRE, *Traité Général, cit.*, II, p. 162 ss., 288 s., 422, CARVER, *Carriage by sea, cit.*, p. 385 ss., SCRUTTON, *On charterparties, cit.*, p. 447 ss., W. TETLEY, *Marine cargo claims, cit.*, p. 99 e ss. (distinguindo a *deviation* das figuras de *quasi-deviation*, também reconductíveis a *fundamental breaches of contract*), 657 s., *maxime*, 737 ss., S. M. CARBONE, *Le regole di responsabilità, cit.*, p. 89 ss., e *Contratto di trasporto, cit.*, p. 245 ss., 327 ss., e sobre o transporte regular e irregular no convés, *vide* M. RAPOSO, *"Fretamento e transporte", cit.*, p. 33 ss., *"Sobre o contrato de transporte", cit.*, p. 22 ss..

Sobre a *deviation* em face da categoria de *fundamental breach* e o confronto desta categoria com a *culpa lata* e com a *faute inexcusable*,cfr., no texto, *infra* e L. TULLIO, *"Confini di applicabilità della limitazione del debito del vettore marittimo"*, RDN, 1970, II, p. 202 ss..

Vide, ainda, sobre a origem da teoria da *deviation* nos Estados Unidos (para o período anterior a 1936, data da COGSA) e sobre a sua não admissibilidade hodierna, nos rigororsos termos em que, para proteger o carregador da privação da cobertura seguradora, se encararia o *carrier* sempre como um *virtual insurer* — G. GILMORE e C. L. BLACK, Jr., *op. cit.*, p. 176 ss.. Também, J. C. SÁENZ GARCIA DE ALBIZU, *Algunas notas sobre el origen y evolución del desvío de ruta en el seguro marítimo*, Estudios juridicos en homenaje al Professor Aurelio Menendez, III, Madrid, 1996, p. 4135 ss.. Este Autor explica como, perante o desvio injustificado de rota, o segurador se subtrairia a cobrir os danos da mercadoria, pelo que, morrmente desde o século passado, configurando a juris-

Note-se, porém, que o exercício daquele direito potestativo, assim atribuído ao interessado na carga, não vem desprovido de dificuldaddes. Senão vejamos: pode suceder que o interessado, ao considerar a carga como se fora perdida, e abdicando portanto de recorrer ao regime de responsabilidade por demora — embora passe a beneficiar de um *plafond* indemnizatório superior ao que seria contemplado em caso de demora (art. 6.º, n.º 1, al. a) —, não consiga, posteriormente, superar a excepção de uma das causas exoneratórias de responsabilidade do transportador, porquanto, em não se havendo efectivamente perdido as mercadorias, não só ficaria sem elas, como, ademais, não perceberia qualquer indemnização.

Parece, todavia, que uma tal solução não seria comportável, à luz da intencionalidade do regime previsto, contanto que se tenha em conta o objectivo de proteger a posição do interessado na carga, para já não se pensar no enriquecimento injustificado que uma tal situação originaria a favor do transportador.

Certo é que a Convenção não seguiu, expressamente, a via do art. 30.º da Convenção CIM ou do art. 20.º da Convenção CMR, segundo os quais, uma vez chegadas as mercadorias, poderia então o interessado optar por havê-las. Ainda assim, no caso de superveniência da chegada dos bens, não havendo sido possível ao interessado na carga, que, entre-

---

prudência anglo-saxónica tal desvio como um *fundamental breach of contract*, levaria a que o transportador respondesse, como se fora um *insurer*. Mostra ainda como a ligação entre o desvio e a prática seguradora — nomeadamente, no sentido de permitir ao segurador enjeitar a responsabilidade, sempre que o desvio não fosse forçoso —, se pode outrossim encontrar, sobretudo, desde os séculos XIII e XIV, vindo a ser sobejamente tratado pela *Ordonnance* de 1681 (arts.XXVI, XXVII, XXXVI). Assim, e como é aí sugerido, para mostrar como se foi entendendo o «*deber de no alterar unilateralmente el riesgo*» que impende sobre o segurado, seja o art. XIV da Ordenança 1570, de Filipe II aos Países Baixos: «*los patrones e los mercaderes que se hayan hecho asegurar, podrán hacer su ruta o escalas, bien voluntariamente, bien por fuerza mayor, segun las disposiciones del contrato de seguro, y sin poder cambiar la dirección del viage o entrar en otros puertos que los designados en la póliza, a menos que sea por fuerza del mar, por vientos contrarios, o de otra necesidad urgente sobrevenida sin su culpa; bajo pena, si el motivo se encuentra en el cargador, de perder toda acción que resulte del contrato de seguro*». Seja, também, o art. XXVII da *Ordonnance* de 1681: «*Si toutefois le changement de route, de voyage ou de vaiffeau, arrive par l'ordre de la affuré, fans le confentement des affureurs; ils feront defchargés des rifques, ce qui aura pareillement lieu en toutes autres pertes & dommages que arriveront, par le fait out la faute des affurés, fans que les affureurs foient tenus de reftituer la prime, f'ils ont commencé à courir les rifques*».

tanto, haja "abandonado" as mercadorias, obter qualquer indemnização a título de perda dos mesmas, John MOORE[623] defende que se conceda a opção de conservar as mercadorias ou de receber o preço obtido pelo transportador na sua venda. Já se uma indemnização for atribuída, na sequência do exercício do direito potestativo referido, então não poderá o destinatário optar por conservar as mercadorias, entretanto "re-aparecidas", ainda que a sua venda se faça por preço superior ao montante indemnizatório[624].

35. Como é mister ressaltar, no balancear dos interesses envolvidos[625] na expedição marítima, não deixa a disciplina internacional uniforme de atender à posição do transportador, cuja protecção não fica desapercebida. Não o fica, dada a distribuição particular do *onus probandi* e a possibilidade de invocar, a fim de se exonerar de responsabilidade, as várias causas exceptuadas e, nomeadamente, os factos que lhe não sejam imputáveis (recordando-se que a favor da demonstração do nexo de causalidade entre tais factos e os danos invocados e provados existirão profusas presunções de experiência, retiradas da comum prática profissional da navegação marítima). Não o fica, por outro lado, devido à previsão de um limite para o *quantum respondeatur*, comunmente também designado de limite de responsabilidade do transportador[626], que, desta sorte, vê equilibrada a sua flagrante exposição aos múltiplos e enormes riscos da aventura marítima, mau grado se dê igualmente de barato

---

[623] *"Delay in delivery", cit.*, p. 219.
[624] Assim, S. M. CARBONE, *Le regole di responsabilità, cit.*, p. 94; *Contratto di trasporto, cit.*, p. 304.
[625] De «*ragionevole compromesso tra interessi dei caricatori e dei vettori*» fala Franco BONELLI (*"Il limite del debito del vettore per danni alle merci"*, DM, 1986, p. 542 ss..
[626] Cfr. M. ANDRADE, *Teoria geral das obrigações, cit.*, p. 367 ss.; F. PESSOA JORGE, *A limitação convencional da responsabilidade civil*, BMJ, n.° 281, 1978, p. 5 ss.; e, *inter alia*, sobre a limitação do montante indemnizatório, R. RODIÈRE, *Traité, cit.*, II, § 776 s.; S. ZUNARELLI, *La nozione, cit.*, p. 182, n. 107.; M. COMENALE PINTO, *Brevi considerazioni sul limite del debito del vettore marittimo e sulla sua legittimità costituzionale*, DT, 1988, t.II, p. 196 ss.; sobre a ideia de «*plafond en valeur*» derivada da dificuldade de previsão do prejuízo, associada à dificuldade/impossibilidade de cobertura do valor total do dano, mediante seguro, ainda, J. PUTZEYS, *Droit des transports, cit.*, p. 201 ss.
Também sobre a permanência da limitação da responsabilidade, já desde o *Consulatus maris*, R. ARROYO MONTERO, *Respnsabilidad del naviero*, *in* Derecho del comercio internacional, sob a direcção de J. C. FÉRNANDEZ ROZAS Madrid, 1996, p. 525.

que, de entre as partes do contrato de transporte, é ele que terá um maior controlo das condições de risco da navegação. Cada vez mais assim, mesmo no que tange aos actos de estrita navegação, se se houver em consideração o desenvolvimento dos sistemas de comunicação, capazes de *aggiornare,* até o transportador não armador, acerca dos acidentes e incidentes da peregrinação marítima, pelo que, mesmo em casos de culpa náutica, sempre poderá ser responsabilizado por actos e omissões que poderia ter adoptado ou evitado, com o intuito de precludir ou atenuar os efeitos danosos, uma vez que houvesse tido conhecimento de quanto sucedera.

Convém agora tratar, mais de espaço, a limitação do montante indemnizatório devido, em sede de reparação, pelo transportador, mecanismo internacionalmente aplaudido como curial e oportuno, contanto que compreendido dentro de certos confins, nomeadamente, aqueles assinalados para as cláusulas limitativas da responsabilidade, no que toca às actuações dolosas. Ao que acrescerá a faculdade de afastar tal limite, desde que em sentido mais favorável ao carregador ou ao interessado na carga, o que se obterá, desde logo, com a inclusão de uma declaração expressa do valor da carga, se superior ao tecto ressarcitório[627] (arts. 4.º, n.º 5 e 7.º). Em caso de inadimplemento que se traduzisse na perda total

---

[627] Sobre a escassa frequência da inserção de tal declaração de valor, uma vez que comporta, geralmente, um acréscimo no frete do transporte, *vide* S. M. CARBONE, *Contratto di trasporto, cit.,* p. 288. Aliás, o aumento do valor do preço do transporte é expressamente previsto, *v.g.,* pela Convenção CMR, no art. 24.º. *Vide,* todavia, L. TULLIO, *"Profili attuali", cit.,* p. 29 ss: segundo o Professor Leopoldo TULLIO, um aumento do frete *ad valorem* deveria ser precludido, atendendo à natureza de direito potestativo da faculdade de inserir a declaração de valor, que poderá acontecer após a conclusão do contrato, posto que anteceda o carregamento das mercadorias, não restando ao transportador senão sujeitar-se a esta enunciação unilateral, tanto mais que este será o único meio eficaz para garantir o exercício, na vida comercial, da faculdade concedida. Além de que, acrescenta o Autor, dada a prática dos *P&I clubs,* ao transportador se abre a possibilidade de se segurar contra uma responsabilidade para além do *plafond* imperativo, sem aumento notável de encargos. Adverte ainda, admoestando embora este novel regime, que essa unilateralidade desaparece nas Regras de Hamburgo, pois que o n.º 4 do art. 6.º prevê que «[b]y *agreement* [...] *limits of liability exceeding those provided for* [...] *may be fixed*» (alteração que Francesco BERLINGIERI, embora sem assentir, funda também, precisamente, na raridade do recurso a tal declaração — *"Il limite del debito", cit.,* p. 572). Mas esta é também a solução da lei francesa, que requer o acordo do transportador para se fixar o limite numa soma mais elevada (art. 28.º da lei n.º 420 de 18 de Junho de 1966, de acordo com o texto emendado pelas leis n.º 1103 de 21 de Dezembro de 1979, e 1292 de 23 de Dezembro de 1986).

das mercadorias, o transportador responderia, então, pelo valor total da mesma[628]. Na verdade, contudo, a enunciação de uma declaração de valor que supere o limite previsto pelo regime uniforme, funcionará como um novo limite do *quantum respondeatur,* como que inumando aquele limite imperativo [629]. Note-se, porém, que o valor declarado poderá ser inferior[630] ao limite ressarcitório imperativo. Mas, em qualquer caso, segundo as Regras de Visby, constituirá uma mera presunção *iuris tantum* (não sendo pois para o transportador «*binding or conclusive evidence*») — art. 4.º, n.º 5 da Convenção e art. 4.º, n.º 5, al. f) do Protocolo — do valor de mercado das mercadorias e dos danos que possam resultar da sua perda ou avaria[631, 632].

O limite previsto pelo n.º 5 do art. 4.º, da Convenção de Bruxelas, era de cem libras esterlinas por volume ou unidade de carga («*colis ou unité*»), podendo esta soma ser traduzida em moedas nacionais[633]. Já o

---

[628] A propósito esta espécie de *derogatio in melius,* segundo uma ideia de *favor domini mercium,* fala Martine REMOND-GOUILLOD de uma «ordre publique à sens unique» (itálico *in loco*) — *Droit maritime, cit.,* p. 384.

[629] Entende Francesco BERLINGIERI que a formulação de Visby conseguiu clarificar esta função de exclusão do limite imperativo (*"Il limite del debito", cit.,* p. 571).

[630] Ressalvando, eventualmente, a possibilidade de repristinar o limite imperativo superior, em se aceitando a extensão do regime uniforme aos danos não físicos.

[631] S. M. CARBONE, *Contratto, cit.,* p. 287 s..

[632] Sobre as dificuldades de inserção de declaração de valor superior, na prática do uso de formulários, e a relação desta dificuldade com a opção pelo recurso ao seguro das mercadorias, cfr. M. COMENALE PINTO, *In tema di agevole esplicazione della dichiarazione di valore, in* Il limite risarcitorio nell'ordinamento dei trasporti, Milão, 1994, p. 209 ss.. O Autor postula ainda, *de iure condendo,* para o direito italiano, uma orientação que colha os ensinamentos da jurisprudência norte-americana, no âmbito da COGSA, segundo a qual, vem sendo exigido, como condição para a aplicação da *package limitation* legal, que ao carrgador haja sido proporcionada uma *fair opportunity* para inserir uma declaração de valor da mercadoria.

Vide, ainda, sobre o que se deverá entender por *fair opportunity, lato sensu* (que, para alguns, acabaria por se concretizar mediante o cumprimento de uma espécie de dever de informação ou de esclarecimento, por parte do transportador) e sobre a declaração de valor, em geral, W. TETLEY, *Marine cargo claims, cit.,* p. 886 ss., Francesco BERLINGIERI, *"Limite del debito", cit.,* p. 570 ss., Franco BONELLI, *"Il limite del debito", cit.,* p. 543 s., M. RIGUZZI, *La responsabilità limitata, cit.,* p. 151 ss. L. TULLIO, *"Profili attuali", cit.,* p. 31 ss..

[633] Embora se possa detectar a influência das Regras de Visby e daquelas de Hamburgo no DL n.º 352/86, sobre o contrato de transporte marítimo, só algumas das novas

Protocolo de Visby veio introduzir uma limitação alternativa, por referência ao peso da mercadoria, seguindo-se aquela que se revele mais vantajosa. Assim, após a alteração de 1968 e a subsequente alteração, introduzida pelo Protocolo de modificação de 1979, o n.º 5 do art. 4.º passou a determinar que «*le transporteur, comme le navire, ne seront en aucun cas responsables des pertes ou dommages des marchandises ou concernant celles-ci pour une somme supérieure à 666,67 unités de compte par colis ou unité, ou 2 unités de compte par kilogramme de poids brut des marchandises perdues ou endommagées*[634], *la limite la plus élevée étant*

---

soluções uniformes foram acolhidas. Assim, não se transpôs para a lei interna o critério alternativo de determinação do limite indemnizatório referido ao peso das mercadorias, como não se adiantou um regime especial para os danos resultantes da demora na entrega (o que, globalmente considerado, não deixa de poder ser visto como uma clara consequência do carácter subsidiário das normas deste diploma – cfr. *supra*).

O limite do montante de reparação é de 100.000$00 por volume ou unidade, *ex vi* do n.º 1 do art. 31.º, limite que interessará para os efeitos dos arts.4.º, n.º 5, e art. 9.º da Convenção de Bruxelas de 1924, convocados pela remissão para o §1.º do art. 1.º do DL n.º 37748, de 1 de Fevereiro de 1950 (segundo o qual, o limite era de 12.500$00 por volume ou unidade) — cfr. sobre o limite das Regras de Haia e sobre esta lei, AZEVEDO MATOS, *Princípios, cit.*, II, p. 284 ss., alertando para que à «unidade» corresponderá, *v.g.*, a tonelada, o quintal, o metro cúbico, ou, eventualmente, uma outra medida sugerida pelos usos e pelos costumes em curso no transporte das mercadorias em questão, ou no cálculo do respectivo frete — cfr. *infra*.

Esclarece-se, de outra banda, que a unidade mencionada será a unidade de carga, e segue-se as novas clarificações internacionais relativamente ao uso de contentores (arts. 24.º, n.º 1 e 2, e 31.º, n.º 2). Assim, de acordo com os n.º 1 e 2 do art. 24.º, determina-se que «[q]uando as mercadorias forem consolidadas, para transporte, em contentores, paletes ou outros elementos análogos, consideram-se volumes ou unidades de carga os que estiverem enumerados no coonhecimento de carga», e que «[o] contentor, a palete ou o elemento análogo é considerado, ele próprio, também, um volume de carga, sempre que fornecido pelo carregador». E o n.º 2 do art. 31.º: «[s]e o conhecimento de carga não contiver a enumeração [...] por ela não constar da declaração de carga referida no art. 4.º [fornecida pelo carregador], cada contentor, palete ou outro elemento análogo é considerado, para efeitos de limitação legal de responsabilidade, como um só volume ou unidade de carga» — parecendo, pois, *a contrario*, que, faltando a enumeração por qualquer outro motivo, não imputável, em princípio, ao carregador, se abrirão todos os meios de prova dos volumes ou das unidades de carga contidos (cfr. *infra*).

Cfr. o Ac. STJ, de 19 de Fevereiro de 1987, BMJ, n.º 364, 1987, p. 879 ss., *maxime*, p. 885 s..

[634] Sobre a relação desta alternativa com a contentorização, em caso de ausência de enumeração dos volumes contidos, ainda que considerando-a insuficiente para irradicar os

appliquée» », — al. a) —, esclarecendo ainda, e pretendendo também ir ao encontro das inquietações levantadas pela utilização de contentores, que «[*l*]*orsqu'un cadre, une palette ou tout engin similaire est utilisé pour grouper des marchandises, tout colis ou unité enuméré au connaissement comme étant inclus dans cet engin sera considéré comme un colis ou unité* [...] [*e*]*n dehors* [...] *cet engin sera considéré comme colis ou unité*» (norma com particular interesse para clarificar as noções de «*colis ou unité*», mais ou menos sibilinas e geradoras de ampla controvérsia, e, assim, interessante também para o transporte em contentores, mas que não obstaria, caso a consolidação se faça, precisamente, em contentor, a que se optasse pela limitação alternativa referente ao peso bruto[635]) — al.

---

problemas que emergiriam de tomar o contentor como base de cálculo, L. TULLIO, *La limitazione del debito del vettore nel trasporto mediante containers*, DT., 1990, t,I, p. 149.

[635] Cfr., sobre esta norma e a sua relação com o uso de contentores, SCRUTTON, *op. cit.*, p. 376 s., *maxime,* 451, defendendo que os engenhos adequados a um sistema de *"roll on-roll off"* não poderão ser qualificados como «*similar article of transport*»; W. TETLEY, *Marine cargo claims, cit.*, p. 640 ss. — «[*a*] *clause in the general clauses of the bill of lading defining the container as a package is null and void as being contrary to art. 3.º (8)*» —; E. DU PONTAVICE, P. CORDIER, *op. cit.*, p. 133; A. LEFEBVRE D'OVIDIO, G. PESCATORE, L. TULLIO, *op. cit.*, p. 559. *amplius*, L. TULLIO, *La limitazione, cit.*, p. 149 ss.; M. RIGUZZI, *La responsabilità, cit.*, p. 98 ss..

Estes Autores italianos cerraram fileiras em favor de um avisado aresto da *Cassazione*, de 27 de Abril de 1984, no qual, como relata o Professor Leopoldo TULLIO (*ibidem*), partindo da teleologia da disciplina uniforme, e por isso concluindo que admitir o contentor como critério de mensurabilidade do limite indemnizatório, em caso de ausência de enumeração dos volumes ou unidades nele contidas, conduziria a um resultado insatisfatório, mormente, se se considerasse que subjacente à *ratio* que levou à escolha do *colis* como unidade de medida estaria, precisamente, «*la limitata quantità*» e o «*limitato valore della merce in esso contenuta*», e se se fizesse conta, a mais disso, das diferenças estruturais e funcionais do contentor em face do *collo*, pois que, estruturalmente, o contentor não seria uma embalagem, antes a contendo, e, funcionalmente, o escopo do contentor não seria o de servir de mera embalagem, mas o de «*agevolare l'imbarco e lo stivaggio e di semplificare il trasporto*» (pelo que se revela como um instrumento que ao transportador grangeia notáveis vantagens). Assim, falhando a enumeração, sempre se poderia, como *ultima ratio*, recorrer à unidade de frete.

Mas, é mister contemplar ainda uma prévia solução alternativa, nestoutro caso de silêncio sobre o conteúdo deste particular recipiente, sobretudo no âmbito das Regras de Haia. Considerando esta, mais uma questão não tratada no regime uniforme *ad nauseam*, embora o sentido da solução normativa dele resulte, bem como dos seus princípios, então, não parece repugnar admitir um critério de solução oferecido pela *lex contractus* (bem entendido, ainda que — e talvez desde que — conforme com a teleologia do regime uniforme), isto é, pelo ordenamento nacional que seria competente para reger o contrato de transporte, não fora a existência de um regime material uniforme de natureza internacional. Todavia, aconselha o desiderato da uniformidade de valoração normativa e da realização do escopo unificador da disciplina internacional, que se envidem as potencialidades normativas da mesma, tanto mais que não parece se possa correr o risco de a envessar, e assim, mesmo no regime de Haia.

Já segundo uma diferente posição, partilhada na jurisprudência americana — esta contudo, foi sendo nutrida pela teoria do *functional package test,* convergindo na conclusão de que o contentor não poderia ser considerado como um volume quando fornecido pelo transportador, já o podendo se carreado pela contraparte (cfr. sobre esta teoria e para uma apreciação da mesma, CARVER, *op. cit.,* p. 392 s.; G. GILMORE e C. L. BLACK Jr., *op. cit.,* p. 188; W. TETLEY, *Marine cargo claims, cit.,* p. 642; S. M. CARBONE, *Contratto, cit.,* p. 308; M. RIGUZZI, *op. cit.,* p. 98 s.) —, como em França (cfr. CARVER, *op. cit.,* p. 395 ss., considerando a enumeração condição *sine qua non,* para que a estatuição surta efeito; W. TETLEY, *op. cit., loc. cit.;* L. TULLIO, *op. cit., loc. cit;* M. RIGUZZI, *op. cit.,* p. 98 ss.), vem-se entendendo que, na ausência de enumeração do conteúdo, o contentor, entendido então como *package* ou *colis,* deverá ser a base do cálculo (o que não haverá de afastar um *plafond* referido ao peso). Assim, o art. 1.º do Decreto n.º 1111, de 21 de Dezembro de 1979, vindo modificar o Decreto n.º 268, de 23 de Março de 1967, vinha declarar, à semelhança das próprias Regras de Hamburgo (cfr. *infra),* que «[*l*]*orsqu'un conteneur, une palette ou tout engin similaire est utilisé pour grouper des marchandises, tout colis ou unité énumérés au connaissement comme étant contenus dans ce conteneur, cette palette ou cet engin sera considéré comme un colis ou unité»,* e que, e sem mais, «[*d*]*ans les autres cas, ce conteneur, cette palette ou cet engin sera considéré comme un colis ou unité».* Cfr. E. DU PONTAVICE, P. CORDIER, *op. cit.,* p. 133; R. RODIÈRE, E. DU PONTAVICE, *op. cit.,* p. 382.Cfr., todavia, M. REMOND-GOUILLOUD, *op. cit.,* p. 385 s., referindo a necessidade de estender os meios de prova do conteúdo do contentor, recorrendo a outros documentos — assim, apela para a al.b) do n.º 2, do art. 6.º, das Regras de Hamburgo, onde já se alude à enumeração indicada «*au connaissement, si un connaissement est émis, ou sinon dans tout autre document faisant preuve du contrat de transport par mer».*

Aliás, mesmo à luz do regime das reservas apostas no conhecimento, isto é, mesmo se, justificadamente, por falta de condições de verificabilidade (cfr. *supra),* o transportador opta por omitir a descrição das mercadorias, tal não impede que o carregador venha provar quais os bens embarcados — neste sentido, SCRUTTON, *op. cit.,* p. 451, n. 60; L. TULLIO, *op. cit.,* p. 154, *in fine;* M. REMOND-GOUILLOUD, *op. cit.,* p. 386.

Vide, ainda, acusando o acolhimento na jurisprudência italiana das influências americana e francesa, senão fazendo uma análise da questão, à luz das Regras de Visby, G. M. BOI, *Applicazione del limite del debito del vettore ai containers,* DM, 1986, p. 574 ss..

Vide, entre nós, sobre o uso de contentores e a disciplina interna e internacional, M. RAPOSO, *Direito marítimo, cit.,* p. 387 ss.; *Sobre o contrato de transporte, cit.,* p. 43 ss.; *maxime,* em relação à questão da limitação da responsabilidade, *Fretamento, cit.,* p. 46 ss.

c) —, e que «[*l*]*'unité de compte mentionée... est le Droit de Tirage Spécial tel que défini par le Fonds Monétaire International»*— al. d)[636].

As Regras de Hamburgo, por seu turno, repensariam o montante do tecto indemnizatório, e contemplariam separadamente a hipótese de perda ou deterioração do próprio recipiente — *maxime,* o contentor — em que as mercadorias houvessem sido consolidadas, considerando-o como uma distinta unidade, atendível em sede de cálculo do limite (salvo, naturalmente, se fornecido pelo transportador), além de haverem dado um passo mais para clarificar a questão de saber qual a unidade a considerar como base do cálculo («*package or other shipping unit*», no art. 6.°. n.° 1, a) e n.° 2, a)[637] —, mas, globalmente, acabariam por seguir o rumo já trilhado

---

Cfr. ainda, P. CHAUVEAU, *Le droit maritime en révolution, cit.*, p. 179, identificando o contentor, não meramente como uma nova e simples embalagem, mas como o despertar de uma «*nouvelle conception du transport*», no âmbito de um transporte misto «*porte à porte*».

[636] Note-se que o Protocolo de modificação, de 21 de Dezembro de 1979, veio substituir o padrão de referência do cálculo do montante máximo com base no franco *Poincaré,* passando este cálculo a ser feito com base em direitos especiais de saque, conforme definidos pelo Fundo Monetário Internacional (assim também, por exemplo, na disciplina da Convenção CMR). Assim, as al.a) e d) do n.° 5, do art. 4.°, segundo o Protocolo de 1968, previam respectivamente, que «*le transporteur, comme le navire, ne seront en aucun cas responsables des pertes ou dommages des marchandises ou concernant celles-ci pour une somme supérieure à l'équivalent de 10.000 francs par colis ou unité ou 30 francs par kilogramme de poids brut* [*ibidem*]*»* e que «*[p]ar franc, il faut entendre une unité consistant en 65,5 miligrammes d'or, au titre de 900 millièmes de fin*». Cfr., E. DU PONTAVICE, p. CORDIER, *op. cit.*, p. 132.

[637] No mesmo sentido, aludindo à unidade de carga e não à *freight unit,* o n.° 1 e a al.a) do n.° 2, do art. 18.° — «*package or other shipping unit*» —, da Convenção sobre o transporte multimodal de mercadorias, assinado em Genebra, a 23 de Maio de 1980 (sobre o transporte por meios diversos e sobre o confronto com as demais Convenções já existentes, quando consideradas *uti singuli,* regulando diferentemente cada meio de transporte, lembrando como as inovações e os desenvolvimentos técnicos nos sistemas de carregamento, de manuseamento da carga, e no desenho e na construção navais — *v.g.,* sistema LASH, carregamento em navio *roll-on/roll-off,* além da vulgarização do uso de *palettes* e de contentores — foram compossibilitando uma regulação unificada, que se estenda às várias *manches* executadas em diferentes vias de comunicação, e por diferentes meios, novidades essas que contribuem, por conseguinte, para derrubar certas barreiras fácticas — ou impostas naturalmente — e técnicas que foram determinando disciplinas normativas congeniais a tais diferenças, logo díspares, *vide* S. MANKADABY, *Some thoughts on transport law, in* Études offertes à René Rodière, Paris, 1981, p. 409 ss.; sobre tais aspectos, mais analisando certas figuras que se aliam ao transporte multimodal, como

pelo Protocolo de Visby. Por outro lado, e porque prescreveu um regime especial para os danos relativos à demora na entrega, completá-lo-ia com um *plafond* indemnizatório próprio[638].

36. Vivíssima questão, que vem concitando um profícuo labor comparatístico, dirigido a uma uniformidade interpretativa, senão também a uma particular atenção sobre o regime internacional de outros tipos de

---

o *multimodal transport operator* e o *multimodal transport document*, e contradistinguindo este em face do conhecimento de carga directo, J. RAMBERG, *Multimodal transport—a new dimension of the law of carriage of goods ?, ibi,* p. 481 ss.). É, porém, certo que já o Protocolo de Visby, aludindo às unidades enumeradas no conhecimento, havia, assim, contribuído para a opção pela unidade de carga. Cfr. L. TULLIO, *La limitazione, cit.,* p. 153, *Il limite risarcitorio, cit.,* p. 50 ss.; M. RIGUZZI, *La responsabilitá, cit.,* p. 81 ss., sobre este ponto e sobre as vantagens que o padrão "unidade de carga" leva sobre a "unidade de frete", bem como sobre a abordagem feita pela jurisprudência americana, à luz da COGSA (*Carriage of goods by sea Act,* de 1936, cujo n.º 5 do art. 4.º prescreve que «[n]either the carrier nor the ship shall in any event be or become liable for any loss or damage to or in connection with the transportation of goods in an amount exceeding $500 oer oackage lawful money of the United States, or in case of goods not shipped in packages, per customary freight unit»), com soluções algo divergentes, e optando, nomeadamente, pelo cálculo segundo a *"customary freight unit"*, enquanto unidade de frete (sobre esta noção, W. TETLEY, *Marine cargo claims, cit.,* p. 642, 884 ss., sustentando que por *unit,* mesmo nas Regras de Haia, se deveria entender «*freight unit*», e não um «*unpacked object*»; L. TULLIO, *Il limite risarcitorio nel trasporto marittimo di cose,* Il limite risarcitorio nell'ordinamento dei trasporti, *cit.,* p. 50, n.3 e 4, que refere não ter tal unidade de corresponder, forçosamente, à unidade usual de cálculo do frete, mas antes à unidade de frete de que as partes se hajam socorrido no carregamento em causa; M. RIGUZZI, *La responsabilità, cit.,* p. 83 ss., n.22, também sobre a noção de *package,* na jurisprudência americana).

Já sobre o conhecimento directo e a sua relação com diversas modalidades de transporte marítimo com pluralidade de transportadores (transporte cumulativo, com transbordo, com subtransporte, com reexpedição), A. BRUNETTI, *op. cit.,* III, p. 539 ss., mesmo a respeito de diferentes meios de transporte (*v.g.,* lacustre ou ferroviário); M. GRIGOLI, *Osservazioni in tema di polizza diretta,* RDN, I, 1965, p. 83 ss., a propósito também da eventual cláusula de limitação da responsabilidade de algum dos transportadores, confinando a respectiva responsabilidade à *tranche* do trajecto que realize.

[638] Art. 6.º, n.º 1, a): «*La responsabilité du transporteur pour le préjudice résultant des pertes ou dommages subis par les marchandises [...] est limitée à une somme équivalent à 835 unités de compte par colis ou autre unité de chargement ou à 2,5 unités de compte par kilogramme de poids brut des marchandises perdues ou endommagées, la limite la plus élévée étant applicable*». Art. 6.º, n.º 1, b): «*La responsabilité du transporteur en cas de retard à la livraison [...] est limitée à une somme correspondant à deux fois*

transporte, é a que respeita aos casos em que deverão, o transportador e/ou os seus auxiliares (dependentes ou prepostos e independentes), deixar de beneficiar da limitação de responsabilidade prevista pelas regras uniformes. Fazendo conta do modo como foi tratada por estas normas, não será, contudo, ousado alvitrar que a resposta a esta questão se encontrou em terrenos não alheios a quanto vem sendo afirmado, na doutrina civilística, relativamente às cláusulas de exclusão e de limitação da responsabilidade. Porém, o transportador, repete-se, não poderá, por convenção, socorrer-se de cláusulas que enjeitem as obrigações e a responsabilidade que sobre ele impendam de acordo com o regime uniforme imperativo, à luz do n.º 8 do art. 3.º[639], não obstante não possamos olvidar que estamos

---

et demie le fret payable pour les marchandises ayant subi le reatard, mais n'excédant pas le montant total du fret payable en vertu du contrat de transport de marchandises par mer». Art. 6.º, n.º 1, c): «*En aucun cas, le cumul des réparations dues par le transporteur en vertu des alinéas a) et b) du présent paragraphe ne peut dépasser la limite qui serait applicable en vertu de alinéa a) du présent paragraphe en cas de perte totale des marchandises pour le transport desquelles la responsabilité du transporteur est engagée»*. Art. 6.º, n.º 2, a): «*Lorsqu'un conteneur, une palette ou tout engin similaire est utilisé pour grouper des marchandises, est considéré comme un colis ou autre unité de chargement tout colis ou unité dont il est indiqué au connaissement, si un connaissement est émis, ou sinon dans tout autre document faisant preuve du contrat de transport par mer, qu'il est contenu dans cet engin»*; «*[e]n dehors du cas prévu ci-dessus, les marchandises contenues dans cet engin sont considérées comme une unité de chargement»*. Art. 6.º, n.º 2, b): «*Lorsque cet engin lui-même a été perdu ou endommagé, ledit engin est considéré, s'il n'appartient pas au transporteur ou n'est pas fourni par lui, comme une unité distincte»*. Sobre a unidade de conta, indica o art. 26.º, n.º 1 que será «*le droit de tirage spécial tel qu'il est défini par le Fonds Monétaire International»*.

[639] Cfr. art. 393.º do Código comercial, relativo aos transportes ferróviários, cuja proibição José Gabriel PINTO COELHO houve por bem não estender aos transportes aéreos, pois que, operando o necessário *distinguo* normativo que resulta da diversidade dos meios ferroviário e aéreo, e visando as cláusulas de não-garantia «os danos que, com maior ou menor regularidade, se produzem em consequência das *faltas correntes* dos diversos agentes que inteveem no acto do transporte [aéreo], e são ainda, se bem que tenham aspecto culposo, um consectário inseparável dêste — "son inévitable rançon"» (itálico nosso), seria de admitir tais cláusulas de exclusão de responsabilidade no que tangia ao transporte aéreo. E conclui desta sorte, note-se, analisando criticamente, embora à luz de um diferente quadro normativo e sócio-económico, o panegírico das cláusulas de exclusão da responsabilidade/indemnização ou de não-garantia, que recebe o seu *placet* (com os confins marcados, bem entendido, pelas actuações dolosas ou com *magna nigligentia*, no sentido de «faltas grosseiras ou indesculpáveis, ordinàriamente equiparadas ao dolo»), no âmbito de um transporte, que, atenta a evolução de antanho, vinha, pelo Autor, conside-

defronte de critérios normativos hipoteticamente relevantes e prescritos imperativamente, senão também que as ditas causas de exoneração assim previstas no elenco dos *excepeted perils,* como vimos *supra*, devem ver a sua face "exoneratória" estudada em termos hábeis, porquanto correspondem a uma tentativa de distribuição de riscos equitativa, sempre, contudo, sem abdicar de uma raíz de responsabilidade presumida do transportador, mercê da confiança depositada pelo carregador e da "obrigação de resultado" a que se reduz o transporte — não seria pois descabido vislumbrar, como sugere Stefano ZUNARELLI, embora para o regime de 1978 e intentando uma apreciação dogmática[640], uma clássica reminiscência "objectiva", *lato sensu*.

Na Convenção de Bruxelas de 1924, não se tocou expressamente este ponto, mas cedo se advogou, pois que *fraus omnia corrumpit*, o afastamento do limite ressarcitório em caso de actuação dolosa do transportador[641, 642], e

---

rado como subsidiário ou extraordinário, e ainda rodeado de atrozes inseguranças e riscos, conhecidos de ambos os contraentes, e, por conseguinte, a despeito de quanto preceituava o art. 393.º do Código Comercial em face do transporte ferroviário (numa altura, lembre-se, em que a nossa Nação não estava ainda vinculada ao cumprimento da Convenção de Bruxelas de 1924, e tão-pouco daquela de Varsóvia de 1929), uma vez que, segundo defendeu, se deveria reconhecer à saciedade que este não enunciava um princípio geral (se bem que, pelo caminho, demonstra também, como dissemos, a não sustentabilidade de uma analogia entre a situação do transporte ferroviário-"normal" e aquela que correspondia ao transporte aéreo-"extraordinário") — *"A responsabilidade civil do transportador nos transportes aéreos e a validade das cláusulas de irresponsabilidade por acidentes ocorridos às pessoas"*, BFDUC, X, 1926-28, p. 554 ss., e XI, 1929, p. 1 ss., *maxime*, 3 e ss..

Sobre a limitação da responsabilidade, no art. 393.º do Código Comercial, e no regime da navegação aérea (analisando a evolução da mesma, mercê dos «novos progressos técnicos», em face da original disciplina confrontada com «resultados tão precários», *vide*, também, J. AZEREDO PERDIGÃO, *O princípio da autonomia da vontade e as cláusulas limitativas da responsabilidade civil*, ROA, a.VI, 1946, n.º 3 e 4, p. 56 ss., onde as restrições impostas à autonomia privada pelo art. 393.º, relativamente ao transporte ferroviário, se fazem fundar, basicamente, em três ordens de ideias, a saber: a existência de posições monopolistas, ou, pelo menos, o facto de que «[o]s particulares não contratam com querem, nem como querem»; a confiança por estes depositada no serviço de transporte; o desconhecimento ou a particular impossibilidade de conhecer as técnicas e o pessoal de que os veículos estão e devem estar apetrechados e dotados.

[640] S. ZUNARELLI, *Trasporto, cit.*, p. 1207 ss..

[641] Cfr. sobre as Regras de Haia, R. RODIÈRE, *Traité général, cit.*, II, p. 306 ss., 422 s., L. TULLIO, *"Confini di applicabilità", cit.*, p. 201 ss., *"Profili attuali", cit.*, p. 35 ss, P. IVALDI, *"Wilful misconduct", cit.*, p. 327 ss., S. M. CARBONE, *Le regole di responsabilità,*

o ponto tornou-se pacífico[643, 644]. Não seria sequer vexado pela comentadíssima fórmula *"en aucun cas"*[645] do n.º 5 do art. 4.º, uma vez que neste

---

cit., p. 161 s., *Contratto di trasporto, cit.*, p. 326 ss., S. ZUNARELLI, *La nozione, cit.*, p. 182, *"La decadenza del vettore dal beneficio della limitazione della responsabilità", in* Il limite risarcitorio, *cit.*, p. 133 ss., F. BONELLI,*"Il limite del debito", cit.*, p. 550 ss., W. TETLEY, *Marine cargo claims, cit.*, p. 99 ss., M. RIGUZZI, *La responsabilità limitata, cit.*, p. 101 ss., *maxime*,n.16.; L. TULLIO, *Profili attuali,cit.*, p. 29 ss.; A. LEFEBVRE D'OVIDIO, G. PESCATORE, L. TULLIO, *op. cit.*, p. 560 ss., R. RODIÈRE, E. DU PONTAVICE, *op. cit.*, p. 359.

Vide A. VAZ SERRA, *"Cláusulas modificadoras", cit.*, p. 106 ss., n.5 — sobre a nulidade parcial da cláusula exoneratória ou limitativa, «por não poder ela abranger o caso de dolo (ou culpa grave)» —, 115 ss.. Como deixa entrever este Professor, tratando da nulidade dos *pacta de dolo non praestando*, mesmo num cenário em que se admitiram cláusulas de exclusão de responsabilidade, uma exclusão da responsabilidade mesmo perante o dolo do devedor, mormente numa circunstância de pressão económica sobre o credor, dada a sua posição económica, e num *milieu* povoado de cláusulas contratuais gerais, poderia limitar o devedor à opção pela abstenção de contratar. Assim também J. G. PINTO COELHO, *"A responsabilidade civil"*, BFDUC, 1929, ano XI, p. 4 ss., M. ANDRADE, *Teoria geral das obrigações, cit.*, p. 346 e s., A. PINTO MONTEIRO, *Cláusulas limitativas e de exclusão de responsabilidade civil*, Coimbra, 1985, p. 178 ss. e 287 ss., M. J. de ALMEIDA COSTA, *Direito das obrigações, cit.*,p. 678 ss..

[642] Não obstante a falta de unanimidade. Cfr. L. TULLIO, *"Confini di applicabilità"*, *cit.*, p. 208 ss..

[643] Na verdade, tal conclusão resultaria já de considerações morais imperativas, mesmo à luz do direito natural — cfr. J. HERVADA, *op. cit.*, p. 53 s., 106 ss., 173 ss.. Cfr. L. TULLIO, *Confini, cit.*, p. 210, s.: «[*l*]*'esclusione del dolo costituisce, a nostro avviso, l'applicazione di un principio generale che si ritrova nella natura stessa delle cose e da cui neppure in un Stato di diritto [...] si può prescindere*»; e, à luz da boa-fé e da ordem pública, «*le considerazioni etiche o comunque extragiuridiche, per le quali l'umana coscienza non ammette che possa godere dei benefici di una disposizione di legge creata per favorirlo un soggetto che dolosamente si renda inadempeiente, possono bene essere ricepite nel terreno del diritto mediante il concetto dell'ordine pubblico, di cui è espressione l'art. 1375 cod.civ., secondo cui "il contratto deve essere eseguito secondo buona fede"*».

Sobre a relação das cláusulas de exoneração e de limitação com os bons costumes, vide, K. LARENZ, *Derecho de obligaciones, cit.*, I, p. 124 ss., A. VAZ SERRA, *Cláusulas modificadoras, cit.*, p. 115 ss., n.19.

Cfr., também, M. REMOND-GOUILLOD, *Droit maritime, cit.*, p. 386, para quem, como se nos afigura correcto, tal a solução normativa que resultaria mesmo *de lege lata*.

[644] No âmbito anglo-saxónico, de resto, como referimos *supra*, o mesmo resultado vinha já sendo obtido, esgrimindo a teoria da *fundamental breach* e da *deviation*, e mesmo da *quasi-deviation*, embora as mesmas buscassem um leque de consequências mais alargado, nomeadamente, no que toca a outras regras que favorecessem, até na lide, a posição do transportador, *v.g.*, quantas respeitassem aos *excepted perils*. Como lembram os Professores Sergio Maria CARBONE e Stefano ZUNARELLI, esta orientação jurisprudencial não

se pressuporia um comportamento conforme à boa-fé[646], ainda que se viesse a revelar falho de diligência, mesmo, segundo se tem entendido, no âmbito das Regras de Haia, correspondendo a *culpa lata* [647]. O que iria buscar explicação, não só na ausência de um reconhecimento universal do brocardo *culpa lata dolo æquiparatur (comparatur)*[648], como ao objec-

---

fez mais do que estender as orientações colhidas pelas teoria da *deviation*, enquanto *fundamental breach of contract*, porque irrazoável, à aplicação das Regras de Haia, considerando mesmo a génese das Regras, na medida em que haviam pretendido coligir as cláusulas contratuais correntes para criar um conteúdo contratual típico. William TETLEY mostra, também, como tal orientação se supeditaria, *a contrario*, na prórpia Convenção, quando no n.º 4 do art. 4.º se afirmava um critério de razoabilidade que fizesse com que um desvio de rota não fosse considerado como uma violação da convenção: «[n]enhum desvio de rota para salvar ou tentar salvar vidas humanas ou bens no mar, nem qualquer desvio de rota razoável, será considerado como infracção à presente Convenção» (sublinhado nosso) — cfr. S. M. CARBONE, *Contratto, cit.*, p. 329 s.; S. ZUNARELLI, *La decadenza, cit.*, p. 138.

Cfr. R. RODIÈRE, *Traité, cit.*, II, p. 422, *in fine*; W. TETLEY, *Marine cargo claims, cit.*, p. 104 ss., 113 ss., 126 ss.; L. TULLIO, *Confini, cit.*, p. 205 ss., a propósito das posições da jurisprudência italiana; S. M. CARBONE, *Contratto, cit.*, p. 326 ss.; S. ZUNARELLI, *La decadenza, cit.*, p. 135 ss., sobre as tendências jurisprudenciais geradas em torno da «*virtual unbreakability*» do limite da responsabilidade do transportador nas Regras de Haia.

[645] Foi já dito que esta locução se poderia referir, em contraponto, ora ao valor de mercado das mercadorias perdidas ou avariadas, ora, como sustenta Leopoldo TULLIO, por exigência lógica e formal, aos números precedentes do artigo, enquanto estes aludem às circunstâncias materialmente determinantes da responsabilidade do transportador — "*Confini di applicabilità*", *cit.*, p. 208 ss., *maxime*, p. 210.

[646] Cfr. René RODIÈRE, *Traité général, cit.*, II, p. 422 s., W. TETLEY, *Marine cargo claims, cit.*, p. 110 s..

[647] Defendendo, entre nós, o afastamento do limite indemnizatório resultante de declaração de valor das mercadorias (que pode ser aposto, mesmo para montante superior ao limite da Convenção — art. 4.º, n.º 5), quando haja falta própria do transportador, que seja «grave, assimilável ao dolo», A. MATOS, *Princípios, cit.*, II, p. 286.

[648] *Vide* A. VAZ SERA, "*Culpa do devedor ou do agente*", BMJ, n.º 68, Julho/1957, p. 64 ss., "*Cláusulas modificadoras*", *cit.*, p. 122 ss., embora defendendo a equiparação do dolo à *nimia negligentia*, precisamente nos casos de existência de acordo quanto à exclusão da responsabilidade, caso contrário, deixar-se-ia «ao devedor a faculdade de não adoptar mesmo a diligência elementar que apenas as pessoas extremamente negligentes não observam, e isto seria inconveniente no interesse social» (p. 123). Cfr. J. G. PINTO COELHO, "*A responsabilidade civil*", *cit.*, p. 7, M. ANDRADE, *Teoria geral das obrigações, cit.*, p. 344.

Cfr. sobre as Regras de Haia, R. RODIÈRE, *Traité général, cit.*, II, p. 306 ss. (para uma comparação entre as leis francesas de 1936 e de 1966, também a propósito da culpa

tivo patente na intencionalidade normativo-material de assegurar uma defesa do transportador em face dos copiosos riscos da expedição, capazes de originar danos de valor superno.

O Protocolo de 1968, na al. e) do, n.º 5 do art. 4.º, teceu sobre a questão um *appunto* clarificador[649], mas operou uma extensão dos comportamentos hipotéticos materialmente relevantes, no sentido de suscitar a preclusão do limite indemnizatório: «[n]*i le transporteur, ni le navire n'auront le droit de bénéficier de la limitation de responsabilité établie* [...] *s'il est prouvé que le dommage résulte d'un acte ou d'une omission du transporteur qui a eu lieu, soit avec l'intention de provoquer un dommage, soit témérairement et avec conscience qu'un dommage en résulterait probablement*» («[...] *if it is proved that the damage resulted from an act or omission of the carrier done with intent to cause damage, or recklessly and with knowledge that damage would probably result*»). Idêntico critério foi seguido pela Convenção de Hamburgo de 1978, no n.º 1 do art. 8.º, conquanto se incluísse uma expressa previsão relativa à demora[650].

A jurisprudência e a doutrina vêm, desde há muito, entendendo que o comportamento «*with the intent to cause damage*» se reduzirá ao ina-

---

grave, da *faute lucrative* e da *faute inexcusable*, postulando, como para a Convenção de 1924, que, dado o sistema de regras que «*se compensent les unes les autres*», em equilíbrio, não se deveria admitir a relevância desta última no âmbito da lei de 1936, que, todavia, foi entretanto emendada para se aproximar da solução da revisão de Visby de 1968 — cfr, no texto, *infra*), 422 s., W. TETLEY, *Marine cargo claims, cit.*, p. 99 ss., S. M. CARBONE, *Le regole di responsabilità, cit.*, p. 161 s., *Contratto di trasporto, cit.*, p. 326 ss., M. RIGUZZI, *La responsabilità limitata, cit.*, p. 108 ss., *maxime*,n.16 R. RODIÈRE e E. DU PONTAVICE, *op. cit.*, p. 359.

Vide, ainda, G. VISINTINI, *"Osservazioni critiche sulla suposta esistenza di un principio di equiparazione della colpa grave al dolo"*, DM, 1981, p. 217 ss..

Também Leopoldo TULLIO defende a não preclusão do regime de limitação da responsabilidade nos casos de *culpa lata*, considerando que não se colhe da Convenção qualquer indicação que permita, à falta de um critério universal, desenhar o necessário «*diaframma nell'area della colpa*», que forneça um parâmetro autónomo determinador da matéria hipoteticamente relevante (*ubi voluit dixit, ubi noluit tacuit*) — *"Confini di applicabilità"*, *cit.*, p. 211 s..

[649] R. RODIÈRE, *Traité général, cit.*, II, p. 422 s., S. M. CARBONE, *Il contratto ditrasporto, cit.*,p. 333; M. RIGUZZI, *La responsabilità, cit.*, p. 103.

[650] Sobre estas duas normas, *vide*, R. RODIÈRE, *ibidem*; W. TETLEY, *Marine cargo claims, cit.*, p. 104 ss.; F. BONELLI, *Il limite del debito del vettore per danni alle merci*, DM, 1986, p. 547 ss.; S. M. CARBONE, *Contratto, cit.*, p. 333 ss.; M. RIGUZZI, *La responsabilità, cit.*, p. 108 ss..

dimplemento contratual devido a dolo[651], conquanto não se vá ao ponto de exigir um *dolus malus* acompanhado por uma intenção principal de causar um prejuízo[652] ao interessado na carga, bastando, por isso, que se detecte uma má-fé ou *scientia fraudis,* ainda que com um escopo lucrativo, isto é, de alcançar um próprio proveito[653]. Na verdade, tratar-se-á de admitir a fazer parte desse leque de comportamentos, tanto os que se devam a dolo directo, como os que se devam a dolo necessário[654].

Advirta-se, porém, que aquela distinção, operada pelo Protocolo e pelas Regras de Hamburgo, nos parecerá sempre algo *maladroite*, pois que os confins dos dois tipos de circunstâncias materialmente relevantes não coincidem exactamente com as categorias de dolo (ou até com as sub-categorias deste) e mera culpa, que suportam a análise continental, prestando-se a um certo movimento "fronteiriço" ou a um esbatimento das fronteiras, entre nós, buriladas. Derivou, contudo, de uma nítida intenção de aproximação normativo-conceitual.

Convém, primeiro que tudo, ressaltar a influência de outros corpos normativos uniformes sobre esta opção, acordada para o regime de direito marítimo uniforme — complexos normativos esses, que foram denotando uma tentativa de aproximação conceitual —, mormente em se considerando a presença determinante do *"modus britanicus"* [655], para depois

---

[651] De resto, o art. 28.º da Lei francesa de 1966, na versão de então e só alterada, neste ponto, em 1986, previa o afastamento em caso de dolo (não se havendo seguido a proposta de René RODIÈRE, no sentido de estender esta consequência também aos casos de *faute lucrative,* e, aliás, com o posterior aplauso do Autor), havendo a jurisprudência considerado que se deveria aplicar tal norma a todos os casos de inadimplemento voluntário. Cfr. R. RODIÈRE, *Traité, cit.*, II, p. 306 ss.; S. ZUNARELLI, *La decadenza, cit.*, p. 146 s.; R.RODIÈRE, E. DU PONTAVICE, *op. cit.*, p. 359, n.2 s..

[652] Cfr. S. CRUZ, *Direito romano (Ius romanum),* Coimbra, 1984, p. 317.

[653] S. M. CARBONE, *op. cit.*, p. 334.

[654] Cfr. S. ZUNARELLI, *La decadenza, cit., loc. cit..* Sobre o dolo e sobre a distinção entre *dolus specialis, principalis* e *eventualis,* em geral, *vide,* M. ANDRADE, *Teoria geral das obrigações, cit.*, p. 340; E. CORREIA, *Direito criminal,* Coimbra, 1971, p. 367 ss.; R. ALARCÃO, *Direito das obrigações, cit.*, p. 250 ss.; J. M. ANTUNES VARELA, *Direito das obrigações, cit.,* I, p. 538 ss., II, p. 90 ss.; M. J. ALMEIDA COSTA, *Direito das obrigações, cit.*, p. 486 ss..

[655] Note-se a observação terminológico-conceitual de CARVER quanto à referência conjunta a um comportamento, simultaneamente, *reckless* e *with knowledge,* possível porque o termo *recklessness «connotes utter heedlessness or carelessness of consequences»,* não pertencendo à sua essência conceitual «*that neither possibility nor probability of the*

tentar escrutar os comportamentos materialmente admitidos a ganharem relevo para uma equiparação ao dolo, quanto ao efeito de que curamos.

Visitemos, primeiramente, o art. 29.° da Convenção CMR de 1956, segundo o qual, a limitação de responsabilidade seria afastada, se «*le dommage provient de son dol ou d'une faute qui lui est imputable et qui, d'après la loi de la juridiction saisie, est considérée comme équivalente au dol*» («[...] *caused by wilful misconduct* [...]»)[656].

Já a Convenção de Varsóvia de 1929, no seu art. 25.°, continha idêntica orientação, mas o conceito de *wilful misconduct* não cessou de levantar perplexidades[657, 658], até que o Protocolo de Haia de 1955 veio estabelecer, modificando o art. 25.°, no seu art. XIII, que a limitação seria inaplicável, se «*il est prouvé que le dommage résulte d'un acte ou d'une omission du transporteur* [...] *fait, soit avec l'intention de provoquer un dommage, soit témérairement et avec conscience qu'un dommage en résultera probablement*» («[...] *done with the intent to cause damage or recklessly and with knowledge that damage would probably result*»).

Recorrendo a esta fórmula mais analítica, pretendeu-se dar um passo mais na mira da aproximação normativa, tentando sublimar as disparida-

---

result of its perpretation ever enters into the mind of the perpretator at all» (sublinhado nosso) — *op. cit.*, p. 288.

[656] Faz reparar Stefano ZUNARELLI em como este texto não era «*atto a favorire l'uniformità interpretativa*», considerando que a versão francesa era a única original (*Il limite risarcitorio, cit.*, p. 140 s.). Defendendo, nesta matéria, a equiparação da culpa grave ao dolo, mesmo para o transporte internacional, B. MERCADAL, *op. cit.*, p. 137 s..

[657] Cfr. HALSBURY, *The Laws of England, cit.*, IV, p. 157; P. IVALDI, Wilful misconduct e colpa grave, *cit.*, p. 327 ss. Sobre a génese deste artigo e sobre as dificuldades levantadas acerca da nomenclatura e dos conceitos continentais pela delegação inglesa, vide M. JUGLART, *Dol et faute lourde dans le transport aérien international — À propos de la catastrophe des Açores*, Juris-Classeur Périodique, 1952, I, 1010, n.° II.

[658] Sobre a entrega a pessoa diversa do destinatário real, no domínio do transporte aéreo, sustentando a sua não inclusão forçosa no domínio da *wilful misconduct* ou da *faute inexcusable*, vide, M. COMENALE PINTO, *Trasporto aereo e consegna della merce a persona diversa dal destinatario*, DT, 1992, p. 166 ss., *maxime*, p. 170 ss. (mesmo se tão-só se houver contactado o *spedizionere*). No mesmo sentido, cfr. B. MERCADAL, *op. cit.*, p. 272, n.3, *in fine* — este Autor recorda também que, segundo a al. 1) do art. L.321-4, do *Code de l'Aviation Civil*, a «*faute considérée comme équipollente au dol* [para os efeitos do art. 25.° da Convenção de Varsóvia] *est la faute inexcusable* [...] "*la faute délibérée qui implique la conscience de la probabilité du dommage et son acceptation téméraire sans raison valable*"».

des conceituais, ou de confins conceituais[659], acto contínuo, abriu-se a arena para precisar a hipótese problemática materialmente relevante para o critério em questão.

Se nos quisermos socorrer de instrumentos conceituais familiares, haveremos de determinar como se relaciona a previsão do Protocolo de Visby com a noção de *culpa lata* [660]. Antes porém, registemos quanto se vem propondo para a apreciação dessse comportamento temerário, dito também consciente.

A doutrina foi-se dividindo, *grosso modo*, em duas opções. Por um lado, aqueles que defendem uma apreciação subjectiva e *in concreto, hoc sensu,* da cognição da probabilidade do resultado danoso, mediante a indagação do efectivo *animus* do transportador e, até, sem se admitir o recurso a quaisquer presunções para o determinar, só nesse caso precludindo o *plafond* de indemnização[661]. Por outro lado, sustentou-se a apreciação objectiva ou *in abstracto, hoc sensu,* da previsibilidade subjectiva deste resultado[662], pondo os olhos nos normais padrões de orientação profissional, e lançando mão às conclusões que sobre a previsibilidade da probabilidade do resultado poderiam oferecer, já o *id quod plerumque accidit,* já presunções assentes na habitual prática profssional. Segundo alguns, na senda desta última abordagem, que pretenderia obviar às extremas dificuldades de prova que provocaria a necessidade de conhecer o real *animus* do transportador (aliás, referia René RODIÈRE, sobre esta questão, que «[r]*ien n'est plus malaisé* [...] *que d'interroger la conscience d'un autre*»[663]), não se haveria propriamente em vista os casos de *nimia negligentia* inconsciente ou uma apreciação objectiva, *proprio sensu,* mas tão-só o estabelecimento *ex ante* da previsibilidade do provável resultado, permitindo que o julgador se servisse de todos os elementos de prova[664].

---

[659] Cfr. L. TULLIO, *"Profili attuali", cit.,* p. 35.

[660] Cfr., mesmo em relação a outras convenções internacionais, M. RIGUZZI, *La responsabilità, cit.,* p. 118 ss..

[661] Assim, M. RIGUZZI, *La responsabilità, cit.,* p. 127; L. TULLIO, *Profili, cit.,* p. 35.

[662] Cfr., sobre esta posição, W. TETLEY, *Marine cargo claims, cit.,* p. 104 ss., 128 s.; S. ZUNARELLI, *La decadenza, cit.,* p. 147 ss., mostrando também a relevância, na jurisprudência, desta tendência.

[663] R. RODIÈRE, *"La faute inexcusable du transporteur aérien",* Recueil Dalloz, chr., 1978, p. 33.

[664] Assim René RODIÉRE, intentando definir os contornos da *faute inexcusable*, pre-

Por outro lado, mais recentemente, Sergio Maria CARBONE[665] sugeriu um critério mitigado, ainda que de *penchant* objectivo ou abstracto, para apreciar a representação pelo transportador do resultado. Assim, propugnou o Professor de Génova, em primeiro lugar, pela admissão, na lide, da prova concreta do *animus* do transportador, todavia, não sendo esta bem sucedida no sentido de provar a «*effetiva consapevolezza o coscienza*» de que os danos «*si sarebbero verificati*» (e isto, naturalmente, «*nonostante la presenza di circostanze specifiche che consentono di ritenere che un vettore profissionalmente qualificato non avrebbe necessariamente dovuto avere tale coscienza e consapevolezza*»), então permitir-se-ia, mediante a utilização de um parâmetro objectivo e *in abstracto*, o apoio na «*coscienza e consapevolezza che, in presenza delle circostanze in cui la decisione è stata adottata, un vettore [...] fornito di una adeguata professionalità*» deveria haver tido[666].

Atendendo ao preceito em análise, à intenção de tutela, ainda que dentro de apertados limites, da posição do transportador, e até talvez ao conteúdo da *wilful misconduct*[667], como referência matricial, conquanto

---

vista pela orientação idêntica da Convenção de Varsóvia revista: «[*q*]*u'on n'y mêle donc pas le subjectif et l'objectif*» — "*La faute inexcusable*", *cit.*, p. 33.

Sobre os comportamentos temerários materialmente relevantes, bem como sobre a relação/distinção entre a *faute lourde* e a *faute inexcusable*, nomeadamente, no domínio dos acidentes laborais e do transporte aéreo, vide G. VINEY, *Remarques sur la distinction entre faute intentionelle, faute inexcusable et faute lourde*, Recueil Dalloz, chr., 1975, p. 263 ss..

Sobre as posições mencionadas, *vide*, L. TULLIO, *Confini, op. cit.*, p. 201 ss., *Profili, cit.*, p. 13 ss.; T. BALLARINO, *La limitazione del debito de vettore marittimo e aereo*, Il cinquantenario, *cit.*, p. 259 ss.; S. M. CARBONE, *Contratto, cit.*, p. 326 ss.; BALLARINO-BUSTI, *op. cit.*, p. 664 s.; M. RIGUZZI, *La responsabilità, cit.*, p. 141 ss.; S. ZUNARELLI, *La decadenza, cit.*, p. 143 ss..

[665] *Contratto, cit.*, p. 336 s..

[666] *Ibidem*. Assim, atendendo a padrões de profissionalidade, considerar-se-ia materialmente relevante, para o fazer decair do benefício da limitação indemnizatória, a existência, perante as circunstâncias, de um certo dever de previsão de resultado lesivo, bem como de um dever de adoptar medidas adequadas para evitar a causa do dano ou a produção/agravamento deste.

[667] Sobre esta noção, *vide* HALSBURY, *Laws of England, cit.*, p. 156 ss. («[w]*ilful misconduct is misconduct to which will is a party, and is something opposed to accident and far beyond negligence*»; «[i]*t involves that a person knows and appreciates that he is acting wrongly or wronfully omiting to act, and yet persists in so acting or omiting to act regardless of the consequences, or acts or omits to act with reckless indifference as to*

não determinante *à outrance*, não se conseguirá enxergar uma equiparação, *in casu*, da culpa grave ao dolo, isto é, o conteúdo do comportamento típico hipoteticamente relevante ficará aquém dos contornos marcados pelos comportamentos que possamos reconduzir à tradicional categoria da *culpa lata*[668, 669], apresentando um âmbito materialmente relevante mais restrito.

what the results may be»); P. IVALDI, Wilful misconduct *e colpa grave, cit.*, p. 329; L. TULLIO, *Confini, op. cit.*, p. 212. E ainda, CARVER, *op. cit.*, p. 206, 213, 400, 437; SCRUTTON, *op. cit.*, p. 402 s., n.31, 451 s., n.64, defendendo que a al. e) do n.º 5, do art. 4.º, se refere ao transportador ou ao seu *alter ego*, e propugnando, outrossim, por uma acentuada exigência relativamente ao «*standard of proof*», pois que o interessado na carga deverá provar que o transportador previra que o dano resultaria «*probably*», diferentemente, por conseguinte, do que soi suceder na apreciação da *recklessness*, em geral, onde, «[*t*]*he subjective element* [...] *does not generally goes further than recognition that damage* may *result from the act in question*» — socorre-se, da orientação presente na sentença do caso *Goldman v. Thai Airways*, de 1983 —; W. TETLEY, *Marine cargo claims, cit.*, p. 128 s., n.131, mostrando a tendência de parte da jurisprudência e da doutrina (*v.g.*, aquando da qualificação de comportamentos nos quadros da *faute inexcusable*, no âmbito do transporte aéreo) para admitir como causa da preclusão do limite indemnizatório, também o comportamento temerário, em que o transportador, não havendo previsto o resultado danoso, «*he should have known that the loss would probably result*» (sublinhado nosso) — cfr. *infra* —; A. LEFEBVRE D'OVIDIO, G. PESCATORE, L. TULLIO, *op. cit.*, p. 504 s..

[668] Para a noção de dolo eventual e de *culpa lata*, vide, entre nós, M. ANDRADE, *Teoria geral das obrigações, cit.*, p. 340 ss.; A. VAZ SERRA, *Culpa do devedor, cit.*, p. 25, 31 ss., 68 ss., *Cláusulas modificadoras, cit.*, p. 123, n.34, *Responsabilidade contratual cit.*,p. 115 ss.; J. M. ANTUNES VARELA, *Direito das obrigações, cit.*, I, p. 540 ss., *ibid.*, Coimbra, 1995, II, p. 90 ss.; M. J. ALMEIDA COSTA, *Direito das obrigações, cit.*, p. 486 ss.. E, ainda, E. CORREIA, *op. cit.*, p. 378 ss..

[669] Sobre a aceitação da relevância da máxima *culpa lata dolo æquiparatur*, relativamente à limitação/exclusão convencional da responsabilidade e, assim, ao n.º 2 do art. 800.º e ao art. 809.º do Código Civil, A. PINTO MONTEIRO, *Cláusulas limitativas, cit.*, p. 217 ss., 287 ss., aceitando a exclusão de responsabilidade, mesmo em caso de dolo ou culpa grave, tão-só no que respeita a actos de auxiliares não dependentes; C. A. MOTA PINTO, *Teoria geral do direito civil*, Coimbra, 1989, p. 593 ss.. Cfr., ainda, A. VAZ SERRA, *Cláusulas modificadoras, cit.*, p. 105 ss.; F. PESSOA JORGE, *op. cit., loc. cit.*. Sobre a inadmissibilidade das cláusulas de exoneração, em virtude de um regime especial, como sucede no contrato de transporte, e, particularmente, a propósito da lei francesa, A. VAZ SERRA, *op. cit.*, p. 111 s..

Sustentando a equiparação da *culpa lata* ao dolo, para os efeitos da norma da al. e) do n.º 5, do art. 4.º, das Regras de Visby, T. BALLARINO, *La limitazione, cit.*, p. 260 s.. Em sentido algo diverso, mas prenunciando uma tendência da disciplina uniforme dos trans-

Senão vejamos. Se nos colocamos no âmbito da *nimia negligentia* consciente, e então, tratar-se-à de uma situação em que o transportador

portes nesse sentido, com base em pregressa jurisprudência, S. ZUNARELLI, *La decadenza, cit.*, p. 147 ss., *maxime*, p. 149.

Deste modo, no enquadramento desse comportamento temerário acabaria por se incluir, ainda que parcialmente, a culpa grave ou, pelo menos, aquela consciente (a não ser que se siga teoria de verosimilhança para definir dolo eventual). Seriam, talvez, de excluir alguns casos de culpa grave inconsciente, aqueles em que um transportador medianamente negligente preveria como possível, ou remotamente possível, o resultado, mas já não aqueles em que esse mesmo hipotético transportador o preveria como provável. Ali, a censura merecida pelo comportamento, apesar de tudo, seria menor, ao passo que, aqui, o dano é uma consequência provável, e esta probabilidade significa um dever de previsão/representação (e, assim antecipação), seja para um transportador medianamente diligente (*culpa levis*), seja para um transportador medianamente negligente (*culpa lata*).

Pode, todavia propugnar-se pela possibilidade de recorrer a presunções de experiência, a fim de provar o *animus* do transportador. E, então, a seguir-se esta via, interessaria averiguar se o dano se apresentava como uma conseqência provável, e se esta derivação seria conhecida, tanto por um transportador medianamente negligente como por um transportador medianamente diligente. Mas, de qualquer modo, a fim de qualificar o comportamento como grosseiramente negligente e temerário, *hoc sensu*, bastava que o fosse pelo transportador medianamente diligente, pois que, na verdade, aquilo que é realmente previsto, como provável, para o transportador medianamente diligente, reduzir-se-á àqueles efeitos danosos, seguramente, previstos, pelo menos, como possíveis, pelo transportador medianamente negligente, daí que nos situemos, sempre, na esfera da culpa lata ou grave, o que, indubiamente, a ser aceite, não deixaria de alargar a brecha na muralha de protecção da posição do transportador, proporcionada pelas regras de limitação de responsabilidade, ainda que possa não tolher a protecção, sempre dispensada pelo regime dos *excepted perils* e pelo art. 6.º. Talvez, por isso mesmo, alguns autores e parte da jurisprudência se hajam inclinado para exigir que o transportador houvesse, realmente, representado/ /conhecido ou previsto a probabilidade (e, já não apenas, a possibilidade) do dano — cfr. *supra* —, limitando a exclusão do limite indemnizatório aos casos de culpa consciente, em que incorra um transportador, que haja previsto o dano como provável, apesar de haver confiado, levianamente embora, na sua não concretização — num domínio da acção que roçará, como se diz no texto, os confins do dolo eventual.

Todavia, a ser conhecida pelo transportador a probabilidade do dano, mesmo aí, parece interessar a distinção, não sendo relevantes do mesmo modo, para efeitos de não aplicação do limite, tanto o comportamento negligente que não seria refreado por um transportador medianamente negligente, como aquele que o não seria por um medianamente diligente, sempre nos restando, contudo, a magna questão, que consistirá em escrutar o padrão de diligência razoável a adoptar, no âmbito da disciplina uniforme, único meio, afinal, bastante para aferir da temeridade da conduta do transportador. Convém, no entanto, referir que uma tal averigação se deverá encaminhar no sentido de apurar abstractamente a culpa do transportador.

teve consciência da probabilidade do resultado danoso (e não apenas da sua mera possibilidade, mas de uma possibilidade qualificada) e não adoptou a diligência mínima que até um transportador medianamente negligente adoptaria. Mas, como se escolha a via da apreciação *in abstracto* e objectiva da previsibilidade do resultado, parece, *a fortiori*, que bastará, para afastar a limitação de responsabilidade, que o transportador haja realmente previsto como meramente possível o resultado, desde que o seu comportamento, positivo ou negativo, haja sido grosseiramente negligente.

Resta a questão de apurar se se deve considerar materialmente relevante, à luz do critério do art. 4.º, das Regras de Visby, aquela situação em que mesmo o transportador medianamente negligente haveria previsto como provável o dano consequente. De quanto expusemos, parece ser de obtemperar que, ainda que se entenda como necessária a representação pelo transportador desta probabilidade[670], sempre se poderia admitir, como sustenta René RODIÈRE, que a prova dessa consciência se faça por qualquer meio, inclusivé, mediante o recurso ao *id quod plerumque acci-*

Nesse sentido, não terá andado mal a decisão do caso *Goldman v. Thai Airways*, quando sugere, como relata o Professor Stefano ZUNARELLI (*op. cit.*, p. 149), que a própria probabilidade do resultado acaba por ser uma premissa que poderá permitir a ilação de que o transportador tinha consciência de que um resultado danoso podia resultar da sua conduta («*the probability of the result must read as qualifying the nature of the act, and if the nature of the act is to make the damage probable, then the probability of the damage is fulfilled*») — na senda do alargamento dos meios probatórios do conhecimento da probabilidade do resultado danoso, o Autor cita ainda a decisão de *S.S.Pharmaceutical Co.Ltd. v. Quantas Airways,* de 1991, onde se deduz a «*consapevolezza della probabilità del danno dal semplice fatto che sui cartoni era stampigliato un simbolo (un ombrellino) che avrebbe dovuto rendere evidente che il carico poteva essere soggetto ad avaria a causa dell'umidità*» (a jurisprudência em matéria de transporte aéreo é, sem dúvida, coadjuvante, contanto que se recorde que, nas Regras de Haia-Visby, se conta ainda com a excepção correspondente à culpa náutica). Como, concomitantemente, sensibilizam as perplexidades de René RODIÈRE acerca da dificuldade de investigação do *animus*, no caso, daqueles que intervieram na desventura marítima.

[670] *V.g.*, por se fazer conta da rigidez e parcimónia com que, nos diferentes diplomas internacionais, mesmo numa análise diacrónica, se vem admitindo a superação do limite de indemnização — a propósito, mesmo da Convenção de Hamburgo, no sentido de que esta vem exigir, no caso de dolo, não uma intenção genérica de causar dano, mas uma especificada intenção «*to cause such a damage*», e, nos demais casos, um comportamento «*with the knowledge that such loss, damage or delay woul probably result*», vide S. ZUNARELLI, *La decadenza, cit.*, p. 147 (cfr., para as Regras de Visby, SCRUTTON, *op. cit.*, p. 403).

dit e a presunções, sempre com apoio na normal experiência profissional atinente à navegação (o que poderá levar a resultados semelhantes aos do critério de apreciação *in abstracto*). Dizendo de outro modo, tal, como que equivalerá, afinal, dadas as presunções em que se poderá apoiar a prova da representação do resultado, a fazer recair, em certos casos, sobre o transportador um esforço probatório mais pesado (o que, de resto, será congenial à *ratio* do "sistema" uniforme e às regras relativas à distribuição do *onus probandi*), sem, contudo, contrariar a exigência de prova de comportamento temerário consciente exigida[671].

Contudo, a jurisprudência vem-se inclinando, em diversos países, no que tange à orientação contida na norma das Regras de Visby, para uma apreciação *in abstracto* da previsibilidade, *rectius,* da previsão e consciência *ex ante* do dano resultante do comportamento adoptado[672].

A doutrina francesa foi, geralmente, referindo esta hipótese como correspondendo à de *faute inexcusable*[673], que não sendo inteiramente

---

[671] Assim, BALLARINO-BUSTI, *op. cit.,* p. 672, conquanto defendendo uma posição divergente, se bem que no domínio do transporte aéreo, onde a representação do resultado pode significar a previsão de iminente e/ou eminente risco da própria vida, pelo que uma tal representação se tornaria mais dificilmente presumível — sobre o ponto, cfr. R. RODIÈRE, *"La faute inexcusable", cit.,* p. 31 ss.. Cfr. *infra*.

Em sentido próximo, parecem estar, também, F. BONELLI, *Il limite del debito, cit.,* p. 548 (cfr. exemplos citados *ibi*), S. M. CARBONE, *Contratto, cit.,* p. 334 s..

[672] Cfr. G. VINEY, *Remarques, cit., passim*; S. ZUNARELLI, *La decadenza, cit.,* p. 147 ss.; M. RIGUZZI, *La responsabilità, cit.,* p. 124 ss..

[673] A este propósito, nomeadamente, no âmbito do transporte aéreo, mostra Geneviève VINEY, como a jurisprudência francesa aproximou a noção de *faute inexcusable* daquela já vigente no domínio dos acidentes de trabalho, mercê do partido que tirou «*de l'appréciation dite* in abstracto, *qui leur a permis d'écarter pratiquement l'exigence, chez l'auteur de la faute de la "conscience du danger" au profit de la simple constatation qu'il aurait dû en avoir conscience*» — *Remarques, cit.,* p. 266 s., expondo as oscilações normativas e jurisprudenciais, ao que não teria sido alheia a exiguidade do *plafond* indemnizatório, mas para desaguar numa noção mais alargada de *faute inexcusable* («*une faute dont la gravité tient à ce qu'elle a créé un danger dont l'auteur pouvait et devait normalement se rendre compte et qui menaçait la sécurité corporelle d'autrui*»), que denotaria «*son étroite parenté avec la faute lourde et semble réciproquement l'éloigner du dol*» (cfr. *infra*).

Cfr., ainda, R. RODIÈRE, *Droit des transports, cit.,* p. 767 ss., defendendo a propósito do art. 25.°, segundo o Protocolo de Haia de 1955, que se está perante a *faute inexcusable*, como ligada causalmente ao dano invocado (razão pela qual, se a causa permanecer desconhecida, a reparação deverá ser limitada), e esclarecendo que a mesma deverá ser

coincidente com a *culpa lata*, ficaria ainda às portas do dolo. Com efeito, mesmo atendendo à noção de dolo eventual que entre nós vem sendo afirmada[674], seremos forçados a fazer o necessário *distinguo*[675] relativamente ao comportamento relevante para a hipótese das Regras de Visby, porque este, contemplando embora um comportamento que não é sequer pautado pelos cuidados que até o transportador medianamente negligente adoptaria, mesmo se acompanhado da consciência da probabilidade do resultado danoso, roçará apenas os confins do dolo eventual, ou seja, como vem sendo proposto entre nós, daqueles casos em que o transportador não deposita a sua confiança na não produção do dano como consequência do seu comportamento; isto é assim, não obstante, nos casos de indiferença perante uma esmagadora probabilidade ou uma simples possibilidade de

---

apreciada *in abstracto*; *contra*, BALLARINO-BUSTI, *op. cit.*, p. 674 s., que, partindo da intenção presente no contributo clarificador e corrector do Protocolo de Haia de 1955, de maior rigidez das condições de superação do limite, vedam ao juiz a possibilidade «*di dichiarare la responsabilità illimitata del vettore, sulla base della semplice* congettura *che il soggetto agente "non poteva non avere coscienza" delle probabili conseguenze dannose del proprio operato*», o que levaria, mesmo, a precludir a relevância de uma «*consapevolezza*», tão-só «*presumibile*».

Cfr., para o transporte marítimo, quanto às Regras de Visby, W. TETLEY, *Marine cargo claims, cit.*, p. 128 s., lamentando-se por a lei francesa de 1966 (como no Protocolo de 1968, *ex vi* do art. 28.° desta lei, o transportador responnderá ilimitadamente quando for provado que «*le dommage résulte de son fait ou de son omission personnels commis avec l'intention de provoquer un tel* [no que se assente, compreensivelmente, na redacção das Regras de Hamburgo] *dommage, ou commis témérairement et avec conscience qu'un tel* [causa de preclusão do limite introduzida pela lei de modificação de 1986, depois de se haver rejeitado a relevância da *faute lucrative*, no primeiro ante-projecto da lei de 1966 — R. RODIÈRE, E. DU PONTAVICE, *op. cit.*, p. 359 s.] *dommage en résulterait probablement*») não haver ido mais além, equiparando ao dolo e à *faute inexcusable* todos os comportamentos configuráveis como *fundamental breach*, na esteira das posições anglo-saxónicas (*v.g.* o desvio de rota injustificável ou o transporte injustificável em convés) — todavia, poder-se-ia obtemperar que, pelo menos numa apreciação *in abstracto*, certos comportamentos deste tipo poderão ser qualificados como temerários ou correspondentes a *faute inexcusable*; M. REMOND-GOUILLOUD, *op. cit.*, p. 386 s.; A. LEFEBVRE D'OVIDIO, G. PESCATORE, L. TULLIO, *op. cit.*, p. 504, 560 ss.; RODIÈRE, E. DU PONTAVICE, *op. cit.*, p. 359 s., n.1 desta.

[674] E. CORREIA, *op. cit.*, p. 378 ss.; J. M. ANTUNES VARELA, *Direito das obrigações, cit.*, I, p. 540 s., II, Coimbra, 1995, p. 90 ss.. Cfr. M. ANDRADE, *Teoria geral das obrigações, cit.*, p. 340, apelando para a fórmula hipotética de Frank.

[675] A não ser que se aceitasse a teoria da verosimilhança. Cfr. E. CORREIA, *op. cit.*, p. 378 s..

um resultado lesivo, se poder estar, ainda segundo a mesma concepção, perante situações de dolo eventual[676], uma vez que o transportador «não confiou em que ele não se produziria»[677], havendo comportamentos deste tipo plena relevância material para afastar o limite indemnizatório. E desta sorte, apenas restariam numa região "mais cinzenta", segundo cremos, aqueles comportamentos acompanhados da confiança na não verificação do resultado, ainda que devida a uma atitude ou conduta de incúria e imprudência medianas ou gravíssimas.

Claro está que a conclusão a que se chegue, deverá munir-se duma tripla preocupação, respeitando a intencionalidade normativa do regime uniforme: não esvaziar a previsão, atendidas as dificuldades de prova da consciencia efectiva, e considerando, a mais disso, o arrimo devido à boa-fé e à confiança depositadas pelo interessado na carga[678]; e não esvaziar o regime do elenco de causas de excepção, especialmente no que toca à culpa náutica, isto se se aceitar que um comportamento temerário, *in hoc sensu*, do comandante ou da tripulação importará o afastamento de limitação de responsabilidade do próprio transportador (cfr. *infra*); e, por fim, a contemplação comparatística[679] das diferenças conceituais no sentido de encontrar soluções a bem da uniformidade normativa — embora, repetimos, nos tenhamos socorrido de categorias (continentalmente, hoje) mais dóceis.

---

[676] Postulando, contudo, a marcada insinuação do comportamento temerário materialmente relevante nos domínios do dolo indirecto ou eventual, enquanto «*condotta molto più vicina al dolo che alla colpa grave*», L. TULLIO, *Prifili attuali, cit.*, p. 36, n.48 e 49.

[677] E. CORREIA, *op. cit.*, p. 385; J. M. ANTUNES VARELA, *Direito das obrigações, cit.*, I, p. 540 s., II, p. 90 ss.; M. J. ALMEIDA COSTA, *Direito das obrigações, cit.*, p. 486 ss., 489, n.1. Sobre a indiferençá perante a previsão do resultado, e sobre a possibilidade desta conduta subentrar na categoria da mera culpa consciente, à luz da fórmula hipotética de Frank, E. CORREIA, *op. cit.*, p. 383.

[678] Sobre a relevância do princípio da boa-fé e dos objectivos de ordem pública, nesta matéria e em relação às cláusulas liberatórias e limitativas, em geral, *vide* J. G. PINTO COELHO, *A responsabilidade do transportador*, BFDUC, v.X, p. 554 ss.; ss., v.XI, p. 1 ss.; J. AZEREDO PERDIGÃO, *op. cit.*, p. 25 ss.; A. VAZ SERRA, *Cláusulas modificadoras, cit.*, p. 122 ss.; F. PESSOA JORGE, *A limitação convencional, cit., passim*; G. VISINTINI, *Osservazioni, cit., passim;* A. PINTO MONTEIRO, *Cláusulas limitativas, cit.*, p. 233 ss..

[679] Cfr., *inter alia*,G. RIPERT, *Les preocédés, cit., passim*; G. GILMORE e C. L. BLACK Jr., *op. cit.*, p. 191 ss.; L. TULLIO, *Confini, cit.*, p. 210 ss.; P. IVALDI, *Wilful misconduct e colpa grave, cit., passim*.

37. Tornou-se ponto assente — não obstante algumas longínquas hesitações, que, no Reino Unido, culminaram com o critério definido no caso *Muncaster Castle* — que o transportador responderá pelos actos de todos aqueles a que recorra[680] — dependentes, prepostos ou empregados seus, ou auxiliares independentes ou "externos" —, para o cumprimento das obrigações que assume à luz do regime de direito uniforme, em virtude do contrato de transporte. Responderá, contudo, por um lado, beneficiando da exoneração estipulada para os danos derivados de culpa náutica, por outro, de acordo com a limitação de responsabilidade prevista convencionalmente, no que toca à indemnização devida — ressalvada a faculdade de admitir uma *plafond* superior, em virtude, por exemplo, de aposição de uma declaração de valor —, e sem prejuízo de uma eventual reacção contra o causador do dano.

Trata-se agora de averiguar em que medida um comportamento doloso, apenas, no âmbito das Regras de Haia, ou também uma conduta temerária, no âmbito dos restantes diplomas, imputáveis aos auxiliares, dependentes e independentes, do transportador, podem influir sobre a limitação de responsabilidade prescrita, isto é, determinar se tais compor-

---

[680] Cfr. J. DONALDSON, *Servants and agents*, DM, 1983, p. 209 ss., que, tratando embora das Regras de Hamburgo, defende dever considerar-se apenas «*a servant of the carrier whilst acting within the scope of his employment as such*», e, *mutatis mutandis,* em se tratando de um *agent*. Realça, contudo, como se deverá, outrossim, aceitar uma noção larga, porque coerente com a actividade contemplada, do *scope of employment*, pelo que nele sempre se incluiriam os casos de furto de mercadorias cometido por um membro da tripulação (invoca, em apoio, uma decisão de 1966, *Morris v. C.W.Martin & Sons Ltd.*, "*overruling*" uma outra de 1905, *Cheshire v. Bailey* — e, assim, também os casos de barataria ou ribaldia, cfr. A. BRUNETTI, *op. cit.,* p. 322). Cfr., sobre este ponto, W. TETLEY, *Marine cargo claims*, *cit.*, p. 522 s., que mostra, fundando-se na posição de MacNair J., como a alínea q) do n.º 2, do art. 4.º, não permite a desresponsabilização por actos de *agents or servants*, quando praticados fora do *scope of employment*, considerando, também, as obrigações assumidas para com a carga (art. 3.º, 2).

Cfr., sobre o tema em geral, entre nós, A. VAZ SERRA, *Responsabilidade do devedor, cit.,* p. 259 ss.; PIRES DE LIMA, ANTUNES VARELA, *Código civil anotado, cit.,* anot. ao art. 800.º; J. M. ANTUNES VARELA, *Direito das obrigações, cit.,* II, p. 100 ss.; A. PINTO MONTEIRO, *Cláusulas limitativas e de exclusão da responsabilidade,* Coimbra, 1985, p. 262 ss., 287 ss.; M.J. ALMEIDA COSTA, *Direito das obrigações*, Coimbra, 1994, p. 454 e 912, n.1; M. A.CARNEIRO DA FRADA, *Contrato e deveres de protecção, cit.,* p. 163 ss.; *A responsabilidade objectiva por facto de outrem face à distinção entre responsabilidade obrigacional e aquiliana,* Direito e Justiça, v.XII, 1998, t.I, p. 297 ss., *maxime*, p. 309 ss..

tamentos não estritamente pessoais podem precluir o recurso ao benefício do limite indemnizatório.

Também aqui, a doutrina se vem dividindo em duas grandes opções, devendo-se reparar em que o ponto não é expressa e formalmente tratado nos diplomas referidos, sem embargo de haver quem sustente dever retirar-se da exclusão da culpa náutica, na Convenção de Hamburgo, algum contributo para a configuração deste problema, atendendo à evolução técnica contemporânea e à maior "proximidade", mercê do desenvolvimento das técnicas de comunicação, do transportador em relação aos meandros executivos da expedição[681].

Antes, todavia, convém lembrar que, com o Protocolo de 1968, vindo a suceder o mesmo na Convenção de Hamburgo, se estendeu o regime das exonerações e do limite indemnizatório ao «*préposé*» do transportador (art. 4.º-bis das Regras de Visby), ou ao «*servant or agent, if he proves that he acted within the scope of his employment*» (art. 7.º, n.º 2 da Convenção de Hamburgo)[682].

---

[681] Cfr. SCRUTON, *op. cit.*, p. 463 s.; J. RAMBERG, *Persons concerned*, DM, 1983, p. 188 ss.; F. BONELLI, *Il limite del debito, cit.*, p. 548 s.; A. DANI, *Persone che possono beneficiare del limite del debito*, DM, 1986, p. 579 ss.; S. M. CARBONE, *Contratto, cit.*, p. 337 ss.; S. ZUNARELLI, *La decadenza, cit.*, p. 143 ss.; M. RIGUZZI, *La responsabilità, cit.*, p. 142 ss.; L. TULLIO, *Profili attuali, cit.*, p. 35 ss..

[682] Art. 4.º-bis, introduzido pelo art. III do Protocolo de 1968: «1. [*l*]*es exonérations et limitations prévues par la présente Convention sont applicables à toute action contre le transporteur en réparation des pertes ou dommages à des marchandises faisant l'objet d'un contrat de transport, que l'action soit fondée sur la responsabilité contractuelle ou sur la responsabilité extracontractuelle* [*in contract or in tort*]»; «2.[*s*]*i une telle action est intentée contre un préposé du transporteur* [*a servant or agent of the carrier (such servant or agent not being an independent contractor)*], *ce préposé pourra se prévaloir des exonérations et des limitations de responsabilité que le transporteur peut invoquer en vertu de la Convention*»; «3.[*l*]*'ensemble des montants mis à charge du transporteur et de ses préposés ne dépassera pas dans ce cas la limite prévue par la présente Convention*»; «4.[*t*]*outefois le préposé ne pourra se prévaloir des dispositions du présent article, s'il est prouvé que le dommage résulte d'un acte ou d'une omission de ce préposé qui a eu lieu soit avec l'intention de provoquer un dommage, soit témérairement et avec conscience qu'un dommage en résulterait probablement*».

Art. 7.º da Convenção de Hamburgo de 1978: «[*r*]*ecours judiciaires*»: «1. [*l*]*es exonérations et limitations de responsabilité prévues par la présente Convention sont applicables dans toute action contre le transporteur pour pertes ou dommages subis par les marchandises faisant l'objet du contrat de transport par mer, ou pour retard à la livraison, que l'action soit fondée sur la responsabilité contractuelle ou délictuelle ou autre-*

Regulou-se, deste modo, uma prática já adoptada na vigência das Regras de Haia, mediante a inserção da *Himalaya clause*, cujo propósito consistia, precisamente, em fazer estender aos auxiliares do transportador os benefícios resultantes do regime de direito uniforme, não obstante as perplexidades e dúvidas levantadas quanto à admissibilidade de tal cláusula[683].

Contudo, não seria difícil admitir como a possibilidade de obter de um auxiliar do transportador uma indemnização, ainda que em sede de responsabilidade aquiliana, não sujeita a qualquer limitação, ficando, ademais o auxiliar impedido de mobilizar o regime probatório convencional, poderia acabar por frustrar as finalidades que o regime de direito uniforme se propunha alcançar, seja no plano de uma equilibrada distribuição do risco da expedição marítima, seja no plano estrito da limitação da responsabilidade pelos danos sofridos.

---

ment [*founded in contract, in tort or otherwise*]»; «2.[*s*]*i cette action est intentée contre un préposé ou mandataire du transporteur* [*a servant or agent of the carrier*], *ce préposé ou mandataire, s'il prouve avoir agi dans l'exercice de ces fonctions, est habilité à se prévaloir des exonérations et es limitations de responsabilité que le transporteur peut invoquer en vertu de la présente Convention*»; «3.[*s*]*ous réserve de l'article 8, le montant total des réparations dues par le trnsporteur et les personnes visées au paragraphe 2 du présent article ne peut dépasser les limites de responsabilité prévues par la présente Convention*».

[683]*Vide* CARVER, *op. cit.*, p. 253 ss., 402, vendo, também, no n.º 1 do art. 4.º -bis, das Regras de Visby, a configuração de uma espécie de *jus tertii*, destinado a proteger o *actual carrier*. Sobre a cláusula sobredita, *inter alia*, W. TETLEY, *Marine cargo claims, cit.*, p. 757 ss., M. RAPOSO, *Sobre o caontrato de transporte, cit.*, p. 41. E, ainda, S. ZUNARELLI, *La nozione, cit., passim*.

Assim, *v.g.*, a cláusula 18 da *Colinebill*, de acordo com a redacção de 1 de Janeiro de 1978: «*It is hereby <u>expressly agreed</u> that <u>no servant or agent</u> of the Carrier (<u>including every independent contractor</u> from time to time employed by the Carrier) shall in any circumstances whatsoever be under any liability whatsoever to the Merchant for any loss, damage or delay arising or resulting directly or indirectly from any act, neglect or default on his part whilw acting in the course of or in connection with his employment and, but without prejudice to the generality of the foregoing provisions in this clause, every exemption, limitation, condition and liberty herein contained and every right, exemption from liability, defence and immunity of whatsoever nature applicable to the Carrier or to which the Carrier is entitled hereunder shall also be available and shall extend to protect every such servant or agent of the Carrier acting as aforesaid and for the purpose of all the foregoing provisions of this clause the Carrier is or shall be deemed to be acting as agent for or trustee on behalf of and for the benefit of all persons who are or might be his servants or agents from time to time (including independent contractors as aforesaid) and <u>all such persons shall to this extent be or be deemed to be parties to the contract evidenced by this bill of lading</u>*» (sublinhado nosso).

Na verdade, não estendendo o Protocolo de Visby o seu regime ao «*independent contractor*», isto é, ao auxiliar externo e terceiro a que o transportador haja recorrido para cumprimento das suas obrigações contratuais, não se poderá afirmar completamente resolvido este ponto, susbsistindo, eventualmente, o motivo justificador de tal cláusula[684].

Questão distinta é aquela enunciada *supra*, qual seja a de saber se a limitação de responsabilidade do transportador decairá perante um comportamento doloso ou temerário de um auxiliar, que haja causado o dano ocorrido.

Parece, justamente, que a solução a dar a esta questão, no domínio do regime de direito uniforme, haverá de ter em conta a teleologia desse regime, de modo a não não saírem gorados os objectivos já mencionados; considerando, ademais, que, se viermos a estar confrontados com a prova de uma situação de facto, nomeadamente se se tratar de provar a intervenção cumulativa de um comportamento culposo, com a gravidade já apon-

---

[684] Cfr. SCRUTTON, *op. cit.*, p. 455, que, a propósito da versão inglesa do n.º 2 do art. 4.º -bis, das Regras de Visby — «*a servant or agent of the carrier (such servant or agent not being an independent contractor)*» — sustém haver a norma sido burilada, mirando excluir o estivador das protecções da disciplina uniforme (na esteira de prévia jurisprudência nesse sentido), mas convém em que a «*qualification appears [...] to go a good deal further; for it is hard to conceive of any agent, capable of being held liable [...] who is not an independent contractor*». Cfr., sobre a *agency* e sobre a noção de *authority,* C. M. SCHMITTHOFF, *Agency in international trade: a study in comparative law*, in Clive Schmitthoff's select essay's on international trade law, ed.Chia-Jui Cheng, Dordrecht/Boston/Londres, 1988, p. 306 ss., *maxime* sobre a teoria do *undisclosed principal*, p. 321 e 333 s., e sobre o *forwarding agent*, p. 334; D.Maria Helena BRITO, *A representação sem poderes,* Revista jurídica, n.º 9/10, 1987, p. 19 ss., 22 ss.; *O contrato de agência*, in Novas perspectivas do direito comercial, Coimbra, 1988, p. 114, n.13, *O contrato de concessão comercial,* Coimbra, 1990, p. 118 ss.; especificamente em matéria de transportes, no âmbito da determinação dos sujeitos responsáveis perante o interessado na carga, sendo ou não partes no contrato, S. M. CARBONE, *Contratto, cit.*, p. 111 ss., *maxime*, p. 143 s., mostrando, sobretudo à luz da disposição do art. 4.º-bis das Regras de Visby, que estende o regime de exoneração e de limitação da responsabilidade a sujeitos que não intervieram no contrato de transporte, como também a *agency* e a teoria do *undisclosed principal* podem levar a responder perante o interessado na carga, um círculo mais alargado de pessoas, onde se incluiria, assim, também o *actual/performing carrier*. Sobre as teses que, também no âmbito da disciplina uniforme anterior às Regras de Hamburgo, permitem ao interessado na carga responsabilizar e actuar mesmo contra o *actual carrier* que não foi parte do contrato de transporte, S. ZUNARELLI, *La nozione di vettore, cit.*, *passim,* mas, p. 92 ss., 112 ss.. Cfr., ainda, W. TETLEY, *Marine cargo claims, cit.*, p. 762.

tada, também do transportador, não poderemos deixar de protestar o enlevo normativo que, em matéria probatória, se reconhece aos princípios delineados na disciplina uniforme, como, de outra banda, não poderemos deixar de atender ao distanciamento do credor em face da execução do transporte e às dificuldades de produção de prova de que o mesmo sofrerá (o que não deixará de exigir o recurso àquelas presunções de experiência baseadas na comum prática profissional, aqui como noutras circunstâncias que temos vindo a ponderar).

Dito isto, poderemos aquilitar das reais possibilidades de o transportador evitar a decadência do limite indemnizatório, tão-só porque resultou particularmente difícil a prova do seu comportamento, ainda que se haja provado o comportamento doloso ou temerário dos seus auxiliares ou depenentes, que, assim, escudariam o transportador, mas, do mesmo golpe, talvez se frustrassem os objectivos do regime uniforme.

Se convocarmos a reflexão que, no plano civlístico, a nossa doutrina veio tecendo no último decénio e, nomeadamente, os estudos do Professor PINTO MONTEIRO[685], aperceber-nos-emos de como, embora à luz do n.º 2 do art. 800.º e do art. 809.º, do Código Civil português, é curial não permitir a exclusão ou a limitação pactícias da responsabilidade do devedor por actos de auxiliares dependentes ou prepostos (qualquer que seja o motivo dessa directa dependência), em caso de dolo ou *culpa lata* destes, e, portanto, de acordo com quanto defende o Autor para a responsabilidade do devedor por actos próprios. E sustenta-se esta posição devido à confiança legítima do credor, à relação de dependência do próprio auxiliar, que não permite considerá-lo verdadeiramente como um terceiro, actuando, pois, no seio da esfera de actividade do próprio credor, e à

---

[685] E admitindo tais cláusulas nos demais casos. A. PINTO MONTEIRO, *Cláusulas limitativas, cit.*, p. 287 ss.. Também defendendo, como este Autor, a admissibilidade de cláusulas exclusivas ou limitativas da responsabilidade, atendendo a que viria a afectar tão-só o direito à indemnização, mas não as demais defesas disponíveis para o credor, M. J. ALMEIDA COSTA, *Direito das obrigações, cit.*, p. 678 ss.. Cfr., todavia, em sentido divergente, J. M. ANTUNES VARELA, *Direito das obrigações, cit.*, II, p. 134 ss.. *Vide*, ainda, A. VAZ SERRA, *Responsabilidade do devedor, cit.*, p. 259 ss.; PIRES DE LIMA, ANTUNES VARELA, *Código civil anotado, cit.*, anot. aos arts. 800.º e 809.º .

Cfr., em sentido próximo, para justificar, à luz do art. 1228.º do *Codice Civile*, e da lei interna da navegação, a conservação do limite indemnizatório, em caso de dolo ou de comportamento temerário de auxiliares, L. TULLIO, *Prifili attuali, cit.*, p. 41 s., convocando DE CUPIS.

necessidade de não favorecer o devedor que recorre a auxiliares dependentes relativamente àquele que directamente executa o cumprimento da sua obrigação[686]. Já seria de admitir uma tal exclusão ou limitação de responsabilidade, desde que acordada, isto é, mesmo ocorrendo um comportamento doloso ou gravemente negligente que viesse a causar o dano, se se tratasse de um auxiliar independente, que pudesse ser visto, enquanto «*outsider*», como um terceiro relativamente ao devedor.

Estes mesmos motivos, a par de outros, levaram alguns autores[687] a sustentar, sobretudo no domínio das Regras de Haia-Visby e de Ham-

---

[686] Cfr. M. RIGUZZI, *La responsabilità, cit.*, p. 146, retorquindo, em face de contrárias posições, no domínio do direito uniforme dos transportes, que, como se enjeitasse a relevância dos comportamentos dolosos (ou temerários, *hoc sensu*), dos auxiliares, para efeitos de remoção da limitação, então «*riuscirebbe agevole per qualunque vettore, ricorrendo all'opera altrui, acquistarsi indirettamente quel beneficio della limitazione anche in caso di dolo, che non potrebbe ottenere agendo direttamente*»; ver-se-ia, à saciedade, que a extensão dos efeitos do comportamento doloso ou temerário dos auxiliares à esfera do transportador, se assomaria, pois, como o meio necessário para o «*mantenimento di un punto di equilibrio (a volte precario) tra gli opposti e divergenti interessi dei caricatori e dei vettori*» — todavia, de igual sorte, este derradeiro argumento, poderá, afinal, brandir-se nas hostes da tese oposta, na mira de guarnecer o reduto de uma, ainda que não alargada, mais ou menos inexpugnável complacência mostrada pela disciplina uniforme, também para com o transportador, mediante o círculo de benefícios que se lhe conferem. Cfr. *infra*.

[687] Neste sentido, F. BONELLI, *Il limite del debito, cit.*, p. 541, 550 ss., *maxime*, p. 552 ss., defendendo a oponibilidade do n.º 4 do art. 4.º -bis, das Regras de Visby (que prevê, no que aos *préposés* respeita, o afastamento do limite indemnizatório em caso de comportamento doloso ou temerário, limite, aliás, também expressamente conferido ao «*préposé*» pelo n.º 1) ao transportador proponente; e recordando a incerteza provocada pela teoria anglo-saxónica da *directing mind*, mercê da dificuldade na identificação daqueles, cujos actos dolosos ou culposamente temerários fariam velar o limite de reparação, além de advertir para que esta teoria, presente na jurisprudência inglesa, foi delineada especificamente para o *owner*; e sustentando, mesmo sob a guarida das Regras de Visby, que o transportador responderá ilimitadamente, em caso de comportamento com dolo ou temeridade, por parte de auxiliares «*esterni all'organizzazione del vettore*» (*ibidem*, p. 554 s.); S. M. CARBONE, *Contratto, cit.*, p. 337 ss., *maxime*, p. 339 ss., reiterando a ideia acabada de expor, e rejeitando que a "osmose" assim firmada se possa confinar aos auxiliares «*"con funzioni di comando" o con funzioni specifiche relative alle merci*», como fora sugerido na feitura das Regras de Hamburgo (lembra ainda que fora rejeitada, na elaboração destas Regras, a proposta de clarificação expressa de que o comportamento capaz de precludir a aplicação do limite fosse "pessoal" — cfr., todavia, L. TULLIO, *Profili attuali, cit.*, p. 38, n.55), defende que se tratem como imputáveis ao transportador «*quei*

burgo, que o comportamento doloso ou temerário dos auxiliares, mesmo, segundo certa opinião, daqueles auxiliares do transportador independentes ou autónomos (*v. g.*, empresas de estiva, de reparação, operadores portuários), deveria excluir a limitação da responsabilidade do transportador, ainda que se pudesse exigir que tais actos devessem haver sido praticados no exercício das funções confiadas pelo transportador aos seus auxiliares.

Defendeu-se, assim, que não seria razoável esquecer que, afinal, as condições de risco da viagem, como a actividade dos auxiliares, estão sob o controlo do transportador, auxiliares que, alargando a área de actividade e de vantagem do transportador, arrastam para a esfera deste o respectivo risco — *cuius commoda, eius incommoda* [688] —, para além de que o interessado na carga deposita a sua confiança na empresa transportadora, senão também em certas aparências ligadas à rede dos sujeitos que intervêm nas operações de transporte. E, por exemplo, devido à actividade das *conferences* [689], no caso de um transporte regular ou de linha, pode a escolha do carregador estar limitada ou realmente condicionada.

---

comportamenti, e quelle conseguenti valutazioni soggettive, propri dei suoi aussiliari con riferimento a tutti quei fatti dannosi, intervenuti in occasione dell'esecuzione del trasporto», e que possam «*essere considerati come manifestazioni del suo "rischio di impresa"*» (cfr. infra); M. RIGUZZI, *La responsabilità, cit.*, p. 144 s..

[688] *Vide*, sobre o tema, em geral, A. VAZ SERRA, *Responsabilidade do devedor, cit.*, p. 267 ss.. Cfr. S. ZUNARELLI, *La nozione, cit., passim;* S. M. CARBONE, *Contratto, cit.*, p. 111 ss., 337 ss..

[689] Conviria, aqui, ensaiar um excurso relativo à função das *maritime conferences* e à sua influência sobre as empresas que se dedicam ao transporte e ao armamento. No que tange às normas reguladoras da concorrência, as empresas que se dediquem à exploração de navios através da viagem marítima também gozam de um regime particular, porquanto, mesmo o quadro normativo comunitário não resistiu à perseverança de uma específica figura do armamento, cujo escopo fora e continuou a ser o da evicção ou do enfraquecimento da concorrência: as *maritime conferences* (*Vide* G. RIPERT, *Droit maritime, cit.*, I, p. 530 a 532 — onde se encontra também um confronto entre as conferências e as *ententes* ou *agréements* —, R. RODIÈRE, *Traité, cit.*, I, p. 103 a 107, *Les tendances contemporaines du droit privé maritime international,* Recueil des Cours, 1972, I, p. 390 ss., *maxime,* p. 394 a 399., G. ROMANELLI, *"Conferences" marittime ed intervento pubblico,* RTDPC, a. XXXII (1978), pág.556 e ss., F. MUNARI, *Conferenze marittime*, DM, 1988, p. 687 ss.; *Il diritto comunitario dei trasporti,* Milão, 1996, *passim,* mas, *maxime,* p. 130 ss., 154 ss.; S. M. CARBONE, F. MUNARI, *La nuova disciplina communitaria dei traffici marittimi,* RDIPP, a. XXV (1989), p. 293 ss., A. QUERCI, *Diritto della navigazione,* pág. 37 e ss., A. LEFEBVRE D'OVIDIO, G. PESCATORE, L. TULLIO, *op. cit.*, p. 336 e ss., A. LEFEBVRE

Foi-se, assim, denunciando um movimento centrípeto na direcção da actividade da empresa transportadora, que levou até a uma responsabili-

D'OVIDIO, *Armatore ed esercente di nave e di aeromobile*, Enciclopedia Giuridica, pág.2 e 3; R. RODIÈRE, E. DU PONTAVICE, *op. cit.*, p. 66 a 69; e ainda F. A. QUERCI, *Le "conférences" marittime e mercato comune*, RDN, 1964, I, p. 263 ss., apreciando criticamente a visão das estruras marítimas e portuárias como uma «*categoria ontologica, in quanto vengono considerati quasi* sub specie æternitatis»).

Ressalvado fica que a eficácia das *conferences* se limita à organização das viagens de linha, isto é, aos *liners*, não afectando directamente a exploração de *tramps*, e miram a restrição da concorrência dos armadores independentes, isto é, não membros das mesmas. Assim, no âmbito do transporte de linha, através de expedientes vários, tais organizações prosseguem a maximização da actividade dos respectivos membros, *et pour cause*, o enfraquecimento, no mercado, da posição dos designados *outsiders* ou de transportadores não regulares.

A partir da Convenção UNCTAD relativa a um Código de Conduta das Conferências Marítimas, de 7 de Abril de 1974 — em vigor desde 1983 (cfr. L. MIGLIORINO, *Le riserve alla Convenzione sul codice di condotta per le conferenze marittime*, DM, 1988, p. 664 ss.) —, aprovada para adesão pela Resolução n.º 6/90 de 20 de Dezembro, pode entender-se conferência marítima como «um grupo de pelo menos dois transportadores-exploradores de navios que assegura serviços internacionais regulares para o transporte de mercadorias numa dada linha dentro de detrminados limites geográficos», no âmbito do qual se chega a um acordo, segundo o qual os transportadores-exploradores, isto é, os transportadores-armadores, prestarão os seus serviços, exigindo em termos uniformes ou comuns as «taxas de frete» e demais condições negociais. Sobre a diferença entre as *conférences ouvertes* e *fermées*, vide S. MCARBONE, *La réglementation, cit.*, p. 266.

Originariamente, a evicção dos concorrentes tentava-se também pelo emprego, nas linhas em questão, de *fighting ships*, que exigiam fretes de valor reduzido. Tal prática, porém, encontra-se hoje banida, no quadro do Código de Conduta. Note-se que a Directiva n.º 954/79, de 15 de Maio, apontou, embora com reservas, para a adopção deste código de conduta pelos Estados membros.

Entre os expedientes a que as *conferences* lançam mão, podemos contar a uniformização de tarifas de frete, condições de transporte, a constituição de *pools* de cargas e fretes e a consequente repartição de percursos e cargas, o acordo sobre o preço a pagar pelas actividades auxiliares da navegação e do transporte, a oferta de particulares condições contratuais a carregadores que aceitem vincular-se à *conference*, o mesmo é dizer, aos carregadores que jamais aceitem entregar a sua carga para transporte a navios que não sejam explorados por membros da *conference* — acordo de fidelidade (segundo o n.º 2 do art. 7.º do Código citado *supra*; neste tipo de acordo «a taxa de frete aplicável aos carregadores fiéis deve estar compreendida numa determinada escala de percentagens da taxa de frete aplicável aos outros carregadores»).

Quanto à natureza jurídica das conferências marítimas, ao longo dos tempos, vêm--se entrincheirando, *vis-à-vis*, distintas posições. Assim, de uma banda, encontramos aque-

zação do transportador, mesmo ilimitada para certos comportamentos, assente na recorrente ideia de representação, *lato sensu*, e de *vicarious*

les que acentuam um seu aspecto contratual, de outra, aqueles que sublinham uma sua índole institucional, atendendo, nomeadamente, ao modo como se relacionam com terceiros — prevendo-se, adrede, quem actua em nome da conferência —, e ao facto de não prosseguirem qualquer escopo externo e diverso do interesse próprio das empresas aliadas, quando *per se* consideradas.

Assim, Antonio LEFEBVRE D'OVIDIO, *op. cit., loc. cit..* Este Autor, qualificando a realidade das conferências, também à luz do ordenamento italiano — lembre-se que, a este propósito, o art. 2602 do Código Civil italiano determina, de acordo com a redacção introduzida pela Lei de 10 de Maio de 1976, que «[c]*on il contratto di consorzio più imprenditori istituiscono una organizzazione comune per la disciplina o per lo svolgimento di determinate fasi delle rispettive imprese»* —, faz ressaltar que se adequam ao regime dos consórcios algumas das notas presentes naquelas peculiares alianças, a saber: a subsistência de uma organização comum e a faculdade de as conferências regularem a actividade empresarial dos membros, não sucedendo outro tanto com a não prossecução de uma actividade empresarial diferenciada, nem com a constituição de *pools*, onde se vislumbraria um intuito mutualista. Acrescenta ainda que seria conforme à visão da *conference* como uma figura de cariz institucional o seu reconhecimento como uma associação não reconhecida, em que operasse a regra da responsabilidade pessoal de quem actuasse em seu nome. Neste sentido, também A. LEFEBVRE D'OVIDIO, G. PESCATORE, L. TULLIO, *op. cit., loc. cit..* Já Alessandro QUERCI revê nas conferências marítimas uma expressão da autonomia privada que surge dos acordos entre as *«imprese coalizzate»*, porquanto cada acordo constitutivo de uma conferência *«dà vita ad un ordinamento giuridico volontario e particolare, ponendo la legge fondamentale, che regolerà la vita del gruppo medesimo»* (*op. cit.*, pág.39). Cfr. ainda G. ROMANELLI, *op. cit.*, pág.556 e s., onde identifica as *conferences*, sob um ponto de vista económico, como cartéis de venda. Cfr. S. M. CARBONE, *La réglementation, cit.*, p. 265 ss., mostrando como as *conférences* têm um papel regulador que vai além da actividade das empresas *uti singuli*, e que, na diversidade das estruturas que envergam, se pode encontrar algo de comum.

Hodiernamente, quanto à regulamentação da concorrência no âmbito das empresas de navegação e de transporte, haver-nos-emos de voltar para as normas emanadas no seio da Comunidade Europeia, sejam elas originárias ou derivadas. *Vide* S. MANKADABY, *Some thoughts, cit.*, p. 409 ss.; S. M. CARBONE e F. MUNARI, *op. cit.*, 293 e ss., A. QUERCI, *op. cit.*, pág. 45 e ss., A. LEFEBVRE D'OVIDIO, G. PESCATORE, L. TULLIO, *op. cit.*, p. 31 a 33, F. MUNARI, *op. cit., loc. cit.*, R. RODIÈRE, E. DU PONTAVICE, *op. cit.*, p. 66 a 69, e, para tempos mais idos da Comunidade Europeia, R. RODIÈRE, *Traité, cit.*, I, p. 107 e s..

Na realidade, deparamos *ab initio*, no Tratado de Roma com normas relativas à concorrência e, mais particularmente, encontramos um capítulo dedicado aos transportes. Deter-nos-emos apenas, ainda que brevemente, em algumas normas derivadas relativas à concorrência, no âmbito do armamento, da navegação e das relações de transporte marítimo. Tais normas encontram-se, por exemplo, nos Reg. n.º 4056 a 4058/86, que versam, respectivamente, sobre transportes por *tramp*, transportes por *liner*, práticas tarifárias desleais e livre acesso ao tráfego transoceânico — e que sucederam ao Regulamento n.º 954/79 do Conselho, de 15 de Maio, atinente à ratificação ou adesão dos Estados membros à Convenção das Nações Unidas relativa a um Código de Conduta das Conferências Marítimas.

Assim, por um lado, devemos considerar o Reg. n.º 4055/86, de 22 de Dezembro, que, incidindo sobre os transportes não regulares ou que não são de linha — *tramps* —, propugna pela protecção da livre e leal concorrência e, *pour cause*, por um «acesso equitativo, livre e não-discriminatório» a quotas de carga. Para tanto, e com o escopo de proteger, tanto os armadores comunitários, como os carregadores que procuram os seus serviços no mercado, defende este diploma a abolição gradual de restrições impostas por Estados-membros sobre transportadores comunitários e dos acordos de repartição de cargas incluídos em acordos com países terceiros, considerando, de igual sorte, que o princípio da livre prestação de serviços pode admitir, ainda que provisoriamente, desvios ou excepções.

De outra banda, o Reg. n.º 4056/86, de 22 de Dezembro, já relativo aos transportes de linha — *liners* —, nunca abdicando da ênfase que coloca no Código de Conduta mencionado *supra,* prevê, à luz dos arts. 85.º e 86.º do Tratado de Roma, uma isenção de categoria para as conferências marítimas, que levaria à aceitação dos acordos e das práticas concertadas, conseguidos na esfera de actuação destas organizações, colhendo como justificação uma sorte de smbiose, isto é, o facto de estas contribuirem para a sobrevivência e/ou desenvolvimento das empresas nelas integradas, além de, paralelamente, permitirem a «eficácia» dos serviços prestados pelos membros em condições peculiarmente vantajosas para os clientes.

Sem embargo da isenção de categoria assim prevista, o Regulamento não vai ao ponto de subtrair a quaisquer requisitos os acordos celebrados no âmbito da actividade das *conferences*, que, desta sorte, ficam sujeitos ao juízo de compatibilidade com quanto preceve o art. 85.º do Tratado de Roma. Desta sorte, passadas que são as iniciais dúvidas sobre se este sector dos transportes marítimos se deveria sujeitar às restrições comunitárias, deparamos, ainda assim, com um compartimento algo distinto no cenário das normas relativas à protecção da concorrência, onde se contempla uma condescendência assaz notória em face de certas práticas concertadas com o intuito de eliminação da concorrência, conquanto não se deixe de exigir que estas vençam o crivo — embora de malha alargada pelos motivos expostos *supra* — da *workable competition* — assim S. M. CARBONE, F. MUNARI, *op. cit.*, p. 293 ss., realçando a influência dos *Shipping Acts* americanos de 1916 e 1984. Sobre a noção de *workable competition* e para uma recente e mui atenta análise do regime da concorrência no direito comunitário, em geral, *vide*, entre nós, M. GORJÃO-HENRIQUES DA CUNHA, *Da restrição da concorrência na Comunidade Europeia: a franquia de distribuição,* Coimbra, 1998, *passim.*

Francesco MUNARI, por seu turno, aponta a *«graduale ma sostanziale deregolamentazione»* do sector económico dos transportes, significando esta o alívio da «intervenção pública», por parte dos Estados membros, nos tráfegos internos, sem deixar de anunciar novos tipos de intervenção que não serão já munidos de uma «*ottica di regolamentazione "prigioniera"*» (*op. cit.*, pág.3 e s.). Sublinha ainda este Autor a extrema relevância, neste sector dos transportes, do «*ravvicinamento delle legislazioni nazionali, necessario ad uniformare, tra l'altro, le condizioni, e dunque i costi, operativi delle imprese dei diversi Stati membri*» (*ibidem*, p. 5, n. 2).

Além desta isenção de categoria, concedida às conferências marítimas de acordo com o n.º 3 do art. 85.º, do Tratado de Roma, há ainda a considerar uma outra isenção de categoria, concedida a outros *consórcios*, no âmbito de igual actividade. Assim prevê o Reg.n.º 870/95 da Comissão, de 20 de Abril, porquanto, de outra sorte, as empresas envolvidas em quaisquer acordos ou consórcios, desde que não identificáveis como uma *conference*, ver-se-iam compelidas a requerer pontualmente isenções individuais. Por este meio, visava o diploma obviar à situação referida pelo considerando 9, na qual «os membros de um consórcio que pretendem fixar em comum preços e que não satisfazem os critérios previstos no Reg.(CEE) n.º 4056/86 devem solicitar uma isenção individual».

Tais acordos ou consórcios, sempre que não inferissem um golpe excessivo na concorrência ou, de outro modo, não eliminassem «a concorrência de uma parte substancial do táfego em causa», tudo somado, acabariam por proporcionar serviços de melhor qualidade, e este resultado, sendo favorável aos destinatários de tais serviços — designadamente, carregadores, compradores das mercadorias transportadas, ou até transitários — deveria, pois, triunfar da preocupação comunitária que a mossa infligida sobre a concorrência inevitavelmente suscita — justificação que, de resto, colhe para a isenção de categoria anteriormente concedida às conferências marítimas.

Deste modo, à semelhança de quanto fizera já o Reg. n.º 4056/86, declaram os considerandos 5 e 6, do Regulamento de que ora curamos, que «os utilizadores dos serviços marítimos oferecidos pelos consórcios beneficiam [...] de uma parte equitativa das vantagens decorrentes do melhoramento da produtividade e da qualidade dos serviços a eles subjacentes», e que «é conveniente [...] que os acordos beneficiem de uma isenção por categoria, na medida em que não permitam às empresas interessadas eliminar a concorrência numa parte substancial do tráfego em causa», sublinhando, paralelamente, o considerando 3, «os aspectos especiais dos transportes marítimos» e que «esta especificidade constituirá um factor importante de apreciação para a Comissão, no caso de esta ter de examinar consórcios que não são abrangidos pelo âmbito da presente isenção por categoria».

Poder-se-á, quiçá, rever neste respeito pelo *modus operandi* de quantos laboram nas aventuras marítimas, um sintoma mais da especialidade e do particularismo do direito marítimo, que intimidará compreensivelmente qualquer arrebatada ou precipitada intervenção não fundada numa tradição normativa consolidada. Aliás, *mutatis mutandis*, já RIPERT lembra como o direito marítimo «*devait traverser la Révolution sans être bouleversé*», e justificava dizendo que «*[d]es institutions, qui sembleraient à l'ésprit superficiel et théorique de cette époque, contraires à légalité ou la liberté du travail, l'inscription maritime, la corporation des prud'hommes pêcheurs, ne sont pas touchés*»; e mesmo os codificadores «*s'arrêtererent respectueusement devant l'Œvre de Louis XIV*» (ela-própria de índole marcadamente codificadora) — *Droit maritime, cit.*,I, p. 39.

Sobre a livre circulação na Comunidade Europeia, *vide*, C. BOTELHO MONIZ, *Direito económico da CEE—Reflexão sobre os objectivos, instrumentos e princípios da acção comunitária: Primeira Parte,* Assuntos Económicos, 1982, n.º 1, p. 169 ss., *Direito económico da CEE—Reflexão sobre os objectivos, instrumentos e princípios da acção comunitária: Segunda Parte,* Assuntos Económicos, 1983, n.º 2, p. 171 ss..

Vide, ainda, F. DE FONZO, Rivista di Politica Economica, 1962, n.º 1, p. 479 ss., acerca da aplicação dos art. 74.º e 84.º do Tratado de Roma e sobre como estes não esgotam as questões de direito marítimo, não pretendendo excluir as demais do domínio da regulação comunitária, bem como a respeito das peculiaridades do direito marítimo, mesmo em matéria de concorrência, atendida a internacionalidade enquanto nota constante das suas relações, num cenário de especialização técnica e funcional das embarcações; S. M. CARBONE, *La disciplina del traffico marittimo tra diritto internazionale e diritto interno,* RDIPP, 1986, p. 497 ss., sobre a passagem da regulação internacional da actividade marítima para um plano não apenas corporativo ou de espontânea convergência codificadora dos usos e práticas mercantis, *La nuova disciplina comunitaria relativa all'esercizio della giurisdizione e il trasporto marittimo,* RDIPP, 1988, p. 633 ss.; G. ROMANELLI, *Codice UNCTAD e accordi bilaterali: problemi giuridici attuali,* DM, 1987, p. 34 ss., sobre o Reg.(CEE) n.º 954/79, e também a propósito da constituição de acordos e *pools* num campo de transporte multimodal; B. E. HAWK, *United States, common market and international antitrust: a comparative guide,* v.II, 2ª ed., 1987 Supplement, Prentice Hall Law & Business, p. 4 ss., n.12.

Exemplificativamente, sobre a aplicação, neste domínio, das normas derivadas da Comunidade Europeia supracitadas, e em especial, do Reg. (CEE) n.º 4056/86, bem como dos art. 85.º e 86.º do Tratado de Roma, e ainda a propósito da regra de distribuição do Código de conduta UNCTAD 40/40/20, pode-se ver Comunicação n.º 162/90, nos termos do n.º 3 do art. 3.º do Reg.(CEE) n.º 4056/86 do Conselho e do n.º 3 do art. 26.º do Reg.(CEE) n.º 1017/68 do Conselho relativa aos processos n.º IV/32/380 e IV/32/772 — Acordos Eurocorde; Decisão 92/262/CEE da Comissão de 1 de Abril de 1992, relativa a um processo de aplicação dos arts.85.º e 86.º do Tratado CEE (IV/32.450 — Comités de armadores franco-oeste africano); Decisão n.º 94/980/CE da Comissão de 19 de Outubro de 1994, relativa a um processo de aplicação do art. 85.º do Tratado CE (IV/34.446 — Acordo Transatlântico). E também a Decisão da Comissão n.º 93/82/CEE de 23 de Dezembro de 1992, relativa a um processo de aplicação dos arts. 85.º do Tratado CEE (IV/32.448 e 32.450 — Cewal, Cowac, Ukwal) e 86.º do Tratado CEE (IV/32.448 e 32.450 — Cewal) — a propósito da apreciação de uma posição dominante, desrespeitadora das regras de distribuição do mercado do Código de Conduta, e decidindo ainda a aplicação de sanções, ao abrigo dos arts.8.º e 19.º, n.º 2 do Reg.(CEE) n.º 4056/86 e do art. 86.º do Tratado de Roma, a algumas das empresas de uma conferência marítima, e identificando, para tal decisão, uma situação de recurso a *fighting ships* como exemplo de exploração abusiva de posição dominante (no âmbito da prática de preços predatórios: «o carácter multilateral e intecional demonstra a natureza abusiva de um comportamento que consiste em estabelecer um preço excepcional concertado com o objectivo de eleiminar um concorrente» — §80 da Decisão). Esta decisão veio a ser objecto de recurso judicial, e deste resultou o Acórdão do Tribunal de Primeira Instância (Terceira Secção Alargada) de 8 de Outubro de 1996 (Col.II, 1996-10/11/12, p. 1210 ss.). A título de ilustração de quanto, sumariamente, vimos relatando, podemos indicar algumas das orientações colhidas neste aresto. Assim, depois de se reafirmar a necessidade de interpretar restritivamente «as medidas de derrogação da proibição [do n.º 1 do art. 85.º] constantes de um regulamento de insenção», e de recordar o carácter benéfico que se pode acostar às conferências marítimas, lembra-se ainda que, não obstante a existência de uma isenção (categorial), «pelo jogo das relações estreitas que as companhias mantêm entre si numa conferência marítima e atendendo a um «conceito objectivo» de posição dominante (para cuja verificação seria indiferente a existência de eventuais influências de um Estado terceiro — no caso, o Zaire — que houvessem sido determinantes para o surgimento de tal posição, a despeito, portanto, do comportamento directamente imputável às empresas coalizadas), podem, em conjunto, desenvolver em comum no mercado em causa práticas tais que constituam comportamentos unilaterais» («uma acção uniforme no mercado», eventualmente no âmbito de uma «estratégia global» em que a conferência actue «como uma entidade única», posto que de índole colectiva), os quais poderão «apresentar o carácter de infracções ao artigo 86.º, se se verificarem as restantes condições» (sendo pertinente a aplicação deste, como, de resto resulta do próprio Reg.CEE n.º 4056/86, sem embargo da consideração de um eventual «regime de excepção» que se contemple, mesmo no domínio do direito comunitário da concorrência, para as coisas do mar — até porque neste não se inviabiliza a constituição de uma posição dominante mediante a erecção de uma conferência, atendendo às vantagens que destas derivarão para o mercado e, assim, para os clientes das conferências, mas tão-só o abuso da mesma, pelo que, como realça o acórdão, sempre fica a salvo o efeito útil do Regulamento mencionado).

Já quanto aos *fighting ships,* elucida a decisão em apreço que como indícios distintivos de uma prática própria dos mesmos se podem contar: a designação expressamente aposta; «a fixação em comum de preços de combate» que configurem uma «excepção à tabela normalmente praticada»; «a diminuição de rendimentos daí resultante».

Caberá derradeiramente mencionar o Reg. (CEE) n.º 4057/86 do Conselho, de 22 de Dezembro, que, mirando a protecção da actividade de empresas de armamento e transportes comunitárias, oferece instrumentos de reacção contra a prática de tarifas desleais de «armadores nacionais de um país terceiro» — sendo armadores da Comunidade, de acordo com a d), do art. 3.º, as companhias marítimas de transportes de mercadorias estabelecidas nos Estados membros, bem como os nacionais de Estados membros estabelecidos fora da Comunidade e as companhias estabelecidas fora da Comunidade que sejam controladas por nacionais de Estados comunitários, desde que os respectivos navios arvorem o pavilhão de um Estado membro —, que permitam, concomitantemente, compensar as empresas comunitárias pelos danos que eventualmente sofram. Todavia, para que possam desencadear os mecanismos aí previstos, tratar-se-á, como refere o Regulamento (art. 3.º), de uma «oferta regular», verificada por um período não inferior a seis meses, de "preços predatórios" ou de «de taxas de frete inferiores às taxas normais» — avaliadas comparativamente segundo o padrão de aferição da al.c) do art. 3.º —, as quais deverão constituir o resultado da concessão por um Estado terceiro de «vantagens não comerciais». Francesco MUNARI sublinha que se deverá proceder a uma interpretação extensiva destas, que incluirão «gli aiuti e le sovvenzioni statali alle compagnie, le sovvenxioni ai cantieri», a emanação de normas laborais particularmente favoráveis ou reservas de tráfego; e lembra, ademais, que, se armadores ou empresas de transportes não comunitários empreenderem na prática de "preços predatórios" que se não fiquem a dever a tais vantagens, ainda assim poderão ser alvo de sanções, mas ao abrigo do sobredito Reg.(CEE) n.º 4056/86, enquanto tais práticas constituam um abuso de posição dominante, à luz do art. 86.º do Tratado de Roma.

Como meio de compensação dos armadores e transportadores comunitários, prevê o art. 11.º do Reg.(CEE) n.º 4057/86 que a Comissão proponha ao Conselho a imposição por Regulamento, votado por maioria qualificada, de um «direito compensador», que seria aplicado aos armadores e transportadores externos que houvessem incorrido em tais práticas tarifárias, e haveria por limite, precisamente, a diferença entre as taxas de frete praticadas e aquelas aferidas como normais *in casu* (art. 13.º). Esta imposição ficaria, contudo, sujeita a reexame, do qual, em face de uma alteração das circunstâncias que houvessem fundado o direito compensador, poderia resultar a modificação ou supressão das medidas compensadoras.

Assim o Reg. (CEE) n.º 15/89 do Conselho, de 4 de Janeiro de 1989, que, de acordo com o art. 11.º do Reg.(CEE) n.º 4057/86, instituiu um direito compensador sobre os transportes marítimos em contentores e de linha realizados «entre a Comunidade Europeia e a Austrália pela Hyundai Merchant Marine Merchant Company Ltd. de Seul». Do inquérito (§15 ss.), necessário para tal imposição, resultaram arroladas como «vantagens não económicas» concedidas pela Coreia «um esquema de reserva de carga relativamente ao tráfego proveniente e com destino à Coreia», o facto de que, segundo a lei coreana, «as empresas ou cidadãos não coreanos não podem ser proprietários ou sócios de empresas coreanas» de transportes, entre outras, além de que «os cidadão ou empresas não coreanos [...] não podem ter bens na Coreia, como sejam escritórios ou equipamentos» — concluindo-se aí que essa «diferença de tratamento [...] a favor dos armadores coreanos proporciona-lhes vantagens consideráveis» para a sua actividade «em comparação com os armadores não coreanos» —, bem como certas vantagens fiscais e financeiras. A conclusão que levaria a decidir pela aplicação do dito direito compensador radicaria ainda na consideração comparativa de que, sem as aludidas vantagens não comerciais, a empresa em questão «não poderia ter razoavelmente tentado entrar no comércio entre a Comunidade e a Austrália com taxas de frete tão baixas».

liability [690], relativa à prática de actos materiais pelos auxiliares do transportador[691]. Tentava-se, deste modo, colher uma orientação normativa do regime de direito uniforme das diversas Convenções, aproveitando, metodologicamente, as consequências normativas do escopo de protecção do ineteressado na carga, ao que acresceu a consciência de que o transportador estaria em melhores condições de se precaver, por exemplo, através de um adequado seguro, contra a eventualidade de um comportamento deste tipo, isto é, doloso ou temerário, dos seus auxiliares. E, outrora, tentava-se, outrossim, de superar o inconveniente representado pela previsão de um diminuto limite indemnizatório[692].

Por outro lado, matém-se uma outra posição, segundo a qual, mesmo que o dano sofrido resulte, ou resulte também, de um comportamento

---

[690] F. BONELLI, *Il limite del debito*, cit., p. 541, 550 ss.; S. M. CARBONE, *Contratto, cit.*, p. 341 ss., todavia, segundo este Autor, tal imputação à esfera do transportador dever-se-ia confinar aos comportamentos atinentes às atribuições confiadas aos «*dipendenti*», e, deste modo, por conseguinte, aos «*atti compiuti in occasione dell'attività svolta a vantaggio del vettore*», e da qual, este «*ha "il controllo delle condizioni di rischio"*».

[691] Cfr. *supra*. Cfr., quanto ao art. 492.º e à relação entre proprietário e armador, e entre este e o capitão, enquanto *magister navis*, L. CUNHA GONÇALVES, *op. cit.*, III, p. 135 ss.. Quanto ao confronto entre proprietário (armador ou não) e transportador, andou bem o Ac. STJ, de 11 de Dezembro de 1978, BMJ, n.º 292, 1979, p. 396 ss., quando identificou no afretador-tranportador, e não no proprietário, o sujeito visado pelo regime de responsabilidade uniforme, por isso que este se dirige ao transportador, mesmo que este não seja o armador (*stricto sensu*, porquanto «armador» no regime da Convenção será aquele que se obrigou a realizar o transporte — já a respeito do transportador real ou efectivo, por contraposição àquele que foi parte do contrato de transporte celebrado com o carregador, ou com qualquer interessado na carga, cfr. *infra*), e considerando que no caso ambos eram determináveis sem dificuldade. No mesmo sentido, o Ac. STJ, de 19 de Fevereiro de 1987, BMJ, n.º 364, 1987, p. 879 ss., *maxime*, p. 885 s. — que, contudo, não poderemos acompanhar, se, quando parece sugerir que a culpa náutica do capitão ou da tripulação responsabilizaria, acto contínuo, o fretador, comitente daqueles, quiser daí inferir, não um fundamento de responsabilidade extracontratual do fretador-armador, mas antes, que, acaso fosse o transportador o proprietário do navio, também ele deveria ser responsabilizado, ao arrepio da al. a) do n.º 2 do art. 4.º da Convenção (na verdade, o transportador não fica exonerado da sua responsabilidade por ser mero afretador, mas tão-só *ex vi* daquela norma); mas é sobretudo estranho que nenhum vestígio se encontre sobre a al. q) da mesma disposição, ainda que fosse para alijar a respectiva aplicação *in casu*, por não ter sido oferecida prova suficiente que permitisse a liberação do transportador.

[692] Neste sentido, justificando, mas não seguindo (defendendo, por conseguinte, a desconsideração do limite indemnizatório, tão-só aquando de um comportamento pessoal/próprio do transportador) esta orientação, L. TULLIO, *Profili attuali, cit.*, p. 37.

doloso ou temerário de um auxiliar, ou de um preposto, não deverá ser afastado o limite indemnizatório previsto, só podendo ser precludido quando em causa esteja um tal comportamento de tipo pessoal ou do próprio transportador[693].

Assim, do ponto de vista da teleologia protectora da disciplina uniforme, uma tal consequência não se afiguraria como necessária, porquanto não se poderá escamotear que um ressarcimento integral sempre poderia ser exigido ao próprio auxiliar (cfr. para as Regras de Haia, *infra*,

---

[693] Assim, no sentido de dever ser exigida uma conduta dolosa ou temerária própria/pessoal, por parte do transportador, para que este seja privado do limite indemnizatório, CARVER, *op. cit.*, p. 288 ss. (também sobre a lei inglesa e sobre a noção de *actual fault or privity*, que considera supérstite — cfr. *supra* —, convocando a orientação de Hamilton L.J., na decisão de *Lennard's Carrying Co. v. Asiatic Petroleum Co.*, de 1914: «[a]*ctual fault negatives that liability which arises solely under the rule "respondeat superior"*»; «*it conveys the idea of personal fault*»; «[t]*he words* [...] *infer something personal to the owner, something blameworthy in him, as distinguished from constructive fault or privity such as the fault or privity of his servants or agents*» —; no mesmo sentido, também para a limitação da responsabilidade do *owner*, no contexto americano, G. GILMORE e C. L. BLACK Jr., *op. cit.*, p. 879 s.: «*the theory of the Limitation Act* [a esta fazendo equiparar a orientação da *Harter Act* e da COGSA, para o que convoca a excepção da culpa náutica — cfr. L. TULLIO, *Profili attuali, cit.*, p. 38 s.] *and the doctrine of* respondeat superior *are at opposite poles*»), p. 400, SCRUTTON, *op. cit.*, p. 256 ss., 449, 451 s., n. 63 (mostrando, todavia, que seria mais árduo demonstrar a *actual fault or privity*) e 66, 455 s. (em relação ao n.º 2 do art. 4.º-bis: «*and not that the Amended Rules are read, in relation to servants or agents, as if those persons were themselves the carrier*»). Segundo SCRUTTON, para os efeitos da al. e) do n.º 5, do art. 4.º, por *carrier* deveria entender-se «*the carrier or his* alter ego, *and does not include his servants or agents save where they are the* alter ego», na esteira, por conseguinte, da ideia de que, na esfera do transportador, só haverá repercussão, no sentido de precludir o limite idemnizatório, a conduta atribuível à *directing mind* do próprio transportador (cfr. *supra*, e, quanto aos órgãos de uma pessoa colectiva ou moral, A. VAZ SERRA, *Responsabilidade do devedor, cit.*, p. 280; sobre a teoria da *directing mind* e as posições assumidas sobre esta norma, no domínio da *common law*, embora delas dissentindo, F. BONELLI, *Il limite del debito, cit.*, p. 550 a 552). Cfr., ainda, G. GILMORE e C.L. BLACK Jr., *op. cit.*, p. 182 ss, 835, 923 ss.; W. TETLEY, *Marine cargo claims, cit.*, p. 121 ss.; S. ZUNARELLI, *La decadenza, cit.*, p. 144 s..

No mesmo sentido, ainda, A. DANI, *Persone che possono beneficiare, cit.*, p. 579 ss., *maxime*, p. 586 s., arguindo que a privação do benefício, representado pela limitação, «*è una sanzione "personale" di comportamenti "personali"*», o que encontraria arrimo na «*riconosciuta esigenza di rendere il più possibile* unbreakable *qualsiasi sistema di limitazione*»; L. TULLIO, *Confini, cit.*, p. 215, *Profili attuali, cit.*, p. 35 ss.; E. DU PONTAVICE, P. CORDIER, *op. cit.*, p. 130.

e arts. 4.º-bis, n.º 4 das Regras de Visby, e art. 8.º, n.º 2 da Convenção de Hamburgo, que prevêem o afastamento do limite indemniztório de que os auxiliares poderiam beneficiar — *ex vi* do n.º 2 e 3 do art. 4.º-bis daquelas, e dos n.º 2 e 3 do art. 7.º destas —, sempre que o dano resulte de um comportamento destes, com dolo ou temeridade, nos termos apreciados *supra*).

De outra banda, poderíamos obtemperar, conquanto não decisivamente, que a teoria que sustente a remoção do limite indemnizatório em caso de comportamento doloso e/ou temerário dos auxiliares, ainda que tão-só daqueles dependentes, acabaria por oferecer um semblante algo afoito, quando exposto, quer à rigidez tendencial com que, na disciplina uniforme, vem sendo tratada a possibilidade de tal afastamento do limite de repação, quer ao facto de as Regras de Hamburgo não haverem introduzido qualquer clarificação, que reflectisse essa outra orientação (cfr. art. 8.º, n.º 1).

Além disso, e decisivamente — conquanto esta argumentação em nada desmereça o acerto e a razoabilidade das posições adiantadas por parte da doutrina civilística nacional em face das disposições internas —, não se poderá esquecer as peculiaridades do contrato de transporte, incluindo aquelas técnicas e físicas que também inspiram o regime normativo e a previsão de um *plafond* indemnizatório. Assim, estando o transportador em melhores condições para controlar as condições de risco que envolvem a execução do transporte, a verdade é que um *punctum crucis* da disciplina deste específico tipo de transporte corresponde, precisamente, ao distanciamento do transportador relativamente aos concretos actos de execução das obrigações assumidas, que, não só não controla directa e pessoalmente, o que seria corrente, mas, além disso, tais actos estão dele se separados por diversas e sólidas barreiras físicas e técnicas. Mormente valerá esta razão, no que tange às Regras de Haia e de Visby, tanto que sempre se poderiam convocar os argumentos que foram sustendo no elenco dos *excepted perils* a culpa náutica[694] — como *pièce de résistance* embora, poder-se-á afirmar, mas este instituto parece compaginar-se mal com a extensão dos efeitos do comportamento doloso ou temerário de auxiliares ao benefício da limitação pessoal de responsabilidade do transportador.

---

[694] Cfr. L. TULLIO, *Profili attuali, cit.*, p. 38 s., precisando que a exoneração por culpa náutica não é empecida em caso de dolo dos auxiliares, mantendo os seus efeitos.

Por outro lado, conviria perguntar se uma decadência da limitação de responsabilidade, assim concebida, não feriria inadmissivelmente o mínimo de protecção do transportador, enquanto finalidade também normativamente determinante na economia da disciplina de direito uniforme[695], uma vez garantido que seria desnecessária, a fim de assegurar uma completa e coerente protecção do interessado na carga — que não sairia insuportavelmente agastado, não obstante a maior dificuldade para este na produção da prova de um comportamento doloso ou temerário por parte de um auxiliar, mas, mesmo no que a este aspecto processual toca, não se esquecerá que o interessado sempre se poderá socorrer de presunções baseadas na experiência, se entender reagir directamente contra o auxiliar responsável.

Situação assaz diversa será aquela em que o transportador, havendo sido informado do sucedido ou das circunstâncias que viriam a suscitar um comportamento temerário do seu auxiliar, não adopte, sendo-lhe embora possível e exigível, uma actuação que possa evitar, ou atenuar, o dano, mesmo mediante o fornecimento de instruções adequadas. Mas, neste cenário, já estaríamos perante uma actuação pessoal do transportador, que, a merecer a qualificação de dolosa ou temerária, sempre lhe precluderia a limitação de responsabilidade (para além da sua responsabilização por *culpa in eligendo, vigilando* e *instruendo*, mesmo em caso de culpa náutica dos seus auxiliares)[696].

---

[695] Cfr. L. TULLIO, *Profili attuali, cit.*, p. 38, alertando para que, nos diversos corpos normativos internacionais respeitantes aos transportes, sempre que se pretendeu precludir o benefício da limitação do transportador, em virtude de comportamentos dos seus auxiliares, tal foi feito expressamente (*ubi voluit dixit* — vide a exemplificação, *ibi,* n. 56), o que não viria a suceder nas Regras de Visby, e tão-pouco nas de Hamburgo —; em sentido divergente, S. M. CARBONE, *Contratto, cit.*, p. 340 s., sustentando que as normas do art. 4.°-bis, relativas aos auxiliares ou prepostos, têm como *ratio* impedir a inutilização da limitação indemnizatória, não mirando contrariar um princípio geral, pelo qual o comportamento, e, assim, o dolo, ou a temeridade, dos empregados ou prepostos sempre se repercutiria na esfera do devedor da prestação, salvo se tais comportamentos extravasassem das suas funções e da área de controlo do transportador.

[696] Cfr. W. TETLEY, *Marine cargo claims, cit.*, p. 379 ss., 417 ss., que mostra como, na *common law*, embora na constância da tradicional orientação, a jurisprudência vem alargando o círculo de sujeitos, cujo comportamento doloso ou temerário pode ser imputado ao próprio transportador, enquanto comportamento "próprio" — assim, indo além dos casos do «*senior employee or officer*», em que se entendia considerar que alguém haja actuado «*as "the very ego and centre of the personality of the corporation"*» (invoca,

38. O Protocolo de 1968, como a Convenção de Hamburgo, curaram também de um outro problema, que fomos deixando já adivinhado, isto é, aquele de saber se será de admitir uma cumulação de acções de responsabilidade contratual e extracontratual[697]. Convirá, desde já, advertir que a Convenção de 1924 nada disse expressamente sobre esta questão, o que, uma vez mais, não significará que as posições ulteriormente consagradas não assumam também relevância normativa no âmbito problemático desta, sublinhando, ademais, que nem todos os problemas respeitantes a esta

---

pois, a orientação do caso *Lennard* — cfr.*supra*). E ilustrando o mesmo ponto, S. ZUNARELLI, *La nozione, cit.*, p. 182 (relativamente às Regras de Hamburgo), *La decadenza*, 143 ss.; S. M. CARBONE, *Contratto, cit.*, p. 342. Aquele Autor, partindo da exigência de um comportamento pessoal do transportador, a fim de se poder remover o limite, defende que, para este efeito, a valoração do ilícito cometido pelos auxiliares dependentes ou prepostos não se reverbera na esfera do transportador, mas, ainda assim, à luz do trilho sulcado pela jurisprudência anglo-saxónica, desde a década de sessenta, reconhece que se vai manifestando «*l'estrema facilità con cui, da un comportamento gravemente negligente del comandante della nave o dell'equipaggio, la giurisprudenza è pervenuta a configurare una colpa personale ('actual fault or privity')*» — *op. ult.cit.*, p. 145.

Estas novas tendências, contudo, foram sendo geradas, em parte, em relação à responsabilidade do armador, pese embora se possa considerar que, em certos casos, poderemos estar defrontados com faltas do transportador, *proprio sensu* (assim, como relatam G. GILMORE e C. L. BLACK Jr., *op. cit.*, p. 891 s., no caso *Federazione Italiana dei Consorzi Agrari v. Mandaski Campania de Vapores*, julgado nos Estados Unidos, em 1968, havendo os danos sido atribuídos à inavegabilidade do navio, por deficiência de reparação do casco do mesmo, afastou-se a limitação de responsabilidade do armador, também considerando que os *agents* dos *owners*, que haviam superintendido às reparações, «*were sufficiently high in the managerial hierarchy of the appellant so that their general and detailed knowledge and their close privity to the repair project was imputed to the corporation*» — cfr. W. TETLEY, *Marine cargo claims, cit.*, p. 379, 381; S. ZUNARELLI, *La decadenza, cit.*, p. 144 s.), se não se certificou razoavelmente da formação dos tripulantes (cfr. *supra*, a propósito, o caso *Makedonia*), ou se, *motu proprio*, não os formou/informou convenientemente, se não apetrechou o navio, adequada e actualizadamente, com todos os instrumentos, aprestos e aparelhos, se, enfim, se entender que devia haver informado o comandante e a equipagem sobre certo peculiar aspecto da viagem.

Cfr., ainda, G. GILMORE e C. L. BLACK Jr., *op. cit.*, p. 874 ss., 884 ss., falando, a propósito da noção de *privity or knowledge* no domínio da responsabilidade do *shipowner*, de um «*bottomless bog of semantic confusion*», e chegando a proclamar que a expressão, como a de *design or neglect* (cfr. *supra*), se degradariam em «*empty containers into which the courts are free to pour whatever content they will*»; e, sobre a superação da *privity of contract*, A. PINTO MONTEIRO, *Cláusulas limitativas, cit.*, p. 424.

[697] Cfr., para uma enunciação do problema, P. H. SCHLECHTRIEM, *op. cit.*, p. 361 s., 380 ss.. *Vide*, ainda, K. LARENZ, *Derecho de obligaciones, cit.*, II, p. 647 ss..

temática receberam resposta expressa, mesmo nos diplomas subsequentes.

Uma vez mais, também, as respostas normativas só serão encontradas atendendo ao fio de unidade "sistemática" do corpo (ou dos corpos) normativos de direito uniforme, e considerando a urgência de satisfazer as suas finalidades normativas, no respeito pelos princípios que os informam.

O problema do concurso da responsabilidade contratual e aquiliana já mereceu, em diversas sedes, profusa atenção, mas, neste nosso rincão, haveremos de considerar as consequências que, na matéria, resultarão da especialidade e da imperatividade prevalecente do direito uniforme material.

Devido à teia, mais intricada do que imbricada, de sujeitos intervenientes nas relações de transporte, "do lado do transportador contratual, ou real", foi-se vulgarizando o pedido de indemnização, a título de responsabilidade extracontratual (*neminem lædere*), o qual foi também sendo atendido na prática jurisprudencial, precisamente, em virtude da dificuldade de identificação do *carrier* [698].

---

[698] W. TETLEY, *Marine cargo claims, cit.*, p. 234 ss., 260 ss. Cfr. E. SPASIANO, *Concorso fra azione contrattuale ed extracontrattuale*, DM, 1986, p. 598 ss.; M. LOPEZ DE GONZALO, *Il concorso di responsabilità contrattuale ed extracontrattuale nelle Hague-Visby Rules e nelle altre convenzioni di diritto uniforme dei trasporti*, ibi, p. 611 ss.; S. M. CARBONE, *Contratto, cit.*, p. 111 ss., 142 ss.; M. REMOND-GOUILLOUD, *op. cit.*, p. 388; A. LEFEBVRE D'OVIDIO, G. PESCATORE, L. TULLIO, *op. cit.*, p. 556 s.; R. RODIÈRE, E. DU PONTAVICE, *op. cit.*, p. 254 ss., 360.

Sobre a reacção à propositura de acções por responsabilidade delitual, plasmada na inserção da *Himalya clause*, A. DANI, *Persone che possono beneficiare, cit.*, p. 582. Sobre o caso *Adler v.Dickson*, julgado pelo *Court of Appeal*, em 1954, em que se admitiu a aposição de tais cláusulas (o que, todavia, não sucedera *in casu*, sendo, por isso, negada a extensão dos benefícios normativos ao capitão e ao mestre), e que acabariam por receber o nome do navio envolvido, o *S.S. Himalaya* (após serem conhecidas como *Adler v. Dickson clauses*), CARVER, *op. cit.*, p. 248 ss., *maxime*, p. 256; SCRUTON, *op. cit.*, p. 247, 255; W. TETLEY, *Marine cargo claims, cit.*, p. 758.

Vide, sobre o que se deva entender por transportador contratual (*contracting carrier*) e real (*actual/performing carrier*), mui amplamente, S. ZUNARELLI, *La nozione, cit.*, *passim*. E, ainda, E. SELVIG, *Through-carriage, cit.*, p. 361 ss.; J. RAMBERG, *The vanishing bill of lading, cit.*, p. 391 ss., *Persons concerned, cit.*, p. 188 ss.. Ainda sobre a noção de transportador contratual, presente na al.a) do art. 1.°, da Convenção de Bruxelas, e sobre a legitimidade processual do mesmo (por contraposição, segundo o aresto, à ilegitimidade processual do armador-fretador, que não é parte do contrato de transporte, atendendo a que o fundamento do pedido era o cumprimento defeituoso do contrato de transporte — aí não se explora a possibilidade de fundar o pedido em responsabilidade

Contudo, a procedência de um tal pedido representa para o regime de direito uniforme um sério risco, na medida em que poderá levar, já não a um duplo ressarcimento[699] do interessado na carga, que, por um princípio de direito natural, *ergo,* de justiça comum aos vários ordenamentos, sempre poderia ser rechaçado, mas à frustração do desenho normativo da disciplina uniforme, na parte que tange à intenção de limitar a responsabilidade do transportador. Esta finalidade implica necessariamente que certos danos provenientes de comportamentos negligentes (desde que não

---

extracontratual do armador, considerando que este havia mantido a gestão náutica do navio), Ac. STJ de 11 de Dezembro de 1979, BMJ, n.º 292, 1980, p. 396 ss..

Cfr., também, sobre quem pode opor o limite e as demais vantagens do regime uniforme, e sobre quem poderá ser considerado transportador, como sujeito responsável, CARVER, *op. cit.,* p. 401 ss., que, como já apontámos, pretende ver incluído, na previsão do n.º 1 do art. 4.º-bis, o *«carrier who is not a party to a bill of lading»*; R. RODIÈRE, *Traité, cit.,* II, n.º 589, 594, *maxime,* 696 ss., III, n.º 816.º, 840, 869; W. TETLEY, *Marine cargo claims, cit., loc. cit.,* sustentando que, quer o *charterer,* quer o *owner,* deverão beneficiar das Regras de Haia e Haia-Visby, carreando até as múltiplas referências ao navio presentes nos diplomas uniformes, a propósito do regime da responsabilidade, e entrevendo no empreendimento marítimo uma espécie de *joint venture* de ambos, e mostra ainda como o *actual carrier,* enquanto executor de todas ou de parte das obrigações contratuais, descritas na disciplina internacional, estará obrigado perante o carregador, *«directly»* ou *«indirectly»*, através de alguém que actuará como seu *agent* (cfr. a *Himalaya clause* apresentada *supra, in fine*) — sobre esta construção, cfr. S. M. CARBONE, *Contratto, cit.,* p. 111 ss., 140 ss., sustentando, à mesma guisa, a extensão ao *actual carrier* do regime imperativo do contrato, e partilhando assim de uma ideia de *joint venture*, o que seria como que consabido, só não sucedendo, se uma vontade divergente fosse desentranhável no contrato —, sendo-lhe, pois, aplicável o regime da Convenção; A.DANI, *op. cit.,* p. 579 ss.; E. DU PONTAVICE, P. CORDIER, *op. cit.,* p. 131; A. LEFEBVRE D'OVIDIO, G. PESCATORE, L. TULLIO, *op. cit., loc. cit.,* mostrando como o silêncio das Regras de Visby, relativamente aos auxiliares independentes, justifica ainda a aposição da *Himalaya clause,* a fim de os guardar de uma reparação integral, ou para lhes estender os benefícios colhidos pelo transportador do regime uniforme. As Regras de Hamburgo, todavia, no n.º 2 do art. 7.º, já não excluem expressamente que os benefícios possam ser estendidos, em sede de responsabilidade aquiliana, aos *«agents»* que sejam *«independent contractors»*, como sucedia no n.º 2 do art. 40-bis das Regras de Visby, como também ensaiam uma clarificação da posição do *actual/performing carrier* — art. 1.º, n.º 1 e 2.

[699] Cfr. K. LARENZ, *op. cit.,* p. 650 ss., postulando a existência, não tanto de um concurso de pretensões, como de um único dever com multiplicidade de fundamentos («"Anspruchseinheit bei Mehrheit der Anspruchsgrundlagen"»). Cfr., a este propósito, também citando Karl LARENZ, A. VAZ SERRA, *Responsabilidade contratual e responsabilidade extracontratual, cit.,* p. 210 ss.. Sobre a responsabilidade por facto de outrem, A. VAZ SERRA, *ibidem,* p. 139 ss., *Responsabilidade do devedor, cit.,* p. 259 ss..

qualificáveis de modo a excluir a limitação) só possam conseguir ao credor uma reparação limitada, quanto ao respectivo montante, não interessando pois, para o cumprimento de tal desiderato, que se prende aos particulares riscos da actividade transportadora, nomeadamente daquela por via marítima, a pessoa de quem a mesma venha a ser obtida. Na verdade, a não ser assim, ao invés de se verem colimados os diferentes aspectos da regulação da responsabilidade à preservação de uma intencionalidade e finalidade única/uniforme, ínsita no regime de que se cura, perderia qualquer efeito "útil" a ditaminação do limite indemnizatório (pelo menos quando não houvesse acordo tendente a um agravamento da responsabilidade). Isto é, gorar-se-ia a intencionalidade normativa que subjaz a tal limitação, o que viria a interferir na unitária coerência da disciplina uniforme, no que respeita à regulamentação da responsabilidade por danos relativos às mercadorias, não se tratando sequer de, por acordo das partes, guindar a limitação a pretensões mais altas do que as que lhe convêm e são congeniais.

Neste sentido, parecia que a intencionalidade normativa de tal limitação só sairia devidamente salva e realçada, se se negasse um pedido de indemnização fundado em responsabilidade aquiliana. Todavia, isto não iria sem graves riscos para a posição do interessado na carga, nos casos de impossibilidade de precisa identificação do transportador, senão naqueles de impossibilidade de localização do mesmo, ou ainda naqueles em que se revelasse inviável sujeitá-lo aos efeitos de uma eventual decisão judicial, para além de lhe precludir uma directa reacção contra os auxiliares do transportador.

Mesmo considerando o silêncio, a este respeito, das Regras de Haia, quanto acabámos de ver parece inculcar que a resposta a tais dificuldades pode passar por duas vias (que, não se excluindo reciprocamente, sempre se poderiam encarar como alternativas, ou, assim, tão-só parcialmente, dependendo da noção que se abrace de *actual/performing carrier*, e da localização que dele se faça no entramado das relações atinentes ao transporte). Por um lado, o alargamento dos sujeitos submetidos ao regime imperativo internacional, ora como transportador parte do contrato, ora como transportador real, porquanto também este assume as obrigações descritas nos diplomas internacionais (cfr. art. 3.°). Por outro lado, sempre haveria a possibilidade de coerentemente estender o regime uniforme, no que tange às vantagens concedidadas ao transportador e, assim, à limitação da responsabilidade, também aos pleitos fundados em responsabilidade aquiliana[700], tivessem eles como destinatários os transportadores, ou auxiliares, contra os quais nenhum vínculo seria oponível[701] — sem prejuízo de uma eventual *actio in rem*, sempre que a mesma seja de admitir, também para acorrer a algumas das dificuldades mencionadas (nomeadamente, quanto à individualização e/ou localização do transportador contratual). Assim se conseguiria impedir um integral ressarcimento do interessado na carga, com o sacrifício inaceitável das finalidades da disciplina internacional[702].

De sorte que, pelos motivos expendidos, será também de desaconselhar o concurso de responsabilidades, sempre que esta hipótese se levante, como pode suceder perante o transportador que seja parte no contrato (particularmente, quando for armador ou afretador a tempo)[703].

---

[700] Cfr. K. LARENZ, *op. cit.*, p. 652.

[701] *Vide*, em sentido próximo, S. M. CARBONE, *Contratto, cit.*, p. 145 ss., apologético de que, tanto o art. 4.º-bis das Regras de Visby, como o art. 7.º das de Hamburgo, intendem submeter ao regime uniforme a responsabilidade contratual ou extracontratual de quem quer que intervenha na execução do transporte marítimo, seja qual for o título por que o faça, e para isso aponta, precisamente, «*sopratutto la raggione giustificativa di tali disposizioni (rivolta ad assoggettare ad una disciplina unica ed uniforme della responsabilità relativa agli eventi dannosi che hanno provocato ritardi, danni o perdite alle merci trasportate)*». Cfr. CARVER, *op. cit.*, p. 401 s. (cfr. *supra*), tropeçando, contudo, na diferente redacção da versão inglesa do n.º 2 do art. 4.º -bis; A. DANI, *op. cit.*, p. 584, excluindo da previsão da norma os estivadores e os operadores de terminal de porto.

[702] Convergindo neste desiderato, mas alertando para os problemas emergentes das disparidades entre a versão inglesa e aquela francesa, A. DANI, *op. cit.*, p. 584 s..

Neste sentido, precisamente, Mário RAPOSO interpretava já, entre nós, o regime da responsabilidade dos operadores portuários, entendendo que deveriam responder na medida em que respondesse o transportador. Considerava que assim deveria ser, atendendo ao silêncio da Convenção de Bruxelas a este respeito (diferentemente do que acontece, em relação aos auxiliares independentes, com o Protocolo de 1968) — logo, em nada se desatendia a orientação da Convenção, e tão-pouco a responsabilização do transportador pelos actos do operador ou de qualquer agente, realizados em virtude de operações de transporte, determinada pelo art. 7.º do DL n.º 352/86 —, e mais reparando em que, se o n.º 1 do art. 12.º do DL n.º 282-B/84 de 20 de Agosto, modificado pelo DL n.º 366/88 de 14 de Outubro, estabelecia que o operador assumiria «integral» responsabilidade pela operação devida, não se deixa de invocar a disciplina da Convenção de Bruxelas de 1924 — *Sobre o contrato de transporte, op. cit.*, p. 37 ss., *maxime* 40 s..

Todavia, mesmo para lá do que resulta deste regime interno do operador portuário, uma tal orientação poderá resultar da disciplina da Convenção, mesmo, segundo cremos, *de lege lata*.

[703] Assim, M. LOPEZ DE GONZALO, *op. cit.*, p. 611 ss.; L. TULLIO, *Profilli attuali,*

E, sem menoscabo de quanto, entre nós, em relação ao regime geral, sustentou já o Professor ALMEIDA COSTA[704], e porque nos achamos num domínio particular, cremos poder convocar a especialidade do regime em causa. Então, parece ser de bom direito que tenha pleno cabimento o princípio da consunção, rejeitando uma cumulativa ou alternativa tutela, e prevalecendo o pedido fundado na responsabilidade contratual, não tanto por a responsabilidade invocada ser contratual, e por assim representar uma especialidade em face da responsabilidade delitual, como, sobremaneira, por se encontrar sujeita a estoutro regime normativo especial[705], o das regras uniformes, que, estando enraizado no direito contratual, mercê do escopo de regulamentação unitária que mira lograr, bem assim como pela teleologia inerente à maneira como pretende regular as posições das partes do contrato e a actividade transportadora em geral, acaba por implicar uma especialidade no que toca ao próprio regime da responsabilidade aquiliana, donde se inferirá que uma pretensão com vista a estabelecer a existência da mesma e as respectivas consequências não poderá deixar de ser avaliada à luz do regime global específico das relações de transporte[706], assim também para realizar aqueles intentos deste regime, que, de outro modo, sairiam frustrados.

Posto que a questão da dupla fundamentação do pedido em causa possa ser apreciada a esta luz, sabemos como a consunção já poderia ser defensível à luz do princípio da autonomia privada, mesmo convictos, no que a este princípio respeita, de que a disciplina uniforme consente alguns, não avaros, desvios.

Paralelamente, aquela apreciação acabará, outrossim, por não bulir com a eventual extensão do regime uniforme a pretensões apontadas a

---

cit., p. 27 ss., ambos esclarecendo que tal orientação recebeu uma confirmação nas Regras de Visby, como naquelas de Hamburgo. Alertando, todavia, para a necessidade de uma apreciação pragmática e casuística da questão, C. ROSSELLO, *Brevi rilievi sugli orientamenti della giurisprudenza italiana in materia di concorso di responsabilità contrattuale ed extracontrattuale*, DM, 1986, p. 610.

[704] *Direito das obrigações, cit.*, p. 455 ss. Cfr., ainda, sobre o tema, e em sentido diferente R. ALARCÃO, *Direito das obrigações, cit.*, p. 209 ss.; A. PINTO MONTEIRO, *Cláusulas limitativas, cit.*, p. 425 ss.

[705] Cfr. sobre este ponto e sobre as sucessivas posições, a propósito da diversidade de *causæ petendi*, E. SPASIANO, *Concorso, cit.*, p. 599, 502 ss., atribuindo relevo, no caso de acção contra os prepostos, ao facto de os mesmos desempenharem papéis auxiliares da empresa transportadora.

[706] Cfr. S. M. CARBONE, *Contratto, cit.*, p. 146 s..

auxiliares do transportador, por nenhum vínculo obrigados em face do autor.

Todavia, em geral, deverá ser respeitado o regime de direito uniforme concebido a propósito do contrato de transporte, mas cuja relevância normativa, numa intenção de coerência uniformizante, acaba por impregnar, no âmbito das actividades que materialmente contempla, todo o complexo fenoménico que envolve o transporte. Tanto mais assim que em causa estão também expectativas do devedor, dignas de protecção, pelo menos, se não houve dolo (ou temeridade). Ora, se a disciplina que rege o contrato será, se não as mais das vezes, pelo menos amiúde, mais favorável ao lesado, é outrossim acertado alertar para que, num regime especial, como o do transporte marítimo, pretende-se prescritivamente acautelar as posições de ambas as partes[707], mediante a atribuição de certos direitos e defesas, deixando de valer neste caso, parece-nos, uma razão que milita ao lado do regime da opção entre os regimes, isto é, a de que o regime da responsabilidade contratual visa favorecer o lesado. Além de que, no caso específico de que curamos, o problema só poderá encontrar uma resposta sistematicamente adequada, precisamente, nos quadros normativo-sistemáticos da disciplina internacional de direito uniforme e da teleologia do respectivo regime[708].

---

[707] Assim, como afirma Eugenio SPASIANO, dando-se o assentimento ao concurso de acções, este «*viene in pratica ad anullare la limitazione del debito di rissarcimento del vettore*» (*Concorso, cit.,* p. 602). Como, de resto, acabaria por iludir os efeitos resultantes do modo como é entendida a culpa náutica no regime uniforme, nomeadamente, mesmo em relação ao transportador e não tão-só quanto aos executores materiais das operações marítimas, se, de acordo com a lei competente para reger a responsabilidade aquiliana, fosse de contemplar um regime de responsabilidade objectiva (cfr., apoiando-se na especialidade normativa da regulamentação do contrato de transporte, e invocando a previsibilidade merecedora de tutela ante a possibilidade de resultados divergentes derivados da opção por um ou outro dos regimes, embora acerca da prolação de um aresto relativo ao *Codice della Navigazione*, que, no entanto, nesta matéria segue uma opção normativa muito próxima da disciplina internacional, *ibidem,* p. 602 s.).

[708] Assim, A. VAZ SERRA, *Responsabilidade contratual e responsabilidade extracontratual, cit.,* p. 235 ss., sublinhando como poderá ser mister desaconselhar o recurso subsidiário ou alternativo às regras da responsabilidade extracontratual, pois que, se o admitíssemos, inutilizar-se-ia o efeito do diferente regime contratual, «de nada servindo, por exemplo, as disposições com que a lei suaviza a condição de certos devedores» — a solução aqui aconselhada ficaria, assim, entregue à racionalidade ínsita na divergência normativa do regime contratual; neste sentido, o exemplo oferecido, sobre o diferente

Alternativamente, nas Regras de Visby como nas de Hamburgo — *ex vi,* respectivamente, dos arts. 4.º-bis, n.º 1 e 2, e 7.º, n.º 1 —, que não se quedam em silêncio, como sucedera com as Regras de Haia, estende-se o regime da responsabilidade contratual às pretensões de causa delitual, quem quer que seja o demandado, posto que, como vimos, na versão inglesa do Protocolo de 1968 se exclua desta previsão os auxiliares externos ou independentes (daí que, como vimos, perante as Regras de Visby, ainda se venha defendendo a utilidade da inclusão da *Himalya clause*), referindo-se a versão francesa tão-só ao «*préposé*»[709].

Então, àquela consunção já apregoável no cenário da Convenção de Bruxelas, porque exigida pela sua finalidade normativa e pela consequente especialidade do seu regime, que acaba por afectar também os demais fundamentos possíveis do crédito em questão, equivalerá, segundo cremos, a opção adoptada pelas Regras de Visby e por aquelas de Hamburgo[710].

O art. 4.º-bis, introduzido pelo Protocolo de 1968, no encalço do qual viria a seguir o art. 7.º da Convenção de Hamburgo de 1978, acabaria por consagrar prescritivamente a orientação já preconizada na interpretação do regime anterior, ao estender o regime uniforme da responsa-

---

prazo de prescrição italiano para os direitos derivados do contrato de transporte, de um ano (art. 2951 do código civil) e não de cinco, como sucederia no regime da responsabilidade aquiliana (art. 2947.º do código civil) —; e lembra que «já se propôs que, quando a lei reduza a responsabilidade contratual, o acto só seja considerado antijurídico, mesmo no aspecto da responsabilidade extracontratual, se satisfizer aos requisitos legais daquela responsabilidade». E, no articulado proposto: «[o] disposto no parágrafo anterior [onde se preconizava a faculdade de opção ou cúmulo entre ambos os regimes] não tem lugar quando a responsabilidade contratual for atenuada pela lei, na medida dessa atenuação, ou quando do contrato se concluir terem querido as partes excluir a responsabilidade extracontratual, salvo se esta convenção for nula». Em sentido próximo, também, K. LARENZ, *op. cit.,* p. 652 s., acusando a razoabilidade desta orientação, *v.g.,* quando a lei exija *culpa lata* como requisito de responsabilidade contratual, ou quando, no regime contratual, a lei defina, precisamente, uma limitação da responsabilidade (*Haftungsbeschränkung*).

[709] Cfr. L. TULLIO, *Profilli attuali, cit.,* p. 27 s.. Para o texto destes artigos, cfr. *supra,* em nota.

[710] Cfr. M. LOPEZ DE GONZALO, *Il concorso, cit.,* p. 611 s., referindo, sobre os novos regimes, que «*viene escluso il concorso*», «*o meglio* [...] *viene* [a acção fundada em responsabilidade extracontratual] *sottoposta alla stessa disciplina dettata per l'azione contrattuale e quindi divene praticamente* inutile», e, assim, se «*impedisce che l'applicazione di normative nazionali* [...] *vanifichi l'operatività della Convenzione*» (cfr. *supra*).

bilidade a qualquer acção de indemnização, isto é, independentemente do fundamento, contratual ou delitual, da pretensão creditícia. E, adrede, se veio a estender, de igual sorte, na maneira sobredita, a disciplina prevista no diploma aos actos praticados por auxiliares, não importando para tal o título a que viesse ser exigido o ressarcimento. Do que resulta o propósito de não ver infirmado o regime normativo especial da responsabilidade no transporte de mercadorias por mar, no que tange aos danos relativos às mercadorias.

No que a este último ponto toca, convirá, ainda assim, não menosprezar uma disquisição sobre o modo como os dois diplomas conceberam, na sua exteriorização, o regime da responsabilidade dos auxiliares, numa consciencialização — também exteriormente progressiva — do problema proposto e pacticiamente resolvido pelas *Himalaya clauses*. E é assim que as Regras de Hamburgo superam a distinção entre o regime aplicável às pretensões que, em sede de responsabilidade, venham a ser dirigidas contra auxiliares, ora dependentes, ora independentes, do transportador[711].

Na verdade, e globalmente, vem-se assistindo a uma crescente tendência unificadora do regime ou dos regimes de responsabilidade, que se realiza em diferentes frentes. E, se numa trincheira se cura de alargar o arco temporal e o campo das correspondentes operações materiais (isto é, que nesse lapso se possam incluir) a submeter a uma disciplina uniforme, noutra, vai-se ensaiando acoroçoadamente a progressiva afinidade entre regimes votados aos diversos meios de transporte, a fim de facilitar a sua combinação e depurar um "sistema" mais e mais capaz de gerar segurança e previsibilidade, noutra ainda, vai-se afanosamente apertando a parentela entre os regimes nacionais e internacionais, noutra, enfim, e coerentemente, impede-se que andem desavindas as disciplinas que regem a responsabilidade de quantos intervêm contratual ou materialmente na realização dos fins mirados pelo transporte[712] [713].

---

[711] Cfr. *supra*, em nota.

[712] Nesse sentido, tenta-se também evitar uma espécie de claudicação dos diferentes regimes normativos, que acabaria sendo reciprocamente provocada, resultando, afinal, na frustração das respectivas finalidades normativas, ou pelo menos, de parte delas, o que seria bastante para privar os diferentes desenhos normativos da sua realização normativa acabada.

Já René RODIÈRE admoestava o «*morcellement*» da disciplina normativa reguladora do transporte marítimo. Entre nós, todavia, e diferentemente da orientação proposta nas

Regras de Hamburgo, cujo regime da responsabilidade do transportador *«en ce qui concerne les marchandises couvre la période pendant laquelle les marchandises sont sous sa garde au port de chargement, durant le transport et au port de déchargement»* (art. 4.°, n.° 1) — nisto, de resto, assente, *v.g.*, a lei francesa, aplicando-se o respectivo regime interno de responsabilidade às *«pertes ou dommages subis par la marchandis depuis de la prise en charge jusqu'à la livraison»* (art. 27.° da lei de 1966, conforme modificada pelas leis de 1979 e 1986, citadas *supra*), e idêntico sentido era partilhado pelo *codice della navigazione* de 1942, no seu art. 422.°, n.° 1 (*«dal momento in cui le riceve al momento in cui le riconsegna»*) —, *ex vi* do art. 6.° do DL n.° 352/86, aplicar-se-à à responsabilidade do transportador, no período que decorre entre a recepção das fazendas e o carregamento das mesmas, a disciplina de direito comum que regula o depósito. Idêntica opção, percebêmo-la, seja no n.° 2 do art. 18.° da Convenção de Varsóvia — «[*l*]*e transport aérien* [...] *comprend la période pendant laquelle les bagages ou marchandises se trouvent sous la garde du transporteur, que ce soit dans un aérodrome ou à bord d'un aéronef»* —, seja no n.° 4 do art. 18.°, após as modificações introduzidas pelo IV Protocolo de Montreal.

Assim também, por exemplo, no plano dos diferentes sujeitos que intervêm nas operações que gravitam na órbita do transporte, uma preocupação mais recente de aproximação normativa respeita à actividade e responsabilidade dos *terminal operators,* eles próprios personificadores de uma congregação de actividades díspares que se revelem úteis na coligação de diversas fases do processo de transporte, ou como aponta Sergio Maria CARBONE, *«l'operatore terminalista consente di far convergere nel porto, in virtù della* reductio ad unum *delle varie attività che in tal ambito interessano nave e merce, le diverse tipologie di trasporto consentendo massi,a riduzione di tempi e costi».*

Por um lado, cura-se de mais um elo na cadeia unificadora das várias fases por que passam as fazendas transportadas, estando estas *in transitu* ou *spectantes* — uniformização que se vem revelando progressiva, conquanto irreversível, no plano do regime de responsabilidade dos sujeitos intervenientes. Isto resulta, aliás, qual evidente propósito, no que respeita à limitação do ressarcimento, do art. 6.° da Convenção de Viena, de 17 de Abril de 1991, sobre a *«liability of operators of transport terminals in international trade»* (estes entendidos como *«a person who, in the course of his business, undertakes to take in charge goods involved in international carriage in order to perform or to procure the performance of trnasport-related services with respect to the goods in an area under his control or in respect of which he has a right of access or use»*; incluindo aquelas operações *«storage, wharehousing, loading, unloading, stowage, trimming, dunnaging and lashing»*), adoptada no âmbito da Uncitral: *«1.a)*[*t*]*he liability of the operator for loss resulting from loss of or dammage to goods* [...] *is limited to an amount not exceeding 8.33 units of account* [direitos de saque especiais] *per kilogramm of gross weight of the goods lost or dammaged»*; *«b)*[*h*]*owever, if the goods are handed over to the operator immediately after carriage by sea or by inland waterways, or if the goods are handed over, or are to be handed over, by him for such carriage, the liability* [...] *is limited to an amount not exceeding 2.75 units of account* [ibidem] *per kilogramm»*; *«2.*[*t*]*he liability of the operator for delay in handling over the goods [...] is limited to an amount equivalent to two and a half times the charges payable to the operator for his services in respect of of the goods delayed, but not exceeding the total of such charges in respect of the consignment of which the goods were a part»; «4.[t]he operator may agree to limits of liability exceeding those provided for [...]».*

Por outro lado, a figura dos operadores, *per se*, mostrando-se objecto de regimes díspares, nomeadamente em matéria de responsabilidade, sempre representaria um aguilhão para o desejo de certeza neste âmbito, mesmo atendendo a que se trata de uma figura que desenvolve um papel de charneira, decisivo na junção vertebrada e coesa dos diversos momentos de um transporte mais ou menos complexo, ou, como refere aquele Professor de Génova, uma diversidade frustrante *«rispetto all'obiettivo di fornire una disciplina giuridica certa delle merce trasportate sino al momento della consegna ai loro destinatari».*

Cfr. S. M. CARBONE, *Il ruolo e la normativa uniforme dell'operatore terminalista;* RDIPP, 1993, 265 ss.; *I limiti temporali e quantitativi della responsabilità dell'operatore terminalista nella recente normativa nazionale e nel diritto uniforme*, in Il limi risarcitorio, *cit.*, p. 103 ss.; *L'ambito* ratione materiæ *e temporis della disciplina relativa alla responsabilità dell'operatore terminalista*, in Studi in onore di Antonio Lefebvre D'Ovidio, *cit.*, p. 277 ss.; E. VINCENZINI, *Due esperinze professionali in tema di limitazione di responsabilità dell'armatore e del terminal operator, ibi,* p. 337 ss..

A propósito da responsabilidade do *multimodal transport operator* (MTO), à luz da Convenção das Nações Unidas sobre transporte multimodal de mercadorias, de 1980, e, em particular, ao abrigo das Regras UNCTAD/ICC sobre documentos de transporte multimodal, de 1991, M. RICCOMAGNO, *The liability of the MTO under the UNCTAD/ICC Rules as influenced by the international conventions on sea carriage,* DT, 1998, n.º 1, p. 69 ss., *maxime,* p. 70 a 72. O Autor, convocando as palavras de José Maria Alcantara, sublinha como as Regras UNCTAD/ICC se mostram fiéis a uma ideia de coerência unificadora, ao tomarem em consideração as convenções internacionais vigentes e as suas normas de aplicação necessária, o que, se já poderia ser uma esperada consequência da natureza das Regras, cuja aplicação se apresenta na disposição da vontade dos contraentes, não deixa de ser uma refracção do respeito por uma espécie de *«network liability system»* (*«network principle»*), ínsito na aproximação normativa dos vários corpos de regras que regulam os transportes ("em rede", portanto, ainda que consútil, isto é, resultando da junção de complexos normativos sucessivos, que, ora se compõem, ora se justapõem, dando ensejo a incongruências, o que não tolhe o crescente esforço de superação de tais disparidades normativas, sobretudo, precisamente, perante a necessidade de regular realidades e actividades que coimplicam diversos tipos ou meios de transporte); A. G. LANA, *I contratti di trasporto multimodale, cit.,* p. 339 ss..

Assim, segundo o n.º 1 do art. 5.º das sobreditas Regras, o MTO só não será responsável se provar que *«no fault or neglect of his own, his servant or agents [...] has caused or contributed to the loss, damage or delay in delivery»*; e o n.º 4 do art. 6.º determina que «[w]hen the loss of or damage to the goods occurred during one particular stage of the multimodal transport, in respect of which an applicable international convention or mandatory national law would have provided another limit of liability if a seperate contract of carriage had been made for that particular stage of transport, then the limit of the MTO's liability for such loss or damage shall be determined by reference to the provisions of such convention or mandatory national law».

Aliás, já neste sentido, Ac. Trib. Rel. Porto, de 23 de Outubro de 1984, CJ, 1984, IV, p. 232 ss., a propósito de um transporte sucessivo e misto. O aresto parece ter andado bem ao submeter o segmento marítimo à sua displina própria, isto é, à Convenção de Bruxelas, apesar de, à guisa de fendamentação desta tese, afirmar que «o direito vigente deverá ser interpretado com uma feição actualística de seu evidente sincretismo [sic]».

Cfr., ainda a propósito da rede de actividades conectadas com a aventura marítima e a respectiva disciplina, S. ZUNARELLI, *Contratti atipici, impresa di navigazione e impresa di trasporto*, in Dai tipi legali ai modelli sociali, *cit.*, p. 373 ss.. E também A. M. MEOTTI, *Il contratto di* ship-management, *ibi*, p. 183 ss., configurando a obrigação dos *ship managers* (sobre os gestores de navios, veja-se, entre nós, o regime prescrito pelo DL n.º 198/98 de 10 de Julho) como uma obrigação de meios, conquanto sujeita a uma bitola qualificada para apreciação da diligência dos mesmos («*best endeavours*»). Ainda J. RAMBERG, *Unification of the law of international freight forwarding*, RDU, 1998, n.º 1, p. 5 ss..

Sobre as unidades de conta e a garantia de certeza e adequação, *vide* D. RITA TRANQUILLI-LEALI, *Vantaggi ed eventuali correttivi dei limiti espressi in diritti speciali di prelievo*, *in* Il limite risarcitorio, *cit.*, p. 321 ss..

[713] Sobre como se vêm superando os "particularismos", ora da navegação marítima, ora daqueloutra aérea, e como se vem prosseguindo na aproximação normativa dos diversos meios de transporte, incluindo aquele terrestre, sob uma teia onde se distinguem princípios comuns, comunhão normativa esta cada vez mais evidenciada, ainda que suportada pelo também comum denominador que se encontrará na realidade físico-técnica do «transporte autárquico» (cfr. J. BONNECASE, *Le particularisme du droit commercial maritime*, Bordéus, 1921, p. 5 ss.; G. PESCATORE, *Oggetto e limiti del diritto della navigazione*, *in* Scritti giuridici in onore di Antonio Scialoja, I, Bolonha, 1952, p. 191 ss.; A. SCIALOJA, *Sistema del diritto della navigazione*, Roma, 1933, p. 7 ss.; *Corso di diritto della navigazione*, Roma, 1943, p. 28 ss., 51 ss.), *vide* G. ROMANELLI, *Diritto aereo, diritto della navigazione e diritto dei trasporti*, RTDPC, 1975, p. 1331 ss., *maxime*, p. 1341 ss..

APONTAMENTO FINAL

«*An ille plus præstat, qui inter peregrinos et cives aut urbanus verba pronuntiat, quam qui auid sit iustitia, quid pietas, quid patientia, quid fortitudo, quid mortis contemptus, quid deorum intellectus, quam gratuitum bonum sit bona conscientia?*»

    Séneca, *De tranquillitate animi*, III-4.

«*And therefore as a stranger give it welcome.
There are more things in heaven and earth , Horatio,
Than are dreamt of in your philosophy.* »

    William Shakespeare, *Hamlet, Prince of Denmark,in* The illustrated Stratford Shakespeare, Chancelor Press, 1993.

«*There is an enormous difference by the test of fairyland; which is the test of the imagination. You cannot* imagine *two and one not making three. But you can easily imagine trees not growing fruit; you can imagine them growing golden candlesticks or tigers hanging on by the tail.*
[...]Newton , who was hit by an apple, and who discovered a law. But they could not be got to see the true distinction between a true law, a law of reason, and the mere fact of apples falling [...] But we can well conceive the apple not falling on his nose; we can fancy it flying ardently through the air to hit some other nose, of which it had a more definite dislike. »

    Gilbert K. Chesterton, *Orthodoxy,* John Lane Company, 1908 (reimpr. São Francisco, Ignatius Press, 1995)

39. Tentámos nas linhas que antecedem tratar das venturas e desventuras do mar, de algo que, mesmo num tempo liberto de antigas cosmogonias e cosmologias, revela fortes influências de uma cultura jurídica diversa com ecos remotamente passados, algo um tanto híbrido, um tanto dogmaticamente anfíbio, um tanto multíssono, mais do que uníssono, como eventualmente se anelaria. E, assim, procurámos tratar do enquadramento jurídico internacional e transnacional das realidades marítimas e das relações que nelas foram vicejando; algo, porque direito uniforme e especial, um tanto estranho, quiçá, «*eppur' si muove*», e movendo-se foi capaz de conquistar uma inércia normativamente constitutiva que convém não ignorar e que, metodologico-sistematicamente, haverá que acarinhar e considerar.

Certo é, porém, que, não só se "verbalizou" e exteriorizou mais intensamente um desejo de uniformidade normativamente preceptiva, como novas soluções reguladoras foram sendo reclamadas, ora por desejo de repensar as respostas a antigos problemas, ora autonomamente e *ex novo*, em virtude de novíssimos modos de ser das relações marítimas e de transformações técnicas e físicas, que foram carecendo de enquadramento jurídico (pense-se no aparecimento do vapor, no recurso a fontes de energia e propulsão diversas, no aumento dos riscos representados pelas cargas transportadas, no surgimento do transporte por contentores, no âmbito de percursos mistos e na alargada gama de embarcações que foram sendo concebidas para novos apetrechamentos técnicos e para outras propostas de como pensar o transporte, isto é, o corredor que se abre entre carregador e destinatário, e já não, tão-somente, entre portos — realidades e características físicas e técnicas, capazes de reclamar, não só respostas e diferentes "ordenações" económico-comerciais e empresariais, mas, de igual sorte, reflexões jurídico-normativas, reveladoras de novos problemas ou de novos vultos de problemas já materialmente relevantes em antigas racionalidades normativas).

Por um lado, mesmo prosseguindo a uniformização de regras e práticas, a bem da segurança do tráfico jurídico, uma profícua e tantas vezes bem sucedida auto-regulação envidada corporativamente. A mais disso, o bem comum e a *pubblica utilitas*, e a intervenção formal dos Estados, ora promovendo a "equidade" nas relações jurídicas e limitando a autonomia das práticas contratuais, ora protegendo as indústrias nacionais no *mare hodie apertum*, ora velando pela segurança física e técnica das gentes e dos artefactos, para além, claro está, da organização administrativa que o transporte de fazendas requer. Mas, de igual sorte, vigiando por aquela segurança do táfico internacional mediante um esforço de uniformização normativa e de "sublimação" dos conflitos de leis, e travando assim o ensejo e a instabilidade normativa que adviriam da internacionalidade que é intrínseca nos empreendimentos marítimos e no transporte.

Mas, vemos, outrossim, que, tudo somado, poderá não andar a disciplina da responsabilidade do tansportador tão longe da disciplina da responsabilidade contratual, embora se apresente como resultado directo de uma particular tradição jurídica e, no plano dos critérios normativos, demonstre significantes que ensaiam uma composição, mais ou menos conseguida, de *ambiances* jurídicas diversas, encontrando nesta matéria a experiência substantivista de direito internacional privado um terreno fecundo.

É, aliás, de barato que podemos dar a conveniência metodológica de prosseguir a experiência unificadora, de há muito encetada, como dissemos, por criação espontânea, *secundum consuetudinem*, ou deliberada de uma *lex mercatorum*, e, subsequentemente, por empresa das próprias Nações, também à luz de exigências do bem comum.

Num plano dogmático, cremos que não andará mal quem adivinhar na disciplina internacional da responsabilidade do transportador (que, entre nós, no caso do transporte marítimo, é também aquela a que se submeterá o contrato de transporte interno) a presença da ideia de culpa, ainda que acompnhada por pulsões de tom objectivante, atendendo, desde logo, ás indicações sugeridas pelo regime probatório.

De quanto vimos expondo, resultará, também, que a disciplina internacional uniforme, antiga embora, se assoma, menos como oração complexa e acabada, sequer pretensamente, e mais como um sintagma escrito em torno do eixo constituído apenas por certos aspectos da responsabilidade do transportador, vestindo o "dominó" do conhecimento de carga. Sucede, porém, que a metáfora não é aqui esbanjada, e o ponto axial faz jus ao seu nome, porquanto, em jeito de metonímia potencial, a disciplina da responsabilidade encerra em si os princípios fundamentantes de uma disciplina normativa constituenda mais ampla. E assim, *in concretu* — isto é, à face do concreto caso problemático, que enuncie questões jurídicas não estritamente inseridas no tema da responsabilidade, mas com ela correlatas —, esse sintagma, actuando como eixo, acabará por exalar centrifugamente linhas de orientação normativa, capazes de influenciar a displina de outras matérias, além de certos estritos aspectos da responsabilidade, e de ajudar a terminar a frase-sentença normativamente constitutiva. De tal sorte que se acaba, pelo menos, tendencial ou parcialmente, por suprir o carácter rarefeito do nível normativo proposto prescritivamente pelas regras materiais de direito uniforme, consequência, já do *élan* próprio de um diploma de unificação juridicamente miscigenada, já dos *tempores* e dos *mores* de antanho, já do cenário comercial e das gentes que o povoam, e que, como soi acontecer, mesmo nas relações comerciais, lestamente, provêem a urdir a rede de regras, que, uma vez consabidas e, na quotidiana prática, reiteradas nos pactos privados, acautelem eficazmente a justiça, a boa-fé, a previsibilidade e a celeridade. Mas tais regras, costumeiras ou não, se revelam também o *panache* de quem as engendra ou observa, nem sempre derivam de uma intenção normativamente exauriente ou sistematicamente conformadora.

Cumpre, pois, frisar que dos comuns problemas e necessidades que recheiam os dias de quem navega e transporta mercadorias, e da confiança de quem depende da expedição marítima, se preocupa o ordenamento que, normativamente, responde com respostas inseridas num complexo normativo especial que se realiza num espaço normativo paralelo àquele interno, não só em virtude da opção metodológica seguida na regulamentação daquelas situações plurilocalizadas, nem apenas em razão da matéria especial, senão ainda da escolha normativa portuguesa traduzida na recepção do complexo de direito uniforme, com as implicações sistemático-constitutivas e interpretativas que uma tal escolha acarreta. Assim, e mesmo internamente, o complexo normativo-sistemático em que se dará a realização do direito será especial e "inter-nacional", apesar de comungar de certos princípios da responsabilidade contratual já consolidados.

Tentámos, apenas, até porque sem os desejos mais altos do insidioso agrilhoado, já não abraçar, mas tão-só tocar o mar e as suas questões e inquietações, para, em paráfrase ao poeta, "fazendo das suas lágrimas" também as nossas dores, nele também acabar por entrever mais uma alegoria do direito: na serenidade, a Justiça constante almejada por um homem sempre igual; na face procelosa de Neptuno, as vagas do tempo que revelam novas realidades receosas. E com este ensejo, tentámos, outrossim, levantar o véu sobre o gesto com que o Direito vem abraçando a aventura marítima, sabendo, ainda, como Eneias, que, em muitos casos, sempre bastará vigiar, enquanto deixamos que seja a Ninfa a abraçar a Nau em que vivamos, e, depois, ouvi-la, ou «só que a alma a pressinta», como se fora a lei natural que sempre inspira, suporta e abraça, até, enfim, dizer com Dante:

*«Cotal fu l'ondeggiar del santo rio
ch'uscì dal fonte ond'ogni ver deriva;
tal puose in pace [...]»*[714].

---

[714] *La Divina Commedia,* Milão, Arnoldo Mondadori Editore, 1991, *Par.*IV, 115-117.

BIBLIOGRAFIA

AA.VV., *Dai tipi legali ai modelli sociali nella contrattualistica della navigazione, dei trasporti e del turismo*, Milão, 1996.

AA.VV., *Derecho del comercio internacional*, sob a direcção de J. C. FÉRNANDEZ ROZAS Madrid, 1996

AA.VV., *Droit international et droit communautaire, Actes du colloque, Paris, 5 et 6 avril 1990*, Paris, 1991, Fundação Calouste Gulbenkian.

AA.VV., *Droit international privé—Travaux du comité français de droit international privé — Journée du cinquantennaire*, Paris, 1989.

AA.VV., *España y la codificación del Derecho internacional privado, Terceras jornadas de Derecho internacional privado*, Madrid, 1993

AA.VV., *Estudios Juridicos en Homenaje a Joaquin Garrigues*, II, Madrid, 1971.

AA.VV., *Études offertes à René Rodière*, Paris, 1981.

AA.VV., *Il cinquantenario del codice della navigazione*, sob a direcção de Leopoldo Tullio e Massimo Deiana, Cagliari, 1993.

AA.VV., *Il contratto di trasporto*, a cura di G.Silingardi, Milão, 1997.

AA.VV., *Il limite risarcitorio nell'ordinamento dei trasporti,* Milão, 1994.

AA.VV., *L'unficazione del dirito internazionale privato e processuale-Studi in memoria di Mario Giuliano*, Pádua, 1989.

AA.VV., *Les clauses d'exception en matière de conflits de lois et de conflits de juridiction — ou le principe de proximité*, dirigido por D.Kokkini-Iatridou, Dordrecht, Boston, Londres, 1994.

AA.VV., *Novas perspectivas do direito comercial*, Coimbra, 1988.

AA.VV., *Scritti giuridici in onore di Antonio Scialoja*, I, Bolonha, 1952.

AA.VV., *Studi in onore di Antonio Lefebvre D'Ovidio*, I, II, Milão, 1995.

AA.VV.,*Convenzione di Vienna sui contratti di vendita internazionale di beni mobili (Commentario coordinato da Cesare Massimo Bianca)*, Pádua, 1992.

ABBATE, Italo, *Riflessioni sulla natura, il contenuto e la ripartizione dell'onere della prova nel contratto di trasporto marittimo di cose,* RDN, 1971, I.

ABBOTT, Sir Charles, *Tratado sobre as leys relativas a navios mercantes, e marinheiros,* Liverpool, 1819, 4ªed..

AKEHURST, Michael, *Introdução ao direito internacional,* Coimbra, 1985.

ALARCÃO, Rui de, *Direito das obrigações,* Coimbra, 1983 (policop.).

ALMEIDA COSTA, Mário Júlio de, *Apontamentos de história do direito,* Coimbra, 1980.

ALMEIDA COSTA, Mário Júlio de, *Direito das obrigações,* Coimbra, 1994.

ALMEIDA COSTA, Mário Júlio de, MENDES, Evaristo, *Transporte marítimo. Conhecimento de carga,* Direito e Justiça, v.IX, t.I, 1995.

ANDRADE, Manuel Augusto Domingues de, *Ensaio sobre a teoria da interpretação das leis,* 4.ª ed., Coimbra, 1987.

NDRADE, Manuel Augusto Domingues de, *Sentido e valor da jurisprudência (Oração de Sapiência lida em 30 de Outubro de 1953),* Separata do v.XLVIII/1972 do BFDUC, Coimbra, 1973.

NDRADE, Manuel Augusto Domingues de, *Teoria Geral da Relação Jurídica,* Coimbra, 1966.

NDRADE, Manuel Augusto Domingues de, *Teoria geral das obrigações,* Coimbra, 1966.

ANTUNES VARELA, João de Matos, *Direito das obrigações,* I, Coimbra, 1989.

ANTUNES VARELA, João de Matos, *Direito das obrigações,* II, Coimbra, 1995.

ARENA, Andrea, *Polizza di carico,* Nv.Dig.it., XIII.

ARENA, *Sull'astrattezza dei titoli rappresentativi di trasporto,* RDN, 1943-48.

ARISTÓTELES, *Ética a Nicómaco* (ARISTÓTELES, *Etica Nicomachea,* v.I, trad. Marcello Zanata, Milão, 1998, p.83 ss., 321 ss., *maxime,* p.335 ss.; *Obra Jurídica,* trad. Fernando Couto, Lisboa, s/d, p.57 ss.).

ARROYO MONTERO, R., *Respnsabilidad del naviero, in* Derecho del comercio internacional, sob a direcção de J. C. FÉRNANDEZ ROZAS Madrid, 1996

ASCARELLI, Tullio, *L'astrattezza nei titoli di credito,* RDC, 1932, I.

ASCARELLI, Tullio, *La letteralità nei titoli di credito,* RDC, 1932, I.

ASQUINI, Alberto, *Trasporto di cose (contratto di),* Nss.Dig.It., XIX.

ASSER, T. M. C., *Droit international privé et droit uniforme,* RDILC, v.XII, 1880.

AZEREDO PERDIGÃO, José, *O princípio da autonomia da vontade e as cláusulas limitativas da responsabilidade civil,* ROA, a.VI, 1946, n.º 3 e 4.

AZEVEDO MATOS, *Princípios de direito marítimo,* I, II, Lisboa, 1956.

AZEVEDO SOARES, Albino de, *Lições de direito internacional público,* Coimbra, 1988.

BACHOF, Otto, *Normas constitucionais inconstitucionais?,* Coimbra, 1977, trad. de José Manuel M. Cardoso da Costa.

BALLARINO, Tito, *Diritto internazionale privato,* Pádua, 1996.
BALLARINO, Tito, *Intorno alla legge regolatrice del privilegio del vettore marittimo sulle cose caricate,* RDIPP, 1966.
BALLARINO, Tito, *La limitazione del debito de vettore marittimo e aereo,* Il cinquantenario del codice della navigazione, sob a direcção de Leopoldo Tullio e Massimo Deiana, Cagliari, 1993.
BALLARINO, Tito, *Norme di applicazione necessaria e forma degli atti,* RDIPP, 1967.
BALLARINO-BUSTI, *Diritto aeronautico e spaziale,* Milão, 1988.
BALLWEG, O., *La rationalité prudentielle,* APD, t.XXIII, 1978.
BAPTISTA MACHADO, João, *Âmbito de eficácia e âmbito de competência das leis,* Coimbra, 1970.
BAPTISTA MACHADO, João, *Antropologia, existencialismo e Direito,* RDES, a.XII, 1965.
BAPTISTA MACHADO, João, *Introdução ao direito e ao discurso legitimador,* Coimbra, 1989.
BAPTISTA MACHADO, João, *Lições de direito internacional privado,* Coimbra, 1990.
BAPTISTA MACHADO, João, *Nota preambular, in* Hans Kelsen, *Justiça e Direito Natural,* Coimbra, 1979.
BAPTISTA MACHADO, João, *Risco contratual e mora do credor (risco da perda do valor-utilidade do rendimento da prestação e de desperdício da capacidade de prestar vinculada),* BFDUC, Estudos em Homenagem ao Prof. Doutor Ferrer-Correia, v.II.
BARATTA, Roberto, *Il collegamento più stretto nel diritto internazionale privato dei contratti,* Milão, 1991.
BARIATTI, Stefania, *L'interpretazione delle convenzioni internazionali di diritto uniforme,* Pádua, 1986.
BASDEVANT, Jules, *Le rôle du juge national dans l'interprétation des traités diplomatiques,* RCDIP, 1949.
BASEDOW, Jürgen, *Art.6°/CMR, in* Münchener Kommentar, Handelsgesetzbuch, B.7, Transportrecht §§407-457, Munique, 1997.
BASNAYAKE, Sinha, *Introduction: origins of the 1978 Hamburg Rules,* AJCL, 1979.
BATIFFOL, Henri, *Sur la signification de la loi designée par les contractants, in* Studi di diritto internazionale in onore di Tomaso Perassi, I, Milão, 1957 (também *in* Choix d'articles rassemblés par ses amis, Paris, 1976).
BATIFFOL, Henri, Choix d'articles rassemblés par ses amis, Paris, 1976.

BATIFFOL, Henri, *Filosofia do direito*, Lisboa, 1981.
BATIFFOL, Henri, *L'affirmation de la loi d'autonomie dans la jurisprudence française, in* Choix d'articles rassemblés par ses amis, Paris, 1976.
BATIFFOL, Henri, LAGARDE, Paul, *Droit international privé*, I, II, Paris, 1983.
BATIFFOL, Henri, *Le pluralisme des méthodes en droit international privé*, Recueil des Cours, 1973, II.
BATIFFOL, Henri, *Nota a "Cour de Cassation(Ch.civ.,Sect.civ.) — 21 juin 1950 (État français c. Comité de la Bourse d'Amsterdam et Mouren)"*, RCDIP, 1950, n°1.
BATIFFOL, Henri, *Observations des membres de la Vingt-troisième Commission sur l'exposé préliminaire et le questionnaire*, AIDI, vol.59 (1979), I.
BATIFFOL, Henri, *Subjectivisme et objectivisme dans le droit international privé des transports, in* Mélanges offerts à Jacques Maury, I, Paris, 1960.
BENTIVOGLIO, Ludovico Matteo, *Interpretazione delle norme internazionali*, Enc.dir., XXII.
BENTO SOARES, Maria Ângela, MOURA RAMOS, Rui Manuel, *Contratos internacionais*, Coimbra, 1986.
BERLINGIERI, Francesco *The basis of liability*, DM, 1983.
BERLINGIERI, Francesco, *Coexistance entre la Convention de Bruxelles et la Convention de Hambourg*, DM, 1993.
BERLINGIERI, Francesco, *Compulsory character of the rules on liability*, DM, 1983.
BERLINGIERI, Francesco, *Il contratto di noleggio a viaggio nei formulari, in* Dai tipi legali ai modelli sociali nella contrattualistica della navigazione, dei trasporti e del turismo, Milão, 1996.
BERLINGIERI, Francesco, *La legge regolatrice dei contratti di noleggio di trasporto marittimo nella Convenzione del 19 giugno 1980 sulla legge applicabile alle obbligazioni contrattuali*, RDIPP, 1982.
BERLINGIERI, Francesco, *Note sulla «Paramount Clause»*, DM, 1987.
BERLINGIERI, Francesco, *Responsabilità dell'armatore e relativa limitazione, in* Il cinquantenario del codice della navigazione, Cagliari, 1993.
BERLINGIERI, Francesco, *Territorial scope*, DM, 1983.
BERLINGIERI, Giorgio, *Time charter*, Mortara, Vigevano, 1914
BIGOTTE CHORÃO, Mário, *Introdução ao Direito*, Coimbra, 1989.
BIRCH REYNARDSON, W. R. A., *Period of responsability*, DM, 1983.
BLUTEAU, Pe.D.Raphael, *Vocabulário Português e Latino*, Lisboa, DCCXII, v.II.
BOELE-WOELKI, Katharina, *Principles and private international law — The UNIDROIT Principles of international commercial contracts and the Prin-*

ciples of european contract law: how to apply them to international contracts, RDU, 1996, n.° 4.

BOGGIANO, Antonio, *International standard contracts,* Recueil des Cours, 1981, I.

BOI, Giorgia M., *Applicazione del limite del debito del vettore ai containers,* DM, 1986.

BOI, Giorgia M., *Gli impedimenti all'esecuzione del contratto di trasporto marittimo,* Milão, 1990.

BOI, Giorgia M., *I formulari di contratto di noleggio a tempo, in* Dai tipi legali ai modelli sociali nella contrattualistica della navigazione , dei trasporti e del turismo, Milão, 1996.

BONASSIES, Pierre, *Le domaine d'application des Règles de Hambourg,* DM, 1993.

BONELL, Michael Joachim, *Il diritto applicabile alle obbligazioni contrattuali: recenti tendenze nella dottrina e giurisprudenza italiene (anche con riguardo alla nuova Convenzione C.E.E. in materia),* RDC, 1980, I.

BONELL, Michael Joachim, *Unificazione del diritto e politica di riforma: due momenti non necessariamente coincidenti,* RDC, 1980, I.

BONELL, Michael Joachim, *in* Convenzione di Vienna sui contratti di vendita internazionale di beni mobili (Commentario coordinato da Cesare Massimo Bianca), Pádua, 1992, Comentário ao art. 7.°.

BONELL, Michael Joachim, *La moderna* lex mercatoria *tra mito e realtà,* DCI, 1992, Jun.-Dez..

BONELL, Michael Joachim, *La revisione del diritto uniforme della vendita internazionale,* Giurisprudenza çommerciale, 1980, I.

BONELL, Michael Joachim, *Le regole oggettive del commercio internazionale,* Milão, 1976.

BONELL, Michael Joachim, *The UNIDROIT Principles of international commercial contracts and CISG — Alternatives or complementary instruments,* RDU, 1996, I .

BONELLI, Franco, *Il limite del debito del vettore per danni alle merci,* DM, 1986.

BONELLI, Franco, *La limitazione della responsabilità armatoriale,* DM, 1983.

BONNECASE, Julien, *Le particularisme du droit commercial maritime,* Bordéus, 1921.

BORGIA, Alessandra, *Gli Incoterms della Camera di commercio internazionale nella nuova edizione 1990,* RDIPP, 1991.

BOTELHO MONIZ, Carlos, *Direito económico da CEE — Reflexão sobre os objectivos, instrumentos e princípios da acção comunitária: Primeira Parte,* Assuntos económicos, 1982, n.° 1.

BOTELHO MONIZ, Carlos, *Direito económico da CEE — Reflexão sobre os objectivos, instrumentos e princípios da acção comunitária: Segunda Parte*, Assuntos económicos, 1983, n.º 2.

BRÆKHUS, Sjur, *Choice of laws problems in international shipping*, Recueil des Cours, 1979, III.

BRAGA DA CRUZ, Guilherme, *O direito subsidiário na história do direito português*, Coimbra, 1975,

BRIERLY, J. L., *Direito Internacional*, Lisboa, 1979.

BRITO, Maria Helena, *A representação sem poderes*, Revista jurídica, n.º 9/10, 1987.

BRITO, Maria Helena, *O contrato de agência, in* Novas perspectivas do direito comercial, Coimbra, 1988.

BRITO, Maria Helena, *O contrato de concessão comercial*, Coimbra, 1990.

BROGGINI, Gerardo, *Conflitto di leggi, armonizzazione e unificazione nel diritto europeo delle obbligazioni e delle imprese*, RDIPP, 1995.

BRONZE, Fernando José, *«Continentalização» do direito inglês ou «insularização» do direito continaental?(proposta para uma comparação macro-comparativa do problema*, Coimbra, 1982.

BRONZE, Fernando José, *A metodonomologia entre a semelhança e a diferença (reflexão problematizante dos pólos da radical matriz analógica do discurso jurídico)*, Coimbra, 1994

BRONZE, Fernando José, *Apontamentos sumários de introdução ao direito*, Coimbra, 1996 (policop.).

BRONZE, Fernando José, *Breves considerações sobre o estado actual da questão metodonomológica*, BFDUC, v. LXIX, 1993.

BRUNETTI, Antonio, *Diritto marittimo privato italiano*, Turim, 1935.

CABRAL DE MONCADA, António, *Curso de direito internacional público*, Coimbra, 1996.

CABRAL DE MONCADA, Luís, *Filosofia do Direito e do Estado*, Coimbra, 1955, I, II.

CALVÃO DA SILVA, J., *Crédito documentário e conhecimento de embarque*, CJ, 1994, I.

CANNATA, Carlo Augusto, *Ricerche sulla responsabilità contrattuale nel diritto romano*, Milão, 1966.

CANDIAN, Aurelio, *Caso fortuito e forza maggiore (diritto civile)*, Nv.Dig.it., II.

CARBONE, Segio Maria, *Conflitti di leggi e diritto marittimo nell'ordinamento italiano: alcune proposte*, RDIPP, 1983.

CARBONE, Segio Maria, *Navigazione (diritto internazionale privato)*, Enc.dir., XXVII.

CARBONE, Segio Maria, *Norme di diritto internazionale privato e codice della navigazione,* DM, 1992.

CARBONE, Segio Maria, *Per una modifica delle disposizioni preliminari del codice della navigazione,* RDIPP, 1997.

CARBONE, Segio Maria, *Problemi relativi alla legge regolatrice del trasporto marittimo nella giurisprudenza italiana (1949-1965),* RDIPP, 1966.

CARBONE, Sergio Maria, *Autonomia privata e modelli contrattuali del commercio marittimo internazionale nei recenti sviluppi del diritto internazionale privato: un ritorno all'antico, in* Dai tipi legali ai modelli sociali nella contrattualistica della navigazione, dei trasporti e del turismo, Milão, 1996 (e também, DM, 1995).

CARBONE, Sergio Maria, BARIATTI, Stefania, *The last decade interpretation of international maritime conventions by italian case law,* RDIPP, 1990.

CARBONE, Sergio Maria, *Contratto di trasporto marittimo di cose, in* Trattato di diritto civile e commerciale, dirigido por Antonio CICU, Francesco MESSINEO e Luigi MENGONI, Milão, 1988.

CARBONE, Sergio Maria, *Falsi dogmi della tradizione e trasporto marittimo internazionale,* RDIPP, 1975.

CARBONE, Sergio Maria, *I limiti temporali e quantitativi della responsabilità dell'operatore terminalista nella recente normativa nazionale e nel diritto uniforme, in* Il limi risarcitorio, *cit.*.

CARBONE, Sergio Maria, *Il «contratto senza legge» e la Convenzione di Roma del 1980,* RDIPP, 1983.

CARBONE, Sergio Maria, *Il ruolo e la normativa uniforme dell'operatore terminalista;* RDIPP, 1993.

CARBONE, Sergio Maria, *International carriage by sea: towards a new allocation of risks between carriers and shippers?,* RDIPP, 1977.

CARBONE, Sergio Maria, *L'ambito di applicazione della normativa uniforme della nuova disciplina del trasporto marittimo internazionale del Protocollo di Visby, in* L'unificazione, *cit.*.

CARBONE, Sergio Maria, *L'ambito di applicazione ed i criteri interpretativi della Convenzione di Vienna sulla vendita internazionale,* RDIPP, 1980.

CARBONE, Sergio Maria, *L'ambito* ratione materiæ *e temporis della disciplina relativa alla responsabilità dell'operatore terminalista, in* Studi in onore di Antonio Lefebvre D'Ovidio, *cit.*.

CARBONE, Sergio Maria, *L'operatività nell'ordinamento italiano dei Protocolli di Visby e Bruxelles sulla polizza di carico,* RDIPP, 1986.

CARBONE, Sergio Maria, *La disciplina del traffico marittimo tra diritto internazionale e diritto interno,* RDIPP, 1986.
CARBONE, Sergio Maria, *La nuova disciplina comunitaria relativa all'esercizio della giurisdizione e il trasporto marittimo,* RDIPP, 1988.
CARBONE, Sergio Maria, *La réglementation du transport et du trafic maritimes dans le développement de la pratique internationale,* Récueil des Cours, 1980, I.
CARBONE, Sergio Maria, *Le regole di responsabilità del vettore marittimo,* Milão, 1984.
CARBONE, Sergio Maria, *Lezioni, casi e modelli contrattuali di diritto marittimo,* Turim, 1997.
CARBONE, Sergio Maria, LUZZATTO, Riccardo, *Contratti internazionali, autonomia privata e diritto materiale uniforme,* DCI, 1993.
CARBONE, Sergio Maria, LUZZATTO, Riccardo, *Il contratto internazionale,* Turim, 1994.
CARBONE, Sergio Maria, MARESCA, Maurizio, *Trasporto (diritto internazionale privato),* Enc.dir., XLIV.
CARBONE, Sergio Maria, MUNARI, Francesco, *La nuova disciplina communitaria dei traffici marittimi,* RDIPP, 1989.
CARNEIRO DA FRADA DE SOUSA, António, *"A autonomia privada e a Convenção de Viena de 1980 sobre a contrato de compra e venda internacional",* no prelo.
CARNEIRO DA FRADA, Manuel António, *A responsabilidade objectiva por facto de outrem face à distinção entre responsabilidade obrigacional e aquiliana,* Direito e Justiça, v.XII, 1998, t.I.
CARNEIRO DA FRADA, Manuel António, *Contrato e deveres de protecção,* BFDUC, Supl., v.XXXVIII, 1993.
CARRELLI, Edoardo, *Responsabilità ex recepto del nauta e legittimazione ad agire di danno,* RDN, v. IV, parte I (1938-XVI-XVII).
CARVALHO, Orlando de, *Alguns aspectos da negociação do estabelecimento comercial,* Revista de Legislação e Jurisprudência, Ano CXV, 1982-1983.
CARVALHO, Orlando Pereira de, *Alguns aspectos da negociação do estabelecimento comercial,* Revista de Legislação e Jurisprudência, Ano CXV, 1982-1983.
CARVALHO, Orlando Pereira de, *Introdução à posse,* RLJ, n°3780 ss..
CARVER, *Carriage by sea,* Londres, 1982.
CASSESE, Antonio, *Contratto di trasporto marittimo e volontà delle parti contraenti,* RDN, 1961, II.

CASSESSE, Antonio, *In tema di legge del contratto di trasporto marittimo,* RDI, 1963.
CASSESSE, Antonio, *Limitazioni contrattuali della responsabilità e ordine pubblico,* RDI, 1963.
CASTANHEIRA NEVES, António, *Método jurídico,* Enc. "Polis", v.IV.
CASTANHEIRA NEVES, António, *O princípio da legalidade criminal,* Separata do número especial do BFDUC de 1984, Estudos em Homenajem ao Prof.Doutor Eduardo Correia, Coimbra, 1988.
CASTANHEIRA NEVES, António, *A metodologia jurídica,* Coimbra, 1993.
CASTANHEIRA NEVES, António, *A unidade do sistema jurídico: o seu problema e o seu sentido,* Separata do número especial do BFDUC/1979, Estudos em homenagem ao Prof.Doutor José Joaquim Teixeira Ribeiro.
CASTANHEIRA NEVES, António, *Apontamentos de metodologia jurídica,* Coimbra, 1988-1989 (policop.).
CASTANHEIRA NEVES, António, *Curso de introdução ao estudo do direito,* Coimbra, 1971-1972 (policop.).
CASTANHEIRA NEVES, António, *Fontes do direito,* Separata do número especial do BFDUC/1983, Estudos em homenagem aos Professores Manuel Paulo Merêa e Guilherme Braga da Cruz.
CASTANHEIRA NEVES, António, *Justiça e Direito,* Coimbra, 1976, Separata do v. LI do BFDUC.
CASTANHEIRA NEVES, António, *O actual problema metodológico da interpretação jurídica,* RLJ, A.12.°, N.° 3772 ss..
CASTANHEIRA NEVES, António, *O papel do jurista no nosso tempo,* Coimbra, 1968.
CASTANHEIRA NEVES, António, *Um curso sobre metodologia jurídica,* Rio de Janeiro, s/d, mas c.1991.
CASTANHEIRA NEVES, *Questão-de-facto — questão-de-direito ou o problema metodológico da juridicidade,* Coimbra, 1967.
CELLE, PIERANGELO, *La* Paramount clause *nell'evoluzione della normativa internazionale in tema di polizza di carico,* DM, 1988.
CHAUVEAU, Paul, *Des conventions portant Loi Uniforme,* Clunet, 1956, n.° 1.
CHAUVEAU, Paul, *Le droi maritime en révolution, in* Estudios Juridicos en Homenaje a Joaquin Garrigues, II, Madrid, 1971.
CLERICI, Roberta, *Sull'entrata in vigore delle nuove regole uniformi relative alla polizza di carico,* RDIPP, 1986.
COLLINS, David Michael, *Admiralty — international uniformity and the carriage of goods by sea,*TLR, 1986.

COMENALE PINTO, Michele, *In tema di agevole esplicazione della dichiarazione di valore*, in Il limite risarcitorio nell'ordinamento dei trasporti, Milão, 1994.

COMENALE PINTO, Michele, *Brevi considerazioni sul limite del debito del vettore marittimo e sulla sua legittimità costituzionale*, DT, 1988, t.II.

COMENALE PINTO, Michele, *L'azione del vettore verso il destinatario per i crediti derivanti dal trasporto*, Giustizia Civile, XXXVI, 1986.

COMENALE PINTO, Michele, *Trasporto aereo e consegna della merce a persona diversa dal destinatario*, DT, 1992.

COMENALE PINTO, Michele, *Trasporto marittimo per viaggi consecutivi su servizi di linea*, Rivista dell'arbitrato, 1996, n.° 1.

CONFORTI, Benedetto, *Obblighi di mezzi ed obblighi di risultato nelle convenzioni di diritto uniforme*, RDIPP, 1988.

CORREIA, Eduardo, *Direito criminal*, Coimbra, 1971.

COTTA, Sergio, *Absolutisaton du droit subjectif et disparition de la responsabilité*, Arch. Ph. D., n.° 22, 1977, *La Responsabilité*.

COTTINO, Gastone, *Caso fortuito e forza maggiore (diritto civile)*, Enc. dir., IV.

COTTINO, Gastone, *L'impossibilità sopravenuta della prestazione e la responsabilità del debitore*, Milão, 1955.

COUTINHO DE ABREU, Jorge Manuel, *Da empresarialidade — as empresas no direito*, Coimbra, 1996, Almedina.

COUTINHO DE ABREU, Jorge Manuel, *Da empresarialidade — as empresas no direito*, Coimbra, 1996.

CRUZ, Pe.Sebastião, *Direito romano (Ius romanum)*, Coimbra, 1984.

CRUZ, Pe.Sebastião, *Ius. Derectum (directum)*, Coimbra, 1986.

CUNHA GONÇALVES, Luís da, *Comentário ao código comercial português*, III, Lisboa, 1918.

D'AGOSTINO, Francesco, *Dalla bioetica alla biogiuridica*, Persona y Derecho, v. XXIV, 1991.

D'AGOSTINO, Francesco, *Elementos para una filosofia de la familia*, Madrid, 1991.

D'AGOSTINO, Francesco, *Filosofia del diritto*, Turim, 1993.

D'AGOSTINO, Francesco, *Il diritto naturale nella dottrina sociale della Chiesa*, Rivista di teologia morale, v. XCIII, 1992.

D'ALESSIO, Wanda, *Oltre la «specialità» nel diritto della navigazione*,Studi in onore di Antonio Lefebvre D'Ovidio in occasione dei cinquant'anni del diritto della navigazione, Milão, 1996.

DANI, Alfredo,*Persone che possono beneficiare del limite del debito*, DM, 1986.

DANJON, Daniel, *Traité de droit maritime*, Paris, 1926.
DAUVILLIER, J., *Le contrat d'affrètement dans le Droit de l'Antiquité*, in Mélanges offerts à Jacques Maury, I, Paris, 1960
DAVID, René, *The international unification of private law*, in International Encyclopedia of Comparative Law, II, cap. 5.
DAVID, René, *The methods of unification*, AJCL, v. 16, 1968-69.
DE BOER, Th.M., *The EEC contracts convention and the dutch Courts — A methodological approach*, Rabels, 1990, n.° 1.
DE FONZO, Francesco, Rivista di politica economica, 1962, n.° 1.
DE MARTINO, Francesco, *Note di diritto marittimo — Lex Rhodia, II*, RDN, 1938, I.
DE MARTINO, Francesco, *Note di diritto marittimo — Lex Rhodia, III*, RDN, 1938, I.
DE NOVA, Rodolfo, *Historical and comparative introduction to conflict of laws*, Recueil des Cours, 1966, II.
DE NOVA, Rodolfo, *I conflitti di leggi e le norme con apposita delimitazione della sfera di efficacia*, DI, 1959.
DE NOVA, Rodolfo, *I conflitti di leggi e le norme sostanziali funzionalmente limitate*, RDIPP, 1967.
DE NOVA, Rodolfo, *Obbligazioni (diritto internazionale privato)*, Enc. dir., XXIX.
DE NOVA, Rodolfo, *Quando un contratto è «internazionale»?*, RDIPP, 1978.
DE NOVA, Rodolfo, *Observations des membres de la Vingt-troisième Commission sur l'exposé préliminaire et le questionnaire*, AIDI, vol. 59 (1979), I.
DE ROBERTIS, Francesco M., *Ancora sul* receptum nautarum *(actio de recepto e actio locati)*, RDN, 1958, I.
DELAUME, G.-R., *Nota a "Cour de Cassation (Ch.civ.) — 21 février 1950 (Cie Messageries maritimes c. Cie d'Assurances générales et autres)"*, RCDIP, 1950, n.° 1.
DICEY-MORRIS, *The conflict of laws*, Londres, 1993.
DIENA, Giulio, *Principes du droit international privé maritime*, Recueil des Cours, 1935-I.
DOMINEDÒ, Francesco, *Sul concetto di impresa di navigazione*, Scritti giuridici in onore di Antonio Scialoja, cit..
DONALDSON, John, *Servants and agents*, DM, 1983.
DONALDSON, John, *Standard of reasonableness*, DM, 1983.
DONALDSON, John, *System of liability*, DM, 1983.
DRAETTA, Ugo, *La* Battle of forms *nella prassi del commercio internazionale*, RDIPP, 1986.

Du Pontavice, Emmanuel, Cordier, Patricia, *Transport et affrètement maritimes*, Paris, 1990.
Dutoit, Bernard, *Commentaire de la loi fédérale du 18 décembre 1987*, Bâle, Francfort-sur-le-Main, 1997.
Eek, Hilding, *Peremptory norms and private international law*, Recueil des Cours, 1973, II.
Ehrenzweig, Albert, *La «lex fori» nel diritto internazionale privato marittimo*, DI, 1968.
Ehrenzweig, Albert, *Private international law*, Leyden, Nova Iorque, 1967.
Engisch, Karl, *Introdução ao pensamento jurídico*, Lisboa, 1988.
Esser, Josef, *Principio y norma en la elaboracion jurisprudencial del derecho privado*, trad. de Eduardo Valentí Fiol, Barcelona, 1961.
Falcão, Lucas Fernandes, Do direito internacional privado, Coimbra, 1868.
Faria Costa, José Francisco de, *O direito, a fragmentaridade e o nosso tempo*, Porto, 1993.
Farias da Silva, Justino Adriano, *Contrato de transporte de coisas*, Rio de Janeiro, 1986.
Férnandez Rozas, José Carlos, *Derecho del comercio internacional*, Madrid, 1996.
Ferrari-Bravo, Luigi, *Lezioni di diritto delle Comunità Europee*, Turim, 1.ª ed..
Ferreira de Almeida, Carlos, *Introdução ao direito comparado*, Coimbra, 1994.
Ferrer Correia, António de Arruda, *Algumas considerações acerca da Convenção de Roma de 19 de Junho de 1980 sobre a lei aplicável às obrigações contratuais*, RLJ, a.CXXII, n.º 3787-3789.
Ferrer Correia, António de Arruda, *Considerações sobre o Método de Direito Internacional Privado, in* Estudos vários de direito, Coimbra, 1982.
Ferrer Correia, António de Arruda, *Contrato de locação de estabelecimento, contrato de arrendamento de prédio rústico para fins comerciais, contrato inominado — parecer*, Revista da Ordem dos Advogados, Ano XLVII, 1987.
Ferrer Correia, António de Arruda, *Direito internacional privado — Alguns problemas*, Coimbra, 1989.
Ferrer Correia, António de Arruda, *Les problèmes de codification en droit international privé*, Recueil des Cours, 1975, II.
Ferrer Correia, António de Arruda, *Lições de Direito Comercial*, Coimbra, 1973.
Ferrer Correia, António de Arruda, *Lições de direito internacional privado*, Coimbra, 1973.

FERRER CORREIA, António de Arruda, *Novos rumos para o DIP?*, RDE, a.IV, 1978, N.º 1.

FERRER CORREIA, António de Arruda, *O método conflitual em direito internacional privado e as soluções alternativas*, Revista de direito comparado luso-brasileiro, a.I, 1982, n.º 1.

FERRER CORREIA, António de Arruda, *O princípio da autonomia do direito internacional privado no sistema jurídico português*, RDE, a.XII, 1986.

FERRER CORREIA, António de Arruda, *Sobre a projectada reforma da legislação comercial portuguesa*, Revista da Ordem dos Advogados, Ano XLIV, 1984.

FERRI, Giuseppe B., *Causa e tipo nella teoria del negozio giuridico*, Milão, 1966.

FERRI, Giuseppe, *I titoli di credito*, Trattato di diritto civile italiano, dir. Filippo Vassali, Turim, 1950.

FERRI, Giuseppe, *La legitimazione all'esercizio del diritto cartolare*, Banca, borsa e titoli di credito, 1935, I.

FITZGERALD, Gerald F., *The four Montreal Protocols to amend the Warsaw Convention regime governing international carriage by air*, JALC, 1976.

FONTAINE, Marcel, *La notion de contrat économique international, in* Le contrat économique international — Stabilité et évolution, Bruxelas, Paris, 1975.

FRANCESKAKIS, Phocion, *Lois d'application immédiate et règles de conflit*, RDIPP, 1967.

FRANCESKAKIS, Phocion, *Quelques précisions sur les «lois d'application immédiate» et leurs rapports avec les règles de conflits de lois*, RCDIP, 1966.

FREZZA, P. *"Recetum"*, Nss. Dig. It., v.XIV.

GALVÃO TELLES, *Eficácia dos tratados na ordem jurídica portuguesa (condições, termos e limites)*, Ciência e técnica fiscal, v.LXIII, 1965.

GARCIA DE HARO, R., *La noción teologica de Ley Natural, in* En el VII Centenario de Santo Tomás de Aquino, dir. por Juan J. Rodriguez Rosado e Pedro Rodriguez Garcia, Pamplona, 1975, n.º IV.

GARCIA DE HARO, R., *Para la recuperación de la noción teologica de Ley, in* Estudos juridicos en Homenaje al Professor Federico de Castro, Madrid, 1976.

GAROFALO, Luciano, *Volontà delle parti e norme impaerative nella Convenzione di Roma sulla legge applicabile ai contratti e nel nuovo sistema italiano di diritto internazionale privato*, RDIPP, 1996.

GIARDINA, Andrea, *Unificazione internazionale e codificazione nazionale delle regole di conflito in tema di navigazione, in* L'unficazione del dirito internazionale privato e processuale-Studi in memoria di Mario Giuliano, Pádua, 1989.

GILES, O.C., *Uniform commercial law,* Leyden, 1970.

GILMORE, Grant, BLACK, Jr., Charles L., *The Law of the Admiralty,*Mineola, Nova Iorque, 1975.

GILSON, Etienne, *El Tomismo — Introducción a la Filosofia de Santo Tomás de Aquino,* trad. Fernando Múgica Martinena, Pamplona, 2002

GIULIANO, Mario, *La loi d'autonomie: le principe et sa justification théorique,* RDIPP, 1979.

GIULIANO, Mario, *La nazionalità della nave come criterio di collegamento nel diritto internazionale privato italiano,* RDIPP, 1965.

GIULIANO, Mario, LAGARDE, Paul, *Relatório introdutório à Convenção sobre à lei aplicável às obrigações contratuais, de 19 de Junho de 1980,* JOCE, C.327 de 11 de Dezembro de 1992.

GIULIANO, Mario, *Quelques proclèmes enmatière de conflits de lois et de juridictions dans la vente commerciale internationale,* RDIPP, 1967.

GLENN, Patrick, *Harmonization of law, foreign law and private international law,* European Review of private law, 1993.

GOLDHIRSCH, L.B., *The Warsaw Convention annotated: a legal handbook,* Dordrecht, Boston, Londres, 1988.

GOLDMAN, Berthold, *Frontières du droit et "lex mercatoria",* Archives de philosophie du droit, n.° 9.

GOLDMAN, Berthold, *Les conflits de lois dans l'arbitrage internationale,* Recueil des Cours, 1963, II.

GOLDMAN, Berthold, *Régles de conflit, règles d'application immédiate et règles materielles dans l'arbitrage international,* Travaux du comité français de droit international privé, 1966-1969.

GOMES, Júlio, *Responsabilidade subjectiva e responsabilidade objectiva,* RDE, a.XIII, 1987.

GONÇALVES PEREIRA, André, QUADROS, Fausto de, *Manual de direito internacional público,* Coimbra, 1993, p.106.

GORJÃO-HENRIQUES DA CUNHA, Miguel Maria, *Da restrição da concorrência na Comunidade Europeia: a franquia de distribuição,* Coimbra, 1998.

GRAVESON, R.H., *The international unification, in* One Law, on jurisprudence and the unification of law, selected essays, v.II, Amsterdão, Nova Iorque, Oxford, 1977.

GRAVESON, R.H., *The unity of law, in* One Law, on jurisprudence and the unification of law, selected essays, v.II, Amsterdão, Nova Iorque, Oxford, 1977.

GRAVESON, Ronald H., *Observations des membres de la Vingt-troisième Commission sur l'exposé préliminaire et le questionnaire,* AIDI, vol. 59 (1979), I.

GREENMAN, Donald C., *Limitation of laiability: a critical analysis of United States law in an international setting,* TLR, 1983.
GRIGOLI, Michele, *Osservazioni in tema di polizza diretta,* RDN, I, 1965.
GRZEGORCZYK, C., *La rationalité de la décision juridique,* APD, t.XXIII, 1978.
GUTZWILLWER, M., *Le développement historique du droit international privé,* Recueil des Cours, 1929, IV.
HALSBURY, *Laws of England,* IV, Londres, 1953.
HAWK, Barry E., *United States, common market and international antitrust: a comparative guide,* v. II, 2.ª ed., 1987 Supplement, Prentice Hall Law & Business.
HEALY, Nicholas J., *Liability in case of fire,* DM, 1983.
HEALY, Nicholas J.,*"Concurrence of fault or of causes"*, DM, 1983.
HELLAWELL, R., *Allocation of risk cit.,* AJCL, 1979.
HERVADA, Javier, *Introducción critica al Derecho Natural,* Pamplona, 1981.
HILL, *Maritime law, Lloyd's list paractical guides,* Londres, Nova Iorque, Hamburgo, Hong Kong, 1995.
HUVELIN, Paul, *Études d'histoire du Droit Commercial Romain,* Paris, 1929.
IANNUZZI, Mario, *Del trasporto, in* Commentario del codice civile, dirigido por Antonio SCIALOJA e Giuseppe BRANCA, arts.1678.°-1702.°, Roma, 1961
IVALDI, Paola, *Criteri interpretativi della CMR e responsabilità del vettore terrestre,* RDIPP, 1989
IVALDI, Paola, *Diritto uniforme dei trasporti e diritto internazionale privato,* Milão, 1990
IVALDI, Paola, *La volontà delle parti nel contratto di trasporto marittimo: note sulla* Paramount clause, RDIPP, 1985
IVALDI, Paola, *Wilful misconduct e colpa grave tra diritto internazionale e diritto interno,* RDIPP, a.XXII, 1986
JAYME, Erik, *Identité culturelle et intégration: le droit international privé postmoderne,* Recueil des Cours, t,251, 1995
JAYME, Erik, *Les contrats conclus par les consummateurs et la Convention de Rome sur la loi applicable aux obligations contractuelles, in* Droit international, cit..
JESSURUN D'OLIVEIRA, Hans Ulrich, *"Characteristic obligation" in the draft EEC obligation Convention,* AJCL, 1977
JOLOWICZ, J.A., *Droit anglais,* Paris, 1986.
JUGLART, Michel de, *Dol et faute lourde dans le transport aérien internacional — Á propos de la catastrophe des Açores,* Juris-Classeur Périodique, 1952, I, 1010

KAHN-FREUND, Otto, *Observations des membres de la Vingt-troisième Commission sur l'exposé préliminaire et le questionnaire,* AIDI, vol.59 (1979), I

KALINOWSKI, Georges, *Logique et méthodologie juridique—Réflexions sur la rationalité formelle et non formelle,* APD, t.XXIII, 1978

KALINOWSKY, G., *De la spéficité de la logique juridique,* APD, t.XI

KASSIS, Antoine, *Théorie générale des usages de commerce,* Paris, 1984

KAYE, Peter, *The new private international law of contract of the European Community,* Aldershot, Brookfield USA, Hing Kong, Singapura, Sydney, 1993

KEGEL, Gerhard, *The crisis of conflict of laws,* Recueil des Cours, 1964, II

KELLER, Max, SIEHR, Kurt, *Algemeine Lehren des internationalen Privatsrecht,* Zurique, 1986

KELSEN, Hans, *Justiça e Direito Natural,* Coimbra, 1979, trad. de João Baptista Machado

KNOEPFLER, François, *Le contrat dans le nouveau droit international privé suisse, in* Le nouveau droit international privé suisse, Travaux des Journées d'étude organisées par le Centre de droit de l'entreprise les 9 et 10 octobre 1987, à l'Université de Lausanne, Lausanne, 1989

KNOEPFLER, François, *Le projet de loi fédérale sur le droit international privé helvétique,* RCDIP, 1979

KNOEPFLER, François, *Nota (28 novembre 1991-Tribunal fédéral suisse-2e Cour civile),* RCDIP, 1992

KOKKINI-IATRIDOU, D., *Les clauses d'exception en matière de conflits de lois et de conflits de juridictions, in* Les clauses, *cit..*

KREUZER, Karl, Lex communis europæa de collisione legum: *utopie ou nécessité, in* España y la codificación del Derecho internacional privado, Terceras jornadas de Derecho internacional privado, Madrid, 1993

KROPHOLLER, Jan, *Internationales einheitsrecht.* Tübingen, 1975,

KROPHOLLER, Jan, *Internationales Privatrecht,* Tübingen, 1997

LAGARDE, Paul, *Débats, in* Droit international privé — Travaux du comité français de droit international privé — Journée du cinquantenaire, Paris, 1989

LAGARDE, Paul, *Le nouveau droit international privé des contrats après l'entrée en vigueur de la Convention de Rome du 19 juin 1980,* RCDIP, 1991

LAGARDE, Paul, *Le principe de proximité dans le droit international privé contemporain,* Recueil des Cours, 1986, I

LAGARDE, Paul, *Les interprétations divergentes d'une loi uniforme donnent-elles lieu à un conflit de lois?,* RCDIP, 1964

LAGARDE, Paul, *Nota a "Cour d'appel de Paris (1re Ch.suppl.), 13 juillet 1989, Conpañia Valenciana de Cementos Portland c/ Primary Coal"*, Revue de l'arbitrage, 1990, n.° 3

LAGARDE, Paul, *Nota a "Cour de Cassation(Ch.comm.) — 4 février 1992 (Mme.Karkabba c. Navale Chargeurs Delmas Vieljeux et autre)*, RCDIP, 1992, n.° 3

LALIVE, Pierre, *Cours général de droit international privé*, ,Recueil des Cours, 1977-I.

LANA, Anton Giulio, *I contratti di trasporto multimodale: alcuni profili, in* Dai tipi legali ai modelli sociali nella contrattualistica della navigazione, dei trasporti e del turismo, Milão, 1996

LANDO, Ole, *Contracts*, IECL, v. III, cap. 24

LANDO, Ole, *The conflict of laws of contracts — General principles*, Recueil des Cours, 1984, VI

LANDO, Ole, *The EC draft Convention on the law applicable to contractual and non-contractual obligations*, RabelsZ, v. XXXVIII, 1974

LARENZ, Karl, *Derecho de obligaciones*, I, Madrid, 1958, II, 1959 (tradução de Jaime Santos Briz)

LARENZ, Karl, *Lehrbuch des Schuldsrechts*, II, Munique/Berlim, 1956

LASSOUARN, Yvon, *L'évolution de la règle de conflit de lois, in* Droit international privé, Travaux, *cit.*,

LEFEBVRE D'OVIDIO, Antonio, *Armatore ed esercente di nave e di aeromobile*, Enciclopedia Giuridica

LEFEBVRE D'OVIDIO, Antonio, *Il diritto della navigazione marittima dello Stato della Cità del Vaticano, in* Studi in onore di Antonio Scialoja, *cit.*

LEFEBVRE D'OVIDIO, Antonio, *La contribuzione alle avarie comuni dal diritto romano all'Ordinanza del 1681*, RDN, 1935, I

LEFEBVRE D'OVIDIO, Antonio, PESCATORE, Gabriele, TULLIO, Leopoldo, *Manuale di Diritto della Navigazione*, Milão, 1996

LEFEBVRE D'OVIDIO, Antonio, *Sulla disciplina della responsabilità del vettore, in* Studii per la codificazione del diritto della navigazione, Roma, 1941

LEITE DE CAMPOS, Diogo, *Contrato a favor de terceiro*, Coimbra, 1980

LEVEL, Patrice, *Le contrat dit sans loi,* Travaux du comité français de droit internacional privé, 1964-1966

LIMPENS, Jean, *Les constantes de l'nification du droit privé*, RIDC, 1958, n.° 1

LIMPENS, Jean, *Rélations entre l'unification au niveau régional et l'unification au niveau universel*, RIDC, 1964, n.° 1

LOPEZ DE GONZALO, Marco, *Il concorso di responsabilità contrattuale ed extra-contrattuale nelle Hague-Visby Rules e nelle altre convenzioni di diritto uniforme dei trasporti*, DM, 1986

LOWE, Roland, *La CMR a 40 ans*, RDU, 1996, n.3

LUHMANN, N., *L'unité du systtème juridique*, APD, t.XXXI, 1986

MACHADO VILLELA, Álvaro da Costa, *Tratado elementar (teórico e prático) de direito internacional privado*, I e II, Coimbra, 1921 e 1922

MAFFEI, Domenico, *Armatore, in* Enciclopedia del Diritto, III

MAGALHÃES COLLAÇO, Isabel Maria Tello de, *Lições de direito internacional privado*, II, 1959

MAGALHÃES COLLAÇO, Isabel Maria Tello de, *A devolução na teoria da interpretação e aplicação da norma de conflitos*, O Direito, a.XCI, 1959

MAGALHÃES COLLAÇO, Isabel Maria Tello de, *Da compra e venda em direito internacional privado*, Lisboa, 1954

MAGALHÃES COLLAÇO, Isabel Maria Tello de, *Da qualificação em direito internacional privado*, Lisboa, 1964

MAGALHÃES COLLAÇO, Isabel Maria Tello de, *Prefácio a M. CORTES ROSA, Da questão incidental em direito internacional privado*, Lisboa, 1960

MAJELLO, Ugo, *Custodia e deposito*, Nápoles, 1958

MALAURIE, Philippe *Loi uniforme et conflits de lois*, Travaux du comité français de droit international privé, 1964-1966

MALHAURIE, Philippe, *Loi et conflits de lois*, Travaux du Comité Français de droit international privé, a.XXV-XXVII (1964-1966),

MALINTOPPI, Antonio, *Ancora su l'ambito di applicazione della convenzione di Bruxelles del 1924 sulla polizza di carico*, RDI, 1956

MALINTOPPI, Antonio, *Diritto uniforme e diritto internazionale privato in tema di trasporto*, Milão, 1955

MALINTOPPI, Antonio, *Il ravvicinamento delle legislazioni come problema di diritto internazionale*, RDI, 1959

MALINTOPPI, Antonio, *Intorno a un progetto di revisione dell'art.10 della convenzione di Bruxelles del 1924 sulla polizza di carico*, RDI, 1960

MALINTOPPI, Antonio, *L'ambito di applicazione delle norme italiane di adattamento alle convenzione di Bruxelles del 1924 sulla polizza di carico*, RDI, 1954

MALINTOPPI, Antonio, *La nozione di Stato contraente ai fini della Convenzione di Bruxelles relativa alla polizza di carico*, RDI, 1957

MALINTOPPI, Antonio, *La revisione delle Convenzioni in materia di trasporto, in* Scritti di diritto internazionale in onore di Tomaso Perassi

MALINTOPPI, Antonio, *Les rapports entre le droit uniforme et droit international privé,* Récueil des Cours, 1965, III

MALINTOPPI, Antonio, *Norme di applicazione necessaria e norme di diritto internazionale privato in materia di rapporti di lavoro,* RDI, 1962

MALINTOPPI, Antonio, *Sul rapporto fra l'art. 10 della convenzione di Bruxelles relativa alla polizza di carico e l'art. 25 delle disposizioni sulla legge in genenerale,* RDI, 1959

MANKADABY, Samir, *Some thoyghts on transport law, in* Études offertes à René Rodière, Paris, 1981

MANTILLA PINEDA, B., *La teoria tridimensional del derecho,* Revista da Faculdade de Direito da Universidade de São Paulo, v.LXI, t.I, 1966

MARQUES DOS SANTOS, António, *As normas de aplicação imediata no direito internacional privado-Esboço de uma teoria geral,* Lisboa, 1990

MARQUES DOS SANTOS, António, *Direito internacional privado,* Lisboa, 1989

MARTINEZ JIMÉNEZ, Maria Isabel, *Consideraciones de lege ferenda al anteproyecto de ley sobre contratos de utilizacion del buque,* Estudios juridicos en homenaje al Professor Aurelio Menendez, III, Madrid, 1996

MARTINS, Frederico, *Direito comercial marítimo,* Lisboa, 1932

MASI, Pietro, *I documenti del trasporto marittimo e aereo di cose, in* Il cinquantenario del codice della navigazione, Cagliari, 1993

MASTRANDREA, Gerardo, *L'obbligo di protezione nel trasporto aereo di persone,* Pádua, 1994.

MATTEUCCI, Mario, *Introduction à l'étude systématique du droit uniforme,* Rec.Cours, 1957-I.

MENGONI, Luigi, *Obbligazzioni di «risultato» e obbligazzioni «di mezzi»,* RDC, v. LII, 1954, I

MENGOZZI, Paolo, *Diritto uniforme e diritto internazionale privato,* DM, 1987

MEOTTI, *Il contratto di* ship-management, *in* Dai tipi legali ai modelli sociali nella contrattualistica della navigazione , dei trasporti e del turismo, Milão, 1996

MERCADAL, Barthélémy, *Droit des transports terrestres et aériens,* Paris, 1996.

MESQUITA, Manuel Henrique, *Direitos reais,* Coimbra, 1967.

MESQUITA, Manuel Henrique, *Obrigações reais e ónus reais,* Coimbra, 1990

MESSINEO, Francesco, *I titoli di credito, I,* Pádua, 1934.

MESTRE, *Traités et droit interne,* Rec.Cours,1931-IV.

MEYER, R., *Les claauses d'exception en matière de conflits de lois et de conflits de juridictions, in* Les clauses, *cit..*

MIGLIORINO, Luigi, *Le riserve alla Convenzione sul codice di condotta per le conferenze marittime,* DM, 1988.

MONACO, Riccardo, *Profili sistematici del diritto internazionale*, RDI, 1986.
MONACO, Riccardo, *Sulla necessità di norme di diritto internazionale in materia di navigazione, in* Studi per la codificazione, *cit..*
MOORE, John, *Delay in delivery*, DM, 1983.
MOREIRA, Álvaro, FRAGA, Carlos, *Direitos reais, segundo as prelecções do Prof. Doutor C.A. da Mota Pinto ao 4º Ano Jurídico de 1970-71*, Coimbra, s/d.
MORELLI, Gaetano, *Elementi di diritto internazionale privato*, Nápoles, 1986.
MOTA CAMPOS, João de, *Direito comunitário*, II, Lisboa, 1989, 3ªed..
MOTA PINTO, Carlos Alberto da, *Teoria geral do direito civil*, Coimbra, 1989.
MOURA RAMOS, Rui Manuel Gens de, A *conferência de Haia de direito internacional privado: a participação de Portugal e o papel da organização na codificação internacional do direito internacional privado, in* España y la codificación del Derecho internacional privado, Terceras jornadas de Derecho internacional privado, Madrid, 1993.
MOURA RAMOS, Rui Manuel Gens de, A *convenção europeia dos direitos do hamem*, DDC, 1981.
MOURA RAMOS, Rui Manuel Gens de, *As Comunidades Europeias — enquadramento normativo-institucional*, DDC, n.º 25-26, 1987 (também *in* R. M. MOURA RAMOS, *Das Comunidades Europeias à União Europeia*, Coimbra, 1994).
MOURA RAMOS, Rui Manuel Gens de, *Aspectos recentes do direito internacional privado*, Separata do número especial do BFDUC/1986, "Estudos em Homenagem ao Prof.Doutor Afonso Rodrigues Queiró", Coimbra, 1987.
MOURA RAMOS, Rui Manuel Gens de, *Da lei aplicável ao contrato de trabalho internacional*, Coimbra, 1990.
MOURA RAMOS, Rui Manuel Gens de, *Direito internacional privado e Constituição-Introdução a uma análise das suas relações*, Coimbra, 1991.
MOURA RAMOS, Rui Manuel Gens de, *L'adhésion du Portugal aux Conventions communautaires en matière de droit international privé*, BFDUC, 1987.
MOURA RAMOS, Rui Manuel Gens de, *La double nationalité d'après le droit portugais*, BFDUC, v.LIX, 1983.
MOURA RAMOS, Rui Manuel Gens de, *La protection de la partie contractuelle la plus faible en droit international privé portugais, in* Droit international et droit communautaire, Actes du colloque, Paris, 5 et 6 avril 1990, Paris, 1991, Fundação Calouste Gulbenkian.
MOURA RAMOS, Rui Manuel Gens de, *La responsabilité des constructeurs dans les rélations internationales, in* Das relações privadas internacionais — Estudos de direito internacional privado, Coimbra, 1995.

MOURA RAMOS, Rui Manuel Gens de, *Les clauses d'exception en matière de conflits de lois et de conflits de juridictions, in* Les clauses, *cit..*

MOURA RAMOS, Rui Manuel Gens de, *O novo direito português da nacionalidade, in* BFDUC — número especial, Estudos em Homenagem ao Prof. Doutor A. Ferrer-Correia, 1986.

MOURA RAMOS, Rui Manuel Gens de, *Reenvio prejudicial e relacionamento entre ordens jurídicas na construção comunitária,* Legislação, 1992, n.º 4-5.

MUNARI, Francesco, *Conferenze marittime,* DM, 1988.

MUNARI, Francesco, *Il diritto comunitario dei trasporti,* Milão, 1996.

NADELMANN, Kurt H., *Uniform legislation versus international conventions revisited,* AJCL, 1968-1969.

NADELMANN, Kurt. H., *Choice of law resolved by rules or presumptions with an escape clause,* AJCL, 1985.

NIBOYET, J.-P., *Le problème des "qualifications" sur le terrain des traités diplomatiques,* RCDI, XXX, 1935.

NORTH, P. M., FAWCETT, J.J., *Cheshire and North's Private international law,* Londres, 1992.

OLIVEIRA COELHO, Carlos de, *Jurisprudência e direito marítimo,* Coimbra, 1987.

OPPETIT, Bruno, *Débats, in* Droit international privé — Travaux du comité français de droit international privé — Journée du cinquantennaire, Paris, 1989.

OPPETIT, Bruno, *Le développement des règles matérielles, in* Droit international privé — Travaux du comité français de droit international privé — Journée du cinquantennaire, Paris, 1989.

OPPETIT, Bruno, *Le droit international privé, droit savant,* Recueil des Cours, 1992, III.

OPPO, Giorgio, *L'impresa di navigazione (cinquant'anni dopo),* Studi in onore di Antonio Lefebvre D'Ovidio in occasione dei cinquant'anni del diritto della navigazione, II, Milão, 1995.

OST, F., *Entre ordre et désordre: le jeu du droit — discussion du paradigme autopoiétique appliqué au droit,* APD, t.XXXI, 1986.

PALANDRI, Ivana, *Ambito du applicazione delle convenzioni internazionali, in* Il contratto di trasporto, a cura di G.Silingardi, Milão, 1997.

PALANDRI, Ivana, *Legge applicabile al contratto di trasporto, in* Il contratto di trasporto, a cura di G.Silingardi, Milão, 1997.

PALMA CARLOS, Adelino H. da, *O contrato de transporte marítimo, in* Novas perspectivas do direito comercial, Coimbra, 1988.

PALMA CARLOS, Adelino H., *Objecto do contrato de fretamento*, Gazeta da Relação de Lisboa, a.43, 1929, n.º 13

PALMA CARLOS, Adelino H. da, *O contrato de fretamento no código comercial português*, Lisboa, 1931.

PATOCCHI, Paolo Michele, *Règles de rattachement localisatrices et règles de rattachement à caractère substantiel*, Genebra, 1985.

PAULSEN, Gordon W., *An historical overview of the development of uniformity in international maritime law*, TLR,1983.

PAVONE LA ROSA, Antonio, *Polizza di carico*, Enc. dir., XXXIV.

PAVONE LA ROSA, Antonio, *Sul problema della "causa" nel titolo del trasporto marittimo*, RDN, 1956, I.

PEREIRA DE MATOS, A., *A unificação do direito comercial marítimo — constituição do Comité Portuguez*, Porto, 1910.

PEREIRA NUNES, Victor Augusto, *A influência da estiva na responsabilidade do armador*, RT, ano 81, n.º 1784.

PEREIRA NUNES, Victor Augusto, *Questões de direito marítimo*, R.T., n.º 1642.

PERELMAN, C., *Raisonnement juridique et logique juridique*, APD, t.XI.

PERELMAN, *L'interpretation du droit*, APD, t. XVII, 1972.

PESCATORE, Gabriele, *Oggetto e limiti del diritto della navigazione*, in Scritti giuridici in onore di Antonio Scialoja, I, Bolonha, 1952.

PESCATORE, Pierre, *O recurso prejudicial do artigo 177.º do Tratado CEE e a cooperação do Tribunal com as jurisdições nacionais*, DDC, n.º 22, 1985.

PESSOA JORGE, Fernando, *A limitação convencional da responsabilidade civil*, BMJ, n.º 281, 1978.

PEYREFITTE, Léopold, *Quelques aspects de la jurisprudence en matière de transport*, in Études offertes à René Rodière, Paris, 1981.

PICONE, Paolo, *Il rinvio all'«ordinamento competente» nel diritto internazionale privato*, RDIPP, 1981.

PICONE, Paolo, *Ordinamento competente e diritto internazionale privato*, Pádua, 1986.

PIEPER, Josef, *Virtudes fundamentais*, Lisboa, 1960

PINEUS, Kaj, *Measure of indemnity*, DM, 1983.

PINTO COELHO, José Gabriel, *"A responsabilidade civil do transportador nos transportes aéreos e a validade das cláusulas de irresponsabilidade por acidentes ocorridos às pessoas"*, BFDUC, X, 1926-28, p.554 ss., e XI, 1929.

PINTO MONTEIRO, António, *Cláusulas limitativas e de exclusão da responsabilidade*, Coimbra, 1985.

PINTO MONTEIRO, António, *Les clauses limitatives et exonératoires de responsabilité et la protection du consommateur,* Boletim da Faculdade de Direito da Universidade de Coimbra, Vol. LXIX (1993).
PIRES DE LIMA, ANTUNES VARELA, *Código civil anotado,* II, Coimbra, 1997.
POCAR, Fausto, *Il nuovo diritto internazionale privato italiano,* Milão, 1997.
POCAR, Fausto, *La protection de la partie faible en droit international privé,* Recueil des Cours, 1984, V.
PROENÇA, Alfredo, *Transporte de mercadorias por estrada,* Coimbra, 1998.
PUTZEYS, Jacques, *Droit des transports et droit maritime,* Lovaina, 1989.
PUTZEYS, Jacques, *Le contrat de transport routier de marchandises,* Lovaina, 1981.
QUADRI, Rolando, *Le navi private nel diritto internazionale,* Milão, 1938.
QUADRI, Rolando, *Recensão a Antonio Malintoppi, Diritto uniforme e diritto internazionale privato in tema di trasporto, Milão, Giuffrè, 1955,* RDI, 1956.
QUEIRÓ, Afonso Rodrigues, *Lições de direito internacional público,* Coimbra, 1960.
QUEIROLO, Ilaria, *La «residualità» della nazionalità della nave nelle norme di conflitto in campo marittimo,* RDIPP, 1994.
QUERCI, Francesco Alessandro, *Il diritto marittimo fenicio (a proposito si un recente studio),* RDN, 1960, I.
QUERCI, F.A., *Le "conférences" marittime e mercato comune,* RDN, 1964, I.
QUERCI, Francesco Alessandro, *Diritto della navigazione,* Pádua, 1989.
QUERCI, Francesco Alessandro, *Problemi giuridici ed economici della navigazione nel medioevo,* RDN, 1964, I.
QUICHEAT, L., DAVELUY, A., *Dictionnaire Latin-Français,* Paris, 1916.
QUIÑONES ESCAMEZ, Ana, *Las normas de aplcación del Convenio de la UNCITRAL sobre la compraventa internacional de mercancias (Viena, 1980),* in España y la codificación del Derecho internacional privado, Terceras jornadas de Derecho internacional privado, Madrid, 1993.
RADBRUCH, Gustav, *Filosofia do direito,* trad. Luís Cabral de Moncada, Coimbra, 1979.
RAMBERG, Jan, *Multimodal transport — a new dimension of the law of carriage of goods ?,* in Études offertes à René Rodière, Paris, 1981.
RAMBERG, Jan, *Persons concerned,* DM, 1983.
RAMBERG, Jan, *The vanishing bill of lading and the Hamburg Rules carrier,* AJCL, 1979.
RAMBERG, Jan, *Unification of the law of international freight forwarding,* RDU, 1998, n.° 1.

Raposo, Mário, *Direito marítimo — uma perspectiva*, ROA, a.43, 1983 (Maio--Set.).
Raposo, Mário, *Sobre o contrato de transporte de mercadorias por mar*, Boletim do Ministério da Justiça, n.º 376, Maio, 1988
Raposo, Mário, *Temas de direito marítimo*, ROA, a. 57 (Jan./1997).
Raposo, Mário, *Transporte e fretamento — algumas questões*, Boletim do Ministério da Justiça, n.º 340 (Novembro/1984).
Reinach, Ad., *Vexillum i*, in Dictionnaire des Antiquités, dir. Ch. Darenberg, E. Saglio, Paris, 1875, v.IX.
Remond-Gouilloud, Martine, *Droit maritime*, Paris, 1993.
Remond-Gouilloud, Martine, *Le contrat de transport*, Paris, 1993.
Rescigno, Matteo, *Titoli rappresentativi e circolazione delle merci*, Milão, 1992.
Rescigno, Pietro, *Delegazione (diritto civile)*, Enc.dir., XI.
Riccardelli, Giuseppe, *Harter Act*, Enc. dir., XIX.
Riccardelli, Giuseppe, *Navigabilità della nave all'inizio del viaggio e dottrina degli stages*, RDN, 1963, I.
Riccomagno, Mario, *The liability of the MTO under the UNCTAD/ICC Rules as influenced by the international conventions on sea carriage*, DT, 1998, n.º 1.
Rigaux, François, *Observations des membres de la Vingt-troisième Commission sur l'exposé préliminaire et le questionnaire*, AIDI, vol.59 (1979), I.
Righetti, Giorgio, *La responsabilità del vettore marittimo per i danni da causa ignota o non provata*, RDN, 1959, I.
Righetti, Giorgio, *Per un inquadramento sistematico della responsabilità del vettore*, Rivista del diritto civile, a.X, 1964, I.
Righetti, Giorgio,"Nave", *Novissimo Digesto Italiano*, XI.
Riguzzi, Maurizio, *La responsabilità limitata del vettore marittimo di merci*, Milão, 1993.
Ripert, Georges, *Droit maritime*, I e II, in Thaler, Edmond, Traité général théorique et pratique de droit commercial, Paris, 1913-1914.
Ripert, Georges, *La loi française du 2 avril 1936 sur les transports de marchandises par mer*, RDN, 1936, I.
Ripert, Georges, *Les procédés de l'unification internationale du droit maritime*, in Scritti giuridici in onore di Antonio Scialoja, Bolonha, 1952 (também in RDN, v. XI, 1950, I, 265 ss.).
Rocha, D. Maria Vitória R. F. Da, *A imputaçao objectiva na responsabilidade contratual. Algumas consideraçoes*, RDE, a.XV, 1989.
Rodière, *Droit maritime, d'après le Précis du Doyen Georges Ripert*, Paris, 1967.

RODIÈRE, René, *"La faute inexcusable du transporteur aérien"*, Recueil Dalloz, chr., 1978.
RODIÈRE, René, *Droit des transports*, Paris, 1977.
RODIÈRE, René, DU PONTAVICE, Emmanuel, *Droit maritime*, Paris, 1997.
RODIÈRE, René, *Introduction to transport law and Combined Transports*, in International Encyclopedia of Comparative Law, v. XII, cap. XII.
RODIÈRE, René, *La distinction du contrat d'affretement et du contrat de transport de marchandises — Rapport général*, s/d, mas *post* 1967 (dactil.).
RODIÈRE, René, *Les domaines comparés des conventions d'unification du droit en matière de transports de marchandises*, in Miscellanea W.J.Ganschof van der Meersch, Bruxelas, 1972.
RODIÈRE, René, *Les tendances contemporaines du droit privé maritime international*, Recueil des Cours, Vol. CXXXV (1972-I).
RODIÈRE, René, *Traité général de droit maritime, affrètements et transports*, t.I, *Introduction — les contrats d'affrètement*, Paris, 1967.
RODIÈRE, René, *Traité général de droit maritime, affrètements et transports*, t.II, *Les contrats de transport de marchandises*, Paris, 1968.
RODIÈRE, René, *Traité général de droit maritime, affrètements et transports*, t.III, *Acconage, consignationm transit—Transports successifs et combinés — Transports de passagers — Remorquage*, Paris, 1970.
ROMANELLI, *Autonomia privata e norme inderogabili in materia di trasporti*, DT, 1998, n.° 1.
ROMANELLI, Gusavo, *Il trasporto aereo di persone*, Pádua, 1966.
ROMANELLI, Gustavo, *"Conferences" marittime ed intervento pubblico*, RTDPC, a. XXXII (1978).
ROMANELLI, Gustavo, *Codice UNCTAD e accordi bilaterali: problemi giuridici attuali*, DM, 1987.
ROMANELLI, Gustavo, *Diritto aereo, diritto della navigazione e diritto dei trasporti*, RTDPC, 1975.
ROMANELLI, Gustavo, *Efficacia probatoria della polizza di carico*, DM, 1986.
ROMANELLI, Gustavo, *Il trasporto*, DM, 1983.
ROMANELLI, Gustavo, *In tema di noleggio di veicolo*, RDN, 1971, I.
ROMANELLI, Gustavo, *La locazione di nave e di aeromobile*, Milão, 1965.
ROMANELLI, Gustavo, *Problemi attuali dell'utilizzazione della polizza di carico nella vendita su documenti*, RTDPC, 1982.
ROMANELLI, Gustavo, *Profilo del noleggio*, Milão, 1979.
ROMANELLI, Gustavo, SILINGARDI, Gabriele, *Trasporto nella navigazione marittima e aerea*, in Enciclopedia Giuridica Trecanni, Trasporto, II.

ROMANELLI, Gustavo, SILINGARDI, Gabriele, *Trasporto terrestre, in* Enciclopedia Giuridica Trecanni, Trasporto, I.

ROMANELLI, Gustavo, *Trasporto aereo di merci,* Archivo giuridico "Filippo Serafini", v.CCVIII, 1988.

ROMANELLI, Gustavo, ZUNARELLI, Stefano, *Titoli rappresentativi di merci,* Enciclopedia giuridica Trecanni.

ROSE, Alan D., *The challenges for uniform law in the twenty-first century,* RDU, 1996, I.

ROSSELLO, Carlo, *Brevi rilievi sugli orientamenti della giurisprudenza italiana in materia di concorso di responsabilità contrattuale ed extracontrattuale,* DM, 1986.

RUSSO, Rafaele, *"Causalità e astratezza dei titoli rappresentativi del trasporto",* RDN, 1951, I.

SADIKOV, Oleg Nikolaevich, *Conflicts of laws in international transport law,* Recueil des Cours, 1985, I.

SÁENZ GARCIA DE ALBIZU, Juan Carlos, *Algunas notas sobre el origen y evolución del desvío de ruta en el seguro maritimo,* Estudios juridicos en homenaje al Professor Aurelio Menendez, III, Madrid, 1996.

SANCHEZ CALLERO, Fernando, *Instituciones de derecho comercial,* Madrid, 11.ª edição.

SANCHO IZQUIERDO, Miguel, HERVADA, Javier, *Compendio de Derecho natural,* Pamplona, I, 1980, II, 1981.

SANDIFORD, Roberto, *La nuova legge marittima svizzera,* RDN, 1953, I.

SANTOS JUSTO, António dos, *Introdução ao estudo do direito,* Porto, 1998.

SCERNI, Mario, *Il diritto internazionale privato marittimo ed aeronautico, in* Trattato di diritto internazionale, per cura di Prospero Fedozzi e Santi Romano, Pádua, 1956.

SCERNI, Mario, *Nazionalità della nave e diritto internazionale privato,* RDIPP, 1965.

SCHADÉE, R., *La mer comme mère du droit, in* Études offertes à René Rodière, Paris, 1981.

SCHAPS-ABRAHAM, *Das Seerecht,* Berlim, Nova Iorque, 1978.

SCHIAFFINO, Fortunato, *Contributo alla figura giuridica dell'armatore noleggiatore, in* Studi giuridici in onore di Carlo Fadda, Nápoles, 1906.

SCHLECHTRIEM, Peter H., *Schuldrecht-Allgemeiner Teil,* Tübingen, 1992.

SCHLECHTRIEM, Peter H., *Vertragsordnung und außervertragliche Haftung,* Frankfurt, 1972.

SCHMITTHOFF, C. M., *International Business Law: A New Law Merchant*, in Clive M. Scmittoff ' s Select Essays on International Trade Law, a cargo de Chia-Jui Cheng , Dordrecht/Boston/London, 1988.

SCHMITTHOFF, C.M.,*The unification of the Law of International Trade*, in Clive M. Scmittoff ' s Select Essays on International Trade Law, a cargo de Chia-Jui Cheng , Dordrecht/Boston/London, 1988.

SCHMITTHOFF, Clive M. *The law and practice of international trade*, Londres, 1993.

SCHMITTHOFF, Clive, M., *Agency in international trade: a study in comparative law*, in Clive Schmitthoff's select essay's on international trade law, ed. Chia-Jui Cheng, Dordrecht/Boston/Londres, 1988.

SCIALOJA, Antonio, *Cenni storici esegetici e critici intorno all qualifica di armatore*, RDN, 1937, I.

SCIALOJA, Antonio, *Corso di diritto della navigazione*, I, Roma, 1943.

SCIALOJA, Antonio, *Sistema del diritto della navigazione*, Roma, 1933.

SCRUTTON, *On charterparties and bills of lading*, Londres, 1996.

SELVIG, Erling, *The Paramount clause*, AJCL, 1961.

SELVIG, Erling, *Through-carriage and on-carriage of the goods by sea*, AJCL, 1979.

SÉRIAUX, Alain, *La faute du transporteur*, Paris, 1998

SIEHR, Kurt, *Der internationale Anwendungsbereich des UN-Kaufrechts*, Rabels, 1988, n.° 3-4.

SILINGARDI, Gabriele, *Contratto di trasporto e diritti del destinatario*, Milão, 1980.

SILVA CUNHA, J. M., *Direito internacional público*, Coimbra, 1967.

SINGH, Nagendra, *International law problems of merchant shipping*, Recuil des Cours, 1962, III.

SMITH, Robert Sidney, *Historia de los Consulados de mar (1250-1700)*, trad. E.Riambau, Barcelona, 1978.

SOLAZZI, Siro, *Appunti di diritto romano marittimo*, RDN, 1936, I.

SOLAZZI, Siro, *L'età dell'actio exercitoria*, RDN, 1941, I.

SOLAZZI, Siro, *La definizione dell' armatore in D.14.1.1.15 e la locazione perpetua della nave*, RDN, v.IX, parte I (1943-48).

SOLAZZI, Siro, *La responsabilità ex recepto del nauta e legittimazione ad agire di danno*, RDN, 1938, I.

SPASIANO, Eugenio, *Armatore*, Enciclopedia del diritto, Vol.III.

SPASIANO, Eugenio, *Concorso fra azione contrattuale ed extracontrattuale*, DM, 1986.

SPASIANO, Eugenio, *Contratto di noleggio,* Milão, 1986.
SPASIANO, Eugenio, *Esercizio della nave o dell'aeromobile ed impresa,* Rivista del diritto della navigazione, Vol.XI, Parte I.
SPASIANO, Eugenio, *Il fondamento logico del principio limitativo della responsabilità armatoriale,* RDN, 1943-1948, I.
SPERDUTI, Giuseppe, *Norme di applicazione necessaria e ordine pubblico,* RDIPP, 1976.
SPERDUTI, Giuseppe, *Ordine pubblico internazionale e ordine pubblico interno,* RDI, 1954.
STARACE, V., *La ratifica italiana dei Protocolli di modifica della Convenzione di Bruxelles del 1924 sulla polizza di carico,* RDI, 1985.
Studii per la codificazione del diritto della navigazione, Roma, 1941.
STURLEY, Michael F., *The history of the Hague Rules and the United States Carriage of goods by sea Act,* DM, 1991.
SYMEONIDES, S.C., *Exception clauses in conflicts laws — United States, in* Les clauses d'exception en matière de conflits de lois et de conflits de juridiction — ou le principe de proximité, dirigido por D.Kokkini-Iatridou, Dordrecht, Boston, Londres, 1994.
TABORDA FERREIRA, Vasco, *Sistema do direito internacional privado segundo a lei e a jurisprudência,* Lisboa, 1957.
TCHIVOUNDA, Guillaume Pambou, *Le droit international de l'interprétation des traités à lépreuve de la jurisprudence,*Clunet,1986, n.° 3.
TERRÉ, François, *La codification,* European Review of private law, 1993
TETLEY, William, *Charterparties and choice of law,* DM, 1992.
TETLEY, William, *Marine cargo claims,* Montreal, 1988.
TOMÁS DE AQUINO, São, *Summa Theologica,* II IIæ.
TONOLO, Sara, *Il contratto di trasporto nella Convenzione di Roma del 19 giugno 1980 sulla legge applicabile alle obbligazioni contrattuali,* DT, 1994, n.° 3.
TORRINHA, F., *Dicionário Português-Latino,* Porto, 1939.
TRANQUILLI-LEALI, Rita, *Vantaggi ed eventuali correttivi dei limiti espressi in diritti speciali di prelievo, in* Il limite risarcitorio, *cit..*
TREVES, Tullio, *Un nuovo labirinto normativo in tema di legge applicabile alla vendita: la vendita ai consumatori, in Collisio legum,* Studi di diritto internazionale privato per Gerardo Broggini, Milão, 1997.
TRIMARCHI, Pietro, *Rischio e responsabilità oggettiva,* Milão, 1961.
TULLIO, Leopoldo, *"Confini di applicabilità della limitazione del debito del vettore marittimo",* RDN, 1970, II.

TULLIO, Leopoldo, *"Profili attuali della limitazione del debito del vettore marittimo"*, DT, 1994.

TULLIO, Leopoldo, *Condizioni generali di contratto e claosole vessatorie nella contrattualistica dei trasporti*, in Dai tipi legali ai modelli sociali nella contrattualistica della navigazione , dei trasporti e del turismo, Milão, 1996.

TULLIO, Leopoldo, *I contratti di charter party*, Pádua, 1981.

TULLIO, Leopoldo, *Il contract of affreightment*, Pádua, 1991.

TULLIO, Leopoldo, *Il limite risarcitorio nel trasporto marittimo di cose*, Il limite risarcitorio nell'ordinamento dei trasporti, Milão, 1994.

TULLIO, Leopoldo, *La calusola paramount prima dell'entrata in vigore delle Regole di Visby*, DT, 1992, t. III.

TULLIO, Leopoldo, *La limitazione del debito del vettore nel trasporto mediante containers*, DT., 1990, t,I.

TULLIO, Leopoldo, *Sulla disciplina probatoria in ordine alle indicazioni contenute nella polizza di carico*, RDN, 1970, II.

TUNC, André, *Les paradoxes du régime actuel de la responsabilité de plein droit (ou: Derrière lécran des mots)*, Recueil Dalloz, 1976, chr..

VALLADÃO, Haroldo, *Le droit uniforme et le droit international privé*, Clunet, 1932, n.º 1.

VALSECCHI, Emilio, *Responsabilità aquiliana oggettiva e caso fortuito*, RDC, 1947, I.

VAN OVEN, J.C., *Actio de recepto et actio locati*, RDN, 1956, I.

VASCONCELOS ESTEVES, José M.P., *Direito marítimo*, I, *Introdução ao armamento*, Lisboa, 1990.

VASCONCELOS ESTEVES, José M.P., *Direito marítimo*, II, *Contratos de utilização do navio*,Lisboa, 1988.

VASCONCELOS ESTEVES, José M.P., *Direito marítimo*, III, *Acidentes marítimos*, Lisboa, 1987.

VAZ SERRA, Adriano Paes da Silva, *Responsabilidade do devedor pelos factos dos auxiliares, dos representantes legais ou dos substituos*, BMJ, n.º 72, 1958.

VAZ SERRA, Adriano Paes da Silva, *"Cláusulas modificadoras da responsabilidade. Obrigação de garantia contra responsabilidade por danos a terceiros"*, BMJ, n.º 79, Outubro/1958.

VAZ SERRA, Adriano Paes da Silva, *Contratos a favor de terceiro, contratos de prestação por terceiro*, BMJ, n.º 51, 1955.

VAZ SERRA, Adriano Paes da Silva, *Culpa do devedor ou do agente*, BMJ, n.º 68, 1957.

VAZ SERRA, Adriano Paes da Silva, *Delegação*, n.° 72, 1958.

VAZ SERRA, Adriano Paes da Silva, *Fundamento da responsabilidade civil (em especial, responsabilidade por acidentes de viação terrestre e por intervenções lícitas)*, BMJ, n.° 90, 1959.

VAZ SERRA, Adriano Paes da Silva, *Requisitos da responsabilidade civil*, BMJ, n.° 92, 1960.

VAZ SERRA, Adriano Paes da Silva, *Responsabilidade contratual e responsabilidade extracontratual*, BMJ, n.° 85, 1959.

VAZ SERRA, Adriano Paes da Silva, *Títulos de crédito*, BMJ, n.° 60, 1956.

VEIGA BEIRÃO, Francisco António da, *Direito comercial portuguez*, Coimbra, 1912.

VERGNE, François, *The "battle of the forms" under the 1980 United Nations Convention on contracts for the international sale of goods*, AJCL, 1985.

VIEGAS CALÇADA, António, *Invocação dos usos e dos costumes interacionais em direito marítimo*, RT, 1968, n.° 1834.

VIEGAS CALÇADA, António, *Responsabilidade dos navios em geral e dos navios de pesca em especial*, BMJ, n.° 24, Maio/1951.

VIEIRA CURA, António Alberto, *Fiducia cum creditore*, Coimbra, 1990.

VILLEY, Michel, *Esquisse Historique sur le Mot Responsable*, Arch. Ph. D., n.° 22, 1977, *La Responsabilité*

VILLEY, Michel, *Modes classiques d'interprétation du droit*, APD, t.XVII, 1972.

VINCENZINI, Enrico, *Due esperinze professionali in tema di limitazione di responsabilità dell'armatore e del terminal operator, in Il limite risarcitorio, cit..*

VINEY, Geneviève, *Le déclin de la responsabilité individuelle*, Paris, 1965.

VINEY, Geneviève, *Remarques sur la distinction entre faute intentionelle, faute inexusable et faute lourde*, Recueil Dalloz, chr., 1975.

VISCHER, Frank, *Droit international privé*, Fribourg, 1974.

VISCHER, Frank, *La loi fédérale de droit internationale privé — Introduction générale, in* Le nouveau droit international privé suisse, Travaux des Journées d'étude organisées par le Centre de droit de l'entreprise les 9 et 10 octobre 1987, à l'Université de Lausanne, Lausanne, 1989.

VISINTINI, G., *Osservazioni critiche sulla suposta esistenza di un principio di equiparazione della colpa grave al dolo*, DM, 1981.

VISTOSO, Luigi, *I titoli rappresentativi nella dottrina e nella giurisprudenza italiana*, RDC, 1930, I.

VITTA, Edoardo, *Corso di diritto internazionale privato*, Turim, 1986.

VITTA, Edoardo, *Cours général de droit international privé*, Recueil des Cours, 1979, I.

VITTA, Edoardo, *International conventions and national conflict systems*, Recueil des Cours, 1969, I.

VITTA, Edoardo, *La Convenzione CEE sulle obligazioni contrattuali e l'ordinamento italiano*, RDIPP, 1981

C. VIVANTE, *Trattato di diritto commerciale*, IV, Milão, 1916.

VOLLI, Enzio, *Trasporto marittimo e aereo*, Nss.Dig.it., XIX.

VON OVERBECK, Alfred. E., *Le champ d'application des règles de conflit ou de droit matériel uniforme prévues par des Traités*, AIDI, vol. 59 (1979), I.

WENGLER, Wilhelm, *Internationales Privatrecht*, I, Berlim, Nova Iorque, 1981.

WENGLER, Wilhelm, *L'évolution moderne du droit international privé et la prévisibilité du droit applicable, in* Droit international et droit communautaire, Actes du colloque, Paris, 5 et 6 avril 1990, Paris, 1991, Fundação Calouste Gulbenkian

WILFORD, Michael, *Paramount clauses en charterparties*, DM, 1992.

WISWALL, Jr, F.L., *Uniformity in maritime law: the domestic impact of international maritime regulation*, TLR,1983.

WÜSTENDÖRFER, Hans, *Responsabilità per incendi a bordo secondo le regole dell'Aja*, Nuova rivista di diritto commerciale, 1949, I.

XAVIER, Vasco da Gama Lobo, *Comerciante*, Polis, Vol. I.

XAVIER, Vasco da Gama Lobo, *Direito Comercial- Sumários das lições ao 3.° ano jurídico*, edição policopiada, Coimbra, 1977-78.

XAVIER, Vasco da Gama Lobo, *Locação de estabelecimento comercial e arrendamento*, ROA, Ano XLVII, 1987.

YANCEY, Benjamin W., *The carriage of goods:Hague, COGSA, Visby, and Hamburg*,TLR, 1983.

YASSEEN, Mustafa Kamil, *L'interprétation des traités d'après la Convention de Vienne sur le droit des traités*,Rec.Cours,1976-III.

YNTEMA, Hessel E., *"Autonomy" in choice of law*, AJCL, 1952

YNTEMA, Husserl E., *The historic bases of private international law*, AJCL, 1953.

ZANINI, Walter, *Questioni sull'uniformitá di interpretazione del diritto uniforme*, RDIPP, 1971.

ZENO, Riniero, *Documenti per la storia del diritto marittimo nei secoli XIII e XIV*, Turim, 1936.

ZUNARELLI, *Contratti atipici, impresa di navigazione e impresa di trasporto, in* Dai tipi legali ai modelli sociali nella contrattualistica della navigazione , dei trasporti e del turismo, Milão, 1996.

ZUNARELLI, Stefano, *"La decadenza del vettore dal beneficio della limitazione della responsabilità", in* Il limite risarcitorio nell'ordinamento dei trasporti, Milão, 1994.

ZUNARELLI, Stefano, *La nozione di vettore (contracting carrier ed actual carrier),* Milão, 1987.

ZUNARELLI, Stefano, *Trasporto marittimo,* Enc. dir., XLIV.

ZWEIGERT, Konrad, KROPHOLER, Jan, *Sources of international unified law,* II, *Transport law,* Leiden, 1972.

ÍNDICE

Abreviaturas 11

Preâmbulo 13

1. Apresentação do tema 13
2. Das fontes de direito marítimo uniforme 27
3. Do método de regulação do transporte internacional e da opção metódica da Convenção de Bruxelas de 1924, quanto ao processo de unificação 32
4. Do envoltório tradicional do regime da responsabilidade do transportador marítimo e das opções substantivas da disciplina uniforme 48

PARTE I – **Do âmbito de aplicabilidade espacial da disciplina uniforme** 73

5. Nota preambular 75
6. Do âmbito de aplicabilidade da Convenção de Bruxelas de 1924 80
7. Do âmbito de aplicabilidade do Protocolo de Bruxelas de 1968 87
8. Do âmbito de aplicabilidade da Convenção de Hamburgo de 1978 ... 94
9. Da caracterização da internacionalidade 96
10. Do relevo da projecção subjectiva 104
11. Da influência da vontade das partes na determinação do âmbito de aplicabilidade espacial da disciplina uniforme 109
12. Da autolimitação do âmbito de aplicabilidade e da necessidade de aplicação da disciplina uniforme 142

13. Da regra de aplicação/aplicabilidade enquanto instrumento metodologicamente adequado aos propósitos de unificação 150
14. Das finalidades formais e substanciais da disciplina uniforme 159
15. Das relações entre a disciplina uniforme e os sistemas conflituais . . . 163
16. Da orientação das regras de conflitos em matéria de contratos, nomeadamente em relação à Convenção de Roma de 1980 sobre a lei aplicável às obrigações contratuais 166
17. Das relações da disciplina uniforme com o direito nacional, nomeadamente com a lei reguladora do contrato de transporte (DL n.º 352/86, de 21 de Outubro) 196

PARTE II – **Da disciplina uniforme da responsabilidade no transporte de mercadorias por mar** 201

18. Nota preambular às opções normativas da disciplina uniforme do transporte marítimo e da responsabilidade do transportador 203

CAPÍTULO I – Do âmbito de aplicação material da disciplina internacional 217

19. Do âmbito de aplicação material da disciplina uniforme 217
20. Segue: da não emissão de um conhecimento de carga 219
21. Do âmbito de aplicação material da Convenção de Hamburgo de 1978 224
22. Do arco temporal abrangido pelo âmbito da disciplina uniforme 225
23. Do conhecimento de carga: sua caracterização e suas funções 232
24. Segue: o conhecimento de carga enquanto recibo e título representativo das mercadorias 234
25. Segue: as menções inseridas no conhecimento de carga e sua influência à luz do regime da responsabilidade do transportador; as reservas 264
26. Segue: o conhecimento de carga como prova do contrato 267

CAPÍTULO II – Da disciplina uniforme da responsabilidade do transportador   271

27. Nota preambular: as finalidades substantivas e metódicas da disciplina uniforme; o seu escopo de estabelecer um patamar mínimo de protecção (*favor domini mercium*) e a libração das posições das partes; a relevância do regime probatório   271
28. Da presunção de responsabilidade do transportador e da sua reversão nos diversos corpos normativos uniformes   277
29. Segue: das obrigações contratuais no transporte e da responsabilidade do transportador: do regime probatório (a distribuição do *onus probandi*), e ainda da funcionalidade deste em relação às finalidades normativo-materiais da disciplina uniforme   283
30. Segue: da diligência razoável exigível ao transportador (*due diligence*)   292
31. Segue: das condições de navegabilidade e do estado de inavegabilidade   295
32. Segue: da culpa náutica   301
33. Segue: ainda sobre o catálogo de casos e perigos exceptuados (*casus, excepted perils*)   310
34. Dos danos contemplados pela disciplina uniforme   336
35. Da limitação de responsabilidade ou do *quantum respondeatur*   357
36. Da preclusão ou do afastamento do limite indemnizatório   364
37. Dos actos praticados por empregados ou auxiliares   380
38. Da responsabilidade extracontratual e da concorrência de responsabilidades   398

Apontamento final (39)   411

Bibliografia   417

Índice   449